개 정 판

로스쿨

민법기초

개정판

로스쿨

민법기초

인 쇄　2019년 2월 15일
발 행　2019년 2월 20일

저 자　김태봉
발행인　정병석
발행처　전남대학교출판문화원

등 록　1981. 5. 21. 제53호
주 소　61186 광주광역시 북구 용봉로 77
전 화　062-530-0571~2
영업부　062-530-0573
팩 스　062-530-0579
홈페이지　http://www.cnup.co.kr
이메일　cnup0571@hanmail.net

값　27,000 원

ISBN　978-89-6849-597-7 (93360)

이 도서의 국립중앙도서관 출판예정도서목록(CIP)은
서지정보유통지원시스템 홈페이지(http://seoji.nl.go.kr)와
국가자료공동목록시스템(http://www.nl.go.kr/kolisnet)에서 이용하실 수 있습니다.
(CIP제어번호 : CIP2019004883)

民法基礎

개정판

로스쿨 민법기초

김 태 봉

전남대학교출판문화원

■ **개정판을 내면서**

짧은 기간에 법적 문제를 해결할 수 있는 전문적 능력을 키우는 데에는, 실체법·절차법·재판실무를 아우르는 통합적 사고와 학습이 그것들을 단계적으로 배우는 것보다 훨씬 효율적이라고 생각한다. 비교적 단기간에 법률실무 수행능력을 배양해야 하는 법학전문대학원 교과과정을 성공적으로 이수하기 위해서도 위와 같은 통합적 접근이 매우 중요하다고 생각하였기에, 이 책을 처음 펴낼 때부터 민법총칙 규정에 관한 설명은 물론, 그와 관련된 민법각칙과 민사특별법의 규정, 민사절차법의 규정과 소송실무에 관한 내용을 망라하여 기술하였다.

4년 동안 이 책을 강의교재로 사용하면서 잘못 기술되거나 부족한 부분을 많이 발견하였다. 그것들을 보완하기 위함이 개정판을 내는 주된 목적이었지만, 그 기회를 이용하여 아래 2가지 사항에 관한 내용도 보강하였다.

첫째, 민법과 민사소송법상의 능력 비교, 소장 등 법문서에서의 당사자표시, 보전처분·강제집행절차와 관련된 용어와 재판례 등 민사절차법과 소송실무에 관한 내용을 더욱 많이 담게 되었다. 그 내용들이 처음 법공부를 하는 사람에게는 엄청난 부담으로 다가오겠지만, 그에 관한 이해를 해당 과목 강의를 들을 때로 미루지 말고 민법기초의 학습에서 함께 극복해 나가길 권한다.

둘째, 위와 같은 통합적 학습에 있어 가장 훌륭한 자료가 되는 법령과 재판례에 관하여, 개정 법령을 반영하고 최신 판결들을 포함하는 등 더 많은 내용을 게재하였다. 법적 문제 해결에서 가장 중요한 단초가 되는 법령의 조문을 찾아서 읽는 습관을 들이고, 게재된 재판례에서 중요하다고 판단되는 것은 사실관계를 포함한 전문을 필독함으로써 그에 관한 이해력을 높이고 기억의 편린들을 많이 남기기를 권한다.

위와 같은 내용의 보강 등으로 책의 제목이 '민법총칙'에서 '민법기초'로 바뀌었고, 그 내용은 훨씬 더 어려워질 수밖에 없게 되었다. 설명이 부족한 부분에 관하여는 게재된 관련 재판례를 찾아 읽거나 다른 책을 참고하는 등으로 공부해 가길 권면한다. 한편 학설에 관하여, 시험과 소송실무에서 그 중요성이 판례에 비하여 훨씬 떨어지고, 견해의 소개와 다툼의 실익을 소개하는 기왕의 내용으로 충분하다고 판단되는 점 등을 고려하여, 참고문헌 중 개정판의 새로운 기술 등에 관하여는 이 책에서 반영하지 않았음을 밝혀둔다.

이 책이 출판되기까지 많은 분의 격려와 도움을 받았다. 특별히 책의 체계에 관하여 충실한 조언을 해주고 교정을 위한 수고를 마다하지 않은 일반대학원 과정의 박종록 부장과 임도경 연구원에게 진심으로 감사드린다. 미진한 내용을 잘 엮어 책으로 만들어주신 성승현 원장님을 비롯한 전남대학교출판문화원 여러분께도 감사의 말씀을 올린다.

2019. 2.

전남대학교 법학전문대학원 연구실에서
김 태 봉

머리말

30년 가량의 실무생활을 접고 강단에 선지 3년여의 세월이 흘렀다. 미래를 위하여 땀흘려 노력하는 후학들과 함께 하는 즐거움은 컸지만, 갑작스런 전직으로 인한 준비부족으로 시행착오도 적잖이 겪어왔다. 그 중 가장 큰 어려움은 선배 교수님들의 많은 업적에도 불구하고 법학전문대학원의 학사과정에 꼭 맞는 교재를 발견하기가 쉽지 않았다는 점이다. 그로 인해 강의를 준비할 때마다 많은 책 등 관련 자료와 씨름하는 간난의 시간을 보냈고, 3회에 걸친 반복된 작업의 결과로 강의안이 마련되었으며, 이제 그 결과물로 책자 발간을 시도해 보고자 한다. 아직 미진한 부분이 많음에도 그러한 시도를 하는 것은 이것을 출발점으로 삼아 그 내용에 관하여 끊임없이 갈고 닦게 함으로써 나 자신에 대한 채찍질로 삼고자 하는 의도일 수도 있다.

민법총칙은 사법적용의 시작과 끝으로 매우 중요한 기능을 하고, 방대한 분량의 민법규정에 공통으로 작용하는 추상적 원칙의 집합체로서 몹시 난해하다. 이 책을 엮음에 있어 이러한 민법총칙을 어떻게 어렵지 않게 이해시키고 사법실무와 연결시키는 길을 알려줄 수 있는가를 고심하였다. 그에 따라 아래와 같은 몇 가지 점에 유의하면서 이 책을 엮었다.

첫째, 공부하는 사람들의 혼란을 최소화하고 학습의 효율성을 높이기 위하여 기존 교과서의 편제와 내용에서 크게 벗어나지 않으려고 노력하였다. 그러나 민법총칙과 연관이 있는 민법의 각칙과 민사특별법, 민사절차법에 관한 언급을 피하지 아니하였다. 그것이 민법을 처음 공부하는 사람에게는 고통스러울 수도 있지만 그러한 통합적 사고와 접근이 민사법의 체계적 공부를 위하여 꼭 필요한 과정이라고 생각하기 때문이다.

둘째, 법률실무와의 직접적 관련성은 다소 떨어지더라도 민법의 원리나 민법해석 등에 관한 학설의 대립 등에 관하여도 가급적 빠뜨리지 않으려고 노력하였다. 그러한 법원리 등에 관한 공부가 대법원판례만을 답습하는 법기술자가 아닌 법의 이념 등을 탐구하여 현실에 맞는 법적용을 할 수 있는 법률가를 양성함에 필수적이라고 생각하기 때문이다. 다만 그것들을 실제 생활과 관련된 계약의 사례 등을 들어 설명하려는 시도는 시간과 서술능력의 부족으로 지극히 일부에 그쳐 아쉬움이 남는다.

셋째, 법률실무를 배우려는 사람에게 구체적 사례 등을 제공함으로써 확실한 길잡이 역할을 할 수 있는 판례들을 가급적 많이 담으려고 노력하였다. 최근의 판결까지 빠뜨리지 않으려고 하다 보니 다소 분량이 많아졌지만, 시간을 최대한 투자하여 원문까지 찾아 검토해 본다면 민법의 일반론에 관한 공부는 물론 사례형과 기록형 문제에 대한 대비도 충실하게 될 것이다.

이 책을 출간함에 있어 많은 분들의 도움을 받았다. 우선 강의에 도움이 되는 많은 자료와 조언을 제공해 주신 민사법 교수님들께 감사드리고, 그 중에서도 강의안 등의 제공으로 책자 발간의 계기를 주신 이승우 교수님께 특별한 감사를 드린다. 또한 원고를 꼼꼼히 교정해 준 정철진·천나리 두 예비법조인에게도 감사드린다. 그리고 책자의 편집과 교정을 잘 마무리하고 지원해주신 전남대학교출판문화원 여러분께도 감사의 말씀을 드린다.

2015. 2.

김태봉

■ 목 차

제1장 민법의 기초이론

제2장 권리의 주체

제3장 권리의 객체

제4장 권리의 변동

■ 참고문헌

고상룡, 민법총칙, 제3판, 2003.

곽윤직, 민법총칙, 제7판, 2010.

곽윤직(편집대표), 민법주해, 2002.

김상용, 민법총칙, 1993.

김용한, 민법총칙론, 전정판, 1986.

김준호, 민법총칙(제9판), 2015.

김증한·김학동, 민법총칙, 1995.

김홍업, 통합민사법, 2017.

김현태, 민법총칙, 1973.

박준서(편집대표), 주석민법, 2000.

송덕수, 민법강의(제9판), 2016.

양창수·김재형, 민법Ⅰ 계약법, 2012.

양창수·김형석, 민법Ⅲ 권리의 보전과 담보, 2012.

이영준, 한국민법론(총칙편), 2003.

이은영, 리걸마인드 민법총칙, 2009.

장경학, 민법총칙, 1986.

지원림, 민법강의, 제14판, 2014.

R. 드워킨(염수균 옮김), 법과 권리, 2010.

제1장 민법의 기초이론

제1절 민법의 의의

Ⅰ. 법질서의 일부로서 민법

1. 사람과 공동생활

사람은 거의 예외 없이 다른 사람들과 어울려 공동생활을 하고 있다. 이러한 공동생활은 단체의 구성원이 일정한 준칙에 따라서 행동하는 때에 비로소 가능하며, 구성원 각자가 위 준칙을 무시하고 제멋대로 행동한다면 공동체의 존립이 불가능하다. 이 세상에 존재하는 자원은 유한한데 사람의 욕망은 끝이 없는데다가 권리의 접촉면에서 상호 이해충돌과 그로 인한 분쟁발생을 피할 수 없어,[1] 위와 같은 이해충돌과 분쟁을 조정할 일정한 행위 준칙이 없을 경우 공멸할 수밖에 없기 때문이다. 따라서 사회가 있는 곳에는 반드시 공동생활을 규율하는 준칙이 있다(Ubi societas ibi ius).

2. 사회규범으로서의 법

위와 같은 공동생활의 준칙은 인과율이 지배하는 「존재의 법칙」이 아니라 인간의 이성에 따라 스스로를 합목적적으로 규율하는 「당위(當爲)의 법칙」인 **규범**이다. 사람이 공동생활에 있어서 지켜야 하는 규범에는 법과 도덕, 관습, 종교의 교리 등이 있고, 위와 같은 사회규범들은 처음에는 서로 경계가 없이 일체를 이루고 있었으나, 사회가 발달됨에 따라 각각 다른 영역으로 나누어지게 되었다. 이들 사회규범 사이의 본질적 차이, 특히 법과 다른 규범과의 구별 등에 관하여는 지금도 법철학적 논의가 끊이질 않고 있고, 법의 개념에 관한 정설도 아직은 없다. 다만 법은 그것을 지킬 것이 국가권력 등에 의하여 강제되는 점에서 다른 사회규범들과 구별되는 특징이 있다는 것이 일반적인 설명이다. 또한 법은 법이념에 봉사하는 의미를 가져야 하므로 그 내용에 관하여도 정당성을 구비하여야 한다.[2]

---

1) 상린관계와 아파트의 층간소음 등이 그 구체적인 예이다.

2) 내용적 정당성에 관한 요청은 민법의 영역에서 인정되는 사적자치의 원칙 때문에 특별히 강조되

3. 법질서의 일부로서 민법

일정한 시기에 어느 사회에서 행하여지는 법규범들은, 그것이 가지는 의미와 내용으로 서로 관련을 가지고 있으며, 어느 정도의 체계적 통일성을 갖추고 있다. 이러한 규범의 체계를 법질서 또는 법체계라고 일컬으며, 민법은 이러한 법질서의 일부로서 사람의 재산관련 활동과 가족관계 등을 규율한다. 민법의 의의는 법질서 중 민법이 차지하는 지위를 밝힘으로써 확정될 수 있는바, 통설은 「**민법은 사법(私法)의 일반법**」이라고 설명한다.[3]

Ⅱ. 실질적 의미의 민법

민법은 사람의 생활관계 중 재산과 가족관계 등 사적인 영역을 규율하는 **사법**이고, 범위에 제한 없이 모든 사람에게 적용되는 **일반법**이며, 권리와 의무의 발생·변경·소멸에 관하여 규정하고 있는 **실체법**이다.

1. 사법(私法)으로서 민법

법(법체계)을 공법과 사법으로 나누는 로마법 이래의 전통적 태도에 따르면, 민법은 사법에 속하는 법이다.

가. 공·사법 구별에 관한 학설의 대립

(1) 학설의 개관

실정법 가운데서, 민법·상법 등은 사법에 속하고, 헌법·형법·민사소송법·형사소송법과 각종 행정법규 등은 공법에 속한다고 설명하는 것이 일반적인 견해이나, 공·사법의 구별기준에 관하여는 정설이 없고 아래와 같은 여러 학설들이 주장되고 있다.

(가) 이익설(목적설)

공익 보호를 목적으로 하는 법이 공법이고, 사익 보호를 위하는 법이 사법이라는 견해이다.

(나) 성질설

법이 규율하는 법률관계가 평등한 것인지 여부를 기준으로 하여, 권력·복종의 관계

지 않고 있지만, 법으로서 갖추어야 할 최소한의 요건이라는 사실에는 변함이 없다. 내용적 정당성을 갖추지 못한 법의 존재를 인정한다면 법의 이름으로 불법이 자행될 위험이 있기 때문이다.

3) 민법을 위와 같이 개념 규정하는 경우 이를 실질적 의미의 민법이라고 한다. 한편 민법의 의의를 1958.2.22. 공포되어 1960.1.1.부터 시행되고 있는 법률 제471호로 파악하는 경우도 있는바, 이를 형식적 의미의 민법이라고 한다.

(수직관계)를 규율하는 법을 공법이라 하고, 평등·대등의 관계(수평관계)를 규율하는 법을 사법이라고 하는 견해이다.

(다) 주체설

법이 규율하는 생활관계의 주체를 기준으로 하여, 국가 기타의 공공단체 상호간의 관계 또는 이들과 개인과의 관계를 규율하는 법이 공법이고, 개인 상호간의 관계를 규율하는 법은 사법이라는 견해이며,[4] 이는 국민 또는 인류로서 생활관계를 규율하는지 여부에 따라 공·사법을 구별하는 생활관계설과 대동소이하다.

(라) 결어

공·사법의 구별이란, 법의 개념이나 이념으로부터 선험적·절대적으로 이끌어 낼 수 있는 법개념이 아니라, 연혁적·상대적인 것으로 보여지고, 위의 각 견해들은 그 구별에 관한 일응의 기준을 제시하고 있으면서도 극복하기 어려운 모순도 내포하고 있는바, 현재의 유력한 견해는 주체설(또는 주체설+성질설)이다.

(2) 구별의 필요성(실익)

(가) 구제절차의 상이

공법상 쟁송을 규율하는 행정소송법과 행정심판법은 재판의 관할 및 절차 등에 관하여 사법상의 다툼을 전제로 하는 민사소송법과 다른 규정을 두고 있는바(법원조직법 제40조의 4, 행정소송법 제9조, 제28조 등), 법률상 쟁송에 관하여 행정사건과 민사사건의 구별의 표준을 세우기 위하여 공법과 사법의 구별은 필요하다.[5]

(나) 기본원리의 상이

구체적인 법률관계에 관하여 이를 규율하여 줄 직접적인 법규정이 없는 경우 관련 법원리에 의하여 그 법률관계의 내용을 결정하게 되는바, 이때 적용할 법원리를 정하기 위하여도 공·사법의 구별은 필요하다. 사법의 영역에서는 **사적 자치가 허용**되므로 원칙적으로 각 개인이 자기 의사에 따라 법률관계를 형성할 수 있고, 법의 흠결이 있더라도 당사자의 의사에 따른 보충이 허용된다. 반면 국가적 목적의 달성 등을 존재이유로 하는 공법의 영역에서는 엄격한 **법치주의가 적용**되는 관계로 법이 허용하는 범위에서만 우월적·특수적 지위가 인정되는 공권력의 행사가 허용되고, 법이 흠결된 경우에는 원칙적으로 공권력의 행사가 허용되지 않는다.

---

4) 다만 국가나 공공단체가 개인과 같은 자격으로 다른 개인과 법률관계를 맺는 경우, 이를 규율하는 법은 사법이라는 예외를 인정한다.

5) 또한 의무불이행에 대한 제재의 면에서, 사법관계에서는 소송 및 강제집행 절차를 통하여 구제받을 수 있을 뿐 자력구제는 원칙적으로 금지되나, 공법관계에서는 행정청이 직접 강제수단을 사용하여 의무이행의 결과를 도모할 수 있다.

***** 공법과 사법의 혼합(사법의 공법화)**

- 종래의 공·사법의 구별로는 분간이 어려운 중간적 법영역의 출현
  - 국민의 생존권 보장의 이념에 입각하여 사적 자치에 대한 제한을 규정
    : 사회법(노동관계법, 사회보장법 등)
  - 국민경제질서를 바로잡기 위하여 사적 자치 등에 대한 국가권력의 개입을 규정
    : 경제법(독점규제 및 공정거래에 관한 법률 등)
  - 특정의 주제를 중심으로 관련 공·사법 규정들을 단행법으로 포섭하여 규정
    : 소비자기본법, 환경정책기본법 등
- 최근 실질적 평등의 보장과 공공복리의 원리에 의거하여 사회법 등이 더욱 확대·강화되고 있는 추세임
- 공법과 사법의 구별을 부정하는 학파의 유력한 논거가 됨

나. 판례의 입장

(1) 사법의 영역으로 규율

대법원은 '지방재정법에 의하여 준용되는 「국가를 당사자로 하는 계약에 관한 법률」에 따라 지방자치단체가 당사자가 되는 이른바 공공계약은 사경제의 주체로서 상대방과 대등한 위치에서 체결하는 사법상 계약으로서 그 본질적인 내용은 사인 간의 계약과 다를 바가 없으므로, 그에 관한 법령에 특별한 정함이 있는 경우를 제외하고는 사적 자치와 계약자유의 원칙 등 사법의 원리가 그대로 적용된다'고 판시하는 등(대법원 2006.6.19.자 2006마117 결정, 2009.12.24. 선고 2009다51288 판결), 사경제 주체로서의 지방자치단체의 택지공급계약이나 물품구입계약, 국유재산 중 일반재산의 대부행위(대법원 2000.2.11. 선고 99다61675 판결), 국유재산 중 행정재산 사용권자의 전대행위(대법원 2004.1.15. 선고 2001다12638 판결),[6] 공공용지의 협의취득(대법원 2004.9.24. 선고 2002다68713 판결), 국유철도의 사고로 인한 손해배상(대법원 1997.7.22. 선고 95다6991 판결)을 사법관계로 파악하고 있다.

사법상의 계약으로서 공공계약 **대법원 2006.6.19.자 2006마117 결정**

지방재정법에 의하여 준용되는 '국가를 당사자로 하는 계약에 관한 법률'에 따라 지방자치단체가 당사자가 되는 이른바 공공계약은 사경제의 주체로서 상대방과 대등한 위치에서 체결하는 사법상의 계약으로서 그 본질적인 내용은 사인 간의 계약과 다를 바

6) 한국공항공단이 국가로부터 사용허가를 받은 행정재산을 제3자에게 전대하는 경우 민법상의 임대차로 규율된다. 반면에 한국공항공단이 국가로부터 행정재산의 사용허가를 받는 것은 행정처분인 특허로서 공법관계이다.

가 없으므로, 그에 관한 법령에 특별한 정함이 있는 경우를 제외하고는 사적 자치와 계약자유의 원칙 등 사법의 원리가 그대로 적용된다고 할 것이므로, 계약체결을 위한 입찰절차에서 입찰서의 제출에 하자가 있다 하여도 다른 서류에 의하여 입찰의 의사가 명백히 드러나고 심사 기타 입찰절차의 진행에 아무 지장이 없어 입찰서를 제출하게 한 목적이 전혀 훼손되지 않는다면 그 사유만으로 당연히 당해 입찰을 무효로 할 것은 아니고, 다만 그 하자가 입찰절차의 공공성과 공정성이 현저히 침해될 정도로 중대할 뿐 아니라 상대방도 그러한 사정을 알았거나 알 수 있었을 경우 또는 그러한 하자를 묵인한 낙찰자의 결정 및 계약체결이 선량한 풍속 기타 사회질서에 반하는 결과가 될 것임이 분명한 경우 등 이를 무효로 하지 않으면 그 절차에 관하여 규정한 '국가를 당사자로 하는 계약에 관한 법률'의 취지를 몰각하는 결과가 되는 특별한 사정이 있는 경우에 한하여 무효가 된다고 해석함이 타당하다.

(2) 공법관계로 규율

대법원은 '「법률 제 3872호 하천법 중 소멸시효가 만료된 하천구역 편입토지 보상에 관한 특별조치법」 제2조 등에 의한 손실보상청구권의 법적 성질은 하천법 본칙이 원래부터 규정하고 있던 하천구역에의 편입에 의한 손실보상청구권과 하등 다를 바가 없는 것이어서 공법상의 권리임이 분명하므로 그에 관한 쟁송도 행정소송절차에 의하여야 한다'고 판시하였고(대법원 2006.5.18. 선고 2004다6207 전원합의체 판결),[7] 행정재산에 대한 사용·수익의 허가 및 취소(대법원 1997.4.11. 선고 96누17325 판결), 귀속재산의 매각(대법원 1998.4.24. 선고 96다48350 판결), 공공용지의 수용재결(대법원 2001.1.16. 선고 98다58511 판결)등을 공법관계로 파악하고 있다. 한편 법률의 규정 등에 따라 행정기관의 권한을 행사하는 단체의 처분인 대한변호사협회의 징계처분, 재건축조합의 각종 결정 등이 공법관계로 규율됨을 유의하여야 한다.

2. 일빈사법으로시 민법

가. 일반법과 특별법

사람·장소·사항 등에 관하여 특별한 제한 없이 일반적으로 적용되는 법을 「일반법」이라 하고, 일정한 사람 등에 대하여서만 적용되는 법을 「특별법」이라고 일컫는 바, 민법은 사람·장소·사항 등에 제한 없이 모든 사람의 일반적 생활관계에 적용되는 일

---

7) 위 판결은 공·사법 상의 권리관계의 구별이 법관들도 많은 혼란을 느낄 만큼 어렵다는 점을 보여주는 것으로 의미가 있으나, 현재 위 특별조치법이 효력을 상실하였기 때문에 특별히 그 내용을 기억할 필요는 없다.

반법이다.

일반사법으로서 민법이 있는 반면, 특정한 사람·생활관계에 한하여 적용되는 특별사법이 있고, 그 중에서 가장 중요한 것은 상법이다. 특별사법으로서 상법은 영리를 목적으로 활동하는 사람, 즉 상인들에 의한 상거래관계와 상행위에 관하여 다룬다(주의할 것은 상법은 민법과의 관계에서는 특별사법이지만, 어음법 등 상사특별법에 대해서는 일반법의 지위를 갖는다는 점이다).

나. 특별법 우선의 원칙

일반법과 특별법을 구별하는 실익은, **특별법이 일반법에 우선하여 적용되는 것**에 있다. 즉 일반법과 특별법이 경합되면 특별법이 먼저 적용되고, 특별법이 규율하지 않는 사항에 관하여만 일반법이 적용된다.

3. 실체법으로서 민법

가. 실체법과 절차법

권리·의무의 실질적 사항(주체, 변동의 요건과 효과 등)을 규정하는 법이 「실체법」이고, 실체법상의 권리를 실행하거나 의무를 이행시키기 위한 절차를 정하는 법이 「절차법」[8]이다. 민법과 상법 등은 실체법으로서 사법상의 권리·의무의 내용과 그 발생·변경·소멸 기타 법률관계의 실질적인 기준(권리의 주체와 객체, 그 변동)을 규정한다.

이에 대하여 절차법은 실체법을 구체적 사건에 적용하는 절차에 관한 법으로서 법률관계를 공적으로 확정하고 실현하는 수단적 성격을 갖는다. 민사에 관한 절차법으로는 민사소송법, 민사집행법, 소송촉진 등에 관한 특례법, 소액사건심판법, 민사조정법, 채무자 회생 및 파산에 관한 법률, 부동산등기법, 가사소송법, 비송사건절차법 등이 있다.

나. 양자의 연관성

실체법에 따른 법률관계에 대하여 다툼이 생길 경우, 그 주체는 재판 등을 통하여 국가권력의 발동을 요구하게 된다.[9] 즉 실체법이 정하는 내용을 법원 등 공적 기관에 의하여 실현하는 절차를 정하는 법이 절차법이므로, 실체법인 민법을 공부함에 있어 절차법의 영역인 재판상의 주장·증명책임과 판결에 대한 집행의 문제 등을 연관지어서 사고하여야 한다.

---

8) 의무의 자발적 이행이 이루어지지 않는 경우 소의 제기와 재판의 진행, 판결과 조정, 강제집행 등 권리의 실질적 구현절차를 규정하는 법이다.

9) 따라서 절차법이 완비되고 제대로 작동되어야 실체법에 규정된 권리의 실질적 구현이 가능하게 된다.

다. 행위규범·재판규범

실체법인 민법에 관하여, 국가가 개인에 대하여 사회생활에 있어서 지키도록 요구하는 규범으로 모든 구성원에게 향해진 것으로 보는 행위규범설과, 권리 주체 사이의 권리의 존부에 관한 다툼을 해결하기 위한 기준으로서 법원을 주된 수범자로 보는 재판규범설이 대립한다. 그러나 민법은 일상생활에서 개인이 지켜야 할 준칙으로서 행위규범의 성격과 분쟁의 발생으로 소가 제기된 경우 법원의 판단의 기준이 되는 재판규범의 성격을 모두 갖고 있다고 보아야 한다.[10]

Ⅲ. 형식적 의미의 민법

1. 의의

형식적 의미의 민법은 「민법」이라는 이름을 가진 성문의 법전, 즉 1958.2.22. 공포되고, 1960.1.1. 시행된 법률 제471호를 지칭하고, 실질적 의미의 민법과 구별하기 위하여 흔히 민법전이라고 일컫는다.[11]

민법전은 위에서 본 실질적 의미의 민법을 체계화한 것이기는 하지만, 실질적 의미의 민법에 관한 모든 내용을 포함하고 있지는 않으며, 위 「민법」속에는 법인의 이사 등에 대한 벌칙(제97조)이나 채권의 강제집행방법에 관한 규정(제389조) 등과 같이 실질적 의미의 민법이 아닌 공법적 규정도 포함되어 있음을 유의하여야 한다.[12]

2. 민법전의 구성 및 내용

가. 우리 민법전의 구성

우리 민법은 총칙, 물권, 채권, 친족, 상속의 5개 편과 부칙으로 구성되어 있는데, 이러한 구성은 강학상 민법총칙, 재산법(물권법과 채권법), 가족법(친족법과 상속법)으로 편별된다. 또한 민법 전체에 공통적·일반적으로 적용되는 규정들을 정리하여 「총칙」이라는 이름으로 전치시키고, 나아가 제2편 내지 제4편의 각 제1장들도 당해 편에 대한 총칙들로 구성되어 있으며, 제5편에서는 제1장과 제2장의 각 제1절들이 총칙적 규정들을 담고 있는바, 민법전은 '일반적인 것으로부터 특수한 것으로' 구성되는 「판덱텐 체계(독일식 편별법)」를 따르고 있다.[13]

---

10) 곽윤직, 민법총칙(제7판), 박영사(2010).

11) 박준서 편집대표, 주석민법 총칙(1), 한국사법행정학회(2002), 31면~80면 참조. 민법전의 제정과정 등에 관하여 상세하게 기술하고 있다.

12) 우리가 배우려는 민법학의 대상은 실질적 의미의 민법이다. 그러나 민법전이 실질적 의미의 민법을 대부분 포섭하고 있으므로 민법학의 논의는 사실상 민법전을 중심으로 이루어지고 있다.

나. 우리 민법전의 내용

(1) 제1편 총칙은 제2편 내지 제5편 전체와 관련하여 의미를 가지는 규정들, 구체적으로는 민법의 **통칙**과 **권리의 주체, 권리의 객체, 권리의 변동**에 관한 내용을 담고 있다.

(2) 물권을 규율대상으로 하는 제2편 물권법은 물권의 변동(그 발생과 변경, 소멸), 물권의 종류와 내용으로 소유권과 점유권, 제한물권(용익물권으로 지상권·지역권·전세권이, 담보물권으로 유치권·질권·저당권이 있음)에 관하여 규정하고 있다.

(3) 채권관계를 규율대상으로 하는 제3편 채권법은 크게 두 부분으로 나뉜다. 하나는 각종의 채권관계에 공통되는 채권의 목적과 효력, 그 소멸사유, 채권의 양도와 채무의 인수 등을 규정하는 채권총칙이고, 다른 하나는 각종의 채권을 발생시키는 원인(계약, 사무관리, 부당이득, 불법행위) 및 그 내용을 다루는 채권각칙이다.

(4) 제4편 친족법은 부부와 미성년의 자를 중심으로 하는 혼인, 친자관계 및 후견과 부양에 관하여 규율하고 있다.

(5) 제5편 상속법은 사람의 사망으로 인하여 그 재산이 일정한 사람에게 승계되는 상속과 유언에 관하여 규율한다.[14)]

다. 민법총칙의 내용과 지위

(1) 총칙의 추상성

민법총칙은 추상적 법원리의 집합체이다. 총칙의 규정들은 수많은 구체적 사례와 사법 규정들에 공통으로 적용시킬 수 있는 법원리를 추출해 낸 것이다. 그로 인하여 민법은 간결하면서도 체계성을 갖춘다. 그 내용이 시대와 장소에 따라 상이한 세부사항의 공통요소를 추출한 것이므로 민법총칙은 탄력성과 유연성을 갖는다.

반면 너무 추상적으로 서술되어 있어서 민법총칙의 규정만으로는 법률문제의 해결책을 제시하기 어렵다는 것이 단점으로 지적된다. 따라서 구체적인 사례를 해결함에 있어서는 총칙의 추상적 원칙과 함께, 민법의 각칙 및 관련 특별법 등의 세부적인 규정을 적용해야 한다는 사실을 항상 기억해야 한다.

---

13) 판덱텐 체계는 논리적 체계면에서 우수하나 그 내용이 너무 추상적이고 난해하다는 단점이 있다. 한편 근대 민법전의 또 하나의 편별 방식인 인스티투찌오네스 체계(로마식 편별법)는 민법을 사람, 물건, 소권의 3편으로 구성하는데, 권리의 주체, 권리의 객체, 권리의 변동의 순서로 구성된 민법총칙의 체계가 이와 비슷하다.

14) 상속법은 친족사이에서 발생하는 상속관계를 규율하므로 친족법과 매우 밀접한 관계에 있는 반면, 궁극적으로는 재산에 관하여 규율한다는 점에서 재산법의 성격도 갖고 있는바, 상속법을 재산법과 가족법이 교차하는 영역이라 할 수 있다.

(2) 민법총칙의 내용

제1장 **통칙**에서는 민법의 법원(法源)과 신의성실에 관하여 규정한다.

제2장과 제3장은 **권리의 주체**로서 인(人)과 법인(法人)에 관하여 규정한다. 자연인에서는 권리능력과 행위능력, 주소, 부재와 실종을, 법인에서는 사단법인과 재단법인의 설립 및 해산, 그 기관을 각 다룬다.

제4장에서는 **권리의 객체**가 되는 물건 또는 '의무자의 일정한 행위' 중, 물건에 관하여 규정한다.

제5장에서는 **권리변동**의 요건 중 가장 중요한 법률행위에 관하여 규정한다. 그 총칙으로 반사회적 법률행위 및 불공정한 법률행위의 무효를 선언한 다음, 의사표시에 관하여 흠결 있는 경우의 효력과 효력발생시기 등에 관하여 규정한다. 계속하여 현명의 원칙과 대리권 등 의사표시의 대리, 법률행위의 무효와 취소, 조건과 기한 등에 관하여 규정하고 있다.

제6장에서는 기간의 기산점과 만료점 등 **기간**에 관하여, 제7장에서는 시효소멸의 원칙 선언, 그 기간, 시효의 중단과 정지 등 **소멸시효**에 관하여 각 규정하고 있다.

(3) 민법총칙의 지위

민법의 총칙편은 형식적으로는 민법 전체의, 나아가서는 사법 전체의 통칙이며, 실제로 법원과 신의성실, 주소, 부재와 실종, 물건, 기간 등에 관한 규정은 민법 전체에 걸치는 통칙으로서 성격을 갖는다. 그러나 그 밖의 총칙편의 규정들 대부분은 반드시 민법 전체의 통칙으로서 실질을 갖는 것은 아니다. 즉 총칙편의 대부분 규정들(특히 법인과 법률행위 등에 관한 내용)은, 실질적으로는 재산법에 대한 통칙일 뿐, 가족법에 대한 총칙으로서의 성격은 비교적 희박하다.

***** 민법총칙은 사법 적용의 시작과 끝**

법관 등이 구체적 사례 해결을 위하여 민법 등의 규정들을 적용할 때 당사자의 권리능력과 행위능력, 의사표시, 법률행위의 취소사유 등 총칙의 추상적 원칙을 먼저 검토·적용한 다음, 각칙 등의 세부적 규정을 적용하게 되며, 각칙 등의 규정이 모호하거나 그 적용이 너무 부당할 경우 다시 총칙의 원리적 규정을 적용하게 되는바, 사법 적용의 시작과 끝에 민법총칙이 있음을 항상 기억하여야 한다.

제2절

민법의 법원(法源)

Ⅰ. 법원의 의의

1. 개념

법원(法源) 또는 법의 연원(淵源)은 일반적으로 법[1]을 인식할 수 있도록 드러나 있는 모습, 즉 법의 존재형식 또는 법의 인식근거를 말한다.

법학의 첫 번째 과제는 법을 올바르게 해석하고 적용하는 것이다. 따라서 민법을 공부함에 있어서는, 주된 과제인 민법의 해석·적용에 앞서 그 대상인 법원을 밝히는 작업이 매우 중요하다. 「민법의 법원」은 법관이 민사에 관하여 재판을 함에 있어서 적용하여야 할 기준(재판규범), 또는 국가 구성원인 개인의 사법행위상의 준칙(행위규범)이 되는 민법의 존재형식을 지칭한다.

2. 법원의 종류 및 그 적용순서

민법 제1조는 '민사에 관하여 법률에 규정이 없으면 관습법에 의하고, 관습법이 없으면 조리에 의한다'고 규정한다. 이는 **법률**(성문화된 제정법), **관습법** 및 **조리**를 법원의 종류로 열거하고, 그 적용순서에 관하여 법률을 맨 앞에 둠으로써 성문법주의 원칙을 선언하고 있으며, 법률이 없는 경우에 관습법·조리가 보충적으로 적용되는 것으로 정함으로써 관습법 등 불문법에 보충적 효력만을 부여한다는 것이다.

Ⅱ. 성문민법

제1조의 성문법주의 원칙에 따라 법률이 당연히 제1차적 법원을 이룬다. 제1조에 규정된 법률은 성문화된 제정법을 지칭하고, 거기에는 형식적 의미의 법률은 물론이고, 명령, 대법원규칙, 조약, 자치법규가 모두 포함된다.

1. 법률

헌법이 정하는 절차에 따라 국회에서 의결되어 대통령이 공포한 법률만을 지칭한다(헌법 제53조). 민법의 법원으로서 위와 같은 법률은 많이 있지만, 가장 근본이 되고

1) 라드브르흐는 법을 인간의 공동생활을 위한 일반적 규범의 총체라고 규정하는바, 이는 의식의 세계에 존재할 뿐 외부적·공간적으로 발현되는 것이 아니다.

중요한 것은 형식적 의미의 민법, 즉 민법전이라 일컬어지는 법률이다.[2)]

가. 민법전

민법의 법원 가운데 가장 중요한 것으로 실질적 의미의 민법 대부분을 포함하고 있다. 그러나 민법전의 규정 전부가 실질적 의미의 민법은 아니며, 법인의 이사 등에 대한 벌칙(제97조)과 채권의 강제집행의 방법(제389조) 등 공법관련 규정들을 일부 포함하고 있음은 전술한 바와 같다.

나. 민법전 이외의 법률

민법전에 포함된 일반적인 민사관계가 아닌 특수하고 구체적인 사항을 규율하기 위하여 법률로 제정된 민사특별법과, 민법전에 규정된 제도 등을 구체적으로 실현하기 위한 절차를 규정한 민법부속법률 등이 있다.

(1) 민사특별법

상법, 공익법인의 설립·운영에 관한 법률, 주택임대차보호법, 상가건물임대차보호법, 집합건물의 소유 및 관리에 관한 법률, 실화책임에 관한 법률, 부동산 실권리자명의 등기에 관한 법률, 입목에 관한 법률, 가등기담보 등에 관한 법률, 공장 및 광업재단 저당법, 신탁법, 외국인토지법, 약관의 규제에 관한 법률, 신원보증법, 보증인 보호를 위한 특별법, 할부거래에 관한 법률, 방문판매 등에 관한 법률, 이자제한법, 대부업의 등록 및 금융이용자보호에 관한 법률, 금융실명거래 및 비밀보장에 관한 법률, 자동차손해배상보장법, 제조물책임법, 국가배상법 등이 있다.

(2) 민사부속법률

부동산등기법, 부동산등기 특별조치법, 가족관계의 등록 등에 관한 법률, 후견등기에 관한 법률, 공탁법, 유실물법 등이 있다.

***** 공법에 포함된 민사법규**

그 밖에도 공법으로 분류될 수 있는 농지법, 특허법, 저작권법, 광업법, 수산업법, 산림법, 도로법, 하천법, 공익사업을 위한 토지의 취득 및 보상에 관한 법률 등에도 민사관련 규정이 많이 포함되어 있음을 유의하여야 한다.

2. 명령

입법기관인 국회의 의결을 거치지 않고 다른 국가기관에 의하여 제정된 법규를 명

---

2) 통설은 강행규정과 임의규정을 불문하고 모든 민법규정의 법원성을 인정하고 있다. 그러나 법이란 재판의 기준이 되는 것만으로는 부족하고 당사자의 의사를 불문하고 구속력을 가져야 하므로 임의규정 중 해석규정에 관하여는 법원성이 부정되어야 한다는 견해도 있음을 유의하여야 한다.

령이라 하며, 여기에는 위임명령과 집행명령이 있다. 위와 같은 명령도 민사에 관련되는 범위에서 민법의 법원으로 될 수 있는바, 주로 위에서 본 법률 등의 시행령과 시행규칙이 그것으로 법률보다 하위의 효력을 갖는다.

***** 민사에 관한 대통령의 긴급명령**

헌법 제76조에 의하면, 대통령은 일정한 요건 아래 재정과 경제, 국가보위에 관한 긴급명령을 발할 수 있는바, 그 명령이 발하여졌을 경우, 그것이 민사에 관한 것이라면 민법의 법원이 됨은 물론이다(1993년의 금융실명거래 및 비밀보장에 관한 긴급재정명령). 주의할 것은 그 명령은 법률과 대등한 효력이 있고, 따라서 기존의 민사법률을 개폐할 수도 있다는 것이다.

3. 대법원규칙

대법원은 법률에 저촉되지 아니하는 범위 안에서 소송에 관한 절차, 법원의 내부규율과 사무처리에 관한 규칙을 제정할 수 있는바(헌법 제108조), 민사에 관련된 대법원규칙은 민법의 법원이 된다. 부동산등기규칙, 부동산등기특별조치법에 따른 대법원규칙, 입목등기처리규칙, 공탁사무처리규칙, 가사소송규칙 등이 그 예이며, 절차에 관한 규정이 대부분이다.

4. 조약

헌법에 의하여 체결된 조약(국가 사이의 문서에 의한 합의로, 협약·협정·의정서·헌장 등을 포함)과 일반적으로 승인된 국제법규는 국내법과 같은 효력을 갖는바(헌법 제6조 제1항), 비준·공포된 조약 등에 민사에 관한 규정이 있을 경우에는 법률과 동일한 효력을 갖는 민법의 법원이 된다. 유류오염손해에 대한 민사책임에 관한 국제협약, 세계저작권협약, 국제물품매매계약에 관한 협약(CISG), 세계무역기구의 무역관련 지식재산권 협정 등이 그 예이다.

5. 자치법규

지방자치단체가 법령의 범위 내에서 제정한 조례와 규칙 속에 민사에 관한 내용이 포함된 경우에는 민법의 법원으로 인정될 수 있지만, 그러한 예는 거의 없다.

***** 외국법**

외국적 요소가 있는 법률관계에 관하여 적용될 준거법으로서의 외국법(국제사법 제1조) 역시 법원으로서 사실이 아닌 법이다. 따라서 법원은 준거법으로 지정된 외국법에 관해서는 당사자의 주장이 없더라도 직권으로 조사하여 내용을 확정한 다음, 적용하여야 한다(국제사법 제5조. 대법원 1981.2.10. 선고 80다2189 판결).

다만 외국법은 국내법과 달리 증명의 대상이 된다. 그 조사방법에 있어서 법원이 합리적이라고 판단하는 방법에 의하여 조사하면 충분하고, 반드시 감정인의 감정이나 전문가의 증언 또는 공무소 등에 사실조회를 하는 등의 방법으로 할 필요는 없다(대법원 1990.4.10. 선고 89다카20252 판결).

Ⅲ. 불문민법

불문민법에는 관습법, 판례법, 조리 등이 있다. 민법은 성문법주의를 취하면서도 관습법과 조리가 민법의 법원이 된다는 것을 명문으로 규정하고 있다(제1조). 불문민법에 관하여는 법률과 관습법 사이에 효력상의 우열이 있는지 여부, 판례와 조리를 법원으로 인정할 수 있는지 여부 등이 문제된다.

1. 관습법

가. 의의

관습법은 어떤 사항에 관하여 동일한 행위가 반복되는 관행(관습)이 생성되고, 그 관행이 사회의 법적 확신을 수반하여 많은 사람에 의하여 법규범으로 지켜질 정도로 된 것이다.

이러한 관습법은 공동사회에서 가장 직접적이고 자연스러운 법의 발현 형식이다. 불문법주의를 채택한 나라에서는 물론, 성문법체계를 비교적 완벽하게 갖춘 나라에서도 사회생활의 유동성에서 유래되는 관습법의 발생을 막을 수는 없다. 민법전이 있고, 사회변동에 따른 법률관계를 규율하기 위하여 특별민사법규를 계속하여 제정해 가는 우리나라에서도 관습민법은 중요한 민법의 법원이 된다(제1조).

우리 법원은 수목의 집단이나 미분리 과실의 공시에 관한 명인방법(대법원 1967.12.18. 선고 66다2382 판결), 관습상의 법정지상권(대법원 1997.1.21. 선고 96다40080 판결), 분묘기지권(대법원 2011.11.10. 선고 2011다63017 판결), 동산의 양도담보, 관습상의 분재청구권 등을 관습법으로 인정하고 있다.

나. 성립요건

(1) 관행의 존재

어떤 사항에 관하여 상당한 기간 동안 동일한 행위가 반복됨으로써, 그 사항이 있을 경우 같은 행위가 행하여질 것이라고 일반인이 예상할 수 있는 상태가 있어야 한다.

(2) 법적 확신의 존재

일반인 등이 어떤 관행을 따르는 것이 법을 지키는 것이라고 생각할 정도의 인식을

갖는 정도에 이르러야 그 관행은 비로소 법적 구속력을 갖는다.[3)]

(3) 전체 법질서에의 부합

관행이 헌법을 최상위 규범으로 하는 전체 법질서에 반하지 아니하는 것으로서 정당성과 합리성이 있다고 인정되어야 한다. 대법원은 상속회복청구권의 소멸(아래 2001다48781 전원합의체 판결)과 종중 구성원의 자격(아래 2002다1178 전원합의체 판결)이 쟁점이 된 사안에서 위와 같은 입장을 명백히 하고 있다.

관습상 상속회복청구권의 소멸 **대법원 2003.7.24. 선고 2001다48781 전원합의체 판결**

사회의 거듭된 관행으로 생성한 어떤 사회생활규범이 법적 규범으로 승인되기에 이르렀다고 하기 위하여는 그 사회생활규범은 헌법을 최상위 규범으로 하는 전체 법질서에 반하지 아니하는 것으로서 정당성과 합리성이 있다고 인정될 수 있는 것이어야 하고, 그렇지 아니한 사회생활규범은 비록 그것이 사회의 거듭된 관행으로 생성된 것이라고 할지라도 이를 법적 규범으로 삼아 관습법으로서의 효력을 인정할 수 없는바, 제정 민법이 시행되기 전에 존재하던 관습 중 "상속회복청구권은 상속이 개시된 날부터 20년이 경과하면 소멸한다."는 내용의 관습은 이를 적용하게 되면 20년의 경과 후에 상속권침해가 있을 때에는 침해행위와 동시에 진정상속인은 권리를 잃고 구제를 받을 수 없는 결과가 되므로 소유권은 원래 소멸시효의 적용을 받지 않는다는 권리의 속성에 반할 뿐 아니라 진정상속인으로 하여금 참칭상속인에 의한 재산권침해를 사실상 방어할 수 없게 만드는 결과로 되어 불합리하고, 헌법을 최상위 규범으로 하는 법질서 전체의 이념에도 부합하지 아니하여 정당성이 없으므로, 위 관습에 법적 규범인 관습법으로서의 효력을 인정할 수 없다.

종중 구성원의 자격 **대법원 2005.7.21. 선고 2002다1178 전원합의체 판결**

종원의 자격을 성년 남자로만 제한하고 여성에게는 종원의 자격을 부여하지 않는 종래 관습에 대하여 우리 사회 구성원들이 가지고 있던 법적 확신은 상당 부분 흔들리거나 약화되어 있고, 무엇보다도 헌법을 최상위 규범으로 하는 우리의 전체 법질서는 개인의 존엄과 양성의 평등을 기초로 한 가족생활을 보장하고, 가족 내의 실질적인 권리와 의무에 있어서 남녀의 차별을 두지 아니하며, 정치·경제·사회·문화 등 모든 영역에서 여성에 대한 차별을 철폐하고 남녀평등을 실현하는 방향으로 변화되어 왔으며, 앞

---

3) 관습법이 성립하기 위한 요건으로 관행이 판결 등의 방법으로 국가에 의하여 법으로서의 승인을 얻어야 한다는 견해가 있다. 관행이 법적 확신을 취득하였는지 여부는 일반적으로 법원의 재판에 의하여 확인될 수밖에 없는 측면이 없지 아니하나, 사법의 작용이 '법의 형성'이 아닌 '법의 적용'에 있음에 비추어 볼 때, 법원의 판결은 이미 성립된 관습법을 확인·적용하는 것일 뿐 그 성립요건은 아니라는 것이 통설이다.

으로도 이러한 남녀평등의 원칙은 더욱 강화될 것인바, 종중은 공동선조의 분묘수호와 봉제사 및 종원 상호간의 친목을 목적으로 형성되는 종족단체로서 공동선조의 사망과 동시에 그 후손에 의하여 자연발생적으로 성립하는 것임에도, 공동선조의 후손 중 성년 남자만을 종중의 구성원으로 하고 여성은 종중의 구성원이 될 수 없다는 종래의 관습은, 공동선조의 분묘수호와 봉제사 등 종중의 활동에 참여할 기회를 출생에서 비롯되는 성별만에 의하여 생래적으로 부여하거나 원천적으로 박탈하는 것으로서, 위와 같이 변화된 우리의 전체 법질서에 부합하지 아니하여 정당성과 합리성이 있다고 할 수 없으므로, 종중 구성원의 자격을 성년 남자만으로 제한하는 종래의 관습법은 이제 더 이상 법적 효력을 가질 수 없게 되었다. 종중이란 공동선조의 분묘수호와 제사 및 종원 상호간의 친목 등을 목적으로 하여 구성되는 자연발생적인 종족집단이므로, 종중의 이러한 목적과 본질에 비추어 볼 때 공동선조와 성과 본을 같이 하는 후손은 성별의 구별 없이 성년이 되면 당연히 그 구성원이 된다고 보는 것이 조리에 합당하다.

다. 효력

관습법에 대하여 이미 존재하는 성문법을 개폐하는 효력을 인정하느냐(변경적 효력설, 또는 대등적 효력설), 단순히 성문법이 없는 사항에 관하여 보충하는 효력을 인정하는데 그치느냐(보충적 효력설)는 견해의 대립이 있으나, 새로운 제도를 수용하고 그에 어긋나는 봉건적 관습을 타파하기 위한 민법전의 제정 목적과 제1조의 법문 내용 등에 비추어 보면 보충적 효력설이 타당하다(통설, 판례).[4]

관습법의 보충적 효력 **대법원 2009.5.28.자 2007카기134 결정[5] 등**

대법원은 「…위헌심사의 대상이 되는 법률은 국회의 의결을 거친 이른바 형식적 의미의 법률을 의미하고, 또한 민사에 관한 관습법은 法院에 의하여 발견되고 성문의 법률에 반하지 아니하는 경우에 한하여 보충적인 法源이 되는 것에 불과하여(민법 제1조) 관습법이 헌법에 위반되는 경우 법원이 그 관습법의 효력을 부인할 수 있으므로, 결국 관습법은 헌법재판소의 위헌법률심판의 대상이 아니라 할 것이다(대법원 2009.5.28. 고지 2007카기134 결정).」고 판시하고 있고, 「…가정의례준칙(1973.5.17 대통령령 6680호)에 주상은 장자가 된다고 규정되어 있으므로 '처가 먼저 사망한 경우에는 그 남편이 망실의 제사를 통제하는 제주가 된다는 관습'은 관습법의 제정법에 대한 열후적, 보충적 성격에 비추어 효력이 없다.」는 취지로 판시하고 있다(대법원 1983.6.14. 선고 80 다 3231 판결).

---

4) 다만 물권법정주의에 관한 민법 제185조의 해석과 관련하여 위 제1조와는 별개로 견해의 대립이 있고, 상법 제1조에 의하면 상사관습법은 상법에 대하여는 보충적이나 민법에 대하여는 변경적 효력이 인정된다.

5) 반면에 헌법재판소는 헌재 2013.2.28. 선고 2009헌바129 결정에서 관습법도 헌법소원심판의 대상

라. 효력의 상실

(1) 사유

대법원은 '종중 구성원의 자격을 성년 남자로 제한하는 종래의 관습법'에 대하여, 「사회의 거듭된 관행으로 생성된 사회생활규범이 관습법으로 승인되었다고 하더라도 사회 구성원들이 그러한 관행의 법적 구속력에 대하여 확신을 갖지 않게 되었다거나, 사회를 지배하는 기본적 이념이나 사회질서의 변화로 인하여 그러한 관습법을 적용하여야 할 시점에 있어서의 전체 법질서에 부합하지 않게 되었다면 그러한 관습법은 법적 규범으로서의 효력이 부정될 수밖에 없다.」고 판시함으로써(위 2002다1178 전원합의체 판결), **법적 확신의 소멸**이나 **전체 법질서에의 불합치**를 관습법의 소멸사유로 판시하고 있다.

(2) 소급효의 인정 여부

관습법의 효력 상실에 소급효를 인정할 것인지 여부에 관하여, 그 효력 상실의 일반적 형태인 판례의 변경은 법률의 개정과는 무관하고 그 적용·해석의 잘못을 시정하는 것이므로 새로운 판례의 취지는 판례 변경 이전의 행위에도 소급하여 적용됨이 원칙이라 할 것이나, 법적 안정성과 신의성실의 원칙에 기초한 당사자의 신뢰보호를 내용으로 하는 법치주의의 원리에 반하게 되는 경우에는 소급효가 예외적으로 제한된다.[6]

마. 사실인 관습과의 관계

(1) 양자의 구별

(가) 관습법

관행으로 생성된 사회생활규범이 법적 확신에 의하여 규범으로 승인·강행되기에 이르른 것을 말하고, 법원으로서 제정법에 저촉되지 않는 범위에서 법규범으로서의 효력을 갖는다.

(나) 사실인 관습

관행으로 생성된 사회생활규범이 법적 확신에 의하여 법적 규범으로 승인될 정도에 이르지 않은 것을 말하고, 법령으로서 효력이 없는 단순한 관행으로서 법률행위 당사자의 의사를 보충함(법률행위의 해석기준)에 그친다.[7]

이 된다고 판시하고 있다.

6) 대법원은 상속회복청구권에 관한 위 2001다48781 판결에서는 소급효를 인정(그에 배치되는 이전 판결들을 모두 변경함)하고 있으나, 종중 구성원의 자격에 관한 위 2002다1178 판결에서는 판례변경의 소급효를 제한할 특별한 사정이 있는 경우에 해당된다며 소급효를 부정하고 있다.

7) 관습은 법률행위의 해석기준으로는 임의규정에 우선하고(민법 제106조), 일부 상린관계에 있어서는 민법규정에 우선하여 적용된다(민법 제224조, 제229조 제3항, 제234조, 제237조 제3항).

사실인 관습과 관습법 대법원 1983.6.14. 선고 80다3231 판결

관습법이란 사회의 거듭된 관행으로 생성한 사회생활규범이 사회의 **법적 확신과 인식**에 의하여 법적 규범으로 승인·강행되기에 이르게 된 것을 말하고, 사실인 관습은 사회의 관행에 의하여 발생한 사회생활규범인 점에서 관습법과 같으나 사회의 법적 확신이나 인식에 의하여 법적 규범으로서 승인된 정도에 이르지 않은 것을 말하는 바, 관습법은 바로 법원으로서 법령과 같은 효력을 갖는 관습으로서 법령에 저촉되지 않는 한 법칙으로서의 효력이 있는 것이며, 이에 반하여 사실인 관습은 법령으로서의 효력이 없는 단순한 관행으로서 법률행위의 당사자의 의사를 보충함에 그치는 것이다. 법령과 같은 효력을 갖는 관습법은 당사자의 주장 입증을 기다림이 없이 법원이 직권으로 이를 확정하여야 하고 사실인 관습은 그 존재를 당사자가 주장 입증하여야 하나, 관습은 그 존부자체도 명확하지 않을 뿐만 아니라 그 관습이 사회의 법적 확신이나 법적 인식에 의하여 법적 규범으로까지 승인되었는지의 여부를 가리기는 더욱 어려운 일이므로, 법원이 이를 알 수 없는 경우 결국은 당사자가 이를 주장, 입증할 필요가 있다.

(2) 주장과 증명의 필요 여부

(가) 관습법

관습법의 존재 여부는 법률문제이므로 당사자의 주장·증명이 없어도 법원이 직권으로 이를 확정하여야 한다.

(나) 사실인 관습

이는 법적 규범이 아니고 존부 자체도 불명확하여 법원이 발견하기가 쉽지 아니하므로, 그 존재에 관하여는 당사자가 주장·증명하여야 한다.[8)]

2. 조리(條理)

가. 의의

조리란 사물의 본질적 법칙, 바꾸어 말하면 일반인이 그 이성에 의하여 보통 인정한다고 생각되는 객관적인 원리를 지칭한다. 이는 경험칙·법의 기초를 이루는 일반원칙·사회통념·사회적 타당성 또는 사회질서[9)] 등으로 불리기도 한다.

나. 조리의 법원성

조리를 법원으로 인정할 것이냐에 관하여, 제1조와 헌법 제103조를 근거로 법원성

---

8) 위 80다3231판결 등 참조. 다만 사실인 관습은 일종의 경험칙이므로 그 유무에 관하여는 직권판단사항에 속한다고 판시한 대법원 1977.4.12. 선고 76다1124 판결도 있다.

9) 이는 조리의 다른 이름이기도 하지만, 민법 제103조의 내용으로 성문화됨으로써 법률(제정법)로서의 위상을 갖고 있음에 유의하여야 한다.

을 인정하는 견해와, 제1조가 민법질서의 불완전성과 법관이 재판을 거부할 수 없다는 사실에서 기인한다는 이유로 그 법원성을 부정하는 견해가 대립되고 있다. 두 견해 모두 조리가 법관에 의하여 재판의 준칙이 된다고 하는 점에서 다툼의 실익이 없으나, 민법 규정에 충실한 긍정설이 타당한 것으로 보여진다.[10]

외국법규에 흠결이 있는 경우 **대법원 2000.6.9. 선고 98다35037 판결**

섭외적 사건에 관하여 적용될 외국법규의 내용을 확정하고 그 의미를 해석함에 있어서는 그 외국법이 그 본국에서 현실로 해석·적용되고 있는 의미·내용대로 해석·적용되어야 하는 것인데, 소송과정에서 적용될 외국법규에 흠결이 있거나 그 존재에 관한 자료가 제출되지 아니하여 그 내용의 확인이 불가능한 경우 법원으로서는 법원(法源)에 관한 민사상의 대원칙에 따라 외국 관습법에 의할 것이고, 외국 관습법도 그 내용의 확인이 불가능하면 조리에 의하여 재판할 수밖에 없는바, 그러한 조리의 내용은 가능하면 원래 적용되어야 할 외국법에 의한 해결과 가장 가까운 해결 방법을 취하기 위해서 그 외국법의 전체계적인 질서에 의해 보충 유추되어야 하고, 그러한 의미에서 그 외국법과 가장 유사하다고 생각되는 법이 조리의 내용으로 유추될 수도 있을 것이다.

사법상의 권리로서 환경권의 인정근거 **대법원 1995.5.23.자 94마2218 결정**

헌법 제35조 제1항은 환경권을 기본권의 하나로 승인하고 있으므로, 사법의 해석과 적용에 있어서도 이러한 기본권이 충분히 보장되도록 배려하여야 하나, 헌법상의 기본권으로서의 환경권에 관한 위 규정만으로서는 그 보호대상인 환경의 내용과 범위, 권리의 주체가 되는 권리자의 범위 등이 명확하지 못하여 이 규정이 개개의 국민에게 직접으로 구체적인 사법상의 권리를 부여한 것이라고 보기는 어렵고, 사법적 권리인 환경권을 인정하면 그 상대방의 활동의 자유와 권리를 불가피하게 제약할 수밖에 없으므로, 사법상의 권리로서의 환경권이 인정되려면 그에 관한 명문의 법률규정이 있거나 관계 법령의 규정취지나 조리에 비추어 권리의 주체, 대상, 내용, 행사방법 등이 구체적으로 정립될 수 있어야 한다.[11]

***** 조리= 일반적인 법원리 : 드워킨교수는 법을 제정법 및 관습법과 같은 규칙과 일반적인 법원리 등과 같은 원칙으로 분류한 다음, 위 원칙이 적용된 예로 다음 두 판례를 인용한다.**[12]

10) 조리는 법원으로서의 기능 외에도, 법규 및 법률행위의 해석의 기준으로서 중요한 기능을 한다(대법원 2000.6.9. 선고 99다37009 판결 등 참조).

11) 그밖에도 대법원은 위 2002다1178 판결과 대법원 2008.11.20. 선고 2007다27670 판결에서 종래의 관습법에 관하여 무효를 선언한 다음 그 빈자리를 조리가 메꾸는 것으로 판시한다.

12) 로널드 드워킨(염수균 옮김), 법과 권리, 한길사(2010). 85~96면 참조.

- 리그 대 팔머 사건(Riggs v. Palmer 1889. 뉴욕주 법원)
  할아버지의 유언장에 상속자로 지명된 손자가 재산을 물려받기 위하여 할아버지를 살해한 경우에도 유언에 따라 재산을 물려받을 수 있는지에 관한 사안에서, 법원은 "유언장의 작성 및 증거와 효력 그리고 재산의 양도에 대해 규제하고 있는 제정법은, 만일 그것이 글자 그대로 해석된다면 그리고 그것들의 효력은 어떤 방식과 여건 하에서도 억제되거나 수정되어서는 안 된다면, 그 재산을 살인자에게 주는 것이 옳다. …모든 계약과 마찬가지로 모든 법은 보통법의 일반적이고 근본적인 준칙에 의해 작용과 효력이 통제될 수 있다. 어떤 사람도 자신의 잘못으로부터 이익을 취하거나 자신의 범죄로부터 재산을 획득하는 것이 허용될 수 없다."고 판시하였다.
- 헤닝슨 대 블룸필드 자동차 (Henningsen v. Bloomfield Motors, Inc. 1960. 뉴저지주 법원)
  헤닝슨은 피고회사로부터 자동차를 한 대 사면서 '자동차의 결함에 대한 제조자의 책임은 결함있는 부분을 고쳐주는 것으로 한정한다.…'라고 씌어져 있는 계약서에 서명하였으나, 그 후 자동차의 결함으로 인하여 발생한 사고에 대하여 제조자가 위 약정에 의하여 보호되어서는 안 되며 충돌사고로 상해를 당한 사람의 의료비 등에 대해서 책임을 져야 한다고 주장하면서도 그 근거가 되는 제정법 등 법규칙을 제시하지 못한 사안에서, 법원은 "사기의 경우가 아니라면 계약서에 서명하기 전에 그 계약서를 읽지 않은 사람은 그 계약이 부과하는 부담으로부터 면제될 수 없는 것이 원칙이고, 위 원칙을 적용할 때 계약의 자유는 중요한 요소이다.… 계약의 자유는 어떠한 수정도 받아들이지 않을 정도로 불변인 이론은 아니다.… 자동차의 사용이 위험을 내포하고 있으므로 그 제조업자는 그 제작과 판매와 관련하여 특별한 의무를 지므로 법원은 소비자와 공중의 이익이 공정하게 취급되는지를 보기 위해서 구매계약을 면밀히 검토해야 한다.… 법원은 자신이 불공평과 부정의 도구로 이용되는 것을 허용하지 않을 것이라는 법원리보다 더 친숙하고 영미법의 역사 속에 확고히 뿌리박혀 있는 원칙이 있는가? 다시 말하면 법원은 일반적으로 어떤 집단이 다른 집단의 경제적 필요를 부정하게 이용하는 계약의 집행에 자신이 동원되는 것을 거부한다."고 판시하였다.

Ⅳ. 법원에 관한 기타 논의

1. 판례의 법원성

가. 법원성의 인정 여부

판례는 법원의 판결에 의하여 밝혀진 법원칙 또는 법규범으로, 불문법주의를 따르고 있는 국가에서는 가장 중요한 법원이 된다. 성문법주의 국가에서도 불문법원으로

우리 법체계에서도 조리가 원칙으로 적용되어 위와 같은 재판들이 가능할지에 관하여, 민법 제1조에 규정된 조리는 법률과 관습법의 공백시 그것을 보충하는 규범에 불과하여 제정법을 통제할 수 없음이 원칙이나, 일반 법원리인 조리가 일반조항인 제2조와 제103조의 내용에 포섭되는 것으로 위와 같은 재판들은 가능할 것으로 보여진다.

관습법과 판례법을 규정하고 있는 곳이 없지 않으나, 우리 민법은 판례를 법원으로 열거하고 있지 않다.

제1조의 규정에도 불구하고 판례법의 법원성을 긍정하는 견해가 있다. 그러나 삼권분립의 원칙상 법원은 법을 적용할 뿐 제정하는 기관이 아니라는 점, 대법원의 선례는 당해 사건에 한하여 하급심을 구속할 뿐(법원조직법 제8조) 일반적으로 법원을 구속하지 못하는 점 등으로 미루어, 판례의 법원성을 부정하는 견해가 타당하다.[13]

나. 판례의 사실상 구속력

재판은 본래 구체적 사건에 대한 해결로서의 의미를 가질 뿐이지만, 어떤 사건에 대한 법원의 판결이 반복되면 거기에 추상적인 법칙이 발생하게 되고, 다른 비슷한 사건에 대하여도 그 법칙이 적용될 개연성이 생긴다. 특히 최고법원으로서 대법원의 판결에서 선언된 법의 해석과 적용에 관한 판단은 당해 사건은 물론 다른 사건에 대해서도 사실상의 구속력을 갖게 되고, 일반인의 법생활과 법 해석에 관한 학설에도 심대한 영향을 미친다.

판결의 첫째 목표는 당해 사건의 법적 해결 **대법원 2009.7.23. 선고 2009재다516 판결**

구체적인 대법원의 재판에서 어떠한 표현으로 법의 해석에 관한 일정한 견해가 설시되어 있다고 하더라도, 그것이 진정으로 의미하는 바가 무엇인가, 즉 어떠한 내용으로 또는 어떠한 범위에서 장래 국민의 법생활 또는 법관을 비롯한 법률가의 법운용을 '구속'하는 효력, 즉 판례로서의 효력을 가져서 그 변경에 대법원 전원합의체의 판단이 요구되는가를 살피려면, 사람의 의사표현행위 일반에서와 마찬가지로, 그 설시의 문구에만 구애될 것이 아니라 당해 판결의 전체적인 법판단에 있어서 그 설시가 어떠한 위상을 가지는가에 유의하면서 또 다른 재판례들과의 관련을 고려하면서 면밀하게 따져보아야 한다. 특히, 판결은 1차적으로 개별적인 사건에 법적인 해결을 부여하는 것을 지향하는 것이고, 대법원 판결에서의 추상적·일반적 법명제의 설시도 기본적으로 당해 사건의 해결을 염두에 두고 행하여지므로, 그 설시의 위와 같은 '의미'는 당해 사건의 사안과의 관련에서 이해되어야 한다.

2. 헌법재판소의 결정

가. 헌법재판소결정의 구속력

헌법재판소의 결정은 법원 등 국가기관과 지방자치단체를 기속하므로(헌법재판소법 제47조, 제75조) 그 결정내용이 민사에 관한 것인 경우 민법의 법원이 된다.[14] 다

---

13) 법원성이 부정된다고 하더라도, 판례는 법에 관해 가장 권위 있는 해석을 제공하는 기능, 관습법 및 조리와 관련된 법의 발견 기능, 법과 현실 간에 틈이 발생한 경우 살아있는 법으로서의 기능을 수행한다.

만 그것이 법률에 대한 위헌결정으로 그 효력을 상실시킴으로써 원래의 법원을 그 지위에서 제외시키는 소극적 의미임을 유의하여야 한다.

나. 민사에 관한 위헌결정 사례

(1) 임대차존속기간을 20년으로 제한한 제651조제1항은 입법취지가 불명확하고, 과잉금지원칙을 위반하여 계약의 자유를 침해함으로써 헌법에 위반된다(헌법재판소 2013.12.26. 선고 2011헌바234 결정).

(2) 제764조 소정의 '명예회복에 적당한 처분'에 사죄광고를 포함시키는 것은 양심의 자유 등에 어긋나 위헌이다(헌법재판소 1991.4.1. 선고 89헌가97 결정).

(3) 동성동본 간의 혼인을 금지하는 규정(제809조)은 위헌이다(헌법재판소 1997.7.16. 선고 95헌가6~13 결정).

(4) 친생부인의 소의 제척기간을 출생을 안 날로부터 1년으로 제한(제847조)하는 것은 부당하다(헌법재판소 1997.3.27. 선고 95헌가14, 96헌가7 결정).

(5) 호주제(제778조)는 평등권 등에 어긋나 위헌이다(헌법재판소 2005.2.3. 선고 2001헌가9~15, 2004헌가5 결정).

(6) 상속회복청구권의 행사를 단기간인 상속개시일부터 10년 내로 제한(제999조 제2항)하는 것은 진정상속인의 재산권 등을 침해하는 것으로 위헌이다(헌법재판소 2001.7.19. 선고 99헌바9 결정).

(7) 상속의 한정승인 등의 기간 내에 그 신고가 없는 경우 상속인의 귀책사유를 묻지 않고 단순승인으로 간주하는 것(제1026조 제2호)은 재산권과 사적자치권을 침해한다(헌법재판소 1998.8.27. 선고 96헌가22, 97헌가2·3·9 결정).

3. 법률행위의 법원성

계약 등 법률행위의 내용이 당사자 사이에 국한되긴 하지만 행위규범 또는 재판규범으로서 작용을 하고 사적 자치의 원칙상 당사자의 의사표시가 임의규정에 우선한다. 이 점에 착안하여 법률행위의 법원성을 긍정하는 견해가 없지 않지만, 법원을 **일반적·객관적 효력**을 갖는 법의 존재형식으로 이해하여 특정 당사자 사이의 분쟁해결의 준거에 그치는 법률행위의 법원성을 부인하는 것이 통설이다.

---

14) 이와는 별개로 대법원은 「합헌적 법률해석을 포함하는 법령의 해석·적용 권한은 대법원을 최고법원으로 하는 법원에 전속한다. 따라서 헌법재판소가 법률의 위헌 여부를 판단하기 위하여 불가피하게 법령을 해석하거나 그 적용범위를 판단하더라도 헌법재판소의 법률해석에 대법원이나 각급 법원이 구속되는 것은 아니다.」고 하여 법령 해석권의 주체는 대법원이라고 판시한다(**대법원 2008.10.23. 선고 2006다66272 판결**).

제3절 민법의 기본원리

Ⅰ. 총설

1. 의의

민법의 개별 규정들은 제1차적으로는 관련 법률문제의 합리적인 규율을 목적으로 한다. 한편 이러한 규정들의 밑바탕에는 민법전 전반을 관통하는 이념 또는 원리가 존재하는바, 그 이념을 민법의 기본원리라고 한다. 이를 파악하는 것은 민법을 올바르게 이해하고 체계적으로 해석하며, 구체적인 법률규정이 없는 사항을 규율함에 있어서 매우 중요한 기능을 한다.

2. 민법의 기본원리

우리 민법은 입법과정에서 외국의 민법전들을 모범으로 삼았다. 따라서 우리 민법의 기본원리를 파악하기 위해서는 위 민법전들이 근간으로 삼았던 근대민법의 기본원리가 무엇인지를 살펴보고, 위 법원리가 20세기 이후 어떻게 수정되었는지 고찰할 필요가 있다.

근대민법은 정치·사상적으로는 프랑스 혁명 이후의 자유주의를, 경제적으로는 산업혁명 이후의 자유방임적 자본주의를, 사회적으로는 계몽주의 철학에 따른 개인주의를 근간으로 하는 법원리에 따라 구축되었다. 자기결정의 법리와 자기책임의 법리를 근간으로 하는 자유주의적 법원리를 실현하기 위하여, 근대 민법은 사적 자치의 원칙, 사유재산권 존중의 원칙, 과실책임의 원칙이라는 구체적인 원칙을 인정한다. 이를 일반적으로 **근대 민법의 3대 원칙**이라고 한다.

Ⅱ. 근대민법의 기본 원리

1. 사적 자치의 원칙

근대사회에서 국가는 그 구성원의 사적생활에 대하여 간섭하지 않고 그들로 하여금 자신의 활동에 관해 자율적으로 결정하도록 하였다. 그에 따라 근대국가는 개인이 법질서의 한계 내에서 자기의 법률관계를 그 의사에 따라 자유롭게 형성할 수 있다는 사적 자치의 원칙을 민법의 제1 기본원리로 삼았다. 사적 자치의 원칙은 경제적 측면에서 자유방임주의 또는 시장주의로 발현된다. 즉 이 원칙에 따르면, 모든 사람은 합리적인 판단을 할 수 있으므로 개인의 경제활동에 관하여 국가가 간섭하지 않고 각자의 자유에 맡겨두면, 시장의 원리라는 보이지 않는 손에 의하여 조화롭고 원활한 사회가 될 수 있다는 것이다.

한편 사적 자치는 법의 영역에서 법률행위를 통하여 이루어지므로 위 원칙은 법률행위 자유의 원칙이라고도 지칭되고, 법률행위 중 대표적인 것이 계약이므로 계약 자유의 원칙이라고도 한다. 이는 계약의 영역에서 i) 계약의 체결 여부 ii) 계약 상대방의 선택 iii) 계약 내용의 결정 iv) 계약체결의 방식 등 각 분야에서의 자유로 구체화된다.

2. 사유재산권 존중의 원칙

근대사회에서의 개인은 신분적 종속관계로부터 해방된 대신 봉건사회에서와 같이 타인의 보호를 받으며 생활할 수는 없다. 각 개인은 자신의 책임 아래 생활을 영위하여야 하기 때문에 스스로 생존에 필요한 재화를 획득하고, 소유하는 재화에 삶을 의존할 수 밖에 없다. 그와 같은 사회에서 개인은 소유하는 재화를 완전히 지배하는 반면 타인 소유의 그것을 서로 침해하지 않아야 하고, 국가 역시 개인 소유의 재화에 간섭해서는 안된다. 사유재산권 존중의 원칙은 각 개인의 사유재산권에 대한 절대적 지배를 인정하고, 국가나 다른 사람은 이에 간섭하거나 제한하지 못한다는 원칙이다. 사유재산권 중 가장 전형적인 것이 소유권이기 때문에 소유권 절대의 원칙이라고도 하고, 소유자는 자신의 소유물을 자유롭게 사용·수익·처분할 수 있음을 원칙으로 한다.

3. 과실책임의 원칙

위에서 본 바와 같이 법률관계의 변동이 모두 개인의 자유의사에 따라 이루어진다면, 그에 따른 책임을 개인에게 부담시키는 경우에도 책임의 원인이 되는 사실이 그 개인의 의사활동에 의한 것에 국한되어야 한다. 개인이 타인에게 준 손해에 대하여 그 행위가 위법할 뿐만 아니라 그 개인의 고의 또는 과실에 의한 경우에만 책임을 지고, 그러한 고의나 과실이 없는 행위에 대하여는 책임을 지지 않는다는 것이 과실책임의 원칙이다. 이러한 과실책임의 원칙은 불법행위책임 뿐만 아니라 채무불이행책임에도 적용된다. 한편 개인은 자신에게 귀책사유가 있는 행위에 대하여만 책임을 지고, 불가항력이나 타인에 의한 행위에 대해서는 책임을 지지 않는다는 의미에서 자기책임의 원칙이라고도 부른다.

Ⅲ. 현대민법에서의 수정

근대민법의 3대 원칙은 개인의 사회적·경제적 활동의 자유를 보장함으로써 문화와 물질문명의 눈부신 발전을 가져왔다. 그러나 개개의 사람들은 근대민법이 상정했던 것처럼 자유롭고 평등한 존재가 아니어서 사람들 사이의 빈부의 격차는 점점 심해져 갔고, 자본가계급과 노동자계급 등 계층 간의 대립이 격화되어 갔으며, 그에 따라 공동체의 유지·존립까지도 위협받게 되었다. 현대국가들은 러시아에서의 혁명과 두 번의 세계대전을 거치면서 형식적 자유주의와 자유방임적 시장주의에 대한 반성 위에서 복지국가적·사회주의적 원리 등을 받아들여 근대민법을 수정하기에 이르렀다.

1. 사적자치 원칙의 제한

근대국가에서는 경제활동에 대하여 자유방임주의를 취하였기 때문에 강행법규로써 계약자유를 제한하는 것은 가능한 한 피하였고, 자유경쟁의 허용으로 개인 간의 법률관계는 지나치지 않는 한 사회질서 위반으로 무효가 되지 않는 등, 사적 자치의 원칙에 대한 제한은 지극히 예외적인 경우에만 인정되었다.

그러나 현대민법에서는 국가가 개인의 법률관계에 적극적으로 개입하여 때로는 계약의 체결을 강제하고(전기·수도·의료 등과 같은 생활에 필수적인 서비스 관련 영역), 경우에 따라서는 계약의 내용을 고치거나 그 내용을 부인하는 강행규정을 두고 있으며(주택임대차 또는 근로계약, 약관에 관한 규제 등), 위와 같은 내용을 담는 특별법규도 많이 제정하고 있다. 이러한 제한은 주로 상대방에 비하여 사회적·경제적 약자인 계약 당사자를 보호함으로써 실질적 평등을 이루기 위하여 이루어진다. 또한 법 및 법률행위의 해석에 있어서도 공공의 복리, 사회질서, 신의성실 등의 법리가 더욱 많이 작용함으로써 계약의 자유를 제한하게 된다.

2. 소유권 절대 원칙의 제한

소유권의 행사는 무제한의 자유가 아니고 사회적 또는 국가적 필요에 의한 제한에 따라야 한다. 근대국가에서도 소유권 절대 원칙에 대한 제한은 없지 않았지만, 그 제한은 지극히 예외적인 데 그쳤다.[1)]

그러나 현대국가에 이르러서는 '소유권은 의무를 수반한다(바이마르 헌법 제111조)'거나, '재산권의 행사는 공공복리에 적합하도록 하여야 한다(우리 헌법 제23조 제2항)'는 규정을 두는 등 소유권의 제한이 훨씬 광범위하게 이루어지고 있다. 또한 관련 법률의 해석에 있어서도 많은 경우에 공공복리·권리남용금지의 법리가 적용된다.

3. 무과실책임 등의 등장

현대의 기업이 대규모의 공장이나 시설의 운영으로 환경오염 등 사회적 위험을 내

---

1) 권리남용금지의 원칙, 법률의 범위 내에서의 소유권 행사(민법 제211조) 등의 제한이 있었다.

포하는 활동으로 생긴 이익을 독점하면서, 그로 인한 손해에 관하여는 고의·과실이 있는 경우에만 배상한다는 것은 공평한 손해 분담의 원리에 어긋난다. 이에 따라 위와 같은 기업은 위험책임설 또는 보상책임설 등의 법리에 따라 고의·과실이 없는 경우에도 배상책임을 져야 한다는 무과실 손해배상책임이 입법화 되고,[2] 과실책임의 원칙 아래서도 증명책임의 완화 또는 전환 등의 해석론으로 그 수정이 가해지는 경우가 많아졌다.

Ⅳ. 우리 민법의 기본원리

우리 민법은 위에서 본 바와 같은 현대 민법에서 수정된 기본원리를 바탕으로 하여 제정되었다는 것이 일반적 견해이다. 사적자치를 공공복리의 원리로 조정함으로써 자유와 실질적 평등을 아울러 달성하려는 헌법의 이념(헌법 제10조, 제23조, 제34조, 제119조 등을 참조)에 따라서, 우리 민법은 공공복리의 실현원리인 신의성실의 원칙과 권리남용금지의 원칙을 보편적 원리로서 민법전의 첫머리에 두었다(제2조). 그리고 모든 사람에게 법인격을 인정하고(제3조), 사유재산권을 보장하며(제212조), 과실책임을 원칙으로 한다(제750조)는 규정들을 두고 있다. 즉 공공복리를 민법의 최고원리로 하고, 그의 실천원리인 신의성실 원칙 등을 앞세움으로써 이른바 근대민법의 3대 원칙은 이들 실천원리의 제한 내에서 승인된다는 것을 명백히 하고 있다는 것이다.[3]

이에 대하여 자유주의의 최고가치성과 구별기준의 상대성 등을 이유로 근대민법과 현대민법의 구별을 부정하면서, 민법의 최고원리를 사적 자치의 원칙으로 두고, 그 하위에 계약자유의 원칙과 소유권 존중의 원칙, 과실책임의 원칙이 있으며, 그에 대한 수정원리로서 사회적 형평의 고려와 신뢰보호 등을 들고 있는 견해도 있다.[4]

생각컨대 민사특별법이 아닌 민법전 자체는 극히 일부의 내용을 제외하고는 근대민법의 기본원리를 반영하고 있을 뿐 현대민법에서의 수정원리와는 거리가 있는 것으로 보여진다. 즉 후자의 견해가 민법전의 현재의 모습과 가까운 것으로 보여지고, 전자의 견해는 우리 민법의 해석과 개정에 있어서의 지향점으로 작용해야 할 내용일 뿐 현행 민법에 관한 정확한 기술은 아니라고 할 것이다.[5]

---

2) 공작물 소유자의 책임(민법 제758조 제1항), 환경정책기본법 제44조, 자동차손해배상보장법 제3조, 제조물책임법 제3조 등이 있다.

3) 곽윤직, 37~38면 참조.

4) 지원림, 민법강의 18~25면 : 김증한외 1 민법총칙 29~38면 각 참조.

5) 따라서 향후 민법의 개정은 현대 민법의 수정원리를 바탕으로 추진되어야 함은 물론, 개정 전까지는 위 수정원리에 따라 민법 제2조와 제103조 등을 매개로 하여 사적 자치의 원칙이나 소유권 절대 원칙을 제한하는 등의 적극적인 민법해석이 이루어져야 한다.

제4절 민법의 적용 및 해석

Ⅰ. 민법의 적용

1. 개념

법을 적용한다는 것은 구체적 사안(소전제)을 상위규범인 법규(대전제)에 포섭시킴으로써 그 사안을 규율하는 하위규범(결론)을 도출해 내는 것이다. 즉 문제되는 구체적인 사안에 대하여 적용할 법규를 찾아내어 그 의미를 해석하고, 그 사안에 관하여 사실확정을 한 다음 위 법규에 포섭시킴으로써 결론을 내리는 것이다.

실효적인 법의 적용은 주로 재판의 영역에서 이루어지는바, 민사분쟁에 따른 구체적인 사안을 관련된 민법규정의 법률요건에 포섭시킨 다음, 그 규정의 법률효과에 따른 결론을 도출함으로써 법적 판단을 내리는 것을 민법의 적용이라 한다.

2. 법적용의 순서

가. 법규정의 탐색과 해석

법규정은 일반적으로 조건에 해당되는 **법률요건**과 결과에 해당되는 **법률효과**로 구성된다. 법 적용자는 문제되는 구체적 사실관계(사안)의 해결방안이 담긴 법률효과와 그 사안을 포섭하는 법률요건을 구비하고 있는 법규정을 탐색하고,[1] 그 법률요건을 요건사실로 분해하는 등 법규정의 의미를 명확히 하는 작업을 하여야 한다.

나. 사실관계의 확정

문제되는 사안이 해당 법규정의 법률요건을 충족시키는 것으로 보여질 경우, 법 적용자는 그 요건사실에 맞추어 사실관계를 확정하게 되는바, 재판의 경우에는 사실의 확정은 증거에 의하여야 한다(증거재판주의, 민사소송법 제288조).

다. 법규에의 적용

법 적용자는 확정된 사실관계가 해당 법규가 요구하는 법률요건을 충족시키는지 여부에 관하여 검토하고, 충족시키는 것으로 판단할 경우 해당 법규가 정하고 있는 법률효과에서 도출되는 내용으로 결론을 내린다.[2]

---

1) 타인의 불법행위에 대한 구제를 원하는 사람을 위하여 손해배상청구권 발생이라는 법률효과와 해당 사안에 부합하는 법률요건이 규정된 민법 제750조를 탐색하는 작업이 그 예이다.

2) 실효적 법적용인 재판의 결과 작성되는 판결서는 통상 ① **인정된 사실**, ② **당사자들의 주장**,

*** 법적용의 모습

구체적 사실(사안)

↓ 포섭

법규정(제750조) : **법률요건**(고의/과실, 위법성, 손해) + **법률효과**(손해배상 책임)

↓ 도출

결론(판결의 주문)

Ⅱ. 민법의 해석

1. 민법해석의 의의

가. 법의 해석은 법규가 가지는 의미나 내용을 명백히 확정하는 것을 말하고, 법적용의 전제가 되는 작업이다. 한편 민법의 해석이란 각종 민법의 법원에 관하여 그 내용을 명백히 하는 것을 의미한다. 민법의 법원은 그 추상성으로 인하여 구체적 사실관계에 적용하기 위해 그 뜻을 확정하려고 할 때 의외로 불분명한 점이 많이 발견되고, 방대한 법체계로 인하여 상호 모순되는 법규도 없지 아니한바, 민법의 적용이 제대로 이루어지기 위해서는 그 의미를 명백히 하는 해석의 절차가 반드시 필요하다.[3)]

나. 법의 적용에 있어서, 그 소전제인 사실의 인정이 중요하나, 그 대전제가 되는 법규의 내용을 확정하는 것도 매우 중요하다. 법을 적용함에 있어서 그 대전제가 되는 법규의 내용을 명확히 확정하는 것이 법의 해석이다

2. 해석의 종류

가. 주체에 따른 구별

법을 제정하는 방법에 의한 해석으로 **입법적 해석**[4)]과 사법(司法)적 해석으로 대변되는 **유권해석**, 법원 등 공권력이 하는 해석을 예측하여 행해지는 **학리해석**(무권해석)이 있다.

나. 방법에 따른 구별

법규의 용어·문장을 기초로 하여 그것이 갖는 보통의 의미에 따르는 **문리해석**과,

---

③ **법원의 판단**의 순서로 이루어진다. 한편 확정된 사실관계가 주어지는 사례형 등의 문제풀이에서는 위 내용 중 ①은 생략되고 나머지 내용만 기재하면 되는바, ①논점의 정리(문제의 제기), ② 법규정의 탐색과 해석(판례와 학설 등 포함), ③ 법률의 적용(사안에의 적용), ④ 결론의 순으로 기재하면 된다.

3) 제1조의 관습법과 제106조 소정의 관습의 각 의의와 효력 등에 관한 논의가 법 해석의 예이다.

4) 물건의 정의를 규정하는 민법 제98조가 그 대표적인 예이다.

법규를 하나의 논리적 체계로 이해하여 각 조문을 적당한 지위에 놓고 전 체계와 조화하는 내용을 주려는 **논리해석**, 법의 목적을 이해하고 그 목적에 적합한 방법으로 법의 진정한 의미를 밝히려는 **목적해석** 등이 있다.

다. 범위에 따른 구별

법규의 내용에 포함되는 개념을 문자가 본래 갖는 뜻보다 확장해서 파악하는 **확장해석**과, 그 뜻보다 축소해서 파악하는 **축소해석**이 있다.

라. 기타

법규의 내용으로부터, 규정되지 않은 사항에 관하여 논리적으로 포섭이 가능한 반대의 내용을 인정하는 **반대해석**과, 변경해석·물론해석 등이 있다.

한편 어떤 사항에 관하여 직접 규정하고 있는 법규가 없는 경우에 법률요건과 법률효과가 유사한 법규를 적용하여 같은 결과를 도출해내는 **유추해석**이 있다. 이는 법률의 흠결을 보충하는 것으로써 중요한 기능을 하나, 해석의 범위를 넘어서는 것이므로 그 적용에 신중을 기하여야 한다.[5]

3. 민법해석의 이상

민법의 해석은 구체적 사건에 대하여 법을 적용하기 위한 것이므로 그 해석에 따라 파악된 법규 등에 구체적인 사안을 적용하였을 때 타당한 결과가 도출되도록 하여야 한다. 즉 구체적 사안에 맞는 가장 타당한 해결이 될 수 있도록 **구체적 타당성**[6]을 갖추어야 한다. 한편 민법은 불특정 다수인에 대하여 동일한 구속력을 갖는 보편타당한 규범이므로 이를 해석함에 있어서는 많은 사람이 수긍할 수 있도록 일관성을 유지함으로써 **법적 안정성**[7]이 손상되지 않도록 하여야 한다. 법해석의 목표는 법적 안정성을 저해하지 않는 범위 내에서 구체적 타당성을 찾는 데 두어야 한다.

---

5) 형법학에서는 엄격한 죄형법정주의의 적용으로 유추해석이 금지된다. 그러나 민법학에서는 비법인사단에 대하여 사단법인에 관한 민법의 규정 중 법인격을 전제로 한 규정을 제외한 나머지 규정들을, 대표권·대리권 남용에 관하여 비진의표시에 관한 규정을 각 유추적용하는 등 여러 분야에서 다양하게 활용된다.

6) 법의 이념에 있어 '정의', '진정한 권리자의 보호' 등이 주로 고려되고, 해석방법으로는 문리해석과 논리해석, 반대해석 등이 동원된다.

7) 법의 이념 중 '법적 평화', 거래의 안전과 신뢰의 보호 등이 고려되고, 목적해석과 유추해석 등이 동원된다.

법해석의 이념 및 방법 **대법원 2009.4.23. 선고 2006다81035 판결**

법은 원칙적으로 불특정 다수인에 대하여 동일한 구속력을 갖는 사회의 보편타당한 규범이므로 이를 해석함에 있어서는 법의 표준적 의미를 밝혀 객관적 타당성이 있도록 하여야 하고, 가급적 모든 사람이 수긍할 수 있는 일관성을 유지함으로써 법적 안정성이 손상되지 않도록 하여야 한다. 그리고 실정법이란 보편적이고 전형적인 사안을 염두에 두고 규정되기 마련이므로 사회현실에서 일어나는 다양한 사안에서 그 법을 적용함에 있어서는 구체적 사안에 맞는 가장 타당한 해결이 될 수 있도록, 즉 구체적 타당성을 가지도록 해석할 것도 요구된다. 요컨대, 법해석의 목표는 어디까지나 법적 안정성을 저해하지 않는 범위 내에서 구체적 타당성을 찾는 데 두어야 한다. 그리고 그 과정에서 가능한 한 법률에 사용된 문언의 통상적인 의미에 충실하게 해석하는 것을 원칙으로 하고, 나아가 법률의 입법 취지와 목적, 그 제·개정 연혁, 법질서 전체와의 조화, 다른 법령과의 관계 등을 고려하는 체계적·논리적 해석방법을 추가적으로 동원함으로써, 앞서 본 법해석의 요청에 부응하는 타당한 해석이 되도록 하여야 한다. 한편, 법률의 문언 자체가 비교적 명확한 개념으로 구성되어 있다면 원칙적으로 더 이상 다른 해석방법은 활용할 필요가 없거나 제한될 수밖에 없고, 어떠한 법률의 규정에서 사용된 용어에 관하여 그 법률 및 규정의 입법 취지와 목적을 중시하여 문언의 통상적 의미와 다르게 해석하려 하더라도 당해 법률 내의 다른 규정들 및 다른 법률과의 체계적 관련성 내지 전체 법체계와의 조화를 무시할 수 없으므로, 거기에는 일정한 한계가 있을 수밖에 없다.[8]

***** 법해석에서의 인문학적 접근의 필요성**

법률은 사회의 이해관계와 문화현상 등을 광범위하게 반영하여 제정되므로, 법의 해석에는 사회과학적 접근만이 아닌 인문학적 접근도 필요하다. 즉 법학은 물론 사회학, 경제학, 언어학, 철학, 문학, 역사학 등 모든 분야에서 제기되는 문제에 대하여 대답할 준비를 하여야 한다.

8) 이 판결은 법해석의 두 이념 중 법적 안정성을 더 중시하는 해석을 하였다. 같은 사안에 대하여 구체적 타당성을 앞세워 법해석을 한 위 판결의 원심판결인 **대전고등법원 2006.11.1. 선고 2006나1846 판결**을 꼭 검토해보기 바란다.

제5절 민법의 효력

Ⅰ. 때에 관한 효력

1. 법률은 일반적으로 그 효력이 발생한 때부터 그 이후에 발생한 사실에 관하여만 적용되는 것이 원칙이다. 법적 안정성과 이미 형성된 법률관계를 존중하기 위하여 인정되는 이 원칙을 **법률 불소급의 원칙**이라고 한다. 이것은 해석상의 원칙에 그치고, 입법을 구속하지는 않는다(다만 헌법 제13조에 따라 형벌, 참정권과 재산권에 관한 사항은 소급 입법이 원칙적으로 금지된다).

2. 민법은 제정 당시의 부칙 제2조에서 「본법은 특별한 규정이 있는 경우 외에는 본법 시행일 전의 사항에 대하여도 이를 적용한다.」고 규정함으로써 법률 불소급의 원칙을 입법적으로 배제하였지만, 그 단서에서 「그러나 이미 구법에 의하여 생긴 효력에 영향을 미치지 아니한다.」고 함으로써 실질적으로는 법률 불소급의 원칙을 인정하는 것과 다름이 없다.

Ⅱ. 사람에 관한 효력

1. 민법은 우리 영토 내에 있는 국민은 물론이고 국외에 있는 대한민국 국민에게 적용되며(속인주의), 우리 영토 내에 있는 외국인에게도 적용된다(속지주의). 대한민국 국민은 대한민국의 국적을 가진 자이고, 국적의 취득과 상실에 관하여는 **국적법**이 규정한다.

2. 속인주의와 속지주의를 예외 없이 관철할 경우, 우리 영토 내에 있는 외국인이나 외국에 있는 우리 국민은 자국법의 적용을 받음과 동시에 체류국의 민법도 적용받게 되고, 양국의 법규가 반드시 동일하지는 않을 것이므로 상호 충돌이 있게 된다. 이러한 경우에 어느 나라의 법을 적용할 것인지를 정해주는 것이 **국제사법**이다.

외국에서 발생한 내국인 간의 불법행위 **대법원 1981.2.10. 선고 80다2236 판결**

비록 교통사고의 장소가 외국이라 하더라도 자기를 위하여 자동차를 운행하는 자가 국내 법인이고, 위 법인에 의하여 고용된 사고차의 운전자뿐만 아니라 피해자도 우리나라 국민이어서 우리나라 국내에서 같은 사고가 발생한 경우와 달리 취급할 바가 못되는 경우에는 섭외사법의 적용대상이 되는 섭외적 불법행위는 아니라고 봄이 상당하다 할 것이므로(본원 1979.11.13. 선고 78다1343 판결 참조) 본건은 국내법이 적용되어야 할 경우라 할 것이다.

Ⅲ. 장소에 관한 효력

법률이 특별규정으로 그 적용범위를 일정지역에 한정하지 않는 한 우리나라의 모든 영토에 효력을 미치므로, 민법은 대한민국의 영토 전체에 적용된다(헌법 제3조).

제6절 법률관계와 권리·의무

Ⅰ. 법률관계

1. 의의

공동으로 생활하는 사람의 생활관계를 규율하는 규범에는 법·도덕·관습·종교의 교리 등이 있다. 사람의 다양한 사회생활 중 법에 의하여 규율되는 생활관계를 법률관계라고 한다. 이러한 법률관계는 법의 강제력에 의하여 그 실현 또는 준수가 강제된다는 점에서 다른 생활관계와 구별된다.

2. 내용

법률관계는 궁극적으로는 사람과 사람의 관계로 나타나지만, 구체적으로는 사람과 사람과의 관계(채권과 친권), 사람과 물건·재화와의 관계(물권과 지식재산권 등), 사람과 일정 공간과의 관계(주소와 사무소 등)에서 발현된다.

또한 사람과 사람 사이의 법률관계는 법에 의하여 두둔되고 보호받는 자와 법에 의하여 구속되는 자와의 관계로서 나타나는 바, 전자의 지위를 권리, 후자의 지위를 의무라고 각 일컫는다. 결국 법률관계는 **권리·의무의 관계**로 나타나는 것이 보통이다.

3. 호의관계와의 구별

가. 법률관계와는 달리 법적으로 구속받으려는 의사와 무관하게 형성된 생활관계(예컨대 친구들 사이의 드라이브 약속)를 호의관계라고 하는데, 호의관계의 각 당사자는 상대방에게 약속한 것을 실현하여야 할 법적 의무가 없고, 그 위반에 대한 책임도 지지 않는다.

다만 호의관계에서도 사회생활상 일반적으로 요구되는 주의의무는 있으므로 호의관계 중 그와 관련된 일정한 주의의무를 위반하여 상대방에게 손해를 입힌 경우(위 드라이브 중 운전과실로 인한 교통사고)에는 불법행위책임을 질 수도 있다. 이 때 불법행위자에게 모든 책임을 지게 하는 것이 너무 가혹할 경우 그 감경이 가능한지 여부에 관한 논의가 있는바, 판례는 여러 사정에 비추어 가해자에게 일반 교통사고와 동일한 책임을 지우는 것이 신의칙이나 형평의 원칙으로 보아 매우 불합리하다고 인정될 때에는 그 배상액을 경감할 수 있으나, 사고 차량에 단순히 호의로 동승하였다는 사실만 가지고 바로 이를 배상액 경감사유로 삼을 수 있는 것은 아니라고 판시한다

(대법원 1996.3.22. 선고 95다24302 판결).

나. 법률관계와 호의관계의 구별은 법률효과를 발생시키려는 의사의 존재 여부에 의하여 결정되어야 하는바, 상호 약속의 내용에 비추어 의도된 경제적 또는 사회적 효과가 법적으로 강제되어서는 안 되는 경우에는, 효과의사가 존재하지 아니하므로 단순한 호의관계로 보아야 한다. 효과의사의 존재 여부를 판단함에 있어서는, 행위의 무상성 여부, 호의의 종류와 목적, 특히 호의의 내용이 상대방에 대하여 어떠한 경제적 또는 사회적 의미가 있는가 등이 중요하게 고려되어야 한다.[1]

Ⅱ. 권리와 의무

1. 권리

가. 의의

권리는 권리주체가 일정한 이익을 누릴 수 있게 하기 위하여 법이 인정하는 힘(권리법력설)을 지칭하고,[2] 권리본위로 구성된 현행 사법체계에서 가장 중요한 개념이다. 구체적으로 어떠한 생활이익을 누리는 내용의 권리를 인정할 것인지 여부는 법률로 정해진다.

나. 구별되는 개념

(1) 권한

권한이란 타인을 위하여 일정한 행위를 하고 그로 인한 법률효과를 그 타인에게 발생하게 할 수 있는 법률상의 자격을 말한다. 대리인의 대리권, 법인 이사의 대표권이 이에 해당한다. 권한을 가진 자는 그 행사에 의하여 스스로 어떠한 이익을 얻는 것(법률효과의 귀속)이 아닌 점에서 권리자와 구별된다.

(2) 권능

권능은 권리의 내용을 이루는 개개의 힘을 말한다. 예컨대 소유권이라는 권리에는 사용권·수익권·처분권과 같은 권능이 내포되어 있다. 다만 권리 중에는 하나의 권능으로 이루어진 것이 있는바(상계권, 각종의 항변권 등), 이때에는 권리와 권능은 같은 것으로 된다.

---

1) 대법원은 '최대한 노력하겠다' 등 소위 신사약정의 효력에 관하여 법률행위 해석의 문제라고 하면서 대체로 호의관계로 파악하고 있다. 대법원 1994.3.25. 선고 93다32668 판결, 1999.11.26. 선고 99다43486 판결 등 참조.

2) 권리의 본질에 관하여는 그밖에도 법에 의하여 주어진 의사의 힘이라는 의사설과, 법에 의하여 보호되는 이익이라는 이익설이 있다.

(3) 권원

권원은 일정한 법률상 또는 사실상 행위를 하는 것을 정당화시키는 법률상의 원인이다. 예컨대 제256조 단서나 광업법 제5조에서의 권원이란 지상권이나 임차권과 같이 타인의 부동산을 적법하게 이용할 수 있게 하는 법률상의 원인을 지칭하는 것이다.

(4) 반사적 이익

반사적 이익이란 법이 특정인 또는 일반인에게 일정한 작위 또는 부작위를 명함으로써 다른 사람이 어떤 이익을 누리게 되는 지위를 말한다. 권리와는 달리 그 이익의 침해가 있더라도 법원에의 소구 등 법적 구제수단이 없는 것이 특징이다. 제746조에 따른 급여자의 이익반환청구권의 행사 불가로 수익자가 그 재산에 관한 소유권을 취득하는 것이 그 예이다.

2. 의무

가. 의의

의무란 의무주체의 의사 여하를 불문하고 반드시 따라야 하는 것으로 법에 의하여 강요되는 것을 말한다. 그에 따라 의무를 이행하지 않는 경우에는 강제집행 또는 손해배상책임 부과 등 일정한 제재가 따른다. 일반적으로 의무는 권리의 반면으로 권리와 의무는 서로 대응관계에 있다.[3)]

나. 책무(간접의무)와의 구별

책무 또는 간접의무란 일정한 행위를 할 것이 요구되나, 상대방이 그에 상응하여 그것을 강제하거나 손해배상을 청구할 수 없는 것을 말한다. 승낙연착의 통지(제528조 제2항)와 같이 청약자는 그 통지를 할 의무를 부담하지 않으나, 만약 이를 하지 아니할 경우 일정한 불이익을 입게 되는바, 청약자는 이러한 통지를 할 책무를 지는 것이다. 상법상의 보험계약자의 고지의무도 여기에 해당된다.

Ⅲ. 민법상 권리의 분류

1. 내용에 따른 분류

민법상의 권리인 사권은 그 내용을 이루는 사회적 생활이익을 기준으로 재산권·인격권·가족권·사원권으로 분류된다.

---

3) 예외적으로 이사나 청산인의 등기의무(민법 제50조, 제85조 등)와 같이 의무는 있으나 권리는 없는 경우, 취소권과 해제권 등의 형성권과 같이 권리만 있고 의무가 없는 경우가 있다.

가. 재산권

(1) 재산권은 경제적 가치 있는 이익을 누리는 것을 목적으로 하는 권리를 지칭하고, 금전으로 평가될 수 있어 거래의 목적이 될 수 있는 것이다.

(2) 재산권에 속하는 권리에는, 권리자가 물건을 직접 지배하여 이익을 얻는 배타적 권리인 **물권**(소유권, 지상권, 전세권, 저당권 등), 특정인이 다른 특정인에 대하여 일정한 급부를 청구하는 권리인 **채권**, 저작·발명 등의 정신적 창조물을 독점적으로 이용하는 것을 내용으로 하는 **지식재산권**(특허권, 상표권, 저작권 등) 등이 있다

나. 인격권

인격권은 권리의 주체와 분리할 수 없는 인격적 이익을 누리는 것을 내용으로 하는 권리이다. 구체적으로 생명권이나 신체권, 양심·명예·성명·초상·사생활 등의 보호를 위한 권리이다. 제751조는 타인의 신체·자유·명예를 해하거나 기타 정신상 고통을 가한 자에게 불법행위로 인한 손해배상책임을 인정함으로써 소극적으로나마 인격권을 보호하고 있다. 이는 일신전속적인 권리이므로 거래의 목적이 될 수는 없다.

다. 가족권

가족권은 가족관계에 있어서의 일정한 지위에 따르는 이익을 누리는 것을 내용으로 하는 권리이고, 친권과 후견인이 갖는 권리, 배우자가 갖는 권리, 부양청구권, 상속권 등이 이에 속한다. 이 권리는 가족관계에서 주어진 역할을 수행할 수 있도록 주어진 경우가 많아 의무적 요소를 포함하는 경우가 적지 않다.

라. 사원권

사원권은 사단의 구성원이라는 지위에서 그 단체에 대하여 가지는 권리들을 총칭한다. 사원권에는 의결권과 소수사원권 등의 공익권, 시설이용권과 이익배당청구권 등과 같은 자익권이 있다.

2. 작용에 따른 분류

사권은 그 작용인 법률상의 힘, 즉 효력의 차이를 기준으로 다음과 같이 나눌 수 있는바, 권리의 분류 중 가장 의미가 있는 것이다.

가. 지배권

(1) 지배권이란 타인의 행위를 개입시키지 않고서 일정한 객체에 대하여 직접 지배력을 발휘할 수 있는 권리를 말한다. 지배권 중 가장 전형적인 것이 물권이고, 준물권·지식재산권·친권·인격권 등이 이에 속한다.

(2) 지배권에는 객체에 대하여 직접 지배할 수 있는 **대내적 효력**과 제3자가 권리자의 지배를 침해하여서는 안 된다는 **대외적 효력**(반환청구권, 방해제거 및 예방청구권)이 있다.

나. 청구권

청구권이란 특정인이 다른 사람에 대하여 작위 또는 부작위 등 일정한 행위를 요구할 수 있는 권리를 지칭하고, 상대방의 이행행위가 있어야 만족이 되는 점에서 객체를 직접 지배하는 지배권과 구별된다. 이러한 청구권은 채권관계에서 발생할 수 있고(법률행위에 기한 대금청구권, 법률의 규정에 따른 부당이득반환청구권 등), 물권관계나 가족법관계에서도 발생할 수 있다(소유권에 기한 반환청구권이나 재산분할청구권 등). 즉 청구권은 물권 또는 채권 등과 같은 실질적 권리와는 차원이 다른 개념으로 이들 권리의 내용 또는 효력에서 비롯되는 권리이다. 따라서 일반적으로 물권은 지배권이고 채권은 청구권이라고 하지만, 그 의미는 물권의 주된 내용이나 속성이 지배권이고 채권의 그것이 청구권이라는 것일 뿐, 물권이 지배권이고 채권은 곧 청구권이라는 것이 아님을 유의하여야 한다.

***** 청구권과 채권의 구별**

청구권과 채권은 특정인에게 일정한 행위인 급부를 요구할 수 있는 권리라는 점에서 공통되나, 아래와 같은 차이점도 존재한다.

i) 청구권이 주로 채권관계에서 발생하기는 하지만, 물권관계나 가족법관계에서도 발생함.

ii) 채권은 청구권을 주된 내용으로 하나, 채무불이행시 본연의 청구권 외에 손해배상청구권이라는 새로운 청구권이 발생하고, 이행기가 미도래된 채권의 경우 채권은 존재하지만 청구권은 아직 발생하지 아니함.

iii) 물권적청구권과 가족법상의 청구권의 경우 본권과 분리하여 관련 청구권을 양도할 수 없으므로 그 청구권에는 채권양도 규정이 적용되지 아니함.

다. 형성권

(1) 형성권은 권리자의 일방적인 의사표시에 의하여 법률관계의 발생·변경·소멸이 일어나게 하는 권리인바, 여기에는 권리자의 의사표시만으로써 법률관계의 변동의 효과가 발생하는 것(법률행위의 취소권과 추인권, 계약의 해제·해지권, 상계권, 약혼해제권, 상속등기권 등)과, 법원의 판결에 의하여 비로소 효과를 발생하는 것(채권자취소권, 재판상 이혼청구권, 친생부인권, 입양취소권 등)이 있다.

(2) 형성권은 일방당사자의 의사에 따라 법률관계가 발생하거나 소멸하므로 법률규정이나 당사자 사이의 합의가 있어야만 인정되고, 그 권리에 대응하는 의무가 없다.

또한 상대방의 지위를 불안하게 하는 조건이나 기한을 붙일 수 없고(제493조제1항), 그 신뢰보호를 위하여 권리행사 후 철회할 수 없음이 원칙이다(제543조제2항).

한편 공유물분할청구권(제268조), 지상물매수청구권(제283조, 제643조), 부속물매수청구권(제316조, 제646조, 제647조), 지료 등 증감청구권(제286조, 제312조, 제628조) 등은 법률에 청구권으로 규정되어 있으나, 실제 내용은 형성권임을 유의하여야 한다.

라. 항변권

(1) 항변권이란 상대방의 청구권 행사에 대하여 그 권리의 존재를 전제로 그 작용을 저지하는 효력을 갖는 권리, 즉 일정한 사유에 의하여 급부를 거부할 수 있는 권리를 말한다. 따라서 상대방의 청구권의 성립을 부인하거나 소멸을 주장하는 것은 항변권이 아니다. 여기에는 청구권의 행사를 일시적으로 저지하는 연기적 항변권(동시이행의 항변권, 보증인의 최고·검색의 항변권 등)과, 그 행사를 영구적으로 저지할 수 있는 영구적 항변권(상속인의 한정승인)이 있다.

(2) 항변권은 그 행사 여부가 전적으로 권리자의 의사에 맡겨져 있고, 실제로 행사되어야 효력이 발생한다. 소송에서 법원은 항변권자가 그 권리를 원용하는 경우에만 항변권을 고려할 수 있고, 그 주장을 하지 않는 한 법원이 이를 직권으로 고려하지 못한다. 위와 같이 항변권의 행사가 강조되는 이유는, 청구권에 대하여 그 작용을 저지할 것인지 그대로 이행할 것인지 여부가 오로지 항변권자의 의사에 달려 있기 때문이다.

***** 항변권과 소송상의 항변**

여기에서의 항변권은 실체법상 항변권을 지칭하는 것으로서, 위 항변권에 국한하지 않고 널리 상대방의 소송상의 주장을 이유 없게 만드는 일체의 주장(예컨대 채권의 소멸사유인 변제 또는 상계의 항변)을 일컫는 소송법상의 '항변'과는 구별되어야 한다.

Ⅳ. 권리의 경합과 충돌

1. 권리의 경합

가. 의의

권리의 경합이란 하나의 생활사실이 여러 개의 법규가 정하는 요건을 충족하여 복수의 권리가 발생하는 경우를 말하는바, 이 경우 위 권리들이 동일한 목적을 갖게 되므로 어떤 권리를 행사하든 간에 같은 결과가 발생하게 된다. 이는 형성권에서도 문제되는 경우가 없지 않지만(계약에서 해제권과 취소권의 병존), 청구권 사이에서의 경합이 주로 문제된다. 임대차계약 종료 후 임대차 목적물의 소유자인 임대인은 그 목적물에 대하여 임대차계약에 따른 반환청구권과 소유권에 기한 반환청구권을 갖는 것이 그 예이다.

나. 청구권경합과 법조경합

위와 같이 경합하는 복수의 권리들 사이의 관계에 있어서는 청구권경합 관계와 법조경합 관계의 두 유형이 있다.

(1) 복수의 권리가 청구권경합의 관계에 설 수 있다. 이러한 경우 권리자는 그의 선택에 따라 그 중 어느 권리든 행사할 수 있다. 이들 각 권리는 동일한 목적을 위하여 존재하므로 그 중 어느 하나의 행사로 목적이 달성되면 나머지 권리는 소멸한다. 판례는 채무불이행과 불법행위에 따른 각 손해배상청구권이 청구권경합 관계에 있다고 한다.[4]

(2) 복수의 권리가 법조경합의 관계에 있는 것으로 파악될 때도 있다. 예컨대 공무원으로 재직 중인 사람의 불법행위로 손해를 입은 사람이 손해배상책임을 구하는 경우와 같이(그 사용자인 국가에 대하여 제756조 또는 국가배상법 제2조에 기하여 손해배상을 청구할 수 있는 권리가 경합된다) 하나의 생활사실이 여러 개의 법규의 요건을 충족하지만, 그 법규들이 상위법·하위법, 또는 특별법·일반법 등의 관계에 있을 때에는 효력이 우선하는 법규만이 적용된다.

2. 권리의 충돌

가. 의의

동일한 대상(객체)에 대하여 여러 개의 권리가 성립하였으나 그 권리가 모두 만족을 얻을 수 없는 경우를 권리의 충돌이라고 한다. 그 **효력의 순위**가 주로 문제되는데, 여러 개의 권리 중 앞선 순위의 권리가 다른 권리에 우선하여 만족을 얻게 된다.

나. 순위

(1) 같은 종류의 물권 상호간에는 성립의 선후에 따라 효력의 순위가 결정된다. 즉 하나의 물건 위에 상호 양립할 수 없는 여러 개의 물권이 성립하는 경우 물권의 배타적 효력으로 인해 먼저 성립한 권리가 나중에 성립한 그것에 우선한다(시간에서 빠르

---

4) 각각의 권리는 단독으로 소멸시효 등을 원인으로 소멸할 수 있고, 소멸시효의 중단도 독립적이며(대법원 2002.6.14. 선고 2002다11441 판결), 계약상의 면책특약은 일반적으로 이를 불법행위책임에도 적용하기로 하는 명시적 또는 묵시적 합의가 없는 한 불법행위책임에 적용되지 않는다는 것이 판례의 입장이다. 다만 대법원은 해상운송상의 면책약관의 경우 계약상의 책임뿐만 아니라 불법행위책임에 있어서도 이를 적용하기로 하는 숨은 합의가 있었다고 보아 그 효력이 불법행위책임에까지 미친다고 판시한다(대법원 1983.3.22. 선고 82다카1533 판결).

면 권리에서 강하다). 또한 소유권과 제한물권 사이에서는 소유권의 일부 권능을 제한하는 그 속성상 제한물권이 소유권에 우선한다.

(2) 동일한 채무자에 대하여 동일한 급부를 목적으로 하는 여러 개의 채권이 성립하는 경우, 시간적으로 앞선 채권자라고 하더라도 우선적으로 변제받을 수 없는 것이 원칙이다(채권자 평등의 원칙). 다만 채권자 평등의 원칙이 그대로 지켜지는 것은 채무자가 파산한 경우이며, 보통은 채무자로부터 먼저 변제받는 채권자가 만족을 얻게 된다(선행주의, 다만 채무자가 채무초과 상태일 경우 다른 채권자는 채권자취소권을 행사할 수 있다).

(3) 물권과 채권이 충돌하는 경우에는 원칙적으로 그 성립의 선후에 관계없이 물권이 우선한다(물권의 우선적 효력).

Ⅴ. 권리의 행사와 그 한계

1. 권리의 행사

가. 권리행사의 의미

앞에서 본 바와 같이 권리라는 것은 권리주체가 일정한 이익을 누릴 수 있게 법이 인정하는 힘을 가리키므로, 어떤 주체가 권리를 가지고 있다는 것은 단지 이를 행사하여 일정한 이익을 얻을 잠재적 가능성으로서의 힘을 가지고 있다는 것을 의미한다. 그 이익을 실제로 누리기 위해서는 위 잠재적인 힘을 실현하는 과정이 필요한바, 권리의 주체가 권리의 내용인 이익을 누리기 위하여 그 힘을 현실화하는 것을 권리의 행사라고 한다. 권리행사의 방법은 물권에 있어서는 권리의 객체인 물건을 직접 지배하고, 채권에 있어서는 채무자에 대하여 그 내용인 급부를 청구하는 것이다.

나. 권리행사의 자유와 그 한계

(1) 권리는 권리자의 이익을 보장하기 위한 것이므로 그 행사 여부는 권리자의 자유에 맡겨져 있는 것이 원칙이다. 그러나 다른 한편으로는 모든 권리는 공동체의 승인하에 인정되고 따라서 공동체가 승인하는 범위 내에서 존재하는 것이라고 할 수 있으며, 이러한 점에서 권리행사의 자유에는 일정한 한계가 있다. 즉 권리는 단지 그 권리자 개인의 이익만을 위한 것이 아닌, 사회공동체의 이익을 위하여 존재한다는 권리의 사회성·공공성의 이념에 따라, 권리행사에는 일정한 한계가 따른다고 보아야 한다.

(2) 이러한 권리의 사회성·공공성 이념을 표방하는 헌법 제23조 제2항(재산권의 행사는 공공복리에 적합하도록 하여야 한다.) 등에 따라, 민법은 그 첫머리에 신의성실

의 원칙과 권리남용금지의 원칙에 관하여 규정하고 있다(제2조). 위 원칙들은 권리행사의 한계를 획정함으로써 다른 민법규정이나 법률행위 등의 해석에서 중요한 기능을 수행한다.

2. 신의성실의 원칙

가. 총설

(1) 의의

모든 사람은 권리의 행사와 의무의 이행시 사회공동생활의 구성원으로서 서로 상대방의 신뢰를 헛되이 하지 않도록 신의와 성의를 갖고 행동하여야 한다는 원칙을 신의성실의 원칙, 또는 신의칙이라고 한다(대법원 1991.12.10 선고 91다3802 판결 등 참조).

본래 신의와 성실은 도덕·윤리상의 개념이었으나, 권리의 사회성·공공성 이념의 실현으로 프랑스·스위스 등 민법에 규정됨으로써 법적인 의무로 고양되었다.[5]

(2) 성격

(가) 원리규범

신의칙은 법률관계에 있는 자들에 대한 행위준칙이자 법원의 재판규범이다. 이는 민법체계의 근간을 이루는 여러 법원리의 내용과 한계를 규정하는 민법의 지도원리, 민법 개별 규정의 내용을 구체적으로 확정하는 해석원리로서의 성격을 갖는다.

(나) 일반조항

신의성실의 구체적 내용이 무엇인가를 결정하는 것은 전적으로 법관의 재량에 맡겨져 있다. 즉 신의칙은 공공복리의 실현이라는 현대 민법이념의 추상적 내용을 선언한 일반조항[6]으로서 여러 다양한 사안의 포섭이 가능하다. 그 적용으로 구체적 타당성을 추구할 수 있는 반면 자의적 적용으로 법적 안정성을 해칠 우려가 있다. 따라서 어떤 사안에 적용할 구체적인 규정이 없거나 그 규정의 적용으로 당사자의 일방 또는 쌍방에게 현저히 불공평·부당하게 되는 등의 특별한 사정이 있는 경우에만 적용되어야 한다.[7] 또한 신의칙을 특정 사안에 적용함에 있어서는 법적 안정성 내지 예측가능성 확보를 위하여 공동체에서 일반적으로 승인되거나 지향되는 가치 등을 추구하여야 한다.

---

5) '정의의 기초는 신의이다'(키케로)는 로마법의 전통에 교회법이 결합되면서 법적 개념이 되었다고 한다. 신의칙은 현대에는 민법 뿐 아니라 소송법, 행정법, 세법, 형법에 이르는 모든 법에 적용되는 최고의 원칙이 되었다.

6) 일반조항은 법규정이 불확정개념('신의성실', '선량한 풍속' 등)으로 추상적으로 표현되어 그 법문만으로는 법적용의 완결이 어렵고, 그것을 적용하는 법원에 의하여 구체적 내용이 형성되어 가는 규정을 말한다.

7) 법적 안정성을 해칠 수 있는 '일반조항으로의 도피'를 최대한 경계하여야 한다.

(다) 강행규정

신의성실 및 권리남용금지의 원칙은 강행규정이고, 강행규정의 위반 여부는 법원의 직권조사사항이다. 그에 따라 대법원은 원심법원이 직권으로 신의칙에 의하여 신용보증책임을 감액하였다고 하더라도 거기에 변론주의를 위배한 위법은 없다고 판시한다(대법원 1998.8.21. 선고 97다37821 판결, 1995.12.22. 선고 94다42129 판결 등).

(3) 기능

(가) 구체화 기능

신의칙은 법규와 법률행위를 해석하여 그 내용을 명확히 밝히는 기능을 한다. 즉 법의 취지 또는 계약상 당사자의 권리·의무를 그 의미에 적합하도록 구체화하는 기능을 갖는다. 예컨대 제460조 소정의 변제와 관련하여 구체적인 약정이 없는 경우 채무자가 언제, 어디에서, 어떻게 채무를 이행하여야 하는가는 신의칙을 표준으로 결정된다. 신의칙의 이 기능에 의하여 법률상의 권리 의무의 내용이 구체화되어 **주된 급부의무**의 태양이 결정되고, 위 의무 외의 행위의무인 **부수적 주의의무**(배려, 보호, 안내, 설명, 고지의무)가 발생한다.[8)]

신의칙은 법률행위 해석의 표준으로 작용한다. 특히 법률행위의 해석 중 표시행위의 객관적 의미를 밝히는 규범적 해석과 당사자가 규율하지 못한 틈이 있을 때 이루어지는 보충적 해석에서 그 기준으로 신의칙이 강조된다. 우리 민법은 이에 관하여 특별한 규정을 두고 있지 않으나 통설과 판례는 당연한 것으로 해석하고 있다.[9)]

계약의 구체적 내용 **대법원 1994.4.29. 선고 93다46889 판결**

갑이 을에게 대지 중 국가 소유지분에 대한 연고권을 얻을 수 있도록 할 목적으로 건물을 매도한 것은 을이 건물의 부지를 점유하는 것도 허용한 것이라고 봄이 상당하므로 스스로 건물의 처분권한을 양도한 갑이 을, 병을 거쳐 이를 승계취득한 정에 대하여 건물의 철거와 그 부지의 인도를 구하는 것이 신의성실의 원칙에 위배된다고 한 사례.

8) 부수적 주의의무는 계약의 이행과정은 물론, 계약의 교섭단계(계약체결상의 과실 책임), 계약의 종료 이후의 관계(예컨대 임대차계약 종료 후 임차 목적물에 새로운 영업장에 대한 광고의 인용)에서도 발생할 수 있다.

9) 통설은 법률행위 해석의 기준으로 법률행위의 목적, 사실인 관습, 신의칙, 임의법규를 들고 있다. 이와 관련하여 독일민법은 '계약은 거래관행을 고려하여 신의성실이 요구하는 바에 따라 해석하여야 한다.'고 규정하고(같은 법 제157조), 우리나라의 「약관의 규제에 관한 법률」은 신의칙을 약관 해석의 표준으로 한다는 규정을 두고 있다(같은 법 제5조 제1항).

신의칙상의 고지의무 **대법원 2006.10.12. 선고 2004다48515 판결**

부동산 거래에 있어 거래 상대방이 일정한 사정에 관한 고지를 받았더라면 그 거래를 하지 않았을 것임이 경험칙상 명백한 경우에는 신의성실의 원칙상 사전에 상대방에게 그와 같은 사정을 고지할 의무가 있으며, 그와 같은 고지의무의 대상이 되는 것은 직접적인 법령의 규정뿐 아니라 널리 계약상, 관습상 또는 조리상의 일반원칙에 의하여도 인정될 수 있다.
아파트 분양자가 아파트 단지 인근에 쓰레기 매립장이 건설예정인 사실을 분양계약자에게 고지하지 않은 사안에서, 그 후 부동산 경기의 상승에 따라 아파트의 시가가 상승하여 분양가격을 상회하는데도, 분양계약자의 손해액을 쓰레기 매립장 건설을 고려한 아파트의 가치하락액 상당으로 본 사례.

(나) 제한(규제) 기능

신의칙은 법규범 등을 형식적으로 적용함으로써 발생할 수 있는 부작용을 피하고 사안의 특수성을 정당하게 평가하기 위하여, 불성실 내지 부당한 권리행사를 제한하는 기능을 갖는다. 이 기능에 기하여 신의칙에 위반된 권리의 행사가 권리남용으로, 채무의 이행이 채무불이행으로 각 평가된다. 또한 선행행위와 모순되는 행위의 금지의 원칙, 실효의 원칙, 곧 반환하여야 할 목적물의 청구 금지, 시효권의 남용 금지 등이 위 기능에서 비롯된다.

무면허운전 면책약관의 해석 **대법원 1991.12.24. 선고 90다카23899 전원합의체 판결**

이 사건 약관 소정의 무면허운전면책조항을 문언 그대로 무면허운전의 모든 경우를 아무런 제한 없이 보험의 보상대상에서 제외한 것으로 해석하게 되면 절취운전이나 무단운전의 경우와 같이 자동차보유자는 피해자에게 손해배상책임을 부담하면서도 자기의 지배관리가 미치지 못하는 무단운전자의 운전면허소지 여부에 따라 보험의 보호를 전혀 받지 못하는 불합리한 결과가 생기는바, 이러한 경우는 보험계약자의 정당한 이익과 합리적인 기대에 어긋나는 것으로서 고객에게 부당하게 불리하고 보험자가 부담하여야 할 담보책임을 상당한 이유 없이 배제하는 것이어서 현저하게 형평을 잃은 것이라고 하지 않을 수 없으며 이는 보험단체의 공동이익과 보험의 등가성 등을 고려하더라도 마찬가지라고 할 것이므로 결국 위 무면허운전면책조항이 보험계약자나 피보험자의 지배 또는 관리가능성이 없는 무면허운전의 경우에까지 적용된다고 보는 경우에는 그 조항은 신의성실의 원칙에 반하는 공정을 잃은 조항으로서 약관의 규제에 관한 법률 제6조 제1,2항, 제7조 제2,3호의 각 규정에 비추어 무효라고 볼 수밖에 없기 때문에 위 무면허운전면책조항은 위와 같은 무효의 경우를 제외하고 무면허운전이 보험계약자나 피보험자의 지배 또는 관리가능한 상황에서 이루어진 경우에 한하여 적용되는 조항으로 수정해석을 할 필요가 있으며 무면허운전이 보험계약자나 피보험자의 지배 또는 관리가능한 상황에서 이루어진 경우라고 함은 구체적으로는 무면허운전이 보험계약자나 피보험자 등의 명시적 또는 묵시적 승인하에 이루어진 경우를 말한다.

소멸시효 항변의 제한 대법원 2011.10.13. 선고 2011다36091 판결

채무자의 소멸시효에 기한 항변권 행사도 우리 민법의 대원칙인 신의성실 원칙과 권리남용금지 원칙의 지배를 받는 것이어서, 채무자가 시효완성 전에 채권자의 권리행사나 시효중단을 불가능 또는 현저히 곤란하게 하였거나, 그러한 조치가 불필요하다고 믿게 하는 행동을 하였거나, 객관적으로 채권자가 권리를 행사할 수 없는 장애사유가 있었거나, 또는 일단 시효완성 후에 채무자가 시효를 원용하지 아니할 것 같은 태도를 보여 권리자로 하여금 그와 같이 신뢰하게 하였거나, 채권자 보호의 필요성이 크고, 같은 조건의 다른 채권자가 채무의 변제를 수령하는 등의 사정이 있어 채무이행의 거절을 인정함이 현저히 부당하거나 불공평하게 되는 등의 특별한 사정이 있는 경우에는 채무자가 소멸시효 완성을 주장하는 것이 신의성실 원칙에 반하여 권리남용으로서 허용될 수 없다.

(다) 수정 기능

신의칙은 법률 또는 계약의 내용을 수정(보정)하는 기능을 갖는다. 이 기능에 의하여 시소히기나 부수적인 채무의 불이행을 이유로 계약 전체의 해제를 인정하지 않을 수 있고(대법원 1996.7.9. 선고 96다14364, 14371 판결), 변호사 등과 약정된 보수액이 부당하게 과다한 경우 그 감액을 청구할 수 있다.[10] 사정변경의 원칙 또한 이 기능에서 비롯되나, 대법원은 사정변경의 원칙이 현행법상 용인되지 않는다는 입장을 고수하면서 양 급부의 등가관계가 현저하게 파괴된 경우에도 계약의 구속력을 인정하고 있다. 다만 예외적으로 계속적 보증 등에 있어서 특별한 사정이 있는 경우 보증인의 해지권을 인정하거나 그 책임액을 제한하고 있다(대법원 2005.10.27. 선고 2005다35554,35561 판결, 2004.1.27. 선고 2003다45410 판결 등).

(라) 수권기능

어떤 사안에 관하여 적용할 법률과 관습법이 없을 뿐더러 그 유추해석도 불가능한 경우, 신의칙은 법관에 의한 법형성을 가능하게 한다. 민사에 관한 법원(法源)인 조리의 한 내용으로 언급되는 신의성실이 여기에 해당된다.

10) 대법원 1992.3.31. 선고 91다29804 판결(변호사), 2006.6.15. 2004다59393 판결(세무사), 2012.4.12. 선고 2011다107900 판결(부동산 중개업자) 등 참조.

나. 적용범위

신의칙에 관한 규정은, 당사자들 사이에 특별결합관계에 있는, 계약 등을 규율하는 채권편에서 그 실효성이 가장 큰 것이 사실이다. 하지만 신의칙은 물권법과 가족법을 포함한 민법 전체와 상법을 비롯한 민사특별법 등 모든 사법영역에 적용된다. 또한 민사소송법 제1조에 신의칙에 관한 규정을 두는 등 민사소송과 민사집행 분야에서도 그 원칙이 확립되어 있고, 행정법과 세법 등 공법의 영역과 노동법과 사회복지법 등 사회법 영역에서도 기본원칙으로 수용되고 있다.

재판청구권의 행사와 신의칙 **대법원 1999.5.28. 선고 98재다275 판결**

재판청구권의 행사도 상대방의 보호 및 사법기능의 확보를 위하여 신의성실의 원칙에 의하여 규제된다고 볼 것이므로, 법원에서 수회에 걸쳐 같은 이유 등으로 재심청구를 패소당하여 확정되었음에도 불구하고 이미 배척되어 법률상 받아들여질 수 없음이 명백한 이유를 들어 같은 내용의 재심청구를 거듭하는 것은 상대방을 괴롭히는 결과가 되고, 나아가 사법인력을 불필요하게 소모시키는 결과로도 되기에 그러한 제소는 특별한 사정이 없는 한 신의성실의 원칙에 위배하여 소권을 남용하는 것으로서 허용될 수 없다.

일반 행정법률관계에서의 신의칙 적용 **대법원 2004.7.22. 선고 2002두11233 판결**

신의성실의 원칙은 법률관계의 당사자는 상대방의 이익을 배려하여 형평에 어긋나거나 신뢰를 저버리는 내용 또는 방법으로 권리를 행사하거나 의무를 이행하여서는 아니된다는 추상적 규범을 말하는 것으로서, 신의성실의 원칙에 위배된다는 이유로 그 권리의 행사를 부정하기 위하여는 상대방에게 신의를 주었다거나 객관적으로 보아 상대방이 그러한 신의를 가짐이 정당한 상태에 이르러야 하고, 이와 같은 상대방의 신의에 반하여 권리를 행사하는 것이 정의 관념에 비추어 용인될 수 없는 정도의 상태에 이르러야 하고, 일반 행정법률관계에서 관청의 행위에 대하여 신의칙이 적용되기 위해서는 합법성의 원칙을 희생하여서라도 처분의 상대방의 신뢰를 보호함이 정의의 관념에 부합하는 것으로 인정되는 특별한 사정이 있을 경우에 한하여 예외적으로 적용된다.

다. 위반의 효과

신의칙에 위반한 법률행위는 무효이고, 당사자가 이를 추인하여도 그 효력이 없다. 권리의 행사가 신의칙에 위반한 때에는 권리남용이 되어 권리행사로서의 효력이 생기지 않는다(대법원 2002.10.25. 선고 2002다32332 판결 등). 신의칙을 위반한 의무이행 역시 그 효력을 인정받지 못한다.

라. 구체적 적용

신의칙은 위와 같은 기능을 함으로써 법률행위 해석 등에서 중요한 역할을 하는 아래의 **파생원칙**들을 다시 생성한다.

(1) 선행행위와 모순되는 행위의 금지의 원칙(금반언의 원칙)

(가) 의의

선행행위와 모순되는 행위의 금지의 원칙이란 권리자의 권리행사가 그것에 선행하는 행위와 모순되는 것이어서 그러한 후행행위대로 법률효과를 인정하게 되면 선행행위로 인한 상대방의 신뢰를 해치게 되는 경우, 권리자의 그와 같은 권리행사를 허용하지 않는 원칙을 말한다. 즉 후행 법률행위의 법률효과를 인정하지 않는 것이다. 이는 영미법상 법원의 기록이나 날인증서 등에 표시된 사실에 반하는 소송상의 주장을 금지하는 금반언(Estoppel)의 법리에서 비롯되어 확대된 원칙이고, 우리 민법에는 신의칙 규정은 물론 양도통지와 금반언(제452조) 등으로 구현되어 있다.

(나) 적용요건

이 원칙이 적용되기 위하여는 ① 전후 모순되는 권리자의 선행행위와 후행행위가 있을 것, ② 권리자의 선행행위로 인하여 보호받을 가치가 있는 상대방의 신뢰가 형성되어 있을 것, ③ 상대방의 신의에 반하여 권리를 행사하는 것이 정의관념에 비추어 용인될 수 없을 것[11)]이 필요하다.

(다) 적용례

대법원은 근로자가 퇴직금 등을 청산한 회사의 변제공탁금을 조건 없이 수령하고도 8개월 정도 경과된 후에 해고무효확인 소송을 제기한 경우(대법원 1989.9.29. 선고 88다카19804 판결), 농지의 명의수탁자가 소재지 관서의 증명을 받아 소유권이전등기를 마치고도 증여세 부과를 면하려고 자경의사 등이 없었음을 이유로 농지법에 저촉되었다면서 등기의 무효를 주장하는 경우(대법원 1990.7.24. 선고 89누8224 판결), 친딸로 하여금 자기 소유의 대지 위에 건물을 신축하도록 승낙한 자가 그 건물이 친딸의 채권자에 의한 경매신청에 따라 경락되자 그 매수인에 대하여 건물의 철거를 구하는 경우(대법원 1991.6.11. 선고 91다9299 판결), 부동산 소유자가 경매절차를 저지하는 조치를 취하지 않았을 뿐더러 배당금을 이의 없이 수령하고, 이사비용을 받고 명도까지 해 준 다음 경락인에게 경매의 무효를 이유로 소유권이전등기말소를 청구하는 경우(대법원 1993.12.24. 선고 93다42603 판결), 대항력을 갖춘 임차인이 담보가치를 조사하던 근저당권자에게 임대차 사실을 부인하고 임대차보증금에 대한 권리주장을

11) 대법원 2007.11.29. 선고 2005다64552 판결 참조. 권리자에 대한 비난가능성이 포함되고, 대법원은 이에 대하여 "달면 삼키고 쓰면 뱉는다"는 표현을 한다(대법원 1973.7.24. 선고 73다152 판결).

않겠다는 내용의 확인서를 작성해 준 다음 그 목적물에 대한 경매절차에서 배당요구를 하는 경우(대법원 1997.6.27. 선고 97다12211 판결), 이미 소유권보존등기가 마쳐진 토지에 중복하여 소유권보존등기를 필한 국가가 그 토지를 철도부지 등으로 점유하여 취득시효가 완성되었음에도, 그 토지가 철도복선화사업의 부지로 편입되자 보상협의를 요청하는 등 취득시효를 원용하지 않을 것 같은 태도를 보여 선등기의 이전등기명의자에게 그와 같이 신뢰하게 하고도, 그 등기명의자가 보상협의를 받아들이지 않고 후등기의 말소청구소송을 제기하자 반소로 점유취득시효 완성을 원인으로 하여 소유권이전등기청구를 한 경우(대법원 2009.6.25. 선고 2009다16186,16193 판결)등에 있어서, 신의칙에 비추어 용인될 수 없다고 판시하였다.

반면에 대법원은 임차인이 은행의 직원이 법원의 경매절차와는 무관하게 행한 담보건물에 대한 임대차조사에서 그 임차사실을 숨겼다 하여도 그 경매절차에서는 임대차사실을 분명히 한 이상 그 건물을 경락받은 은행의 건물명도청구에 대하여 임차권의 대항력에 기한 동시이행의 항변을 하는 경우(대법원 1987.1.20. 선고 86다카1852 판결), 상속인 중 1인이 피상속인 생존시에 피상속인에 대하여 상속을 포기하기로 약정한 다음 상속개시 후에 자신의 상속권을 주장하는 경우(대법원 1998.7.24. 선고 98다9021 판결), 인지청구권을 포기한 후 인지청구를 하는 경우(대법원 1999.10.8. 선고 98므1698 판결) 등에 있어서는, 정당한 권리행사로 신의칙에 반하는 권리의 행사라고 할 수 없다고 판시한다.

(라) 강행규정의 위반과 금반언

선행행위가 강행규정에 위반되어 무효인 경우 그러한 법률행위를 한 자가 나중에 그 행위가 강행규정 위반이어서 무효라고 주장하는 것이 신의칙에 위배되느냐에 관하여는, 대법원은 그 주장을 받아들일 경우 강행법규로 금지하려고 했던 것이 실현되는 결과가 되어 그 입법취지가 몰각됨을 이유로 특별한 사정이 없는 한 금반언의 원칙의 적용을 부정하고 있다(대법원 2001.5.15. 선고 99다53490 판결). 또한 대법원은 구 국토이용관리법에 따른 토지거래허가 없이 임야를 매도한 자가 그 후 스스로 같은 법 위반을 이유로 등기의 무효를 주장하는 경우(대법원 1993.12.24. 선고 93다44319 판결), 증권거래법을 위반한 수익보장약정을 먼저 제의하여 체결한 투자신탁회사가 그 약정의 무효를 주장하는 경우(대법원 1999.3.23. 선고 99다4405 판결), 사립학교 경영자가 사립학교법을 위반한 매도나 담보제공이 무효라는 사실을 알면서 법률행위를 한 다음 스스로 그 무효를 주장하는 경우(대법원 2000.6.9. 선고 99다70860 판결) 등의 사안에서, 금반언의 원칙의 적용을 부정하면서 신의칙에 반하지 않는다고 각 판시하고 있다.

그러나 공용폐지로 행정재산의 성질이 없어졌음에도 매매 당시에 행정재산임을 내세워 무효라고 주장하는 경우(대법원 1986.10.14. 선고 86다카204 판결), 사립학교법의 적용대상인 유치원이 폐원되어 사실상 교육시설로 볼 수 없는 상황에서 법률행위의 무효를 주장하는 경우(대법원 2002.9.27. 선고 2002다29152 판결) 등과 같이 강행법규의 규정 목적이 더 이상 없어진 사건에서는, 대법원은 신의칙에 반하는 권리행사에 해당되어 허용될 수 없다고 판시한다.

강행규정인 제한능력제도와 금반언 **대법원 2007.11.16. 선고 2005다71659 판결**

행위무능력자 제도는 사적자치의 원칙이라는 민법의 기본이념, 특히, 자기책임 원칙의 구현을 가능케 하는 도구로서 인정되는 것이고, 거래의 안전을 희생시키더라도 행위무능력자를 보호하고자 함에 근본적인 입법 취지가 있는바, 행위무능력자 제도의 이러한 성격과 입법 취지 등에 비추어 볼 때, 신용카드 가맹점이 미성년자와 신용구매계약을 체결할 당시 향후 그 미성년자가 법정대리인의 동의가 없었음을 들어 스스로 위 계약을 취소하지는 않으리라고 신뢰하였다 하더라도 그 신뢰가 객관적으로 정당한 것이라고 할 수 있을지 의문일 뿐만 아니라, 그 미성년자가 가맹점의 이러한 신뢰에 반하여 취소권을 행사하는 것이 정의관념에 비추어 용인될 수 없는 정도의 상태라고 보기도 어려우며, 미성년자의 법률행위에 법정대리인의 동의를 요하도록 하는 것은 강행규정인데, 위 규정에 반하여 이루어진 신용구매계약을 미성년자 스스로 취소하는 것을 신의칙 위반을 이유로 배척한다면, 이는 오히려 위 규정에 의해 배제하려는 결과를 실현시키는 셈이 되어 미성년자 제도의 입법 취지를 몰각시킬 우려가 있으므로, 법정대리인의 동의 없이 신용구매계약을 체결한 미성년자가 사후에 법정대리인의 동의 없음을 사유로 들어 이를 취소하는 것이 신의칙에 위배된 것이라고 할 수 없다.

(2) 사정변경의 원칙

(가) 의의

사정변경의 원칙이란 **법률행위의 기초가 된 사정**이 현저히 변경되어 당초에 정하였던 행위의 효과를 그대로 유지하고 강제하는 것이 당사자 일방에 심히 가혹하거나 공평의 원칙에 반하게 되는 경우에 법률행위의 내용을 사정에 맞게 수정하거나 그 효력을 소멸시킬 수 있는 원칙을 말한다.[12] 한편 지상권·전세권·임대차계약에서의 지료 등 증감청구권(제286조, 제312조의 2, 제628조, 주택임대차보호법 제7조), 증여자의 재산상태 변경과 증여의 해제(제557조), 부득이한 사유와 고용의 해지(제66조) 조합계약에서의 조합원 탈퇴권(제716조 제2항), 사정변경과 신원보증인의 계약해지권(신원보증법 제5조)은 위 원칙의 입법상 반영이라고 할 수 있다.

---

12) T. 아퀴나스는 약속을 지키지 않아도 되는 경우로 명백히 불법인 약속과, 사람이나 법률행위의 조건 등이 바뀐 때로 한정한다. 키케로는 칼을 임치한 사람이 정신이상자가 되었을 때 수치인은 임치인에게 그 칼을 반환할 의무가 없어진다고 한다.

(나) 학설과 판례

현행법상 위와 같이 개별적 규정들이 있을 뿐, 사정변경의 원칙에 관한 일반규정을 두고 있지는 않다. 명문 규정이 없음에도 학설은 대체로 아래의 요건을 갖춘 경우에는 계약 내용을 수정하거나 계약의 해제가 가능하다고 한다. 그 요건으로는, ① 법률행위의 기초가 되었던 사정이 그 후에 현저히 변경되었을 것,[13] ② 사정변경을 당사자가 예견할 수 없었을 것, ③ 사정변경이 당사자의 귀책사유로 인한 것이 아닐 것, ④ 법률행위의 구속력을 강제하는 것이 공평의 원칙에 반할 것 등이 필요하다. 다만 위 원칙은 '계약은 지켜져야 한다'는 **계약의 구속력에 대한 중대한 예외**인바, 쉽게 인정할 경우 계약사회의 기반이 무너질 우려가 있기 때문에 그 적용에 신중을 기할 필요가 있다고 한다.

대법원은 당초 물가변동과 관련된 사안 등에서 '사정변경의 원칙은 현행법상 용인되지 않는다'는 입장을 견지하여 왔으나, 최근 들어 위와 같은 요건을 갖춘 경우 계약의 해제 등을 인정할 수 있다고 그 기조를 변경하였다. 그러나 실제로는 위 요건을 매우 엄격하게 파악함으로써 지극히 예외적인 경우를 제외하고는 민법의 해석상 위 원칙을 수용할 수 없다는 태도를 유지하고 있다.[14]

(다) 적용례

대법원은 화폐가치의 극심한 변동이나 부동산 시가의 변동에 따라 잔대금액이 매매목적물의 가격과 현저히 균형을 잃은 경우라도 계약해제권을 인정할 수 없고(대법원 1963.9.12. 선고 63다452 판결, 1991.2.26. 선고 90다19664 판결), 지방자치단체로부터 매수한 토지가 공공공지에 편입되어 매수인이 의도한 음식점 등의 건축이 불가능하게 되었더라도 이는 매매계약을 해제할 만한 사정변경에 해당하지 않는다고 판시함으로써 위 원칙의 적용을 부인한다. 다만 대법원은 회사의 임원 등이 계속적 거래로 인한 회사의 채무를 보증하였다가 퇴직한 경우에는 보증기한이 정하여졌다고 하더라도 사정변경을 이유로 보증계약을 해지할 수 있다(대법원 1990.2.27. 선고 89다카1381, 1996.12.10. 선고 96다27858 판결 등)고 판시하는 등 근보증 등 **계속적 계약관계**에 한정하여 사정변경으로 인한 계약의 **해지**를 인정하고 있다.[15]

---

13) 계약의 기초가 되었던 객관적 사정을 말하고, 일방 당사자의 주관적·개인적 사정이나 계약의 내용을 지칭하는 것이 아니다.

14) 대법원 2007.3.29. 선고 2004다31302 판결에서는 결론과 무관하게 사정변경원칙의 적용으로 계약해제를 인정할 수 있는 요건을 제시하고 있고, 그 원심인 광주고등법원 2004.5.14. 선고 2003나1580 판결은 사정변경으로 인한 매수인의 계약해제를 긍정하고 있다. 키코 사건에 관한 대법원 2013.9.26. 선고 2012다13637 전원합의체 판결도 대체로 같은 취지이다.

15) 계속적 계약관계가 아닌 매매에서 사정변경의 원칙을 긍정한 것으로는 지방자치단체가 행정재산을 매도하여 20년 가까이 지나고 공용폐지가 되었음에도 매도당시에 행정재산이었으므로 무효라고 주장하면서 소유권이전등기의 말소를 구하는 것은 신의칙에 반한다는 재판례(대법원 1986.10.14.

사정변경으로 인한 계속적 보증계약의 해지 대법원 1990.2.27. 선고 89다카1381 판결

이른바 계속적인 보증계약에 있어서 보증계약성립 당시의 사정에 현저한 변경이 생긴 경우에는 보증인은 보증계약을 **해지**할 수 있다고 보아야 할 것인 바, 회사의 임원이나 직원의 지위에 있기 때문에 회사의 요구로 부득이 회사와 제3자 사이의 계속적 거래로 인한 회사의 채무에 대하여 보증인이 된 자가 그 후 회사로부터 퇴사하여 임원이나 직원의 지위를 떠난 때에는 보증계약성립 당시의 사정에 현저한 변경이 생긴 경우에 해당하므로 사정변경을 이유로 보증계약을 해지할 수 있다고 보아야하며, 위 계속적 보증계약에서 보증기간을 정하였다고 하더라도 그것이 특히 퇴사 후에도 보증채무를 부담키로 특약한 취지라고 인정되지 않는 한 위와 같은 해지권의 발생에 영향이 없다고 할 것이다.

(3) 실효의 원칙

(가) 의의

실효의 원칙이란 권리자가 장기간 권리를 행사하지 않음으로써 상대방에게 권리를 행사하지 않을 것이라는 신뢰를 주고 상대방도 그에 따라 행동한 경우, 그 후에 권리를 행사하는 것은 신의칙에 반하여 허용되지 않는다는 원칙을 말한다. 이는 금반언의 원칙에 대한 특칙의 모습을 갖고 있으나 장기간 권리의 불행사 후에 권리를 행사하는 경우에 적용된다는 점에서 위 원칙과 구별되고, 소멸시효제도와 비슷하나 기간이 특정되어 있지 않은 점과 소멸시효와 무관한 해고무효확인청구 등에도 실효의 원칙은 적용된다는 점에서 차이가 있다.

(나) 요건

이 원칙이 적용되기 위한 요건으로는, ① 장기간 권리를 불행사함으로써 상대방에게 권리행사를 하지 않을 것이라는 신뢰를 주었을 것, ② 권리행사가 현실적으로 가능하였음에도 권리자가 그것을 행사하지 않았을 것,[16] ③ 상대방의 신뢰에 법률상 보호받을 만한 정당한 사유가 있을 것(대법원 2005.10.28. 선고 2005다45827 판결) 등이 필요하다. 이때 권리를 행사하지 않은 기간이 어느 정도여야 하는지에 관하여는 일률적으로 정할 수는 없고, 권리자와 상대방 등 쌍방의 사정 등을 고려하여 합리적으로 판단하여야 한다. 또한 판례는 종전 권리자의 장기간 권리의 불행사는 그 권리를 승계한 새로운 권리자에게 실효의 원칙을 적용함에 있어서 고려할 것은 아니라고 한다(대법원 1995.8.25. 선고 94다27069 판결).

선고 86다카204 판결)가 유일한 예로 보인다.

16) 대법원 1990.8.28. 선고 90다카9619 판결, 1992.1.21. 선고 91다30118 판결 등은 ②를 그 요건으로 설시하고 있으나, 그 후에 선고된 대법원 1996.7.30. 선고 94다51840 판결 등에서는 실효의 원칙의 요건에서 위 내용을 제외시키는 설시를 하고 있다.

실효의 원칙의 요건 **대법원 1995.2.10. 선고 94다31624 판결**

원래 실효의 원칙이라 함은 권리자가 장기간에 걸쳐 그 권리를 행사하지 아니함에 따라 그 의무자인 상대방이 더이상 권리자가 권리를 행사하지 아니할 것으로 신뢰할 만한 정당한 기대를 가지게 된 경우에 새삼스럽게 권리자가 그 권리를 행사하는 것은 법질서 전체를 지배하는 신의성실의 원칙에 위반되어 허용되지 않는다는 것을 의미한다. 피상속인이 사망할 때까지 비록 17년여 동안 장기간에 걸쳐 공동상속인 중 1인 명의로 원인 없이 경료된 소유권이전등기의 말소등기청구권을 다른 상속인들이 행사하지 않은 것은 사실이지만, 그 의무자측의 입장에서 권리자가 그 권리를 행사하지 않으리라고 신뢰할 만한 정당한 기대를 갖게 되었다고 볼 수 있는 특단의 사정을 찾아 보기 어렵다 하여 실효의 원칙의 적용을 부정한 사례.

(다) 적용의 범위와 한계

실효의 원칙은 사법관계[17] 뿐만 아니라, 해고무효확인 등 노동법관계, 소권 및 상소권 등 소송법상의 권리, 공법상의 계약과 권력관계 등 공법관계에도 적용된다(대법원 1988.4.27. 선고 87누915 판결).

한편 이 원칙은 친권 등과 같이 포기할 수 없거나 사회질서에 관한 권리 등에는 적용할 수 없다. 그에 따라 대법원은 인지청구권과 중혼취소권에 대해서는 실효의 원칙을 적용할 수 없다고 판시한다(대법원 2001.11.27. 선고 2001므1353 판결, 1993.8.24. 선고 92므907 판결 참조). 또한 항구성을 갖는 소유권 및 부동산소유와 관련된 채권에 관하여도 위 원칙이 적용되지 않는다(대법원 1993.2.9. 선고 92다9364 판결).

(라) 주요판례

대법원은 의원면직 후 아무런 이의 없이 퇴직금을 수령한 근로자가 5년여가 경과한 후에 제기한 해임무효확인 소송에서 '권리자가 실제로 권리를 행사할 수 있는 기회가 있었음에도 불구하고 상당한 기간이 경과하도록 권리를 행사하지 아니하여 상대방으로서도 이제는 권리자가 권리를 행사하지 아니할 것으로 신뢰할만한 정당한 기대를 가지게 된 다음에 새삼스럽게 그 권리를 행사한 때에는 이른바 실효의 원칙에 따라 그 권리의 행사가 허용되지 않는다고 보아야 할 것이다'고 판시하고(대법원 2005.10.28. 선고 2005다45827 판결), 근로자가 이의 없이 퇴직금을 수령하고 다른 생업에 종사하다가 2년 10개월 가량 경과한 후 해고무효확인소송을 제기한 경우(대법원 1996.11.26. 선고 95다49004 판결) 등에서 실효의 원칙을 긍정하는 판시를 하고 있다.

그 밖에 1년 4개월 동안이나 해제권을 행사하지 않고 오히려 잔존채무의 이행을

17) 청구권 뿐 아니라 형성권, 항변권, 물권, 상속권 등에도 적용되나, 주로 고용관계와 상표권에서 논의된다.

최고한 적이 있으며 매매대금도 거의 지급된 상태에서 새삼스럽게 해제권을 행사한 경우, 그 권리행사가 신의칙에 반하여 허용되지 않는다고 판시하거나(대법원 1994.11.25. 선고 94다12234 판결), 부(父)가 법원을 속여 승소판결을 받은 경우 그 판결에 대하여 기간의 정함이 없이 언제든 항소할 수 있었던 자(子)가 그 사실을 알고도 4년간 아무런 조치를 취하지 않다가 비로소 항소권을 행사한 사안에 대하여 실효의 원칙을 적용할 수 있다는 재판례(위 94다51840 판결)[18] 등이 있다.

***** 의무부담 있는 자의 목적물 반환청구금지**

위 3가지 파생원칙 외에 이 원칙을 거론하는 견해가 있다.[19]

이는 일정한 의무를 부담하는 자가 다른 원인을 근거로 그 의무부담에 반하는 청구를 하는 것을 금하는 것으로, 「곧 반환하여야 할 목적물의 청구금지 원칙」이라고도 한다. 예를 들면 부동산의 매매계약으로 매수인이 목적물을 인도받았으나 아직 이전등기를 경료하지 못한 경우에, 매도인이 자신이 등기부상 소유자임을 이유로 소유권에 기한 목적물반환청구를 할 수 없다는 것이다. 토지소유자가 법정지상권 있는 건물의 양수인을 상대로 지상권등기가 없음을 이유로 건물철거를 구할 수 있는가에 관한 아래의 판례가 자주 거론된다.

법정지상권의 양도와 건물철거 청구 **대법원 1985.4.9. 선고 84다카1131 전원합의체 판결**

법정지상권을 가진 건물소유자로부터 건물을 양수하면서 법정지상권까지 양도받기로 한 자는 채권자대위의 법리에 따라 전건물소유자 및 대지소유자에 대하여 차례로 지상권의 설정등기 및 이전등기절차이행을 구할 수 있다 할 것이므로 이러한 법정지상권을 취득할 지위에 있는 자에 대하여 대지소유자가 소유권에 기하여 건물철거를 구함은 지상권의 부담을 용인하고 그 설정등기절차를 이행할 의무 있는 자가 그 권리자를 상대로 한 청구라 할 것이어서 신의성실의 원칙상 허용될 수 없다.

3. 권리남용금지의 원칙

가. 서설

(1) 의의

권리의 행사는 권리자의 자유의사에 맡겨져 있음이 원칙이지만, 그 권리가 인정되는 사회적 목적을 일탈하는 경우에는 허용될 수 없다. 권리남용금지의 원칙은 권리의 행사가 외관상 적법하게 보이더라도 법률 또는 계약이 보호하려는 목적을 벗어나 정

18) 위 판결은 소송법상의 권리에 관하여 실효의 원칙이 적용될 수 있다고 설시하고 있으나, 그 결론은 항소권의 실효를 인정하지 않고 있다.

19) 주석민법 총칙(1), 167-175면 참조.

당한 것으로 볼 수 없는 때에는 그 법률효과를 인정할 수 없다는 원칙이다(제2조 제2항). 이는 그 요건이나 효과에 관하여 구체적으로 정하고 있지 않는 일반조항이고, 민법 등의 개별규정에 의하여 합리적인 결론의 도출이 불가능할 경우에 비로소 적용될 원칙으로 소송에서는 최후의 항변수단으로 사용된다.

(2) 신의칙과의 관계

신의칙에 반하는 권리행사는 권리남용이 되므로 양자가 별개의 원칙이 아니라 공통의 가치관에 바탕을 둔 것으로서 표리관계를 이루고 있다고 파악하거나, 권리남용금지의 원칙을 신의칙의 파생원칙의 하나로 보는 **중첩설**(통설), 신의칙은 채권법 등 특별한 관계에 있는 당사자 사이에 적용되는 것이고, 권리남용금지의 원칙은 물권법과 같이 대세적 효력이 있는 법률관계에 적용되는 것이라는 **적용범위 구분설**이 대립한다.

대법원은 중첩설의 견해에 따라 신의칙에 반하는 권리행사는 권리남용이 된다고 판시하고 있다(대법원 1999.12.7. 선고 98다42929 판결 등 참조).

신의칙과 권리남용금지의 원칙은 권리의 공공성·사회성을 인정한다는 공통의 가치관에 바탕을 둔 것이므로 중첩설이 타당한 것으로 보여지나, 여기에서는 그 항을 달리하고 있는 민법의 규정에 따라 권리남용금지의 원칙에 관하여는 신의칙의 파생원칙의 하나가 아닌 별개의 항으로 다룬다.

나. 권리남용의 요건

(1) 권리의 행사

우선 행사할 권리가 존재하여야 하고(본래적 의미의 권리뿐만 아니라 법인격 또는 대리권 등과 같은 법적 지위도 포함), 그 권리의 행사가 있어야 한다(다만 친권 등 예외적 경우에서는 권리를 불성실하게 불행사하는 것도 권리남용이 될 수 있음).

(2) 객관적 요건

그 권리가 인정되는 사회적 목적을 일탈하는 행사가 있어야 한다. 그 기준으로는 신의칙 위반·사회질서 위반·사회관념상 인용한도의 초과·정당한 이익의 흠결·비례의 원칙의 파괴 등이 거론된다.

그러나 위 기준들은 너무 추상적이어서 구체적인 사례에서 실제 적용하기는 쉽지 않다. 그에 따라 실무상은 권리행사로 인한 권리행사자의 이익과 상대방의 불이익 사이에 사회질서에 반할 정도로 현저한 불균형이 있어야 한다는 기준이 대부분의 사안에서 적용되고 있다. 그 불균형 여부를 산정함에 있어서는 단순히 산술적인 계산에 그쳐서는 안 되고, 구체적 사안에 따라 여러 사정들을 종합하여 비교형량 하여야 할 것이다.

(3) 주관적 요건

(가) 견해의 대립

권리남용이 되기 위해서는 위와 같은 객관적 요건 외에 권리행사자에게 가해의 의사 또는 목적이라는 주관적 요건이 필요한지 여부에 관하여, 현행 민법이 권리남용의 요건으로 가해의 목적 등을 규정하고 있지 아니하므로 주관적 목적이 필요 없다는 학설과, 권리행사는 원칙적으로 정당한 것으로 평가되어야 하고 극히 예외적인 경우에만 그것이 부당하다는 항변이 허용되어야 한다는 이유로 주관적 요건이 요구된다는 학설이 있다.

판례는 아래에서 보는 바와 같이 객관적 요건 외에 주관적 요건이 필요하다는 취지의 것이 주류를 이루나, 주관적 요건이 필요하지 않다는 사례도 없지 않다.

(나) 주관적 요건이 필요하다는 재판례

경매 등을 통하여 토지를 취득한 자가 토지의 가액보다 현저히 비싼 그 지상건물의 철거 등을 청구하는 사안에서, 대법원은 "권리행사가 권리의 남용에 해당한다고 할 수 있으려면 주관적으로 그 권리의 행사의 목적이 오직 상대방에게 고통을 주고 손해를 입히려는데 있을 뿐 행사한 사람에게 아무런 이익이 없을 경우이어야 하고, 객관적으로는 그 권리행사가 사회질서에 위반된다고 볼 수 있어야 하는 것이며, 이와 같은 경우에 해당하지 않는 한 비록 그 권리의 행사에 의하여 권리행사자가 얻는 이익보다 상대방이 잃을 손해가 현저히 크다 하여도 그러한 사정만으로는 이를 권리남용이라고 할 수 없다."고 판시하였다(대법원 2003.2.14. 선고 2002다62319,62326 판결, 2010.2.25. 선고 2009다58173 판결, 2013.1.16. 선고 2011다38592 판결 등).[20]

한편 주관적 요건을 필요로 하되, 그 요건은 권리자의 정당한 이익을 결여한 권리행사로 보여지는 객관적인 사정에 의하여 추인할 수 있다고 함으로써, 그 요건을 완화하고 있는 판결도 있다(대법원 1993.5.14. 선고 93다4366 판결, 1998.6.26. 선고 97다42823 판결, 2010.2.25. 선고 2009다79378 판결, 2014.10.30. 선고 2014다42967 판결 등).

(다) 주관적 요건을 요구하지 않는 사례

대법원은 예외적으로 **상표권 또는 상계권 등의 행사, 소멸시효 완성을 주장**함에 있어서 그 제도의 목적이나 기능을 일탈하고 법적으로 보호받을 만한 가치가 없는 경우에는, 그 권리행사는 신의칙에 반하거나 권리의 남용으로 허용되지 않는다고 함이 상당하고, 일반적인 권리남용의 경우에 요구되는 주관적인 요건을 필요로 하는 것은 아니라고 판시한다(대법원 2007.2.22. 선고 2005다39099 판결, 2003.4.11. 선고 2002다

20) 대법원의 위와 같은 입장은 권리남용이 문제되는 사안의 대부분이 권리자가 소유권에 기한 물권적청구권을 행사하는 경우로써 소유권의 속성과 관련된 것으로 보인다.

59481 판결, 2011.10.13. 2011다36091 판결 참조).[21)]

권리남용에 해당하기 위한 요건 **대법원 2010.12.9. 선고 2010다59783 판결**

권리의 행사가 주관적으로 오직 상대방에게 고통을 주고 손해를 입히려는 데 있을 뿐 이를 행사하는 사람에게는 아무런 이익이 없고, 객관적으로 사회질서에 위반된다고 볼 수 있으면, 그 권리의 행사는 권리남용으로서 허용되지 아니하고, 그 권리의 행사가 상대방에게 고통이나 손해를 주기 위한 것이라는 주관적 요건은 권리자의 정당한 이익을 결여한 권리행사로 보여지는 객관적인 사정에 의하여 추인할 수 있으며, 어느 권리행사가 권리남용이 되는가의 여부는 개별적이고 구체적인 사안에 따라 판단되어야 한다.

다. 권리남용의 효과

권리남용이 되면 **청구권의 경우**에는 법의 조력을 받지 못하고, **형성권의 경우**에는 그 법률관계의 변동이 일어나지 않는다. 또한 법인격 남용의 경우에는 그 행위에 대하여 법인 뿐 아니라 행위자 개인에 대하여도 책임을 물을 수 있으며, 권리남용의 결과 타인에게 손해가 발생하면 불법행위책임이 지워진다.

권리남용의 이론은 권리 그 자체의 제한이 아니라 **권리행사의 제한**이기 때문에, 권리남용이 되면 그 권리의 실현이 되지 않을 뿐 권리 자체가 박탈되거나 소멸되지 아니한다. 예컨대 토지소유자가 그 지상에 권원 없이 건물을 소유한 자를 상대로 건물철거청구를 구하였으나 권리남용을 이유로 패소한 경우라도 소유권은 그대로 인정되므로 부당이득반환 또는 손해배상 청구는 가능하다. 다만 친권의 남용과 같이 법률에 규정이 있는 경우에는 친권상실 선고를 받아 친권을 상실 당하게 된다(제924조).

(3) 구체적인 재판례

(가) 권리남용이 긍정된 예

① 실무상 건축물의 극소 부분이 타인 소유의 토지를 침범한 경우 토지소유자에 의하여 제기되는 건물철거 소송에서 권리남용이 자주 거론되는 바, 대법원은 타인의 토지를 침범한 건물부분을 철거하더라도 원고에게 별다른 이득이 없는 반면 건물소유자인 피고에게는 막대한 손실이 발생하는 경우에 권리남용을 인정하고 있다(대법원 1992.7.28. 선고 92다16911 판결, 1993.5.14. 선고 93다4366 판결, 2005.3.24. 선고 2004다71522 판결 등 참조).

---

21) 상표제도는 상표사용자의 업무상 신용유지와 수요자의 이익보호에 그 목적이 있고, 상계제도는 간편한 결제와 자동채권에 대한 담보로서 기능을 하며, 소멸시효제도는 증거보전곤란의 구제 등의 기능을 한다.

② 그 밖에 주택의 소유자인 딸이 생활능력이 없는 아버지와 남동생에게 달리 마땅한 거처를 마련하여 주는 조치도 없이 퇴거를 구하는 경우(대법원 1998.6.12. 선고 96다52670 판결), 동시이행항변권을 행사하는 자의 상대방이 그 의무를 이행하기 위하여 과다한 비용이 소요되는 반면 그 의무의 이행으로 인하여 항변권자가 얻는 이득은 크지 아니하여 항변권의 행사가 주로 자기 채무의 이행만을 회피하기 위한 수단이라고 보여지는 경우(대법원 2001.9.18. 선고 2001다9304 판결), 공매절차에서 점유자의 유치권 신고사실을 알고 부동산을 매수한 자가 그 점유를 침탈하여 유치권 소멸 등을 시킨 다음 그 유치권자를 상대로 유치권부존재확인을 구하는 경우(대법원 2010.4.15. 선고 2009다96953 판결), 확정판결의 내용이 실체적 권리관계에 배치됨으로써 그 판결의 집행이 현저히 부당하고 정의에 반함이 명백한 경우(대법원 2001.11.13. 선고 99다32899 판결, 2014.2.21. 선고 2013다75717 판결, 2014.5.29. 선고 2013다82043 판결) 등에 있어서, 대법원은 권리남용에 해당한다고 판시하였다.

(나) 권리남용이 부정된 예

토지소유자가 송전선이 설치된 사정을 알고 토지를 취득한 다음 설치 당시부터 불법이고 그 후에도 적법한 사용권 취득을 위한 노력 등을 한 적이 없는 한국전력공사를 상대로 송전선의 철거를 구하는 경우(대법원 1996.5.14. 선고 94다54283 판결, 2001.2.23. 선고 2000다65246 판결),[22] 공중의 편의를 위하여 설치되고 마땅히 이설한 다른 장소가 없는 상수도관의 철거를 구하는 경우(대법원 1987.7.7. 선고 85다카1383 판결)등에 있어서는, 대법원은 권리남용에 해당되지 않는다고 판시하였다.

***** 건물철거 및 토지인도청구소송(제214조, 제213조)에서의 건물소유자의 항변**

토지소유자가 그 지상에 권원 없이 건물을 소유하고 있는 사람을 상대로 건물의 철거 및 토지인도를 구하는 소송을 제기한 경우, 피고인 건물소유자는 항변을 함에 있어 제213조 단서 소정의 점유할 권리(지상권, 전세권, 임차권 등)의 존재 여부와 취득시효의 완성 여부를 검토하고, 마지막으로 토지소유자의 권리행사가 권리남용의 금지에 해당되는지 여부를 살펴보아야 한다.

---

22) 대법원은 필요불가결한 송전선이고 그 이전에 막대한 비용과 시간이 소요되는 등의 사정이 있다고 하더라도 토지소유자의 송전탑철거의 청구가 권리남용이 되지 않는다고 판시하고 있다. 다만 예외적으로 토지소유권에 기한 변전소 철거청구가 권리남용으로 인정된 경우가 있다(**대법원 1999.9.7. 선고 99다27613 판결**).

제2장

권리의 주체

제1절 총 설

Ⅰ. 의의

권리는 권리주체가 일정한 이익을 누릴 수 있게 하기 위하여 법이 인정하는 힘(권리법력설)이므로, 당연히 그러한 법적 힘을 갖고 있는 주체를 전제로 한다. 여기에서 **법질서에 의하여 권리를 향유할 수 있는 힘을 부여받은 자**를 권리주체라고 한다. 법률의 규정 등에서 소유자·채권자·채무자·매도인·매수인·임대인·임차인 등으로 불리는 사람이 권리 또는 의무의 주체이다.[1)]

한편 권리의 주체가 될 수 있는 지위 또는 자격을 **권리능력**이라고 일컫는다. 즉 권리의 주체가 될 수 있는 추상적·잠재적인 지위를 가리키는 것으로, 「법적 인격」 또는 「인격」이라고도 하며, 실제로 권리를 가지고 있는 권리의 주체(권리자)와는 다른 개념이다.

Ⅱ. 민법상의 능력 개관

1. 권리능력

권리능력은 **권리를 가질 수 있고 의무를 부담할 수 있는 추상적 지위 내지 자격**을 말하고, 권리능력을 가진 자를 권리능력자(인격자)라고 한다. 권리능력자는 권리를 가질 수 있는 동시에 의무를 부담할 수 있으므로 권리능력은 동시에 의무능력이다. 권리능력을 포함하여 능력에 관한 규정은 **강행규정**이고, 따라서 개인의 의사로 권리능력 등을 포기하거나 제한할 수 없다.

민법은 모든 살아있는 사람(自然人)과, 법적 요건을 갖춘 사람의 집단(社團) 및 일정한 목적을 갖는 재산의 집단(財團)에 대하여 권리능력을 인정한다. 즉 모든 사람이

1) 민법상 권리주체에는 자연인과 법인이 있으나, 재산법과 달리 가족법에서는 자연인만이 권리주체가 된다.

생존하는 동안 권리능력을 갖는 것으로 규정하고 있으므로(제3조, 권리능력 평등의 원칙) 죽은 사람이나 사람이 아닌 동물에게는 권리능력이 인정되지 아니한다. 또한 법인에 대하여는 그 설립된 목적의 범위 내에서 권리능력이 있는 것으로 규정하고 있다(제34조).

2. 의사능력

사적 자치의 원칙과 그 핵심내용인 자기 결정권이 그 의미를 갖기 위하여는 **권리주체가 자신이 하고자 하는 법률행위의 의미를 알 수 있는 판단능력**을 갖는 것을 전제로 한다. 의사능력은 자기가 하는 행위의 의미나 결과를 정상적으로 이해한 다음 합리적으로 판단하고 자기 의사를 결정할 수 있는 정신적 능력을 말한다. 의사능력의 유무에 관하여는 후술하는 행위능력과 달리 구체적인 법률행위와 관련하여 개별적으로 판단되어야 한다.

민법에 명문규정은 없으나 **의사능력이 없는 자의 법률행위**는 **무효**이고,[2] 그 무효는 의사무능력자 뿐만 아니라 법률행위의 상대방도 주장할 수 있다는 것이 통설이다. 나아가 대법원은 제한능력자의 책임을 제한하는 제141조 단서가 의사능력의 흠결을 이유로 법률행위가 무효로 되는 경우에도 유추적용된다고 판시한다(대법원 2009.1.15. 선고 2008다28367 판결). 한편 법인에 관하여는 그 성질상 의사능력이 문제될 여지가 없다.

의사능력 흠결시 체결한 설정계약의 무효 **대법원 2002.10.11. 선고 2001다10113 판결**

원고가 직접 금융기관을 방문하여 금 50,000,000원을 대출받고 금전소비대차약정서 및 근저당권설정계약서에 날인하였다고 할지라도, 원고가 어릴 때부터 지능지수가 낮아 정규교육을 받지 못한 채 가족의 도움으로 살아왔고, 위 계약일 2년 8개월 후 실시된 신체감정결과 지능지수는 73, 사회연령은 6세 수준으로서 이름을 정확하게 쓰지 못하고 간단한 셈도 불가능하며, 원고의 본래 지능수준도 이와 크게 다르지 않을 것으로 추정된다는 감정결과가 나왔다면, 원고가 위 계약 당시 결코 적지 않은 금액을 대출받고 이에 대하여 자신 소유의 부동산을 담보로 제공함으로써 만약 대출금을 변제하지 못할 때에는 근저당권의 실행으로 인하여 소유권을 상실할 수 있다는 일련의 법률적인 의미와 효과를 이해할 수 있는 의사능력을 갖추고 있었다고 볼 수 없고, 따라서 위 계약은 의사능력을 흠결한 상태에서 체결된 것으로서 무효이다.

---

2) 민법에는 피성년후견인의 유언능력에 관한 제1063조를 제외하고는 의사무능력자가 한 법률행위의 효력에 관한 규정이 없다.

의사능력의 의미, 제141조 단서의 준용 대법원 2009.1.15. 선고 2008다58367 판결

의사능력이란 자신의 행위의 의미나 결과를 정상적인 인식력과 예기력을 바탕으로 합리적으로 판단할 수 있는 정신적 능력 내지는 지능을 말하는 것으로서, 의사능력의 유무는 구체적인 법률행위와 관련하여 개별적으로 판단되어야 하므로, 특히 어떤 법률행위가 그 일상적인 의미만을 이해하여서는 알기 어려운 특별한 법률적인 의미나 효과가 부여되어 있는 경우 의사능력이 인정되기 위하여는 그 행위의 일상적인 의미뿐만 아니라 법률적인 의미나 효과에 대하여도 이해할 수 있을 것을 요한다.
무능력자의 책임을 제한하는 민법 제141조 단서는 부당이득에 있어 수익자의 반환범위를 정한 민법 제748조의 특칙으로서 무능력자의 보호를 위해 그 선의·악의를 묻지 아니하고 반환범위를 현존 이익에 한정시키려는 데 그 취지가 있으므로, 의사능력의 흠결을 이유로 법률행위가 무효가 되는 경우에도 유추적용되어야 할 것이나, 법률상 원인 없이 타인의 재산 또는 노무로 인하여 이익을 얻고 그로 인하여 타인에게 손해를 가한 경우에 그 취득한 것이 금전상의 이득인 때에는 그 금전은 이를 취득한 자가 소비하였는가의 여부를 불문하고 현존하는 것으로 추정되므로, 위 이익이 현존하지 아니함은 이를 주장하는 자, 즉 의사무능력자 측에 입증책임이 있다.

의사무능력자의 근저당권설정과 배당이의 대법원 2006.9.22. 선고 2004다51627 판결

의사무능력자가 채권자와 금전소비대차계약을 체결하고 그 차용금채무를 담보하기 위하여 자신 소유의 부동산에 근저당권을 설정하여 준 후 위 근저당권에 기한 임의경매절차가 진행되어 배당이 실시된 경우에, 의사무능력자의 법정대리인 등은 위 배당절차에서 위 근저당권 및 피담보채권의 부존재를 주장하여 채권자의 배당액에 대하여 이의하고 나아가 채권자를 상대로 배당이의 소송을 제기하는 것이 가능하다. 한편, 의사무능력자나 소유자가 근저당권설정계약의 무효를 주장하면서도 그 근저당권에 기한 임의경매절차의 배당절차를 통하여 그에게 배당된 돈을 수령하는 등의 행위가 객관적으로 보아 경락인으로 하여금 위 임의경매절차가 유효하다는 신뢰를 갖게 하는 정도에 이르러서, 그 후 그 경매절차의 무효를 주장하는 것이 금반언의 원칙 또는 신의칙 위반에 해당한다고 볼 만한 사정이 있는 경우에는 의사무능력자나 소유자가 경락인을 상대로 다시 근저당권의 무효를 주장하면서 소유권이전등기의 말소를 구하는 소를 제기할 수는 없지만, 아직 배당금을 수령하지 아니한 의사무능력자나 소유자가 배당절차에서 근저당권설정계약의 무효를 주장하여 배당이의를 하는 것이 부당하다고 할 수는 없다.

3. 행위능력

의사능력의 유무는 구체적인 사안에서 개별적으로 판단되어야 하고, 그 판단의 대상이 표의자의 내적인 정신능력이므로 특정 행위 당시 의사능력이 없었다는 사실을 증명하기 어렵다. 반면에 법률행위가 무효처리되는 경우 의사능력의 흠결 여부를 알기 어려운 상대방은 불측의 피해를 입게 된다. 그에 따라 표의자가 어떤 법률행위 당시 실제로 의사능력이 있었는지 여부를 묻지 않고 일정한 기준에 의하여 의사능력이 있는 것으로 인정되는 자를 행위능력자로 하고, 그렇지 않은 자를 제한능력자로 정한 다음, 제한능력자가 한 법률행위는 취소할 수 있도록 한 것이 행위능력제도이다. 즉 행위능력은 **독자적으로 유효하게 법률행위를 할 수 있는 자격**이다. 민법은 미성년자, 피성년후견인, 피한정후견인을 제한능력자로 규정하고 있다.

한편 행위능력의 흠결이 문제될 수 없는 법인의 경우, 행위능력은 누구의 어떠한 행위를 법인의 행위로 보아야 할 것인가로 귀결된다.

4. 책임능력

책임능력은 **자신의 행위가 타인의 법익을 위법하게 침해한다는 것을 알기에 충분한 판단능력**이다. 즉 법률상 책임을 변식할 수 있는 지능을 말한다. 책임능력의 유무는 의사능력과 마찬가지로 행위에 따라 개별적으로 판단한다.

한편 책임능력은 과실책임의 원칙과 밀접한 연관을 갖는바. 위와 같은 판단능력이 없는 사람에 대하여 주의의무 위반을 이유로 책임을 물을 수 없기 때문이다. 과실책임의 영역에서 책임무능력자는 불법행위 또는 채무불이행에 대하여 책임을 지지 않으며(제753조, 제754조), 책임무능력자의 불법행위에 대하여는 그 감독자가 책임을 진다(제755조). 한편 법인에서는 그 성질상 정신적 판단능력으로서의 책임능력이 문제되지 않는 반면, 누구의 어떤 행위에 대하여 법인의 불법행위가 성립하느냐가 문제된다.

***** 의사능력과 책임능력**

자신의 행위에 대하여 책임을 질 능력이라는 점에서는 양자가 동일하나, 의사능력은 법률행위의 내용을 이루는 의사대로 법률효과를 부여할 것인가의 문제이고, 책임능력은 타인에게 발생시킨 손해를 행위자에게 부담시키는 것이 타당한지의 문제이다.

***** 권리주체와 행위자**

i) 일반적으로 법률행위는 권리주체가 그 명의로 행위를 함. 권리주체=행위자
ii) 그러나 대리인 또는 법인의 기관에 의한 법률행위 : 권리주체와 행위자가 다르게 됨.
iii) 차명 또는 성명모용에 의한 법률행위 : 당사자 확정의 문제가 됨

제2절 자연인

Ⅰ. 자연인의 권리능력

제3조는 '사람은 생존하는 동안 권리와 의무의 주체가 된다'고 규정한다. 위 규정에 따라 모든 사람은 성별·연령·신분에 관계없이 평등하게 권리능력을 갖게 되며,[1)] 자연인의 권리능력은 출생과 더불어 시작되고 사망에 의하여 소멸한다.

1. 권리능력의 시기(始期)

자연인의 권리능력은 출생과 함께 인정된다. 그런데 사람의 출생과정 중 어느 시점을 권리능력의 시기로 볼 것인가에 관하여, 태아가 모체 밖으로 완전히 나와 출산이 종료된 때를 기준으로 하는 **전부노출설**이 통설적 견해이다. 사람이 출생하여 잠시라도 살아 있으면 성별, 생존능력의 유무, 기형 여부 등을 가리지 않고 모두 권리능력을 취득한다. 권리능력의 취득은 출생이라는 사실에서 비롯되고, 가족관계등록부에의 등록(출생신고)은 보고절차일 뿐 실체적 관계에 영향을 미치지 않는다. 즉 가족관계등록부에 기재된 사실은 진실에 부합하는 것으로 추정될 뿐이다.

형사관계에서는 진통설이 타당 **대법원 1982.10.12. 선고 81도2621 판결**

사람의 생명과 신체의 안전을 보호법익으로 하고 있는 형법상의 해석으로서는 사람의 시기는 규칙적인 진통을 동반하면서 태아가 태반으로부터 이탈하기 시작한 때 다시 말하여 분만이 개시된 때(소위 진통설 또는 분만 개시설)라고 봄이 타당하며 이는 형법 제251조(영아살해)에서 분만 중의 태아도 살인죄의 객체가 된다고 규정하고 있는 점을 미루어 보아도 그 근거를 찾을 수 있는 바이니 조산원이 분만 중인 태아를 질식사에 이르게 한 경우에는 업무상 과실치사죄가 성립한다.

2. 태아의 권리능력

가. 태아의 의미

태아는 임신 후 모체로부터 전부 노출될 때까지의 모체 내에 존재하는 생명체를 말

1) 역사적으로 고대나 중세사회에서는 노예제도나 가부장제도 등으로 권리능력이 제한적으로 인정되거나 차별적으로 인정되었다. 권리능력 평등의 원칙은 근대의 민주주의국가에서 비로소 인정되기 시작하였다.

한다. 발육정도와 무관하게 모체 내에 있으면서 장차 자연인으로 출생을 기대할 수 있는 것으로 전부노출설에 의할 경우 모체로부터 일부 노출이 되었다고 할지라도 태아이다.

나. 보호 이유와 그 내용

사람은 출생에 의하여 권리능력을 취득한다는 원칙을 철저히 관철하면, 태아는 아직 사람이 아니므로 아무런 권리능력도 갖지 못한다고 할 것이다. 그러나 이 원칙을 관철할 경우, 태아의 출생 직전 그 부가 사망하였을 때의 상속관계 등과 같이, 태아에게 너무 불이익하고 사회의 법감정에 맞지 않는 결과가 발생할 수 있다. 그리하여 각국은 위 원칙을 완화하여 태아가 살아서 출생한 경우에 대비하여 그의 이익을 보호하기 위한 규정들을 두고 있다. 그에 관한 입법주의로는 태아가 살아서 출생하는 것을 조건으로 모든 법률관계에 있어서 일반적으로 이미 출생한 것으로 보는 **일반적 보호주의**(로마법, 스위스), 상속이나 불법행위 등 중요한 법률관계에 관하여만 법률의 특별규정에 의하여 개별적으로 태아가 출생한 것으로 보는 **개별적 보호주의**(독일, 프랑스, 일본)가 있다.

우리 민법은 개별적 보호주의를 취하고 있고, 다음의 사항에 관하여 태아는 이미 출생한 것으로 보아 권리능력이 있다고 규정한다.[2)]

(1) 불법행위에 의한 손해배상청구권

손해배상청구권에 관하여 태아는 이미 출생한 것으로 본다(제762조). 이는 「태아 자신」의 손해배상청구권에 국한되는바,[3)] 부모의 생명권침해로 인한 태아 자신의 위자료청구권(제752조)과 출생 전 태아 자신에게 가해진 손해에 대한 배상청구권 등을 상정할 수 있다. 따라서 부에 대한 생명침해로 발생하는 재산적 손해배상에 관하여는 후술하는 상속능력의 문제(제1000조 제3항)로 다루어진다.

태아의 전신적 고통에 대한 위자료청구 대법원 1993.4.27. 선고 93다4663 판결

태아도 손해배상청구권에 관하여는 이미 출생한 것으로 보는바, 부가 교통사고로 상해를 입을 당시 태아가 출생하지 아니하였다고 하더라도 그 뒤에 출생한 이상 부의 부상으로 인하여 입게 될 정신적 고통에 대한 위자료를 청구할 수 있다.

---

2) 개별적 보호주의에 따를 경우 태아 보호의 범위가 넓지 못하다는 단점을 보완하기 위하여, 위 규정들을 채무불이행으로 인한 손해배상청구권, 입양, 부양, 인지청구 등에 유추적용하여야 한다는 견해가 있으나, 다수설은 반대한다.

3) 예컨대 父의 생명침해에 대한 재산적 손해에 관하여는, 우리 학설·판례가 일단 父에게 손해배상청구권이 발생한 다음 그것이 상속인에게 상속되는 것으로 법리구성을 하고 있고, 그에 따르면 이 경우에는 제762조가 아닌 제1000조 제3항에 의하여 처리된다.

(2) 재산상속

태아는 상속순위에 관하여 이미 출생한 것으로 본다(제1000조 제3항). 이와 관련하여 대습상속(제1001조) 및 그것을 준용하는 유류분(제1118조)에 관하여도 태아의 권리능력이 인정된다고 할 것이다.

(3) 유증

유증에 관하여도 태아는 이미 출생한 것으로 본다(제1064조, 제1000조 제3항). 한편 **사인증여의 경우**에도 그에 관한 제562조가 유증에 관한 규정을 준용한다는 점을 근거로 태아의 권리능력을 인정하자는 견해가 있다. 그러나 유증이 엄격한 법정방식(제1060조)을 요하는 단독행위인 반면 사인증여는 계약으로 방식의 자유가 인정되는 등 그 법적 성질이 다르고, 제562조에 의해 준용되는 것은 유증의 효력에 관한 규정에 국한되므로 부정설이 옳다(대법원 1996.4.12. 선고 94다37714, 37721 판결, 1982.2.9. 선고 81다534 판결 등).

***** 태아의 인지청구권**

인지란 혼인 외의 자에 대하여 생부 또는 생모가 자기의 자로서 승인하여 법률상 친자관계를 생기게 하는 단독행위를 말한다(제855조 제1항). 민법상 부는 태아를 인지할 수 있는 것으로 규정하고 있고(제858조), 자 등은 그 부 또는 모를 상대로 인지청구의 소를 제기할 수 있다(제863조). 그러나 태아의 경우에는 인지청구권에 관한 규정이 없을 뿐더러 제858조의 유추해석을 통해서도 그것을 인정할 수 없다 할 것이다.

다. 태아의 법적 지위

태아가 이미 출생한 것으로 보는 민법의 개별규정들은 「태아는 …에 관하여는 이미 출생한 것으로 본다」고 규정하고 있다. 여기에서 '출생한 것으로 본다'는 법문의 의미가 무엇인가, 즉 태아가 권리능력을 갖는 경우에 있어서 그 지위에 관하여 견해의 대립이 있다. 다만 이 다툼은 **태아가 살아서 태어난 때에만 의미**가 있는 것이고, '생존'사실 자체가 없는 사산의 경우에는 학설과 무관하게 태아의 권리능력은 처음부터 인정되지 않는다.

사산한 태아의 권리능력 **헌법재판소 2008.7.31. 선고 2004헌바81 결정**

태아는 형성 중의 인간으로서 생명을 보유하고 있으므로 국가는 태아를 위하여 각종 보호조치들을 마련해야 할 의무가 있다. 하지만 그와 같은 국가의 기본권 보호의무로부터 태아의 출생 전에, 또한 태아가 살아서 출생할 것인가와는 무관하게, 태아를 위하여 민법상 일반적 권리능력까지도 인정하여야 한다는 헌법적 요청이 도출되지는 않는다. 법치국가원리로부터 나오는 법적안정성의 요청은 인간의 권리능력이 언제부터 시작되는가에 관하여 가능한 한 명확하게 그 시점을 확정할 것을 요구한다. 따라서 인간이라는 생명체의 형성이 출생 이전의 그 어느 시점에서 시작됨을 인정하더라도, 법적으로 사람의 시기를 출생의 시점에서 시작되는 것으로 보는 것이 헌법적으로 금지된다고 할 수 없다.

입법자는 형법과 모자보건법 등 관련규정들을 통하여 태아의 생명에 대한 직접적 침해위험을 규범적으로 충분히 방지하고 있으므로, 이 사건 법률조항들이 태아가 사산한 경우에 한해서 태아 자신에게 불법적인 생명침해로 인한 손해배상청구권을 인정하지 않고 있다고 하여 단지 그 이유만으로 입법자가 태아의 생명보호를 위해 국가에게 요구되는 최소한의 보호조치마저 취하지 않은 것이라 비난할 수 없다.

(1) 정지조건설(인격소급설)

태아로 있는 동안에는 권리능력을 취득하지 못하나, 살아서 태어날 때에는 권리능력 취득의 효과가 불법행위시 또는 상속개시시로 소급하는 것으로 본다.[4] 이 견해에 따르면 태아인 동안에는 권리능력이 없으므로 법정대리인을 인정할 여지가 없고, 피상속인의 사망시 태아를 제외하고 상속이 개시되며 태아가 출생한 다음 상속회복청구를 하여야 한다. 태아의 이익보다는 거래의 상대방 등 제3자의 보호에 치중한다.

모의 사망과 임신 중 태아의 손해배상청구 **대법원 1976.9.14. 선고 76다1365 판결**

운전기사 갑의 과실로 을의 처 병이 사망하였다. 사고 당시 병은 임신 8개월째이었는데 이 사고로 태아가 모와 함께 사망하였다. 이에 을은 태아가 입은 손해에 대해서 배상을 청구했으나 정지조건설을 논지로 인용되지 않았다.

태아에 대한 생전증여와 수증능력 **대법원 1982.2.9. 선고 81다534 판결**

의용 민법이나 구관습 하에 태아에게는 일반적으로 권리능력이 인정되지 아니하고 손해배상청구권 또는 상속 등 특별한 경우에 한하여 제한된 권리능력을 인정하였을 따름이므로 증여에 관하여는 태아의 수증능력이 인정되지 아니하였고, 또 태아인 동안에는 법정대리인이 있을 수 없으므로 법정대리인에 의한 수증행위도 할 수 없다.

4) 대법원 1976.9.14. 선고 76다1365판결; 이영준, 726면; 백태승, 128면.

(2) 해제조건설(제한인격설)

태아인 동안에도 출생한 것으로 보는 범위 내에서 권리능력이 있으며, 살아서 태어나지 않을 때 비로소 소급하여 권리능력이 소멸한다는 견해이다.[5] 이 견해에 따르면 권리능력이 인정되는 범위에서 태아인 동안에도 권리능력을 갖게 되므로 법정대리인이 있을 수 있게 되고, 태아의 보호에 치중하나 그 출생까지 여러 변수가 있을 수 있어 거래의 안전을 위협한다.

(3) 결어

태아가 살아서 태어날 확률이 현저히 높고 성별에 따른 상속분의 차이가 없어서 해제조건설이 합리적인 측면이 없지 않으나, 태아를 위한 법정대리인 제도가 없어 태아인 동안에는 실제로 권리를 취득할 방법이 없고, 부동산을 태아에게 유증한다 하더라도 출생 전에는 태아 명의로 소유권이전등기를 경료할 수 없으므로 태아의 보호를 위해서 해제조건설을 취하더라도 실익이 없다. 대법원 판례가 취하는 정지조건설이 타당한 것으로 보인다.[6]

3. 외국인의 권리능력

자연인의 권리능력은 성별, 연령, 직업, 국적 등에 관계없이 평등한 것이 원칙이다. 다만 국가정책상 외국인과 같은 일정한 자에게 특정한 권리의 향유를 제한하는 경우가 있다.

가. 내외국인 평등의 원칙

외국인이란 대한민국의 국적을 갖지 않는 자를 말하는데, 외국 국적을 갖고 있는 자와 무국적자가 여기에 해당된다. 민법에는 외국인의 권리능력에 관하여 아무런 규정도 두고 있지 않으나, 헌법 제6조 제2항이 외국인의 법적 지위에 관하여 국적법과 조약이 정하는 바에 의하여 그 지위가 보장된다고 규정한 것은 우리 법제가 내외국인 평등주의를 원칙으로 하고 있음을 보여준다.

이러한 원칙에도 불구하고, 실제로는 아래에서 보는 바와 같이 각종의 특별법에 의하여 특정한 권리에 대해 외국인의 권리능력에 제한을 두거나 상호주의를 채택하는 경우가 적지 않다.

나. 외국인의 권리능력에 대한 제한

(1) 외국인의 권리능력이 제한되거나 부정되는 것으로는 한국 항공기의 소유권(항

5) 곽윤직, 117면, 118면; 김증한·김학동, 103면.

6) 태아를 임신한 처와 모친을 둔 사람이 사망한 경우의 상속관계를 상정해 보면 두 견해의 차이를 확연히 알 수 있다.

공법 제6조 제1항), 도선사가 될 수 있는 권리(도선법 제6조 제1호) 등이 있다.

(2) 상호주의[7]가 적용되는 것으로 외국인의 토지취득(외국인토지법 제4조, 제5조), 지식재산권의 보호(저작권법 제3조, 특허법 제25조, 상표법 제3조, 디자인보호법 제4조), 국가나 지방자치단체를 상대로 한 손해배상청구권(국가배상법 제7조) 등이 있다.

(3) 외국인에 대한 어업면허나 허가와 관련하여 그 허가시 지방자치단체장에게 해양수산부장관과 사전협의를 하도록 하고 있고, 상호주의가 적용된다(수산업법 제5조).

4. 권리능력의 종기

가. 사망

사람은 삶의 마감, 즉 사망에 의하여 권리능력을 상실[8]한다(제3조). 사망의 시기가 언제인가는 상속과 유언, 연금과 보험금청구권 등과 관련되어 출생의 시기보다 법률적으로 더 중요한 의미를 갖는다. 사망 시기에 관한 민법규정은 없으나, 호흡과 심장박동이 영구적으로 멈추는 때를 사망으로 보는 **심장사설**이 통설이다. 한편 「장기 등 이식에 관한 법률」 제4조 제5호에 의하면 '살아있는 자'에서 뇌사자를 제외하고 있는바, 위 규정에 따라 뇌사를 사망으로 인정하는 견해가 있다(뇌사설). 그러나 위 법률이 그 적용범위를 적출 및 이식되는 장기에 한정하고 있는 점(제5조) 등을 고려하면, 통설이 타당한 것으로 보여진다.

사람이 사망하면 권리능력을 상실하여 더 이상 권리주체가 될 수 없으므로 그의 친족이 상속인이 되고(제1000조 제1항, 제1003조 제1항), 유언의 효력이 발생한다. 절차상 친족 등은 일정한 기간 내에 사망신고를 하여야 한다(「가족관계의 등록 등에 관한 법률」 제84조 이하). 한편 사망의 사실 및 시기에 관한 증명책임은 그것을 전제로 하는 법률효과를 주장하는 자가 지는 것이 원칙이다. 가족관계등록부에 기재된 사실은 진실에 부합한 것으로 추정되나 움직일 수 없는 효력을 갖는 것은 아니다. 즉 권리능력의 상실은 사망이라는 사실에 기한 것이므로, 신빙할 수 있는 증거에 의하여 가족관계등록부의 기재가 진실한 것이 아니라고 볼 특별한 사유가 있으면 그 추정을 번복하여 진실한 사망 시기 등을 확정할 수 있다(대법원 1995.7.28. 선고 94다42679 판결).

---

7) 상호주의란 외국인의 권리능력을 그 본국이 자국민에게 인정하는 것과 같은 내용으로 인정하는 것을 말한다.

8) 종래에는 인격소멸 제도 등으로 생존하는 자연인에게서 권리능력을 박탈하는 경우가 있었으나, 오늘날에는 생존자에 대한 권리능력의 박탈은 인간의 존엄성에 반하는 것으로 인정되지 않는다.

무의미한 연명치료장치의 제거 등 대법원 2009.5.21. 선고 2009다17417 전원합의체판결

[다수의견] 의학적으로 환자가 의식의 회복가능성이 없고 생명과 관련된 중요한 생체기능의 상실을 회복할 수 없으며 환자의 신체상태에 비추어 짧은 시간 내에 사망에 이를 수 있음이 명백한 경우(이하 '회복불가능한 사망의 단계'라 한다)에 이루어지는 진료행위(이하 '연명치료'라 한다)는, 원인이 되는 질병의 호전을 목적으로 하는 것이 아니라 질병의 호전을 사실상 포기한 상태에서 오로지 현 상태를 유지하기 위하여 이루어지는 치료에 불과하므로, 그에 이르지 아니한 경우와는 다른 기준으로 진료중단 허용 가능성을 판단하여야 한다. 이미 의식의 회복가능성을 상실하여 더 이상 인격체로서의 활동을 기대할 수 없고 자연적으로는 이미 죽음의 과정이 시작되었다고 볼 수 있는 회복불가능한 사망의 단계에 이른 후에는, 의학적으로 무의미한 신체침해행위에 해당하는 연명치료를 환자에게 강요하는 것이 오히려 인간의 존엄과 가치를 해하게 되므로, 이와 같은 예외적인 상황에서 죽음을 맞이하려는 환자의 의사결정을 존중하여 환자의 인간으로서의 존엄과 가치 및 행복추구권을 보호하는 것이 사회상규에 부합되고 헌법정신에도 어긋나지 아니한다. 그러므로 회복불가능한 사망의 단계에 이른 후에 <u>환자가 인간으로서의 존엄과 가치 및 행복추구권에 기초하여 자기결정권을 행사하는 것으로 인정되는 경우</u>[9]에는 특별한 사정이 없는 한 연명치료의 중단이 허용될 수 있다. 한편, 환자가 회복불가능한 사망의 단계에 이르렀는지 여부는 주치의의 소견뿐 아니라 사실조회, 진료기록 감정 등에 나타난 다른 전문의사의 의학적 소견을 종합하여 신중하게 판단하여야 한다.

상속 등 사망의 선후가 문제되는 경우 그 입증곤란을 구제하기 위한 제도로 **동시사망의 추정**이 있는데, 2인 이상이 동일한 위난으로 사망한 경우에는 동시에 사망한 것으로 추정한다(제30조)는 규정이 그것이다.[10] 자연과학적으로 동시사망이라는 상황을 상정하기 어렵지만, 사망의 선후를 증명할 수 없을 때에는 동시에 사망한 것으로 다루는 것이 가장 합리적이고 공평하기 때문이다. 피상속인의 사망시 상속인으로 될 자가 생존하고 있지 않은 것으로 추정되기 때문에 <u>동시사망으로 추정되는 사람들 사이에서는 상속이 일어나지 않는다</u>. 다만 **대습상속은 인정**된다(대법원 2001.3.9. 선고 99다13157 판결). 위 추정은 반대사실에 관한 충분하고도 명백한 증명이 있으면 전복될 수 있다(대법원 1998.8.21. 선고 98다8974 판결).

유증의 경우, 유증자와 수유자에 대하여 동시사망의 추정이 되는 때에는 제1089조 제1항에 의하여 유증은 효력이 없다할 것이다.

---

9) 이 판결에서는 환자가 사전에 의료인에게 그에 관한 의사를 밝힌 경우, 연명치료 중단에 관하여 환자의 의사를 추정할 수 있는 경우 등을 예시한다.

10) 법률상 추정의 사례임. 이와 대비되는 사실상의 추정에는 날인행위가 작성 명의인의 의사에 따른 것이라는 추정, 등기 경료된 부동산에 대한 잔대금 납부사실의 추정 등이 있다.

동시사망의 추정과 대습상속 대법원 2001.3.9. 선고 99다13157 판결

원래 대습상속제도는 대습자의 상속에 대한 기대를 보호함으로써 공평을 꾀하고 생존 배우자의 생계를 보장하여 주려는 것이고, 또한 동시사망 추정규정도 자연과학적으로 엄밀한 의미의 동시사망은 상상하기 어려운 것이나 사망의 선후를 입증할 수 없는 경우 동시에 사망한 것으로 다루는 것이 결과에 있어 가장 공평하고 합리적이라는 데에 그 입법 취지가 있는 것인바, 상속인이 될 직계비속이나 형제자매(피대습자)의 직계비속 또는 배우자(대습자)는 피대습자가 상속개시 전에 사망한 경우에는 대습상속을 하고, 피대습자가 상속개시 후에 사망한 경우에는 피대습자를 거쳐 피상속인의 재산을 본위상속을 하므로 두 경우 모두 상속을 하는데, 만일 피대습자가 피상속인의 사망, 즉 상속개시와 동시에 사망한 것으로 추정되는 경우에만 그 직계비속 또는 배우자가 본위상속과 대습상속의 어느 쪽도 하지 못하게 된다면 동시사망 추정 이외의 경우에 비하여 현저히 불공평하고 불합리한 것이라 할 것이고, 이는 앞서 본 대습상속제도 및 동시사망 추정규정의 입법 취지에도 반하는 것이므로, 민법 제1001조의 '상속인이 될 직계비속이 상속개시 전에 사망한 경우'에는 '상속인이 될 직계비속이 상속개시와 동시에 사망한 것으로 추정되는 경우'도 포함하는 것으로 합목적적으로 해석함이 상당하다.

증명에 의한 사망시기 복멸(覆滅) 대법원 1998.8.21. 선고 98다8974 판결

민법 제30조에 의하면, 2인 이상이 동일한 위난으로 사망한 경우에는 동시에 사망한 것으로 추정하도록 규정하고 있는바, 이 추정은 법률상 추정으로서 이를 번복하기 위하여는 동일한 위난으로 사망하였다는 전제사실에 대하여 법원의 확신을 흔들리게 하는 反證을 제출하거나 또는 각자 다른 시각에 사망하였다는 점에 대하여 법원에 확신을 줄 수 있는 本證을 제출하여야 하는데, 이 경우 사망의 선후에 의하여 관계인들의 법적 지위에 중대한 영향을 미치는 점을 감안할 때 충분하고도 명백한 입증이 없는 한 위 추정은 깨어지지 아니한다고 보아야 한다.

나. 인정사망(認定死亡)

인정사망은 시체의 발견 등 사람이 죽었다는 확증은 없으나 수해, 화재나 그 밖의 재난으로 인하여 사람의 사망이 확실시 되는 경우, 재난 등을 조사한 관공서의 보고에 의하여 가족관계등록부에 그 기재를 하여 사망으로 추정하는 제도이다(「가족관계의 등록 등에 관한 법률」 제87조). 그에 따라 인정사망은 일반적인 가족관계등록부의 사망기재와 같은 추정력이 인정된다. 그 추정 역시 반증에 의하여 뒤집을 수 있고, 소송에서 개별적인 증명에 따라 생존의 인정 또는 사망시기의 변경이 가능하다 할 것이다. 이에 반하여 후술하는 실종선고는 반증에 의해 뒤집을 수 없고, 재판에 의해서만 그

취소가 가능하다.

다. 실종선고(失踪宣告)

종래의 주소나 거소를 떠나 장기간 그 생사조차 알 수 없는 사람의 생사불명 상태가 일정기간 계속된 경우에, 가정법원의 선고에 의하여 그 사람을 사망한 것으로 보고, 종래의 주소 등을 중심으로 한 사법적 법률관계를 종료시키는 제도를 실종선고라고 한다. 후술하는 「부재와 실종」에서 상술한다.

***** 대법원 1989.1.31. 선고 87다카2954 판결의 의미**

갑판원이 북태평양 소재 어장에서 추락하여 행방불명이 된 경우, 법원이 인정사망이나 실종선고에 의하지 아니하고도 자유로운 심증에 의하여 사망의 사실인정을 할 수 있다는 판시는, 손해배상청구권의 요건사실인 권리침해의 내용으로서의 사망사실에 관한 것일 뿐, 권리능력의 종기로서의 사망과는 무관하다.

Ⅱ. 자연인의 행위능력

1. 총설

가. 제도의 필요성

의사능력 없는 자의 행위는 무효이지만, 그가 법률행위 당시 의사무능력 상태에 있었더라도 그 사실을 증명하지 못하면 법률행위의 무효를 주장하지 못함으로써 그 법률행위의 구속으로부터 벗어날 수 없게 된다.[11] 반면 그에게 의사능력이 없었음이 증명되면, 그 법률행위가 무효가 되므로 의사능력자라고 믿고 그와 거래한 상대방은 불측의 손해를 입을 수도 있다.

민법은 의사무능력자의 입증곤란을 구제하고 거래 상대방의 불측의 피해를 방지하기 위하여, 객관적·획일적 기준에 의해 독자적으로 유효한 법률행위를 할 수 있는 **행위능력자**와 그럴 수 없는 **제한능력자**로 나눈 다음, 제한능력자가 독자적으로 법률행위를 한 경우에 그에게 의사능력이 있었는지 여부를 묻지 않고 행위능력의 흠결을 이유로 법률행위를 취소할 수 있도록 하고 있다.

나. 제도의 의의

행위능력이란 독자적으로 법률행위를 유효하게 할 수 있는 능력을 말하는바, 정신적 판단능력이 없거나 불완전하여 독자적으로 권리를 행사하거나 의무를 부담하는 것

11) 소송절차에서 증명책임은 법관의 인식능력의 한계로 인한 증명불가 사실에 대하여서까지 불이익을 감수해야 하는 패소위험부담의 책임이다.

을 인정한다면 손해를 입을 염려가 있는 사람을 제한능력자라고 한다.

민법은 연령에 의하여 일률적으로 결정되는 **미성년자**와, 일정한 요건이 갖추어진 경우에 법원의 선고에 의하여 비로소 행위능력에 제한을 받게 되는 **피한정후견인·피성년후견인**을 제한능력자로 규정하고 있고, 제한능력자가 독자적으로 한 법률행위는 취소할 수 있는 것으로 하고 있다.[12)]

한편 제한능력자의 법률행위는 제한능력자측만이 취소할 수 있는 점, 취소시 선의의 제3자를 보호하는 규정을 두고 있지 아니한 점, 취소시 제한능력자의 반환범위에 관한 특칙(제141조 단서)을 두고 있는 점 등을 고려하면, 행위능력제도는 거래의 안전을 희생시키더라도 제한능력자를 보호하고자 함에 근본적인 입법취지가 있고, 따라서 그와 관련된 규정들은 **강행규정**이다(대법원 2007.11.16. 선고 2005다71659 판결 참조).

금치산·한정치산 선고 이전의 법률행위 효력 **대법원 1992.10.13. 선고 92다6433 판결**

표의자가 법률행위 당시 심신상실이나 심신미약 상태에 있어 금치산 또는 한정치산선고를 받을 만한 상태에 있었다고 하여도 그 당시 법원으로부터 금치산 또는 한정치산 선고를 받은 사실이 없는 이상 그 후 금치산 또는 한정치산선고가 있어 그의 법정대리인이 된 자는 금치산 또는 한정치산자의 행위능력 규정을 들어 그 선고 이전의 법률행위를 취소할 수 없다.

다. 적용범위

행위능력제도는 의사표시를 요소로 하는 **법률행위의 영역**에 적용되고, 사실행위 또는 불법행위에는 적용되지 않는다. 다만 의사의 통지나 관념의 통지 등 준법률행위에는 유추적용된다는 것이 통설이다.

또한 민법총칙의 행위능력제도는 일반적으로 재산상의 법률행위에 한하여 적용되고, 가족법상의 법률행위에는 약혼(제802조), 혼인(제808조), 협의이혼(835조), 인지(제856조), 입양(제873조), 파양(제902조 등), 유언(제1063조) 등 별도의 규정을 두고 있으므로 적용되지 않는 것이 원칙이다.

2. 미성년자

가. 서설

미성년자는 만 19세에 달하지 않는 자를 말한다(제4조). 연령 계산시 제158조에 따

12) 이러한 행위능력의 결여는 법률행위의 효력발생을 저지하는 요건사실이 되고, 관련 소송에서는 일반적으로 항변사유로 주장된다.

라 출생일도 산입된다. 미성년자는 나이를 기준으로 객관적, 획일적으로 정하여지므로 정신능력이 나이에 비하여 뛰어나더라도 법원의 선고 등으로 행위능력자가 될 수 없고, 예외적으로 법률에 규정된 특정행위만 단독으로 할 수 있다. 미성년자라고 하더라도 만 18세가 되면 부모의 동의를 얻어 혼인을 할 수 있고(제807조), 혼인을 하게 되면 성년이 된다(성년의제제도, 제826조의2). 미성년자가 법률상 혼인을 하게 되면 부모의 친권을 벗어나고 법정대리인의 동의를 받지 않고 독자적으로 법률행위를 할 수 있다.

나. 미성년자의 행위능력

(1) 원칙

미성년자는 법정대리인의 동의를 얻어야 유효한 법률행위를 할 수 있다. 동의를 얻지 않은 법률행위는 일응 효력을 발생하나, 미성년자 측이 그 효과를 원하지 않는 때에는 미성년자나 법정대리인이 취소할 수 있다(제5조 제1항, 제2항).

(2) 예외

아래의 경우에는 법정대리인의 동의 없이도 미성년자가 단독으로 법률행위를 유효하게 할 수 있다.

(가) 단순히 권리만 얻거나 의무만을 면하는 행위(제5조 제1항 단서)

단순히 권리만 얻거나 의무만을 면하는 행위는 미성년자에게 이익만을 주는 것이므로 미성년자가 독자적으로 하더라도 그에게 하등 불리할 것이 없다. 친권자를 상대로 하는 부양료청구, 부담 없는 증여를 받는 행위나 채무면제 계약의 청약에 대하여 승낙하는 것은 이에 해당하지만, 경제적으로 유리한 매매계약을 체결하거나 부담부 증여, 상속의 승인 등은 의무부담이 따르므로 위 규정과 무관하다. 한편 채무의 변제를 받는 것은 그 결과로 채권이 소멸되므로 위 조항에 해당되지 않는다고 한다.

(나) 범위를 정하여 처분이 허락된 재산의 처분행위(제6조)

법정대리인이 범위를 정하여 처분을 허락한 재산은 미성년자가 임의로 처분할 수 있다. 이 규정으로 인하여 미성년자는 용돈 등을 임의로 사용할 수 있다. 처분 허락은 묵시적으로도 가능하지만, 제한능력자제도의 목적에 반할 정도의 포괄적인 허락(예컨대 미성년자의 전재산의 처분의 허락)은 허용되지 않는다.

제6조의 범위는 목적이 아닌 재산의 범위를 의미한다는 것이 통설이다. 즉 등록금이나 여비와 같이 사용목적이 특정되어 허락이 있는 경우에 미성년자가 이를 유흥비에 사용하는 등 목적과 다르게 임의처분을 하였다고 하더라도 원칙적으로 유효하다는 것이다.

한편 법정대리인이 미성년자에게 특정 재산에 관한 처분을 허락하였다고 하더라도 그 재산에 관하여 법률행위의 대리권을 상실하는 것은 아니다.

(다) 영업이 허락된 미성년자의 그 영업에 관한 행위(제8조 제1항)

법정대리인으로부터 허락을 받은 특정한 영업에 관하여 미성년자는 성년자와 동일한 행위능력을 갖는다. 여기에서 영업이란 영리를 목적으로 하는 독립적, 계속적 사업을 말하며, 상업에 국한되지 않고 공업과 농업, 기타 자유업을 포함한다. 그러나 특정 직업에 종사 하는 것은 근로기준법 제67조 등의 취지에 비추어 제외된다. 허락의 대상은 **특정한 영업**이므로 어떠한 영업을 하여도 좋다는 허락 또는 특정의 영업 단위에서 일부만에 대한 허락 등은 허용되지 않는다. 또한 영업을 하는데 직, 간접적으로 필요한 모든 행위를 포괄하므로 점포나 판매할 물건의 구입 등과 관련된 모든 법률행위를 함에 있어서 성년자와 동일한 행위능력이 있다. 그 영업이 상업인 경우에는 상업등기를 하여야 하고(상법 제6조), 미성년자가 그 영업과 관련된 소송행위를 할 경우 소송능력도 갖는다(민사소송법 제55조).

친권자가 아닌 미성년후견인이 영업의 허락 또는 그 취소를 함에는 후견감독인의 동의가 있어야 한다(제945조, 제950조). 그 허락이 있었다는 사실에 대한 증명책임 역시 법률행위의 상대방에게 있다.

한편 영업허락이 있는 경우에는, 위의 재산처분의 허락과 달리, 그 범위에서 법정대리인의 동의권과 대리권은 모두 소멸한다(통설).

(라) 대리행위(제117조)

행위능력제도는 제한능력자 본인의 보호를 위한 것이므로 타인의 대리인으로 활동함에 있어서는 능력자임을 요하지 않는다.

(마) 유언행위(제1061조)

미성년자라도 만 17세가 되면 유효한 유언을 독자적으로 할 수 있다.

(바) 무한책임사원이 된 자의 그 사원자격에 기한 행위(상법 제7조)

법정대리인의 허락을 얻어 미성년자가 회사의 무한책임 사원이 된 때에는 그 사원자격으로 인한 행위에 관하여는 능력자로 본다.

(사) 제한능력자의 행위임을 이유로 하는 법률행위의 취소(제140조)

법정대리인의 취소권도 인정되지만, 미성년자 역시 법정대리인의 동의 없이 단독으로 그 법률행위를 취소할 수 있다.

(아) 임금청구(근로기준법 제68조)

근로계약에 따른 임금청구는 미성년자가 단독으로 할 수 있다. 참고로 근로계약의 체결에 관하여는, 제920조 단서(미성년자의 동의를 얻어야 함)와 근로기준법 제67조 제1항(대리의 금지)을 고려할 때, 법정대리인의 동의를 얻어 미성년자가 스스로 체결하는 방식만 가능한 것으로 보여진다.

미성년자의 임금청구 **대법원 1981.8.25. 선고 80다3149 판결**

미성년자는 원칙적으로 법정대리인에 의하여서만 소송행위를 할 수 있으나 미성년자 자신의 노무제공에 따른 임금의 청구는 근로기준법 제54조[13]의 규정에 의하여 미성년자가 독자적으로 할 수 있다.

(3) 동의와 허락의 취소

(가) 전술한 제5조의 동의, 제6조와 제8조 제1항의 허락은 미성년자의 보호를 그 목적으로 한다. 그러므로 그 보호를 위하여 법정대리인이 필요하다고 판단하는 경우 의사표시 하자의 유무와 무관하게 언제든지 위 동의 등을 철회할 수 있어야 한다. 민법은 제7조와 제8조 제2항에서 '법정대리인은 미성년자가 법률행위를 하기 전에 법률행위에 관한 동의, 재산처분 또는 영업에 대한 허락을 취소할 수 있다'고 규정한다. 이 취소의 의사표시는 법정대리인이 미성년자 또는 그 상대방에 대하여 할 수 있으나, 그 효력에 있어서는 **소급효가 없어서** 실제로는 철회를 의미함을 주의하여야 한다.

(나) 제8조 제2항 단서에 의해 위 영업 허락의 취소와 제한은 선의의 제3자에게 대항할 수 없다. 명문의 규정은 없으나 제7조에 따른 취소의 경우에도 마찬가지로 보아야 한다.

다. 법정대리인

(1) 법정대리인이 되는 자

친권자가 제1차적으로 법정대리인으로 된다(제911조). 친권자(부모)가 없거나 동의권·대리권을 행사할 수 없을 경우에는, 제2차적으로 후견인이 법정대리인이 된다. 후견인은 친권자가 지정하는 지정후견인(제931조), 법원이 선임하는 선임후견인(제932조)[14] 순으로 된다.

---

13) 현행 근로기준법 제68조이고, 이 판시와 관련된 규정은 민사소송법 제51조와 제55조 단서이다.

14) 제932조는 유언에 의한 후견인 지정이 없는 경우 직계혈족, 3촌 이내의 방계혈족의 순위로 후견인이 되는 것으로 규정(법정후견인)되어 있었으나, 최근의 개정으로 지정후견인이 없을 때에는 법원이 직권, 또는 이해관계인 등의 청구에 의하여 후견인을 선임하는 것으로 바뀌었다.

(2) 권한

(가) 동의권과 허락권

법정대리인(친권자 또는 미성년후견인)은 미성년자가 법률행위를 함에 대한 동의, 또는 특정 재산의 처분이나 영업의 허락(제5조, 제6조, 제8조)을 할 수 있다. 이 동의나 허락은 법정대리인의 단독행위이고, 미성년자나 그 상대방 어느 쪽에 대해서도, 그리고 명시적으로는 물론 묵시적으로도 가능하다. 동의는 미성년자의 법률행위가 있기 전에 하여야 하지만, 그 후에 하는 동의는 추인으로서 의미를 갖는다(제143조). 동의가 있었다는 사실에 대한 증명책임은 그 동의가 있었음을 이유로 법률행위의 유효를 주장하는 자인 상대방에게 있다(대법원 1970.2.24. 선고 69다1568 판결).

묵시적으로 처분 허락한 재산 **대법원 2007.11.16. 선고 2005다71659,71666,71673 판결**

미성년자가 법률행위를 함에 있어서 요구되는 법정대리인의 동의는 언제나 명시적이어야 하는 것은 아니고 묵시적으로도 가능한 것이며, 한편 민법은, 범위를 정하여 처분을 허락한 재산의 처분 등의 경우와 같이 행위무능력자인 미성년자가 법정대리인의 동의 없이 단독으로 법률행위를 할 수 있는 예외적인 경우를 규정하고 있고, 미성년자의 행위가 위와 같이 법정대리인의 묵시적 동의가 인정되거나 처분허락이 있는 재산의 처분 등에 해당하는 경우라면, 미성년자로서는 더 이상 행위무능력을 이유로 그 법률행위를 취소할 수는 없다고 할 것이다. 그리고 이 경우 묵시적 동의나 처분허락이 있다고 볼 수 있는지 여부를 판단함에 있어서는, 미성년자의 연령·지능·직업·경력, 법정대리인과의 동거 여부, 독자적인 소득의 유무와 그 금액, 경제활동의 여부, 계약의 성질·체결경위·내용, 기타 제반 사정을 종합적으로 고려하여야 할 것이고, 위와 같은 법리는 묵시적 동의 또는 처분허락을 받은 재산의 범위 내라면 특별한 사정이 없는 한 신용카드를 이용하여 재화와 용역을 신용구매한 후 사후에 결제하려는 경우와 곧바로 현금구매하는 경우를 달리 볼 필요는 없다고 할 것이다.

(나) 대리권

법정대리인은 미성년자를 대리하여 재산상의 법률행위를 할 권한을 갖는다(제920조). 법정대리인이 제한능력자를 위하여 영업을 대리할 수 있고, 이 경우 반드시 등기를 하여야 한다(상법 제8조 제1항). 친권자인 부모는 공동대리의 제한을 받으며(제909조), 미성년자의 근로계약과 같이 미성년자 본인의 행위를 목적으로 하는 채무를 부담하는 경우(민법 제920조), 또는 친권자와 미성년자의 이해가 상반되는 경우(제921조)에 친권자의 대리권이 제한된다. 제909조의 규정을 위반하여 친권자인 부모 중 일방이 공동의 명의로 대리권을 행사하면 다른 일방의 의사에 반하더라도 선의의 상대방에 대하여 효력을 발생하는 반면(제920조의2), 그 중 1명이 단독명의로 대리권을 행사하는 경우에는 무권대리행위로 된다.

***** 소장 등에서의 미성년자의 표시**

원고 ○ ○ ○(xxxxxx - xxxxxxx)
광주 북구 용봉동 333 - 22
미성년자이므로 법정대리인 친권자 부 ○○○, 모 ○○○

재산처분행위와 친권남용 **대법원 2009.1.30. 선고 2008다73731 판결**

친권남용을 판단함에 있어 이해상반행위에 해당하지 않는 한 재산처분행위는 원칙적으로 친권자의 재량이다. 미성년자인 자의 재산에 대한 친권자의 처분행위가 친권남용에 해당하는지 여부는 그 처분을 둘러싼 친권자와 자 사이의 이해상반여부, 위 처분과 관련한 이해당사자 사이의 이해관계의 조율 등 주관적, 객관적 사정을 합하여 종합적인 관점에서 예외적으로 친권의 남용에 해당한다고 볼 만한 사정이 적극적으로 입증되어야 한다고 판단한다.

(다) 취소권

법정대리인은 미성년자가 독자적으로 한 법률행위를 취소할 수 있다(제5조 제2항, 제140조). 친권자로서 미성년자의 법률행위를 대리하는 경우 부모가 공동의 명의로 하여야 하지만, 위 법률행위의 취소는 부모 중 일방이 단독으로 할 수 있다. 행위능력의 결여를 이유로 하는 법률행위의 취소의 경우에는 의사표시의 착오나 기망을 이유로 하는 취소와 달리 **선의의 제3자에게도 대항할 수 있다**(제109조 제2항, 제110조 제3항 참조).

3. 성년후견과 한정후견제도 등

가. 총설

개정 전 민법은 전술한 미성년자와 함께 한정치산자·금치산자를 행위무능력자로 규정하였다. 그러나 위 제도 중 한정치산과 금치산 부분은 본인의 의사와 장애정도에 대한 고려 없이 행위능력을 획일적으로 제한하고, 부정적인 의미가 내포된 용어 사용으로 인한 낙인효과 등으로 그 이용이 저조하였다. 그에 따라 2013.7.1.부터 시행된 개정 민법은 본인의 자기결정의 존중과 잔존능력의 활용을 위하여 종래의 금치산 대신 성년후견제도를 두고, 한정치산에 대응하기는 하나 똑 같지는 아니한 제도로써 한정후견제도를 두었다. 그리고 미성년자, 피성년후견인 및 피한정후견인 3자를 총칭하여 종래의 '무능력자' 대신에 '제한능력자'로 규정하고 있다(제15조~제17조, 제111조, 제127조, 제135조, 제140조, 제141조, 제179조, 제180조, 제1020조, 제1062조, 1098조).

한편 개정 민법은 특정후견(제14조의2)과 후견계약(제959조의14~제959조의20)에 관하여도 새로운 규정을 두고 있으나, 이들은 행위능력의 제한과 직접 관련되지는 않고, 단지 정신적 제약을 받는 사람을 위하여 후원을 제공하고 적절한 대리권을 부여하는 제도일 뿐이라는 점을 유의하여야 한다.

***** 새로운 성년후견제도의 특징**

후견인의 법정순위(최근친, 연장자 순) 폐지, 복수후견인과 법인후견인 제도의 도입, 대리권과 동의권의 범위를 탄력적으로 결정, 신상보호의 개념 도입, 친족회의 폐지와 후견감독인제도의 도입, 법원의 감독기능 강화, 특정후견과 후견계약제도의 신설, 가족관계등록부에서 후견등기부로 공시방법의 전환 등을 구제도와 다른 특징으로 꼽을 수 있다.

나. 피성년후견인

피성년후견인은 정신적 제약으로 사무를 처리할 능력이 지속적으로 결여됨으로써 일정한 사람의 청구에 의하여 가정법원으로부터 성년후견개시의 심판을 받은 자이다.

(1) 성년후견의 요건

(가) 실질적 요건

성년후견의 원인은 질병, 장애, 노령 그 밖의 사유로 인한 정신적 제약으로 사무를 처리할 능력이 지속적으로 결여된 경우이다(제9조 제1항).

① 사무처리능력에 관한 정신적 제약

위 정신적 제약은 그 문언상 종래 금치산자의 요건인 '심신상실의 상태에 있는 자' 또는 한정치산자의 요건인 '심신이 박약하거나 재산의 낭비로 자기나 가족의 생계를 궁박하게 할 염려가 있는 자'에 비하여 넓은 개념으로 보여진다. 즉 '일용품의 구입 등 일상생활에 필요하고 그 대가가 과도하지 아니한 법률행위'는 물론, 취소할 수 없는 법률행위의 범위를 정하는 경우에는(제10조 제2항) 피성년후견인 단독으로 유효한 법률행위를 할 수 있으므로 종래의 금치산 요건인 정신능력의 결함 정도보다는 완화하여 더 넓게 해석하여야 한다고 본다. 그런데 그러한 능력의 흠결은 정신적 제약에 의한 경우에 한하고, 신체적 제약은 고려해서는 안 된다. 열거된 질병, 장애, 노령 등의 사유는 한정적이 아니라 예시적이다.

② 지속적 결여

정신적 제약으로 인한 사무처리 능력이 결여된 상태가 지속되어야 한다. 그러나 단속적(斷續的)으로 의사능력이 회복되더라도 전반적으로 의사무능력 상태가 계속되고 있다고 볼 수 있는 경우에는 대상자가 된다. '일시적' 결여나 '미흡'한 데에 그치는 경우에는 한정후견의 요건에 해당할 수 있다.

이와 관련하여 가정법원은 피성년후견인이 될 사람의 정신상태에 관하여 의사에게 감정을 시켜야 하고, 예외적으로 그 정신상태를 판단할 만한 다른 충분한 자료가 있는 경우에는 위 감정절차를 생략할 수 있다(가사소송법 제45조의2).

(나) 형식적 요건

일정한 사람의 청구에 의하여 가정법원이 성년후견개시의 심판을 하여야 한다(제9조 제1항). 즉 가정법원의 직권에 의한 심판의 개시는 불가하다.

(2) 성년후견개시 심판의 절차[15)]

일정한 사람 즉 '본인, 배우자, 4촌 이내의 친족, 미성년후견인, 미성년후견감독인, 한정후견인, 한정후견감독인, 특정후견인, 특정후견감독인, 검사 또는 지방자치단체의 장'이 가정법원에 심판을 청구하여야 한다(제9조 제1항). 정신능력이 제한되는 자에 대하여 복지제도를 시행하고 복지시설을 운영하거나 감독하는 지방자치단체의 장에게도 심판청구인 자격을 부여한 것이다. 다른 청구권자도 새로운 제도의 도입에 따라 명칭이 변경되거나 추가되었다.

성년후견의 심판을 청구 받은 가정법원은 가사소송법이 정한 절차에 따라 요건의 충족 여부를 심리하여야 하고, 그 심판을 할 때 본인의 의사를 고려하여야 한다(제9조 제2항). 본인의 의사를 확인하기 위하여 당사자 심문을 하는 것이 원칙이나, 본인이 그 의사를 밝힐 수 없거나 출석을 거부하는 등 특별한 사정이 있는 때에는 심문을 생략할 수 있다(가사소송법 제45조의3 참조). 또한 본인의 복리를 위하여 필요한 경우 본인의 의사에 반하여 후견개시심판을 할 수 있다.

가정법원은 성년후견개시의 심판을 할 때에는 직권으로 성년후견인을 선임하여야 한다(제936조 제1항). 가정법원이 성년후견인을 선임할 때 피성년후견인의 의사를 존중하여야 하며, 성년후견인의 결격사유(제937조)가 없는 한 촌수(寸數) 등에 구애받지 않고 '피성년후견인의 건강, 생활관계, 재산상황, 성년후견인이 될 사람의 직업과 경험, 피성년후견인과의 이해관계의 유무(법인이 성년후견인이 될 때에는 사업의 종류와 내용, 법인이나 그 대표자와 피성년후견인 사이의 이해관계의 유무를 말한다) 등'(제936조 제4항) 제반사정을 고려하여 가정법원이 적절하다고 인정하는 자를 선임한다. 성년후견인은 여러 명을 둘 수도 있으며(제930조 제2항), 법인도 성년후견인이 될 수 있다(제930조 제3항). 기타 성년후견인의 대리권의 범위 결정 및 취소할 수 없는 법률행위의 범위 결정, 신상에 관한 권한의 범위 결정 등이 위 심판사항에 포함된다.

---

15) 성년후견개시 또는 한정후견개시는 가사소송법상 가사비송 라류사건으로 분류된다.

가정법원의 성년후견개시 심판이 있으면 그 촉탁에 의하여 구체적 내용이 **후견등기부**에 등기가 된다(가사소송법 제9조, 후견등기에 관한 법률 제20조).

(3) 피성년후견인의 행위능력

피성년후견인의 법률행위는 취소할 수 있다(제10조 제1항). 원칙적으로 피성년후견인의 법률행위는 후견인의 동의를 받아 이루어지더라도 완전하지 못하여 취소의 대상이 된다. 위 법률행위의 취소는 피성년후견인 또는 성년후견인이 할 수 있는바(140조), 이때 피성년후견인이 의사능력을 갖추고 있어야 그 취소가 가능하다.

피성년후견인의 행위능력이 제한되는 범위는 재산상의 법률행위 전반에 걸치는 것이 원칙이지만, 가정법원이 그 범위를 제한할 수도 있다(제10조 제2항). 즉 성년후견인은 피성년후견인의 법정대리인이 되어 재산행위 전반에 관한 대리권을 갖지만 가정법원이 그 범위를 정하고 변경할 수가 있는 것이다(제938조). 가정법원이 취소할 수 없는 법률행위의 범위를 정하는 경우에는 그 범위 내에서 피성년후견인이 단독으로 유효하게 법률행위를 할 능력이 있고, 일용품의 구입 등 일상생활에 필요하고 그 대가가 과도하지 아니한 법률행위는 취소할 수 없도록 하였는바, 이 점이 종래의 금치산자의 능력과 크게 구별되는 점이다.

***** 성년후견개시신청 심판의 주문례**

1. 사건본인에 대하여 성년후견을 개시한다.
2. 사건본인의 후견인으로 ooo을 지정한다.
3. 사건본인에 대한 후견인의 취소할 수 없는 법률행위 및 법정대리권의 범위는 별지1 기재와 같다.
4. 사건본인에 대한 후견인의 신상결정권의 범위는 별지2 기재와 같다.

(4) 성년후견인의 사무 및 그에 대한 감독

성년후견인은 피성년후견인의 재산을 조사하여 그 목록을 작성하여야 하고(제941조, 제942조), 그 재산을 관리하며, 그 재산에 관한 법률행위에 대하여 피성년후견인을 대리한다(제938조, 제949조 등). 또한 피성년후견인의 주소 및 거소의 결정, 사회복지서비스의 선택, 의료행위에 대한 동의 등 신상결정 업무를 수행한다. 그러나 중요한 사항은 가정법원의 허가를 받아야 한다(제947조의2).

가정법원은 성년후견감독인을 선임할 수 있는바(제940조의4 제1,2항), 이는 필요하다고 인정할 때에만 하는 임의적인 선임이다. 성년후견감독인은 후견인의 사무를 감독하며, 후견인이 없는 경우 지체 없이 가정법원에 후견인의 선임을 청구하여야 하고, 피후견인의 신상이나 재산에 대하여 급박한 사정이 있는 경우 그의 보호를 위하여 필요한 행위 또는 처분을 할 수 있으며, 후견인과 피후견인 사이에 이해가 상반되는 행위에 관하여는 피후견인을 대리한다(제940조의6 제1항 내지 제3항).

(5) 성년후견의 종료

성년후견의 요건 즉 성년후견개시의 원인이 소멸된 경우에는 '본인, 배우자, 4촌 이내의 친족, 성년후견인, 성년후견감독인, 검사 또는 지방자치단체의 장'이 가정법원에 청구하여 성년후견 종료의 심판을 한다(제11조). 성년후견 종료의 심판은 장래에 향해서만 효력이 있다.

다. 피한정후견인

피한정후견인은 정신적 제약으로 사무를 처리할 능력이 부족함으로써 일정한 사람의 청구에 의하여 가정법원으로부터 한정후견개시의 심판을 받은 자이다.

(1) 피한정후견인의 요건

(가) 실질적 요건

한정후견의 원인은 질병, 장애, 노령, 그 밖의 사유로 인한 정신적 제약으로 사무를 처리할 능력이 부족한 경우이다(제12조 제1항). 성년후견의 경우보다 경미한 정신적 제약을 가진 사람을 그 대상으로 한다.

① 사무처리 능력에 관한 정신적 제약

이는 종래 한정치산자의 요건인 '심신이 박약하거나 재산의 낭비로 자기가 가족의 생계를 궁박하게 할 염려가 있는 자'에 비하여 더 넓은 개념으로 보아야 한다.

② 사무처리 능력의 부족

'일시적' 결여나 '미흡'한 데에 그치는 경우를 말한다. 그 정도가 '미흡'을 넘어 결여에 이르면서 지속적인 경우에는 성년후견의 요건에 해당한다.

(나) 형식적 요건

본인 등 일정한 사람의 청구에 의하여 가정법원이 한정후견개시의 심판을 하여야 한다(제12조 제1,2항).

(2) 한정후견개시 심판의 절차

한정후견심판의 청구권자, 가정법원의 심판절차, 한정후견인의 자격과 수 및 한정후견종료의 심판 등은 성년후견의 경우와 대체로 같다(제14조, 제959조의 2 내지 제959조의7, 가사소송법 제45조 등).

(3) 피한정후견인의 행위능력

피한정후견인은 '일용품의 구입 등 일상생활에 필요한 법률행위'는 물론 <u>법률행위</u>

전반에 대하여 원칙적으로 단독으로 유효하게 행위를 할 능력이 있다(제13조 제1항의 반대해석).

그러나 가정법원은 한정후견인의 동의를 받아야 하는 법률행위의 범위를 정할 수 있고, 이를 변경할 수도 있으며, 동의를 필요로 하는 행위에 대하여 한정후견인이 그 동의를 하지 않아 피한정후견인의 이익이 침해될 염려가 있을 때에는 가정법원이 피한정후견인의 청구에 의하여 그 동의에 갈음하는 허가를 할 수 있다(제13조 제1항 내지 제3항). 한정후견인의 동의가 필요함에도 불구하고 피한정후견인이 그 동의 없이 한 법률행위에 대하여는 한정후견인 또는 피한정후견인이 취소할 수 있다(제13조 제4항 본문).

한편 민법의 친족편이나 근로기준법에는 피한정후견인에 관한 규정을 두고 있지 않는바, 피한정후견인의 요건을 갖춘 사람일지라도 신분행위 등에서는 능력자로 취급된다.

(4) 한정후견인의 사무 및 그에 대한 감독

한정후견인은 원칙적으로 대리권이 없지만 가정법원이 대리권을 수여하는 심판을 할 경우 그 범위 내에서 **대리권**을 갖는다(제959조의4). 또한 가정법원이 동의를 받아야 하는 법률행위의 범위를 정한 경우에는 그 범위 내에서 **동의권**을 갖게 되고, 피한정후견인이 동의 없이 한 법률행위에 대하여 **취소권**을 갖는다.

기타 한정후견인의 사무, 한정후견감독인에 관하여는 성년후견인과 성년후견감독인에 관해 기술한 내용이 준용된다(제959조의3~5).

(5) 한정후견의 종료

제14조가 규정하고 있고 그 내용은 성년후견의 종료와 같다.

라. 기타

(1) 특정후견

질병, 장애, 노령, 그 밖의 사유로 인한 정신적 제약으로 일시적 후원 또는 특정한 사무에 관한 후원이 필요한 사람에 대하여 본인, 배우자, 4촌 이내의 친족, 미성년후견인, 미성년후견감독인, 검사 또는 지방자치단체의 장의 청구에 의하여 특정후견[16]의 심판을 한다(제14조의2 제1항). 특정후견은 본인의 의사에 반하여 개시할 수 없고, 특정후견의 기간 또는 사무의 범위를 정하여야 한다(제14조의2 제2,3항).

피특정후견인의 **행위능력은 제한되지 않으며**, 단지 특정후견인의 대리권이 인정될 수 있을 뿐이다. 즉, 피특정후견인의 후원을 위하여 필요하다고 인정하면 가정법원은

16) 특정후견의 '특정'은 후원이 필요한 특정한 시기 또는 특정한 사무를 지칭하고, 그 반면 한정후견의 '한정'은 사무처리의 능력이 지속적 결여가 아니라 부족이라는 점을 나타내는 말이다.

기간이나 범위를 정하여 특정후견인에게 대리권을 수여하는 심판을 할 수 있고, 이 경우 가정법원은 특정후견인의 대리권 행사에 가정법원이나 특정후견감독인의 동의를 받도록 명할 수 있다(제959조의11).

(2) 후견계약

질병, 장애, 노령, 그 밖의 사유로 인한 정신적 제약으로 사무를 처리할 능력이 부족한 상황에 있거나 부족하게 될 상황에 대비하여 자신의 재산관리 및 신상보호에 관한 사무의 전부 또는 일부를 다른 자에게 위탁하고 그 위탁사무에 관하여 대리권을 수여하는 것을 내용으로 하는 후견계약을 본인이 임의후견인과 공정증서로써 체결할 수 있다(제959조의14 제1,2항).

후견계약은, **임의후견감독인의 선임[17] 전**에는 본인 또는 임의후견인은 언제든지 공증인의 인증을 받은 서면으로 후견계약의 의사표시를 철회할 수 있으나, **임의후견감독인의 선임 이후**에는 본인 또는 임의후견인은 정당한 사유가 있는 때에만 가정법원의 허가를 받아 후견계약을 종료할 수 있다(제959조의18).

후견계약에 의한 임의후견인은 대리권을 갖지만, 이는 후견계약에 의한 것이며 본인의 능력이 제한되기 때문이 아니다. 본인의 능력이 제한되려면 후견계약이 종료되고 성년후견 또는 한정후견의 심판을 받아야 한다.

(3) 심판 사이의 관계

피한정후견인 또는 피특정후견인에 대하여는 성년후견개시의 심판을 할 수 있고, 피성년후견인 또는 피특정후견인에 대하여 한정후견개시의 심판을 할 수 있다(제14조의3). 그러나 피성년후견인 또는 피한정후견인에 대하여 특정후견개시의 심판을 할 수는 없다고 해석된다(위 조문의 반대해석). 성년후견 또는 한정후견을 유지하는 상태에서도 특정후견의 목적을 달성할 수 있으므로, 굳이 특정후견을 새로이 개시할 필요가 없기 때문이다.

***** 성년후견, 한정후견, 특정후견, 후견계약의 비교**

	성년후견	한정후견	특정후견	후견계약
개시사유	정신적 제약으로 사무처리능력의 지속적 결여	정신적 제약으로 사무처리능력의 부족	정신적제약으로 일시적후원/특정 사무 후원의 필요	정신적 제약으로 사무처리능력의 부족
후견개시 시점	성년후견개시 심판 확정시	한정후견개시 심판 확정시	특정후견개시 심판 확정시	임의후견감독인 선임심판 확정시

17) 선임의 주체는 가정법원이고, 그 선임을 한 때가 후견계약의 효력발생시점이 된다.

본인의 행위능력	원칙적으로 행위 능력 흠결	원칙적 행위능력자	행위능력자	행위능력자
후견인의 권한	원칙적으로 포괄적인 대리권, 취소권	법원이 정한 범위내에서 대리권, 동의권, 취소권	법원이 정한 범위내에서 대리권	후견계약에서 정한 대리권

*** **행위능력과 소송능력**

- 민사소송법 제55조
- 미성년자, 피성년후견인, 피한정후견인 : 소송능력을 인정하지 아니함이 원칙
- 민법이 미성년자나 피성년후견인이 독립하여 법률행위를 할 수 있다고 규정한 경우에는 소송능력을 인정함
- 미성년자의 경우
- 소송능력의 인정 : 혼인한 경우, 영업의 허락, 근로계약의 체결이나 임금의 청구
- 소송능력의 불인정 : 법정대리인의 동의를 받은 법률행위, 법정대리인이 처분을 허락한 재산과 관련된 소송행위. 특정한 법률행위와는 달리 소송행위는 복잡하고 연속적인 절차로서 소송능력 인정시 소송절차의 안정성을 해할 우려가 있기 때문임
- 피성년후견인의 경우
- 원칙적으로 소송무능력자
- 예외적으로 가정법원이 필요하다고 인정하는 때에는 취소할 수 없는 법률행위를 정할 수 있고(제10조 제2항), 그 범위 내에서 소송능력이 인정됨(민사소송법 제55조 제1항). 그러나 일용품의 구입 등과 관련된 법률행위에 관하여는 소송능력을 인정하기 어려움.
- 피한정후견인의 경우
- 원칙적으로 소송능력이 인정됨
- 가정법원이 피한정후견인에 대하여 일정한 법률행위를 함에 있어서 한정후견인의 동의를 받도록 한 경우(제13조), 소송능력도 제한됨(민사소송법 제55조 제2항)

4. 제한능력자 상대방의 보호

가. 제도의 의의

법정대리인의 동의 없이 이루어진 제한능력자의 법률행위는 제한능력자측에서 일방적으로 취소할 수 있고, 법률행위가 취소되면 그 효과는 선의의 제3자에게도 대항할 수 있는 절대적 무효이며, 제한능력자는 선·악의를 불문하고 그 행위로 인하여 받은 이익이 현존하는 한도에서만 반환의무를 부담한다(제141조). 그런데 제한능력자와 거래한 상대방은 사기나 강박에 의한 의사표시를 한 자와 같이 책임을 추궁 당할 사유도 없이 그 지위가 불안해지는 등 제한능력자 보호를 위한 제도로 피해를 입게 되는바, 그러한 상대방의 지위를 고려하여 법률행위의 불확정상태를 빨리 소멸시키는

방안이 강구되어야 한다.

민법은 법률행위 취소에 관한 일반적 제도로 취소권의 단기소멸(제146조)과 법정추인(제145조) 제도를 두고 있으나, 단기소멸의 기간이 3년 또는 10년으로 결코 짧지 아니하고 법정추인도 예외적인 현상이어서 제한능력자의 상대방을 보호하기에 미흡하다. 그에 따라 제한능력자의 상대방이 주도적으로 법률행위의 유동적 상태를 해소하여 유효 또는 무효를 확정지을 필요가 있는바, 민법은 그 상대방을 보호하기 위한 특칙으로 상대방의 확답촉구권과 철회·거절권, 속임수를 이유로 하는 취소권 박탈을 규정하고 있다.

나. 상대방의 확답촉구권

(1) 의의

제한능력자의 상대방은 제한능력자측에 대하여 취소할 수 있는 행위를 추인할 것인지 여부에 관한 확답을 촉구할 수 있다. 그에 대하여 제한능력자측에서 추인 또는 취소의 의사를 표시하면 그 의사에 따라 효과가 생긴다. 그런데 제한능력자측이 정해진 기간 내에 위 촉구에 대한 확답을 하지 아니한 경우, 제15조에 따라 취소할 수 있는 행위의 추인 또는 취소가 의제되는 효과가 발생된다. 그 효과는 확답촉구자의 의사와 무관하게 법률의 규정에 따라 발생하므로 확답촉구의 법적 성질은 준법률행위 중 **의사의 통지**이고, 권리자의 일방적 행위로 법률효과가 발생되므로 위 확답촉구권은 **형성권**의 일종이다.

(2) 요건

제한능력자의 상대방은 ① 취소할 수 있는 행위를 적시하고, ② 1월 이상의 유예기간[18]을 정하여, ③ 추인여부에 대한 확답을 촉구하여야 한다(제15조 제1항). 법률행위 당시 행위능력의 흠결에 대한 선의와 악의는 문제되지 않으므로 악의의 상대방도 확답촉구를 할 수 있다. 확답촉구의 상대방은 추인이나 취소를 할 수 있는 자에 한하기 때문에, 제한능력자가 능력자로 된 후에는 제한능력자를, 여전히 제한능력자인 경우에는 법정대리인을 그 상대방으로 하여야 한다.

(3) 효과

제한능력자의 확답, 즉 추인 또는 취소가 있으면 그에 따른 효과가 발생하는데, 이는 취소 또는 추인이라는 의사표시의 효과일 뿐 확답촉구 자체의 효과는 아니다.

확답촉구의 효과는 제한능력자측이 유예기간 내에 확답을 **발송**하지 아니한 경우에

---

18) 참고로 무권대리에서의 상대방의 최고, 이행지체를 이유로 하는 계약해제시의 최고의 경우에는 각 '상당한 기간'으로 규정하고 있다.

발생하는바, ① 제한능력자가 능력자로 된 후에 확답촉구를 받았다면 추인한 것으로 보고(제15조 제1항), ② 법정대리인이 확답촉구를 받았는데 법정대리인 단독으로 추인할 수 있었다면 역시 추인한 것으로 보지만(제15조 제2항), ③ 추인을 위하여 특별절차를 밟아야 하는데(후견감독인의 동의 등) 유예기간 내에 그 특별한 절차를 밟은 확답을 발하지 않으면 취소한 것으로 본다(제15조 제3항).

다. 상대방의 철회권과 거절권

민법은 제한능력자의 상대방이 주도적으로 법률행위의 효력을 부인하여 그 법적 구속으로부터 벗어날 수 있도록 하기 위하여, 제한능력자측의 추인이 있기 전까지 상대방은 계약에 대해서는 철회권, 단독행위에 대해서는 거절권을 각 행사할 수 있도록 하였다. 의사표시의 철회나 거절이 있는 경우 그 계약이나 단독행위는 확정적으로 무효가 된다.

(1) 철회권

제한능력자와 계약을 체결한 상대방이 제한능력자측의 추인이나 취소가 있을 때까지 불확정적인 법률행위를 확정적 무효로 돌리는 행위이다(제16조 제1항). 악의의 상대방은 보호할 필요가 없기 때문에, 계약 당시 제한능력자임을 몰랐던 **선의의 상대방만이 철회권을 행사**할 수 있고(제16조 제1항 단서), 철회의 상대방에는 법정대리인은 물론 제한능력자도 포함됨을 주의하여야 한다(제16조 제3항, 의사표시의 수령능력에 관한 제112조의 특칙).

(2) 거절권

제한능력자의 단독행위에 대하여 그 상대방이 제한능력자측의 추인이나 취소가 있을 때까지 불확정적인 법률행위를 확정적 무효로 돌리는 행위이다(제16조 제2항). 거절권은 상대방 있는 단독행위에서만 인정되고, 상대방으로서는 의사표시를 수령한 것 뿐이므로 악의의 상대방도 거절권을 행사할 수 있다는 견해가 통설이다.

라. 취소권의 배제

제한능력자가 법률행위를 하면서 속임수를 사용한 경우[19] 취소권을 행사할 수 없다(제17조). 제한능력자가 속임수로써 능력자로 믿게 한 경우(제17조 제1항)와, 미성년자나 피한정후견인이 속임수로써 법정대리인의 동의가 있는 것으로 믿게 한 경우(제17조 제2항)에 취소권이 배제된다. 다만 피성년후견인의 경우 법정대리인의 동의를 받고 한 법률행위도 취소할 수 있음이 원칙이므로 속임수로써 법정대리인의 동의가 있는 것으로 믿게 하더라도 위 제2항이 적용되지 않음을 주의하여야 한다.

---

19) 그 정도가 사기의 요건을 충족시키는 경우에는 제110조에 따른 취소도 가능하다.

속임수의 의미에 관하여, 판례는 **적극적 기망수단**을 요한다고 하는 반면, 학설은 적극적 기망수단은 물론 상당한 정도와 방법으로 오신을 유발하거나 강하게 하는 것도 포함된다고 하며, 경우에 따라 단순한 침묵도 사술에 해당한다고 한다. 속임수에 단순한 침묵이 포함된다면 상대방이 제한능력자에게 능력자인지 여부를 확인하는 것만으로 제한능력자의 취소권을 박탈할 수 있게 되어 제한능력자제도의 취지에 반하므로 판례의 입장이 타당하다. 속임수가 있었다는 사실에 대한 증명책임은 취소권을 부정하려는 상대방이 진다.

또한 제한능력자의 속임수에 의하여 상대방이 오신하였어야 하고, 그러한 오신으로 제한능력자와 법률행위를 하였어야 한다. 즉 오신과 법률행위 사이에 인과관계가 있어야 한다. 이러한 요건이 모두 충족되면 제한능력자측의 취소권이 배제된다. 이 경우 제한능력자의 상대방의 철회권도 배제됨으로써 법률행위는 확정적으로 유효한 것으로 된다(통설).

적극적 기망수단에 의한 속임수 **대법원 1971.12.14. 선고 71다2045 판결**

"무능력자가 사술로써 능력자로 믿게 한 때"에 있어서의 사술을 쓴 것이라 함은 적극적으로 사기수단을 쓴 것을 말하는 것이고 단순히 자기가 능력자라 사언함은 사술을 쓴 것이라고 할 수 없다. 미성년자와 계약을 체결한 상대방이 미성년자의 취소권을 배제하기 위하여 본조 소정의 미성년자가 사술을 썼다고 주장하는 때에는 그 주장자인 상대방 측에 그에 대한 입증책임이 있다.

Ⅲ. 주소

1. 주소 등의 개념

사람은 거주·이전의 자유가 있어 활동장소를 마음대로 바꿀 수 있으나, 일반적으로는 일정한 장소와 밀접한 관련을 갖고 법률관계를 형성하고 있다. 따라서 사람의 사회생활 중 발생하는 법률관계를 명확히 하기 위하여는 그와 관련된 특정한 장소를 법률로 규정할 필요가 있다. 법률행위지, 재산 소재지, 변제의 장소나 목적물의 인도장소, 주소와 거소, 사무소와 영업소, 어음의 지급지, 보통재판적 등이 그것이다. 민법은 그 중 주소와 거소에 관하여만 일반규정을 두고, 그 밖의 장소에 관하여는 관련된 법률관계에서 개별적으로 규정한다. 주소에 관하여는 '생활의 근거 되는 곳을 주소로 한다'고 규정하고 있다(제18조 제1항).

주민등록전입신고 수리여부 심사권의 한계 대법원 2009.6.18. 선고 2008두10997 판결

주민들의 거주지 이동에 따른 주민등록전입신고에 대하여 행정청이 이를 심사하여 그 수리를 거부할 수는 있다고 하더라도, 그러한 행위는 자칫 헌법상 보장된 국민의 거주·이전의 자유를 침해하는 결과를 가져올 수도 있으므로, 시장·군수 또는 구청장의 주민등록전입신고 수리 여부에 대한 심사는 주민등록법의 입법 목적의 범위 내에서 제한적으로 이루어져야 한다. 한편, 주민등록법의 입법 목적에 관한 제1조 및 주민등록 대상자에 관한 제6조의 규정을 고려해 보면, 전입신고를 받은 시장·군수 또는 구청장의 심사 대상은 전입신고자가 30일 이상 생활의 근거로 거주할 목적으로 거주지를 옮기는지 여부만으로 제한된다고 보아야 한다. 따라서 전입신고자가 거주의 목적 이외에 다른 이해관계에 관한 의도를 가지고 있는지 여부, 무허가 건축물의 관리, 전입신고를 수리함으로써 당해 지방자치단체에 미치는 영향 등과 같은 사유는 주민등록법이 아닌 다른 법률에 의하여 규율되어야 하고, 주민등록전입신고의 수리 여부를 심사하는 단계에서는 고려 대상이 될 수 없다. 무허가 건축물을 실제 생활의 근거지로 삼아 10년 이상 거주해 온 사람의 주민등록 전입신고를 거부한 사안에서, 부동산투기나 이주대책 요구 등을 방지할 목적으로 주민등록전입신고를 거부하는 것은 주민등록법의 입법 목적과 취지 등에 비추어 허용될 수 없다고 판시하였다.

2. 주소의 결정

가. 형식주의와 실질주의(주소를 정하는 기준)

주소를 결정하는 기준으로는 현실의 생활사실과 관계없이 출생지나 주민등록지 등과 같은 일정한 형식적 기준에 따라서 획일적으로 주소를 정하는 형식주의와, 생활의 실질적 관계에 따라 구체적으로 주소를 결정하려는 실질주의가 있다. 오늘날처럼 사람들의 이주가 잦고 여러 생활관계가 각지에 산재하게 되는 환경에서는 형식주의가 주소 결정의 기준으로 적합치 않으므로 다수의 입법례는 실질주의를 채택하고 있다. 민법은 생활의 근거가 되는 곳을 주소라고 규정하여 **실질주의**를 따르고 있다.

나. 객관주의와 의사주의(주소 설정 등의 요소)

주소의 설정 등에 관하여 '정주(定住)의 사실'만을 요건으로 하는 객관주의와, 정주의 사실 외에 '정주의 의사'도 있어야 한다는 의사주의가 대립하고 있다. 내심의 의사는 다른 사람이 쉽게 인식하기 어려우므로 그러한 요소를 법률관계의 기준으로 삼을 경우 거래의 안전을 해칠 우려가 있다. 민법은 정주의 의사를 요하지 않는 **객관주의**에 따른다.

다. 단일주의와 복수주의(주소의 개수)

주소의 개수에 관하여 입법례는 단일주의와 복수주의로 나뉜다. 민법은 현대의 다양하고 복잡한 생활관계를 반영하여 '주소는 동시에 두 곳 이상 있을 수 있다'고 규정하여 **복수주의**를 택하고 있다(제18조 제2항).

3. 법인의 주소

자연인과 마찬가지로 법인의 경우에도 일정한 장소를 주소로 정하여 법률관계의 기준으로 삼을 필요가 있다. 그에 따라 민법은 법인의 주소는 그 주된 사무소의 소재지에 있는 것으로 한다고 규정한다(제36조). 이때의 주된 사무소라 함은 법인의 업무에 관하여 최종적인 의사결정을 하는 최고 수뇌부가 상주하는 장소를 지칭한다.

4. 주소의 법률적 효과

주소는 부재 및 실종(제22조, 제27조)의 표준, 채무의 변제장소 또는 이행지(제467조 제2항), 상속의 개시지(제998조), 어음과 수표행위의 장소(어음법 제4조, 수표법 제8조), 법률행위나 소송에 있어서 당사자의 특정 등에 있어서 중요한 의미를 갖는다. 또한 주소는 공법상 재판관할의 표준(민사소송법 제2조, 제3조), 징세의 기준(국세기본법 제8조, 국세징수법 제12조, 제13조), 귀화의 요건(국적법 제5조 내지 제7조)으로 작용하기도 한다.[20]

5. 기타(구별할 개념)

종래의 본적에 갈음하는 등록기준지는 가족관계 등록에 관한 기준지를 말한다. 주민등록지란 30일 이상 거주할 목적으로 일정한 장소에 주소 또는 거소를 가지는 자가 주민등록법에 의하여 등록한 장소를 지칭하는바, 반증이 없는 한 주민등록지는 주소로 추정된다. 거소는 사람이 상당한 기간 동안 계속하여 거주하는 곳을 말하고, 주소가 없거나 주소는 있지만 그곳을 알 수 없는 경우, 국내에 주소는 없고 거소만 있는 경우에는 모두 거소를 주소로 본다(제19조, 제20조). 가주소는 생활의 실질과는 관계없이 당사자의 의사에 의하여 설정된 곳으로, 어떤 법률행위를 함에 있어서 가주소를 정한 때에는 그 행위에 관하여는 이를 주소로 본다(제21조).

---

20) 그럼에도 민법전에만 주소에 관한 통일적 정의규정을 둔 것은 민법총칙이 민법은 물론 모든 법률에 관하여 총칙적 역할을 해 왔다는 연혁적 이유에서 기인한 것이다.

Ⅳ. 부재와 실종

1. 서설

사람은 통상 주소나 거소를 중심으로 사회생활을 영위하며 재산을 관리하고 법률관계를 형성한다. 그런데 주소 등을 떠나 단시일 내에 돌아올 가망이 없는 부재자가 있는 경우, 남겨진 재산의 훼손·일실을 방지하거나 그의 배우자나 상속인 등의 이익을 보호하기 위한 법률적 장치가 필요하다. 또한 권리능력의 소멸을 사람의 사망사실이 객관적으로 확인된 경우로 국한한다면 부재자의 생사불명의 상태가 오랜 기간 동안 지속되더라도 부재자를 둘러싼 법률관계(혼인과 상속 등)를 확정짓지 못한다. 이에 관하여 민법은 제1단계로 부재자가 아직 생존하고 있는 것으로 상정하여 그 재산을 관리하며 귀환을 기다리는 **부재자의 재산관리제도**를, 제2단계로 부재자의 생사불명 상태가 일정기간 계속되거나 생존가능성이 적을 경우 그가 사망한 것으로 보고 그 법률관계를 확정하는 **실종선고제도**를 규정하고 있다.

위와 관련된 법규의 취지는 거래의 안전을 위한 것이 아니고, 부재자의 재산과 상속인·배우자 등 부재자와 관련된 이해관계인을 보호하고자 하는 것이다. 재산관리인의 선임, 보수 지급, 실종선고의 심판 등 업무는 가정법원이 담당한다.

2. 부재자의 재산관리

가. 부재자의 개념

주소나 거소를 떠나서 당분간 돌아올 가망이 없어 주소 등에 있는 그의 재산이 관리되지 못하고 방치되어 있는 자를 부재자라 하며, 생사불명은 그 요건이 아니다. 법인의 경우 성질상 부재자가 될 수 없으므로 부재자는 자연인에 한한다.

나. 잔류재산의 관리

(1) 부재자 자신이 관리인을 둔 때

(가) 국가의 불간섭

부재자가 재산관리인을 둔 경우, 국가는 그 재산관리에 간섭하지 않는 것을 원칙으로 한다. 이 경우의 재산관리인은 **부재자의 임의대리인**이고, 대리권의 범위는 부재자와 관리인 사이의 계약, 또는 권한을 정하지 아니한 경우의 대리권의 범위에 관한 규정(제118조)에 따라 결정된다. 만약 관리인이 부재자로부터 재산처분권까지 부여받았다면 재산을 처분함에 있어 법원의 허가를 요하지 않는다.

임의대리인의 재산처분권 대법원 1973.7.24. 선고 72다2136 판결

원고가 1950.9.28.경 월북할 당시 이 사건 각 부동산을 포함하는 동인 소유의 부동산의 관리와 처분에 관한 대리권을 원고의 어머니인 소외 주복임에게 수여한 사실 및 기타의 원판시 사실을 인정한 조치에 위법 사유가 있다고 할 수 없다. 그리고 부재자가 스스로 위임한 재산관리인이 있는 경우에는, 그 재산관리인의 권한은 그 위임의 내용에 따라 결정될 것이며 그 위임관리인에게 재산처분권까지 위임된 경우에는 그 재산관리인이 그 재산을 처분함에 있어 법원의 허가를 요하는 것은 아니라 할 것이니, 이 사건에 있어 위 주복임이 법원의 허가를 얻음이 없이 이 사건 부동산을 처분하였다 하여도 무효라고는 볼 수 없는 것이다.

(나) 법원의 개입

부재자가 재산관리인을 두었더라도 아래와 같은 경우에는 법원이 개입한다. ① 재산관리인의 권한이 본인의 부재 중 소멸(기간의 만료 또는 관리인의 사망 등)하면 법원은 관리인을 두지 않은 경우와 같은 조치를 취한다(제22조 제1항 후문). ② 부재자의 생사가 분명하지 않게 되면 법원은 재산관리인, 이해관계인 또는 검사의 청구에 의하여 재산관리인을 개임할 수 있다(제23조). 부재자의 위임에 기한 재산관리권은 개임에 의하여 소멸하며, 종전의 수임인이 개임에 따른 재산관리인이 되더라도 법원의 허가가 없으면 제118조를 초과하는 처분행위를 하지 못한다.

개임 후 재산관리인의 권한 범위 대법원 1977.3.22. 선고 76다1437 판결

부재자가 6.25사변 전부터 가사 일체와 재산의 관리 및 처분의 권한을 그 모인 "갑"에 위임하였다 가정하더라도 "갑"이 부재자의 실종 후 법원에 신청하여 동 부재자의 재산관리인으로 선임된 경우에는 부재자의 생사가 분명하지 아니하여 민법 제23조의 규정에 의한 개임이라고 보지 못할 바 아니므로 이때부터 부재자의 위임에 의한 "갑"의 재산관리 처분권한은 종료되었다고 봄이 상당하고, 따라서 그 후 "갑"의 부재자 재산처분에 있어서는 민법 제25조에 따른 권한 초과 행위 허가를 받아야 하며 그 허가를 받지 아니하고 한 부재자의 재산매각은 무효이다.

(2) 부재자 자신이 관리인을 두지 않는 경우

(가) 법원은 이해관계인 또는 검사의 청구가 있으면 재산관리에 관하여 필요한 처분을 명하여야 한다(제22조 제1항).[21] 여기에서의 이해관계인은 부재자의 재산 보전

21) 이에 관한 심판이나 후술하는 실종선고에 관한 심판은 모두 가사소송법 제2조 제1항 소정의

에 관하여 법률상 정당한 이익을 갖는 자이고, 배우자·추정상속인·채권자·보증인·부양청구권을 갖는 친족 등을 포함한다.22) 법원은 직권으로 그 처분을 할 수 없고, 이해관계인 등의 청구가 있을 것을 필요로 한다.

(나) 필요한 처분과 관련하여, 가장 일반적인 방법은 법원의 심판에 의한 **재산관리인의 선임**이고, 그 밖에 처분으로는 잔류재산의 봉인과 매각 등을 상정할 수 있다. 재산관리인의 선임에 관한 심판은 부재자의 최후 주소지 또는 재산소재지의 가정법원의 관할이다(가사소송법 제44조 제2호). 한편 부재자가 제한능력자로 그에게 법정대리인이 있는 경우, 법정대리인에게 부재자의 재산을 관리할 권한이 있으므로 재산관리인이 따로 선임되어 있지 않더라도 법원은 관여할 수 없다할 것이다.

(다) 법원 선임의 재산관리인

① 성질과 권한

법원에 의해 선임된 재산관리인은 일종의 **법정대리인**이다. 그 권한은 제118조 소정의 보존행위, 물건 등의 성질이 변하지 않는 범위에서 이용 또는 개량행위를 할 수 있고, 그 범위를 벗어나는 처분행위에는 가정법원의 허가를 요하며, 그렇지 않으면 무권대리로써 무효가 된다(제25조, 대법원 1977.3.22. 선고 76다1437 판결). 이 경우 법원의 허가는 장래의 처분행위뿐만 아니라 기왕의 처분행위를 추인하는 방법으로도 할 수 있다.

한편 재산관리인이 본래의 권한을 초과하거나 법원으로부터 권한 초과행위에 대한 허가심판을 받은 다음 그 권한을 넘어 법률행위를 한 경우, 이를 신뢰한 상대방에게 표현대리가 성립할 수 있다(대법원 1976.12.21.자 75마551 결정).

장래의 처분행위와 기왕의 매매 추인 **대법원 2000.12.26. 선고 99다19278 판결**

부재자 재산관리인에 의한 부재자 소유의 부동산 매매행위에 대한 법원의 허가결정은 그 허가를 받은 재산에 대한 장래의 처분행위뿐만 아니라 기왕의 매매를 추인하는 방법으로도 할 수 있고, 부재자 재산관리인의 권한초과행위에 대한 법원의 사후허가는 사인의 법률행위에 대하여 법원이 후견적·감독적 입장에서 하는 비쟁송적인 것으로서 그 허가 여부는 전적으로 법원의 권한에 속하는 것이기는 하나 그 신청절차는 소의 제기 또는 그에 준하는 신청과는 달리 그 의사표시의 진술만 있으면 채무자의 적극적

가사비송사건 '라'류사건에 해당한다.

22) 후술하는 실종선고의 경우 부재자의 생사와 관계되므로 그 청구를 할 수 있는 이해관계인의 범위에 관하여 엄격하게 해석해야 하지만, 부재자의 재산관리에 필요한 처분은 단순한 재산관리와 관련될 뿐이므로 그 청구를 할 수 있는 이해관계인의 범위를 넓게 해석한다.

인 협력이나 계속적인 행위가 없더라도 그 목적을 달성할 수 있는 것이므로, 비록 그 허가신청이 소송행위로서 공법상의 청구권에 해당하더라도 부재자 재산관리인이 권한 초과행위에 대하여 허가신청절차를 이행하기로 약정하고도 그 이행을 태만히 할 경우에는 상대방은 위 약정에 기하여 그 절차의 이행을 소구할 수 있고, 이러한 의사 진술을 명하는 판결이 확정되면 민사소송법 제695조 제1항[23]에 의하여 허가신청의 진술이 있는 것으로 간주된다.

패소판결 확정 후 법원의 허가 **대법원 2002.1.11. 선고 2001다41971 판결**[24]

부재자 재산관리인의 부재자 소유 부동산에 대한 매매계약에 관하여 부재자 재산관리인이 권한을 초과하여서 체결한 것으로 법원의 허가를 받지 아니하여 무효라는 이유로 소유권이전등기절차의 이행 청구가 기각되어 확정되었다고 하더라도, 패소판결의 확정 후에 위 권한초과행위에 대하여 법원의 허가를 받게 되면 다시 위 매매계약에 기한 소유권이전등기청구의 소를 제기할 수 있다(대법원 1967.2.21. 선고 65다1603 판결 참조).

② 의무

법원이 선임한 재산관리인에 대하여는, 부재자와 사이에 위임계약이 체결된 것은 아니지만, 그 직무의 성질상 부재자와의 위임계약에 따라 재산을 관리하는 경우와 동일한 의무를 부담하는 것으로 보아 **위임에 관한 규정들이 유추적용** 된다(통설). 그에 따라 재산관리인은 위임계약에 있어서 수임인과 동일한 지위를 가지며, 자기재산과 동일한 주의가 아닌 선량한 관리자로서 주의의무를 지며(제681조), 부재자가 사망한 경우에도 일정기간까지 그 직무를 수행하여야 한다(제691조).

그에 따라 재산관리인은 제24조 소정의 관리할 재산목록의 작성과 재산의 보전을 위해 법원이 명하는 처분에 따른 사무를 수행하고, 재산의 관리 등에 관하여 법원의 담보제공 명령에 따를 의무가 있다.

③ 보수 등의 청구

재산관리인은 그 사무처리에 따른 보수를 청구할 수 있고(제26조 제2항), 필요비 및 그 이자의 반환, 과실 없이 입은 손해에 대한 배상을 각 청구할 수 있다(제688조, 제24조 제4항 각 참조).

---

23) 현행 민사집행법 제263조 제1항임.

24) 위 99다19278 판결에서 부재자 본인에 대한 청구는 상고기각으로 확정되고, 부재자의 재산관리인에 대한 청구가 파기환송 되었다가 다시 상고된 사안에 대한 판결로, 판결의 기판력과 관련 중요한 의미를 갖는다.

④ 재산관리의 종료사유

그 종료사유에는, 부재자가 후에 재산관리인을 정한 때, 부재자가 스스로 그의 재산을 관리할 수 있게 된 때, 부재자에 대한 사망사실이 밝혀지거나 실종선고가 된 때 등이 있다. 재산관리인이 부재자의 사망을 확인하였더라도 법원에 의하여 재산관리인 선임결정이 취소되지 않는 한, 재산관리인은 계속하여 권한을 행사할 수 있다. 판례에 따르면, 재산관리인의 처분행위가 그 권한을 초과하고 부재자에 대한 실종기간이 만료된 후에 이루어졌더라도 선임결정이 취소되기 전이라면 그 처분행위에 기하여 경료된 등기는 법원의 허가 등 절차를 거쳐 적법하게 이루어진 것으로 본다.

관리인 선임결정 취소 전의 처분행위의 효력 **대법원 1991.11.26. 선고 91다11810 판결**

사망한 것으로 간주된 자가 그 이전에 생사불명의 부재자로서 그 재산관리에 관하여 법원으로부터 재산관리인이 선임되어 있었다면 재산관리인은 그 부재자의 사망을 확인했다고 하더라도 선임결정이 취소되지 아니하는 한 계속하여 권한을 행사할 수 있다 할 것이므로 재산관리인에 대한 선임결정이 취소되기 전에 재산관리인의 처분행위에 기하여 경료된 등기는 법원의 처분허가 등 모든 절차를 거쳐 적법하게 경료된 것으로 추정된다.

***** 소장 등에서 부재자와 그 재산관리인의 표시**

원고 ○ ○ ○(xxxxxx – xxxxxxx)
최후의 주소 광주 북구 용봉로 123번길 45
부재자이므로 법정대리인 재산관리인 ○○○
광주 동구 동명로 100번길 10

3. 실종선고(失踪宣告)

가. 의의

사람은 생존한 동안 권리와 의무의 주체가 되므로(제3조), 삶이 마감되는 사망에 의하여 권리능력을 상실함이 원칙이다. 그런데 사망의 개연성이 크지만 그 증명이 없는 사람에 대하여, 계속 생존하는 것으로 다룬다면 그 배우자를 비롯한 친족들은 재혼이나 재산상속 등에서 권리행사가 불가능해진다. 이러한 불이익을 제거하기 위하여 부재자의 생사불명상태가 일정기간 계속된 경우 법원의 선고에 의하여 부재자를 사망한 것으로 보고, 종래의 주소와 거소를 중심으로 한 사법적 법률관계를 종료시키는 제도를 실종선고라고 한다.

***** 「부재선고에 관한 특별조치법」에 따른 부재선고제도**

- 대상 : 가족관계등록부에 군사분계선 이북 지역에 거주하는 것으로 표시된 사람(잔류자)
- 관할과 절차 : 잔류자의 등록기준지 가정법원. 가족 등의 청구에 따라 심판이 개시되고, 1개월 이상의 공시최고절차를 거쳐야 함
- 효과 : 부재선고를 받은 잔류자는 상속과 혼인에 관하여 실종선고를 받은 것으로 봄(같은 법 제4조)

나. 요건

(1) 부재자의 생사 불분명

부재자의 생사가 불명(생존과 사망의 어느 쪽도 증명할 수 없는 상태)이어야 한다. 따라서 부재자가 생존해 있거나 사망한 것으로 되어 있는 경우에는 실종선고를 할 수 없다. 가족관계등록부상 이미 사망한 것으로 기재된 자에 대하여는 그 사망기재의 추정력을 뒤집을 수 있는 자료가 없는 한 그 생사가 불분명한 자라고 볼 수 없어 실종선고를 하지 못한다(대법원 1997.11.27.자 97스4 결정). 청구권자와 법원에 불명이면 족하고, 모든 사람에게 불명임을 요하지 않는다.

(2) 실종기간의 경과

부재자의 생사불명이 일정기간 계속되어야 하는데, 그 기간을 실종기간이라고 한다. 실종기간은 보통실종과 특별실종으로 나뉘어 달리 정해져 있다. 실종기간이 신청의 요건인지 선고의 요건인지에 관하여 입법례가 갈리나, 우리 민법은 어느 쪽으로도 해석이 가능하다.

(가) 보통실종

보통실종의 경우 실종기간은 5년이고(제27조 제1항), 부재자의 생존을 증명할 수 있는 최후의 시기(최후의 소식이 있는 때)를 그 기산점으로 한다(통설).

(나) 특별실종

전쟁실종(휴전선언이나 강화조약의 체결 시점이 아닌 사실상 전쟁이 끝난 때), 선박실종(선박이 침몰한 때), 항공기실종(항공기가 추락한 때), 위난실종(위난이 종료한 때)이 여기에 해당하고, 실종기간의 기산점은 각 위난별로 괄호 속에 기재된 바와 같은 내용으로 민법에 규정되어 있다(제27조 제2항). 그 실종기간은 보통실종보다 훨씬 짧은 1년이다. 여기에서 '사망의 원인이 될 위난'이라고 함은, 개인에게 닥친 특정 사고가 아닌, 지진·홍수 등과 같이 일반적·객관적으로 사람의 생명에 명백한 위험을 야기하여 사망의 결과를 발생시킬 가능성이 현저히 높은 외부적 사태 또는 상황을 가리킨다.

한편 최후 소식이 있는 때로부터 5년 경과 후 위난이 발생하고, 그 위난이 종료한 후 1년이 경과하기 전에 특별실종을 청구하였더라도, 법원은 보통실종선고를 할 수 있다.

위난에 해당하는 일반적·객관적 사태의 의미 **대법원 2011.1.31.자 2010스165 결정**

"사망의 원인이 될 위난"이라고 함은 화재·홍수·지진·화산 폭발 등과 같이 일반적·객관적으로 사람의 생명에 명백한 위험을 야기하여 사망의 결과를 발생시킬 가능성이 현저히 높은 외부적 사태 또는 상황을 가리킨다. 갑이 잠수장비를 착용한 채 바다에 입수하였다가 부상하지 아니한 채 행방불명되었다 하더라도, 이는 "사망의 원인이 될 위난"이라고 할 수 없다.

(3) 청구권자의 청구

이해관계인이나 검사의 청구가 있어야 한다(제27조). 여기에서 이해관계인이란 실종선고에 의하여 신분상·재산상 권리를 취득하거나 의무를 면하는 등 법률상 이해관계를 갖는 자를 지칭한다. 부재자의 채권자와 채무자가 위 이해관계인에 해당되는지 여부에 관하여는 견해가 갈린다.[25] 일반적인 채권자·채무자의 경우에는 재산관리인 등을 상대로 채권의 추심이나 채무의 변제를 할 수 있기 때문에 권리의무의 변동이 없어 이해관계인이라 할 수 없으나, 종신정기금계약(제725조)의 채무자처럼 사망으로 채무를 면하거나 정기증여약정(제560조)의 수증자처럼 부재자의 사망으로 소멸되는 채권을 갖는 자 등은 법률상 이해관계인이라고 할 것이다. 한편 이해관계인인 **상속인이 여러 명이라면 선순위 상속인만이 실종선고를 청구할 수 있다**. 후순위 상속인은 선순위자가 존재하므로 부재자의 사망에 관하여 직접적인 이해관계를 갖지 않기 때문이다(대법원 1986.10.10.자 86스20 결정, 1992.4.14.자 92스4 결정 등).

***** 각종 심판에 대한 법정 청구권자**

- 성년후견·한정후견·특정후견 : 본인, 배우자, 4촌 이내의 친족, 후견인, 후견감독인, 검사, 지방자치단체의 장
- 부재자의 재산관리에 필요한 처분·실종선고 : 이해관계인, 검사

(4) 절차상의 요건

이해관계인 등이 부재자의 주소지 가정법원에 심판을 청구한다. 실종선고의 청구를 받은 가정법원은 가사소송규칙 제53조 이하의 규정에 따라 부재자 자신에게는 생존의

25) 긍정설 : 곽윤직, 112면, 부정설 : 지원림, 93면, 송덕수, 371면.

신고를, 부재자의 생사를 알고 있는 자에 대하여는 그 신고를 하도록 6월 이상의 공시최고절차를 거쳐야 한다. 그 기간이 경과하도록 신고가 없으면 실종선고를 하고, 요건이 충족되면 반드시 실종선고를 하여야 한다(제27조 제1항).

다. 실종선고의 효과

(1) 사망의 의제

실종선고가 확정되면 실종자는 **사망한 것으로 본다**(제28조, 가족관계등록에 관한 법률 제92조 제1항).[26] 그에 따라 재산은 상속되고, 혼인이 해소되어 실종자의 배우자는 재혼할 수 있다. 사망의 효과를 저지하려면 이해관계인 등의 청구에 의하여 법원이 실종선고를 취소 하여야 한다(대법원 1995.2.17. 선고 94다52751 판결).

실종선고의 취소 **대법원 1995.2.17. 선고 94다52751 판결**

민법 제28조는 "실종선고를 받은 자는 민법 제27조 제1항 소정의 생사불명기간이 만료된 때에 사망한 것으로 본다"고 규정하고 있으므로 실종선고가 취소되지 않는 한 반증을 들어 실종선고의 효과를 다툴 수는 없다. 구 관습에 의하면 호주가 상속인이 없이 절가가 되었을 경우에는 최근친자에게 유산이 귀속된다.

실종기간이 만료한 때 사망으로 간주 **대법원 1994.9.27. 선고 94다21542 판결**

실종선고를 받은 자는 실종기간이 만료한 때에 사망한 것으로 간주되는 것이므로, 실종선고로 인하여 실종기간 만료시를 기준으로 하여 상속이 개시된 이상 설사 이후 실종선고가 취소되어야 할 사유가 생겼다고 하더라도 실제로 실종선고가 취소되지 아니하는 한, 임의로 실종기간이 만료하여 사망한 때로 간주되는 시점과는 달리 사망시점을 정하여 이미 개시된 상속을 부정하고 이와 다른 상속관계를 인정할 수는 없다.

(2) 사망으로 인정되는 시기

사망의 효과가 발생하는 시기는 **실종기간이 만료한 때**이고(제28조), 이 시점을 기준으로 배우자의 중혼 여부, 친족들의 상속권 인정 여부나 상속순위 등을 판단한다. 한편 **실종선고의 효력이 발생**하는 것은 **실종선고가 확정될 때**[27]인 점, 실종기간 경과 즉시 실종선고 청구를 하였다고 하더라도 공시최고절차 등으로 일정기간이 소요되는

---

26) 독일의 실종법과 스위스 민법은 '…사망한 것으로 추정한다'고 규정한다.

27) 심판의 효력은 심판을 고지 받음으로써 발생한다. 다만 즉시항고를 할 수 있는 심판은 확정되어야 효력이 있고(가사소송법 제40조), 실종선고 심판에 관하여는 즉시항고를 할 수 있으므로(가사소송규칙 제57조) 즉시항고 없이 그 기간(14일)을 도과하거나 항고심의 결정이 있을 때 확정된다.

점 등을 고려하면 사망의제 시점은 실종선고의 효력 발생시부터 필연적으로 소급하게 된다.

법원은 그 소급효를 일부 제한하여 실종선고 확정시 비로소 실종자의 소송상 당사자능력이 상실되고 그와 관련된 소송절차가 중단되며, 그 시점부터 소송수계 신청과 추완상소가 가능하다고 한다. 반대로 실종선고의 효력이 발생하기 전에는 실종기간이 만료된 실종자라 하여도 소송상 당사자능력을 상실하는 것은 아니므로 그 실종자를 상대로 하여 제기된 소도 적법하고, 그 소에 따라 선고된 판결도 유효하므로 그 확정시 기판력도 발생하고 강제집행도 가능하다고 한다(아래 92다2455 판결 참조).

한편 실종자는 실종선고가 있으면 실종기간이 만료한 때까지는 생존한 것으로 추정되고, 실종선고가 없는 이상 부재기간이 장기간이라고 하더라도 부재자의 생존은 추정된다.[28]

실종선고와 소송의 중단사유 대법원 1977.3.22. 선고 77다81,82 판결

소제기 당시인 1973.12.27.에는 원고의 표시를 부재자 "갑"이라 표시하였다가 1974.4.9. "갑"에 대한 실종선고의 확정으로 소급하여 1955.9.20. 사망한 것으로 간주되었다면 결과적으로는 "갑"은 이건 제소시에도 사망한 것이 되었으나 실종선고의 효력이 생기기 전까지는 생존하였던 것으로 보아야 되므로 실종선고가 있는 때 사망으로 인한 중단사유가 발생하였다 할 것이다.

사망간주와 실종기간 만료시 대법원 1982.9.14. 선고 82다144 판결

소외 망인이 1951.7.2. 사망하였으며, 그의 장남인 소외 (갑)은 1970.1.30. 서울가정법원의 실종선고에 의하여 소외 망인 사망 전인 1950.8.1. 생사 불명기간 만료로 사망 간주된 사실이 인정되는 사안에 있어서 소외 (갑)은 소외 망인의 사망이전에 사망한 것으로 간주되었으므로 소외 망인의 재산상속인이 될 수 없다고 한 원심의 판단은 실종선고로 인하여 사망으로 간주되는 시기에 관하여 실종기간 만료시기설을 취하는 우리 민법 하에서는 정당하다.

---

28) 대법원 2008.6.26. 선고 2007다11057 판결(부재자인 원고의 재산관리인이 이 사건 소를 제기할 때, 원고의 나이가 140세 가량인 경우) 참조. 한편 실종선고와 무관한 채권자대위소송에서 피대위자의 나이가 110세인 경우, 사람이 110세까지 생존한다는 것은 매우 희귀한 예에 속하므로 그 사망사실을 추인할 수 있다고 판시한다(대법원 2002.4.26. 선고 2002다5873 판결).

실종선고의 효력발생 시기 대법원 1992.7.14. 선고 92다2455 판결

> 실종선고의 효력이 발생하기 전에는 실종기간이 만료된 실종자라 하여도 소송상 당사자능력을 상실하는 것은 아니므로 실종선고 확정 전에는 실종기간이 만료된 실종자를 상대로 하여 제기된 소도 적법하고 실종자를 당사자로 하여 선고된 판결도 유효하며 그 판결이 확정되면 기판력도 발생한다고 할 것이고, 이처럼 판결이 유효하게 확정되어 기판력이 발생한 경우에는 그 판결이 해제조건부로 선고되었다는 등의 특별한 사정이 없는 한 그 효력이 유지되어 당사자로서는 그 판결이 재심이나 추완항소 등에 의하여 취소되지 않는 한 그 기판력에 반하는 주장을 할 수 없는 것이 원칙이라 할 것이며, 비록 실종자를 당사자로 한 판결이 확정된 후에 실종선고가 확정되어 그 사망간주의 시점이 소 제기 전으로 소급하는 경우에도 위 판결 자체가 소급하여 당사자능력이 없는 사망한 사람을 상대로 한 판결로서 무효가 된다고는 볼 수 없다. 실종자에 대하여 공시송달의 방법으로 소송서류가 송달된 끝에 실종자를 피고로 하는 판결이 확정된 경우에는 실종자의 상속인으로서는 실종선고 확정 후에 실종자의 소송수계인으로서 위 확정판결에 대하여 소송행위의 추완에 의한 상소를 하는 것이 가능하다.

(3) 사망의제의 범위

사망의 효과를 발생시킨다는 것은 실종자의 권리능력을 전적으로 박탈한다는 의미가 아니고 실종자의 종래의 주소지에 있어서 존재하던 신분상·재산상 법률관계를 종료시키는 것이다. 즉 종래의 주소, 거소를 중심으로 이루어진 사법적(私法的) 법률관계만이 종료하게 된다. 그러므로 실종선고 후 다른 주소지에서 이름을 바꾸는 등으로 새롭게 사법상 법률관계를 형성하고 생활하는 것도 가능하고, 공소시효와 선거권 등 공법상의 법률관계는 실종선고와 무관하다.

라. 실종선고의 취소

(1) 의의

실종자는 실종선고에 의하여 사망한 것으로 의제된다. 따라서 실종자가 살아서 돌아오거나 실종기간 만료시와 다른 시기에 사망하였다는 확증이 있더라도 이를 들어 실종선고의 효과를 다투지 못하며, 사망의 효과 또는 그 시기를 정정하려면 법원에 실종선고의 취소 심판을 청구하여야 한다.

(2) 요건

(가) 실질적 요건

① 실종자가 생존해 있다는 사실, ② 실종기간이 만료할 때와 다른 시기에 사망한 사실(제29조 제1항), ③ 실종기간의 기산점 이후의 어떤 시기에 생존하고 있었던 사실

중 하나의 사실이 있어야 한다.

(나) 형식적 요건

본인, 이해관계인,[29] 검사의 청구가 있어야 하고, 주소지의 가정법원이 취소의 심판을 한다. 실종선고 취소의 절차에서 공시최고절차는 필요 없고, 실종선고의 심판과 마찬가지로 가사비송사건에 해당된다.

실종선고 취소 청구 가능한 이해관계인 **대법원 2008.8.28. 자 2008스20 결정**

구 관습에 의하면 호주가 사망한 경우에 재산상속은 호주상속에 수반하여 호주상속의 순위에 따라 재산상속이 이루어지는데, 호주가 상속할 남자 없이 사망한 때에는 모(모), 처(처), 딸이 존비의 순서에 따라 사망한 호주의 사후양자가 선정될 때까지 일시 호주 및 재산상속을 하고, 그 후 여호주가 출가한 후 호주상속을 할 자가 없고 상당한 시간이 지나도록 사후양자가 선정되지도 않은 경우에는 구 가(가)는 절가(절가)되고 그 유산은 근친자에게 귀속된다고 전제한 다음, 청구인의 주장대로 이 사건 실종선고 사건 본인으로서 호주인 사건본인이 1938.3.23. 사망하였다고 하더라도 그 당시 사건본인의 처인 온양 ㅇ씨가 생존해 있었고 자식이 없었으므로 사건본인의 제1순위 상속인은 온양 ㅇ씨라고 할 것이고, 온양 ㅇ씨가 사건본인의 사망 전에 사건본인과 이혼을 하였다거나 사건본인의 사망 후에 재혼을 하였음을 인정할 증거가 없으므로, 사건본인의 조카로서 후순위 상속인에 불과한 청구인은 사건본인의 실종선고취소(원심판시의 '실종선고'는 '실종선고취소'의 오기로 보인다)를 청구할 이해관계인이 될 수 없다고 판단하여, 이 사건 실종선고취소청구를 각하한 제1심 결정을 그대로 유지하였다.

(3) 효과

(가) 원칙

실종선고 취소의 심판이 확정되면 실종선고의 효과로 형성된 법률관계는 소급적으로 무효가 되는 것이 원칙이다. 그에 따라 실종자의 생존을 이유로 그 취소가 이루어진 때에는, 종래의 주소나 거소를 중심으로 한 실종자의 사법적 법률관계가 실종선고 전의 상태로 돌아가므로 상속은 개시되지 않은 것으로 되어 상속재산의 소유권이 실종자에게 복귀되고, 실종자와 그 배우자 사이의 혼인관계는 그대로 존속하는 것으로 된다.

한편 실종선고에 따른 사망의제 시점과 다른 시기에 사망하였음을 이유로 취소되

29) 실종선고의 경우보다 넓게 실종자의 권리회복에 관하여 이해관계를 갖는 모든 자를 포함하는 것으로 해석되고, 보험금을 지불한 생명보험회사, 실종자의 친권자와 후견인 등이 포함된다.

는 경우에는 실제 사망 시기를 기준으로 사망에 따른 법률관계가 다시 확정되고, 실종기간의 기산점 이후의 생존사실을 이유로 하는 경우에는 그 취소로 실종선고로 형성된 법률관계는 소급적 무효가 되며, 필요시 이해관계인 등의 청구에 의하여 다시 절차가 시작될 수 있다.

(나) 예외 : 소급효의 제한

실종선고의 취소에 의한 소급적 무효를 관철하게 되면, 실종선고를 신뢰하여 행동한 배우자, 상속인, 기타 이해관계인과 그들과 법률관계를 맺은 자는 예기치 못한 손해를 입게 될 수 있다. 위 이해관계인 등을 보호하기 위하여 **'실종선고 후 그 취소 전'** 에 선의로 한 법률행위는 유효하다는 예외 규정을 두고 있다(제29조 제1항 단서). 따라서 실종기간 만료 후 실종선고 전에 한 행위에는 제29조 제1항 단서가 적용될 수 없고, 위 기간에 이루어진 행위는 선의일지라도 소급적으로 무효가 된다.

여기에서 선의는 실종선고가 사실에 반함을 알지 못함을 말하며, 과실 유무는 문제되지 않는다. 그 선의에 대한 증명책임은 행위자가 진다. 그런데 행위당사자 중 누가 선의여야 하는가는 아래와 같다.

① 단독행위

단독행위자가 선의이면 족하고, 상대방의 선의 여부는 문제되지 않는다. 따라서 상대방이 악의이더라도 행위자가 선의라면 그 행위는 유효하다.

② 재산법상의 계약

다수설은 실종자의 보호를 중시하여 당사자 쌍방이 선의라면 위 조항에 의하여 보호를 받지만, 쌍방이 악의인 경우는 물론 어느 일방만이 악의인 경우에도 취득한 물건 또는 이득을 실종자에게 반환하여야 한다고 한다.[30] 소수설은 거래안전을 중시하여 각 당사자에 대해서 개별적, 상대적으로 판단하여 선의자는 보호되지만, 악의자는 취득한 물건 또는 이득을 실종자에게 반환하여야 한다고 한다.

③ 가족법상의 계약

당사자 쌍방이 선의여야 그 계약이 유효하다(통설). 그에 따라 혼인의 경우 재혼당사자의 어느 한 쪽이 악의이면 전혼은 부활하여 재판상 이혼사유(제840조 제1호)가 되며, 후혼은 중혼(제810조)으로 취소사유(제816조)가 된다.

(다) 이득의 반환

실종선고를 직접원인으로 하여 재산을 취득한 자가 선의인 경우에는 그 받은 이익이 현존하는 한도에서 반환할 의무가 있고,[31] 악의인 경우에는 그 받은 이익에 이자를

---

30) 곽윤직, 167면; 이영준, 769면.

붙여서 반환하고 손해가 있으면 이를 배상하여야 한다(제29조 제2항). 위 반환의무의 법적 성질은 부당이득의 반환으로 해석되고, 그 반환범위도 부당이득에 있어서의 수익자의 반환범위와 같다(제741조, 제748조).

실종선고를 '직접원인'으로 하는 재산의 취득자란 실종자로부터 직접 물권을 얻은 자 또는 채권을 얻어 그 이행을 받은 자 등을 말하고, 상속인·유증을 받은 자·생명보험수익자 등이 그 예이다. 위 취득자로부터 상속재산을 취득한 전득자는 위 범주에 포함될 수 없고, 따라서 그에 대하여는 제29조 제2항이 아닌 같은 조 제1항 단서가 적용된다.

제29조 제2항의 이득반환의무는 실종선고 취소시로부터 10년의 소멸시효에 걸린다. 다만 실종선고의 취소로 인하여 상속인이 달라지는 경우[32]에 진정상속인이 표현상속인에게 재산회복청구를 하는 것은 상속회복청구가 되므로 상속회복청구권의 제척기간(제999조 제2항)이 적용된다고 할 것이다.

---

31) 다만 받은 이익으로 생활비·학비 등이 지출되었다면 그로 인하여 지출이 예정된 다른 재산이 절약된 것으로 보는 지출 절약의 법리에 따라 그 만큼 이익은 현존하는 것으로 본다.

32) 부모와 처자가 있는 甲의 사망의제 시점이 아들의 사망시기보다 먼저였다가 실종선고의 취소로 그 후로 바뀐 경우를 상정해 보라.

제3절 법 인

Ⅰ. 법인의 의의와 본질

1. 의의와 존재이유

민법은 자연인과 법인을 권리능력자로 규정하고 있는바, 그 중 법인은 자연인이 아니면서 법률에 의하여 권리의 주체로 인정되는 사람 또는 재산으로 이루어진 구성체이다. 이러한 구성체에는 여러 사람이 일정한 공동목적을 위하여 결합한 단체인 **사단**(社團)과 일정한 목적을 위하여 재산이 결합된 집합체인 **재단**(財團)이 있고, 사단 또는 재단이 법률에 의해 인격을 승인받아 권리의 주체가 된 것이 사단법인과 재단법인이다.

자연인과는 별개로 법인에게 권리능력을 부여하는 이유로는, 일반적으로 **법률관계의 편리한 처리**(사적 자치의 확장, 계약이나 기타 업무처리의 수월, 출연자와 별도의 법적 지위와 활동 보장)와 **책임의 분리**(단체 명의의 재산보유, 그 재산 한도에서만 책임) 등을 든다.

***** 자연인과 법인의 차이점**

- 자연인은 출생으로 권리능력을 취득하나, 법인은 법률에 근거한 설립행위와 그 등기를 함으로써 권리능력을 갖게 된다.
- 자연인은 사망으로 권리능력을 잃고 상속이 개시되지만, 법인은 해산과 청산절차의 종료로 소멸하고 상속제도가 없다.
- 자연인은 스스로 행위를 할 수 있으나, 법인은 그럴 수 없기 때문에 이사 등 기관을 두고 그 행위를 곧 법인의 행위가 되는 것으로 한다.
- 자연인에게는 의사무능력과 제한능력에 따른 행위능력 등의 제한이 있지만, 법인에서는 그것이 문제되지 않는다.

2. 법인의 본질

민법에 자연인과 더불어 권리능력자로 규정되어 있는 법인의 본질은 무엇인가? 바꾸어 말하면 법인이 그것을 구성하는 사람이나 재산과는 별개로 법적 의미 있는 단체로서 독자적 실체를 갖는지 여부가 법인의 본질에 관한 문제이다. 그에 관하여는 전통적으로 아래와 같은 학설 등이 있다.

가. 법인의제설

인격의 개념은 반드시 구체적인 인간과 일치하여야 한다는 개인주의적 법이론에 따라 권리·의무의 주체는 자연인만이 가능하고, 자연인이 아니면서 그 주체가 될 수 있는 것은 법률에 의하여 자연인에 의제된 것에 국한된다는 견해이다. 즉 법인은 의제된 자연인에 불과하다면서, 단체를 구성하는 사람이나 재산으로부터 법인 자체의 독자성을 부인하는 것이다.[1] 법인의 설립에 관한 입법주의 중 특허주의·허가주의 등의 이론적 근거가 되었다.

나. 법인부인설

법인이라는 독자적인 실체는 존재하지 아니하고, 그 실체는 종국적으로 사단을 구성하는 개인이나 재단에 출연된 재산이라고 한다. 이 설은 다시 목적재산설, 향익자주체설, 관리자주체설 등으로 나뉘어진다.

다. 법인실재설

법인은 법률에 의해 승인되기 이전부터 권리, 의무의 주체가 될 수 있는 사회적 실체로 실재하는 것이고, 이에 대하여 법이 승인하고 있을 뿐이라고 한다. 즉 법인은 단체 구성원의 개인적 목적들의 단순한 총합으로는 표시되지 않는 고유한 초개인적 단체목적을 갖고 있다는 것이다.[2] 법인설립에 관한 입법주의 중 자유설립주의·준칙주의와 연결된다. 그 사회적 실체가 무엇이냐에 관하여 아래와 같이 다시 견해가 갈린다.

(1) 유기체설

단체는 유기체로서 단체 고유의 생명과 의사를 가지는 사회적 실재체라는 설이다. 이에 따르면 법인은 고유의 의사주체이므로 당연히 법인격을 갖는다고 한다.

(2) 조직체설

법인의 실체를 법인격을 부여하기에 적합한 법률상 조직체라고 보며 사회학적 이론에만 그친 유기체 이론을 수정·보완했으며, 법인설립에 관하여 준칙주의에 대응하는 이론이다.

(3) 사회적가치설

법인의 본실은 법인격을 부여할 만한 사회적 가치를 가지고 독자적인 사회적 작용을 하는 데 있다고 보는 견해이다. 즉 법인을 사회적 작용을 담당하는 권리능력의 주체로 파악한다. 법인의 본질에 관한 한국과 일본에서의 통설이다.

---

1) 우리 민법이 법인의제설에 입각하고 있다는 논거로 ① **법인의 대표**와 관련해서는 **대리**에 관한 규정이 준용되므로 법인과 기관 사이의 관계는 일종의 법정대리에 불과하고, 대표행위가 법인의 행위로 되는 이유는 법적 의제의 결과이다. ②법인이 비록 법인격을 갖더라도 그 기관인 자연인에 의하여 법률행위나 불법행위를 할 수 밖에 없어서 법인의 실재에는 한계가 있다. ③ 재단법인의 경우 법적으로 사용 목적이 제한되는 출연재산을 중심으로 한 **법기술적인 측면**이 강하여 법인의 제설이 그 성격을 규명하기에 적합하다. ④ 제35조 제1항이 기관 개인책임을 인정한 점, 제34조가 법인의 목적에 의한 능력의 제한을 규정한 점 등이 제시된다.

2) 대법원 1978.2.28. 선고 77누155 판결.

라. 본질론(의제설과 실재설의 구별)의 실익

법인의 본질에 관하여 어느 견해를 취하든 간에, 법인에 대하여 자연인과 마찬가지로 법질서에 의하여 권리능력이 부여되고, 법인이 그 구성원 또는 출연자 등으로부터 독립된 권리의무의 주체라는 점은 다르지 않다. 그러나 법인의제설과 법인실재설 중 어느 입장에 서느냐에 따라 아래의 사항 등에 관하여 서로 차이가 있다는 사실을 유의하여야 한다.

	법인의제설	법인실재설
법인의 권리능력(제34조)범위	권리능력의 범위 엄격 제한	그 범위를 확대하여 해석
법인의 대표기관의 행위	법인의 대리인으로서 행위	법인의 기관 또는 수족으로서 행위
법인의 불법행위능력(제35조)	법인의 불법행위능력 부정. 관련규정을 편의적 규정으로 보고, 엄격 해석	당연규정 혹은 주의적 규정으로 보고, 관련조항을 너그럽게 해석
비법인사단과 재단	법률상의 지위 부정	독자적 법률적 지위 부여

그렇다면 법인의제설과 법인실재설 중 어느 견해가 타당하냐 보다는, 위와 같은 두 입장의 공통점과 차이점에 주목하면서 법인에 관한 법규정들에 접근함으로써 법인의 실체를 정확히 이해하고, 그것을 바탕으로 법인의 이익과 거래의 안전을 조화시키는 길을 모색하는 것이 더욱 중요하다는 사실을 기억하여야 한다.

3. 법인의 종류

가. 공법인과 사법인

법인은 법률의 규정에 의하여 성립하는바(제31조), 법인 설립의 근거가 되는 법률이 공법인가 아니면 사법인가에 따라 공법인과 사법인으로 나뉜다. 사법인에는 사적자치의 원칙이 적용되고 그에 관한 분쟁은 민사소송에 의하며, 공법인과 관련된 법률관계에 대하여 국가의 강제적 권력작용이 미치고 분쟁 발생시 행정소송에 의한다. 광의의 공법인에는 국가나 지방자치단체도 포함된다. 한편 대한상공회의소, 농업협동조합과 같이 공법인과 사법인의 성질을 모두 갖춘 중간적 법인도 있다.

***** 기타 공법인과 사법인의 차이**

	사법인	공법인
구성원으로부터의 부담 징수	민사소송법 소정의 강제집행	국세징수법에 따른 강제징수
법인의 불법행위책임	민법상 불법행위책임	국가배상법에 따른 배상절차
관련 문서의 위조	사문서위조죄	공문서위조죄

나. 영리법인과 비영리법인

법인은 영리를 목적으로 하는지 여부에 따라 영리법인과 비영리법인으로 나뉜다. 여기에서 '**영리를 목적으로** 한다'라고 함은 법인이 영리적인 사업을 한다는 것보다는 **사업 등으로 얻은 이득을 그 구성원에게 분배하는 것을 의미**한다. 영리법인은 수익사업을 행하여 그 이익을 구성원에게 분배하는 것을 목적으로 하는 법인으로 주식회사가 대표적이다. 영리를 목적으로 하지 않는 법인을 비영리법인이라고 하는바, 수익사업을 하더라도 그 이익을 구성원에게 분배하는 것을 목적으로 하지 않는 법인이다. 사단법인에는 영리법인과 비영리법인이 있으나, **이익을 분배받을 구성원이 없는 재단법인에는 비영리법인만 인정**된다.

다. 사단법인과 재단법인(법인의 구성요소에 따른 분류)

(1) 사단법인

(가) 사단법인은 일정한 목적을 위하여 결합한 사람의 단체(사단)에 권리의 주체가 되는 자격을 인정한 것으로, 구성원의 증감변동에 관계없이 동일성을 유지하고, 그 구성원들로부터 독립하여 존재하는 인격체이다.

(나) 설립행위(정관작성)는 합동행위이다.

(다) 의사결정기관으로 사원총회가 있다.

(라) 정관변경이 가능하고, 그 변경시 총회의 결의와 주무관청의 허가를 요한다.

(마) 사원총회의 결의 등으로 임의해산이 가능하다.

***** 사단과 조합(組合)**

사람의 결합체로 사단 이외에 조합(제703조 이하)이 있다. 사단은 독립된 단체가 강조되고, 조합은 구성원의 개인성이 중시된다. 사단에 있어서 행위는 기관에 의하여 행해지고 그 법률효과는 사단 자체에 귀속되나, 조합에 있어서 행위는 구성원 전원 또는 전원으로부터 대리권이 수여된 자에 의해 행하여지고, 그 법률효과는 전원에게 귀속된다. 사단과 조합은 그 단체성의 강약에 차이가 있지만, 그 인적 결합이 법인격을 취득할 수 있느냐 하는 것은 입법정책의 문제이다. 가령 합명회사는 그 실체가 조합임에도 법인격이 인정된다(상법 제171조 제1항). 한편 노동조합, 농업협동조합, 농지개량조합 등은 조합이라는 명칭을 사용하나 그 실질은 사단임을 유의하여야 한다.

(2) 재단법인

(가) 일정한 목적에 바쳐진 재산의 집단(재단)에 권리주체가 되는 자격을 인정한 것을 말한다. 구성원이 없기 때문에 설립자의 의사 등에 따라 타율적으로 활동한다.

(나) 재산출연을 포함한 설립행위는 단독행위이다.

(다) 의사결정기관은 설립행위로 정한 정관에 명시된다.
(라) 정관의 변경은 원칙적으로 불가능하며, 법인의 목적달성이 불가능하게 된 경우 등에 한하여 그 변경이 가능하도록 제한된다.
(마) 사원총회 등이 없으므로 임의해산이 불가능하다.

4. 법인에 관한 규정의 개관

민법이 적용되는 법인은 비영리법인이고, 거기에는 사단법인과 재단법인이 있다. 민법은 사단법인과 재단법인으로 나누어 각 특성에 따른 규정들을 두고 있는바, 설립에 관한 제40조 내지 제56조, 기관에 관한 제57조 내지 제76조, 해산에 관한 제77조 내지 제96조가 그것이다. 한편 두 법인은 법인이라는 점에서 공통점이 있으므로, 공통되는 내용인 법인 법정주의·공통된 설립절차·권리능력과 불법행위능력·주소·사무의 검사와 감독 등을 '총칙'이라는 이름으로 묶어 앞 부분에 규정하고 있다.

***** 법인을 규율하는 법제도**

- 법인에 관한 기본법 – 민법. 법인에 관하여 다른 법률에 규정이 없으면 민법이 적용됨
- 영리법인에 관한 규율
  - 영리법인의 기본법 : 상법 제3편
  - 상사회사와 민사회사 : 모두 상법이 적용됨(농업이나 어업 등 상행위 이외의 영리사업을 업으로 하는 회사를 상사회사와 구분하여 민사회사라고 함. 민사회사에는 민법 제39조에 따라 상법이 적용되므로 둘을 구별할 실익이 없음)
- 비영리법인에 관한 규율
  - 민법, 공익법인의 설립·운영에 관한 법률이 적용됨

Ⅱ. 법인의 설립

법인은 법률의 규정에 의함이 아니면 성립하지 못한다(제31조). 민법은 법인의 권리능력의 취득시기에 관하여, 비영리법인은 설립행위와 주무관청의 허가 및 설립등기라는 요건을 갖춘 때 성립하는 것으로 규정하고 있고, 따라서 등기를 마칠 때까지는 법인이 아니다.

1. 입법주의

가. 자유설립주의

법인설립에 관하여 아무런 제한을 두지 않고 법인의 실체를 갖추면 당연히 법인격

을 인정하는 것이다. 민법은 제31조에서 법인설립에 관하여 법률근거주의를 규정함으로써 자유설립주의를 배제하고, 제32조에서 허가주의를 채택하고 있다.

나. 준칙주의

법인설립에 관한 요건을 법률에 규정해 두고 그 요건을 갖추면 당연히 법인격을 부여하는 것이다. 상법상의 회사(상법 제172조), 민사회사(제39조), 노동조합 등의 설립에서 채택되고 있다.

다. 허가주의

법인설립에 관하여 법인의 목적사업을 관장하는 행정관청의 자유재량에 의한 허가를 얻어야 한다는 것이다. 허가주의에 따라 설립되는 법인에는 민법의 비영리법인(제32조), 학교법인(사립학교법 제10조), 의사회 등 의료인 단체(의료법 제29조), 의료법인(의료법 제48조), 증권거래소 등이 있다.

라. 인가주의

법률이 정하는 일정한 요건을 갖춘 다음 행정관청의 인가를 얻어야 법인이 설립된다는 것이다. 허가주의와 달리 법률이 정하는 요건을 갖추고 있으면 인가권자인 행정관청은 반드시 인가를 해주어야 한다. 변호사회(변호사법 제65조, 제79조 등), 법무법인(변호사법 제41조 등), 상공회의소(상공회의소법 제6조), 농업협동조합(농업협동조합법 제15조), 수산업협동조합, 중소기업협동조합 등이 여기에 해당한다.

마. 특허주의

법인의 설립을 위해서는 **특별한 법률을 제정**해야 하는 주의이다. 한국은행 등 국책은행(한국은행법 제1조 등), 한국전력공사 등 각종 공사, 한국마사회, 한국과학기술원 등이 이에 해당한다.

바. 강제주의

국가 정책적 입장에서 법인의 설립을 강제하는 주의이다. 변호사회(변호사법 제78조, 제79조), 의사회(의료법 제28조), 약사회(약사법 제11조), 수의사회, 변리사회, 상공회의소 등이 있다. 참고로 변호사회, 상공회의소는 인가주의이면서 강제주의의 예이다.

2. 비영리사단법인의 설립

가. 설립의 요건

(1) 목적의 비영리성

학술, 종교, 자선, 기예, 사교 기타 영리 아닌 사업을 목적으로 하여야 한다(제32조).

여기에서 영리 아닌 사업이라 함은 그 구성원의 이익을 목적으로 하지 않는 사업을 지칭하고, 반드시 공익을 목적으로 할 필요는 없다. 여기에서 목적의 비영리성의 중점은, **법인이 영리적인 사업을 못함이 아니라 사업에 따른 이익을 구성원에게 분배하지 않는다는 것**이다. 따라서 부수적으로 영리활동을 하더라도 그로 인한 이익을 사업목적의 수행에 충당하고 구성원에게 분배하지 않는다면 문제되지 않는다.

(2) 설립행위(정관작성)

(가) 의의

사단법인을 설립하려면 2인 이상의 사람(설립자)이 법인의 근본규칙을 정하여 서면에 기재하고 기명날인하여야 한다(제40조). 이 서면 또는 거기에 기재된 근본규칙 자체를 **정관**이라고 한다. 이처럼 법인의 근본규칙인 정관을 작성함으로써 사적자치의 한 내용인 단체자치에 기한 규율을 세우는 것을 설립행위라고 한다. 비영리사단법인은 정관을 작성하여 주무관청의 허가를 얻고 설립등기를 함으로써 성립한다.

(나) 설립행위의 법적 성질

사단법인의 설립행위는 서면에 의하여야 하는 요식행위이다. 2인 이상의 설립자들이 제40조에 규정된 필수적 기재사항을 기재한 다음 기명날인해야 한다. 사단법인의 설립행위가 법률행위로서 어떤 성질을 갖는가에 관하여 합동행위설과 계약설이 대립하고 있다.

① 합동행위설

사단법인의 설립행위란 2인 이상의 설립자가 법인설립이라는 공동 목적에 상호 협동하여 각 당사자에게 동일한 법률효과를 발생케 하는 합동행위라는 견해로 현재의 통설이다.[3] 이 견해에 의하면 당사자의 의사표시가 서로 대립하지 않는다는 점에서 상호 대립하여 채권, 채무가 발생하는 계약과 구별되고, 2인 이상의 의사표시라는 점에서 단독행위와 구별된다.

사단법인의 설립행위를 합동행위로 해석하면, 사단법인의 설립행위와 관련하여 제108조와 제124조 등이 적용되지 아니하고, 그에 따라 설립자 중 일부에게 행위능력의 제한이나 의사표시의 흠결·하자 사유가 있는 경우 그 사람만의 문제로 그칠 뿐 다른 설립자의 의사표시의 효력에 영향을 미치지 않는다.

② 계약설 또는 특수계약설

합동행위라는 개념을 인정하지 않으면서 설립행위를 설립자 간의 계약으로 보는 견해이다.[4] 학자에 따라서는 단체법적 효과 발생을 목적으로 하는 특수한 계약, 또는

3) 고상용, 186면; 곽윤직, 198면-199면; 김준호, 134면; 지원림, 118면 등.

수인의 의사표시의 합치에 의해 설립하는 계약이지만 공동으로 구성원의 변경에 영향을 받지 않는 단체를 창립하고 표의자는 스스로 그 단체의 구성원이 되는 특수계약 등으로 파악하기도 한다.

***** 계약설 주장자들의 합동행위설에 대한 비판**

첫째, 계약이 아닌 합동행위라 함은 법률행위의 단체관계를 희석시킨다. 둘째, 합동행위라는 개념을 인정할 때 제108조의 통정허위표시나 제124조의 자기계약, 쌍방대리 금지 규정이 단체설립행위에 적용되지 아니하여 합동행위설이 타당하다고 하나, 계약설을 취하더라도 동일한 결론이 도출되므로 실익이 없다. 셋째, 합동행위설은 실체를 고려치 않는 형식적인 고찰로 그 실질적 관계인 당사자의 합의로부터 상호간의 권리의무관계인 계약으로 보아야 한다.

(다) 정관의 기재사항

정관에는 필수적 기재사항을 기재해야 하며, 이 중 어느 하나라도 빠지면 그 정관은 무효이다. 정관의 필수적 기재사항은 다음과 같다(제40조). 목적, 명칭, 사무소의 소재지, 자산에 관한 규정, 이사의 임면에 관한 사항, 사원자격의 득실에 관한 사항, 존립 시기나 해산사유를 정한 경우에 그 시기나 사유이다. 위 필수적 기재사항에 포함되지 않은 사항도 사단의 근본규칙으로 정관에 기재할 수 있는바, 이러한 임의적 기재사항도 일단 정관에 기재되면 필수적 기재사항과 같은 효과를 갖는다.

(라) 정관의 효력과 해석방법

법인의 근본규칙인 정관 등 그 내부의 규정은 그것이 선량한 풍속 기타 사회질서에 위반되는 등 사회관념상 현저히 타당성을 잃은 것이라거나, 그 제정 절차가 현저히 정의에 어긋난 것으로 인정되는 경우 등의 특별한 사정이 없는 한 그 효력이 있는 것으로 인정된다. 또한 법인의 구성원이 그 정관 등의 효력을 다투는 소는 당사자 사이의 구체적인 권리 또는 법률관계의 존부확인을 구하는 것이 아니므로 부적법하여 각하되어야 한다.

한편 정관의 법적 성질은 **계약이 아니라 자치법규**로 보는 것이 타당하므로, 이는 어디까지나 객관적인 기준에 따라 그 규범적인 의미 내용을 확정하는 법규해석의 방법으로 해석되어야 하는 것이지, 작성자의 주관이나 해석 당시의 사원의 다수결에 의한 방법으로 자의적으로 해석될 수는 없다.

---

4) 김증한·김학동, 175면; 이영준, 935면; 이은영 258면 등.

단체 내부규정의 효력에 대한 다툼 대법원 1992.11.24. 선고 91다29026 판결

단체의 구성원이 단체내부규정의 효력을 다투는 소는 당사자 사이의 구체적인 권리 또는 법률관계의 존부확인을 구하는 것이 아니므로 부적법하다. 부적법한 소를 각하하지 않고 주문에서 기각한 경우 본안에 관하여 기판력이 생기지 아니하므로 이 점을 들어 원심판결을 파기할 수 없다.

원고의 위 복지점수감점 등의 금지청구는 결국 위 복지회 규정들이 무효임을 전제로 하는 것인 바, 법인의 정관이나 그에 따른 세부사업을 위한 규정 등 단체내부의 규정은 특별한 사정이 없는 한 그것이 선량한 풍속 기타 사회질서에 위반되는 등 사회관념상 현저히 타당성을 잃은 것이거나 결정절차가 현저히 정의에 어긋난 것으로 인정되는 경우 등을 제외하고는 이를 유효한 것으로 시인하여야 한다.

사적자치의 원칙에 따른 사단법인의 자율성 대법원 2009.10.15. 선고 2008다85345 판결

단체의 설립목적을 달성하기 위하여 수행하는 사업 또는 활동의 절차·방식·내용 등을 정한 단체 내부의 규정은 그것이 선량한 풍속 기타 사회질서에 위반되는 등 사회관념상 현저히 타당성을 잃은 것이라는 등의 특별한 사정이 없는 한 이를 무효라고 할 수 없다.

대한궁도협회가 궁도경기용품인 궁시(弓矢)에 대한 검정 및 공인제도를 실시하면서 각궁(角弓)에 대한 공인요건으로 최고가격에 관한 기준을 설정한 것이, 각궁 등 제조업자의 직업선택의 자유를 과도하게 제한하여 시장경제의 기본질서에 반한다고 할 수 없다.

자치법규로서 정관의 해석 대법원 2000.11.24. 선고 99다12437 판결

사단법인의 정관은 이를 작성한 사원뿐만 아니라 그 후에 가입한 사원이나 사단법인의 기관 등도 구속하는 점에 비추어 보면 그 법적 성질은 **계약이 아니라 자치법규**로 보는 것이 타당하므로, 이는 어디까지나 객관적인 기준에 따라 그 규범적인 의미 내용을 확정하는 법규해석의 방법으로 해석되어야 하는 것이지, 작성자의 주관이나 해석 당시의 사원의 다수결에 의한 방법으로 자의적으로 해석될 수는 없다 할 것이어서, 어느 시점의 사단법인의 사원들이 정관의 규범적인 의미 내용과 다른 해석을 사원총회의 결의라는 방법으로 표명하였다 하더라도 그 결의에 의한 해석은 그 사단법인의 구성원인 사원들이나 법원을 구속하는 효력이 없다. 사단법인의 정관에 회장의 중임을 금지하는 규정만 두고 있을 뿐 전임자의 궐위로 인하여 선임된 이른바 보선회장을 특별히 중임제한 대상에서 제외한다는 규정을 두고 있지 않은 경우, 중임이 제한되는 회장에는 보선회장도 포함되는 것으로 해석함이 상당하다.

사단인 하급단체의 상급단체로부터의 독립성 대법원 2010.5.27. 선고 2006다72109 판결

법인이거나 비법인 사단인 어느 단체가 상급단체에 가입되어 있는 경우, 상급단체의 지위에서 가입단체에 대하여 업무상 지휘·감독할 수 있는 권한은 인정될 수 있지만 그 권한은 가입단체의 독립성을 침해하지 아니하는 범위 내로 제한되어야 하고, 같은 이치로 가입단체가 상급단체의 규칙이나 정관을 자신의 정관으로 받아들인다고 규정하고 있지 아니한 이상 가입단체의 조직과 운영에 관하여 상급단체가 제정한 규칙에 따라 규율된다고 볼 수 없다.

지방 향교의 관할 구역은 독립된 비법인 사단인 지방 향교의 설립 목적과 사원 자격에 직결되어 있으므로, 비법인 사단에 유추적용되는 민법 제34조에 따라 기본적으로 지방 향교의 정관이나 규약 등에 의하여 결정되는 것으로 봄이 상당하다. 또한, 독립된 비법인 사단인 지방 향교가 관할 구역 및 구성원의 자격에 관한 성균관의 정관이나 결정을 자신의 것으로 받아들이지 아니한 이상, 비록 성균관이 실질적으로 지방 향교의 상급단체의 지위에 있다 하더라도 이해 당사자인 해당 향교의 동의 없이는 임의로 지방 향교의 관할 구역을 축소하고 그에 따라 구성원 자격을 변경할 수 있는 권한이 있다고 볼 수 없다.

갑 지방 향교의 관할 구역 내 특정 지역의 유림 일부가 을 지방 향교를 설립하자, 성균관이 을 지방 향교의 신설을 승인하고 위 특정 지역 거주자들을 갑 지방 향교의 임원으로 임명하는 것을 거부한 사안에서, 을 지방 향교의 신설에도 불구하고 갑 지방 향교의 관할은 변동이 없고, 성균관이 을 지방 향교의 신설을 승인하고 위 특정 지역을 갑 지방 향교의 관할 구역에서 배제하는 입장을 취하더라도 갑 지방 향교의 관할 구역 및 구성원의 자격이 변경되는 효력이 발생한다고 볼 수 없으므로, 명확한 단체법적인 근거 없이 위 특정 지역 거주자들을 갑 지방 향교의 임원으로 임명하는 것을 거부한 것은 그 하자가 중대하여 무효이다.

(3) 주무관청의 허가

(가) 민법은 비영리 사단 또는 재단은 주무관청의 허가를 얻어 이를 법인으로 할 수 있다고 규정한다(제32조).[5] 주무관청이 법인설립에 대한 허가를 함에 있어서 그 허가 여부를 자유재량으로 결정할 수 있는가에 대하여 견해가 나뉜다.

① 자유재량설

법인의 설립에 대한 허가 여부는 주무관청의 자유재량에 속하며, 허가를 얻지 못하

5) 제32조의 허가의 법적 성질에 관하여 어떠한 금지의 해제가 아니고 법인을 설립할 수 있도록 주무관청이 법인격 없는 사단에다 일정한 능력이나 자격을 부여하는 행정청의 행위이고, 이는 권력적 행정행위가 아닌 형성적·보충적 행정행위로서 강학상 인가로 보아야 한다는 견해가 있다(주석민법(총칙1) 600면).

더라도 행정소송의 대상이 되지 않는다는 견해이다.[6)]

② 기속재량설

법인의 설립에 대한 허가는 단체의 목적 혹은 조직이 명백히 공익에 반하는 경우를 제외하고는 반드시 허가하여야 하는 기속재량이라고 본다.[7)]

③ 판례

판례는 법령상 비영리법인의 설립에 관한 구체적 기준이 정하여져 있지 아니하므로, 비영리법인의 설립허가를 할 것인지 여부는 주무관청의 정책적 판단에 따른 재량에 맡겨져 있지만, 사법심사의 대상은 되는 것으로 판시하고 있다.[8)] 주무관청의 불허가처분이 행정소송의 대상이 될 수 없다고 판시한 대법원 1979.12.26. 선고 79누248 판결은 대법원 1996.5.16. 선고 95누4810 전원합의체판결에 의하여 폐기되었다. 요컨대 법인설립에 관한 허가 여부는 주무관청의 자유재량에 속하지만, 그것이 재량권의 한계를 넘거나 남용하는 때에는 소송으로 볼복할 수 있다는 것이 판례의 입장이다.[9)]

자유재량인 주무관청의 허가 **대법원 1996.9.10. 선고 95누18437 판결**

민법은 제31조에서 "법인은 법률의 규정에 의함이 아니면 성립하지 못한다."고 규정하여 법인의 자유설립을 부정하고 있고, 제32조에서 "학술, 종교, 자선, 기예, 사교 기타 영리 아닌 사업을 목적으로 하는 사단 또는 재단은 주무관청의 허가를 얻어 이를 법인으로 할 수 있다."고 규정하여 비영리법인의 설립에 관하여 허가주의를 채용하고 있으며, 현행 법령상 비영리법인의 설립허가에 관한 구체적인 기준이 정하여져 있지 아니하므로, 비영리법인의 설립허가를 할 것인지 여부는 주무관청의 정책적 판단에 따른 재량에 맡겨져 있다. 따라서 주무관청의 법인설립 불허가처분에 사실의 기초를 결여하였다든지 또는 사회관념상 현저하게 타당성을 잃었다는 등의 사유가 있지 아니하고, 주무관청이 그와 같은 결론에 이르게 된 판단과정에 일응의 합리성이 있음을 부정할 수 없는 경우에는, 다른 특별한 사정이 없는 한 그 불허가처분에 재량권을 일탈·남용한 위법이 있다고 할 수 없다.

(나) 만일 비영리사단법인의 목적사업이 2개 이상의 행정관청의 소관사항이면 어느

---

6) 곽윤직, 132면

7) 김증한·김학동, 170면.

8) 아래 95누18437 판결 참조. 그 외에도 대법원 1990.8.28. 선고 89누8255 판결은 허가 등 행정처분이 재량권의 남용이나 일탈에 해당하는 경우 그 재량권이 기속재량이거나 자유재량이거나를 막론하고 행정소송의 대상이 된다고 판시한다.

9) 양창수·김형석, 민법Ⅲ 권리의 보전과 담보, 19면 참조.

행정관청이 주무관청이 되는가에 대하여 견해가 갈린다.

① 복수설

모두가 주무관청이며 어느 하나의 허가를 얻지 못하면 법인으로 설립할 수 없게 된다.[10] 예를 들어 법인이 학술과 자선을 목적으로 하면 교육과학기술부장관과 보건복지부장관이 주무관청이 되고, 양자의 허가를 모두 받아야 법인 설립이 가능하다.

② 단수설

복수의 관청 중 어느 하나의 허가만 있으면 법인으로 설립할 수 있다고 본다.[11] 주된 목적을 관장하는 행정관청의 허가를 받는 것이 실무상의 관행으로 보여진다.

***** 허가주의에 대한 비판[12]**

- 헌법 제21조 제2항은 '…집회, 결사에 대한 허가는 인정되지 아니한다'고 규정하고 있는바, 결사에 해당하는 사단의 설립에 허가를 요건으로 하는 민법의 규정은 위헌의 소지가 적지 않다.
- 타인을 상대로 영리를 얻어내는 상사법인에 대하여는 상법상 준칙주의로 그 설립을 쉽게 허용하면서, 사원 상호간의 협동을 목적으로 하는 비영리법인에 대하여 허가주의로써 강한 규제를 하는 것은 부당할뿐더러, 불합리한 차별로써 헌법 제11조 소정의 평등의 원칙에 위배된다.
- 비교법적으로 고찰할 때, 현대의 대부분의 국가들이 비영리법인에 대하여 준칙주의 또는 자유설립주의를 취하고 있는 것과 견주어 볼 때 우리 민법이 일제의 잔재로 보여지는 허가주의를 고수하고 있는 것은 입법의 낙후성을 드러내는 것이다.

(4) 설립등기

사단법인은 법인등기부에 설립등기를 함으로써 성립한다(제33조). 이 등기는 **권리능력을 취득하기 위한 성립요건**이다. 설립등기는 주무관청의 설립허가가 있는 때로부터 3주 내에 그 주된 사무소의 소재지에서 하여야 한다(제49조).

나. 발기인조합과 설립 중의 사단법인

사단법인은 일반적으로 발기인조합과 설립 중의 사단법인을 거쳐, 관할관청의 허가와 등기를 함으로서 설립된다. 즉 그 설립을 계획하는 자(발기인)들이 공동의 목적을 달성할 것을 약정하여 결합하고, 그 계약의 이행으로 정관을 작성하고 구성원을 확정하는 등 법인의 실체를 갖춘 다음, 설립등기를 함으로써 권리능력을 취득하는 과정을

---

10) 곽윤직, 197면; 이영준, 798면.
11) 김증한·김학동, 174면; 고상용, 188면.
12) 상세한 내용은 주석민법(총칙1), 600-602면 참조.

거쳐 설립된다. 여기서 발기인조합의 법률관계는 조합(제703조 이하)으로, 정관이 작성되고 구성원이 확정되는 등 법인의 실체를 갖추었으나 설립등기가 되어 있지 않은 설립 중의 사단법인은 법인 아닌 사단으로 보는 것이 통설이다.

발기인조합 또는 발기인 개인 명의로 취득한 권리나 부담한 의무는 발기인조합이나 발기인 개인에게 귀속되고, 법인 설립 후 권리양도나 채무인수 등이 이전행위가 있어야 설립된 사단법인에 귀속된다(대법원 1990.12.26. 선고 90누2536 판결). 한편 설립 중인 사단법인은 그 후에 설립된 사단법인과 동일성을 갖는다.[13] 따라서 설립 중의 사단법인이 한 행위의 효과는 당연히 후에 설립된 사단법인에 미치나, 그 대표자가 목적 범위 내에서 행한 행위만이 설립 중의 법인의 행위로 된다.

***** 사단법인의 설립단계**

제1단계 - 발기인들이 법인설립이라는 공동 목적을 달성할 것을 약정하여 결합 : 발기인조합

제2단계 - 정관을 작성하고, 구성원의 확정과 대표자 선출 등 조직행위 : 설립 중의 사단법인

제3단계 - 주무관청의 허가와 설립등기 : 사단법인

발기인이 취득한 권리의 귀속 **대법원 1990.12.26. 선고 90누2536 판결**

설립 중의 회사라 함은 주식회사의 설립과정에 있어서 발기인이 회사의 설립을 위하여 필요한 행위로 인하여 취득하게 된 권리의무가 회사의 설립과 동시에 그 설립된 회사에 귀속되는 관계를 설명하기 위한 강학상의 개념으로서 정관이 작성되고 발기인이 적어도 1주 이상의 주식을 인수하였을 때 비로소 성립하는 것이고, 이러한 설립 중의 회사로서의 실체가 갖추어지기 이전에 발기인이 취득한 권리, 의무는 구체적 사정에 따라 발기인 개인 또는 발기인조합에 귀속되는 것으로서 이들에게 귀속된 권리의무를 설립 후의 회사에 귀속시키기 위하여는 양수나 채무인수 등의 특별한 이전행위가 있어야 할 것인바, 원고 앞으로 소유권이전등기가 마쳐진 이 사건 토지에 관하여 원고가 발기인이던 회사의 장부에 원고가 토지매입자금을 입금하여 회사자금으로 이 사건 토지를 매입한 것으로 기재되었다거나 설립등기 후에 위 토지의 정지작업을 하였다는 사실만으로는 위 회사가 원고로부터 위 토지의 매수인으로서의 지위를 인수하였다고 보기는 어렵다고 할 것이다.

---

13) 지원림, 120면.

조합원의 차용행위에 대한 조합책임 **대법원 2007.9.7. 선고 2005다18740 판결**

설립중의 회사로서의 실체가 갖추어지기 이전에 발기인이 취득한 권리·의무는 구체적 사정에 따라 발기인 개인 또는 발기인 조합에 귀속되는 것인바(대법원 1990.12.26. 선고 90누2536 판결, 1998.5.12. 선고 97다56020 판결 등 참조), 발기인이 개인 명의로 금원을 차용한 경우 이는 그 발기인 개인에게 귀속됨이 원칙이고, 위 채무가 발기인 조합에게 귀속되려면 위 금원의 차용행위가 조합원들의 의사에 기해 발기인 조합을 대리하여 이루어져야 한다고 할 것이다. 이 사건 대출금은 피고가 개인적으로 대출받은 것일 뿐 위 노아노아를 설립하기 위한 발기인 조합을 대리하여 대출받은 것이 아니라고 할 것이므로, 원고로서는 피고를 상대로 구상권을 행사해야 할 것이지 위 발기인 조합에게 구상할 수는 없다.

아직 실체를 갖추지 않은 교회 **대법원 2008.2.28. 선고 2007다37394,37400 판결**

교회가 그 실체를 갖추어 법인 아닌 사단으로 성립한 경우에 교회의 대표자가 교회를 위하여 취득한 권리의무는 교회에 귀속되나, 교회가 아직 실체를 갖추지 못하여 법인 아닌 사단으로 성립하기 전에 설립의 주체인 개인이 취득한 권리의무는 그것이 앞으로 성립할 교회를 위한 것이라 하더라도 바로 법인 아닌 사단인 교회에 귀속될 수는 없고, 또한 설립중의 회사의 개념과 법적 성격에 비추어, 법인 아닌 사단인 교회가 성립하기 전의 단계에서 설립 중의 회사의 법리를 유추적용할 수는 없다.

***** 법인의 설립허가의 취소(제38조)**

- 적법하게 설립된 법인을 사후에 소멸시키는 처분임
- 침익적 처분으로 기속행위이고, 소급효가 없음

3. 비영리재단법인의 설립

가. 설립의 요건

(1) 목적의 비영리성

비영리사단법인의 그것과 같다.

(2) 설립행위(정관작성 및 재산의 출연)

(가) 의의

설립자가 재산을 출연하고, 정관을 작성하여야 한다(제43조). 재단법인의 설립행위 역시 서면으로 정관을 작성하여야 하는 **요식행위**이다. **정관의 작성 외에 재산출연이**

필요하고, 생전행위 뿐만 아니라 유언으로도 설립할 수 있다는 점이 사단법인의 그것과 다르다.[14)]

(나) 설립행위의 법적 성질

이러한 재단법인의 설립행위가 법률행위로서 어떤 성질을 갖는가에 관하여 **단독행위설**, **계약설**, **합동행위설**이 대립한다.

① 단독행위설

재단법인의 설립행위가 1인의 설립자에 의해서 행해지면 상대방 없는 단독행위이고, 설립자가 수인인 때는 단독행위의 경합이라고 보는 것으로 통설·판례의 입장이다.

상대방 없는 단독행위인 재단법인에 대한 출연 **대법원 1999.7.9. 선고 98다9045 판결**

민법 제47조 제1항에 의하여 생전처분으로 재단법인을 설립하는 때에 준용되는 민법 제555조는 "증여의 의사가 서면으로 표시되지 아니한 경우에는 각 당사자는 이를 해제할 수 있다."고 함으로써 서면에 의한 증여(출연)의 해제를 제한하고 있으나, 그 해제는 민법 총칙상의 취소와는 요건과 효과가 다르므로 서면에 의한 출연이더라도 민법 총칙규정에 따라 출연자가 착오에 기한 의사표시라는 이유로 출연의 의사표시를 취소할 수 있고, 상대방 없는 단독행위인 재단법인에 대한 출연행위라고 하여 달리 볼 것은 아니다. 재단법인에 대한 출연자와 법인과의 관계에 있어서 그 출연행위에 터잡아 법인이 성립되면 그로써 출연재산은 민법 제48조에 의하여 법인 성립시에 법인에게 귀속되어 법인의 재산이 되는 것이고, 출연재산이 부동산인 경우에 있어서도 위 양당사자 간의 관계에 있어서는 법인의 성립 외에 등기를 필요로 하는 것은 아니라 할지라도, 재단법인의 출연자가 착오를 원인으로 취소를 한 경우에는 출연자는 재단법인의 성립 여부나 출연된 재산의 기본재산인 여부와 관계없이 그 의사표시를 취소할 수 있다.

② 계약설

재단법인의 설립행위를 설립자의 재산출연행위로 보고, 이러한 출연행위는 재산권을 양도하는 법률행위로 설립자와 재단 사이의 계약이라는 견해이다. 즉 계약설은 출연행위를 양도계약으로 이해하고 그중에서도 대가 없는 무상양도로 증여계약과 유사하다고 한다.

③ 합동행위설

설립자가 2인 이상인 경우에는 합동행위에 해당한다고 보는 견해이다.

---

14) 출연행위가 무상인 점에서 증여나 유증과 유사하므로 제47조는 재단법인 설립에 관하여 증여 또는 유증에 관한 규정을 준용하고 있다.

(다) 정관의 작성과 보충

설립자가 법인의 근본규칙을 정하여 서면에 기재하고 기명날인하여 정관을 작성한다(제43조). 정관의 기재사항은 사단법인과 같이 필수적 기재사항과 임의적 기재사항이 있으나, **사원자격과 존립시기·해산사유**가 **필수적 기재사항이 아니라는 점**이 사단법인과 다르다.

한편 정관은 필수적 기재사항을 모두 기재하고 있는 때에만 유효하고, 그 가운데 하나라도 빠지면 정관으로서 효력이 생기지 않음이 원칙이다. 그러나 설립자가 필수적 기재사항 중 가장 중요한 목적과 자산만 정하고 기타 명칭과 사무소의 소재지 등을 기재하지 않고 사망한 경우, 이해관계인 또는 검사의 청구에 의해 법원이 정관을 보충할 수 있다(제44조).[15] 이러한 정관의 보충은 법인성립 이전 단계의 문제이고, 법인의 성립 후에 논의되는 정관변경과는 그 성질이 다르다.

(라) 재산의 출연

설립자는 일정한 재산을 출연하여야 한다. 출연재산의 종류에는 법률상 특별한 제한이 없으므로 부동산·동산의 소유권 등 물권은 물론 채권이라도 무방하다.

이러한 재산출연행위는 무상행위라는 점에서 증여 또는 유증과 비슷한바, 재단법인의 설립과 관련하여 민법은 생전처분에 의할 때에는 증여에 관한 규정을, 유언으로 인한 경우에는 유증에 관한 규정을 각 준용하는 것으로 규정하고 있다(제47조).

(3) 주무관청의 허가 (제32조)

비영리 사단법인에서 설명한 바와 같다.

(4) 설립등기 (제33조)

비영리 사단법인에서 설명한 바와 같다.

명의신탁약정에 의한 재산출연과 설립허가 **대법원 2011.2.10. 선고 2006다65774 판결**

재단법인의 기본재산은 재단법인의 실체를 이루는 것이므로, 재단법인 설립을 위한 기본재산의 출연행위에 관하여 그 재산출연자가 소유명의만을 재단법인에 귀속시키고 실질적 소유권은 출연자에게 유보하는 등의 부관을 붙여서 출연하는 것은 재단법인 설립의 취지에 어긋나는 것이어서 관할 관청은 이러한 부관이 붙은 출연재산을 기본재산으로 하는 재단법인의 설립을 허가할 수 없고, 또한 재단법인 설립과정에서 그 출연자들이 장래 설립될 재단법인의 기본재산으로 귀속될 부동산에 관하여 소유명의만을 신탁하는 약정을 하였다고 하더라도, 관할 관청의 설립허가 및 법인설립등기를 통

---

15) 사단법인의 경우 사원이 될 사람들이 스스로 보충할 수 있기 때문에 관련규정이 없다.

하여 새로이 설립된 재단법인에게 아무 조건 없이 기본재산 증여를 원인으로 한 소유권이전등기를 마친 이후에까지 이러한 명의신탁계약이 설립된 재단법인에게 효력이 미친다고 보면 재단법인의 기본재산이 상실되어 재단법인의 존립 자체에 영향을 줄 것이므로, 위와 같은 명의신탁계약은 새로 설립된 재단법인에 대해서는 효력을 미칠 수 없다고 해석함이 상당하다(대법원 1971.8.31. 선고 71다1176 판결 등 참조).

나. 출연재산(出捐財産)의 귀속시기

(1) 법률의 규정

설립자가 출연한 재산의 귀속시기에 관하여 제48조는, 재단법인의 설립이 생전처분에 의할 경우에는 법인이 성립된 때(법인설립 등기시)로부터, 유언에 의할 경우에는 유언의 효력이 발생한 때(유언자의 사망시)로부터 재단법인에 각 귀속되는 것으로 규정하고 있다.

(2) 물권인 경우

재단법인의 설립을 위하여 설립자가 부동산을 출연할 때에는 출연행위(또는 설립자의 사망으로 인한 유언의 효력 발생), 재단법인의 설립등기, 설립자로부터 재단법인 명의로의 소유권이전등기 경료와 같은 3단계 절차를 거치게 된다. 이 경우 제186조에 따라 이전등기까지 경료 하여야 법인의 재산이 되는지, 아니면 제48조가 정한 때 법인의 재산이 되는지 문제된다. 즉 설립자가 부동산, 동산에 관한 물권을 직접 법인에 이전할 의사표시를 한 경우에 출연행위는 물권행위로 보아야 하는바, 이 경우 출연재산의 귀속시기와 관련하여, 물권변동에 관하여 의사주의를 따르는 제48조와 형식주의에 입각한 제186조·제188조와의 관계가 문제된다. 재단법인의 설립을 위하여 출연한 부동산 또는 동산이 재단법인에 귀속하는 시기에 관하여 아래와 같이 견해가 나뉘는바, 그 구별실익은 재단법인과 제3자 중 어느 쪽의 보호에 중점을 두느냐에 있다.

(가) 학설

① 다수설(법인설립시·유언효력발생시설)

제48조를 제187조에서 말하는 '기타 법률의 규정'으로 보아 **등기나 인도 없이** 물권은 당연히 **설립등기를 한 때**(제33조) **또는 설립자의 사망시**(제1073조 제1항)에 법인에 귀속한다고 본다.[16] 생전처분의 경우에는 법인의 설립등기시, 유언에 의한 경우는 유언자의 사망시에 출연재산은 재단법인에 귀속하게 된다. 이전등기시설에 대하여는 다음과 같은 논거로 비판한다. 첫째, 재단법인의 설립등기 이후 출연재산이 등기를 갖출

16) 고상용, 192면; 곽윤직, 135면; 김준호, 139면 등.

때까지 사이에 재단법인이 재산을 갖지 않는 상태가 야기되어 재단법인의 본질에 반한다. 둘째, 이전등기시설은 법인의 성립시 혹은 설립자의 사망시 이미 법인에 출연재산의 이전청구권이 발생하여 전혀 부당하지 않다고 하지만 설립자의 출연행위가 물권행위라면 그 물권행위에서 출연재산의 이전청구권이라고 하는 채권적청구권이 발생한다는 모순이 생긴다. 셋째, 법률에 명문의 규정이 있는 경우 그 규정에 따라야 하는데 이전등기시설은 민법 제48조를 무시한 해석이다.

② 소수설(이전등기시설)

출연재산이 재단법인에 귀속하는 것은 **등기나 인도를 마친 때**이나, 민법 제48조에 의해 재단법인이 설립할 때(설립등기를 한 때)에 소급해서 귀속한 것으로 의제될 뿐이라고 형식주의 원칙에 충실한 해석을 한다.[17] 즉 물권변동에 등기 또는 인도를 요하는 경우, 법인의 성립시 혹은 설립자의 사망시에 재단법인에게 출연재산에 대한 이전청구권만이 생기고 그 재산이 현실적으로 법인에 귀속하는 시기는 등기·인도를 한 때라는 것이다.[18] 이 학설의 입장에서는 법인설립시설 혹은 유언효력발생시설을 다음과 같이 비판하고 있다. 첫째, 재단법인은 재단법인 설립 시로부터 출연재산의 이전청구권이라는 재산권을 갖는바, 재단법인이 설립된 후 출연재산에 관한 이전등기를 할 때까지 전혀 재산이 없는 재단법인이 존재한다고 하는 비판은 타당치 않다. 둘째, 제187조 소정의 '기타 법률의 규정'은 당사자의 의사에 기하지 않는 경우만을 가리키며 법률행위인 재단법인 설립행위에 적용하는 것은 타당치 않다. 셋째, 제48조는 출연재산의 귀속시기에 관하여 유일한 해석규정이 아니며 체계적 관련성을 고려하여 법률을 넘어선 해석을 할 수 있고 규정에 얽매어 해석하는 태도는 정당한 해석방법이라 할 수 없다. 넷째, 같은 형식주의를 취하는 독일민법은 재단법인이 설립되면 설립자는 출연을 약속한 재산을 재단법인에 이전시킬 의무를 부담하고 다만 양도의 의사표시만으로 이전하는 권리는 재단법인의 설립과 동시에 재단법인에 이전한다고 규정하고 있다고 주장한다.

(나) 판례

대법원은 재단법인 설립시의 출연재산은 그 법인이 성립된 때로부터 법인에 귀속된다는 제48조의 규정에 관하여, **출연자와 법인과의 관계**를 상대적으로 결정하는 기준에 불과하여 출연재산이 부동산인 경우 출연자와 법인 사이에는 법인의 성립 외에 등기를 필요로 하는 것은 아니나, **제3자에 대한 관계**에서는 제186조에 따라 출연행위가 법률행위이므로 등기가 필요하다고 판시하고 있다.

---

17) 김증한·김학동, 180면; 이영준, 802면 등.

18) 김증한·김학동, 180면.

제3자와 관계에서는 등기 필요 **대법원 1979.12.11. 선고 78다481,482 전원합의체 판결**

재단법인의 설립함에 있어서 출연재산은 그 법인이 성립된 때로부터 법인에 귀속된다는 민법 제48조의 규정은 출연자와 법인과의 관계를 상대적으로 결정하는 기준에 불과하여 출연재산이 부동산인 경우에도 출연자와 법인 사이에는 법인의 성립 외에 등기를 필요로 하는 것은 아니지만, 제3자에 대한 관계에 있어서, 출연행위는 법률행위이므로 출연재산의 법인에의 귀속에는 부동산의 권리에 관한 것일 경우 등기를 필요로 한다.

제3자에게 대항하기 위한 이전등기의 필요 **대법원 1993.9.14. 선고 93다8054 판결**

민법 제48조는 재단법인 성립에 있어서 재산출연자와 법인과의 관계에 있어서의 출연재산의 귀속에 관한 규정이고, 이 규정은 그 기능에 있어서 출연재산의 귀속에 관하여 출연자와 법인과의 관계를 상대적으로 결정함에 있어서의 기준이 되는 것에 불과하여, 출연재산은 출연자와 법인과의 관계에 있어서 그 출연행위에 터잡아 법인이 성립되면 그로써 출연재산은 민법의 위 조항에 의하여 법인성립시에 법인에게 귀속되어 법인의 재산이 되는 것이고, 출연재산이 부동산인 경우에 있어서도 위 양당사자간의 관계에 있어서는 위 요건(법인의 성립) 외에 등기를 필요로 하는 것이 아니나, 제3자에 대한 관계에 있어서는 출연행위가 법률행위이므로 출연재산의 법인에의 귀속에는 부동산의 권리에 관해서는 법인성립 외에 등기를 필요로 한다. 유언으로 재단법인을 설립하는 경우에도 제3자에 대한 관계에서는 출연재산이 부동산인 경우는 그 법인에의 귀속에는 법인의 설립 외에 등기를 필요로 하는 것이므로, 재단법인이 그와 같은 등기를 마치지 아니하였다면 유언자의 상속인의 한 사람으로부터 부동산의 지분을 취득하여 이전등기를 마친 선의의 제3자에 대하여 대항할 수 없다.

***** 민법 개정안**

형식주의와 조화가 되지 않는 제48조의 삭제 또는 개정의 필요성을 지적하며, 제48조 제1항을 독일 민법 제82조와 같이 재단법인이 허가되면 설립자는 설립행위에서 약정한 재산을 재단법인에 이전하여야 할 의무를 지고, 다만 양도계약만으로 양도되는 권리에 관하여는 재단법인의 설립과 동시에 이전되는 것으로 하되 '재산의 이전에 의사표시 이외에 다른 요건을 필요로 하는 때에는 그러하지 아니하다'는 단서를 삽입하는 것으로 법무부 개정안이 마련되어 있다.

(3) 채권인 경우

(가) 양도방법

지명채권은 제48조가 정하는 시기에 재단법인에 귀속된다(대법원 1984.9.14. 선고

83누578 판결). 한편 지시채권에서 배서와 교부(민법 제508조), 무기명채권에서 교부(민법 제523조)가 없더라도 제48조가 정한 시기에 재단법인에 귀속되는지 여부에 관하여, 물권의 경우와 같은 논란이 있다.

(나) 귀속시기

① 다수설

제48조를 제508조와 제523조의 특별규정으로 본다. 따라서 배서, 교부가 불필요하며 제48조가 정하는 시기에 당연히 법인에 귀속한다고 본다.

② 소수설

지시채권은 제508조에 의해 배서와 교부를, 무기명채권은 제523조에 의해 교부를 하여야 법인에 귀속한다고 본다.

다. 설립 중인 재단법인

설립자가 재산을 출연하여 정관을 작성하면 설립 중인 재단법인이 되며, 이는 비법인재단으로 본다. 설립 중인 재단법인과 그 후에 성립하는 재단법인은 동일성을 가지는 것으로 볼 것이며, 설립 중인 법인에 의하여 이루어진 법률행위의 효과는 당연히 설립 후의 재단법인에 미친다고 할 것이다. 한편 재단법인의 경우 사원 등 인적 요소가 없으므로 사단법인의 설립시와 같은 발기인조합의 개념은 있을 수 없다.

Ⅲ. 법인의 능력

1. 총설

가. 법인은 권리의 주체가 될 수 있으므로(제34조), 자연인과 마찬가지로 권리능력·행위능력·불법행위능력을 갖는다. 한편 법인의 능력의 문제는, 모든 사람에게 제한 없는 권리능력이 인정되고, 판단능력이 없거나 현저히 부족한 사람에 대하여 행위능력 또는 불법행위능력과 관련된 책임을 감면하는 등으로 보호함을 주된 관심으로 하는 자연인의 그것과는 본질적으로 다르다. 또한 이사 등 기관의 개입 없이 법인 스스로 어떤 판단을 하거나 특정한 법률행위 또는 불법행위를 할 수 없는 것이 현실이다.

따라서 법인의 능력은, 첫째 법인에게 어떠한 범위에서 권리능력을 인정할 것인가(권리능력), 둘째 법인이 형성하는 법률관계와 관련하여 누구의 어떤 행위를 법인의 행위로 볼 것인가(행위능력), 셋째 누구의 어떤 행위에 대하여 법인의 불법행위를 구성하는 것으로 볼 것인가(불법행위능력) 등의 문제로 논의된다.

나. 법인의 능력에 관한 논의는 법인의 본질론과 그에 따른 입법정책과 밀접한 관

련이 있다. 법인의제설에 입각한 영미법계에서는 법인은 정관 등에 정한 범위 내에서만 능력을 갖게 되므로 그 범위를 벗어난 법률행위는 법인과의 관계에서 절대적으로 무효가 되고, 제34조와 같은 규정은 권리능력을 제한하는 규정으로 본다. 반면에 법인실재설에 입각한 독일법계에서는 재산법과 관련된 권리능력의 범위에서 자연인과 법인의 차이가 없으므로 정관의 목적으로 권리능력을 제한할 수 없고, 제34조는 대표권을 제한하는 규정으로 해석한다.

다. 법인의 능력에 관한 민법의 규정은, 다른 법률에서 준용되거나 같은 취지의 규정을 두는 방식으로, 민법상의 비영리법인은 물론 상법 등 특별법에 규정된 모든 법인에 적용된다. 법인의 능력에 관한 규정들은 모두 강행규정이다.

2. 법인의 권리능력

가. 권리능력의 범위

법인은 권리주체이지만 그 성질상, 예컨대 가족법상의 법률관계에 관하여 권리능력을 갖지 못하는 등, 자연인과 똑같지는 않다. 한편 제34조에 의하면, 법인은 법률규정에 좇아 **정관으로 정한 목적범위 내**에서 권리와 의무의 주체로서 권리능력을 갖는다. 법인의 권리능력에는 다음과 같은 제한이 있다.

(1) 성질에 의한 제한

자연인 고유의 성질을 전제로 하는 생명권, 친권, 부양청구권, 상속권 등은 법인이 향유할 수 없다. 그러나 명예권, 성명권, 신용권, 유증을 받을 권리 등은 인정된다.

법인의 명예훼손에 대한 적당한 처분 **대법원 1997.10.24. 선고 96다17851 판결**

민법 제764조에서 말하는 명예라 함은 사람의 품성, 덕행, 명예, 신용 등 세상으로부터 받는 객관적인 평가를 말하는 것이고 특히 법인의 경우에는 그 사회적 명예, 신용을 가리키는 데 다름없는 것으로 명예를 훼손한다는 것은 그 사회적 평가를 침해하는 것을 말하고 이와 같은 법인의 명예가 훼손된 경우에 그 법인은 상대방에 대하여 불법행위로 인한 손해배상과 함께 명예 회복에 적당한 처분을 청구할 수 있고, 종중과 같이 소송상 당사자능력이 있는 비법인사단 역시 마찬가지이다. 사람(종중 등의 경우에도 마찬가지이다.)이 갖는 명예에 관한 권리는 일종의 인격권으로 볼 수 있는 것으로서, 그 성질상 일단 침해된 후에는 금전배상이나 명예 회복에 필요한 처분 등의 구제수단만으로는 그 피해의 완전한 회복이 어렵고 손해 전보의 실효성을 기대하기 어려우므로, 이와 같은 인격권의 침해에 대하여는 사전 예방적 구제수단으로 침해행위의 정지·방지 등의 금지청구권이 인정될 수 있다.[19]

(2) 법률에 의한 제한

법인의 권리능력은 법률에 의하여 제한될 수 있다. 법률에 의한 제한은 개별적이며, 법인의 권리능력을 포괄적으로 제한하는 법률은 없다. 청산법인은 청산목적 범위 내로 권리능력이 제한된다는 민법 제81조, 회사는 다른 회사의 무한책임사원이 될 수 없다는 상법 제173조가 그 예이다.

(3) 정관에 의한 제한

민법은 정관으로 정한 목적의 범위 내에서 법인의 권리능력을 인정한다고 규정한다(제34조). 이와 관련하여 법인의 정관에는 목적을 기재하여야 하고, 이를 등기하여야 한다는 규정도 두고 있다(제40조 제1항, 제49조 제2항 제1호).

법인의 권리능력이 목적 범위에 의하여 제한된다면, 권리능력의 범위를 객관적으로 벗어나는 행위의 효과가 법인에게 귀속되지 않음은 당연한 결론이다.[20] 따라서 법인은 법인의 목적 범위를 벗어난 대표기관의 행위에 대하여 **계약 등에 따르는 책임을 지지 아니함은 물론, 불법행위책임도 부담하지 않는 것이 원칙**이다. 또한 법인에 대한 관계에서 절대적 무효이므로 표현대리나 무권대리에 관한 규정이 여기에 준용될 여지도 없다.

한편 그로 인하여 손해를 입은 상대방은 대표기관 개인에 대하여 **불법행위책임**을 물을 수 있고, 목적 범위를 벗어나는 행위로 법인이 취득한 이득이 있다면 **부당이득**으로 그 반환을 청구할 수 있을 것이다.

제34조가 규정하는 「목적 범위 내」의 해석을 놓고 **협의(狹義)해석설**과 **광의(廣義) 해석설**이 대립한다.

(가) 학설

① 협의해석설(소수설)

정관에 명시된 목적과 그 목적을 달성하는 데 필요한 범위 내로 비교적 좁게 인정한다.[21] 이처럼 엄격하게 해석하면 거래상대방에게 불리하거나 가혹한 경우가 많다.

② 광의해석설(다수설)

목적을 위반하지 않는 범위 내의 의미로 비교적 넓게 인정한다.[22] 논거로는 제3자의 이익, 거래안전의 견지에서, 혹은 법인에게 광범위한 활동의 기회를 준다는 취지에

19) 법인도 인격권의 일부인 명예권의 귀속주체가 될 수 있다는 것으로 법인의 권리능력에 관한 판결임.

20) 자연인의 경우, 죽은 사람의 법률행위가 당연무효인 것과 같다.

21) 이영준, 198면.

22) 김증한·김학동, 189면; 곽윤직 208면, 이은영.

서 위「목적 범위 내」를 넓게 해석하여 목적에 위반하지 않는 행위는 모두 권리능력의 범위 내에 속한다고 보거나,[23] 제34조는 법인의 설립취지 이외의 목적에 법인 조직을 남용하는 경우를 방지하려는 입법정책적 규정이라고 본다.[24]

(나) 판례

판례는 위「목적 범위 내」의 해석과 관련하여 소수설과 가까운 입장을 취함으로써, **정관에 열거된 목적과 그 외의 법인의 목적을 달성함에 필요한 범위**를 지칭하며, 목적수행에 직·간접으로 필요한 행위를 모두 포함한다고 본다. 또한 목적 수행에 필요한 행위인지 여부는 그 **행위의 객관적 성질에 따라 추상적으로 판단**할 것이지 행위자의 주관적·구체적 의사에 따라 판단할 것은 아니라고 판시한다. 구체적인 예로 ① 학교경영을 목적으로 하는 재단법인이 교육목적 달성에 수반하는 채무에 대하여 학교건물을 대물변제로 제공하는 경우(대법원 1957.11.28. 선고 4290민상613 판결), ② 신용협동조합중앙회의 조합에 대한 대금채권의 확보를 위한 조합이 아닌 조합원과의 변제약정행위(대법원 1991.11.22. 선고 91다8821 판결), ③ 단기 금융업을 영위하는 회사의 어음배서행위(대법원 1987.9.8. 선고 86다카1348 판결) 등을 법인의 목적 범위 내에 속한다고 보았다.

목적 수행에 필요한 행위인지 여부 **대법원 1999.10.8. 선고 98다2488 판결**

회사의 권리능력은 회사의 설립 근거가 된 법률과 회사의 정관상의 목적에 의하여 제한되나 그 목적범위 내의 행위라 함은 정관에 명시된 목적 자체에 국한되는 것이 아니라, 그 목적을 수행하는 데 있어 직접, 간접으로 필요한 행위는 모두 포함되고 목적수행에 필요한지의 여부는 행위의 객관적 성질에 따라 판단할 것이고 행위자의 주관적, 구체적 의사에 따라 판단할 것은 아니다(대법원 1988.1.19. 선고 86다카1384 판결, 1991.11.22. 선고 91다8821 판결 등 참조).

회사목적수행에 직접, 간접으로 필요한 행위 **대법원 2001.9.21.자 2000그98 결정**

법인의 권리능력은 법인의 설립근거가 된 법률과 정관상의 목적에 의하여 제한되나 그 목적 범위 내의 행위라 함은 법률이나 정관에 명시된 목적 자체에 국한되는 것이 아니라 그 목적을 수행하는 데 있어 직접, 간접으로 필요한 행위는 모두 포함된다. 정리계획에 의하여 행해지는 출자전환은 법률이나 정관에 명시된 건설공제조합의 목적이나 건설산업기본법 제56조에서 정하고 있는 사업 자체는 아니라고 하더라도 그 목

23) 김증한·김학동, 189면.
24) 곽윤직, 140면.

> 적 및 사업을 수행하는 데 있어서 직접, 간접으로 필요한 것이라고 하지 않을 수 없으므로, 출자전환 방식의 권리변경을 내용으로 하는 정리계획이 법률의 규정에 합치되지 않는다고 할 수 없다.

반면에 ① 농협의 포도주 양조업(대법원 1966.7.5. 선고 66누57 판결), ② 농협의 조합원이 생산하지 않는 농산물의 도매행위(대법원 1972.12.12. 선고 72다1957 판결), ③ 건설공제조합 출장소장이 비조합원의 차금행위에 대하여 한 보증행위(대법원 1972.7.11. 선고 72다801 판결), ④ 주식회사의 대표이사가 그 회사를 대표하여 타인의 손해배상의무를 연대보증한 행위(대법원 1974.11.26. 선고 74다310 판결) 등은 목적 범위를 벗어난 것으로 위 행위들의 효과가 법인에 귀속되지 않는다고 판시하였다.

한편 판례는 주식회사와 같은 영리법인에 대하여도 제34조를 유추적용하여 정관상의 목적에 의한 권리능력의 제한을 인정하고 있다(대법원 1999.10.8. 선고 98다2488 판결 등).

나. 법인격남용론

(1) 의의

자연인이 아닌 법인에게 권리능력을 부여함에는, 단체를 둘러싼 법률관계를 간편하게 처리하고 구성원 등의 개인 재산과 분리된 단체의 재산을 인정하여 책임을 분리시킨다는 사회적 목적이 있다. 그런데 그러한 목적을 일탈하여 법인은 이름 뿐이고 실제로는 그 배후에 있는 사람의 개인기업에 불과하거나, 탈세·강제집행의 면탈 등 위법한 목적으로 법인격이 이용되는 경우에, 신의성실의 원칙에 기하여 그 법인의 법인격을 부인하고 법인의 배후에 숨어 있는 특정 개인에게 책임을 물을 수 있도록 하는 것이 법인격남용론(법인격부인론)이다. 이와 같은 법인격남용론은 법인제도의 근본을 훼손하는 것이므로 기존의 제도로는 도저히 해결할 수 없는 예외적인 경우에 한하여, 엄격한 요건을 갖춘 때[25]에만 적용되어야 할 것이다.

(2) 학설과 판례

학설과 판례는 신의성실의 원칙에 기하여 법인격의 남용론을 명시적으로 승인하고 있고(대법원 1988.11.22. 선고 87다카1671 판결), 행위를 한 법인은 물론 배후자인 특정 개인에 대하여도 법인의 행위에 관한 책임을 물을 수 있다고 한다.

---

25) 아래 2007다90982 판결에 그 요건이 설시되어 있음.

선박회사의 법인격남용 **대법원 1988.11.22. 선고 87다카1671 판결**

선박회사인 갑, 을, 병이 외형상 별개의 회사로 되어 있지만 갑회사 및 을회사는 선박의 실제상 소유자인 병회사가 자신에 소속된 국가와는 별도의 국가에 해운기업상의 편의를 위하여 형식적으로 설립한 회사들로서 그 명의로 선박의 적을 두고 있고 (이른바 편의치적), 실제로는 사무실과 경영진 등이 동일하다면 이러한 지위에 있는 갑회사가 법률의 적용을 회피하기 위하여 병회사가 갑회사와는 별개의 법인격을 가지는 회사라는 주장을 내세우는 것은 신의성실의 원칙에 위반하거나 법인격을 남용하는 것으로 허용될 수 없다.[26)]

신의칙에 반하는 외견상 회사의 행위 **대법원 2001.1.19. 선고 97다21604 판결**[27)]

회사가 외형상으로는 법인의 형식을 갖추고 있으나 이는 법인의 형태를 빌리고 있는 것에 지나지 아니하고 그 실질에 있어서는 완전히 그 법인격의 배후에 있는 타인의 개인기업에 불과하거나 그것이 배후자에 대한 법률적용을 회피하기 위한 수단으로 함부로 쓰여지는 경우에는, 비록 외견상으로는 회사의 행위라 할지라도 회사와 그 배후자가 별개의 인격체임을 내세워 회사에게만 그로 인한 법적 효과가 귀속됨을 주장하면서 배후자의 책임을 부정하는 것은 신의성실의 원칙에 위반되는 법인격의 남용으로서 심히 정의와 형평에 반하여 허용될 수 없고, 따라서 회사는 물론 그 배후자인 타인에 대하여도 회사의 행위에 관한 책임을 물을 수 있다고 보아야 한다.

채무면탈을 위한 신설회사의 설립 **대법원 2008.8.21. 선고 2006다24438 판결**

기존회사가 채무를 면탈하기 위하여 기업의 형태·내용이 실질적으로 동일한 신설회사를 설립하였다면, 신설회사의 설립은 기존회사의 채무면탈이라는 위법한 목적 달성을 위하여 회사제도를 남용한 것에 해당한다. 이러한 경우에 기존회사의 채권자에 대하여 위 두 회사가 별개의 법인격을 갖고 있음을 주장하는 것은 신의성실의 원칙상 허용될 수 없으므로, 기존회사의 채권자는 위 두 회사 어느 쪽에 대하여도 채무의 이행을 청구할 수 있다. 여기에서 기존회사의 채무를 면탈할 의도로 신설회사를 설립한 것인지 여부는 기존회사의 폐업 당시 경영상태나 자산상황, 신설회사의 설립시점, 기존회사에

26) 편의치적을 위하여 설립된 회사에 불과한 원고가, 실제 선박을 소유한 법인과 피고회사 사이의 선박 수리계약에 따른 가압류집행에 관하여 선박소유자라고 주장하며 제3자 이의의 소를 제기한 사안이다.

27) 이 사건 오피스텔에 관하여 피고회사와 분양계약을 체결하였다가 적법하게 해제한 원고로서는 피고회사는 물론 피고회사의 실질적 지배자로서 그 배후에 있는 피고 개인에 대하여도 해제에 따른 매매대금의 반환을 청구할 수 있다는 사안임.

서 신설회사로 유용된 자산의 유무와 그 정도, 기존회사에서 신설회사로 이전된 자산이 있는 경우 그 정당한 대가가 지급되었는지 여부 등 제반 사정을 종합적으로 고려하여 판단하여야 한다. 다른 사정을 충분히 고려하지 아니하고 신설회사가 기존회사의 대표이사에 의하여 지배되고 있다면 채무면탈의 목적으로 신설회사를 설립한 경우에 해당한다.

법인격 남용을 인정하기 위한 요건 대법원 2008.9.11. 선고 2007다90982 판결

회사가 외형상으로는 법인의 형식을 갖추고 있으나 법인의 형태를 빌리고 있는 것에 지나지 아니하고 실질적으로는 완전히 그 법인격의 배후에 있는 사람의 개인기업에 불과하거나, 그것이 배후자에 대한 법률적용을 회피하기 위한 수단으로 함부로 이용되는 경우에는, 비록 외견상으로는 회사의 행위라 할지라도 회사와 그 배후자가 별개의 인격체임을 내세워 회사에게만 그로 인한 법적 효과가 귀속됨을 주장하면서 배후자의 책임을 부정하는 것은 신의성실의 원칙에 위배되는 법인격의 남용으로서 심히 정의와 형평에 반하여 허용될 수 없고, 따라서 회사는 물론 그 배후자인 타인에 대하여도 회사의 행위에 관한 책임을 물을 수 있다고 보아야 한다. 여기서 회사가 그 법인격의 배후에 있는 사람의 개인기업에 불과하다고 보려면, 원칙적으로 문제가 되고 있는 법률행위나 사실행위를 한 시점을 기준으로 하여, 회사와 배후자 사이에 재산과 업무가 구분이 어려울 정도로 혼용되었는지 여부, 주주총회나 이사회를 개최하지 않는 등 법률이나 정관에 규정된 의사결정절차를 밟지 않았는지 여부, 회사 자본의 부실 정도, 영업의 규모 및 직원의 수 등에 비추어 볼 때, 회사가 이름뿐이고 실질적으로는 개인영업에 지나지 않는 상태로 될 정도로 형해화되어야 한다. 또한, 위와 같이 법인격이 형해화될 정도에 이르지 않더라도 회사의 배후에 있는 자가 회사의 법인격을 남용한 경우, 회사는 물론 그 배후자에 대하여도 회사의 행위에 관한 책임을 물을 수 있으나, 이 경우 채무면탈 등의 남용행위를 한 시점을 기준으로 하여, 회사의 배후에 있는 사람이 회사를 자기 마음대로 이용할 수 있는 지배적 지위에 있고, 그와 같은 지위를 이용하여 법인 제도를 남용하는 행위를 할 것이 요구되며, 위와 같이 배후자가 법인 제도를 남용하였는지 여부는 앞서 본 법인격 형해화의 정도 및 거래상대방의 인식이나 신뢰 등 제반 사정을 종합적으로 고려하여 개별적으로 판단하여야 한다.

법인격이 남용된 친자회사 대법원 2006.8.25. 선고 2004다26119 판결

친자회사는 상호간에 상당 정도의 인적·자본적 결합관계가 존재하는 것이 당연하므로, 자회사의 임·직원이 모회사의 임·직원 신분을 겸유하고 있었다거나 모회사가 자회사의 전 주식을 소유하여 자회사에 대해 강한 지배력을 가진다거나 자회사의 사업 규모가

확장되었으나 자본금의 규모가 그에 상응하여 증가하지 아니한 사정 등만으로는 모회사가 자회사의 독자적인 법인격을 주장하는 것이 자회사의 채권자에 대한 관계에서 법인격의 남용에 해당한다고 보기에 부족하고, 적어도 자회사가 독자적인 의사 또는 존재를 상실하고 모회사가 자신의 사업의 일부로서 자회사를 운영한다고 할 수 있을 정도로 완전한 지배력을 행사하고 있을 것이 요구되며, 구체적으로는 모회사와 자회사 간의 재산과 업무 및 대외적인 기업거래활동 등이 명확히 구분되어 있지 않고 양자가 서로 혼용되어 있다는 등의 객관적 징표가 있어야 하며, 자회사의 법인격이 모회사에 대한 법률 적용을 회피하기 위한 수단으로 사용되거나 채무면탈이라는 위법한 목적 달성을 위하여 회사제도를 남용하는 등의 주관적 의도 또는 목적이 인정되어야 한다.

3. 법인의 행위능력

법인이 그 권리능력의 범위에 속하는 권리를 취득하거나 의무를 부담하기 위해서는 일정한 행위를 하여야 한다. 그런데 법인이 불완전한 의사능력을 갖는 경우는 상정하기 어려우므로 자연인에서와 같은 제한능력자를 보호하기 위한 제도는 불필요하고, 누구의 어떠한 행위를 관념적 존재에 불과한 법인의 행위로 보아야 하는지의 문제가 행위능력의 중심이다.

가. 법인행위의 성질

법인은 법인격을 갖는 주체로서 스스로 권리를 취득하거나 의무를 부담하기 위하여 법률행위를 할 수 있다. 법인이 권리 또는 의무와 관련된 법률행위를 하는 경우를 법인의 행위라고 하는바, 그 행위의 성질은 법인의제설과 법인실재설에 따라 다르다.

법인의제설의 입장에 따르면, 법인 자체의 행위라는 개념을 인정할 수 없고, 법인의 외부에 존재하는 대리인인 대표기관의 행위에 의하여 법인이 행위를 하는 것과 같은 효과를 인정받는다고 한다.

법인실재설에 따르면, 법인의 대표기관의 행위는 곧 법인 자체의 행위로 된다. 대표기관과 법인과의 관계는 대리인과 본인의 관계보다 훨씬 밀접하나, 실질적으로는 대리와 유사하여 대표에 대리에 관한 규정을 준용하고 있을 뿐이라고 한다.[28)]

나. 대표기관의 행위

법인은 현실적으로 대표기관이라고 불리는 자연인을 통하여 행위를 한다. 대표기관은 법인을 대표할 수 있는 지위에서 법인을 위하여 권리를 취득하고 의무를 부담할 수 있는 사람을 말한다. 대표기관에는 이사(제57조), 이사의 직무대행자(제60조의2), 임시이사(제63조), 특별대리인(제64조), 청산인(제82조) 등이 있으며, 실질적으로는 대

28) 곽윤직, 141면.

리와 유사하므로 이들에게는 대리에 관한 규정들이 준용된다(제59조 제2항).

다. 행위능력의 범위[29]

민법에는 법인의 행위능력에 관한 규정이 없다. 그런데 법인의 경우 의사능력 등의 흠결이 문제되지 않으므로 법인은 권리능력의 범위 내에서 행위능력을 갖는다는 것이 통설이다.

따라서 그 범위나 제한에 관하여는 권리능력의 그것과 같으므로 재론하지 않는다. 법인의 행위능력(=권리능력) 범위를 벗어난 대표기관의 행위는 법인의 행위로서 인정되지 않으며 대표기관 개인의 행위에 지나지 않는다. 반면에 행위능력 범위 내의 행위는 설령 대표권이 남용된 경우라도 법인의 책임으로 귀속되는 것이 원칙이다.

법인의 권리능력 혹은 행위능력 **대법원 2007.1.26. 선고 2004도1632 판결**

법인의 권리능력 혹은 행위능력은 법인의 설립근거가 된 법률과 정관상의 목적에 의하여 제한되나, 그 목적 범위 내의 행위라 함은 법률이나 정관에 명시된 목적 자체에 국한되는 것이 아니라 그 목적을 수행하는 데 있어 직접, 간접으로 필요한 행위는 모두 포함한다.

4. 법인의 불법행위능력

가. 민법의 규정

법인이 대표기관 등을 통하여 활동을 하는 과정에서 타인에게 손해를 가한 경우, 직접 불법행위를 한 개인 이외에 법인도 그 불법행위로 인한 손해배상책임을 진다. 즉 법인은 이사 기타 대표자가 그 직무에 관하여 타인에게 가한 손해를 배상할 책임이 있으며, 이사 기타 대표자는 이로 인하여 자기의 손해배상책임을 면하지 못한다(제35조 제1항). 법인의 손해배상책임의 성격 등에 관하여는 법인의제설과 법인실재설 간에 견해를 달리한다.

(1) 법인의제설의 입장

법인이 불법행위를 하는 것은 결코 인정할 수 없지만 피해자를 보호하기 위한 필요에서 제35조 제1항을 둔 것이고, 따라서 위 규정을 엄격하게 해석한다. 그리고 이사의 불법행위와 법인의 책임을 위 법률규정에 의한 법정채무관계로 파악한다. 이 설에 의하면, ① 제35조 제1항에 관하여 제756조의 사용자책임과 같은 원리에 입각하여 타인

29) 법인이 대표기관을 통하여만 행위를 하는 측면을 고려할 때 대표기관에 대한 '대표권 제한'을 행위능력의 범위로 볼 수도 있으나, 이에 관하여는 법인의 기관에서 후술하기로 한다.

의 행위에 대한 법인의 손해배상책임을 규정하고 있는 것으로 보고, ② 법인의 불법행위책임에서는 사용자책임과 달리 타인에 대한 선임, 감독에 과실이 없다고 하는 사정이 면책사유로 되지 않는 점에 차이가 있을 뿐이며, ③ 정책상 법인의 책임을 무겁게 규정하고 있는데 불과하다고 해석한다.

(2) 법인실재설의 입장

법인은 대표기관을 통하여 적법한 행위는 물론 불법행위도 할 수 있고, 만일 대표기관이 타인에게 불법한 손해를 가한 경우에는 법인 자신의 불법행위로서 법인이 당연히 손해배상책임을 부담한다고 본다. 법인실재설에 의하면 법인은 고유의 불법행위능력이 존재하며, 제35조 제1항의 규정은 당연 규정 혹은 주의적 규정으로 보고, 그 요건을 너그럽게 해석한다. 또한 제756조 제1항 단서의 면책사유를 배제하고 무과실책임을 인정한 점도 거래의 안전을 위하여 적합하다고 주장한다.

(3) 판례의 입장

노동조합의 손해배상책임 **대법원 1994.3.25. 선고 93다32828,32835 판결**

노동쟁의조정법 제8조에 의하여 민사상 배상책임이 면제되는 손해는 정당한 쟁의행위로 인한 손해에 국한된다고 풀이하여야 할 것이고, 정당성이 없는 쟁의행위는 불법행위를 구성하고 이로 말미암아 손해를 입은 사용자는 노동조합이나 근로자에 대하여 그 손해배상을 청구할 수 있다. 노동조합의 간부들이 불법쟁의행위를 기획, 지시, 지도하는 등으로 주도한 경우에 이와 같은 간부들의 행위는 조합의 집행기관으로서의 행위라 할 것이므로 이러한 경우 민법 제35조 제1항의 유추적용에 의하여 노동조합은 그 불법쟁의행위로 인하여 사용자가 입은 손해를 배상할 책임이 있고, 한편 조합간부들의 행위는 일면에 있어서는 노동조합 단체로서의 행위라고 할 수 있는 외에 개인의 행위라는 측면도 아울러 지니고 있고, 일반적으로 쟁의행위가 개개 근로자의 노무정지를 조직하고 집단화하여 이루어지는 집단적 투쟁행위라는 그 본질적 특징을 고려하여 볼 때 노동조합의 책임 외에 불법쟁의행위를 기획, 지시, 지도하는 등으로 주도한 조합의 간부들 개인에 대하여도 책임을 지우는 것이 상당하다.

무효인 연대보증행위와 법인의 불법행위 **대법원 2004.2.27. 선고 2003다15280 판결**

법인이 그 대표자의 불법행위로 인하여 손해배상의무를 지는 것은 그 대표자의 직무에 관한 행위로 인하여 손해가 발생한 것임을 요한다 할 것이나, 그 직무에 관한 것이라는 의미는 행위의 외형상 법인의 대표자의 직무행위라고 인정할 수 있는 것이라면 설사 그것이 대표자 개인의 사리를 도모하기 위한 것이었거나 혹은 법령의 규정에 위배된 것이었다 하더라도 위의 직무에 관한 행위에 해당한다고 보아야 한다.

토지구획정리조합의 대표자가 구획정리사업 시공회사의 원활한 자금 운용 등을 위하여 시공회사의 채무를 연대보증하였으나 조합원총회 등의 결의를 거치지 아니함으로써 연대보증행위가 무효로 된 경우, 민법 제35조 제1항에 의하여 조합의 불법행위책임을 인정한 사례.

종중의 불법행위책임 **대법원 1994.4.12. 선고 92다49300 판결**

종중의 대표자가 종중 소유의 부동산을 개인 소유라 하여 매도하고 계약금과 중도금을 지급받은 후 잔대금지급 이전에 매수인이 종중 소유임을 알고 항의하자 종중의 결의가 없는데도 종중 대표자로서 그 이전을 약속하고 종중총회 결의서 등을 위조하여 등기이전을 해 주고 잔금을 받았는데 그 후 종중이 소송으로 부동산을 되찾아간 경우 종중의 불법행위를 인정하고 매수인이 지급한 잔대금 상당액을 배상할 의무가 있다고 인정하였다.

나. 불법행위의 요건

(1) 대표기관의 행위

제35조의 '이사 기타 대표자'는 법인의 대표기관을 의미한다. 임시이사, 특별대리인, 직무대행자, 청산인은 여기에 해당되나, 사원총회와 대표권이 없는 이사, 감사는 대표기관이 아니다(아래의 2006다37465 판결 등 참조). 이사의 대리인의 불법행위에 대한 책임에 대하여는 법인의 불법행위책임이 성립한다는 견해와 사용자책임이 성립한다는 견해가 대립된다.

불법행위를 구성하는 가해행위에는 **사실행위**(예컨대 강제집행의 방해, 상대방 증인에 대한 무고, 교통사고 등)와 **법률행위**(금전차용계약, 보증계약 등)가 있다. 대표기관의 법률행위이더라도 강행규정의 위반, 법인의 목적 범위 또는 대표권의 범위 유월, 대표권의 남용 등의 사유로 인하여 그 효과가 법인에 미치지 못함으로써 상대방이 손해를 입었다면 법인의 불법행위책임이 인정될 수 있다.

법인의 불법행위책임 **대법원 1978.3.14. 선고 78다132 판결**

학교법인의 대표자였던 자에 의한 차금행위가 불법행위가 된다면 이는 민법상 사용자의 배상책임이 아니고 민법 제35조에 의한 법인자체의 불법행위가 되어 배상책임이 있다.

법인을 실질적으로 운영하는 자 대법원 2011.4.28. 선고 2008다15438 판결

민법 제35조 제1항은 "법인은 이사 기타 대표자가 그 직무에 관하여 타인에게 가한 손해를 배상할 책임이 있다"라고 정한다. 여기서의 '법인의 대표자'에는 그 명칭이나 직위 여하, 또는 대표자로 등기되었는지 여부를 불문하고 당해 법인을 실질적으로 운영하면서 법인을 사실상 대표하여 법인의 사무를 집행하는 사람을 포함한다고 해석함이 상당하다. 구체적인 사안에서 이러한 사람에 해당하는지는 법인과의 관계에서 그 지위와 역할, 법인의 사무 집행 절차와 방법, 대내적·대외적 명칭을 비롯하여 법인 내부자와 거래 상대방에게 법인의 대표 행위로 인식되는지 여부, 공부상 대표자와의 관계 및 공부상 대표자가 법인의 사무를 집행하는지 여부 등 제반 사정을 종합적으로 고려하여 판단하여야 한다. 그리고 이러한 법리는 주택조합과 같은 비법인사단에도 마찬가지로 적용된다.

(2) 직무관련성

법인의 대표기관이 '직무에 관하여' 한 행위만이 법인의 행위가 되고, 법인의 대표기관이 한 불법행위가 직무관련성을 가진 경우에 한하여 법인의 불법행위가 된다. 그에 따라 법인의 대표기관이 직무관련성이 없는 행위로 비록 타인에게 손해를 가하였다고 할지라도 법인의 불법행위가 되지 않는다. 자연인인 대표기관의 불법행위의 효과가 어느 범위에서 법인에 귀속되는지에 대한 기준이 되는 '직무에 관하여'와 관련하여, 대표기관의 행위의 직무관련성을 직무행위 그 자체 혹은 직무와 불가분의 일체를 형성하는 행위로 국한하여 인정하자는 **협의설**(狹義說)과, 직무행위 자체뿐만 아니라 법인의 목적을 벗어난 행위일지라도 외형상 기관의 직무 수행행위라고 볼 수 있는 행위, 직무행위와 사회관념상 견련성을 가지는 행위를 직무로 인정하자는 **외형표준설**이 존재한다. 외형표준설이 통설과 판례이다. 외형표준설에 의하면 직무관련성은 권리능력의 범위와의 관계에서 객관적, 추상적으로 판단되어야 하므로, 대표기관 개인의 내심의 의사는 고려되지 않으며 그 직무행위와 사회관념상 관련성을 갖는 행위를 포괄한다.

외형표준설 등으로 '직무에 관하여'의 범위를 확장하는 것은 거래안전을 도모하기 위한 것이므로, 대표기관의 행위가 직무집행에 관한 것이 아니라는 점에 대해서는 상대방이 선의이고 중대한 과실이 없어야 한다. **중대한 과실**이란 거래상대방이 조금만 주의를 기울였더라면 대표자의 행위가 그 직무권한 내에서 적법하게 행하여진 것이 아니라는 사정을 알 수 있었음에도 만연히 이를 직무권한 내의 행위라고 믿음으로써 일반인에게 요구되는 주의의무를 현저히 위반하는 것으로, 거의 고의에 가까운 정도로 주의를 결여하고 공평의 관점에서 상대방을 구태여 보호할 필요가 없다고 봄이 상당하다고 인정되는 상태를 말한다. 위와 같은 악의 및 중과실에 관한 증명책임은 불법

행위책임에서 벗어나려는 법인에게 있다.

한편 법인의 대표기관이 대표권 제한 등과 관련된 소정의 절차를 거치지 않거나 자신의 개인적 이익을 꾀할 목적으로 권한을 남용하여 법률행위를 한 경우, 그 상대방은 표현대표행위라는 이유로 법률행위의 유효를 주장할 수도 있고(제126조의 준용), 불법행위에 기한 손해배상청구(제35조)를 할 수도 있다.[30]

외형상 법인의 대표자의 직무행위 대법원 2004.2.27. 선고 2003다15280 판결

법인이 그 대표자의 불법행위로 인하여 손해배상의무를 지는 것은 그 대표자의 직무에 관한 행위로 인하여 손해가 발생한 것임을 요한다 할 것이나, 그 직무에 관한 것이라는 의미는 행위의 외형상 법인의 대표자의 직무행위라고 인정할 수 있는 것이라면 설사 그것이 대표자 개인의 사리를 도모하기 위한 것이었거나 혹은 법령의 규정에 위배된 것이었다 하더라도 위의 직무에 관한 행위에 해당한다고 보아야 한다. 토지구획정리조합의 대표자가 구획정리사업 시공회사의 원활한 자금 운용 등을 위하여 시공회사의 채무를 연대보증하였으나 조합원총회 등의 결의를 거치지 아니함으로써 연대보증행위가 무효로 된 경우, 민법 제35조 제1항에 의하여 조합의 불법행위책임이 인정된다.

거래 상대방의 중대한 과실 대법원 2003.7.25. 선고 2002다27088 판결

주택조합과 같은 비법인사단의 대표자가 직무에 관하여 타인에게 손해를 가한 경우 그 사단은 민법 제35조 제1항의 유추적용에 의하여 그 손해를 배상할 책임이 있으며, 비법인사단의 대표자의 행위가 대표자 개인의 사리를 도모하기 위한 것이었거나 혹은 법령의 규정에 위배된 것이었다 하더라도 외관상, 객관적으로 직무에 관한 행위라고 인정할 수 있는 것이라면 민법 제35조 제1항의 직무에 관한 행위에 해당한다. 비법인사단의 경우 대표자의 행위가 직무에 관한 행위에 해당하지 아니함을 피해자 자신이 알았거나 또는 중대한 과실로 인하여 알지 못한 경우에는 비법인사단에게 손해배상책임을 물을 수 없다고 할 것이고, 여기서 중대한 과실이라 함은 거래의 상대방이 조금만 주의를 기울였더라면 대표자의 행위가 그 직무권한 내에서 적법하게 행하여진 것이 아니라는 사정을 알 수 있었음에도 만연히 이를 직무권한 내의 행위라고 믿음으로써 일반인에게 요구되는 주의의무에 현저히 위반하는 것으로 거의 고의에 가까운 정도의 주의를 결여하고, 공평의 관점에서 상대방을 구태여 보호할 필요가 없다고 봄이 상당하다고 인정되는 상태를 말한다.

30) 상대방의 입장에서는 먼저 법률행위의 유효를 주장한 다음, 여의치 않을 경우 불법행위책임을 물어야 한다. 한편 대법원은 강행규정을 위반하거나 목적 범위를 벗어난 법률행위, 비법인사단의 대표가 제276조를 위반한 법률행위 등에는 제126조가 유추적용되지 않는다고 판시한다.

중대한 과실의 의의 대법원 2008.1.18. 선고 2005다34711 판결

비법인사단의 대표자가 직무에 관하여 타인에게 손해를 가한 경우 그 사단은 민법 제35조 제1항의 유추적용에 의하여 그 손해를 배상할 책임이 있고, 비법인사단의 대표자의 행위가 대표자 개인의 사리를 도모하기 위한 것이었거나 혹은 법령의 규정에 위배된 것이었다 하더라도 외관상, 객관적으로 직무에 관한 행위라고 인정할 수 있다면 민법 제35조 제1항의 직무에 관한 행위에 해당한다 할 것이나, 한편 그 대표자의 행위가 직무에 관한 행위에 해당하지 아니함을 피해자 자신이 알았거나 또는 중대한 과실로 인하여 알지 못한 경우에는 비법인사단에게 손해배상책임을 물을 수 없다. 여기서 중대한 과실이라 함은, 거래의 상대방이 조금만 주의를 기울였더라면 대표자의 행위가 그 직무권한 내에서 적법하게 행하여진 것이 아니라는 사정을 알 수 있었음에도 만연히 이를 직무권한 내의 행위라고 믿음으로써 일반인에게 요구되는 주의의무에 현저히 위반하는 것으로 거의 고의에 가까운 정도의 주의를 결여하고, 공평의 관점에서 상대방을 구태여 보호할 필요가 없다고 봄이 상당하다고 인정되는 상태를 말한다.

대표기관의 직무에 관한 불법행위책임 대법원 1990.3.23. 선고 89다카555 판결

상호신용금고의 대표이사인 갑이 을로부터 일정한 금원을 예탁금으로 입금처리하여 줄 것을 의뢰받고 당시 공동대표이사인 병의 개인자금을 조달할 목적으로 위 금원을 차용하면서도 외관상으로만 위 금원을 위 금고의 차입금으로 입금처리 하는 양 가장하여 을을 속이고 실제로는 차입금원장 등 장부에도 기장하지 아니한 채 위 금고용차입금증서가 아닌 병 개인명의로 발행된 약속어음을 을에게 교부하여 주었다면 이는 실질적으로는 갑의 개인적인 융통행위로서 위 금고의 차용행위로서는 무효라 하겠으나 그의 행위는 위 금고 대표이사로서의 직무와 밀접한 관련이 있을 뿐만 아니라 외형상으로는 위 금고 대표이사의 직무범위내의 행위로 보아야 할 것이고 을의 처지에서도 위 금고와의 거래로 알고 있었던 것이므로 위 금고는 그 대표이사 갑의 직무에 관한 불법행위로 인하여 을이 입은 손해를 배상할 책임이 있다.

피해자가 법인인 경우 악의, 중과실의 기준 대법원 2005.12.23. 선고 2003다30159 판결

피용자의 불법행위가 외관상 사무집행의 범위 내에 속하는 것으로 보이는 경우에도 피용자의 행위가 사용자나 사용자에 갈음하여 그 사무를 감독하는 자의 사무집행행위에 해당하지 않음을 피해자 자신이 알았거나 또는 중대한 과실로 알지 못한 경우에는 사용자 또는 사용자에 갈음하여 그 사무를 감독하는 자에 대하여 사용자책임을 물을 수 없다. 법인이 피해자인 경우 법인의 업무에 관하여 일체의 재판상 또는 재판 외의

행위를 할 권한이 있는 법률상 대리인이 가해자인 피용자의 행위가 사용자의 사무집행행위에 해당하지 않음을 안 때에는 피해자인 법인이 이를 알았다고 보아야 하고, 이러한 법리는 그 법률상 대리인이 본인인 법인에 대한 관계에서 이른바 배임적 대리행위를 하는 경우에도 마찬가지라고 할 것이다. 사용자로부터 위임을 받은 바 없이 행한 피용자의 금원차용행위 및 예금인출행위에 대하여 피해자인 은행의 지점장이 위 피용자의 행위가 사용자의 사무집행행위에 해당하지 않음을 알고도 이에 응한 경우, 위 은행은 그로 인한 손해에 대하여 사용자책임을 물을 수 없다. 민법 제35조에서 말하는 '이사 기타 대표자'는 법인의 대표기관을 의미하는 것이고 대표권이 없는 이사는 법인의 기관이기는 하지만 대표기관은 아니기 때문에 그들의 행위로 인하여 법인의 불법행위가 성립하지 않는다.

(3) 대표기관의 행위가 일반불법행위의 요건 충족

법인의 불법행위를 규정하고 있는 제35조 제1항은 일반불법행위에 관한 제750조의 특별규정에 해당한다. 그러므로 법인의 불법행위가 성립하기 위해서는 대표기관의 행위가 제750조 소정의 법률요건을 충족시켜야 한다. 즉 대표기관의 행위가 ① 고의 또는 과실로 인한 가해행위, ② 가해행위의 위법성, ③ 손해의 발생, ④ 가해행위와 손해 사이의 인과관계 등 법률요건을 충족시켜야 한다.

다. 불법행위의 효과

(1) 원칙

법인의 불법행위가 성립하면 법인은 피해자에 대하여 손해배상책임을 진다. 이와 관련하여 대표기관의 불법행위에 대하여 법인의 불법행위책임과 병존적으로 법인의 사용자책임(제756조)이 성립한다는 견해도 있으나,[31] 대법원은 이는 제35조 제1항에 의하여 법인 자신이 손해배상책임을 지게 되는 것이고, 사용자책임을 규정한 제756조 제1항이 적용된다고 할 수 없다고 판시한다(대법원 2009.11.26. 선고 2009다57033 판결).

한편 대표자의 행위가 직무관련성이 없음을 경과실로 모르는 등 불법행위의 성립과 관련하여 피해자에게 과실이 있는 경우, 법인은 손해의 범위를 정함에 있어 과실상계의 항변을 할 수 있다.

(2) 대표기관 개인의 책임

(가) 법인의 불법행위가 성립한 경우

직접 불법행위를 한 대표기관 개인은 피해자에 대하여 일반적인 불법행위의 법리

31) 이영준, 811면.

에 의하여 손해배상책임을 진다(제750조, 제35조 제1항 후문). 그에 따라 피해자는 법인과 대표기관 개인에 대하여 손해배상청구를 할 수 있고, 두 채무는 **부진정연대관계**이다. 한편 법인의 내부관계에서 대표기관의 선관주의의무가 요구되므로(제61조) 법인은 대표기관 개인에게 **구상권 행사**가 가능하다.

(나) 법인의 불법행위가 성립하지 않는 경우

법인의 불법행위가 성립하지 않는 경우, 원칙적으로 행위를 한 대표기관만이 제750조에 기한 손해배상책임을 지게 된다. 그러나 민법은 피해자를 두텁게 보호하기 위하여 불법행위와 관련된 사항의 의결에 찬성하거나 그 의결을 집행한 사원, 이사 및 기타 대표자가 연대하여 손해배상책임을 지는 것을 내용으로 하는 특칙을 두고 있다(제35조 제2항).

대표자가 아닌 사원의 책임 **대법원 2009.1.30. 선고 2006다37465 판결**[32)]

법인의 대표자가 그 직무에 관하여 타인에게 손해를 가함으로써 법인에 손해배상책임이 인정되는 경우에, 대표자의 행위가 제3자에 대한 불법행위를 구성한다면 그 대표자도 제3자에 대하여 손해배상책임을 면하지 못하며(민법 제35조 제1항), 또한 사원도 위 대표자와 공동으로 불법행위를 저질렀거나 이에 가담하였다고 볼 만한 사정이 있으면 제3자에 대하여 위 대표자와 연대하여 손해배상책임을 진다. 그러나 사원총회, 대의원 총회, 이사회의 의결은 원칙적으로 법인의 내부행위에 불과하므로 특별한 사정이 없는 한 그 사항의 의결에 찬성하였다는 이유만으로 제3자의 채권을 침해한다거나 대표자의 행위에 가공 또는 방조한 자로서 제3자에 대하여 불법행위책임을 부담한다고 할 수는 없다. 이 때 의결에 참여한 사원 등이 대표자와 공동으로 불법행위를 저질렀거나 이에 가담하였다고 볼 수 있는지 여부는, 그 의결에 참여한 법인의 기관이 당해 사항에 관하여 의사결정권한이 있는지 여부 및 대표자의 집행을 견제할 위치에 있는지 여부, 그 사원이 의결과정에서 대표자의 불법적인 집행행위를 적극적으로 요구하거나 유도하였는지 여부 및 그 의결이 대표자의 업무 집행에 구체적으로 미친 영향력의 정도, 침해되는 권리의 내용, 의결 내용, 의결행위의 태양을 비롯한 위법성의 정도를 종합적으로 평가하여 법인 내부행위를 벗어나 제3자에 대한 관계에서 사회상규에 반하는 위법한 행위라고 인정될 수 있는 정도에 이르러야 한다.

---

32) 체비지대장의 명의변경을 금지하는 가처분결정이 송달된 후 피고 등이 체비지들을 매각하고 가처분결정에 위반하여 체비지대장의 소유자 명의를 매수인들로 변경한 행위와 관련하여 토지구획정리조합의 조합장과 상임이사, 감사 등의 손해배상책임을 인정하고, 나머지 일반이사와 대의원들의 책임은 부인한 사안임.

라. 구체적 사례

법인의 불법행위와 관련하여 판례는 외형표준설에 입각하여, 대표이사가 회사재산에 압류를 불가능하게 하여 채권자에게 손해를 가한 경우(대법원 1959.8.27. 선고 4291민상395 판결), 회사의 대표이사가 그 회사의 운영자금을 마련하기 위하여 자기가 전무이사로 있는 다른 회사 명의의 수표를 위조하여 담보로 제공하고 금전을 차용한 경우(대법원 1974.5.28. 선고 73다2014 판결), 학교법인의 대표이사가 이사회의 결의와 감독관청의 허가 없이 금전을 차용하거나 수표를 발행하여 개인적으로 소비한 경우(대법원 1975.8.19. 선고 75다666 판결), 상호신용금고의 대표이사가 정상적인 거래를 하지 아니하고 장부와 거래원장을 등재하지 아니한 채 금고의 표준채무증서가 아닌 자신의 개인명의의 약속어음을 교부하고 정상적인 예탁금 보다 높은 이자를 주기로 하는 등 정상적인 절차를 따르지 아니하여 예탁자에게 손해를 가한 경우(대법원 1990.11.13. 선고 89다카26878 판결), 노동조합의 간부들이 불법쟁의행위를 계획, 지시, 지도하는 등 주도함으로서 사용자에게 손해를 가한 경우(대법원 1994.3.25. 선고 93다32828 판결) 등에서, 법인의 대표기관의 행위를 직무와 관련하여 타인에게 손해를 가한 불법행위로 인정한다.

***** 법인이 그 대표기관이 한 법률행위의 효력을 자신에게 귀속시키지 않기 위한 주장**

i) 정관에 정한 목적 범위를 벗어난 행위라는 주장

ii) 대표권의 제한을 벗어난 법률행위라는 주장
(대표권 제한사실의 등기 여부, 비법인사단/비법인재단의 경우)

iii) 대표권 남용에 해당되는 법률행위이고, 그 사실을 상대방이 알았거나 알 수 있었다는 주장

iv) 대표기관의 행위가 직무관련성이 없다는 주장. 외형표준설에 의하여 직무관련성이 인정된다고 하더라도, 직무 무관 사실에 대한 상대방의 악의/중과실 주장.

Ⅳ. 법인의 기관

법인은 현실적으로 자연인을 통해서만 그 의사를 결정하고 활동을 할 수 있다. 법인이 권리주체로서 의사를 결정하고, 그것을 외부에 대표하고 내부적으로 사무를 집행하는 등 사회적 활동을 하기 위하여 자연인으로 구성된 일정한 조직이 필요한바, 그 조직이 곧 법인의 기관이다. 법인의 본질에 관하여 통설인 법인실재설에 따르면, 법인의 기관은 법인과 별개의 인격이 아니고 그것을 구성하는 조직으로 파악한다.[33)]

---

33) 이에 반하여 후술하는 대리인은 본인과 별개의 인격이라는 점에서 구별된다. 법인의제설에 따르면, 법인의 기관은 의제된 인격인 법인의 대리인으로서 법인과는 별개의 인격으로 파악한다.

사단법인의 기관으로 필수기관인 이사와 사원총회, 그리고 임의기관인 감사가 있다. 반면 재단법인의 기관으로는 이사와 감사가 있으며, 성질상 사원총회는 있을 수 없다.

1. 이사

이사는 대외적으로 법인을 대표하고, 대내적으로 법인의 사무를 집행하는 상설 필요기관이다(제57조~제59조). 사단법인이든 재단법인이든 반드시 이사를 두어야 한다. 이사의 수와 임기에 관하여는 민법에 규정이 없고, 정관에서 임의로 정할 수 있다.

가. 이사의 임면

이사가 될 수 있는 자는 **자연인에 한**한다. 다만 자격상실이나 자격정지의 형을 받은 자는 이사가 될 수 없고(형법 제43조, 제44조), 파산이 위임계약의 종료사유이므로(제690조) 파산자 역시 이사가 될 수 없다.

이사의 임면에 관한 사항은 정관의 필수적 기재사항이다(제40조 제5호, 제43조). 법인의 이사를 선임하는 행위는 법인과 이사 사이의 위임과 유사한 계약으로 그 법률관계에는 **위임에 관한 규정들이 유추적용** 된다고 할 것이다. 다만 이사의 선관주의의무와 그에 위반하였을 경우의 손해배상책임에 관하여는 별도의 규정을 두고 있다(제61조, 제65조).

이사의 선임은 묵시적으로도 행해질 수 있는바, 법인의 정관에 대표자의 유임 내지 중임을 금지하는 규정이 없는 경우, 임기만료 후 대표자의 개임이 없었다면 원래의 대표자에 대하여 다시 묵시적인 선임이 있었던 것으로 보아야 한다.

수임인에 해당하는 이사는 언제나 사임할 수 있고, **사임의 의사표시**는 상대방 있는 단독행위로 수령권한이 있는 기관에 도달함으로써 바로 효력이 발생하는바, 정관에 달리 특별한 규정이 없는 한 법인의 승낙 또는 이사회의 결의나 관할관청의 승인이 있어야 하는 것은 아니며(제689조 제1항의 '위임의 상호해지의 자유'), 도달한 후에는 이를 임의로 철회할 수 없다. **이사의 해임 및 퇴임**은 정관에 따라야 하나, 정관에 관련 규정이 없거나 있더라도 불충분하면 대리와 위임에 관한 규정을 준용하여야 한다(제127조, 제689조).

기관이 없는 법인은 정상적인 활동이 불가하므로 제691조에 따라 사임 또는 퇴임 이사는 그 임무를 수행함이 부적당하다고 인정할 만한 특별한 사정이 없는 한, 그 후임자가 선임될 때까지 이사의 직무를 수행할 수 있다. 위 직무수행권은 보충적인 것이므로 임기를 마치지 아니한 다른 이사들로서 법인의 활동이 가능한 경우에는 그렇지 않다(대법원 1983.9.27. 선고 83다카938 판결 등).

비법인사단의 대표기관에의 위임규정 준용 대법원 2003.7.8. 선고 2002다74817 판결

권리능력 없는 사단인 재건축주택조합과 그 대표기관과의 관계는 위임인과 수임인의 법률관계와 같은 것으로서 임기가 만료되면 일단 그 위임관계는 종료되는 것이 원칙이고, 다만 그 후임자가 선임될 때까지 대표자가 존재하지 않는다면 대표기관에 의하여 행위를 할 수밖에 없는 재건축주택조합은 당장 정상적인 활동을 중단하지 않을 수 없는 상태에 처하게 되므로, 민법 제691조의 규정을 유추하여 구 대표자로 하여금 조합의 업무를 수행케 함이 부적당하다고 인정할 만한 특별한 사정이 없고 종전의 직무를 구 대표자로 하여금 처리하게 할 필요가 있는 경우에 한하여 후임 대표자가 선임될 때까지 임기만료된 구 대표자에게 대표자의 직무를 수행할 수 있는 업무수행권이 인정된다.

사임 의사표시 도달 후 철회 불가 대법원 1993.9.14. 선고 93다28799 판결

재단법인의 이사를 사임하는 행위는 상대방 있는 단독행위라 할 것이어서 그 의사표시가 상대방에게 도달함과 동시에 그 효력을 발생하고 그 의사표시가 효력을 발생한 후에는 마음대로 이를 철회할 수 없다. 재단법인의 이사이던 갑이 이사회에 즈음하여 정당한 이사인 을과 병에게 이사직 사임서를 제시하고 이사직에서 사임할 뜻을 밝혔으나 을의 묵시적인 동의 아래 병의 철회권유를 받고 곧바로 개최된 이사회에 참여하였다가 그 회의가 끝난 후 사임서를 다시 제출하고 재단을 떠난 이상 그 이사직을 사임한다는 의사표시의 표시행위는 위 이사회결의가 끝날 때까지는 완료되지 아니하였다고 봄이 상당하다.

사임의 효력이 발생하기 전 철회 대법원 2008.9.25. 선고 2007다17109 판결

법인과 이사의 법률관계는 신뢰를 기초로 한 위임 유사의 관계이므로, 이사는 민법 제689조 제1항이 규정한 바에 따라 언제든지 사임할 수 있고, 법인의 이사를 사임하는 행위는 상대방 있는 단독행위이므로 그 의사표시가 상대방에게 도달함과 동시에 그 효력을 발생하고, 그 의사표시가 효력을 발생한 후에는 마음대로 이를 철회할 수 없음이 원칙이다. 그러나 법인이 정관에서 이사의 사임절차나 사임의 의사표시의 효력발생시기 등에 관하여 특별한 규정을 둔 경우에는 그에 따라야 하는바, 위와 같은 경우에는 이사의 사임의 의사표시가 법인의 대표자에게 도달하였다고 하더라도 그와 같은 사정만으로 곧바로 사임의 효력이 발생하는 것은 아니고 정관에서 정한 바에 따라 사임의 효력이 발생하는 것이므로, 이사가 사임의 의사표시를 하였더라도 정관에 따라 사임의 효력이 발생하기 전에는 그 사임의사를 자유롭게 철회할 수 있다.

임기만료된 대표자의 업무수행권 대법원 2003.1.10. 선고 2001다1171 판결

사임한 이사에게 직무수행권을 인정하는 것은 그 사임한 이사가 아니고서는 법인이 정상적인 활동을 중단할 수밖에 없는 급박한 사정이 있는 경우에 한정되는 것이고, 아직 임기가 만료되지 않거나 사임하지 아니한 다른 이사들로써 정상적인 법인의 활동을 할 수 있는 경우에는 사임한 이사에게 직무를 계속 행사하게 할 필요는 없다. 학교법인의 이사는 법인에 대한 일방적인 사임의 의사표시에 의하여 법률관계를 종료시킬 수 있고, 그 의사표시는 수령권한 있는 기관에 도달됨으로써 바로 효력을 발생하는 것이며, 그 효력발생을 위하여 이사회의 결의나 관할관청의 승인이 있어야 하는 것은 아니다. 학교법인의 설립에 있어서 연고를 갖는다는 이유만으로 법인의 이사회 결의의 무효확인을 구할 법률상 이익이 있다고 할 수 없으므로, 특별한 사정이 없는 한 학교법인의 설립자라는 지위에서 이사회 결의의 무효확인을 구할 수도 없다.

사임한 대표자의 직무수행권 대법원 2003.3.14. 선고 2001다7599 판결

민법상 법인과 그 기관인 이사와의 관계는 위임자와 수임자의 법률관계와 같아서 이사가 사임하면 일단 위임관계는 종료됨이 원칙이나 후임 이사의 선임시까지 이사가 존재하지 않는다면 기관에 의하여 행위를 할 수밖에 없는 법인으로서는 당장 정상적인 활동을 중단하여야 할 상황에 놓이게 되고 이는 민법 제691조에 규정된 위임종료의 경우에 급박한 사정이 있는 때와 같으므로 사임한 이사라도 임무를 수행함이 부적당하다고 인정할 만한 특별한 사정이 없는 한 후임 이사가 선임될 때까지 이사의 직무를 계속 수행할 수 있고, 한편 법인의 자치규범인 정관에서 법인을 대표하는 이사인 회장과 대표권이 없는 일반 이사를 명백히 분리함으로써 법인의 대표권이 회장에게만 전속되도록 정하고 회장을 법인의 회원으로 이루어진 총회에서 투표로 직접 선출하도록 정한 경우 일반 이사들에게는 처음부터 법인의 대표권이 전혀 주어져 있지 않기 때문에 회장이 궐위된 경우에도 일반 이사가 법인을 대표할 권한을 가진다고 할 수 없고, 사임한 회장은 후임 회장이 선출될 때까지 대표자의 직무를 계속 수행할 수 있으나, 사임한 대표자의 직무수행권은 법인이 정상적인 활동을 중단하게 되는 처지를 피하기 위하여 보충적으로 인정되는 것이다.

임기만료된 이사의 긴급처리권 대법원 2007.7.19. 선고 2006두19297 전원합의체 판결

학교법인의 이사나 감사 전원 또는 그 일부의 임기가 만료되었다고 하더라도, 그 후임이사나 후임감사를 선임하지 않았거나 또는 그 후임이사나 후임감사를 선임하였다고 하더라도 그 선임결의가 무효이고 임기가 만료되지 아니한 다른 이사나 감사만으로는

정상적인 학교법인의 활동을 할 수 없는 경우, 임기가 만료된 구 이사나 감사로 하여금 학교법인의 업무를 수행케 함이 부적당하다고 인정할 만한 특별한 사정이 없는 한, 민법 제691조를 유추하여 구 이사나 감사에게는 후임이사나 후임감사가 선임될 때까지 종전의 직무를 계속하여 수행할 긴급처리권이 인정된다고 할 것이며, 학교법인의 경우 민법상 재단법인과 마찬가지로 이사를 선임할 수 있는 권한은 이사회에 있으므로, 임기가 만료된 이사들의 참여 없이 후임 정식이사들을 선임할 수 없는 경우 임기가 만료된 이사들로서는 위 긴급처리권에 의하여 후임 정식이사들을 선임할 권한도 보유하게 된다.

이사지위와 그 해임의 법률관계 **대법원 2008.7.10. 선고 2007다78159 판결**

사회복지법인의 이사는 단순한 집행기관이 아니고 각자가 공익을 위해 독립적인 기관에 준하는 지위와 권한을 가지고 있고, 상호 견제와 균형을 통해 그 권한을 공익을 위해 적정하게 행사하여야 하는 고도의 공공성을 가지는 직책이다. 이러한 점에 비추어 보면, 사회복지법인 이사회에 의한 새로운 이사 임명과 이사회에 의한 기존 이사의 해임은 사회복지법인의 핵심 기관인 이사회 구성원의 직접적인 변동을 초래하여 사회복지법인의 공익적 활동에 결정적인 영향을 미치게 되고, 해임된 이사가 해임의 실체적 사유를 원인으로 그 해임의 취소를 주장할 수 있는 근거 법령이 마련되어 있지도 아니하므로, 그 해임의 절차, 특히 이사회에 의한 기존 이사의 해임절차에는 사회복지사업법과 공익법인의 설립·운영에 관한 법률의 목적에 부합할 수 있도록 위 법률들과 당해 사회복지법인의 정관에서 정하는 절차가 엄격하게 적용되어, 공익을 대변하는 이사의 심의권을 적정하게 행사할 수 있도록 준비할 기회가 사전에 제공되어야 한다. 사전에 통지되지 아니한 이사해임안건이 사회복지법인 이사회에 상정된 경우 그 해임의 대상이 된 이사가 자신을 해임하는 안건을 회의목적 사항으로 추가하고 이로써 이사회 소집절차 위반의 하자가 치유되었다는 점에 동의하지 않는 한 당해 이사가 우연히 이사회에 출석하고 있어 재적이사 전원이 출석하여 있다는 사정만으로는 회의의 목적이 구체적으로 회의 7일 전에 각 이사에게 통지되지 아니한 이사회 소집절차 위반의 하자가 치유될 수는 없고, 당해 이사가 소집권자인 대표이사라고 하더라도 마찬가지이며(특히 사회복지법인의 이사 4인이 이사 1인을 전격 해임하여 사회복지사업법이 강행하고 있는 5인 이상의 이사 수를 일시적으로나마 충족할 수 없게 되는 경우에는 이러한 해석이 더욱 필요하다), 이러한 동의가 있었다는 사실은 이사회 결의가 유효함을 주장하는 자가 증명하여야 한다.

이사의 성명과 주소는 등기사항이다(제49조 제2항). 그리고 이사의 변경등기는 제3자에 대한 대항요건이다(제54조 제1항). 따라서 이사의 선임, 해임 또는 퇴임은 등기하지 않으면 제3자에게 대항할 수 없다. 반면 변경등기가 경료되기 전이라도 가령 새로 선임된 이사가 한 직무집행행위는 법인에 대하여는 유효하다.

이사의 선임이 정관의 규정에 위배되거나 그 밖의 흠이 있는 경우, 이해관계인은 민사소송법에 따라 그 무효 또는 취소를 구하는 본안의 소를 제기할 수 있고, 민사집행법 제300조 제2항 소정의 임시 지위를 정하는 가처분의 요건을 갖춘 때에는 이사의 직무집행정지와 직무대행자 선임의 가처분을 신청할 수도 있다. **직무대행자**를 선임하는 가처분이 있었다면 그 직무대행자만이 적법하게 법인의 직무를 수행할 수 있다. 그러나 직무대행자는 단지 피대행자의 직무를 대행할 수 있는 임시의 지위에 불과하므로 가처분결정에 다른 정함이 없는 한 법원의 허가 없이 법인의 통상사무에 속하지 않는 행위를 하지 못한다(제60조의2). 직무대행자의 권한 소멸은 그 이후 피대행자의 적법 선출과는 무관하고 사정변경 등을 이유로 가처분결정이 취소되어야 한다. 위와 같은 이사의 직무집행정지 등의 가처분이나 그 변경·취소의 경우에는 그 내용을 등기하여야 한다(제52조의2).

가처분결정에 의한 직무대행자의 업무의 범위 **대법원 2006.1.26. 선고 2003다36225 판결**

민사집행법 제300조 제2항의 임시의 지위를 정하는 가처분은 권리관계에 다툼이 있는 경우에 권리자가 당하는 위험을 제거하거나 방지하기 위한 잠정적이고 임시적인 조치로서 그 분쟁의 종국적인 판단을 받을 때까지 잠정적으로 법적 평화를 유지하기 위한 비상수단에 불과한 것으로, 가처분결정에 의하여 학교법인의 이사의 직무를 대행하는 자를 선임한 경우에 그 직무대행자는 단지 피대행자의 직무를 대행할 수 있는 임시의 지위에 놓여 있음에 불과하므로, 가처분결정에 다른 정함이 있는 경우 외에는 학교법인을 종전과 같이 그대로 유지하면서 관리하는 한도 내의 학교법인의 통상업무에 속하는 사무만을 행할 수 있다. 가처분결정에 의하여 선임된 학교법인 이사직무대행자가 그 가처분의 본안소송인 이사회결의무효확인의 제1심판결에 대하여 항소권을 포기하는 행위는 학교법인의 통상업무에 속하지 않는다고 보아야 할 것이므로, 그 가처분결정에 다른 정함이 있거나 관할법원의 허가를 얻지 아니하고서는 이를 할 수 없다.

직무대행자의 권한 소멸 **대법원 2010.2.11. 선고 2009다70395 판결**

가처분재판에 의하여 법인 등 대표자의 직무대행자가 선임된 상태에서 피대행자의 후임자가 적법하게 소집된 총회의 결의에 따라 새로 선출되었다 해도 그 직무대행자의 권한은 위 총회의 결의에 의하여 당연히 소멸하는 것은 아니므로 사정변경 등을 이유로 가처분결정이 취소되지 않는 한 직무대행자만이 적법하게 위 법인 등을 대표할 수 있고, 총회에서 선임된 후임자는 그 선임결의의 적법 여부에 관계없이 대표권을 가지지 못한다.

이사장의 유고 **대법원 2008.12.11. 선고 2006다57131 판결**

재단법인의 정관에서 "이사장의 유고시에는 이사 중 최연장자가 그 직무를 대행한다"고 규정하고 있는 경우에 이사장의 유고란 이사장의 임기가 만료하기 전에 이사장이 사망, 질병 등 기타 부득이한 사정으로 그 직무를 집행할 수 없는 경우를 말한다. 하지만 이사장의 임기가 만료한 후 후임 이사장이 취임하기 전에 임기만료한 이사장에 대하여 법원의 직무집행정지 가처분결정이 확정됨으로써 임기만료한 이사장이 그 직무를 계속 수행할 수 없는 사정이 발생한 경우에도, 이사장의 유고에 준하는 상황이 발생하였다고 보아야 한다.[34)]

나. 이사의 직무권한

이사는 법인의 상설필수기관으로 대표기관·업무집행기관으로서의 지위를 갖는다. 즉 대외적으로 법인을 대표하고 대내적으로는 법인의 사무를 집행할 권한이 있다. 이러한 직무를 집행함에 있어서 이사는 선량한 관리자의 주의를 기울여야 하고(제61조), 이를 위반하면 법인에 대하여 채무불이행으로 인한 손해배상책임을 지며, 임무를 해태한 이사가 수인일 경우에는 연대하여 배상책임을 진다(제65조).

선관주의의무와 법인 이익의 우선 **대법원 2008.2.28. 선고 2005다77091 판결**

구 수산업협동조합법(2000.1.28. 법률 제6256호로 일부 개정되기 전의 것) 제58조의2 제1항은 "임원은 법령·법령에 의한 행정처분·정관·규약 및 총회 또는 이사회의 의결을 준수하고 조합을 위하여 성실하게 그 직무를 행하여야 한다"고 규정하고 있는바, 이에 따르면 수산업협동조합의 임원은 그 직무를 집행함에 있어 법령 등을 준수하여야 할 의무와 조합을 위하여 성실하게 그 권한을 행사하여야 할 의무가 있고, 이러한 조합 임원의 성실의무에는 조합의 이익과 자기의 이익이 저촉되는 경우에는 항상 조합의 이익을 우선시켜야 하며, 그 우월적 지위를 이용하여 조합의 이익을 희생시키고 자기의 이익을 추구하여서는 아니 되는 의무가 포함되므로, 수산업협동조합의 임원이 위의 각 의무를 위반하는 경우에는 조합에 대하여 채무불이행을 원인으로 하여 손해

34) 가처분결정에 이사장 직무대행자의 선임이 없는 경우이다.

배상책임을 부담하게 되고, 그것이 불법행위의 요건을 갖춘 때는 불법행위로 인한 손해배상책임을 부담하게 된다.

이사의 회사에 대한 손해배상책임의 제한 **대법원 2005.10.28. 선고 2003다69638 판결**

이사가 법령 또는 정관에 위반한 행위를 하거나 그 임무를 해태함으로써 회사에 대하여 손해를 배상할 책임이 있는 경우에 그 손해배상의 범위를 정함에 있어서는, 당해 사업의 내용과 성격, 당해 이사의 임무위반의 경위 및 임무위반행위의 태양, 회사의 손해 발생 및 확대에 관여된 객관적인 사정이나 그 정도, 평소 이사의 회사에 대한 공헌도, 임무위반행위로 인한 당해 이사의 이득 유무, 회사의 조직체계의 흠결 유무나 위험관리체제의 구축 여부 등 제반 사정을 참작하여 손해분담의 공평이라는 손해배상제도의 이념에 비추어 그 손해배상액을 제한할 수 있다.

조합사무를 통할하는 대표의 대표권 **대법원 2004.1.15. 선고 2003다56625 판결**

구 신용협동조합법(1998.1.13. 법률 제5506호로 개정되기 전의 것) 제1조, 제2조, 제23조 제4항, 제27조, 제29조 제5호, 제31조 제1항 제2호 등의 각 규정을 종합하여 보면, 신용협동조합의 이사장은 조합의 사무를 통할하고 조합을 대표하는 권한을 가지며, 위 법이 신용협동조합의 조합원에 대한 대출에 관하여 이사회의 결의를 거치도록 규정한 것은, 비영리법인인 신용협동조합의 특수성을 고려하여 그 재산의 원활한 관리 및 유지 보호와 재정의 적정을 기함으로써 조합의 건전한 발달을 도모하고 조합으로 하여금 본래의 목적사업에 충실하도록 하기 위하여 그 대표자의 대표권을 제한한 취지이다. 신용협동조합의 대출에 관한 대표자의 대표권이 이사회의 결의를 거치도록 제한되는 경우 그 요건을 갖추지 못한 채 무권대표행위에 의하여 조합원에 대한 대출이 이루어졌다고 하더라도 나중에 그 요건이 갖추어진 뒤 신용협동조합이 대출계약을 추인하면 그 계약은 유효하게 되는 것인데, 신용협동조합이 파산한 경우 파산재단의 존속·귀속·내용에 관하여 변경을 야기하는 일체의 행위를 할 수 있는 관리·처분권은 파산관재인에게 전속하고, 반면 파산한 신용협동조합의 기관은 파산재단의 관리·처분권 자체를 상실하게 되므로, 위와 같은 무권대표행위의 추인권도 역시 특별한 사정이 없는 한 파산관재인만이 행사할 수 있다고 보아야 한다.

(1) 법인의 사무집행(대내적 권한)

이사는 대내적으로 법인의 모든 사무를 집행할 권한을 갖는다(제58조 제1항). 이사는 ① 재산목록작성 및 비치(제55조 제1항), ② 사원명부의 작성, 관리 및 비치(제55조

제2항), ③ 사원총회의 소집(제69조, 제70조), ④ 사원총회 의사록의 작성(제76조), ⑤ 파산신청(제79조), ⑥ 청산인이 되는 것(제82조), ⑦ 각종의 법인등기 업무 등을 수행한다.

이사는 법인의 사무를 집행함에 있어 정관의 규정 및 사원총회의 의결에 따라야 하고, 이사가 수인인 경우에는 정관에 다른 규정이 없으면 법인의 사무집행은 **이사의 과반수로써** 결정한다(제58조 제2항).

(2) 법인의 대표권(대외적 권한)

이사는 대표기관으로서 외부에 법인을 대표하고, 이사가 수인인 경우 각자 법인을 대표한다(제59조 제1항). 즉 **각자 대표가 원칙**이나, 정관의 규정 또는 사원총회의 의결로 달리 정할 수 있다. 이사가 대표기관으로서 한 행위는 법인의 행위로 되어 법인이 그로 인한 권리를 취득하고 의무를 부담한다. 이는 실질적으로 대리와 유사하므로 민법은 그에 관하여 대리에 관한 규정을 준용한다는 규정을 두고 있다(제59조 제2항). 한편 법인의 대표자에게 적법한 대표권이 있는지 여부는 소송요건이고, 따라서 법원의 직권조사사항이 된다.

(가) 대표권의 법적 성질

이사가 법인을 대표한다는 의미에 대하여, 법인의제설의 입장에서 이사의 대표권은 대리권을 의미하고 이사는 법인의 법정대리인과 같은 성격을 갖는다는 **대리설**과, 법인실재설의 입장에서 법인을 대표하는 이사의 행위는 본질적으로 법인 자체의 행위이고, 그 개념에는 법률행위는 물론 사실행위까지 포괄하는 반면 대리의 경우 본인과 대리인이라는 두 인격을 전제로 하는 일반 법률행위에 관한 제도라는 점에서 서로 구별된다는 **대표설**이 대립한다. 위와 같은 견해의 대립은 법인의 본질과 관련된 것이지만, 제59조 제2항의 규정으로 인하여 다툼의 실익은 크지 않다.

(나) 대표권의 제한

이사는 원칙적으로 법인의 권리(행위)능력의 범위에 속하는 모든 사무에 관하여 대표권을 갖는다. 그러나 법률이나 정관의 규정, 사원총회의 의결 등으로 이사의 포괄적 대표권을 제한할 수 있다.

이사가 위와 같은 대표권의 제한에 위반하는 행위를 한 경우 그 행위의 법률효과를 곧바로 법인에게 귀속시킬 수 없어, 상대방은 법인에 대하여 법률행위의 효력을 주장할 수 없는 것이 원칙이다. 이러한 경우 제3자에 대한 보호방안으로 법률행위 책임에 관하여 표현대리나 무권대리의 추인에 관한 규정 등이 유추적용 될 수 있는지, 법인의 불법행위책임에 관한 제35조가 적용될 수 있는지 여부가 거론된다. 그에 관하여 법률행위에 의한 것은 그 자체로서의 효력 유지에 노력해야 하므로 제126조나 제130조를 우선적으로 유추적용하고(과실상계의 적용이 없다는 실익도 있음), 그것이 부정되는 경우 제35조에 따른 책임을 물어야 한다는 것이 다수설·판례이다. 다만 대법원은 기본재산 처분 등과 관련된 대표권 제한을 규정한 사립학교법 제16조와 제28조, 공익법인의 설립·운영에 관한 법률 제11조, 총유물의 관리·처분에 관한 민법 제275조와 제276조 등 **강행규정을 위반한 법률행위**의 경우에는 제126조와 제130조의 유추적용을 부인한다(대법원 1983.12.27. 선고 83다548 판결, 2000.9.5. 선고 2000다2344 판결, 2016.6.9. 선고 2014다64752 판결 등).

① 정관에 의한 제한

이사의 대표권 제한은 정관에 기재하여야 유효하며, 이를 등기하여야 제3자에게 대항할 수 있다(제41조, 제60조). 즉 이사의 대표권이 정관에 의하여 제한되고 있음에도 이사가 그것에 위반하여 법률행위를 한 경우, 그 행위는 무권대표행위로서 법인에 대하여 효력이 없게 되어 제3자에게 예측하지 못한 손해를 줄 염려가 있으므로 제60조가 등기를 제3자에 대한 대항요건으로 규정하고 있는 것이다.

위 제3자의 범위에 관하여 악의의 제3자에게 대항할 수 없다고 하면 현저하게 정의관념에 반하게 되므로 제60조의 제3자는 선의의 제3자만을 의미한다고 보는 **제한설**과, 등기 없이 대항할 수 없는 제3자는 선의, 악의를 묻지 않고 모든 제3자를 의미하며, 악의의 제3자에 대항하기 위하여도 이사의 대표권제한을 등기하여야 한다는 **무제한설**이 대립한다. 판례는 무제한설에 따라 법인의 정관에 법인 대표권의 제한에 관한 규정이 있으나 등기되어 있지 않다면 법인은 그와 같은 정관 규정에 대하여 선의, 악의와 무관하니 제3자에 대하여 대항할 수 없다고 판시하고 있다.

그러나 **비법인사단의 경우** 대표권 제한에 관하여 등기할 방법이 없으므로 제60조를 준용할 수는 없다. 따라서 비법인사단의 대표자와 거래한 상대방이 대표권 제한사실을 알았거나 알 수 있었을 경우에는 그 법률행위의 유효를 주장할 수 없다. 거래상대방의 악의 등에 관한 증명책임은 비법인사단에게 있다. 또한 주식회사 등 상법상 영리회사에 관하여는 상법 제209조 제2항과 제389조 제3항에 특칙을 두고 있어 제60조가 적용되지 않으므로 비법인사단의 경우와 같게 된다.

법인 대표권 제한사항의 등기 **대법원 1992.2.14. 선고 91다24564 판결**

재단법인의 대표자가 그 법인의 채무를 부담하는 계약을 함에 있어서 이사회의 결의를 거쳐 노회와 설립자의 승인을 얻고 주무관청의 인가를 받도록 정관에 규정되어 있다면 그와 같은 규정은 법인 대표권의 제한에 관한 규정으로서 이러한 제한은 등기하지 아니하면 제3자에게 대항할 수 없다. 법인의 정관에 법인 대표권의 제한에 관한 규정이 있으나 그와 같은 취지가 등기되어 있지 않다면 법인은 그와 같은 정관의 규정에 대하여 선의냐 악의냐에 관계없이 제3자에 대하여 대항할 수 없다.

비법인사단의 대표권 제한 **대법원 2003.7.22. 선고 2002다64780 판결**

비법인사단의 경우에는 대표자의 대표권 제한에 관하여 등기할 방법이 없어 민법 제60조의 규정을 준용할 수 없고, 비법인사단의 대표자가 정관에서 사원총회의 결의를 거쳐야 하도록 규정한 대외적 거래행위에 관하여 이를 거치지 아니한 경우라도, 이와 같은 사원총회 결의사항은 비법인사단의 내부적 의사결정에 불과하다 할 것이므로, 그 거래 상대방이 그와 같은 대표권 제한 사실을 알았거나 알 수 있었을 경우가 아니라면 그 거래행위는 유효하다고 봄이 상당하고, 이 경우 거래의 상대방이 대표권 제한 사실을 알았거나 알 수 있었음은 이를 주장하는 비법인사단측이 주장·입증하여야 한다.

주식회사의 대표권 제한 **대법원 2008.5.15. 선고 2007다23807 판결**[35)]

주식회사의 대표이사가 이사회의 결의를 거쳐야 할 대외적 거래행위에 관하여 이를 거치지 아니한 경우라도, 이와 같은 이사회 결의사항은 회사의 내부적 의사결정에 불과하다 할 것이므로, 그 거래 상대방이 그와 같은 이사회 결의가 없었음을 알았거나 알 수 있었을 경우가 아니라면 그 거래행위는 유효하다 할 것이고, 이 경우 거래의 상대방이 이사회의 결의가 없었음을 알았거나 알 수 있었음은 이를 주장하는 회사 측이 주장·입증하여야 한다(대법원 1995.4.11. 선고 94다33903 판결, 대법원 2005.7.28. 선고 2005다3649 판결 등 참조).

② 사원총회 결의에 의한 제한

제59조 제1항 단서에 따르면, 이사의 대표권은 사원총회의 의결로써 제한이 가능하다. 그러나 이는 내부적 제한에 불과할 뿐, 제41조에 비추어 그 제한내용을 정관에 기재하지 않으면 효력이 발생되지 않는다. 한편 단순과반수에 의한 사원총회의 의결로 대표권을 제한할 수 있다고 한다면 정관변경에 3분의 2 이상의 찬성과 주무관청의 허가를 요하는 제42조의 취지에도 반하게 된다. 따라서 사원총회의 결의에 의한 대표권 제한은 정관의 변경 문제로 귀착되고, 이를 별도의 대표권 제한의 유형으로 파악할 실익은 없는 것으로 보여진다.

③ 이익이 상반되는 경우

법인과 이사의 이익이 상반되는 경우에는 이사는 대표권이 없고, 이해관계인 또는

35) 동지 대법원 2012.8.17. 선고 2012다45443 판결

검사의 청구에 의하여 법원이 선임한 **특별대리인**이 법인을 대표한다(제64조).[36] 특별대리인의 권한은 법인과 이사의 이익이 상반되는 사항에 관한 업무처리에 국한된다. 만일 수인의 이사 중 일부의 이사와 법인의 이익이 상반되는 경우 다른 이사가 법인을 대표하면 되고 특별대리인은 다른 이사가 없는 경우에 한하여 선임하는가, 혹은 다른 이사가 있더라도 반드시 특별대리인을 선임해야 하는가 논란이 되고 있다. 당해 사항에 대하여 이익상반의 입장에 있지 않는 이사가 있을 때에는 특별대리인을 선임할 필요가 없다는 선임불필요설이 통설이다.

법인과 직무대행자의 이익 상반 **대법원 2003.5.27. 선고 2002다69211 판결**

이사장 등 직무집행정지가처분에 의하여 선임된 사단법인의 이사장 직무대행자는 위 법인에 대하여 이사와 유사한 권리의무와 책임을 부담하므로, 위 법인과의 사이에 이익이 상반하는 사항에 관하여는 민법 제64조가 준용되고, 위 법인의 이사장 직무대행자가 개인의 입장에서 원고가 되어 법인을 상대로 소송을 하는 경우에는 민법 제64조가 규정하는 이익상반 사항에 해당함이 분명하다.

④ 대리인 선임권의 제한

법인의 기관으로서 이사는 원칙적으로 자신이 직접 대표권을 행사하여야 하지만 그것이 불가능하거나 부적당한 경우에 대리인을 선임할 수 있다. 그런데 이사의 대리인 선임권에는 제62조에 의한 제한이 따른다. 즉 이사는 정관 또는 사원총회 결의에 의하여 금지되지 않은 사항에 한하여 타인으로 하여금 **특정한 행위를 대리하게** 할 수 있다. 따라서 타인에 대한 업무의 포괄적 위임과 그에 따른 수임인의 포괄적 대행행위는 제62조의 규정에 위반된 것이어서 법인에 대하여는 그 효력이 미치지 아니한다. 한편 제121조 제1항의 유추적용으로 이사는 법인에 대하여 대리인의 선임 감독에 관한 책임을 진다.

이때의 대리인은 법인의 기관이 아니라 대리인이고(제62조), 대리인이 가해행위를 한 경우 법인이 책임을 지게 되는데 그 책임의 성질에 관하여 불법행위책임설과 사용자책임설이 대립한다. 두 견해의 차이는 이사가 대리인의 선임, 감독에 주의를 다한 경우에 법인의 면책이 인정되는지 여부에 있다.

i) 불법행위책임설

이사가 선임한 대리인이 직무에 관하여 타인에게 가해행위를 한 경우 법인의 불법행위가 성립한다는 견해이다. 그 근거로 법인의 대표는 본질상 대리이므로 대표기관

36) 이 규정은 자기계약 등을 금하는 제124조의 특례 조항으로 볼 수 있다.

이 아니라 하더라도 이사의 대리인, 즉 지배인이나 개개의 대리인의 행위에 관하여도 제35조를 유추적용해서 법인의 불법행위책임을 인정해야 한다는 것이다.

ii) 사용자책임설

이사가 선임한 대리인은 제35조 소정의 기타 대표자에 해당하지 아니하여 그가 저지른 불법행위는 법인의 행위로 볼 수 없어 법인의 불법행위책임이 아닌 사용자책임이 성립할 수 있을 뿐이라는 입장이다. 이 견해에 따르면 법인이 대리인의 선임 및 그 사무감독에 상당한 주의를 한 때 혹은 상당한 주의를 하여도 손해가 발생한 경우에는 배상책임을 지지 아니한다(제756조 제1항 단서).

포괄적 업무위임과 그 수임인의 행위의 효력 **대법원 1996.9.6. 선고 94다18522 판결**[37)]

비법인사단에 대하여는 사단법인에 관한 민법 규정 가운데서 법인격을 전제로 하는 것을 제외하고는 이를 유추적용하여야 할 것인바, 민법 제62조의 규정에 비추어 보면 비법인사단의 대표자는 정관 또는 총회의 결의로 금지하지 아니한 사항에 한하여 타인으로 하여금 특정한 행위를 대리하게 할 수 있을 뿐 비법인사단의 제반 업무처리를 포괄적으로 위임할 수는 없다 할 것이므로, 비법인사단 대표자가 행한 타인에 대한 업무의 포괄적 위임과 그에 따른 포괄적 수임인의 대행행위는 민법 제62조의 규정에 위반된 것이어서 비법인사단에 대하여는 그 효력이 미치지 아니한다.

***** 법률의 규정에 의한 대표권의 제한**

위 제62조, 제64조 외에 대표권의 제한, 또는 행위능력의 제한으로 볼 수 있는 강행규정으로 민법 제275조 제2항·제276조 제1항, 사립학교법 제16조 제1항·제28조, 공익법인의 설립·운영에 관한 법률 제11조 제3항 등이 있다. 판례에 따르면, 위와 같은 강행규정에 위반되는 대표권의 행사로 법률행위가 무효가 되는 경우에는 표현대리에 관한 규정이나 무권대리의 추인에 관한 규정 등이 적용되지 않는다. 다만 직무관련성이 인정되는 경우 제35조에 따른 법인의 불법행위는 성립할 수 있다.

(다) 대표권의 남용 문제

대표권의 남용이란 법인의 대표기관이 외형적으로는 대표권의 범위 내이지만 실질적으로는 자기 또는 제3자의 이익을 위하여 대표권행사를 하는 것을 말한다. 대표기관이 대표권을 남용한 행위에 대하여 법인은 법률행위에 따른 책임이나 불법행위책임

---

37) 동지 대법원 2011.4.28. 선고 2008다15438 판결(이 판결에서 대법원은 비법인사단을 실질적으로 운영하면서 사단을 사실상 대표하여 그 사무를 집행하는 사람은 제35조에서 정한 '대표자'에 해당한다고 보아야 하므로 비법인사단의 불법행위책임은 인정된다고 판시하였다).

을 지게 된다.

① 법률행위에 따른 책임

법인의 대표기관이 대표권을 남용하여 대표행위를 하였더라도 법인의 권리능력 범위에 속한다면 그 행위는 원칙적으로 법인의 행위가 되며, 법인이 그 법률행위에 따른 의무를 부담하여야 한다. 문제는 법률행위의 **상대방이 대표기관의 대표권 남용사실(대표기관의 배임적 의도)을 알았거나 알 수 있었을 경우**조차 법인에게 대표기관의 법률행위에 따른 책임을 지게 할 수 있는지 여부이다. 학설은 위와 같은 경우 법인의 법률행위에 따른 책임을 부정하고 있는바, 그 근거에 관하여 제107조 제1항 단서를 유추적용하여 대표기관의 배임적 의도를 상대방이 알았거나 알 수 있었다면 법률행위의 효력을 법인에 귀속시킬 수 없다는 심리유보설과, 대표권 남용과 관련하여 상대방의 악의나 중과실 등 신의칙에 반하는 사정이 있다면 법률행위의 법인에 대한 귀속을 부인해야 한다는 신의칙설이 대립한다. 두 견해의 차이는 상대방이 대표기관의 배임적 의도를 경과실로 알지 못한 경우 심리유보설에 따르면 법인의 책임이 인정되지 않으나, 신의칙설에 의하면 그 책임이 인정된다. 판례는 심리유보설에 따르는 판시가 주류를 이루고 있으나, 신의칙설을 따르는 것도 있다.[38]

상대방이 대표기관의 배임적 의도를 알았거나 알 수 있었다는 사실에 관한 **증명책임**은 그 책임에서 벗어나려는 법인이 부담한다.

ⅰ) 심리유보설(心裡留保說)에 따른 재판례

신협 이사장의 대표권 남용과 심리유보설 대법원 1999.1.15. 선고 98다39602 판결

진의 아닌 의사표시가 대리인에 의하여 이루어지고 그 대리인의 진의가 본인의 이익이나 의사에 반하여 자기 또는 제3자의 이익을 위한 배임적인 것임을 그 상대방이 알았거나 알 수 있었을 경우에도 민법 제107조 제1항 단서의 유추해석상 그 대리인의 행위에 대하여 본인은 아무런 책임을 지지 않는다고 보아야 하고, 그 상대방이 대리인의 표시의사가 진의 아님을 알았거나 알 수 있었는가의 여부는 표의자인 대리인과 상대방 사이에 있었던 의사표시 형성 과정과 그 내용 및 그로 인하여 나타나는 효과 등을 객관적인 사정에 따라 합리적으로 판단하여야 한다.
예금자가 같은 교회 신도인 신용협동조합 이사장에게 신용협동조합에 예탁하여 달라면서 여러 번에 걸쳐 돈을 맡겼는데, 그 이사장이 예탁금으로서의 입금절차를 밟지 아니하고 자신이 경영하던 회사들의 운영자금으로 유용하고, 그에 대한 이자는 자신의 돈으로 신용협동조합의 금리보다 높은 이율로 계산하여 지급하면서, 위 예금자에게는 마치 예탁금 입금이 된 양 신용협동조합이 업무전산화를 한 이후에는 사용하지 않는 수기식

38) 이와 달리 대리권 남용의 법적 근거에 관하여 판례는 심리유보설로 일관하고 있다.

정기예탁금 증서를 작성하여 교부한 경우, 위 예금자로서는 통상의 주의를 기울였다면 위 신용협동조합 이사장의 예금계약 체결의 의사표시가 진의가 아니라는 것을 알 수 있었으므로, 위 예금자와 신용협동조합 사이의 예금계약이 성립되지 아니 하였다. 신용협동조합 이사장이 타인으로부터 예금 명목으로 교부받은 돈을 정상적으로 입금시키지 아니하고 자신의 필요에 따라 임의로 유용한 경우, 이사장의 이러한 행위는 외형적·객관적으로 보아 신용협동조합 이사장으로서의 직무행위와 관련을 가지는 행위라 할 것이므로 신용협동조합은 이사장의 불법행위로 인한 손해를 배상할 책임이 있다.

대표이사의 대표권 제한 위반, 대표권 남용 대법원 1997.8.29. 선고 97다18059 판결

일반적으로 주식회사 대표이사는 회사의 권리능력의 범위 내에서 재판상 또는 재판외의 일체의 행위를 할 수 있고, 이러한 대표권 그 자체는 성질상 제한될 수 없는 것이지만 대외적인 업무집행에 관한 결정 권한으로서의 대표권은 법률의 규정에 의하여 제한될 뿐만 아니라 회사의 정관, 이사회의 결의 등의 내부적 절차 또는 내규 등에 의하여 내부적으로 제한될 수 있으며, 이렇게 대표권한이 내부적으로 제한된 경우에는 그 대표이사는 제한 범위 내에서만 대표권한이 있는데 불과하게 되는 것이지만 그렇더라도 그 대표권한의 범위를 벗어난 행위 다시 말하면 대표권의 제한을 위반한 행위라 하더라도 그것이 회사의 권리능력의 범위 내에 속한 행위이기만 하다면 대표권의 제한을 알지 못하는 제3자는 그 행위를 회사의 대표행위라고 믿는 것이 당연하고 이러한 신뢰는 보호되어야 한다.
주식회사의 대표이사가 그 대표권의 범위 내에서 한 행위는 설사 대표이사가 회사의 영리목적과 관계없이 자기 또는 제3자의 이익을 도모할 목적으로 그 권한을 남용한 것이라 할지라도 일단 회사의 행위로서 유효하고, 다만 그 행위의 상대방이 대표이사의 진의를 알았거나 알 수 있었을 때에는 회사에 대하여 무효가 되는 것이다.

대표권 남용의 경우 법률행위의 효력 대법원 2005.7.28. 선고 2005다3649 판결

주식회사의 대표이사가 그 대표권의 범위 내에서 한 행위는 설사 대표이사가 회사의 영리목적과 관계없이 자기 또는 제3자의 이익을 도모할 목적으로 그 권한을 남용한 것이라 할지라도 일단 회사의 행위로서 유효하고, 다만 그 행위의 상대방이 대표이사의 진의를 알았거나 알 수 있었을 때에는 회사에 대하여 무효가 되는 것이다(대법원 1997.8.29. 선고 97다18059 판결, 2004.3.26. 선고 2003다34045 판결[39] 등 참조).

39) 대표권 남용과 관련된 계약 및 불법행위책임을 설시한 재판례로서 중요하게 취급되었으나, 최근 부진정연대관계에서의 일부 변제에 관한 대법원 2018.3.22. 선고 2012다74236 전원합의체판결에 의하여 폐기되었다.

표현대표이사의 대표권 남용 **대법원 2013.7.11. 선고 2013다5091 판결**

대표이사가 대표권의 범위 내에서 한 행위라도 회사의 영리목적과 관계없이 자기 또는 제3자의 이익을 도모할 목적으로 그 권한을 남용한 것이고, 그 행위의 상대방이 대표이사의 진의를 알았거나 알 수 있었을 때에는 회사에 대하여 무효가 된다(대법원 2005.7.28. 선고 2005다3649 판결, 대법원 2008.5.15. 선고 2007다23807 판결 등 참조). 그리고 특별한 사정이 없는 한 이러한 법리는 상법 제395조에서 정한 표현대표이사가 회사의 영리목적과 관계없이 자기 또는 제3자의 이익을 도모할 목적으로 그 권한을 남용한 경우에도 마찬가지로 적용된다.

ii) 신의칙설에 따른 재판례

신의칙에 의한 대표권 남용 **대법원 1987.10.13. 선고 86다카1522 판결**

주식회사의 대표이사가 그 대표권의 범위내에서 한 행위는 설사 대표이사가 회사의 영리목적과 관계없이 자기 또는 제3자의 이익을 도모할 목적으로 그 권한을 남용한 것이라 할지라도 일응 회사의 행위로서 유효하고 다만 그 행위의 상대방이 그와 같은 정을 알았던 경우에는 그로 인하여 취득한 권리를 회사에 대하여 주장하는 것이 신의칙에 반하므로 회사는 상대방의 악의를 입증하여 그 행위의 효과를 부인할 수 있을 뿐이다.[40]

② 불법행위책임

법률행위에 따른 법인의 책임이 부인되는 경우, 대표기관의 대표권 남용행위가 제35조의 요건을 갖추면 법인은 외형이론에 따라 당연히 불법행위책임을 지게 된다. 법률행위에 기한 책임과 달리 과실상계와 대표자 개인의 책임 문제가 함께 거론된다. 다만 전술한 바와 같이 상대방이 대표기관의 행위가 직무집행과 무관한 사실을 알았거나 중대한 과실로 알지 못한 경우에는 법인에게 불법행위책임을 물을 수 없다는 것이 판례의 입장이다.

2. 이사회, 임시이사 등

가. 이사회

이사회란 법인의 사무집행에 관한 의사를 결정하기 위하여 이사 전원으로 구성된

40) 행위자가 자백하지 않는 경우 악의의 입증은 사실상 불가능하므로 실무상 악의와 중과실은 동일하게 취급된다. 이 판례에서도 악의 또는 중과실이 아닌 대표기관의 배임적 의도에 관한 악의만을 신의칙 위배로 설시하고 있다. 대법원 2016.8.24. 선고 2016다222453 판결도 같은 취지이다.

의결기관을 말한다. 주식회사의 이사회는 상설 필요기관이고, 공익법인의 설립, 운영에 관한 법률에 기한 공익법인에서도 이사회는 필수기관이지만, 민법상 법인에서 이사회는 필수기관이 아니다. 이사회에 관하여 정관에 특별한 정함이 없으면 사원총회에 관한 규정을 준용한다.

나. 임시이사

법인이 성립한 후에 일시적으로 이사가 없게 되거나 결원이 생기더라도 법인의 존립에는 원칙적으로 영향이 없다. 그러나 이사가 없거나 결원이 있고 그로 인하여 손해가 생길 염려가 있는 경우에 법원은 법률상 이해관계인이나 검사의 청구에 의하여 임시이사를 선임하여야 한다(제63조). 그 절차는 비송사건절차법에 의한다. 그런데 이사의 퇴임 등에 관하여 제691조가 유추적용 됨에 따라 임시이사가 선임되는 경우는 많지 않다.

임시이사는 법인의 기관으로서 새로운 이사의 선임 시까지 한시적으로 이사와 동일한 권한을 갖지만, 이사가 선임되면 그 권한은 당연히 소멸한다.

종교단체 임시이사로서 비신도의 선임 **대법원 2009.11.19.자 2008마699 전원합의체 결정**

임시이사의 선임을 신청할 수 있는 '이해관계인'이라 함은 임시이사가 선임되는 것에 관하여 법률상의 이해관계가 있는 자로서 그 법인의 다른 이사, 사원 및 채권자 등을 포함한다. 민법 제63조에서 임시이사 선임의 요건으로 정하고 있는 '이사가 없거나 결원이 있는 경우'라 함은 이사가 전혀 없거나 정관에서 정한 인원수에 부족이 있는 경우를 말하고, '이로 인하여 손해가 생길 염려가 있는 때'라 함은 통상의 이사선임절차에 따라 이사가 선임되기를 기다릴 때에 법인이나 제3자에게 손해가 생길 우려가 있는 것을 의미한다. 종교단체에서 임시이사의 선임요건에 관한 심사 결과 당해 종교단체에 장래 발생이 염려되는 손해를 방지하기 위한 조치로서 임시이사의 선임이 불가피한 경우에도, 결원이 된 당해 이사가 지니는 지위, 권한 및 직무내용과 임시이사가 실제로 수행하여야 하는 업무나 역할 등 당해 종교단체에 관한 구체적 사정에 따라서는 종교단체의 종교적인 활동 및 그 자율성에 장해를 주지 않도록 선임자격이나 그 구체적 권한 내지 직무내용을 제한함이 상당하다. 특히, 교의의 통일 등을 위하여 단위 종교단체의 상위 단체로 조직한 포괄적인 종교단체인 종단의 대표자는 법률적으로 종단을 대표하는 권한을 가지고, 종단의 규약이 정한 임명권 등을 통하여 종단의 업무 조직을 구성하는 포괄적인 권한을 가지는 한편, 종교적 권능을 통하여 대내외적으로 당해 종단의 정체성을 표창하고 신도들의 신앙적 일체감을 지지·통합하는 구심점인 역할을 수행하는 지위에 있다. 이와 같이 종교적인 영역에서 차지하는 종단 대표자의 지위나 역할의 중요성을 감안하면 그 종단의 신도가 아니어서 신앙적 동일성이 인정되지 않는 외부의 제3자로 하여금 신앙공동체인 종단의 대표자 업무를 담당하도록 하는 것은 특별한 사정이 없는 한 종교단체의 자율성과 본질에 어긋나므로 원칙적으로 허용되지 않는다. 다만, 종단 내부의 총체적 분규와 전체적 대립 양상으로 인하여 당해 종단의 신도 중에서는 중립적인 지위에서 종단의 대표자 업무를 적정하게 수행할 수 있는 적임자를 도저히 찾을 수 없는 예외적 사정이 존재하는 경우에는 신도 아닌 사람도 임시이사로 선임할 수 있으나, 이 경우에도 그 직무범위나 권한을 비종교적 영역 내에서 선임의 필요성에 상응한 최소한의 범위로 제한함으로써, 종단의 정체성을 보존하고 그 자율적 운영에 대한 제약도 최소화될 수 있도록 하여야 한다.

기존 정식이사와 임시이사의 권한 **대법원 2007.5.17. 선고 2006다19054 전원합의체 판결**

일단 기존 정식이사의 퇴임이 확정되고 구 사립학교법(2005.12.29. 법률 제7802호로 개정되기 전의 것)상의 절차에 따라 임시이사가 적법하게 선임되었다면 그 선임사유가 무엇이든 통상적인 업무에 관한 이사로서의 권한은 임시이사에게 속하게 되므로, 민법 제691조를 유추하여 그 퇴임이사에게 종전의 직무를 계속 수행한다는 차원에서 일반적인 사무를 처리할 권한으로서의 긴급처리권을 인정할 여지가 없고, 나중에 임시이사가 그 임무를 종료한다고 하더라도 그 시점에 이르러 과거에 퇴임하였던 이사에 대하여 그와 같은 긴급처리권이 새로이 부여된다고 할 수도 없으며, 일반적인 사무처리 권한 중 후임이사 선임 권한만을 분리하여 그에 관한 일종의 부분적인 긴급처리권이 인정되거나 새로 부여된다고 할 수도 없다. 따라서 학교법인의 경우 구 사립학교법상의 임시이사가 선임되기 전에 적법하게 선임되었다가 퇴임한 최후의 정식이사(이하 '종전이사'라고 한다)에게 민법 제691조를 유추한 긴급처리권이 있다거나, 나아가 이를 전제로 하여 구 사립학교법상의 임시이사들이 정식이사를 선임하는 내용의 이사회결의의 효력 유무를 다툴 소의 이익이 인정된다고 할 수는 없다.
그러나 …학교법인의 자주성과 정체성을 대변할 지위에 있다고 할 수 있는 종전이사로서는, 구 사립학교법 제20조의2 제1항에 의한 이사취임승인의 취소 등에 뒤이어 같은 법 제25조에 의하여 교육인적자원부장관이 선임한 임시이사들로만 구성된 임원진이 존재하다가 임시이사 선임사유가 해소된 경우, 자신이 정식이사로서의 지위를 회복하는지 여부 또는 스스로 새로운 정식이사를 선임할 권한이 있는지 여부와 관계없이 학교법인의 설립목적을 구현함에 적절한 정식이사를 선임하는 문제와 관련하여 직접적인 이해관계를 가지는 사람이라 할 것이고, 따라서 종전이사들은 구 사립학교법상의 임시이사들이 정식이사를 선임하는 내용의 이사회 결의에 대하여 법률상의 이해관계를 가진다고 할 수 있으므로 그 무효 확인을 구할 소의 이익이 있다.
학교법인의 기본권과 구 사립학교법(2005.12.29. 법률 제7802호로 개정되기 전의 것)의 입법목적, 그리고 같은 법 제25조가 민법 제63조에 대한 특칙으로서 임시이사의 선임사유, 임무, 재임기간 그리고 정식이사로의 선임제한 등에 관한 별도의 규정을 두고 있는 점 등에 비추어 보면, 구 사립학교법 제25조 제1항에 의하여 교육인적자원부장관이 선임한 임시이사는 이사의 결원으로 인하여 학교법인의 목적을 달성할 수 없거나 손해가 생길 염려가 있는 경우에 임시적으로 그 운영을 담당하는 위기관리자로서, 민법상의 임시이사와는 달리 일반적인 학교법인의 운영에 관한 행위에 한하여 정식이사와 동일한 권한을 가지는 것으로 제한적으로 해석하여야 하고, 따라서 정식이사를 선임할 권한은 없다고 봄이 상당하다.

다. 특별대리인

법인과 이사의 이익이 상반하는 사항에 관하여는 이사는 대표권이 없다. 이러한 경우에는 법원이 이해관계인이나 검사의 청구에 의하여 이사에 갈음하여 법인을 대표할 자를 선임하게 된다(제64조, 제63조). 이와 같이 선임된 임시적 기관을 특별대리인이라고 하는데, 특별대리인은 대리인이 아니고 **법인의 기관**임을 유의하여야 한다.

라. 직무대행자

이사에 대한 직무집행 정지시 법원에 의해 선임되는 직무대행자는 임시적 기관의 하나이다. 이에 관하여는 이사의 임면에서 기술하였으므로 재론하지 않는다.

3. 감사

법인은 정관 또는 총회의 결의로 감사를 둘 수 있다(제66조). 감사는 이사에 대한 감독기관으로 임의기관[41]이고, 외부에 법인을 대표하는 기관이 아니어서 제3자와 이해가 크게 갈릴 이유가 없으므로 그 주소·성명은 등기사항이 아니다. 감사의 자격, 임면 등은 이사에서 설명한 바와 대체로 같다.

감사는 이사와 마찬가지로 선량한 관리자의 주의로 직무를 수행하여야 하며 이를 위반하면 채무불이행책임을 진다. 감사가 여러 명인 경우에도 단독으로 직무를 행하고, 의무위반에 대해서 연대책임을 부담하지 않는다.

감사의 주요직무는 ① 법인의 재산상황을 감사하는 일, ② 이사의 업무집행상황을 감사하는 일, ③ 재산상황 또는 업무집행에 관하여 부정, 불비한 것이 있음을 발견한 경우에 이를 총회 또는 주무관청에 보고하는 일, ④ 위 ③의 보고를 위하여 필요한 경우에 총회를 소집하는 일(제67조) 등이 그것이다. 위에 열거된 사항은 예시적이며, 직무상 필요시 감사는 그 밖의 행위도 할 수 있다.

---

41) 민법상의 법인은 그 활동이 영리목적이 아닌데다가 주무관청에 의한 검사와 감독(제37조)이 이루어지기 때문이다.

임기만료된 구 감사의 직무수행권 대법원 1998.12.23. 선고 97다26142 판결

민법상 법인의 이사나 감사 전원 또는 그 일부의 임기가 만료되었음에도 불구하고 그 후임이사나 감사의 선임이 없거나 또는 그 후임이사나 감사의 선임이 있었다고 하더라도 그 선임결의가 무효이고, 임기가 만료되지 아니한 다른 이사나 감사만으로는 정상적인 법인의 활동을 할 수 없는 경우, 임기가 만료된 구 이사나 감사로 하여금 법인의 업무를 수행케 함이 부적당하다고 인정할 만한 특별한 사정이 없는 한, 구 이사나 감사는 후임이사나 감사가 선임될 때까지 종전의 직무를 수행할 수 있다 할 것이고(대법원 1996.1.26. 선고 95다40915 판결 등 참조), 이러한 경우에는 구 이사나 감사는 그 직무수행의 일환으로 임기가 만료된 이사장이나 이사 또는 그 후임이사장이나 이사를 선임한 이사회결의의 하자를 주장하여 그 무효확인을 구할 법률상의 이익이 있다고 보아야 할 것이다(대법원 1985.12.10. 선고 84다카319 판결 참조).[42]

4. 사원총회

사원총회는 사단법인의 사원 전원으로써 구성되는 최고 의사결정기관이다. 사단법인에는 반드시 두어야 하는 필수기관이고, 정관으로도 이를 폐지하지 못한다. 재단법인에는 성질상 사원총회가 있을 수 없고, 재단법인의 의사결정은 정관에서 정한 바에 따른다.

가. 총회의 종류

(1) 통상총회

1년에 1회 이상 일정한 시기에 소집되는 사원총회이다(제69조). 소집 시기는 정관에 규정하는 것이 일반적이나, 그 규정이 없는 경우 총회의 결의나 이사의 결정에 따른다. 그 소집권자는 이사이다.

(2) 임시총회

이사 또는 감사가 필요하다고 인정하는 때(제70조, 제67조 제4호), 총사원의 5분의 1 이상으로부터 회의의 목적사항을 제시한 청구가 있는 때(제70조 제2항)에, 각 개최되는 사원총회이다. 정관의 규정으로 위 소수사원의 총회소집권의 정수를 늘리거나 줄일 수 있으나, 소수사원권을 박탈할 수는 없다. 그 소집권자는 이사, 감사 또는 법원의 허가를 얻은 소수사원이 된다.

나. 소집절차

(1) 총회의 소집은 목적사항을 기재한 소집통지를 1주일 전에 **발송**해야 하며, 통지

42) 동지 대법원 2006.4.27. 선고 2005도8875 판결

는 개별적 통지 또는 신문광고 등 정관에 정한 방법에 따른다(제71조). 그 통지에 예외적으로 발신주의를 채택한 것은 1인 또는 소수의 사원에게의 지연 도달 등이 소집절차의 하자가 되어 사원총회 결의에 영향을 미치는 불합리한 결과를 막기 위한 것이다.

소집권한 없는 자에 의한 소집이더라도 소집권자가 소집에 동의하여 그로 하여금 소집하게 하였다면 그러한 총회소집은 적법하다. 그러나 소집권한이 없는 자에 의한 총회에 소집권자가 참석하여 총회소집이나 대표자선임에 관하여 이의를 하지 않았다고 하여 이것만으로 총회가 소집권자의 동의에 의하여 소집된 것이라거나, 그 총회의 소집절차상의 하자가 치유되어 적법하게 된다고 할 수 없다(대법원 1994.1.11. 선고 92다40402 판결). 총회를 소집함에 있어 회의의 목적사항을 기재하도록 하는 취지는 사원이 결의를 할 사항이 무엇인가를 사전에 알아 참석여부나 결의사항에 대한 찬반의사를 미리 준비하는 데 있으므로, 회의의 목적사항은 그 안건이 무엇인가를 알기에 족할 정도로 기재하면 된다(대법원 1993.10.12. 선고 92다50799 판결).

(2) 소집절차가 법률 또는 정관에 위반하여 하자가 있는 경우 그 사원총회의 결의의 효력에 관하여 법률에 규정은 없으나, 판례는 원칙적으로 그 효력을 부인한다.

적절한 조치에 의한 소집철회, 취소 **대법원 2007.4.12. 선고 2006다77593 판결**

법인이나 법인 아닌 사단의 총회에 있어서 총회의 소집권자가 총회의 소집을 철회·취소하는 경우에는 반드시 총회의 소집과 동일한 방식으로 그 철회·취소를 총회 구성원들에게 통지하여야 할 필요는 없고, 종회 구성원들에게 소집의 철회·취소결정이 있었음이 알려질 수 있는 적절한 조치가 취하여지는 것으로써 충분히 그 소집 철회·취소의 효력이 발생한다.

소집절차 없이 이루어진 결의 **대법원 2008.6.26. 선고 2008도1044 판결**

주식회사의 임시주주총회가 법령 및 정관상 요구되는 이사회의 결의 및 소집절차 없이 이루어졌다 하더라도, 주주명부상의 주주 전원이 참석하여 총회를 개최하는 데 동의하고 아무런 이의 없이 만장일치로 결의가 이루어졌다면 그 결의는 유효하다.

종중총회의 소집통지 **대법원 1997.2.28. 선고 95다44986 판결**

종중 대표자는 종중 규약이나 특별한 관례가 있으면 그에 따라 선출하고 그것이 없으면 일반관습에 의하여 종장 또는 문장이 그 종중원 중 성년 이상의 남자를 소집하여 출석자의 과반수 결의로 선출하여야 하며, 평소에 종장이나 문장이 선임되어 있지 아니하고 그 선임에 관한 종중 규약이나 관례가 없으면 생존하는 종중원 중 항렬이 가장 높고 나이가 많은 연고항존자가 종장 또는 문장이 되는 것이 우리나라의 일반관습이다. 종중총회는 특별한 사정이 없는 한 족보에 의하여 소집통지 대상이 되는 종중원의 범위를 확정한 후 소재가 분명한 모든 종중원에게 개별적으로 소집통지를 하여야 하고, 일부 종중원에게 소집통지를 결여한 채 개최된 종중총회의 결의는 효력이 없다.

다. 권한

사원총회는 의결기관이지 집행기관이 아니므로 대표권과 업무집행권이 없고, 정관으로 이사 기타 임원에게 위임한 사항을 제외한 법인의 사무 전반에 관하여 결의권을 갖는다. **정관의 변경**(제42조) 및 **임의해산**(제77조 제2항)의 결의는 총회의 전권사항이고, 정관에 의해서도 총회의 위 권한을 빼앗지 못한다.

사원총회의 결의로 사원의 권리를 제한 또는 박탈할 수 있는지 문제되는데, 특히 의결권이나 소수사원권 등은 사원이 그 자격에 기하여 사단법인에 대하여 갖는 고유권이므로 그 사원의 동의 없이는 정관의 규정 또는 총회의 결의에 의하더라도 제한하거나 박탈할 수 없다할 것이다.

라. 결의방법

총회의 결의가 성립하려면 먼저 총회 자체가 성립하여야 하는바, 민법은 의결정족수에 관하여만 규정할 뿐 의사정족수에 관하여는 아무런 규정도 두고 있지 않다. 사원총회의 성립을 위한 **의사정족수**에 관하여는, 정관에 정족수에 관한 별도의 규정이 없는 때에는 2인 이상의 출석자가 있으면 사원 총회는 성립한다고 보는 다수설과, 총사원의 과반수 출석으로 사원총회가 성립한다고 보는 소수설이 있다.

사원총회의 결의사항은 정관에 다른 규정이 없으면 총회를 소집할 때 미리 통지한 사항에 한하고(제72조), 소집통지에 기재되지 않은 사항에 관한 결의는 무효이다. 각 사원은 원칙적으로 평등한 결의권을 갖지만 정관으로 달리 정할 수 있다(제73조 제3항). 정관에 달리 정함이 없으면 사원은 서면 또는 대리인에 의하여 결의권을 행사할 수 있다(제73조 제2항, 제3항). 총회의 결의에는 사원 과반수의 출석과 출석사원의 과반수의 결의로 하는 통상결의(通常決議)와 총 사원의 3분의 2로 하는 정관변경, 총 사원의 4분의 3 이상의 동의로 하는 임의해산 등 특별결의(特別決議)가 있다.

한편 사단법인과 어느 사원과의 관계사항을 의결하는 경우에 그 사원에게는 결의권이 없다(제74조). 여기에서의 **관계사항**이란 거래와 관련된 계약체결이나 채무면제 등 사원이 사단의 구성원으로서의 입장이 아닌 개인적 입장에서 법인과 이해관계를 갖는 사항을 의미한다. 따라서 사원인 지위와 관련된 이사의 선임 또는 해임을 결의하는 경우 당해 사원도 결의권을 갖는다.

마. 사원권

(1) 사단법인의 구성원인 사원은 그 자격에 기하여 사단법인에 대하여 여러 권리를 갖고 의무를 부담하는바, 이러한 권리와 의무를 포괄하여 사원권이라 한다. 사원권은 결의권과 소수사원권 등 사단법인의 관리, 운영에 참여할 수 있는 **공익권**과 사단의 시설이용권과 같이 사원의 이익향수를 내용으로 하는 **자익권**으로 나뉜다. 사원은 사단법인에 대하여 회비납부의무 등의 일반적 의무와 본인의 동의를 전제로 하는 특별의무를 부담한다.

(2) 사원권은 사단법인의 사원의 자격에 기한 권리이고, 그 중 비영리법인의 사원권은 제56조에 의해 양도, 상속이 금지되는 일신전속권임이 원칙이나 위 법조가 강행규정이 아니므로 정관으로 달리 정할 수 있다. 한편 재산성이 강한 합자회사의 유한책임사원의 사원권, 주식회사의 주주권, 유한회사의 사원권 등은 양도 또는 상속의 대상이 된다.

양도할 수 있는 사원권 대법원 1992.4.14. 선고 91다26850 판결

골프장을 관리 운영하는 법인이 그 골프장시설공사의 자금이 부족하게 되어 그 자금조달방법으로 기존회원에게 부과하게 된 공사부담금은 골프장을 건설하여 골프 보급 및 발달, 국제친선 등을 목적으로 하고 있는 위 법인의 목적에 비추어 볼 때 법인의 정관상 총회의 심의사항으로 규정되어 있는 중요사업계획 내지 기타 중요사항에 해당한다고 할 수 있는 것으로서 법인의 운영에 필요한 회비이거나, 회비 그 자체는 아니라고 하더라도 그에 준하는 것으로 볼 수 있고, 따라서 위 공사부담금 부과는 총회의 통상적인 결의방법이나 총회의 위임에 따른 이사회의 결의에 의하여 할 수 있다. "사단법인의 사원의 지위는 양도 또는 상속할 수 없다"고 한 민법 제56조의 규정은 강행규정은 아니라고 할 것이므로, 정관에 의하여 이를 인정하고 있을 때에는 양도·상속이 허용된다. 골프 보급을 주된 목적으로 하는 사단법인의 사원의 지위는 1사람당 하나만 인정되는 것이고, 회원권의 수가 2개라고 하여 2개의 사원권이 인정되는 것은 아니라고 할 것이므로, 위 법인 회원권의 수가 2구좌에서 1구좌로 줄어든다고 하더라도 이는 법인이 운영하는 골프장시설 이용권의 양이 줄어든다는 것을 의미할 뿐이고 그로 인하여 위 법인의 사원의 지위를 박탈당하는 제명과는 성격을 달리하는 것이다.

(3) 사원의 지위는 사원의 사망, 탈퇴, 총회의 결의, 정관에 정하는 사유에 의하여 소멸하는 것이 원칙이다.

***** 법인의 대표기관이 아닌 기관의 불법행위**

법인을 대표하는 기관이 아닌 사원총회와 감사의 행위에 의하여 법인의 불법행위가 성립되는지에 대해서 긍정설과 부정설이 있다.

- 긍정설 : 비록 대표권이 없는 기관이라 하더라도 그 불법행위로 인하여 타인에게 손해가 발생한 때에는 법인의 불법행위책임을 인정하여야 한다는 견해이다. 법인이 이들 기관을 통해서 이익을 얻었다고 하면 그 불이익에 대하여 책임을 부담하는 것이 형평에 맞으므로 그들의 가해행위에 대해서도 법인의 불법행위책임을 인정한다. 예를 들어 사원총회가 결의형식으로 타인의 명예를 훼손하거나 감사가 이사의 명예를 훼손한 경우 법인이 그 불법행위에 책임을 진다.
- 부정설 : 사원총회와 감사가 법인의 기관이기는 하지만 법인의 대표기관이 아니므로 그들의 행위에 대해서는 법인의 불법행위가 성립하지 않는다는 견해이다. 이 견해에 의하면 대표기관이 아닌 기관이 가해행위를 한 경우에는 법인은 단지 사용자책임만 부담한다.

V. 법인의 소멸

법인의 소멸이란 법인이 권리능력을 상실하는 것을 말한다. 그런데 법인의 경우에는 자연인의 사망과 달리 **상속이라는 제도가 없으므로**, 그 소멸은 재산관계의 정리를 위하여 해산과 청산이라는 일정한 절차를 거쳐 단계적으로 행하여진다. 제77조 소정의 사유가 있으면 법인은 일상적 활동을 끝내고 청산절차에 들어가고(해산), 민법 또는 「채무자회생 및 파산에 관한 법률」에 따른 청산절차가 끝나 법인등기부에 청산종결의 등기를 함(청산)으로써 법인은 소멸하게 된다.

한편 법인에 대한 청산종결등기가 경료되었더라도 처리되지 않은 청산사무가 있는 경우 **그 범위 내에서 청산법인으로 존속함**을 주의해야 한다.

청산종결등기 경료 후 청산법인의 존속 **대법원 2003.2.11. 선고 99다66427 판결**

법인에 대한 청산종결등기가 경료되었다고 하더라도 청산사무가 종결되지 않는 한 그 범위 내에서는 청산법인으로서 존속한다고 볼 것이어서, 청산사무 종결 전에 발생한 인정상여소득에 대한 사업양도인의 납세의무는 여전히 존속되고 있다고 할 것이고, 사업양수인의 세금납부에 의하여 사업양도인이 원래 부담하여야 할 조세채무의 발생이 확정적으로 소멸된 이상 사업양도인은 동 금액 상당에 대한 부당이득반환의무를 진다.

1. 해산

가. 의의

법인의 해산이란 법인이 본래의 목적달성을 위한 적극적 활동을 끝내고 청산절차에 들어가는 것을 말한다.

나. 해산사유

(1) 사단·재단법인에 공통된 사유

법인은 존립기간의 만료, 법인의 목적달성 또는 목적달성의 불능, 파산, 설립허가 취소(제38조), 기타 정관에 정한 해산사유가 발생할 때에 해산한다(제77조). 목적달성이 불가능하더라도 정관의 목적을 변경함으로써 목적달성이 가능해지면 해산할 필요가 없다. 법인의 파산원인으로는 법인의 소극재산이 적극재산을 초과하는 채무초과로 족하며, 자연인에서와 같은 지급불능을 요하지 않는다. 한편 법인의 채무초과시 이사는 지체 없이 파산신청을 하여야 하고(제79조), 법원의 파산선고가 있으면 법인은 해산하게 되며 파산의 목적범위 내에서만 권리능력을 갖는다(채무자회생 및 파산에 관한 법률 제328조).

채무초과 상태에 있는 법인에 대한 파산선고 대법원 2007.11.15.자 2007마887 결정

구 파산법(2005.3.31. 법률 제7428호 채무자 회생 및 파산에 관한 법률 부칙 제2조로 폐지) 제117조가 합명회사 및 합자회사를 제외한 법인에 대하여는 채무초과를 별개의 독립된 파산원인으로 규정하고 있으므로, 채무초과 상태에 있는 법인에 대하여 파산선고를 하기 위해서 그 법인이 채무초과 상태 이외에 구 파산법 제116조 제1항이 규정하는 보통파산원인인 지급불능 상태에 이르렀을 것까지 요하는 것은 아니다. 또한, 법인이 채무초과 상태에 있는지 여부는 법인이 실제 부담하는 채무의 총액과 실제 가치로 평가한 자산의 총액을 기준으로 판단하는 것이지 대차대조표 등 재무제표에 기재된 부채 및 자산의 총액을 기준으로 판단할 것은 아닌바, 법인의 회계처리기준 등에 관하여 규율하는 개별 법령에서 법인이 당해 사업연도에서 순손실이 발생하였더라도 자기자본이 감소한 것으로 처리하지 않고 다음 회계연도에서 자기자본이 감소한 것으로 처리하도록 규정하고 있다는 등의 사정은 그 법인이 실제 부담하는 채무의 총액이나 실제 가치로 평가한 자산의 총액에 아무런 영향을 미칠 수 없는 이상, 법인이 채무초과 상태에 있는지 여부를 판단하는 데 고려하여야 할 사유가 될 수 없다. 채무초과 상태에 있는 주식회사의 계속기업가치가 청산가치보다 높다는 등 주식회사에게 회생가능성이 있다는 사정은 구 회사정리법(2005.3.31. 법률 제7428호 채무자 회생 및 파산에 관한 법률 부칙 제2조로 폐지)상의 회사정리절차개시요건 등에 해당함은 별론으로 하고, 그러한 사정이 파산원인이 존재하는 주식회사에 대하여 파산선고를 하는 데 장애사유가 된다고 할 수 없다.

(2) 사단법인에 특유한 사유

사단법인은 사원이 없게 된 때, 총사원 3/4 이상의 동의로 총회에서 해산결의를 했을 때에 해산한다. 위 의결정족수는 정관으로 달리 정할 수 있다(제78조). 한편 해산결의는 제3자의 이해관계와 밀접한 관련이 있으므로 단순하여야 하고, 기한부 또는 조건부 결의는 허용되지 않는다(통설).

2. 청산

가. 청산절차

법인의 청산이란 해산한 법인의 **잔무를 처리**하고 **재산을 정리**하여 권리능력을 완전히 소멸시키는 절차를 말한다. 그런데 파산을 해산사유로 하는 경우 「채무자회생 및 파산에 관한 법률」 소정의 절차에 따라 청산이 이루어지며, 민법 소정의 청산절차는 그 밖의 사유로 인한 해산에 적용된다. 제3자의 이해관계에 중대한 영향을 미치므로 청산 관련규정들은 **강행규정**이므로, 임의의 잔여재산 처분은 특단의 사정이 없는 한 무효이다(대법원 2000.12.8. 선고 98두5279 판결, 1995.2.10 선고 94다13473판결).

나. 청산법인의 능력

법인의 권리능력은 해산으로 곧바로 소멸하는 것이 아니고 청산에 필요한 한도로 제한된다. 위와 같이 제한된 범위에서 권리능력을 갖고 해산 후 청산이 종결될 때까지 존속하는 법인을 청산법인이라고 한다. 청산법인은 **청산의 목적범위 내**에서만 권리를 갖고 의무를 부담하며(제81조), 그 범위를 초과하는 청산인 등의 행위는 무효이다. 위 범위는 본래 법인의 능력에 관한 제34조 소정의 목적의 범위와 같이 너그럽게 해석하여야 하므로 청산목적과 직접 관련이 있는 사항으로 엄격히 한정할 것은 아니다.

청산의 목적범위 내 행위 **대법원 1980.4.8. 선고 79다2036 판결**

민법 제80조, 제81조, 제87조와 같은 청산절차에 관한 규정은 모두 제3자의 이해관계에 중대한 영향을 미치기 때문에 소위 강행규정이라고 해석되므로 만일 그 청산법인이나 그 청산인이 청산법인의 목적범위 외의 행위를 한 때는 무효라 아니할 수 없다. 청산종결등기가 경료된 경우에도 청산사무가 종료되었다 할 수 없는 경우에는 청산법인으로 존속한다.

다. 청산법인의 기관

법인이 해산하면, 청산인은 이사에 갈음하여 집행기관이 되므로 청산법인의 업무집행권, 대표권을 갖는다. 따라서 이사의 사무집행·대표권 등에 관한 규정들은 모두 청산인에게 유추적용된다(제96조). 청산인이 되는 자는, 원칙적으로 해산 당시의 이사이지만, 정관 또는 사원총회의 결의로 달리 정할 수 있다(제82조). 법인 해산시 청산인으로 될 자가 없거나, 청산인의 선임 후 그 결원으로 인하여 손해가 생길 염려가 있는 경우, 법원은 직권으로 또는 이해관계인이나 검사의 청구에 의하여 청산인을 선임할 수 있다(제83조). 또한 감독권 행사의 한 방법으로, 법원은 중요한 사유가 있는 경우 직권으로 또는 이해관계인이나 검사의 청구에 의하여 청산인을 해임할 수 있다(제84조).

법인의 기관 중 이사 이외의 기관은 해산 후에도 종전과 같이 청산법인의 기관으로서 지위를 지닌다. 즉 감사는 청산인의 직무를 감독하고, 사원총회 역시 최고의사결정기관으로 존속한다.

라. 청산사무

청산인의 직무권한은 청산사무의 처리이다. 민법은 아래와 같이 청산사무를 규정하고 있으나, 이에 한정되지 않고 위 규정에 열거되지 않은 사항이라도 사무의 본질상 청산에 필요한 것이라면 청산인의 직무에 포함된다.

(1) 해산의 등기와 신고

청산인은 파산의 경우를 제외하고, 그 취임 후 3주간 내에 해산의 사유 및 연월일, 청산인의 성명과 주소, 청산인의 대표권 제한 내용, 청산 중 등기사항의 변경 내용 등을 주된 사무소와 분사무소의 소재지에서 등기하고, 같은 사항을 주무관청에 신고하며, 청산 중 청산인이 바뀐 경우에는 그 성명 및 주소를 주무관청에 신고하여야 한다(제85조, 제86조). 다만 파산에 의한 청산의 경우에는, 「채무자회생 및 파산에 관한 법률」 규정에 따라 법원이 직권으로 등기소에 등기를 촉탁하고 주무관청에 통지하므로(동법 제23조, 제314조), 위 등기 등의 업무는 청산인의 직무에서 제외된다.

(2) 현존 사무의 종결(제87조 제1항 제1호)

(3) 채권이 추심

청산인은 단순한 채권추심은 물론, 상당성이 있는 경우 대물변제의 수령이나 채권양도, 화해계약의 체결을 할 수 있다(제87조). 변제기가 도래하지 않은 채권이나 조건부채권 등과 같이 즉시 추심할 수 없는 채권은 적당한 방법으로 환가할 수 있다(민사집행법 제241조 참조).

(4) 채무의 변제

청산인은 취임 후 2개월 내에, 3회 이상의 공고로 일반채권자에 대하여 일정한 기간 내에 그 채권을 신고할 것을 최고하여야 한다(제88조). 신고기간은 2개월 이상으로 하여야 한다. 또한 위와 같은 공고에 의한 최고 외에, 청산인이 알고 있는 채권자에 대하여는 개별적으로 그 채권신고를 최고하여야 한다(제89조).

청산인은 위 채권신고기간 내에는 채무를 변제할 수 없고, 그로 인하여 변제기 이후에도 채권의 만족을 얻지 못한 채권자에 대하여는 지연손해배상을 하여야 한다(제90조). 청산법인은 변제기가 도래하지 않은 채권에 대하여도 기한의 이익을 포기하고 변제할 수 있고, 이 경우 조건 있는 채권 등 가액이 불확정한 채권에 관하여는 법원이 선임한 감정인의 평가에 따라 변제하여야 한다(제91조).

위 채권신고기간 내에 신고하지 않은 채권자는 청산으로부터 제외된다. 그러나 청산인이 알고 있는 채권자에 대하여는 청산에서 제외하지 못한다(제89조 후문). 청산에서 제외된 채권자는 법인의 채무가 모두 변제된 후 귀속권리자에게 인도하지 아니한 재산에 대하여서만 변제를 청구할 수 있으므로(제92조), 잔여재산을 귀속권리자에게 인도한 후에는 그 청구가 불가능하다.

(5) 잔여재산의 인도

채권의 추심과 채무의 변제 등의 절차를 거친 후 잔여재산이 있는 경우 귀속권리자에게 인도하여야 한다. 잔여재산은 **정관으로 지정한 자에게 귀속**하고, 정관에 그에 관한 규정이 없는 경우에는 이사 또는 청산인이 **주무관청의 허가를 얻어 비슷한 목적을 위해 처분**할 수 있으며(사단법인의 경우에는 총회의 결의도 있어야 함), 그래도 처분이 되지 않은 재산은 **국고에 귀속**한다(제80조).

잔여재산 인도에 관한 정관의 규정 **대법원 1995.2.10. 선고 94다13473 판결**

민법 제80조 제1항과 제2항의 각 규정 내용을 대비하여 보면, 법인 해산시 잔여재산의 귀속권리자를 직접 지정하지 아니하고 사원총회나 이사회의 결의에 따라 이를 정하도록 하는 등 간접적으로 그 귀속권리자의 지정방법을 정해 놓은 정관 규정도 유효하다고 풀이할 것이며, 또한 위와 같은 민법상의 청산절차에 관한 규정은 모두 제3자의 이해관계에 중대한 영향을 미치기 때문에 이른바 강행규정이라고 해석되므로 이에 반하는 잔여재산의 처분행위는 특단의 사정이 없는 한 무효라고 보아야 할 것이다(당원 1980.4.8. 선고 79다2036 판결 참조).

(6) 청산 중의 파산신청

청산절차 도중 법인의 채무초과가 분명해진 경우, 청산인은 지체 없이 파산선고를 신청하여야 하고, 그 신청을 해태한 경우 과태료의 제재를 받는다(제93조 제1항, 제97조 제6호). 청산인은 선임된 파산관재인에게 그 사무를 인계함으로써 임무를 마친다

(제93조 제1항). 그러나 청산인의 임무가 종료하는 것은 파산재단에 속하는 사무에 국한하고, 청산인은 그 밖의 청산사무에 관하여는 직무권한을 갖고 청산법인을 대표하는 것으로 해석된다(이설 없음).

(7) 청산종결의 등기와 신고

청산인은 청산종결 후 3주간 내에 이를 등기하고, 주무관청에 신고하여야 한다(제94조).

청산절차 규정의 강행규정성 **대법원 2000.12.8. 선고 98두5279 판결**

민법 제80조 제1항, 제81조 및 제87조 등 청산절차에 관한 규정은 모두 제3자의 이해관계에 중대한 영향을 미치는 것으로서 강행규정이므로, 해산한 법인이 잔여재산의 귀속자에 관한 정관규정에 반하여 잔여재산을 달리 처분할 경우 그 처분행위는 청산법인의 목적범위 외의 행위로서 특단의 사정이 없는 한 무효이고, 한편 민법 제58조, 제59조, 제87조 및 제96조 등에 의하면 이사 또는 청산인은 법인의 사무에 관하여 정관에 규정한 취지에 위반할 수 없으므로, 정관에 법인 재산의 처분에 관하여 이사회 또는 청산인회의 심의의결을 거치도록 규정되어 있는 경우에도, 해산한 법인이 잔여재산의 귀속자에 관한 민법 및 정관의 규정에 따라 구체적으로 확정된 잔여재산이전의무의 이행으로서 그 귀속권리자에게 잔여재산을 이전하는 것은, 위 이사회 또는 청산인회의 심의의결을 요하는 재산의 처분에 해당한다고 볼 수 없다. 해산한 법인이 해산시 잔여재산이 지정한 자에게 귀속한다는 정관 규정에 따라 구체적으로 확정된 잔여재산이전의무의 이행으로서 잔여재산인 토지를 그 귀속권리자에게 이전하는 것은 채무의 이행에 불과하므로 그 귀속권리자의 대표자를 겸하고 있던 해산한 법인의 대표청산인에 의하여 잔여재산 토지에 관한 소유권이전등기가 그 귀속권리자에게 경료되었다고 하더라도 이는 쌍방대리금지 원칙에 반하지 않는다.

Ⅵ. 기타 법인 관련 규정

1. 법인의 주소

자연인과 마찬가지로 법인도 주소를 필요로 한다. 제36조는 **법인의 주된 사무소의 소재지**를 법인의 주소로 규정한다. 여기서 주된 사무소란 **법인을 통솔하는 최고수뇌부가 있는 장소**를 말한다.

주소의 법률적 효과는 자연인의 주소에서 설명한 바와 같다. 다만 법인의 설립등기는 주된 사무소의 소재지에서 하여야 하고(제49조 제1항), 사무소를 이전한 경우에는 이를 등기하여야 제3자에게 대항할 수 있다(제54조 제1항)는 등은 자연인의 그것과 다르다.

2. 정관변경

정관변경이란 법인이 동일성을 유지하면서 그 조직을 변경하는 것을 말한다. 정관변경에 관하여, 사단법인이 자율적 탄력성을 갖는 반면, 재단법인은 타율적 고정성을 지닌 것으로 구분된다.

사단법인 및 비법인사단의 동일성 판단기준 **대법원 2008.9.25. 선고 2006다37021 판결**

사단법인은 일정한 목적을 위해 결합한 사람의 단체에 법인격이 인정된 것을 말하고, 사단법인에 있어 사원 자격의 득실변경에 관한 사항은 정관의 기재사항이므로(민법 제40조 제6호), 어느 사단법인과 다른 사단법인이 동일한 것인지 여부는 그 구성원인 사원이 동일한지 여부에 따라 결정됨이 원칙이다. 다만, 사원 자격의 득실변경에 관한 정관의 기재사항이 적법한 절차를 거쳐서 변경된 경우에는 구성원이 다르더라도 그 변경 전후의 사단법인은 동일성을 유지하면서 존속하는 것이고, 이러한 법리는 법인 아닌 사단에 있어서도 마찬가지이다.

가. 사단법인

인적 결합체인 사단법인은 구성원의 의사결정에 따라 조직이 되고 그 활동을 하므로 필요시 자율적으로 정관변경을 할 수 있다. 민법은 사단법인은 **사원총회의 결의**(총사원 2/3 이상 동의)와 **주무관청의 허가**를 얻어 정관을 변경할 수 있다고 규정한다(제42조). 변경된 내용에 관하여는 제54조에 따라 등기를 해야 제3자에게 대항할 수 있다. '정관을 변경할 수 없다'는 내용에 관한 정관의 변경도 전 사원의 동의로 가능하다고 본다. 다만 동일성을 해하거나(그 목적을 비영리에서 영리로), 사단법인의 본질에 반하는 정관변경은 허용되지 않는다고 할 것이다.

설립목적과 본질에 반하는 정관변경 **대법원 1978.9.26. 선고 78다1435 판결**

종원 일부만이 참석한 종중회합에서 종중원의 일부를 종원으로 취급하지도 않고 또 일부 종원에 대하여는 영원히 종원으로서의 자격을 박탈하는 것으로 규약을 개정한 것은 종중의 원래의 설립목적과 종중으로서의 본질에 반하는 것으로서 그 규약개정의 한계를 넘어 무효이다

나. 재단법인

재단법인은 설립자가 만든 근본규칙에 따라 운영되는 타율적 법인으로 그 활동에 관하여 의사결정을 할 수 있는 기관이 없고, 따라서 그 정관을 변경할 수 없는 것이 원칙이다. 민법은 정관에서 변경방법을 정한 경우, 재단법인의 목적달성 또는 재산보전을 위하여 명칭 또는 사무소의 소재지를 바꾸는 경우, 법인의 목적을 달성할 수 없어 설립자나 이사에 의하여 그 목적 등을 변경하는 경우 등에 한하여 그 정관을 변경할 수 있다고 규정한다(제45조, 제46조). 모든 경우에 **주무관청의 허가를 취득**하여야 하며, 등기를 해야 제3자에게 대항할 수 있다. 판례는 위 정관변경의 허가의 법적 성격을 허가가 아닌 **인가**로 보고 있다.

한편 재단법인의 설립시 출연된 기본재산은 법인의 목적을 수행하기 위한 기본적 수단이므로 정관의 필수적 기재사항이 된다. 그에 따라 **기본재산의 변동**에는 **정관의 변경**이 따르고, 이는 기본재산을 감소시키는 경우뿐만 아니라, 증가시키는 경우에도 마찬가지이다(대법원 1991.5.28. 선고 90다8558 판결). 기본재산의 처분행위는 정관의 변경을 초래하므로 **주무관청의 허가**가 필요하고, 그 허가가 없으면 무효이다. 이 경우 처분행위 전에 주무관청의 허가를 얻는 것이 원칙이지만, 사후에 허가를 받아도 된다. 판례에 따르면 재단법인의 기본재산을 경매절차에 의하여 매각하는 경우에도 주무관청의 허가가 필요하다고 한다.

재단법인의 정관변경허가는 인가 **대법원 1996.5.16. 선고 95누4810 전원합의체 판결**

민법 제45조와 제46조에서 말하는 재단법인의 정관변경 "허가"는 법률상의 표현이 허가로 되어 있기는 하나, 그 성질에 있어 법률행위의 효력을 보충해 주는 것이지 일반적 금지를 해제하는 것이 아니므로, 그 법적 성격은 인가라고 보아야 한다. 인가는 기본행위인 재단법인의 정관변경에 대한 법률상의 효력을 완성시키는 보충행위로서, 그 기본이 되는 정관변경 결의에 하자가 있을 때에는 그에 대한 인가가 있었다 하여도 기본행위인 정관변경 결의가 유효한 것으로 될 수 없으므로 기본행위인 정관변경 결의가 적법 유효하고 보충행위인 인가처분 자체에만 하자가 있다면 그 인가처분의 무효나 취소를 주장할 수 있지만, 인가처분에 하자가 없다면 기본행위에 하자가 있다 하더라도 따로 그 기본행위의 하자를 다투는 것은 별론으로 하고[43] 기본행위의 무효를 내세워 바로 그에 대한 행정청의 인가처분의 취소 또는 무효확인을 소구할 법률상의 이익이 없다.

---

43) 상법에서의 회사의 경우처럼 특별규정이 없기 때문에 변경결의에 대한 취소청구는 불가하고, 그에 대한 무효확인청구만 가능하다.

경매절차에 의한 매각 대법원 2007.6.18.자 2005마1193 결정

사회복지사업법 제23조 제3항 제1호의 규정에 의하면 사회복지법인이 기본재산을 매도하기 위하여는 보건복지부장관의 허가를 받아야 하고, 이는 경매절차에 의한 매각의 경우에도 마찬가지인바, 사회복지법인의 기본재산에 대하여 실시된 부동산경매절차에서 최고가매수신고인이 그 부동산 취득에 관하여 보건복지부장관의 허가를 얻지 못하였다면 민사집행법 제121조 제2호에 정한 '최고가매수신고인이 부동산을 매수할 자격이 없는 때'에 해당하므로 경매법원은 그에 대한 매각을 불허하여야 한다. 그리고 이는 사회복지법인이 보건복지부장관의 허가를 받아 토지 및 건물에 대하여 공동근저당권을 설정하였다가 건물을 철거하고 새 건물을 신축하여, 민법 제365조의 '저당지상 건물에 대한 일괄경매청구권'에 기하여 위 신축건물에 대한 경매가 진행된 경우라도 마찬가지이므로, 위 신축건물의 매각에 관하여 별도로 보건복지부장관의 허가가 없다면 최고가매수신고인에 대한 매각은 허가될 수 없다.

기본재산처분시 감독청의 허가 대법원 1998.7.24. 선고 96다27988 판결

구 사립학교법(1990.4.7. 법률 제4226호로 개정되기 전의 것) 제28조 제1항의 취지는 학교법인의 기본재산에 관한 거래계약 자체를 규제하려는 것이 아니라 사립학교를 설치·운영하는 학교법인의 재정적 기초가 되는 기본재산을 유지·보전하기 위하여 감독청의 허가 없이 그 기본재산에 관하여 타인 앞으로 권리이전되거나 담보권·임차권이 설정되는 것을 규제하려는 것이라고 할 것이므로, 반드시 기본재산의 매매 등 계약 성립 전에 감독청의 허가를 받아야만 하는 것은 아니고, 매매 등 계약 성립 후에라도 감독청의 허가를 받으면 그 매매 등 계약이 유효하게 된다. 학교법인이 감독청의 허가 없이 기본재산인 부동산에 관한 매매계약을 체결하는 한편 그 부동산에서 운영하던 학교를 당국의 인가를 받아 신축교사로 이전하고 준공검사까지 마친 경우, 위 매매계약이 감독청의 허가 없이 체결되어 아직은 효력이 없다고 하더라도 위 매매계약에 기한 소유권이전등기절차이행청구권의 기초가 되는 법률관계는 이미 존재한다고 볼 수 있고 장차 감독청의 허가에 따라 그 청구권이 발생할 개연성 또한 충분하므로, 매수인으로서는 미리 그 청구를 할 필요가 있는 한, 감독청의 허가를 조건으로 그 부동산에 관한 소유권이전등기절차의 이행을 청구할 수 있다.

기본재산의 처분허가와 부관 대법원 2005.9.28. 선고 2004다50044 판결

공익법인의 기본재산의 처분에 관한 공익법인의 설립·운영에 관한 법률 제11조 제3항의 규정은 강행규정으로서 이에 위반하여 주무관청의 허가를 받지 않고 기본재산을

처분하는 것은 무효라 할 것인데, 위 처분허가에 부관을 붙인 경우 그 처분허가의 법률적 성질이 형성적 행정행위로서의 인가에 해당한다고 하여 조건으로서의 부관의 부과가 허용되지 아니한다고 볼 수는 없고, 다만 구체적인 경우에 그것이 조건, 기한, 부담, 철회권의 유보 중 어느 종류의 부관에 해당하는지는 당해 부관의 내용, 경위 기타 제반 사정을 종합하여 판단하여야 할 것이다. 주무관청이 공익법인의 기본재산 처분에 대하여 허가의 유효조건으로서 매매대금의 액수, 지급방법, 지급기한 등을 명시한 경우, 이를 단순한 주의적 규정이 아닌 조건적 성격의 부관으로 보아, 그에 따른 이행이 없는 이상 위 처분허가는 효력을 상실한다.

재산 무상취득시 이사회의 결의 불요 대법원 2009.3.26. 선고 2007도8195 판결

공익법인의 설립·운영에 관한 법률 제7조 제1항 제1호는 재산의 '처분'뿐만 아니라 그 '취득'에도 이사회의 결의를 요구하고 있다. 그 취지는 공익법인의 특수성을 고려하여 그 재산의 원활한 관리 및 유지·보호와 재정의 적정을 기함으로써, 공익법인의 건전한 발전을 도모하고 공익법인으로 하여금 그 본래의 목적사업에 충실하게 하려는 데 있다. 그런데 공익법인이 주식 기타 목적물을 증여받는 등으로 그 재산을 대가의 출연 없이 무상으로 취득하는 경우에는 그 자체로써 공익법인의 재산적 기초가 더욱 공고하게 되므로, 위와 같이 이사회의 결의를 요구하여 그 결의가 없으면 재산의 취득을 무효로 하는 취지를 관철할 이유가 없다. 따라서 공익법인이 이사회의 결의 없이 재산을 무상으로 취득하였다고 해도, 유상취득의 경우와는 달리 다른 특별한 사정이 없는 한, 이를 무효라고 할 것은 아니다.

학교법인 해산명령 후 부당한 기본재산처분 대법원 2010.4.8. 선고 2009다93329 판결

학교법인이 사립학교법 제47조 제1항에 의한 해산명령을 받아 해산되고 고등교육법 제62조 제1항에 의한 학교폐쇄 처분을 받아 사실상 학교법인으로서 실체를 상실하고 기능을 수행할 수 없게 된 경우에도 사립학교법 제28조 제1항이 여전히 적용되어 그 기본재산을 처분하고자 할 때에는 관할청의 허가를 받아야 한다고 해석함이 상당하다. 관할청의 해산명령으로 해산되어 사실상 학교법인으로서의 실체를 상실하고 기능을 수행할 수 없게 된 경우에는 그 기본재산을 부당하게 감소시키는 것과 같은 극히 제한된 경우에 한하여 사립학교법 제28조 제1항을 적용하는 것이 입법 취지에 부합한다는 전제하에, 강제경매를 포함한 경매절차를 통하여 학교법인의 기본재산을 처분하는 것이 학교법인의 재산을 부당하게 감소시키는 경우에 해당하지 않으므로 이러한 경우에는 사립학교법 제28조 제1항의 적용이 배제된다고 판단한 원심판결에 대하여, 학교법

인이 해산한 경우에도 사립학교법 제28조 제1항이 적용되어 관할청의 허가를 필요로 한다는 이유로 이를 파기한 사례.

3. 법인의 등기

자연인과 비교할 때, 외형상 명확한 실체를 갖지 않는 법인에 있어서는 그 존재나 기관에 관하여 일반인이 제대로 알 수 없는 경우가 적지 않다. 그에 따라 민법은 법인과 거래하는 제3자를 보호하기 위하여 법인의 목적과 기관 등을 공부에 기재하여 공시하는 법인등기에 관하여 규정하고 있다.[44)]

법인등기의 종류에는 ① 설립등기 ② 분사무소 설치 및 사무소 이전등기 ③ 변경등기 ④ 직무정지 등의 가처분등기 ⑤ 해산등기 및 청산종결등기 등이 있다. 이 중 제33조에 의한 **설립등기는 성립요건**이지만, 나머지 등기는 모두 **대항요건**이다(제54조 제1항).

법인등기의 절차에 관하여는 비송사건절차법이 규정하고 있다(같은 법 제60조~제67조). 법인등기를 하지 않으면 제3자에게 대항하지 못하는 등 실체법상 불이익이 따르고(제60조), 그 신청의무가 있는 이사나 청산인은 과태료의 제재를 받는다(제97조 제1항).

4. 법인에 대한 감독과 처벌

가. 법인에 대한 감독

법인의 일반적 사무에 관한 감독은 설립허가를 한 **주무관청이 담당**한다. 감독의 내용은 법인의 사무 및 재산상황의 검사, 설립허가의 취소 등이다.

그러나 임시이사와 특별대리인의 선임(제63조, 제64조), 법인의 해산 및 청산과 관련된 업무는 **법원이 감독**한다(제95조). 감독의 내용은 필요한 검사, 청산인의 선임, 해임 등이다(제95조, 제83조, 제84조).

나. 법인에 대한 처벌

법인에 대한 법적 규제와 업무감독의 실효성을 확보하기 위하여 민법은 일정한 사항에 관하여 이사, 감사 또는 청산인에게 과태료를 부과할 수 있도록 하고 있다. 과태료는 행정벌의 일종이고, 그에 관한 재판은 비송사건절차법에 의한다(동법 제247조 이하).

---

44) 법인등기는 법인이라는 권리의 주체에 관한 등기라는 점에서 권리의 객체에 관한 등기인 부동산등기와 구별된다. 여기에서의 법인등기는 민법상의 비영리법인을 중심으로 하는 법인에 관한 규정이고, 회사 등 영리법인에 관한 상업등기에 관하여는 상법 제34조 이하의 규정과 상업등기법에서 규율하고 있다.

5. 외국법인

내국법인이 아닌 법인을 외국법인이라고 한다. 내국법인과 외국법인의 구별기준으로 준거법, 주소, 설립자의 국적 등을 생각할 수 있는바, 이에 관한 학설로 준거법을 기준으로 한다는 준거법설[45]과, 준거법 및 사무소의 소재지를 기준으로 한다는 합일설[46]이 주장되고 있다.

민법은 외국법인에 관하여 아무런 규정도 두고 있지 않다. 외국법인의 능력에 관하여는 내외국법인 평등주의가 원칙이나, 법률 또는 조약에 의하여 제한을 가할 수도 있을 것이다.

Ⅶ. 법인 아닌 사단과 재단

1. 법인 아닌 사단(비법인사단)

가. 의의

법인 아닌 사단이란 사단의 실체를 갖추고 있으면서도 법인으로서 설립등기를 하지 않는 등으로 법인격을 취득하지 못한 단체를 말한다. 법인 아닌 사단이 발생하는 것은 그 단체가 행정관청의 허가를 받지 못하였거나, 그 감독이나 규제를 꺼려 허가 등의 절차를 밟지 않기 때문이다. 이를 권리능력이 없는 사단 또는 비법인사단이라고도 하나, 여기에서는 민사소송법 제52조 및 부동산등기법 제26조에 따라 법인 아닌 사단이라는 표현을 주로 사용한다.

한편 법인 아닌 사단은 단체성의 강약과 그 소유형태(총유 또는 합유)에서 민법상의 조합과는 구별된다.[47]

비법인사단과 조합의 차이 **대법원 1999.4.23. 선고 99다4504 판결**

민법상의 조합과 법인격은 없으나 사단성이 인정되는 비법인사단을 구별함에 있어서는 일반적으로 그 단체성의 강약을 기준으로 판단하여야 하는바, 조합은 2인 이상이 상호간에 금전 기타 재산 또는 노무를 출자하여 공동사업을 경영할 것을 약정하는 계약관계에 의하여 성립하므로 어느 정도 단체성에서 오는 제약을 받게 되는 것이지만 구성원의 개인성이 강하게 드러나는 인적 결합체인 데 비하여 비법인사단은 구성원의 개인성과는 별개로 권리·의무의 주체가 될 수 있는 독자적 존재로서의 단체적 조직을

45) 곽윤직, 166면.

46) 김상용, 240면.

47) 그 밖에도 권리능력, 불법행위능력, 소송상 당사자능력, 등기능력의 인부에서 차이가 있다.

가지는 특성이 있다 하겠는데, 어떤 단체가 고유의 목적을 가지고 사단적 성격을 가지는 규약을 만들어 이에 근거하여 의사결정기관 및 집행기관인 대표자를 두는 등의 조직을 갖추고 있고, 기관의 의결이나 업무집행방법이 다수결의 원칙에 의하여 행하여지며, 구성원의 가입, 탈퇴 등으로 인한 변경에 관계없이 단체 그 자체가 존속되고, 그 조직에 의하여 대표의 방법, 총회나 이사회 등의 운영, 자본의 구성, 재산의 관리 기타 단체로서의 주요사항이 확정되어 있는 경우에는 비법인사단으로서의 실체를 가진다고 할 것이다. 민사소송법 제48조가 비법인의 당사자능력을 인정하는 것은 법인이 아닌 사단이나 재단이라도 사단 또는 재단으로서의 실체를 갖추고 대표자 또는 관리인을 통하여 사회적 활동이나 거래를 하는 경우에는, 그로 인하여 발생하는 분쟁은 그 단체의 이름으로 당사자가 되어 소송을 통하여 해결하게 하고자 함에 있다 할 것이므로 여기서 말하는 사단이라 함은 일정한 목적을 위하여 조직된 다수인의 결합체로서 대외적으로 사단을 대표할 기관에 관한 정함이 있는 단체를 말한다.48)

민법상의 조합과 법인 아닌 사단의 구별 **대법원 1992.7.10. 선고 92다2431 판결**

민법상의 조합과 법인격은 없으나 사단성이 인정되는 비법인사단을 구별함에 있어서는 일반적으로 그 단체성의 강약을 기준으로 판단하여야 하는바, 조합은 2인 이상이 상호간에 금전 기타 재산 또는 노무를 출자하여 공동사업을 경영할 것을 약정하는 계약관계에 의하여 성립하므로(민법 제703조) 어느 정도 단체성에서 오는 제약을 받게 되는 것이지만 구성원의 개인성이 강하게 드러나는 인적 결합체인 데 비하여 비법인사단은 구성원의 개인성과는 별개로 권리의무의 주체가 될 수 있는 독자적 존재로서의 단체적 조직을 가지는 특성이 있다 하겠는데 민법상 조합의 명칭을 가지고 있는 단체라 하더라도 **고유의 목적**을 가지고 사단적 성격을 가지는 **규약**을 만들어 이에 근거하여 의사결정기관 및 집행기관인 대표자를 두는 등의 **조직을 갖추고** 있고, 기관의 의결이나 업무집행방법이 다수결의 원칙에 의하여 행해지며, 구성원의 가입, 탈퇴 등으로 인한 변경에 관계없이 단체 그 자체가 존속되고, 그 조직에 의하여 대표의 방법, 총회나 이사회 등의 운영, 자본의 구성, 재산의 관리 기타 단체로서의 주요사항이 확정되어 있는 경우에는 비법인사단으로서의 실체를 가진다고 할 것이다.

비법인사단인 선어중매조합의 대표자의 위임에 따른 어음행위로 인한 어음금의 지급책임이 독립한 권리의무의 주체인 위 조합에게 귀속되는 것이지 그 구성원들이 이를 부담하는 것은 아니라고 한 사례.

---

48) 부도난 회사의 채권자들이 조직한 채권단이 비법인사단으로서의 실체를 갖추지 못했다는 이유로 그 당사자능력을 부인한 사례이나, 조직의 구성 내역이나 단체성의 강약 여부에 따라 결론이 달라질 수 있을 것이다.

나. 성립요건

법인 아닌 사단이 되려면, 대표자와 총회를 두는 등 **사단으로서 실체**를 갖추고(종중과 같은 예외적인 경우를 제외하고는 사단으로서 실체를 갖추는 조직행위가 있어야 함), 대표의 방법, 총회의 운영, 재산의 관리 기타 사단으로서 중요사항이 정해져야 한다. 반드시 성문 규약은 아니더라도 위 사항 등을 규율할 수 있는 **정관에 상응한 것**이 있어야 한다. 다만 법인설립의 허가나 등기라는 형식적 요건을 갖추지 못하고 있는 것이다.

종중이 비법인사단으로 인정되기 위한 요건 대법원 1994.9.30. 선고 93다27703 판결

종중이란 공동선조의 후손들에 의하여 선조의 분묘수호 및 봉제사와 후손 상호간의 친목을 목적으로 형성되는 자연발생적인 종족단체로서 선조의 사망과 동시에 후손에 의하여 성립하는 것이며, 종중의 규약이나 관습에 따라 선출된 대표자 등에 의하여 대표되는 정도로 조직을 갖추고 지속적인 활동을 하고 있다면 비법인사단으로서의 단체성이 인정된다. 종중이 비법인사단으로서 당사자능력이 있느냐의 문제는 소송요건에 관한 것으로서 사실심의 변론종결시를 기준으로 판단하여야 한다. 종중의 규약이나 관행에 의하여 매년 일정한 날에 일정한 장소에서 정기적으로 종중원들이 집합하여 종중의 대소사를 처리하기로 되어 있는 경우에는 별도로 종중회의의 소집절차가 필요하지 않다. 종중소유의 재산은 종중원의 총유에 속하는 것이므로 그 관리 및 처분은 먼저 종중규약에 정한 바가 있으면 이에 따라야 하고, 그 점에 관한 종중규약이 없으면 종중총회의 결의에 의하여야 한다.

다. 법률관계

법인 아닌 사단에 관하여 민법은 그 **재산소유 형태를 총유**[49])로 한다(제275조, 제276조)는 것 외에 아무런 규정도 두고 있지 않다. 이를 어떻게 규율할 것인가는 학설·판례에 맡겨져 있는바, 통설과 판례는 법인 아닌 사단의 법률관계에 관하여는 법인격 또는 등기를 전제로 하는 것을 제외한 사단법인에 관한 모든 규정을 유추적용 하여야 한다는 것이다. 요컨대 법인 아닌 사단은 사단법인의 실질을 갖추고 있으므로 권리능력이 인정되고, 사단법인에 관한 법규정이 유추적용 되며, 재산에 관하여는 사원들이 집합체로서 총유한다.

---

49) 사원은 지분권을 갖지 못하므로 소유관계는 사원으로서의 지위와 운명을 함께 하고, **소유의 주체는 사단이 아닌 '사원의 집합체'**이며, 그에 관한 소송시 단체의 대표일지라도 특별수권을 요한다는 점에서 사단법인의 소유형태와 구별된다.

(1) 내부관계

법인 아닌 사단의 내부관계에 대하여는 사적자치의 원칙에 의하여 정관 등 내부규약이 있으면 그에 따르고, 정관 등의 규정이 없으면 사단법인에 관한 민법규정을 유추적용 한다. 사원총회가 최고의사결정기관이 되고, 업무집행기관은 사단의 수임자로서 그 업무를 집행함에 있어 선량한 관리자의 주의의무를 부담한다.

(2) 외부관계

외부관계에서는 사단법인에 관한 민법규정의 유추적용이 원칙이므로 업무의 대외적 처리는 비법인사단의 대표자에 의해 행하여진다. 법인의 권리능력과 불법행위능력, 대표기관의 권한과 그 제한, 임시이사의 선임, 해산 및 청산에 관한 규정 등이 유추적용 된다. 그러나 법인 아닌 사단에서는 대표자의 대표권 제한에 관하여 등기할 방법이 없으므로 제60조는 유추적용할 수 없다. 그에 따라 대표권 제한에 위반한 대표자의 행위에 대하여, 비법인사단은 악의 또는 과실 있는 상대방에게 대항할 수 있다.

비법인사단에의 제35조 유추적용 **대법원 2008.1.18. 선고 2005다34711 판결**

비법인사단의 대표자가 직무에 관하여 타인에게 손해를 가한 경우 그 사단은 민법 제35조 제1항의 유추적용에 의하여 그 손해를 배상할 책임이 있고, 비법인사단의 대표자의 행위가 대표자 개인의 사리를 도모하기 위한 것이었거나 혹은 법령의 규정에 위배된 것이었다 하더라도 외관상, 객관적으로 직무에 관한 행위라고 인정할 수 있다면 민법 제35조 제1항의 직무에 관한 행위에 해당한다 할 것이나, 한편 그 대표자의 행위가 직무에 관한 행위에 해당하지 아니함을 피해자 자신이 알았거나 또는 중대한 과실로 인하여 알지 못한 경우에는 비법인사단에게 손해배상책임을 물을 수 없다.

비법인사단에의 사단법인 규정 유추적용 **대법원 1996.9.6. 선고 94다18522 판결**

비법인사단에 대하여는 사단법인에 관한 민법 규정 가운데서 법인격을 전제로 하는 것을 제외하고는 이를 유추적용하여야 할 것인바, 민법 제62조의 규정에 비추어 보면 비법인사단의 대표자는 정관 또는 총회의 결의로 금지하지 아니한 사항에 한하여 타인으로 하여금 특정한 행위를 대리하게 할 수 있을 뿐 비법인사단의 제반 업무처리를 포괄적으로 위임할 수는 없다 할 것이므로, 비법인사단 대표자가 행한 타인에 대한 업무의 포괄적 위임과 그에 따른 포괄적 수임인의 대행행위는 민법 제62조의 규정에 위반된 것이어서 비법인사단에 대하여는 그 효력이 미치지 아니한다. 구 주택건설촉진법(1992.12.8. 법률 제4530호로 개정되기 전의 것)에 의한 주택조합의 법률적인 성질은 민법상의 조합이 아니라 비법인사단에 해당하고, 주택조합 조합장의 타인에 대한 조합

업무의 포괄적 위임과 그에 따른 포괄적 수임인의 대행행위는 민법 제62조의 규정에 위반된 것이어서 조합에 그 효력이 미친다고 볼 수 없다는 이유로, 주택조합 가입자가 주택조합 조합장으로부터 조합장의 업무를 포괄적으로 위임받은 수임인과 주택조합의 조합원으로 가입하는 계약을 체결하고, 그 주택조합의 조합장을 통하여 포괄적 수임인에게 부담금을 납부하고 주택조합의 조합장 명의로 된 조합원 인증서를 교부받았다고 하더라도 주택조합의 조합원으로서의 자격을 얻었다고 볼 수는 없다고 한다.

비법인사단에의 제63조 유추적용 **대법원 2009.11.19.자 2008마699 전원합의체 결정**

민법 제63조는 법인의 조직과 활동에 관한 것으로서 법인격을 전제로 하는 조항은 아니라 할 것이고, 법인 아닌 사단이나 재단의 경우에도 이사가 없거나 결원이 생길 수 있으며, 통상의 절차에 따른 새로운 이사의 선임이 극히 곤란하고 종전 이사의 긴급처리권도 인정되지 아니하는 경우에는 사단이나 재단 또는 타인에게 손해가 생길 염려가 있을 수 있으므로, 민법 제63조는 법인 아닌 사단이나 재단에도 유추 적용할 수 있다고 봄이 상당하다. 이와 달리 법인 아닌 사단이나 재단의 경우에 법인에 관한 민법 제63조의 규정을 준용할 수 없다고 판시한 대법원 1961.11.16.자 4294민재항431 결정은 이 결정의 견해에 배치되는 범위 내에서 이를 변경하기로 한다.

비법인사단 대표자에 대한 대표권 제한 **대법원 2003.7.22. 선고 2002다64780 판결**

비법인사단의 경우에는 대표자의 대표권 제한에 관하여 등기할 방법이 없어 민법 제60조의 규정을 준용할 수 없고, 비법인사단의 대표자가 정관에서 사원총회의 결의를 거쳐야 하도록 규정한 대외적 거래행위에 관하여 이를 거치지 아니한 경우라도, 이와 같은 사원총회 결의사항은 비법인사단의 내부적 의사결정에 불과하다 할 것이므로, 그 거래 상대방이 그와 같은 대표권 제한 사실을 알았거나 알 수 있었을 경우가 아니라면 그 거래행위는 유효하다고 봄이 상당하고, 이 경우 거래의 상대방이 대표권 제한 사실을 알았거나 알 수 있었음은 이를 주장하는 비법인사단측이 주장·입증하여야 한다.[50]

(3) 재산관계

법인 아닌 사단이 물건을 소유할 때에는 집합체인 사원들의 총유에 속하고, 채권·채무 등 나머지 재산권은 사원의 준총유이다(제275조, 제278조). **총유물의 관리 및 처분**에 관하여 정관이나 규약에 정한 바 있으면 그에 따라야 하고, 그에 관하여 정관

---

50) 정관에 의한 대표권 제한 사실을 등기하지 않은 경우 악의의 제3자에게도 대항할 수 없는 사단법인의 경우와 구별된다.

등에 정한 바 없으면 사원총회의 결의에 의하여야 한다(제275조 제2항, 제276조 제1항). 이에 따르지 않은 관리 및 처분은 무효이고, 상대방의 선의 여부는 불문하며 표현대리에 관한 제126조는 준용되지 않는다(대법원 2001.5.29. 선고 2000다10246 판결, 2009.2.12. 선고 2006다23312 판결 등). 총유물의 관리 및 처분행위가 위 규정에 위배되어 무효가 되면 그 상대방은 법인 아닌 사단 및 그 대표자에 대하여 손해배상을 청구할 수 있다. 반면에 **사용, 수익의 권능**은 각 사원에게 속하므로, 정관 등에 달리 정한 바 없으면 법인 아닌 사단의 사원들은 목적범위 내에서 총유물을 사용, 수익할 수 있다(제276조 제2항).

한편 법인 아닌 사단의 채무는 그 사원들에게 총유적으로 귀속한다(총사원의 준총유). 따라서 그 채무에 관하여는 사단 자체의 재산만으로 책임을 지고, 사원들의 고유재산으로는 책임을 질 필요가 없다(통설).

또한 법인 아닌 사단의 소유에 속하는 부동산의 **공시방법**에 관하여는 부동산등기법에 특별규정이 있다. 같은 법 제26조는 법인 아닌 사단에 속하는 부동산의 등기에 관하여는 그 사단을 등기권리자 또는 등기의무자로 하고, 그 사단의 명의로 그 대표자나 관리인이 신청한다고 규정한다. 위 등기시 위 법 제49조 제1항 제3호에 의하여 시장, 군수가 부여한 부동산등기용 등록번호를 증명하는 서면을 첨부한다.

(4) 소송관계

법인 아닌 사단에는 민사소송법 제52조에 의하여 **소송상의 당사자 능력**이 인정된다. 이는 법인이 아니라도 사단으로서의 실체를 갖추고 그 대표자 등을 통하여 사회적 활동을 하는 경우에는 그로 인하여 발생하는 분쟁은 그 단체가 자기 이름으로 당사자가 되어 소송을 통하여 해결하도록 하기 위한 것이므로, 여기서 말하는 사단이라 함은 일정한 목적을 위하여 조직된 다수인의 결합체로서 대외적으로 사단을 대표할 기관에 관한 정함이 있는 단체를 말한다. 따라서 비법인사단이 당사자인 사건에 있어서, 당사자가 사단으로서 단체성을 갖추었는지, 대표자에게 적법한 대표권이 있는지 여부는 소송요건에 관한 것으로서 법원의 직권조사사항이다(대법원 2009.1.30. 선고 2006다60908 판결).[51)]

또한 총유재산에 관한 소송은, 그것이 총유재산의 관리·처분인 경우는 물론 보존행위로서 제기되는 경우일지라도, 비법인사단이 그 명의로 사원총회의 결의를 거쳐 하거나 또는 그 구성원 전원이 당사자가 되어 필수적 공동소송의 형태로 할 수 있을 뿐이다(아래 2004다44971 전원합의체 판결). 그에 따라 총유재산에 관하여 비법인사단

---

51) 적법한 대표자격이 없는 비법인사단의 대표자가 한 소송행위는 후에 대표자격을 적법하게 취득한 대표자가 추인하는 경우 행위시로 소급하여 효력을 갖게 되고, 위 추인은 상고심에서도 가능하다(대법원 1997.3.14. 선고 96다25227 판결).

이 사원총회의 결의 없이 제기한 소송은 **소제기에 관한 특별수권**을 결하여 부적법하다(대법원 2007.7.26. 선고 2006다64573 판결, 2011.7.28. 선고 2010다97044 판결 등 참조).

비법인사단의 소송상 당사자능력 대법원 2009.1.30. 선고 2006다60908 판결

민사소송법 제52조가 비법인사단의 당사자능력을 인정하는 것은 법인이 아니라도 사단으로서의 실체를 갖추고 그 대표자 또는 관리인을 통하여 사회적 활동이나 거래를 하는 경우에는 그로 인하여 발생하는 분쟁은 그 단체가 자기 이름으로 당사자가 되어 소송을 통하여 해결하도록 하기 위한 것이므로, 여기서 말하는 사단이라 함은 일정한 목적을 위하여 조직된 다수인의 결합체로서 대외적으로 사단을 대표할 기관에 관한 정함이 있는 단체를 말한다.

사단법인의 하부조직의 하나라 하더라도 스스로 단체로서의 실체를 갖추고 독자적인 활동을 하고 있다면 사단법인과는 별개의 독립된 비법인사단으로 볼 수 있다.

비법인사단이 당사자인 사건에 있어서 대표자에게 적법한 대표권이 있는지 여부는 소송요건에 관한 것으로서 법원의 직권조사사항이므로, 법원으로서는 그 판단의 기초자료인 사실과 증거를 직권으로 탐지할 의무까지는 없다 하더라도 이미 제출된 자료에 의하여 그 대표권의 적법성에 의심이 갈만한 사정이 엿보인다면 그에 관하여 심리·조사할 의무가 있다.[52]

총유물의 보존행위에 관한 소송 대법원 2005.9.15. 선고 2004다44971 전원합의체 판결

민법 제276조 제1항은 "총유물의 관리 및 처분은 사원총회의 결의에 의한다.", 같은 조 제2항은 "각 사원은 정관 기타의 규약에 좇아 총유물을 사용·수익할 수 있다."라고 규정하고 있을 뿐 공유나 합유의 경우처럼 보존행위는 그 구성원 각자가 할 수 있다는 민법 제265조 단서 또는 제272조 단서와 같은 규정을 두고 있지 아니한바, 이는 법인 아닌 사단의 소유형태인 총유가 공유나 합유에 비하여 단체성이 강하고 구성원 개인들의 총유재산에 대한 지분권이 인정되지 아니하는 데에서 나온 당연한 귀결이라고 할 것이므로 **총유재산에 관한 소송은 법인 아닌 사단이 그 명의로 사원총회의 결의를 거쳐 하거나 또는 그 구성원 전원이 당사자가 되어 필수적 공동소송의 형태로 할 수 있을 뿐** 그 사단의 구성원은 설령 그가 사단의 대표자라거나 사원총회의 결의를 거쳤다 하더라도 그 소송의 당사자가 될 수 없고, 이러한 법리는 총유재산의 보존행위로서 소를 제기하는 경우에도 마찬가지라 할 것이다.

---

52) 시민단체인 '참여연대'의 하부조직들이 낙선운동에 관한 비방 보도를 이유로 원고로서 손해배상을 청구한 사례이다.

비법인사단의 채무보증행위의 성격 대법원 2007.4.19. 선고 2004다60072 전원합의체 판결

[다수의견] 민법 제275조, 제276조 제1항에서 말하는 총유물의 관리 및 처분이라 함은 총유물 그 자체에 관한 이용·개량행위나 법률적·사실적 처분행위를 의미하는 것이므로, 비법인사단이 타인 간의 금전채무를 보증하는 행위는 총유물 그 자체의 관리·처분이 따르지 아니하는 **단순한 채무부담행위에 불과하여 이를 총유물의 관리·처분행위라고 볼 수는 없다.** 따라서 비법인사단인 재건축조합의 조합장이 채무보증계약을 체결하면서 조합규약에서 정한 조합 임원회의 결의를 거치지 아니하였다거나 조합원총회 결의를 거치지 않았다고 하더라도 그것만으로 바로 그 보증계약이 무효라고 할 수는 없다. 다만, 이와 같은 경우에 조합 임원회의의 결의 등을 거치도록 한 조합규약은 조합장의 대표권을 제한하는 규정에 해당하는 것이므로, 거래 상대방이 그와 같은 대표권 제한 및 그 위반 사실을 알았거나 과실로 인하여 이를 알지 못한 때에는 그 거래행위가 무효로 된다고 봄이 상당하며, 이 경우 그 거래 상대방이 대표권 제한 및 그 위반 사실을 알았거나 알지 못한 데에 과실이 있다는 사정은 그 거래의 무효를 주장하는 측이 이를 주장·입증하여야 한다.

[반대의견] 비법인사단이 부담하는 채무가 총유물 그 자체 또는 재산권 그 자체에 해당하지 않는다고 해서 곧바로 비법인사단이 타인 간의 금전채무를 보증하는 행위가 민법 제276조 제1항에서 말하는 총유물의 관리·처분에 해당하지 않는다고 단정하기는 어렵다. 왜냐하면 비법인사단이 부담하는 보증채무가 자연채무가 아닌 한, 그러한 보증채무 부담행위는 그 채무 변제를 위한 책임재산과 별도로 생각할 수 없기 때문이다. 그 채무의 변제기가 도래하고 주채무자가 채무를 이행하지 않으면 비법인사단은 자신이 보유하고 있는 현금이나 총유물을 처분하여 그 채무를 만족시켜야 하므로 결국 보증채무 부담행위는 비법인사단의 총유물의 처분으로 연결될 수밖에 없다. 그렇다면 비법인사단의 보증채무 부담행위는 장래의 총유물의 처분행위와 같다고 보아야만 한다.

채무승인은 총유물의 관리·처분행위 아님 대법원 2009.11.26. 선고 2009다64383 판결

비법인사단의 사원총회가 그 총유물에 관한 매매계약의 체결을 승인하는 결의를 하였다면, 통상 그러한 결의에는 그 매매계약의 체결에 따라 발생하는 채무의 부담과 이행을 승인하는 결의까지 포함되었다고 봄이 상당하므로, 비법인사단의 대표자가 그 채무에 대하여 소멸시효 중단의 효력이 있는 승인을 하거나 그 채무를 이행할 경우에는 특별한 사정이 없는 한 별도로 그에 대한 사원총회의 결의를 거칠 필요는 없다고 보아야 한다.

비법인사단이 총유물에 관한 매매계약을 체결하는 행위는 총유물 그 자체의 처분이 따르는 채무부담행위로서 총유물의 처분행위에 해당하나, 그 매매계약에 의하여 부담

하고 있는 채무의 존재를 인식하고 있다는 뜻을 표시하는 데 불과한 소멸시효 중단사유로서의 승인은 총유물 그 자체의 관리·처분이 따르는 행위가 아니어서 총유물의 관리·처분행위라고 볼 수 없다.

해산사유가 발생한 교회의 당사자능력 대법원 2007.11.16. 선고 2006다41297 판결

비법인사단에 해산사유가 발생하였다고 하더라도 곧바로 당사자능력이 소멸하는 것이 아니라 청산사무가 완료될 때까지 청산의 목적범위 내에서 권리·의무의 주체가 되고, 이 경우 청산 중의 비법인사단은 해산 전의 비법인사단과 동일한 사단이고 다만 그 목적이 청산 범위 내로 축소된 데 지나지 않는다. 교회가 건물을 다른 교회에 매도하고 더 이상 종교활동을 하지 않아 해산하였다고 하더라도 교인들이 교회 재산의 귀속관계에 대하여 다투고 있는 이상 교회는 청산목적의 범위 내에서 권리·의무의 주체가 되어 당사자능력이 있고, 위 교인들이 교회의 대표자 지위의 부존재 확인을 구하는 소송에는 청산인 지위의 부존재 확인을 구하는 취지가 포함되어 있다. 교회의 헌법 등에 다른 정함이 있는 등의 특별한 사정이 없는 한, 교회의 대표자(담임목사)는 예배 및 종교활동을 주재하는 종교상의 지위와 아울러 비법인사단의 대표자 지위를 겸유하면서 교회 재산의 관리처분과 관련한 대표권을 가지므로, 재산의 관리처분과 관련한 교회 대표자 지위에 관한 분쟁은 구체적인 권리 또는 법률관계를 둘러싼 분쟁에 해당하여 그 대표자 지위의 부존재 확인을 구하는 것은 소의 이익이 있다.

***** 비법인사단이 그 대표자가 한 법률행위에 대한 무효 주장의 순서**

- 사단의 목적범위를 벗어난 행위가 아닌가?
- 법률행위가 총유물의 관리/처분과 관련된 경우
  - 제275조, 제276조에 위반된 행위가 아닌가?
    (위 규정들 위반시 상대방의 선의 여부 불문하고 무효. 표현대리 적용 안됨)
- 총유물의 관리/처분과 무관한 법률행위인 경우
  - 대표권 제한에 위반한 행위가 아닌가?
    (제60조가 준용되지 않으므로 상대방이 대표권 제한에 관하여 악의/과실인 경우는 무효)
  - 대표권을 남용한 법률행위가 아닌가?
    (대표자의 배임적 의도에 대한 상대방의 악의/과실)

* 상대방이 사단의 불법행위책임을 묻는 경우
- 직무관련성이 없다는 사실, 그에 관한 상대방의 악의/중과실

라. 비법인사단의 유형

(1) 종중

(가) 종중의 개념

고유한 의미에서 종중이라 함은 공동선조의 후손 중 **성년의 남녀를 구성원**으로 하여 공동선조의 분묘수호와 제사, 종원 상호간의 친목을 목적으로 형성되는 **자연발생적 종족단체**를 말한다. 종중은 특별한 조직행위를 필요로 함이 없이 선조의 사망과 함께 당연히 성립하고, 따라서 어떤 종중을 특정하고 실체를 파악함에 있어서는 그 종중의 공동선조가 누구인지가 가장 중요하다.

위와 같은 **종중**이 그 **규약이나 관습에 의하여 대표자를 선출하는 등으로 조직을 갖추고 지속적인 활동**을 하고 있다면 법인 아닌 사단으로서의 단체성이 인정된다(대법원 1994.9.30. 선고 93다27703 판결 참조).[53] 비법인사단으로서의 종중에 대하여는 가급적 독자성과 자율성을 존중해 주는 것이 바람직하므로 종중의 규약(정관)은 그 유효성을 인정하여야 한다. 다만 일부 구성원의 자격을 임의로 배제하거나 특정지역 내에 거주하는 일부 종중원에 한하여 의결권을 주는 내용을 규정하는 경우, 그 규약은 종중의 본질이나 설립목적에 반하여 무효라 할 것이다.

***** 종중유사단체와의 구별**

공동선조의 후손 중 일정한 범위의 종족집단이 사회적 조직체로서 성립하여 고유의 재산을 소유·관리하면서 활동하고 있는 것을 종중유사단체라고 한다. 특정지역에 거주하는 종중원 일부로 구성된 단체, 같은 혈족이지만 공동선조를 달리하는 별개의 소종중이 통합하여 새로 구성하는 종족집단 등이 여기에 해당한다. 판례는 종중유사단체를 종중이 아니라고 하면서도 비법인사단이 될 수 있다고 판시한다(대법원 2002.4.12. 선고 2000다16800 판결).

종중의 성립요건 **대법원 1985.10.22. 선고 83다카2396,2397 판결**

종중이란 공동선조의 봉제사를 그 주되는 목적으로 하는 종족집단으로서 그 대표자를 선임함에 있어서는 종중규약이나 관례에 따르고 규약이나 종중관례가 없으면 일반 관습에 의하되 종장 또는 문장이 그 종족 중 성년이상의 남자를 소집하여 출석자의 과반수 결의로 선출하는 것이 우리나라의 일반관습이기는 하나 문장의 자격이 있는 자가 소집권한 없는 자의 종회소집에 동의하여 동인으로 하여금 소집케 하였다면 그와 같은 종회

53) 따라서 모든 종중이 법인 아닌 사단이 되는 것은 아니다.

소집을 전혀 권한없는 자의 소집이라고 볼 수는 없다. 종중은 공동선조의 후손 중 성년 이상의 남자를 종원으로 하여 구성되는 자연적 집단으로서 그 공동선조를 정함에 따라 상대적으로 대소종중으로 나뉘어 성립될 수 있기 때문에 종중이 성립하기 위하여서는 종중구성의 결의 등 특별한 조직행위를 필요로 하거나 이를 규율화하기 위한 성문의 규약이 있어야 하는 것은 아니고, 다만 그 목적인 공동선조의 분묘수호와 제사 및 종중원 상호간의 친목을 목적으로 하는 자연발생적인 종족집단체가 됨으로써 족하다.

통합종중과 소종중 재산에 대한 처리 대법원 2008.10.9. 선고 2008다41567 판결

고유한 의미의 종중은 공동선조의 후손들에 의하여 그 선조의 분묘수호와 제사 및 후손 상호간의 친목을 목적으로 형성되는 자연발생적인 종족단체로서 그 선조의 사망과 동시에 그 자손에 의하여 성립하므로, 같은 혈족이지만 공동선조를 달리 하던 별개의 소종중이 통합하여 새로 구성된 종족집단으로서의 통합종중은 고유한 의미의 종중이 아니긴 하지만 그 단체로서의 실체를 인정할 수 있을 경우에는 종중 유사의 권리능력 없는 사단으로서 단체성만을 인정할 수 있고, 그 경우에도 자연발생적 집단으로서 선조의 사망과 동시에 자손에 의하여 자연발생적으로 성립하는 고유한 의미의 종중인 통합 전 소종중의 객관적 실체가 없어지는 것은 아니다. 통합종중의 규약에서 통합 전 소종중의 재산이 통합종중에 귀속되는 것으로 정하였다 하더라도 통합 전 소종중원의 총유에 속하는 재산의 처분에 관하여는 그 소종중의 규약 혹은 종중총회결의에 따른 적법한 처분절차를 거치지 아니하는 이상 그 유효성을 인정할 수 없고, 그 주장입증에 대한 책임은 처분행위의 유효를 주장하는 측에 있다.

(나) 종중구성원의 자격

공동선조의 후손 중 남자나 여자를 불문하고 성년에 이른 자가 종중구성원이 된다(민법의 법원에서 기술한 2002다1178 전원합의체판결로써 그 구성원을 성년 남자로 국한했던 종전의 입장을 변경함). 다른 가문으로 입양을 간 사람은 그 생가의 종원 자격이 없다(대법원 1996.8.23. 선고 96다12566 판결).

종중유사단체 회원은 남성으로 한정해도 합법 대법원 2011.2.24. 선고 2009다17783 판결

종중 유사단체는 비록 그 목적이나 기능이 고유한 의미의 종중과 별다른 차이가 없다 하더라도 공동선조의 후손 중 일부에 의하여 인위적인 조직행위를 거쳐 성립된 경우에는 사적 임의단체라는 점에서 자연발생적인 종족집단인 고유한 의미의 종중과 그 성질을 달리하므로, 그러한 경우에는 사적 자치의 원칙 내지 결사의 자유에 따라 그

구성원의 자격이나 가입조건을 자유롭게 정할 수 있음이 원칙이다. 따라서 그러한 종중 유사단체의 회칙이나 규약에서 공동선조의 후손 중 남성만으로 그 구성원을 한정하고 있다 하더라도 특별한 사정이 없는 한 이는 사적 자치의 원칙 내지 결사의 자유의 보장범위에 포함되고, 위 사정만으로 그 회칙이나 규약이 양성평등 원칙을 정한 헌법 제11조 및 민법 제103조를 위반하여 무효라고 볼 수는 없다.

(다) 종중의 대표자

종중의 대표자는 그 선임 방법에 관하여 규약이나 관례가 있으면 그에 따라 선출하고, 그것이 없다면 종장(문장)이나 연고항존자가 그 종원을 소집하여 출석 종원의 과반수 결의로 선출한다

종중대표자의 선출 방법 **대법원 2010.12.9. 선고 2009다26596 판결**

종중의 대표자는 종중의 규약이나 관례가 있으면 그에 따라 선임하고 그것이 없다면 종장 또는 문장이 그 종원 중 성년 이상의 사람을 소집하여 선출하며, 평소에 종중에 종장이나 문장이 선임되어 있지 아니하고 선임에 관한 규약이나 관례가 없으면 현존하는 연고항존자가 종장이나 문장이 되어 국내에 거주하고 소재가 분명한 종원에게 통지하여 종중총회를 소집하고 그 회의에서 종중 대표자를 선임하는 것이 일반 관습이고, 종원들이 종중재산의 관리 또는 처분 등에 관하여 대표자를 선정할 필요가 있어 적법한 소집권자에게 종중총회의 소집을 요구하였으나 소집권자가 정당한 이유 없이 이를 소집하지 아니할 때에는 차석 연고항존자 또는 발기인이 총회를 소집할 수 있다. 대표자를 선임하기 위하여 개최되는 종중총회의 소집권을 가지는 연고항존자를 확정함에 있어서 여성을 제외할 아무런 이유가 없으므로, 여성을 포함한 전체 종원 중 항렬이 가장 높고 나이가 가장 많은 사람이 연고항존자가 된다. 다만 이러한 연고항존자는 족보 등의 자료에 의하여 형식적·객관적으로 정하여지는 것이지만 이에 따라 정하여지는 연고항존자의 생사가 불명한 경우나 연락이 되지 아니한 경우도 있으므로, 사회통념상 가능하다고 인정되는 방법으로 생사 여부나 연락처를 파악하여 연락이 가능한 범위 내에서 종중총회의 소집권을 행사할 연고항존자를 특정하면 충분하다.

종손의 추천권과 선출권 **대법원 2008.10.9. 선고 2005다30566 판결**

종중은 공동선조의 분묘수호와 제사, 그리고 종원 상호간의 친목도모 등을 목적으로 자연발생적으로 성립한 종족 집단체로서, 종중이 규약이나 관습에 따라 선출된 대표자 등에 의하여 대표되는 정도로 조직을 갖추고 지속적인 활동을 하고 있다면 비법인 사

단으로서의 단체성이 인정된다. 이와 같은 종중의 성격과 법적 성질에 비추어 보면, 종중에 대하여는 가급적 그 독자성과 자율성을 존중해 주는 것이 바람직하고, 따라서 원칙적으로 종중규약은 종원이 가지는 고유하고 기본적인 권리의 본질적인 내용을 침해하는 등 종중의 본질이나 설립 목적에 크게 위배되지 않는 한 그 유효성을 인정하여야 한다. 종중회칙이 종손에게 회장후보자 추천권과 종무위원 선출권을 함께 부여하고 있다는 점만으로 종중의 본질이나 설립 목적에 반하여 무효라고 볼 수 없다.

(라) 종중총회, 재산관계

종중회의의 통지 대상과 방법 대법원 2007.9.6. 선고 2007다34982 판결

종중이란 공동선조의 분묘수호와 제사 및 종원 상호간의 친목 등을 목적으로 하여 구성되는 자연발생적인 종족집단이므로, 종중의 이러한 목적과 본질에 비추어 볼 때 공동선조와 성과 본을 같이 하는 후손은 성별의 구별 없이 성년이 되면 당연히 그 구성원이 된다고 보는 것이 조리에 합당하다. 종중총회는 특별한 사정이 없는 한 족보에 의하여 소집통지 대상이 되는 종중원의 범위를 확정한 후 국내에 거주하고 소재가 분명하여 통지가 가능한 모든 종중원에게 개별적으로 소집통지를 함으로써 각자가 회의와 토의 및 의결에 참가할 수 있는 기회를 주어야 하고, 일부 종중원에게 소집통지를 결여한 채 개최된 종중총회의 결의는 효력이 없으나, 그 소집통지의 방법은 반드시 직접 서면으로 하여야만 하는 것은 아니고 구두 또는 전화로 하여도 되고 다른 종중원이나 세대주를 통하여 하여도 무방하다. 종중의 족보에 종중원으로 등재된 성년 여성들에게 소집통지를 함이 없이 개최된 종중 임시총회에서의 결의는 모두 무효이다.

분배금지급에 관한 종중총회결의 무효 대법원 2010.9.9. 선고 2007다42310,42327 판결

종유물인 종중 토지 매각대금의 분배는 정관 기타 규약에 달리 정함이 없는 한 종중총회의 결의에 의하여만 처분할 수 있고 이러한 분배결의가 없으면 종원이 종중에 대하여 직접 분배청구를 할 수 없다. 따라서 종중 토지 매각대금의 분배에 관한 종중총회의 결의가 무효인 경우, 종원은 그 결의의 무효확인 등을 소구하여 승소판결을 받은 후 새로운 종중총회에서 공정한 내용으로 다시 결의하도록 함으로써 그 권리를 구제받을 수 있을 뿐이고 새로운 종중총회의 결의도 거치지 아니한 채 종전 총회결의가 무효라는 사정만으로 곧바로 종중을 상대로 하여 스스로 공정하다고 주장하는 분배금의 지급을 구할 수는 없다. 종중이 종토 매각대금을 종원에게 분배함에 있어 종토에 관한 토지조사부에 사정명의인으로 등재된 자의 직계손에게 이를 분배하되 방계손에

게는 지원금을 1/2 이하로 감축하거나 지급을 보류할 수 있고, 해외 이민자는 지급대상에서 제외하기로 결의한 사안에서, 위 결의는 종원으로서의 권리의 본질적 부분을 부당하게 침해하는 것으로 합리적이라 할 수 없어 무효라고 본 원심의 판단은 정당하나, 종중 토지 매각대금의 분배에 관한 종중총회의 결의가 무효인 경우 법원이 합리적이라고 판단되는 분배를 직접 명할 수 있다고 본 원심판결에 총유물의 처분에 관한 법리를 오해한 위법이 있다.

종중 총회의 분배 결의 **대법원 1994.4.26. 선고 93다32446 판결**

자식이 나병에 걸려서 가출하여 사실상 없는 것과 같은 경우에는 양자를 들이는 것이 우리의 관습이었다고 할 수 없다. 타가에 출계한 자는 생부의 선조를 시조로 하는 종중에는 속하지 않는다 할 것이나 입양이 무효인 경우에는 그 입양에 의하여 생부의 선조를 시조로 하는 종중의 종원 자격을 상실하지 않는다고 할 것이고 사실상 양자로 행세한 것만으로 생부의 선조를 시조로 하는 종중의 종원 자격을 상실한다고 할 수 없다. 비법인사단인 종중의 토지에 대한 수용보상금은 종원의 총유에 속하고, 위 수용보상금의 분배는 총유물의 처분에 해당하므로 정관 기타 규약에 달리 정함이 없는 한 종중총회의 분배결의가 없으면 종원이 종중에 대하여 직접 분배청구를 할 수 없으나, 종중 토지에 대한 수용보상금을 종원에게 분배하기로 결의하였다면, 그 분배대상자라고 주장하는 종원은 종중에 대하여 직접 분배금의 청구를 할 수 있다.

***** 종중 관련 소송시 검토할 사항**

- 종중의 존재 : 공동선조, 종중원의 구성, 족보, 종중등록증
- 종중의 규약 : 반드시 성문일 필요 없고, 관행 등도 가능
- 종중 대표자의 적법한 선정 여부
- 종중대표자에 의한 적법한 회의 소집 여부
- 종중회의에서 소제기, 대표자에게 소송수행에 관한 일체의 권한을 위임한다는 결의

(2) 교회

(가) 개념

여기에서의 교회는 천주교 이외의 각 그리스도교파에서 통상적으로 사용하는 '기독교의 신자들이 신앙의 목적으로 구성한 단체'를 말한다. 판례는 일찍부터 교회를 법인 아닌 사단으로 인정하고 있다(대법원 1962.7.12. 선고 62다133 판결 등).

(나) 재산의 총유, 관리·처분

교회재산의 총유 **대법원 2001.6.15. 선고 99두5566 판결**

교회는 일반적으로 권리능력 없는 사단이라 할 것이므로, 그 재산의 귀속형태는 총유로 봄이 상당하고, 따라서 교회재산의 관리와 처분은 그 교회의 정관 기타 규약에 의하되 그것이 없는 경우에는 그 소속교회 교인들 총회의 과반수 결의에 의하여야 하므로, 토지나 건축물을 소유한 교회가 재개발조합의 설립 및 사업시행에 대하여 동의를 하는 경우에도 정관 기타 규약이 없으면 교인들 총회의 과반수 결의에 의하여야 한다.

재산의 처분과 교인총회의 결의 **대법원 2009.2.12. 선고 2006다23312 판결**

기독교 단체인 교회에 있어서 교인들의 연보, 헌금 기타 교회의 수입으로 이루어진 재산은 특별한 사정이 없는 한 그 교회 소속 교인들의 총유에 속한다. 따라서 그 재산의 처분은 그 교회의 정관 기타 규약에 의하거나 그것이 없는 경우에는 그 교회 소속 교인들로 구성된 총회의 결의에 따라야 한다. 비법인사단인 교회의 대표자는 총유물인 교회 재산의 처분에 관하여 교인총회의 결의를 거치지 아니하고는 이를 대표하여 행할 권한이 없다. 그리고 교회의 대표자가 권한 없이 행한 교회 재산의 처분행위에 대하여는 민법 제126조의 표현대리에 관한 규정이 준용되지 아니한다.

(다) 교회의 분열

교회 등 **법인 아닌 사단의 분열**과 관련하여, 대법원은 그 분열을 인정하던 종래의 입장을 바꾸어, 구성원들의 집단적 탈퇴로써 법인 아닌 사단이 2개로 분열되고 분열되기 전 사단의 재산이 분열된 사단들의 구성원들에게 각각 총유적으로 귀속되는 결과를 초래하는 형태의 법인 아닌 사단의 분열은 허용되지 않는다고 판시한다. 그러나 법인 아닌 사단의 구성원 중 일부가 탈퇴하여 새로운 사단을 설립하는 경우에 종전의 사단에 남아있는 구성원들이 자신들이 총유의 형태로 소유하고 있는 재산을 새로 설립된 비법인사단의 구성원들에게 양도하거나, 법인 아닌 사단이 해산한 후 그 구성원들이 나뉘어 여러 개의 비법인사단들을 설립하는 경우에 해산되기 전의 비법인사단의 구성원들이 자신들이 총유의 형태로 소유하고 있던 재산을 새로 설립된 비법인사단의 구성원들에게 양도하는 것은 허용된다고 한다.

교회 분열시 재산의 귀속 **대법원 2006.4.20. 선고 2004다37775 전원합의체 판결**

우리 민법이 사단법인에 있어서 구성원의 탈퇴나 해산은 인정하지만 사단법인의 구성원들이 2개의 법인으로 나뉘어 각각 독립한 법인으로 존속하면서 종전 사단법인에게 귀속되었던 재산을 소유하는 방식의 사단법인의 분열은 인정하지 아니한다. 그 법리는 법인 아닌 사단에 대하여도 동일하게 적용되며, 법인 아닌 사단의 구성원들의 집단적 탈퇴로써 사단이 2개로 분열되고 분열되기 전 사단의 재산이 분열된 각 사단들의 구성원들에게 각각 총유적으로 귀속되는 결과를 초래하는 형태의 법인 아닌 사단의 분열은 허용되지 않는다. 교회가 법인 아닌 사단으로서 존재하는 이상, 그 법률관계를 둘러싼 분쟁을 소송적인 방법으로 해결함에 있어서는 법인 아닌 사단에 관한 민법의 일반이론에 따라 교회의 실체를 파악하고 교회의 재산 귀속에 대하여 판단하여야 하고, 이에 따라 법인 아닌 사단의 재산관계와 그 재산에 대한 구성원의 권리 및 구성원 탈퇴, 특히 집단적인 탈퇴의 효과 등에 관한 법리는 교회에 대하여도 동일하게 적용되어야 한다. 따라서 교인들은 교회 재산을 총유의 형태로 소유하면서 사용·수익할 것인데, 일부 교인들이 교회를 탈퇴하여 그 교회 교인으로서의 지위를 상실하게 되면 탈퇴가 개별적인 것이든 집단적인 것이든 이와 더불어 종전 교회의 총유 재산의 관리처분에 관한 의결에 참가할 수 있는 지위나 그 재산에 대한 사용·수익권을 상실하고, 종전 교회는 잔존 교인들을 구성원으로 하여 실체의 동일성을 유지하면서 존속하며 종전 교회의 재산은 그 교회에 소속된 잔존 교인들의 총유로 귀속됨이 원칙이다. 그리고 교단에 소속되어 있던 지교회의 교인들의 일부가 소속 교단을 탈퇴하기로 결의한 다음 종전 교회를 나가 별도의 교회를 설립하여 별도의 대표자를 선정하고 나아가 다른 교단에 가입한 경우, 그 교회는 종전 교회에서 집단적으로 이탈한 교인들에 의하여 새로이 법인 아닌 사단의 요건을 갖추어 설립된 신설 교회라 할 것이어서, 그 교회 소속 교인들은 더 이상 종전 교회의 재산에 대한 권리를 보유할 수 없게 된다.

구성원의 총유재산 양도 가능 대법원 2008.1.31. 선고 2005다60871 판결

법인 아닌 사단의 구성원 중 일부가 탈퇴하여 새로운 법인 아닌 사단을 설립하거나, 법인 아닌 사단이 해산한 후 그 구성원들이 나뉘어 여러 개의 법인 아닌 사단들을 설립하는 경우, 종전의 법인 아닌 사단의 구성원들이 총유의 형태로 소유하고 있는 재산을 새로이 설립된 법인 아닌 사단의 구성원들에게 양도하는 것이 허용된다.

(라) 교단의 변경

소속교단 변경 결의 대법원 2007.6.29.자 2007마224 결정

특정 교단에 가입한 지교회가 교단이 정한 헌법을 지교회 자신의 자치규범으로 받아들였다고 인정되는 경우에는 소속 교단의 변경은 실질적으로 지교회 자신의 규약에 해당하는 자치규범을 변경하는 결과를 초래하고, 만약 지교회 자신의 규약을 갖춘 경

우에는 교단변경으로 인하여 지교회의 명칭이나 목적 등 지교회의 규약에 포함된 사항의 변경까지 수반하기 때문에, 소속 교단에서의 탈퇴 내지 소속 교단의 변경은 사단법인 정관변경에 준하여 의결권을 가진 교인 2/3 이상의 찬성에 의한 결의를 필요로 하며, 만일 소속 교단에서의 탈퇴 등에 관한 결의를 하였으나 이에 찬성한 교인이 의결권을 가진 교인의 2/3에 이르지 못한다면 종전 교회의 동일성은 여전히 종전 교단에 소속되어 있는 상태로서 유지된다. 그러므로 의결권을 가진 교인의 2/3 이상의 찬성에 의하여 소속 교단에서의 탈퇴 또는 소속 교단의 변경결의가 적법·유효하게 이루어졌다는 점은 이를 주장하는 자가 입증하여야 한다.

(마) 교회의 징계

노회의 지교회 당회장 파송 **대법원 2010.5.27. 선고 2009다67658 판결**

지교회가 속한 교단 헌법의 규정에 따라 노회는 지교회 당회장이 결원되었을 경우 교인총회 등의 결의나 동의절차 없이 임시 당회장을 지교회에 파송할 수 있으므로, 지교회의 당회장인 목사 갑이 노회 재판국으로부터 직무정지 가처분 결정을 받아 당회장으로서의 모든 권한이 정지되는 등 당회장의 결원이 생기자 목사 을을 지교회의 임시 당회장으로 파송한 것은 적법하고, 그 후 목사 갑의 가처분 결정에 대한 이의신청에 따라 일시적으로 임시 당회장의 파송사유가 해소되었다 하더라도 노회가 목사 갑에 대한 면직·출교처분 후 목사 을을 지교회의 임시 당회장으로 인정하여 그 직무수행을 승인하고 있는 이상 목사 을 및 그 후임 목사들은 모두 임시 당회장으로서 지교회를 대표할 권한이 있다. 종교단체의 징계결의는 종교단체 내부의 규제로서 헌법이 보장하고 있는 종교 자유의 영역에 속하는 것이므로 교인 개인의 특정한 권리의무에 관계되는 법률관계를 규율하는 것이 아니라면 원칙적으로 법원으로서는 그 효력의 유무를 판단할 수 없다고 할 것이지만, 그 효력의 유무와 관련하여 구체적인 권리 또는 법률관계를 둘러싼 분쟁이 존재하고, 또한 그 청구의 당부를 판단하기에 앞서 위 징계의 당부를 판단할 필요가 있는 경우에는 그 판단의 내용이 종교 교리의 해석에 미치지 아니하는 한 법원으로서는 위 징계의 당부를 판단하여야 한다.[54)]

54) 종단으로부터 승적의 제적이라는 징계를 받았으므로 사찰을 점유·관리할 권원을 상실하였다 하여 그 명도를 청구한 경우에는, 구체적인 권리 또는 법률관계를 둘러싼 분쟁이 존재하고, 또한 그 청구의 당부를 판단하기에 앞서 위 징계의 당부를 판단할 필요가 있으므로, 법원으로서는 그 판단의 내용이 종교 교리의 해석에 미치지 아니하는 한 위 징계의 당부를 판단하여야 할 것이다(대법원 1992.5.22. 선고 91다41026 판결).

(3) 어촌계

어업권 소멸 보상금은 어촌계의 총유 대법원 2003.6.27. 선고 2002다68034 판결

법인 아닌 어촌계가 취득한 어업권은 어촌계의 총유이고, 그 어업권의 소멸로 인한 보상금도 어촌계의 총유에 속하므로 총유물인 손실보상금의 처분은 원칙적으로 계원총회의 결의에 의하여 결정되어야 할 것이지만, 어업권의 소멸로 인한 손실보상금은 어업권의 소멸로 손실을 입은 어촌계원들에게 공평하고 적정하게 분배되어야 할 것이므로, 어업권의 소멸로 인한 손실보상금의 분배에 관한 어촌계 총회의 결의 내용이 각 계원의 어업권 행사 내용, 어업 의존도, 계원이 보유하고 있는 어업 장비나 멸실된 어업 시설 등의 제반 사정을 참작한 손실의 정도에 비추어 볼 때 현저하게 불공정한 경우에는 그 결의는 무효이다. 어업권의 소멸로 인한 손실보상금을 어업권 행사자와 비행사자 사이에 균등하게 분배하기로 하는 어촌계의 총회결의가 있는 경우, 그 결의가 현저하게 불공정하여 무효인지 여부를 판단함에 있어서는 그 어촌계 내부의 어업권 행사의 관행과 실태가 가장 중요한 기준이 된다고 할 것이고, 그 밖에 어업권 행사자가 되기 위한 경쟁의 정도, 어촌계원 중에서 어업권 행사자들이 차지하는 비율, 어업권 비행사자들이 어업권 행사자가 되지 못한 이유, 분배방법에 대한 행사자와 비행사자들의 태도, 그 어촌계에서의 과거의 보상금 분배의 선례 등도 판단자료로서 참작되어야 한다.

(4) 아파트입주자대표회의 및 부녀회

공동주택 입주자대표회의의 연속성 대법원 2007.6.15. 선고 2007다6307 판결

공동주택의 입주자대표회의는 동별 세대수에 비례하여 선출되는 동별 대표자를 구성원으로 하는 법인 아닌 사단이고, 그 동별 대표자는 각 동별 입주자가 선출하는 것이므로, 동별 대표자가 적법하게 선출되어 입주자대표회의가 적법하게 구성된 이후에 있어서는, 후임 동별대표자를 선출하는 것은 비법인사단으로서의 입주자대표회의가 동일성을 잃지 아니한 채 그대로 존속하면서 단순히 그 구성원을 변경하는 것에 지나지 아니하므로, 새로운 동별 대표자의 선출절차가 위법하여 효력이 없다면 그 동별대표자는 입주자대표회의 구성원으로서의 지위를 취득할 수 없고 종전의 동별 대표자가 여전히 입주자대표회의 구성원으로서의 지위를 가지고, 동별 대표자 또는 입주자대표회의의 회장 등이 변경될 때마다 종전과는 별개, 독립의 새로운 비법인사단이 구성, 성립되는 것으로 볼 것은 아니며, 입주자대표회의가 비법인사단인 이상 그 존속기간의 정함이 있는 것으로 볼 수도 없다. 민법상 법인과 그 기관인 이사의 관계는 위임자와 수임자의 법률관계와 같은 것으로서 이사의 임기가 만료하면 일단 그 위임관계는 종료되는 것이 원칙이나, 그 후임 이사 선임시까지 이사가 존재하지 않는다면 기관에 의하여 행위를 할 수밖에 없는 법인으로서는 당장 정상적인 활동을 중단하지 않을 수 없는

상태에 처하게 되고, 이는 민법 제691조에 규정된 급박한 사정이 있는 때와 같이 볼 수 있으므로 임기 만료되거나 사임한 이사라고 할지라도 그 임무를 수행함이 부적당하다고 인정할 만한 특별한 사정이 없는 한 그 급박한 사정을 해소하기 위하여 필요한 범위 내에서 신임 이사가 선임될 때까지 이사의 직무를 계속 수행할 수 있고, 이러한 법리는 법인 아닌 사단에서도 마찬가지이다.[55)]

아파트부녀회 수익금 청구의 상대방 대법원 2006.12.21. 선고 2006다52723 판결

아파트에 거주하는 부녀를 회원으로 하여 입주자의 복지증진 및 지역사회 발전 등을 목적으로 설립된 아파트 부녀회는 회칙과 임원을 두고서 주요 업무를 월례회나 임시회를 개최하여 의사결정하여 온 경우에 법인 아닌 사단의 실체를 갖추고 있다. 법인 아닌 사단의 실체를 갖춘 아파트 부녀회의 수익금이 아파트 부녀회 회장의 개인 명의의 예금계좌에 입금되어 있는 경우, 위 수익금의 관리·사용권을 승계한 아파트입주자대표회의가 수익금의 지급을 청구할 상대방은 회장 개인이 아니라 아파트 부녀회이다.

(5) 재건축조합

비법인사단으로서 재건축조합 대법원 2005.6.23. 선고 2004다3864 판결

재건축조합은 민법상의 비법인사단에 해당하고,[56)] 재건축결의의 내용을 변경함에 있어서는 그것이 구성원인 조합원의 이해관계에 미치는 영향에 비추어 재건축결의시의 의결정족수를 규정한 집합건물의소유및관리에관한법률 제47조 제2항을 유추적용하여 조합원 5분의 4 이상의 결의가 필요하다.

(6) 자연부락

자연부락의 당사자능력 대법원 2007.7.26. 선고 2006다64573 판결

법인 아닌 사단이나 재단도 대표자 또는 관리인이 있으면 민사소송의 당사자가 될 수 있으므로, 자연부락이 그 부락주민을 구성원으로 하여 고유목적을 가지고 의사결정기관과 집행기관인 대표자를 두어 독자적인 활동을 하는 사회조직체라면 비법인사단으

---

55) 즉 후임회장의 선출이 부적법하여 효력이 없게 된 경우, 차기회장이 적법하게 선출될 때까지 전임회장이 일정 범위 내에서 대표자 직무를 계속 수행할 수 있고, 입주자대표회의의 당사자능력이 소멸하는 것은 아니라고 한다.

56) 도시 및 주거환경정비법 제35조, 제38조, 제49조 등에 따르면 재건축·재개발을 시행하는 정비사업조합은 등기시 성립하는 법인으로 하고, 민법 중 사단법인에 관한 규정을 준용한다고 규정함으로써 더 이상 비법인사단이 아니다(대법원 2013.11.28. 선고 2012다110477 판결 참조).

로서의 권리능력이 있다고 할 것이나, 이와 같이 자연부락이 비법인사단으로서 존재하는 사실을 인정하려면 우선 그 자연부락의 구성원의 범위와 자연부락의 고유업무, 자연부락의 의사결정기관인 부락총회와 대표자의 존부 및 그 조직과 운영에 관한 규약이나 관습이 있었는지의 여부 등을 확정하여야 할 것이다. 총유재산에 관한 소송은 비법인사단이 그 명의로 사원총회의 결의를 거쳐 하거나 또는 그 구성원 전원이 당사자가 되어 필수적 공동소송의 형태로 할 수 있을 뿐이며, 비법인사단이 사원총회의 결의 없이 제기한 소송은 **소제기에 관한 특별수권**을 결하여 부적법하다.

(7) 사찰

우리나라에서 가장 큰 종단인 대한불교조계종은 그 산하의 사찰과 승려 등으로 구성되는 사단법인이다. 위 종단에 소속된 사찰들은 독립된 정관 등 규약이 없이 종단의 자치법규인 종헌과 종법 등의 적용을 받고 있고 대표자인 주지의 선출도 위 종단의 임명에 따르는 등 사단으로서의 실체를 갖추지 못하고 있는 것으로 보인다. 그러나 위 종단에 소속되지 아니한 사찰, '개인의 사재만으로 설립하여 관리하는 사찰' 등 여러 형태의 사찰이 존재하는바, 판례는 사찰에 관하여 그 실체에 따라 개인 소유로 보거나, 법인 아닌 사단이나 법인 아닌 재단으로 파악하고 있다.

권리능력 없는 사단으로서 사찰 **대법원 1997.12.9. 선고 94다41249 판결**

기존의 사찰에서 이탈한 신도들과 승려가 조계종에 소속될 새로운 사찰의 건립이라는 공동 목적으로 사찰의 대표, 신도회장 등 체계적인 조직을 만들고 그들의 출재와 노력에 의하여 토지를 매수하여 그 지상에 불당을 완공한 경우, 불당의 완공 당시 위 단체는 그 명칭이나 특정 종단의 귀속 여부에 불구하고 독립된 사찰로서의 실체를 갖추게 된 것으로 그 실질은 권리능력 없는 사단이다. 사찰은 신도들이 사찰의 운영이나 재산의 관리·처분에 관여하는 정도에 의하여 재단 또는 사단인 사찰로 구분되기는 하지만 일반의 재단 또는 사단과는 달리 이념적 요소로서의 불교 교의, 행위적 요소로서의 법요 집행, 조직적 요소로서의 승려와 신도, 물적 요소로서의 토지, 불당 등 시설이 결합되어 성립하는 것이므로, 일단 사찰이 성립한 이상 그 분열은 인정되지 않고 그 요소의 하나인 신도회도 분열될 수 없는 것이며, 일부 승려나 신도들이 사찰이 내세우는 종지(종지) 또는 사찰의 운영에 반대하여 탈종한다거나 신도회에서 탈퇴하였다 하더라도 이를 가리켜 사찰 또는 신도회가 분열되었다고 할 수는 없다.

개인소유인 사찰 대법원 1997.4.25. 선고 96다46484 판결

사설 사암이나 사설 사찰이 아닌 등록된 일반적인 사찰은 독자적인 권리능력과 당사자능력을 가진 법인격 없는 사단이거나 재단이므로 통상 그 사찰의 토지 및 건물을 점유하고 있는 자는 사찰 자신이고 사찰의 대표기관에 지나지 아니한 주지의 지위에 있는 자가 이를 점유하는 것은 아니지만, 일반 사찰 소유의 사찰재산이나 불교시설일지라도 개인이 이를 일반 사찰과는 무관하게 사인의 자격에서 사실상 지배하는 경우에는 그 점유의 귀속 주체는 어디까지나 그 개인일 뿐 일반 사찰이 그를 통하여 당해 재산이나 시설을 점유하고 있다고 볼 수 없다. 포교당의 입구에 '대본산 건봉사 말사 화암사 도천포교당'이라는 간판이 걸려 있었다고 하더라도 이는 포교당의 이름과 함께 소속 종파와 상급 본사 및 말사를 써서 사람들의 눈에 잘 띄도록 걸어 놓은 것에 불과하고 이로써 거래관념상 소유권 또는 점유권의 귀속 주체가 사찰임이 대외적으로 공시되었다고 볼 수 없을 뿐만 아니라, 사찰에서 포교당의 주지가 사망한 이래 포교당을 관리할 승려를 파견하거나 건물의 건축 또는 시설개수 등을 위하여 비용을 지출한 바가 전혀 없는 경우, 위 간판이 걸려 있었다는 점만으로 포교당이 사찰의 점유 하에 있었다고 볼 수 없다.

사찰재산의 처분 대법원 2008.5.29. 선고 2007다14858 판결

구 불교재산관리법(1987.11.28. 법률 제3974호 전통사찰보존법 부칙 제2조로 폐지)이 사찰 소유이기만 하면 그 내용 여하를 막론하고 모든 부동산에 관하여 일정한 처분행위를 함에 있어 허가를 요하도록 한 것과 달리, 위 법이 폐지되고 새로 제정된 구 전통사찰보존법(2007.4.11. 법률 제8348호로 전문 개정되기 전의 것)에서는 역사적 의의와 문화적 가치를 가진 사찰로서 같은 법 제2조 제1호, 제3조에서 정한 바에 따라 전통사찰로 지정·등록된 사찰의 경내지 안에 있는 사찰 소유의 부동산 등에 한정하여 일정한 처분행위에 관할청의 허가가 필요한 것으로 그 규제대상이 축소되었으므로, 위 규정에 따라 전통사찰로 지정·등록되지 아니한 일반사찰의 경우에는 그 처분행위에 관할청의 허가가 없었다거나 그 처분대상 부동산이 사찰의 기본재산에 해당한다는 이유만으로 이를 당연무효로 볼 수는 없다.

2. 법인 아닌 재단(비법인재단)

가. 의의

법인 아닌 재단이란 일정한 목적을 위하여 결합된 재산의 집합으로 재단의 실체를 갖고 있으나, 법인으로서 주무관청의 허가를 받지 않고 설립등기를 하지 않은 재단을

말한다. 법인격을 취득하지 않은 장학재단이나 자선기금, 한정승인을 한 상속재산 등이 그 예이다.

나. 법률관계

법인 아닌 재단은 설립자가 재산을 출연하고 정관을 작성하여 설립하고, 그 법적 성질은 설립자의 단독행위이다. 법인 아닌 사단과 마찬가지로 재단법인에 관한 규정 중 법인격을 전제로 한 것을 제외한 나머지 규정이 유추적용 된다. 비법인사단과 마찬가지로 소송상 당사자능력(민사소송법 제52조)과 부동산에 관한 등기능력(부동산등기법 제26조)이 인정된다.

다. 재산귀속형태

민법은 재산귀속형태에 관하여 법인 아닌 사단의 그것이 총유라는 규정을 두면서도(제275조 등) 법인 아닌 재단에 관하여는 아무런 규정도 두고 있지 않다. 위 내용과 부동산등기법 제26조 등에 비추어 부동산에 관한 권리는 **법인 아닌 재단의 단독소유**에 속한다고 할 것이다. 또한 법인 아닌 재단의 채무도 재단에 귀속되고, 재단의 재산만으로 책임을 진다. 그 재산에 관한 소송은 재단의 대표자가 재단의 명의로 수행하고, 제275조 등과 같은 규정이 없으므로 소제기 등에 관한 특별수권도 필요 없다고 할 것이다.

소속 종단의 종헌에 따르지 않은 개종 결의 **대법원 1994.12.13. 선고 93다43545 판결**

종래부터 존재하여 오던 사찰의 재산을 기초로 구불교재산관리법(1987.11.28. 법률 제3974호 전통사찰보존법 시행으로 폐지)에 따라 불교단체등록을 한 사찰은 권리능력 없는 재단으로서의 성격을 가지고 있다고 볼 것이므로, 비록 그 신도들이 그 사찰의 재산을 조성하는 데 공헌을 하였다 할지라도 그 사찰의 재산은 신도와 승려의 총유에 속하는 것이 아니라 권리능력 없는 사찰 자체에 속한다. 이 사찰이 최초에 대한불교조계종에 가입하여 그 소속이 된 이상 소속 종단의 종헌에 따르지 아니하고 그 신도와 승려가 결합하여 그 소속 종단을 탈종하여 다른 종파인 대한불교태고종으로 개종하기로 결의하였다 하더라도, 이는 그 신도와 승려가 다른 종파의 신도가 되는 데에 그치고 권리능력 없는 재단인 그 사찰의 소속 종단이 변경되는 것은 아니며, 이러한 법리는 그 사찰을 불교단체로 등록한 근거법인 구불교재산관리법이 폐지되었고, 그 사찰이 새로 시행된 전통사찰보존법의 적용을 받지 않는다고 하더라도 기왕에 형성된 법률관계에는 아무런 영향이 없다(동지 대법원 2000.5.12. 선고 99다69983 판결).

제3장

권리의 객체

제1절

총 설

Ⅰ. 의의

권리는 일정한 사회적 이익을 향유할 수 있는 법률상의 힘이고, 그러한 이익을 발생시킬 대상이 권리의 객체이다. 권리의 객체는 권리의 종류에 따라 각각 다르다. 물권의 객체는 물건이고, 채권의 객체는 채무자의 일정한 행위이며, 형성권에서는 법률관계 자체가 그 객체이다. 그 밖에 지식재산권, 인격권, 친족권의 각 객체는 저작 등 정신적 산물, 권리주체 자신, 친족법상의 지위이다. 위 객체 중 물건은 물권의 객체일 뿐 아니라, 채권·형성권 등 기타 권리의 궁극적 목표가 되는 등으로 그와 관련이 있다. 민법은 로마법 이래의 사법 편제의 전통에 따라 권리객체를 총괄하는 일반규정을 두지 않고 그 대표격인 물건에 관하여만 통칙적 규정을 두고 있다.

Ⅱ. 물건

1. 요건

민법은 물건을 '유체물 및 전기 기타 관리할 수 있는 자연력'이라고 정의한다(제98조). 위 규정에 따라 물건의 개념을 정리하면 아래와 같다.

가. 유체물, 또는 관리 가능한 자연력일 것

물건은 형체를 가지고 공간의 일부를 차지하며 사람의 오감에 의하여 지각될 수 있는 유체물과, 형체는 없으나 배타적 지배가 가능한 전기, 열, 원자력 등 무체물로 나뉜다. 제98조에 따르면, 유체물과 무체물 중 관리 가능한 자연력만이 물건으로 인정된다. 한편 무체물인 권리는 자연력이 아니므로 물건으로 인정될 수 없지만, 물권 등의 객체가 될 수는 있다(제345조, 제371조).

무체물은 물론, 유체물 역시 관리할 수 있는 것에 한해 물건으로 인정된다. 따라서 관리(배타적 지배)가 가능하지 않은 해, 달, 별 등은 물건이 아니다. 여기에서의 관리가능성이란 상대적 개념으로 시대에 따라 변천한다.

나. 외계의 일부로 살아있는 사람의 일부가 아닐 것

(1) 인격절대주의에 따라 살아있는 사람이나 그 신체에 대하여, 소유권 기타 물권은 인정되지 않는다.

(2) 인체의 일부도 물건이 아니며, 인위적으로 인체에 부착된 의치, 의안, 의수, 의족, 가발도 신체에 고착되어 있는 한 신체의 일부이다.

(3) 신체로부터 분리된 것은 물건으로 취급된다. 즉 인체에서 분리된 모발과 혈액, 이식을 위하여 적출된 콩팥과 간 등은 물건이며 분리당한 사람의 소유이다.

(4) 사람의 유체·유골은 사용, 수익, 처분의 대상이 아니고, 오로지 매장과 제사의 대상인 특수한 소유권의 대상이 된다. 그 소유권자는 제1008조의3에 규정된 '제사를 주재하는 자'이다.

사체는 제사주재자에게 귀속됨 **대법원 2008.11.20. 선고 2007다27670 전원합의체판결**

제사주재자는 우선적으로 망인의 공동상속인들 사이의 협의에 의해 정하되, 협의가 이루어지지 않는 경우에는 제사주재자의 지위를 유지할 수 없는 특별한 사정이 있지 않은 한 망인의 장남(장남이 이미 사망한 경우에는 장남의 아들, 즉 장손자)이 제사주재자가 되고, 공동상속인들 중 아들이 없는 경우에는 망인의 장녀가 제사주재자가 된다. 사람의 유체·유골은 매장·관리·제사·공양의 대상이 될 수 있는 유체물로서, 분묘에 안치되어 있는 선조의 유체·유골은 민법 제1008조의3 소정의 제사용 재산인 분묘와 함께 그 제사주재자에게 승계되고, 피상속인 자신의 유체·유골 역시 위 제사용 재산에 준하여 그 제사주재자에게 승계된다(다수 의견들임, 다양한 반대 의견 있음).

다. 독립한 물건일 것

물건은 하나의 독립된 단위임을 요한다. 독립된 물건인지 여부를 정하는 특별한 표준은 없으며, 사회의 통념과 거래관행에 따라 결정된다. 물권의 객체는 하나의 물건으로 생각되는 독립물이어야 하며, 물건의 일부나 구성부분 또는 물건의 집단은 원칙적으로 하나의 물권의 객체가 되지 못한다. 하나의 물건에 관하여 하나의 물권을 인정하는 원칙을 **일물일권주의**라고 한다.

2. 일물일권주의의 예외

위와 같은 일물일권주의의 원칙에 대하여는 상당한 범위의 예외가 있다. 우리 법제상 물건의 일부, 복수의 물건 또는 물건의 집단이 권리의 객체가 되기도 한다.

가. 물건의 일부

물건의 일부에 물권을 인정할 필요성이나 실익이 있고, 공시 가능하거나 공시와 무관할 때에는 권리의 객체가 된다(아파트의 각 세대, 용익물권의 객체로서 부동산의 일부, 명인방법에 의해 독립한 물건으로 취급되는 미분리 과실이나 수목의 집단).

나. 단일물

여러 개의 물건이 하나의 물건으로 형체상 단일한 일체를 이루고, 각 구성부분이 개성을 잃고 있는 물건을 말하며(한권의 책, 책장), 하나의 물건으로 다룬다.

다. 합성물

여러 개의 물건이 각각 개성을 잃지 않고 결합하여 단일한 형태를 이루는 물건을 말하고, 첨부(부합, 혼화, 가공)의 법리에 따라 소유권의 변동이 일어난다. 보석 박은 반지, 건물, 자동차 등이 그 예이고, 하나의 물건으로 취급된다.

라. 집합물

경제적으로 단일한 가치를 갖고 거래상으로 일체로 다루어지는 것을 집합물이라 한다(공장저당법에 의한 공장시설과 기계, 가축의 집단, 창고의 상품 등). 공장저당법이나 광업재단저당법 등과 같은 특별법이 있으면 관련규정에 따라 집합물을 하나의 물건으로 인정하나, 특별법이 없는 경우 원칙적으로 부정된다. 그러나 사회적 필요성과 실익이 있고 공시 가능하다면 특별법이 없더라도 예외적으로 하나의 물건으로 인정된다.

판례는 집합물이 객관적으로 단일한 경제적 가치를 가지고 거래상 일체로 다루어지는 경우, 독립한 권리의 객체로 취급할 사회적 필요성이 있고 공시방법을 갖추어 특정이 가능하다면 담보권의 객체가 될 수 있다고 하면서, 집합물에 관한 양도담보를 인정한다. 이 때 그 집합물을 구성하는 개개의 물건이 변동되거나 변형되더라도 '하나의 물건'으로서 동일성을 잃지 아니하므로 양도담보권의 효력은 항상 '현재의 집합물' 위에 미치는 것이고, 따라서 양도담보설정계약 후 양도담보설정자가 그 집합물을 이루는 개개의 물건을 반출입하였다고 하더라도 그때마다 새로운 계약을 체결하여야 하는 것은 아니다.

내용이 변동하는 동산의 집합물 **대법원 1990.12.26. 선고 88다카20224 판결**

일반적으로 일단의 증감 변동하는 동산을 하나의 물건으로 보아 이를 채권담보의 목적으로 삼으려는 이른바 집합물에 대한 양도담보설정계약체결도 가능하며 이 경우 그 목적 동산이 담보설정자의 다른 물건과 구별될 수 있도록 그 종류, 장소 또는 수량지정 등의 방법에 의하여 특정되어 있으면 그 전부를 하나의 재산권으로 보아 이에 유효한 담보권의 설정이 된 것으로 볼 수 있다.
양도담보계약서 중 양도물건목록에 소재지, 보관창고명과 목적물이 양만장 내 뱀장어, 수량 약 백만 마리라고 기재되어 있을 뿐이고 특별히 위 양만장 내의 뱀장어 중 1,000,000마리로 그 수량을 지정하여 담보의 범위를 제한한 사실이 인정되지 않는다면 위 양도담보계약서에 기재된 수량은 단순히 위 계약 당시 위 양만장 내에 보관하고 있던 뱀장어 등의 수를 개략적으로 표시한 것에 불과하고 당사자는 위 양만장 내의 뱀장어 등 어류전부를 그 목적으로 하였다고 봄이 당사자의 의사에 합치된다고 할 것이다.

양도담보 효력이 미치는 목적물의 범위 대법원 2004.11.12. 선고 2004다22858 판결

돈사에서 대량으로 사육되는 돼지를 집합물에 대한 양도담보의 목적물로 삼은 경우, 그 돼지는 번식, 사망, 판매, 구입 등의 요인에 의하여 증감 변동하기 마련이므로 양도담보권자가 그 때마다 별도의 양도담보권설정계약을 맺거나 점유개정의 표시를 하지 않더라도 하나의 집합물로서 동일성을 잃지 아니한 채 양도담보권의 효력은 항상 현재의 집합물 위에 미치게 되고, 양도담보설정자로부터 위 목적물을 양수한 자가 이를 선의취득하지 못하였다면 위 양도담보권의 부담을 그대로 인수하게 된다.
돈사에서 대량으로 사육되는 돼지를 집합물에 대한 양도담보의 목적물로 삼은 경우, 위 양도담보권의 효력은 양도담보설정자로부터 이를 양수한 양수인이 당초 양수한 돈사 내에 있던 돼지들 및 통상적인 양돈방식에 따라 그 돼지들을 사육·관리하면서 돼지를 출하하여 얻은 수익으로 새로 구입하거나 그 돼지와 교환한 돼지 또는 그 돼지로부터 출산시켜 얻은 새끼돼지에 한하여 미치는 것이지 양수인이 별도의 자금을 투입하여 반입한 돼지에까지는 미치지 않는다.
유동집합물에 대한 양도담보계약의 목적물을 선의취득하지 못한 양수인이 그 양도담보의 효력이 미치는 목적물에다 자기 소유인 동종의 물건을 섞어 관리함으로써 당초의 양도담보의 효력이 미치는 목적물의 범위를 불명확하게 한 경우에는 양수인으로 하여금 그 양도담보의 효력이 미치지 아니하는 물건의 존재와 범위를 입증하도록 하는 것이 공평의 원칙에 부합한다.

집합물에 대한 양도담보와 목적물의 특정 대법원 2013.1.16. 선고 2012다78726 판결

일단의 증감 변동하는 동산을 하나의 물건으로 보아 이를 채권담보의 목적으로 삼는 이른바 유동집합물에 대한 양도담보계약의 경우에, 양도담보의 효력이 미치는 범위를 명시하여 제3자에게 불측의 손해를 입지 않도록 하고 권리관계를 미리 명확히 하여

집행절차가 부당히 지연되지 않도록 하기 위하여 그 목적물을 특정할 필요가 있으므로, 담보목적물은 담보설정자의 다른 물건과 구별될 수 있도록 그 종류, 소재하는 장소 또는 수량의 지정 등의 방법에 의하여 외부적·객관적으로 특정되어 있어야 하고(대법원 1990.12.26. 선고 88다카20224 판결 등 참조), 목적물의 특정 여부 및 목적물의 범위는 목적물의 종류, 장소, 수량 등에 관한 계약의 전체적 내용, 계약 당사자의 의사, 목적물 자체가 가지는 유기적 결합의 정도, 목적물의 성질, 담보물 관리와 이용방법 등 여러 가지 사정을 종합하여 구체적으로 판단하여야 할 것이다(대법원 2003.3.14. 선고 2002다72385 판결 등 참조).

***** 재산과 기업의 의의**

재산은 재산권과 같은 의미로 사용되기도 하지만(제6조, 제554조, 제916조, 제918조), 보통 어떤 주체를 중심으로 하는 권리, 의무의 총체(제22조, 제1005조), 또는 일정한 목적 아래 결합된 물건 및 권리, 무형이익, 의무 전체를 말한다. 후자의 경우 재산 전체가 일체로서 권리의 객체로 되지 못하여 일체성이나 독립성이 약한 반면, 전자의 경우에는 대체로 일체성과 독립성이 강한 편이다.

한편 기업은 위 재산에 고객관계 등까지 포함하는 개념이다. 매매, 임대차, 담보의 객체가 된다.

3. 물건의 분류(민법총칙 규정 외의 분류)

물건은 여러 기준에 의하여 분류할 수 있다. 나음 질 이하에서 살펴보는 민법규정에 따른 분류가 있고, 그 밖에 채권 및 물권의 목적물로서의 차이 등으로 구별되는 아래와 같은 강학상 분류 방법도 있다.

가. 융통물과 불융통물

사법상 거래의 객체가 될 수 있는 물건은 융통물, 그렇지 못하는 물건은 불융통물이다. 불융통물에는 **공용물**(관청건물과 국공립학교 등)과 **공공용물**(공원, 하천, 도로 등)[1], **금제물**(거래가 금지되는 아편, 국보, 지정문화재)이 있다.

나. 가분물과 불가분물

물건의 성질과 가격을 현저하게 손상하지 않고 분할할 수 있는지 여부에 따른 분류이다. 곡물이나 토지 등은 가분물이고, 살아있는 소나 자동차 등은 불가분물이다. 이 구별은 공유물의 분할(제269조)과 다수당사자의 채권관계(제408조)에 관하여 실익이 있다.

---

1) 공용물은 공용폐지 후에야 거래 가능하나, 공공용물 중 공원용지나 도로부지는 개인소유가 있을 수 있는데 이에 관하여는 매매·담보제공이 가능하고 나머지 사권행사는 제한된다.

다. 대체물과 부대체물

물건의 속성이라는 **객관적 기준**에 따른 구분이다. 대체물은 객관적으로 동종, 동질, 동량에 의해서 바꿀 수 있는 것이고(금전, 서적, 술 등), 부대체물은 위와 같은 대체성이 없는 물건이다(특정 작가의 서화, 골동품, 건물 등). 소비대차(제598조), 소비임치(제702조)의 목적물은 대체물에 한한다.

라. 특정물과 불특정물

거래상 **당사자의 주관적 의사**[2]를 기준으로 판단하는 구별이다. 특정물은 급부목적물이 개별적으로 지정된 것을 말하고, 불특정물은 급부의 목적물이 종류로만 지정되는 것을 말한다. 객관적 기준에 따라 이루어지는 대체물·부대체물의 구별과 달리, 이 구별은 당사자 의사에 따른 주관적인 것이다. 이 구별은 채권의 목적물의 보존 및 현상인도의무(제374조, 제462조), 변제의 장소(제467조), 매도인의 담보책임(제580조, 제581조) 등과 관련하여 실익이 있다.

마. 소비물과 비소비물

한 번 사용한 후 동일한 용도로 다시 사용할 수 없는 것은 소비물이고, 반복해서 사용·수익할 수 있는 것은 비소비물이다. 이 구별은 소비대차(제598조)·사용대차(제609조)·임대차(제618조)의 목적물과 관련하여 실익을 갖는다. 한편 **금전의 경우**에는 반복하여 사용이 가능하지만, 한번 사용하면 주체의 변경이 생겨 이전 사용자가 다시 사용할 수 없으므로 소비물로 다루어진다.

---

2) 단순한 야구공이 아닌 ○○○선수가 500호 홈런을 쳤던 야구공, 또는 ○○년식 중고차량이 아닌 유명인이 탔던 스포츠카와 같이 당사자가 물건의 개성에 착안하여 거래를 한 경우 매매의 객체는 특정물이 된다.

제2절 동산과 부동산

Ⅰ. 총설

민법은 토지와 그 정착물을 부동산(不動産)이라 하고, 그 밖의 물건을 동산(動産)이라고 규정한다(제99조). 동산과 부동산을 구별하는 이유[1])로는, 공시방법이 서로 다르다는 점(제186조, 제188조), 공신력의 인정여부(제249조)와 시효취득의 요건(제245조, 제246조)이 다르다는 점, 무주물의 귀속에 관해 달리 취급하고 있는 점(제252조), 재판관할과 강제집행의 절차 및 방법에 차이가 있다는 점 등이 있다.

Ⅱ. 부동산

1. 의의

'토지'와 '토지의 정착물'을 부동산으로 규정함으로써, 우리 법체계에서는 건물 등 토지의 정착물을 토지와 독립된 별개의 부동산으로 다루고 있다.[2])

2. 토지

토지는 일정 범위의 지표면과 정당한 이익이 있는 지상, 지하 및 지중물을 포함하는 개념이다(제212조). 즉 토지의 소유권은 정당한 이익이 있는 범위 내에서 토지의 상하에 미치므로, 암석[3])이나 토사, 온천수도 토지의 구성부분이다. 바다에 대한 사소유권은 부정되며 하천 역시 국유에 속하므로 사소유권의 객체가 아니지만, 관리청의 허가를 얻어 해수면이나 하천구역을 점용할 수는 있다.

토지는 연속되어 있으나, 물권의 객체로 삼기 위하여 인위적으로 그 지표면에 선을 그어서 경계로 삼고 분할하며, 분할된 각 구역은 지번으로 표시되어 「공간정보의 구축 및 관리 등에 관한 법률」에 따른 지적공부(토지대장과 임야대장)에 등록된다. 그에 따라 토지의 경계는 공적으로 설정 인증된 지번과 지번 사이의 경계선으로서 단순히

1) 전통적으로는 이동 가능 여부와 경제적 가치의 고저 여하가 주된 구별 이유였으나, 최근에는 동산이면서도 등기, 등록하는 경우가 많아지면서 구별의 실익이 점점 엷어져 가고 있다(선박, 자동차, 항공기, 20톤 이상의 중기 등의 등록).

2) 반면에 서양에서는 '지상물은 토지에 따른다'는 로마법의 원칙에 따라 토지의 정착물을 토지의 일부로 취급하고 있다.

3) 그러나 광업법상 미채굴 광물은 허가권의 대상이 되고, 허가 후에는 독립된 광업권의 객체가 된다.

사적 관계에 있어서의 소유권의 한계선과는 그 본질을 달리한다.[4] 토지의 개수는 지적공부상의 필을 표준으로 하여 결정되며, 위 법률 소정의 절차에 따른 분필 또는 합필이 가능하다(위 법률 제79조 이하, 부동산등기법 제93조 이하). 위 법률에 따른 분필절차를 거치지 않았다면 비록 등기부상 분필등기가 경료되었더라도 분필의 효과가 발생하지 않으며, 그 등기는 1부동산 1등기용지의 원칙에 반한 것으로 무효로 된다.

지적공부상 분할절차 거치지 않은 분필등기 대법원 1990.12.7. 선고 90다카25208 판결

토지의 개수는 지적법에 의한 지적공부상의 토지의 필수를 표준으로 하여 결정되는 것으로 1필지의 토지를 수필의 토지로 분할하여 등기하려면 먼저 위와 같이 지적법이 정하는 바에 따라 분할의 절차를 밟아 지적공부에 각 필지마다 등록이 되어야 하고 지적법상의 분할절차를 거치지 아니하는 한 1개의 토지로서 등기의 목적이 될 수 없는 것이며 설사 등기부에만 분필의 등기가 실행되었다 하여도 이로써 분필의 효과가 발생할 수는 없는 것이므로 결국 이러한 분필등기는 1부동산 1등기용지의 원칙에 반하는 등기로서 무효라 할 것이다. 1필지의 임야가 2필지로 등기부상으로는 분필등기가 되어 있다 하더라도 그 전제가 되는 임야대장과 임야도상 분할되어 있지 않는 이상 분할의 효력은 발생하지 아니한다.

토지 일부에 대한 소유권이전등기 대법원 1994.9.27. 선고 94다25032 판결

1필지의 토지의 특정된 일부에 대하여 소유권이전등기절차의 이행을 명하는 판결을 받은 등기권자는 그 판결에 따로 토지의 분할을 명하는 주문기재가 없더라도 그 판결에 기하여 등기의무자를 대위하여 그 특정된 일부에 대한 분필등기절차를 마친 후 소유권이전등기를 할 수 있으므로, 토지의 분할을 명함이 없이 1필지의 토지의 일부에 관하여 소유권이전등기절차의 이행을 명한 판결을 집행불능의 판결이라고 할 수 없다.

3. 토지의 정착물

토지에 정착되어 용이하게 이동할 수 없는 물건인 토지의 정착물에는 건물, 수목, 터널, 교량, 돌담 등이 있는바, 그 중 공시방법이 갖추어진 건물이나 수목 등은 독립된 부동산으로 다루어지지만, 토지의 정착물 중에서도 공시방법이 달리 없는 돌담과 교량은 토지의 구성부분에 지나지 않는다. 토지로부터 쉽게 분리가 가능한 조립식 목조주택, 가식 중인 나무는 정착물이 아니어서 동산으로 분류된다.

---

4) 후술하는 96다36517 판결 앞부분 참조.

가. 건물

현행법상 건물은 **토지로부터 독립된 별개의 부동산**이다. 그에 따라 건축물대장에 등록되고, 토지와는 별도로 등기부를 두고 있으며, 토지와는 별개로 권리의 객체가 된다.

신축 중이거나 철거 중인 건물과 관련하여, 어느 정도의 요건을 갖추어야 건물로 볼 수 있는지는 그 양도나 압류 등에 있어 중요한 문제이다. 이에 관한 법률규정이 없으므로 사회통념에 따라 결정될 수밖에 없는바, 판례는 건물의 경우 최소한의 **기둥**과 **지붕** 그리고 **주벽**이 갖추어져야 독립된 부동산으로 볼 수 있다고 판시한다.

건물의 개수는 토지와 달리 공부상의 등록에 의하여 결정되는 것이 아니라 사회통념에 따른 물리적 구조·건물의 상태 등 객관적 사정과 소유자의 의사 등 주관적 사정을 참작하여 결정된다. 그에 따라 각 독립된 건물 사이의 경계는 공적으로 설정 인증된 것이 아니고 단순히 사적관계에 있어서의 소유권의 한계선에 불과하다.[5] 한편 1동의 건물의 일부도 민법 소정의 구분소유제도(제215조) 또는 「집합건물의 소유 및 관리에 관한 법률」에 의하여 독립한 권리의 객체로 취급된다. 그에 따라 구분된 각 부분인 구분건물은 법률상 1동 1건물과 같이 다루어진다.[6]

건물의 최소요건 대법원 2003.5.30. 선고 2002다21592,21608 판결

독립된 부동산으로서의 건물이라고 하기 위하여는 최소한의 **기둥**과 **지붕** 그리고 **주벽**이 이루어지면 된다. 신축 건물이 경락대금 납부 당시 이미 지하 1층부터 지하 3층까지 기둥, 주벽 및 천장 슬라브 공사가 완료된 상태이었을 뿐만 아니라 지하 1층의 일부 점포가 일반에 분양되기까지 하였다면, 비록 토지가 경락될 당시 신축 건물의 지상층 부분이 골조공사만 이루어진 채 벽이나 지붕 등이 설치된 바가 없다 하더라도, 지하층 부분만으로도 구분소유권의 대상이 될 수 있는 구조라는 점에서 신축 건물은 경락 당시 미완성 상태이기는 하지만 독립된 건물로서의 요건을 갖추었다고 본다.

토지와 건물에서 각 경계의 의미 대법원 1997.7.8. 선고 96다36517 판결

토지는 인위적으로 구획된 일정범위의 지면에 사회관념상 정당한 이익이 있는 범위 내에서의 상하를 포함하는 것으로서, 토지의 개수는 지적법에 의한 지적공부상의 필수, 분계선에 의하여 결정되는 것이고, 어떤 토지가 지적공부상 1필의 토지로 등록되

---

5) 그에 따라 건물 소유권의 범위를 확정하기 위하여는 토지와는 달리 소유권확인소송에 의하여야 할 것이고, 공법상의 경계를 확정하는 경계확정소송에 의할 수는 없다.

6) 주의할 것은 구분소유권의 목적은 전유부분과 공용부분에 한정되나, 구분소유권과 대지사용권의 일체화를 꾀하여 2권리의 분리처분을 금하고, 대지사용권은 전유부분의 처분에 따르는 것으로 하는 특별규정을 두고 있다는 점이다(집합건물의 소유 및 관리에 관한 법률 제20조).

면 그 지적공부상의 경계가 현실의 경계와 다르다 하더라도 다른 특별한 사정이 없는 한 그 경계는 지적공부상의 등록, 즉 지적도상의 경계에 의하여 특정되는 것이므로 이러한 의미에서 토지의 경계는 공적으로 설정 인증된 것이고, 단순히 사적관계에 있어서의 소유권의 한계선과는 그 본질을 달리하는 것으로서, 경계확정소송의 대상이 되는 '경계'란 공적으로 설정 인증된 지번과 지번과의 경계선을 가리키는 것이고, 사적인 소유권의 경계선을 가리키는 것은 아니다.
건물은 일정한 면적, 공간의 이용을 위하여 지상, 지하에 건설된 구조물을 말하는 것으로서, 반면에 건물의 개수는 토지와 달리 공부상의 등록에 의하여 결정되는 것이 아니라 사회통념 또는 거래관념에 따라 물리적 구조, 거래 또는 이용의 목적물로서 관찰한 건물의 상태 등 객관적 사정과 건축한 자 또는 소유자의 의사 등 주관적 사정을 참작하여 결정되는 것이고(당원 1990.1.12. 선고 88다카28518 판결 참조), 그 경계 또한 사회통념상 독립한 건물로 인정되는 건물 사이의 현실의 경계에 의하여 특정되는 것이므로, 이러한 의미에서 건물의 경계는 공적으로 설정 인증된 것이 아니고 단순히 사적관계에 있어서의 소유권의 한계선에 불과함을 알 수 있고, 따라서 사적자치의 영역에 속하는 건물 소유권의 범위를 확정하기 위하여는 소유권확인소송에 의하여야 할 것이고, 공법상 경계를 확정하는 경계확정소송에 의할 수는 없다고 할 것이다.

저유조는 공장시설이 아닌 독립된 건물 대법원 1990.7.27. 선고 90다카6160 판결

공장 울 안에 공장건물과 인접하여 설치된 저유조가 그 설치된 장소에서 손쉽게 이동시킬 수 있는 구조물이 아니고 그 토지에 견고하게 부착시켜 그 상태로 계속 사용할 목적으로 축조된 것이며 거기에 저장하려고 하는 원유, 혼합유 등을 풍우 등 자연력으로부터 보호하기 위하여 둥그런 철근콘크리트 및 철판 벽면과 삿갓모양의 지붕을 갖추고 있는 경우, 그 저유조는 유류창고로서의 기능을 가진 독립된 건물로 보아야 한다.

***** 주거용 건물의 종류(주택법, 건축법시행령)**

- o 단독주택 - 단독(세대)주택, 다가구주택
- o 공동주택 - 공동주택 중 5층 이상은 **아파트**이고, 4층 이하의 건물 중 면적이 660m 이상은 **연립주택**이며, 그 이하인 경우는 **다세대주택**이라고 함.

나. 수목 등

수목은 토지와 분리되면 동산이 되지만, 토지로부터 분리되지 않은 상태에서는 토지의 구성부분으로 토지의 일부분일 뿐 독립한 물건이 아닌 것으로 취급된다.

그러나 「**입목에 관한 법률」에 따라 등기를 한 입목**(1995년 이후 모든 수목에 가능)

은 독립된 부동산으로서 소유권과 담보권의 객체가 될 수 있다. 또한 위와 같은 입목에는 토지에 대한 소유권의 변동이나 저당권의 설정 등의 효력이 미치지 않는다. 판례는 경매의 대상인 토지 위에 자라고 있는 수목이 위 법률에 따라 등기된 경우, 그 수목의 가액은 최저경매가격을 산정함에 있어서 토지평가에 포함되지 않는다고 판시한다.

또한 위 법률에 따른 입목등기를 하지 않는 수목이라도 관습법상의 공시방법인 **명인방법**을 갖추면 토지와 독립된 부동산으로서 거래의 객체가 될 수 있다.

한편 명인방법을 갖춘 과일 등 미분리과실은 독립한 물건으로서 거래의 목적이 된다할 것인바, 그것이 동산인지 부동산인지에 관하여 다툼이 있다. 미분리과실을 유체동산으로 다루고 있는 민사집행법 제189조 제2항 등에 비추어 동산으로 보아야 할 것이다.

등기된 입목이나 명인방법을 갖춘 수목의 평가 대법원 1998.10.28.자 98마1817 결정

경매의 대상이 된 토지 위에 생립하고 있는 채무자 소유의 미등기 수목은 토지의 구성부분으로서 토지의 일부로 간주되어 특별한 사정이 없는 한 토지와 함께 경매되는 것이므로 그 수목의 가액을 포함하여 경매 대상 토지를 평가하여 이를 최저경매가격으로 공고하여야 하고, 다만 입목에 관한 법률에 따라 등기된 입목이나 명인방법을 갖춘 수목의 경우에는 독립하여 거래의 객체가 되므로 토지 평가에 포함되지 아니한다. 경매 대상 토지인 임야가 도시계획상 자연녹지지역 내에 설치된 공원으로서 그 사용·수익에 있어서 공법상의 세한이 있다고 하여도 그 지상에 식재된 수목이 경제적 가치를 가지지 않는 것은 아니므로, 경매법원으로서는 마땅히 위 수목의 가액을 포함하여 경매 대상이 된 임야의 가액을 평가하여야 함에도 불구하고 위 수목의 가액을 제외시킨 채 오직 토지가격만을 평가하여 이를 그대로 최저입찰가격으로 결정한 것은 그 가격결정에 중대한 하자가 있는 경우에 해당하여 민사소송법 제663조 제2항, 제635조 제2항 및 제633조 제6호의 규정[7]에 따라 낙찰을 불허하여야 한다.

다. 농작물 등

토지에서 경작되는 농작물은 토지의 일부로서 독립한 물건으로서 다루어지지 않는 것이 원칙이지만, 정당한 권원에 의하여 타인의 토지에서 경작되고 있는 농작물은 토지에 부합되지 아니하고 독립한 물건으로 다루어질 수 있다(제256조 단서).

판례는 거기에서 더 나아가 농작물의 경우 파종시부터 수확까지 수개월 밖에 걸리지 않고 그 점유의 귀속이 비교적 명백하다는 점 등을 근거로, **아무 권원 없이, 심지어 위법하게, 타인의 토지에서 농작물을 재배하였다고 할지라도 경작자의 소유**이며 **명인**

7) 현행 민사집행법 제123조 제2항, 제121조 제5호임.

방법도 필요 없다고 판시한다(대법원 1970.11.30. 선고 68다1995판결).

그러나 권원 없는 자가 타인 소유의 토지에 수목을 식재한 경우, 그 수목은 토지에 부합하므로 토지소유자의 소유가 된다. 만약 식재자가 수목을 훼손하거나 수목의 과실을 수취하였다면 토지소유자는 그에게 손해배상청구권이나 부당이득반환청구권을 행사할 수 있다. 한편 위 식재자는 수목의 소유권이 귀속됨으로써 부당이득을 한 토지소유자에 대하여 제261조에 의한 반환청구를 할 수 있을 뿐이다.

미수확 농작물에 대한 소유권 취득 대법원 1996.2.23. 선고 95도2754 판결

물권변동에 있어서 형식주의를 채택하고 있는 현행 민법 하에서는 소유권을 이전한다는 의사 외에 부동산에 있어서는 등기를, 동산에 있어서는 인도를 필요로 함과 마찬가지로 이 사건 쪽파와 같은 수확되지 아니한 농작물에 있어서는 명인방법을 실시함으로써 그 소유권을 취득한다. 쪽파의 매수인이 명인방법을 갖추지 않은 경우, 쪽파에 대한 소유권을 취득하였다고 볼 수 없어 그 소유권은 여전히 매도인에게 있고 매도인과 제3자 사이에 일정 기간 후 임의처분의 약정이 있었다면 그 기간 후에 제3자가 쪽파를 손괴하였더라도 재물손괴죄가 성립하지 않는다.

적법한 경작권 없이 재배된 경작물의 소유권 대법원 1979.8.28. 선고 79다784 판결

적법한 경작권 없이 타인의 토지를 경작하였더라도 그 경작한 입도가 성숙하여 독립한 물건으로서의 존재를 갖추었으면 입도의 소유권은 경작자에게 귀속한다.

권원 없이 수목을 식재한 자의 수확 행위 대법원 1998.4.24. 선고 97도3425 판결

타인의 토지상에 권원 없이 식재한 수목의 소유권은 토지소유자에게 귀속하고 권원에 의하여 식재한 경우에는 그 소유권이 식재한 자에게 있으므로, 권원 없이 식재한 감나무에서 감을 수확한 것은 절도죄에 해당한다.

임차인의 승낙에 의한 수목 식재 대법원 1989.7.11. 선고 88다카9067 판결

민법 제256조 단서 소정의 "권원"이라 함은 지상권, 전세권, 임차권 등과 같이 타인의 부동산에 자기의 동산을 부속시켜서 그 부동산을 이용할 수 있는 권리를 뜻하므로 그와 같은 권원이 없는 자가 토지소유자의 승락을 받음이 없이 그 임차인의 승낙만을 받아 그 부동산 위에 나무를 심었다면 특별한 사정이 없는 한 토지소유자에 대하여 그 나무의 소유권을 주장할 수 없다.

Ⅲ. 동 산

부동산 이외의 물건은 모두 동산이다(제99조 제2항). 이동식 주택이나 가식된 나무와 같이 토지에 부착되어 있는 물건이라도 정착물이 아니면 동산으로 분류된다. 또한 관리할 수 있는 자연력도 동산이다. 한편 무기명채권은 동산이 아니라 권리이지만, 선의취득 등의 법리는 동산에 준한다.

금전은 재화의 교환을 매개하고 그 가치를 측정하는 기능을 한다. 따라서 금전 역시 동산이지만, 그 물건의 개성 자체는 중요하지 않고, 소유와 점유가 분리되지 않으며,[8] 수량으로 표시된 일정한 화폐가치가 중요시되는 점에서 일반 동산과는 다른 특색이 있다. 금전채무자는 채권자에게 일정한 화폐가치를 이전할 의무를 질뿐이어서 채무불이행에 관한 특칙이 인정되고(제376조 등), 타인의 점유에 들어간 금전에 대해서는 반환청구권 등 물권적청구권이 인정되지 않고 부당이득이 문제될 뿐이며, 선의취득에 관하여 도품·유실물에 대한 특례가 배제된다(제250조 단서).

횡령 금전에 의한 변제와 부당이득 성부 **대법원 2012.1.12. 선고 2011다74246 판결**

부당이득제도는 이득자의 재산상 이득이 법률상 원인을 결여하는 경우에 공평·정의의 이념에 근거하여 이득자에게 반환의무를 부담시키는 것인데, 채무자가 피해자에게서 횡령한 금전을 자신의 채권자에 대한 채무변제에 사용하는 경우 채권자가 변제를 수령하면서 그 금전이 횡령한 것이라는 사실에 대하여 악의 또는 중대한 과실이 없는 한 채권자의 금전취득은 피해자에 대한 관계에서 법률상 원인이 있는 것으로 봄이 타당하며, 이와 같은 법리는 채무자가 횡령한 돈을 제3자에게 증여한 경우에도 마찬가지라고 보아야 한다.

---

8) 금전은 점유가 있는 곳에 소유가 있다.

제3절 주물과 종물

Ⅰ. 의의

물건의 소유자가 그 물건의 상용에 이바지하기 위해서 자기 소유인 다른 물건을 이에 부속하게 한 때 그 물건을 **주물**(主物)이라고 하고, 주물에 부속된 물건을 **종물**(從物)이라고 한다(제100조 제1항).

종물은 주물의 경제적 효용을 높이는 관계에 있으므로 **종물이 주물과 법률적 운명을 같이** 한다는 점(제100조 제2항)에 이 제도의 실익이 있다. 즉 독자적 존재인 복수의 물건이 객관적, 경제적 관계에 있어서 한쪽이 다른 쪽의 효용을 도와서 하나의 경제적 가치를 발휘하는 경우, 그들의 결합을 파괴함이 없이 사회경제적 의의를 다할 수 있도록 그 물건들의 법률적 운명을 같이 하도록 규정한다.

예를 들면 자물쇠와 열쇠, 배와 노, 주택과 딴채로 된 창고 등이 여기에 해당되나, 가옥과 식기나 침구 등과 같이 주물의 소유자나 이용자의 사용에 공여되고 있더라도 **주물 자체의 효용과 직접 관계**가 없으면 종물이 아니다. 판례는 주유소의 건물과 주유기(대법원 1995.6.29. 선고 94다6345 판결), 백화점 건물과 지하에 설치된 전화교환설비(대법원 1993.8.13. 선고 92다43142 판결), 횟집 건물에 붙여서 신축된 수족관 건물(대법원 1993.2.12. 선고 92도3234 판결)의 주·종물관계를 인정하고 있다.

Ⅱ. 종물의 요건

1. 주물의 상용(常用)에 이바지할 것

주물의 상용에 공한다고 함은 **주물**의 경제적 효용을 높이기 위하여 **계속적**으로 이바지하는 것을 말한다. 주물의 소유자나 이용자의 상용에 공여되어 있더라도 주물 자체의 효용과 직접적으로 관계되지 않는 물건은 종물이 아니다. 또한 난로와 같이 일시적으로 사무실의 효용을 돕고 있을 뿐인 것은 종물이 아니다.[1] 상용에 이바지 하는지 여부는 객관적으로 사회관념에 따라 결정되며, 주물과 종물 사이에 밀접한 장소적 관련성이 있어야 한다.[2]

---

1) 그러나 주택에 설치된 보일러설비는 주택의 종물이다.

2) 대법원 1956.5.24. 선고 4288민상526 판결; 곽윤직, 181면.

저당부동산의 종물로 볼 수 없는 미등기건물 대법원 2000.11.2. 자 2000마3530 결정

저당권의 효력이 미치는 저당부동산의 종물이라 함은 민법 제100조가 규정하는 종물과 같은 의미로서 어느 건물이 주된 건물의 종물이기 위하여는 주물의 상용에 이바지하는 관계에 있어야 하고, 주물의 상용에 이바지한다 함은 주물 그 자체의 경제적 효용을 다하게 하는 것을 말하는 것으로서, 주물의 소유자나 이용자의 사용에 공여되고 있더라도 주물 그 자체의 효용과 직접 관계가 없는 물건은 종물이 아니라고 할 것인바(대법원 1994.6.10. 선고 94다11606 판결, 1997.10.10. 선고 97다3750 판결 등 참조), 기록에 의하면, 이 사건 입찰 대상 목적물의 하나인 천안시 직산면 석곡리 21의 11 공장용지 위에는 재항고인들 주장의 감정평가서 표시 ㉠, ㉡ 건물 2동이 있지만, 그 건물은 이 사건 입찰 대상 토지 및 건물에 대한 감정평가 당시 별개의 독립된 미등기 건물로 파악되어 제1심 법원은 이를 입찰 대상에서 제외한 다음 위 건물에 관하여 법정지상권이 발생할 수 있다는 취지로 입찰물건명세서를 작성하여 공고하였으며, 위 건물은 이 사건 입찰 대상 토지 및 건물의 소유자가 타인에게 그 전부 또는 일부를 임대하고 있을 뿐 입찰 대상 건물 그 자체의 효용과는 직접 관계가 없는 별도의 독립된 건물에 불과한 것으로 보여질 뿐이므로, 저당권의 효력이 미치지 아니하여 특별한 사정이 없는 한 이 사건 입찰 대상 목적물에는 포함되지 아니한다고 할 것이다.

2. 독립한 물건일 것

종물은 독립한 물건이어야 하고 주물의 일부이거나 구성부분이어서는 안 된다. 판례는 건물의 정화조, 주유소 토지에 매설된 유류저장탱크 등은 부합물에 불과하고 종물이 아니라고 한다. 독립한 물건이면 동산이든 부동산(가옥과 헛간 등)이든 관계없다.

본채의 종물인 연탄창고와 공동변소 대법원 1991.5.14. 선고 91다2779 판결

낡은 가재도구 등의 보관장소로 사용되고 있는 방과 연탄창고 및 공동변소가 본채에서 떨어져 축조되어 있기는 하나 본채의 종물이다. 명도를 구하는 건물이 주된 소유건물의 부합건물이라는 원고의 주장에 대하여 위 건물이 주된 건물과는 독립된 것이라는 이유로 이를 배척하기 위하여서는 위 주장 속에 종물이라는 주장이 포함된 것이 아닌가 하는 점도 석명해야 한다.

3. 주·종물이 모두 동일한 소유자에게 속할 것

각각 다른 사람에게 속하는 물건 사이에서 주물, 종물의 관계를 인정하게 되면, 종물이 주물과 운명을 같이 하게 되는 결과 주물의 처분으로 종물의 소유자인 제3자의

권리가 침해받게 되는바, 주물과 다른 사람의 소유에 속하는 물건은 종물이 될 수 없음이 원칙이다(대법원 2008.5.8. 선고 2007다36933, 36940 판결). 예외적으로 제3자의 권리를 침해하지 않는 범위 내에서 제100조 제1항을 확장해석하여 다른 소유자에게 속하는 물건이라도 종물이 될 수 있다는 견해도 있다.[3)]

주물과 다른 사람의 소유에 속하는 물건 **대법원 2008.5.8. 선고 2007다36933,36940 판결**

부동산에 부합된 물건이 사실상 분리복구가 불가능하여 거래상 독립한 권리의 객체성을 상실하고 그 부동산과 일체를 이루는 부동산의 구성부분이 된 경우에는 타인이 권원에 의하여 이를 부합시켰더라도 그 물건의 소유권은 부동산의 소유자에게 귀속된다. 종물은 물건의 소유자가 그 물건의 상용에 공하기 위하여 자기 소유인 다른 물건을 이에 부속하게 한 것을 말하므로(민법 제100조 제1항) 주물과 다른 사람의 소유에 속하는 물건은 종물이 될 수 없다. 저당권의 실행으로 부동산이 경매된 경우에 그 부동산에 부합된 물건은 그것이 부합될 당시에 누구의 소유이었는지를 가릴 것 없이 그 부동산을 낙찰받은 사람이 소유권을 취득하지만, 그 부동산의 상용에 공하여진 물건일지라도 그 물건이 부동산의 소유자가 아닌 다른 사람의 소유인 때에는 이를 종물이라고 할 수 없으므로 부동산에 대한 저당권의 효력에 미칠 수 없어 부동산의 낙찰자가 당연히 그 소유권을 취득하는 것은 아니며, 나아가 부동산의 낙찰자가 그 물건을 선의취득하였다고 할 수 있으려면 그 물건이 경매의 목적물로 되었고 낙찰자가 선의이며 과실 없이 그 물건을 점유하는 등으로 선의취득의 요건을 구비하여야 한다.[4)]

Ⅲ. 종물의 효과

종물은 주물의 처분에 따른다(제100조 제2항). 여기에서 말하는 처분은 소유권의 양도나 제한물권의 설정과 같은 물권적 처분은 물론, 매매와 임대차와 같은 채권적 처분, 압류와 같은 공법상 처분도 포함하는 넓은 의미이다. 이 규정은 강행규정이 아니므로 주물의 처분시 종물을 제외시키는 약정도 가능하고(컴퓨터 매매시 모니터의 별매), 종물만의 처분도 가능하다. 제358조는 주물에 저당권이 설정된 경우에 그 저당권의 효력이 저당권 설정 후의 종물에도 미친다고 규정하고 있다.

권리의 상호간에 성립하는 주종의 결합관계에 관하여도 제100조가 유추적용된다.

---

3) 곽윤직, 181면; 이영준, 850면

4) 발전·소방·전화 설비를 제3자로부터 임차하여 건물에 설치한 경우, 위 물건들은 주물인 건물의 상용에 이바지하는 등 종물의 성격을 갖지만 건물과는 소유자가 다르므로 종물이 될 수 없다고 한다.

가령 원본채권과 이자채권, 경매절차에서 주된 권리인 건물소유권과 그에 종된 권리인 토지임차권은 법률적 운명을 같이한다.

전유부분과 그 종된 권리인 대지사용권 대법원 2006.10.26. 선고 2006다29020 판결

민법 제100조 제2항의 종물과 주물의 관계에 관한 법리는 물건 상호간의 관계뿐 아니라 권리 상호간에도 적용되고, 위 규정에서의 처분은 처분행위에 의한 권리변동뿐 아니라 주물의 권리관계가 압류와 같은 공법상의 처분 등에 의하여 생긴 경우에도 적용되어야 하는 점, 저당권의 효력이 종물에 대하여도 미친다는 민법 제358조 본문 규정은 같은 법 제100조 제2항과 이론적 기초를 같이하는 점, 집합건물의 소유 및 관리에 관한 법률 제20조 제1항, 제2항에 의하면 구분건물의 대지사용권은 전유부분과 종속적 일체불가분성이 인정되는 점 등에 비추어 볼 때, 구분건물의 전유부분에 대한 소유권보존등기만 경료되고 대지지분에 대한 등기가 경료되기 전에 전유부분만에 대해 내려진 가압류결정의 효력은, 대지사용권의 분리처분이 가능하도록 규약으로 정하였다는 등의 특별한 사정이 없는 한, 종물 내지 종된 권리인 그 대지권에까지 미친다.

경락인에게 이전되는 임차권 대법원 1993.4.13. 선고 92다24950 판결

건물의 소유를 목적으로 하여 토지를 임차한 사람이 그 토지 위에 소유하는 건물에 저당권을 설정한 때에는 민법 제358조 본문에 따라서 저당권의 효력이 건물뿐만 아니라 건물의 소유를 목적으로 한 토지의 임차권에도 미친다고 보아야 할 것이므로, 건물에 대한 저당권이 실행되어 경락인이 건물의 소유권을 취득한 때에는 특별한 다른 사정이 없는 한 건물의 소유를 목적으로 한 토지의 임차권도 건물의 소유권과 함께 경락인에게 이전된다.

제4절 원물과 과실

Ⅰ. 의의

물건으로부터 생기는 경제적 수익을 과실(果實)이라 하고, 과실을 생기게 하는 물건을 원물(元物)이라고 한다. 물건에서 발생한 수익인 과실은 당연히 수취권자에게 귀속된다. 그러나 과실이 생기기까지 사이에 권리자의 변동이 생긴 경우에 과실의 분배 등에 관하여 다툼이 생길 염려가 있으므로, 수취권자 및 귀속의 범위를 정할 필요가 있다. 민법은 과실에 관하여 천연과실과 법정과실로 분류한 다음 그 귀속에 관하여 규정하고, 물건의 과실만 인정할 뿐 **권리의 과실(주식의 배당금, 특허권의 사용료)은 인정하지 않는다**.

Ⅱ. 과실수취권자

과실수취권자는 원칙적으로 **소유자**(제211조)이지만, 예외적으로 선의의 점유자(제201조), 지상권자(제279조), 전세권자(제303조), 유치권자(제323조), 질권자(제323조, 제343조), 목적물을 인도하지 않은 매도인(제587조), 사용차주(제609조), 임차인(제618조), 친권자(제923조), 수유자(제1079조) 등도 수취권을 갖는다. 그 밖의 양도담보제공자와 소유권유보부 매매에서의 매수인도 수취권을 가진다.

수인의 과실수취권자가 경합하는 경우, 소유자와 용익권자가 경합하면 용익권자가 우선하고, 수인의 용익권자 사이에는 용익물권자가 채권적 용익권자에 우선한다. 그에 따라 지상권을 설정한 토지소유자는 불법점유자에 대하여 물권적 청구권을 행사할 수 있지만 불법점유로 인한 부당이득반환청구권을 행사할 수 없다. 또한 정당한 용익권자가 있음에도 소유자가 악의의 점유자로부터 사용수익금 상당의 돈을 반환받았다면, 그 소유자는 용익권자에게 그것을 부당이득으로 반환하여야 한다. 제306조 단서에 의하여 임대가 금지됨에도 불구하고 전세권자가 임대한 경우에 임차인은 소유자에 대한 관계에서 권원이 없는 점유자이지만, 사용수익의 대가는 소유자가 아닌 전세권자에게 배타적으로 귀속되므로 소유자는 그 임차인에 대하여 과실 또는 사용수익의 대가의 반환을 구할 수 없다.

임대인의 동의 없는 전대 대법원 2008.2.28. 선고 2006다10323 판결

임차인이 임대인의 동의를 받지 않고 제3자에게 임차권을 양도하거나 전대하는 등의 방법으로 임차물을 사용·수익하게 하더라도, 임대인이 이를 이유로 임대차계약을 해지하거나 그 밖의 다른 사유로 임대차계약이 적법하게 종료되지 않는 한 임대인은 임차인에 대하여 여전히 차임청구권을 가지므로, 임대차계약이 존속하는 한도 내에서는 제3자에게 불법점유를 이유로 한 차임상당 손해배상청구나 부당이득반환청구를 할 수 없다.

Ⅲ. 과실수취권의 귀속

1. 천연과실

가. 의의

천연과실은 물건의 용법에 의해 수취하는 산출물을 말하고, 원물로부터 분리와 더불어 독립한 물건이 된다(제101조 제1항). 물건의 용법에 의한다는 것은 원물의 경제적 용도에 따른다는 것을 의미하고, 산출물은 천연적, 유기적으로 생산되는 것(과일, 우유, 가축새끼 등)뿐만 아니라 인공적, 무기적으로 수취되는 것(광물, 석재, 토사 등)도 포함한다. 여기에서의 분리는 자연적이든 인위적이든 가리지 않는다.

미분리과실은 원물에 부착되어 있으므로 독립한 물건이 되지 못하고, 명인방법을 갖추면 독립한 소유권의 객체가 되는바, 그에 대하여는 본조의 적용이 없다.

나. 귀속

천연과실의 귀속에 관하여는 게르만법의 생산주의와 로마법의 분리주의가 있는바, 우리 민법은 로마법의 분리주의를 좇아 천연과실은 **원물로부터 분리되는 때의 수취권자에게 귀속**된다(제102조 제1항)고 규정한다. 이 규정은 임의규정이다.

양도담보설정자의 천연과실 수취권 대법원 1996.9.10. 선고 96다25463 판결

일반적으로 물건을 양도담보의 목적으로 양도한 경우 특별한 사정이 없는 한 목적물에 대한 사용수익권은 양도담보설정자에게 있는 것인바, 양도담보목적물로서 원물인 돼지가 출산한 새끼 돼지는 천연과실에 해당하고 그 천연과실의 수취권은 원물인 돼지의 사용수익권을 가지는 양도담보설정자에게 귀속되는 것이므로, 달리 원,피고 사이에 특별한 약정이 없는 한 천연과실인 위 새끼 돼지에 대하여는 양도담보의 효력이 미치는 것이라고 할 수 없다.

2. 법정과실

가. 의의

물건의 사용대가로 받는 금전 기타 물건을 법정과실이라 한다(제101조 제2항, 예컨대 임료, 지료, 이자). 위 규정에 따라 **원물과 과실 모두 물건이어야** 하므로, 노동의 대가, 권리사용의 대가는 법정과실이 아니다.

나. 귀속

법정과실은 **수취할 권리의 존속기간 일수의 비율**로 취득한다(제102조 제2항). 천연과실과 달리 법정과실은 분리라고 하는 문제가 생길 여지가 없고 사용허용기간 중 기간의 경과에 따라 생겨나는 것이므로, 권리의 존속기간에 따라 일수의 비율로 분배하도록 규정하고 있다. 이 규정 역시 **임의규정**이므로 당사자 사이에 다른 약정을 하는 것은 상관없다.

제4장

권리의 변동

제1절 총 설

Ⅰ. 법률관계의 변동

인간의 생활관계 속에서 법률의 규율을 받는 것이 법률관계이고, 이러한 법률관계는 사람과 사람 사이의 권리·의무관계로 나타나는 것이 보통이라는 사실은 앞에서 기술하였다.

인간의 생활관계는 유동적이어서 끊임없이 새로운 생활관계가 발생하고 이미 존재하고 있는 생활관계는 변경되거나 소멸해 간다. 이러한 변동은 법의 세계에서는 **법률관계의 발생, 변경, 소멸**로 나타난다. 이러한 법률관계의 변동이 발생하려면 법률행위 또는 법률의 규정에 따른 **법률요건**이 필요하며, 위 요건이 충족됨에 따라 권리와 의무의 발생, 변경, 소멸이라는 **법률효과**가 발생한다. 그런데 법률관계는 결국 권리·의무의 관계이므로 법률관계의 변동, 즉 법률효과는 권리·의무의 변동이 된다. 한편 우리 민법은 권리본위로 되어 있으므로 법률관계의 변동은 보통 권리의 변동으로 일컬어진다.

Ⅱ. 권리변동의 모습

권리의 변동은 권리의 측면에서 그 발생, 변경, 소멸을 일컫는바, 이를 권리의 주체를 중심으로 고찰할 때에는 권리의 득실변경이 된다.

1. 권리의 발생

권리발생은 권리가 권리의 주체에 새롭게 귀속되는 것, 바꾸어 말하면 권리의 주체가 권리를 취득하는 것을 말한다.

가. 원시취득(절대적 발생)

원시취득은 무주물선점(제252조), 유실물 습득, 선의취득(제249조), 시효취득 등 타인의 권리에 의함이 없이 원시적으로 권리를 취득하는 것을 말한다. 원시취득이 되는 경우 종전의 권리에 어떤 제한이 있었을지라도 그 제한이 소멸된 온전한 권리를 취득한다.

나. 승계취득(상대적 발생)

승계취득은 전주(前主)의 권리에 기하여 권리를 취득하는 것을 말하며(매매, 증여, 상속 등), 후주(後主)는 전주의 권리 이상의 권리를 취득할 수 없다. 따라서 무권리자로부터의 승계취득은 불가능하며, 전주의 권리에 흠이 있다면 그 상태대로 권리를 승계한다.

(1) 전주의 권리의 보유 여부에 따른 구분

(가) 이전적 승계

이전적 승계는 권리가 동일성을 유지하면서 권리주체에 변경이 생기는 것을 말한다. 새로운 소유자가 종전의 소유권자로부터 물건의 소유권을 취득하는 경우를 말한다. 전주의 권리는 상대적으로 소멸한다.

(나) 설정적 승계

구 권리에 제한을 가하면서 새로운 권리를 발생시키는 것으로 전주의 권리 내용의 일부만 승계한다. 소유권에 기한 지상권, 전세권, 저당권의 설정 등 제한물권의 취득이 여기에 해당한다. 전주의 권리는 소멸하지 않고 양적으로 축소한다.

(2) 이전되는 권리의 포괄성 여부에 따른 구분

(가) 특정승계

개별적 취득원인에 의하여 개개의 권리를 취득하게 되는 것으로, 매매, 증여 등에 의한 소유권 취득이 그 예이다.

(나) 포괄승계

전주가 가지는 권리를 포괄적으로 취득하게 된다. 상속, 포괄유증, 회사의 합병 등과 같이 다수의 권리와 의무 등이 일괄해서 승계되고, 전주와 포괄승계인은 동일인으로 취급된다.

2. 권리의 변경

권리가 그 동일성을 갖고, 그 주체, 내용, 작용에 관하여 변경되는 것을 말한다.

가. 주체의 변경

권리주체에 변경이 생기는 것으로, 전술한 이전적 승계가 여기에 해당한다.

나. 내용의 변경

(1) 성질적 변경

물건인도청구의 채권이, 그 이행불능의 경우 손해배상채권으로 변하는 것이 그 예이다.

(2) 수량적 변경

물건의 부합 또는 일부 멸실에 의한 소유권의 증감, 일부변제로 인한 채권의 축소 등과 같은 양적 변경을 말한다.

(3) 작용의 변경

저당권 순위의 변경, 대항력을 갖지 못한 권리가 대항력을 갖는 경우 등이다.

3. 권리의 소멸

권리가 권리의 주체로부터 일탈하는 것, 즉 권리주체가 권리를 상실하는 것이다.

가. 상대적, 주관적 소멸

권리의 이전을 전주(前主)의 입장에서 본 것으로, 권리의 자체는 소멸하지 않고 이전되는 것을 말한다. 즉 권리의 양도로 권리주체가 변경되는 것이다.

나. 절대적, 객관적 소멸

권리 자체가 종국적으로 소멸하는 권리의 상실이다. 건물의 철거나 차량의 폐차 등 목적물의 멸실에 의한 소유권의 멸실이 그 전형적인 예이다.

Ⅲ. 권리변동의 원인

1. 법률요건

법률관계를 규정함에 있어 법규정은 일정한 조건이 있으면(조건명제) 일정한 결과가 발생한다(귀결명제)는 가언적 판단의 모습을 취한다.[1] 이때 권리의 변동에 필요한 일정한 조건을 **법률요건**이라 하고, 일정한 법률요건이 갖추어짐에 따라 발생하는 결과인 권리의 변동을 **법률효과**라 한다. 즉 법률요건은 일정한 법률효과(권리의 변동)를 발생하게 하는 사실을 총칭하는 것으로 형법학의 범죄구성요건에서 차용해 온 개념이다.

법률요건으로서 가장 중요한 것은 계약 등 **법률행위**[2]이고, 그밖에 불법행위, 부당이득, 소멸시효와 취득시효, 상속 등에 관한 **법률의 규정**이 있다.

---

1) 소송실무와 관련하여 법률요건과 법률효과를 정리하면 "… 요건이 충족되면(권리발생요건), … 반대사정이 없는 한(권리멸각요건), … 권리변동이 발생(법률효과)한다."가 일반적인 모습이다.

2) 후술하는 바와 같이 의사표시를 불가결의 요소로 하고, 단독행위와 계약, 합동행위를 포함한다.

*** **법률효과(금전지급채권의 취득)를 발생시키는 법률요건의 예**

- 매매대금의 청구 : 청약과 승낙의 의사표시로 구성된 **매매계약**만이 법률요건(요건사실)이 됨.
- 매매대금과 지연손해금의 청구 : **매매계약**, **기한의 도래**와 **목적물의 인도** 등 요건사실이 법률요건이 됨.

2. 법률사실

법률요건을 구성하는 개개의 사실을 법률사실(**요건사실** 또는 주요사실)이라고 한다. 법률요건은 하나의 법률사실로 성립될 수도 있고(유언, 동의, 추인 등), 다수의 법률사실이 합쳐져 있는 경우(계약이라는 법률요건은 청약의 의사표시와 승낙의 의사표시라는 2개의 법률사실로 이루어짐)도 있다. 법률사실에는 사람의 정신작용에 기한 법률사실인 **용태**와, 정신작용과 무관한 법률사실인 **사건**이 있고, 아래와 같이 세부적으로 분류된다.

가. 용태(容態) – 사람의 정신작용에 기한 법률사실

(1) 외부적 용태(행위) - 일정한 의사가 외부적으로 표시되는 용태임

(가) 적법행위 - 법률이 가치있는 것으로 허용하는 행위

① 의사표시 : 일정한 법률효과의 발생을 의욕하는 효과의사의 표시행위

- 계약의 청약 또는 승낙, 유언, 동의 등

② 준법률행위 : 의사표시와 유사하게 의사내용을 표현하나, 의사표시와는 달리 법률규정에 따라 법률효과를 발생하게 하는 행위

i) 표현행위(의사내용의 표현) : 의사내용을 일정한 방법으로 외부에 표시하는 행위

- **의사의 통지** : 법률 규정에 의해 일정한 법률효과가 발생하는 일정 의사의 통지. 제한능력자 상대방의 확답촉구(제15조), 청산인의 채권신고의 최고(제88조), 무권대리인의 상대방의 최고(제131조), 계약의 이행 또는 해제권 행사 여부의 최고(제544조, 제552조), 제한능력자 상대방의 거절(제16조), 무권대리인의 상대방의 거절(제132조) 등
- **관념의 통지** : 법률규정에 따라 효과가 발생하는 객관적 사실에 관한 관념 또는 표상의 통지행위. 채권양도의 통지(제450조), 승낙의 연착의 통지(제528조 제1항), 채무의 승인(제168조), 사원총회 소집통지(제71조), 대리권 수여의 통지(제125조) 등
- **감정의 표시** : 법률의 규정에 따라 효과가 발생하는 주관적 감정의 표시행위. 수증자의 망은행위에 대한 용서(제556조), 부정행위에 대한 용서(제841조)

ii) 비표현행위(사실행위) : 표시되는 의식내용과 관계없는 외부적 행위, 또는 사실적 결과 발생을 목적으로 하는 행위

- **순수사실행위** : 외부적 결과의 발생만으로 법률이 효과를 부여하는 사실행위. 매장물발견(제254조), 가공(제259조), 유실물습득(제253조) 등
- **혼합사실행위** : 외부적 결과 발생과 일정한 의식과정으로 법률이 효과를 부여하는 사실행위로 일정한 의사가 필요. 부부의 동거(제826조), 사무관리(제734조), 선점(제252조), 물건의 인도(제188조)

(나) 위법행위 - 법률이 허용하지 않는 행위로 행위자에게 불리한 효과를 귀속시키는 행위로서 채무불이행행위(제390조 이하), 불법행위(제750조 이하)

(2) 내부적 용태 - 외부적으로 표시되지 않는 내심적 의식

(가) 관념적 용태 - 일정 사실에 관한 관념 또는 의식.
선의, 악의, 정당한 대리인이라는 신뢰(제126조) 등

(나) 의사적 용태 - 내심적 과정으로서 일정한 의사.
점유의 의사, 소유의 의사(제245조 제2항, 제252조 제1항), 제3자에 변제에 있어 채무자의 허용, 불허용의 의사, 사무관리에 있어 본인의 의사 등

나. 사건(事件) - 사람의 정신작용에 기하지 않는 법률사실로서, 법률에 의하여 법률상의 의미가 인정되는 것. 사람의 출생, 사망, 실종, 시간의 경과(기간), 물건의 자연적 발생과 소멸, 부당이득 등

***** 의사표시에 관한 규정의 준법률행위에의 준용**

의사표시와 준법률행위는 표의자가 일정한 내심의 의사를 외부로 표현한다는 점에서는 유사하므로 준법률행위에도 의사표시에 관한 규정들이 유추적용된다(통설, 판례). 대법원 1997.6.27. 선고 95다40977 판결은 채권양도의 통지에 대리에 관한 규정이 유추적용된다고 판시한다.

3. 권리변동의 원인과 민법 규정

전술한 바와 같이 권리변동을 일으키는 법률요건으로는 **법률행위**와 **법률의 규정**이 있다. 전자에 속하는 것은 계약 및 단독행위·합동행위가 있고, 후자에 해당하는 것으로는 소멸시효와 취득시효·선의취득·무주물 귀속·유실물 습득·매장물 발견·부합·첨부·사무관리·부당이득·불법행위·상속 등이 있다.

가. 법률행위

법률행위에 관하여, 민법은 그 총칙편(제103조 이하)에서 해석의 기준, 불가결의 성립요건인 의사표시, 대리, 무효와 취소, 부관 등에 관하여 규정하고, 채권편(제527조 이하)에 계약총칙과 15가지 전형계약에 관한 규정 등을 두고 있다.

나. 법률의 규정

권리변동의 원인이 되는 법률규정과 관련하여, 민법총칙편에서는 소멸시효에 관한 규정(제162조 이하)이 유일하다. 그밖에 취득시효에서부터 첨부까지는 물권편(제245조 이하)에, 사무관리부터 불법행위까지는 채권편(제734조 이하)에, 상속에 관하여는 상속편(제997조 이하)에서 각 규정하고 있다.

제2절 법률행위

Ⅰ. 총설

1. 법률행위의 의의

법률행위[1]란 **일정한 법률효과의 발생을 목적으로 하는 하나 또는 여러 개의 의사표시를 불가결의 요소로 하는 법률요건**을 말하고, 계약이 그 대표적인 것이다. 법률의 규정에 따른 법률요건과는 달리, 법률행위에서는 의사표시에서 의욕한 바대로 법률효과가 부여된다.

민법은 총칙편 제5장에서 법률행위에 관하여 규정하고 있는바, 총칙·의사표시·대리·무효와 취소·조건과 기한의 순서로 여러 규정들을 두고 있다.

2. 법률행위 자유의 원칙

우리 민법은 개인 상호간의 법률관계는 원칙적으로 개인 스스로 그가 원하는 바에 따라 결정하고 자유로이 형성케 하는 것이 합목적적이라는 사적 자치의 원칙에 터잡고 있다.[2] 위와 같은 법률관계를 변동시킴에 있어 사적 자치를 실현하는 법률적 수단이 법률행위이므로 사적 자치의 원칙은 사법 분야에서는 법률행위 자유의 원칙(계약의 자유, 유언의 자유, 단체설립 및 내부규율의 자유)으로 나타난다. 그러나 법률행위의 자유도 법질서가 승인하고 허용하는 한도에서만 인정되는 한계(제103조 등)가 있고, 무제한적으로 인정되는 것이 아님을 유의하여야 한다.

한편 법률행위가 유효하게 성립되면, 그 법률효과로서 임의해제가 불가능하고 이행책임이 인정되는 등 강력한 구속력을 갖게 된다.

3. 법률행위와 의사표시

가. 법률행위의 요소로서 의사표시

법률행위는 의사표시를 요소로 하여 표의자가 원하는 대로 일정한 사법상의 효과를 발생하게 한다. 바꾸어 말하면 의사표시는 일정한 법률효과의 발생을 목적으로 하

---

1) 유언, 매매나 혼인, 사단법인의 설립행위 등 법률요건이 되는 구체적 행위들을 모두 포괄하기 위하여 만들어진 추상적 개념일 뿐, 현실에서 '법률행위'라는 행위 유형은 존재하지 않는다.

2) 사적 자치의 원칙은 헌법상의 권리인 행복추구권·자유권에서 연유하는 행동의 자유의 내용 중 하나인 '법률관계 형성의 자유'를 말한다.

는 의사를 요소로 하는 법률사실로서, 단독으로 또는 다른 의사표시 기타의 법률사실과 합쳐져서 법률행위를 구성한다. 의사표시는 법률행위가 됨으로써 효과가 발생하고, 의사표시에 하자가 있으면 법률행위 전체에 영향을 미친다.

나. 의사표시의 구성요소

의사표시가 성립하는 심리적 과정을 살펴보면, 일정한 법률효과의 발생을 목적으로 하는 의사(효과의사)를 결정하고, 이 의사를 외부에 알리기 위해 발표하려는 의사(표시의사)에 따라서, 일정한 행위로 외부에 표시(표시행위)하게 된다. 전통적으로는 위에서 본 효과의사, 표시의사, 표시행위를 의사표시의 3요소라고 해 왔다.

(1) 효과의사[3]

효과의사는 일정한 법률효과를 지향하는 의사를 말하는바, 표시행위로부터 추단되는 표시상의 효과의사와 표의자가 마음 속에 품고 있던 실제의 의사인 내심적 효과의사가 있다. 표시상의 효과의사와 내심적 효과의사가 다를 때를 의사와 표시와의 불일치라고 한다.

(2) 표시의사

효과의사를 외부에 대하여 발표하려는 의사, 즉 앞의 효과의사와 뒤에 서술하는 표시행위를 심리적으로 매개하는 의사를 표시의사라고 한다. 이 표시의사를 의사표시의 요소로 보지 않는 견해가 오늘날의 통설이다.

(3) 표시행위

효과의사를 외부에 표현하는 적극적이거나 소극적인 모든 행위를 표시행위라고 한다.

4. 법률행위의 요건

법률행위가 본래의 효과, 즉 당사자가 원하는 바의 효과를 완전하게 발생시키기 위하여는 일정한 요건을 갖추어야 한다. 이러한 요건은 **성립요건**과 **효력발생요건**으로 나뉘는데, 전자는 법률행위의 존재가 인정되기 위한 최소한의 외형적 요건으로 이를 결하면 법률행위가 부존재하게 되고, 후자는 법률행위의 성립(존재)을 전제로 하여 그 효력을 발생시키기 위한 요건으로 이를 결하면 무효가 된다.[4]

---

3) 법적 구속의사라고도 하며, 법률관계와 호의관계 등 비법률관계를 구분하는 요소가 된다.

4) 구별의 실익은 증명책임의 소재가 상호 다름에 있는바, 성립요건에 관하여는 법률행위의 효과를 주장하는 자가 증명하여야 하나, 법률행위의 성립시 효력을 발생하는 것이 원칙이므로 효력발생요건의 부존재는 법률행위의 효력을 부인하려는 자가 증명하여야 한다.

총회 결의의 부존재 **대법원 2008.2.14. 선고 2007다62437 판결**

재건축조합의 총회의 결의는 의사결정기관인 총회의 의사를 결정하는 법률행위로서, 소정의 절차에 따라 결의의 성립이 선언됨으로써 관계자에 대하여 구속력을 가지는 결의가 외형적으로 존재하게 되고, 그와 같이 결의의 존재를 인정할 수 있는 어떤 외관적인 징표가 있어야만 그 결의의 효력 유무의 확인을 구할 수 있다. 재건축조합의 조합해산안에 대한 임시총회 결의절차에서 의장이 일부 서면결의서의 하자 유무의 확인을 이유로 결의 성립의 선언을 보류한 채 폐회선언을 한 경우, 결의의 존재를 인정할 외관적 징표가 없으므로 그 결의가 존재함을 전제로 한 임시총회의 해산결의 존재 확인의 소는 확인의 이익이 없어 부적법하다.

가. 성립요건

법률행위에 요구되는 최소한의 외형적, 형식적 요건을 말한다. 효력요건의 선행문제이므로 성립요건을 충족시키지 못한 경우에는 무효나 취소가 문제되지 않는다. 따라서 무효행위의 추인이나 전환 문제도 발생하지 않는다.

아래의 성립요건들은 적극적 요건이므로 **권리를 주장하는 자가 그 요건의 구비에 관하여 주장**, **증명**하여야 한다.

(1) 일반적 성립요건

모든 법률행위에 요구되는 요건이며, **당사자**의 존재 또는 특정가능성, **법률행위의 목적**의 존재, **의사표시**의 존재를 드는 것이 보통이다.

(2) 특별성립요건

각개의 법률행위에 관하여 그 성립에 필요한 요건을 말하는바, 개개의 법률의 규정에 의해 정해진다. 법인 설립에서의 주무관청의 허가(제32조), 대물변제에서의 물건의 인도(제466조), 혼인·입양의 신고, 유언의 방식(제1060조), 어음·수표행위에서의 방식 등이 여기에 해당한다.

나. 효력요건

법률행위가 성립요건을 모두 갖춤으로써 성립으로 확정된 후의 문제인바, 아래의 효력요건들을 구비하지 못한 경우에는 무효 또는 취소할 수 있는 법률행위가 된다.

이는 주로 법률행위의 효력발생에 대한 장애사유로부터 추론되므로 소극적 요건이 되고, 법률행위의 효력발생을 저지하려는 자가 효력요건의 부존재를 주장하고 증명해야 한다.

(1) 일반 효력요건

(가) **당사자가 권리능력, 의사능력, 행위능력**을 가지고 있어야 한다. 권리능력이나 의사능력이 없는 사람이 한 법률행위는 무효이고, 행위능력이 결한 경우에는 취소할 수 있다.

(나) 법률행위의 **목적**이 **확정**되어 있거나 확정이 가능하여야하고, 그 **실현이 가능**하여야 하며, **적법**하고 **사회적 타당성**이 있어야 한다.

(다) **의사표시**에 관하여, 의사와 표시가 일치할 뿐더러, 의사형성과정에 사기·강박 등 하자가 없어야 한다.

(2) 특별 효력요건

개개의 법률행위에 관하여 법률의 규정 또는 당사자의 특약에 의하여 요구되는 특별한 효력요건이다. 법정대리인의 동의(제5조), 대리권의 존재(제114조 이하), 조건의 성취 또는 기한의 도래(제147조 이하), 부동산물권변동에서의 등기(제186조), 유언자의 사망(제1073조), 토지거래허가구역 내의 토지매매에 대한 관청의 허가 등이 이에 해당된다.

농지취득자격증명은 효력요건과 무관 **대법원 2006.1.27. 선고 2005다59871 판결**[5)]

농지법 제8조 제1항 소정의 농지취득자격증명은 농지를 취득하는 자가 그 소유권에 관한 등기를 신청할 때에 첨부하여야 할 서류로서(농지법 제8조 제4항), 농지를 취득하는 자에게 농지취득의 자격이 있다는 것을 증명하는 것일 뿐 농지취득의 원인이 되는 법률행위의 효력을 발생시키는 요건은 아니라고 할 것이므로 농지에 관한 소유권이전등기청구소송에서 비록 원고가 사실심 변론종결시까지 농지취득자격증명을 발급받지 못하였다고 하더라도 피고는 자신의 소유권이전등기의무가 이행불능임을 내세워 원고의 청구를 거부할 수 없다(대법원 1998.2.27. 선고 97다49251 판결)

5) 한편 **대법원 2008.4.24. 선고 2007다65665 판결** 등은 주식회사와 같은 **법인**이 농지 매매계약을 체결한 경우 농지취득이 원시적 불능이므로 그 계약은 무효라고 한다.

Ⅱ. 법률행위의 종류[6)]

1. 단독행위, 계약, 합동행위(의사표시의 수와 방향에 의한 분류)

가. 단독행위

한 개의 의사표시로 성립하는 **법률행위**로서 일방행위라고도 부른다. 법률행위 자유의 원칙상 단독행위의 자유도 인정되어야 하나, 그 인정범위는 계약보다는 훨씬 좁다. 행위의 상대방인 제3자가 그 의사와는 무관하게 의무를 부담하거나 불이익을 받게 될 염려가 있기 때문이다. 따라서 단독행위는 법률에 규정이 있거나 그에 관한 당사자 사이의 약정이 있는 경우에만 허용된다. 그 상대방이 있는지 여부에 따라 다음과 같이 나뉜다.

(1) 상대방 있는 단독행위

의사표시가 특정한 상대방에게 도달하여야 효력이 발생하는 단독행위로서, 법정대리인의 동의, 채무면제, 상계, 추인, 취소, 해제, 해지, 시효이익의 포기 등이 그 예이다.

(2) 상대방 없는 단독행위

의사표시가 있으면 효력이 발생하고 수령할 자가 특정되어 있지 않는 단독행위이다. 유언, 재단법인의 설립행위, 권리의 포기 등이 그 예이며, 요식 행위로 되어 있는 것이 보통이다.

나. 계약

계약이란 복수의 **권리주체 사이에서 마주하는 둘 이상의 의사표시가 합치**함으로써 성립하는 **법률행위**이다. 즉 2인 이상의 당사자가 청약과 승낙이라는 상호 대립적인 의사표시를 하고, 그 합치에 의하여 법률효과를 발생시키는 법률행위를 말한다. 복수의 의사표시의 방향이 대립적 교환적이라는 데에서 합동행위와 구별된다. 계약에는 매매나 임대차와 같이 채권관계의 발생, 변경, 소멸을 내용으로 하는 채권계약 외에, 저당권설정과 같은 물권법상의 계약, 채권양도와 같은 준물권계약, 나아가 혼인이나 입양과 같은 가족법상의 계약도 포함된다. 그러나 좁은 의미의 계약은 채권계약만을 가리킨다.

---

6) 법률행위에 관한 가장 기본적인 분류는 법률행위에 의하여 발생되는 효과가 재산상의 법률관계에 관한 것인 **재산행위**와 그 법률효과가 신분상의 법률관계에 관한 것인 **신분행위**로 나누는 것이다. 그러나 신분행위에 관하여는 친족·상속편에 따로 특칙을 두고 있는 경우가 대부분이고 민법총칙편의 법률행위에 관한 규정은 대체로 재산행위에 적용되는바, 여기에서의 분류 역시 재산행위를 위주로 한다.

다. 합동행위

합동행위란 다수 당사자의 **방향을 같이 하는 두 개 이상의 의사표시가 합하여 성립하는 법률행위**로, 사단법인의 설립행위가 대표적인 예이다. 그러나 설립행위가 아닌 사단법인 총회 등의 결의는 모든 의사표시가 합치될 것을 요하지 않고 필요한 수를 갖추면 구속력이 발생하므로 합동행위가 아니다.

2. 의무부담행위(채권행위)와 처분행위(물권·준물권행위)

의무(채무)부담행위란 당사자에게 일정한 급부의무를 발생시키는 법률행위를 말한다. 매매계약과 같은 채권행위가 그 전형적인 예이다. 당사자에게 일정한 청구권과 그에 상응하는 의무를 발생시킬 뿐이므로, 처분행위와는 달리 행위자에게 처분권이 있음을 요하지 않고 대신 이행의 문제를 남긴다.

처분행위란 현존하는 권리의 발생·변경·소멸을 직접 일으키는 법률행위를 말한다. 물권의 변동을 일으키는 물권행위, 채권양도나 채무면제와 같이 채권적 권리변동을 곧 바로 일으키는 준물권행위가 있다. 처분행위는 곧바로 권리의 변동을 일으키므로 이행의 문제를 남기지 않고, 그것이 유효하기 위하여는 처분행위자에게 처분권한과 처분능력이 있어야 한다.

3. 출연행위(出捐行爲)와 비출연행위(非出捐行爲)

출연행위(출재행위)란 타인의 재산을 증가시키고 자기 재산을 감소시키는 행위이다. 출연행위는 출연의 원인이 출연행위의 조건 또는 내용으로 되어 있는지 여부에 따라 경개와 같은 **유인행위**와 어음행위 등의 **무인행위**로, 자신의 출연에 대하여 상대방으로부터 그에 대응하는 출연을 받는 것을 목적으로 하는지 여부에 따라 **유상행위**(매매, 고용 등)와 **무상행위**(증여, 사용대차 등)로 구분된다.

비출연행위는 대리권의 수여 등과 같이 재산의 증감과 무관한 행위, 또는 소유권 포기 등과 같이 타인의 재산을 증가시킴이 없이 행위자의 재산만이 감소하는 행위이다.

4. 신탁행위(信託行爲)

현행법상 다루어지는 신탁에는 두 가지가 있는바, 신탁법상의 신탁행위와 민법학상 인정되는 신탁행위가 그것이다.

신탁법상의 신탁이란 위탁자가 수탁자에게 특정의 재산권을 이전하거나 기타의 처분을 하여 수탁자로 하여금 자기 또는 제3자를 위하여 또는 특정한 목적을 위하여 관리, 처분하게 하는 법률관계를 말한다(신탁법 제1조 제2항). 이러한 신탁관계를 설정하는 계약 또는 유언 등이 신탁행위이다. 이 신탁제도에서 신탁재산은 수탁자에게 완전히 이전되므로, 가령 부동산신탁에서 수탁자 앞으로 소유권이전등기를 경료하면 대내외적으로 소유권이 수탁자에게 완전히 이전되고, 위탁자와의 내부관계에서도 소유권이 위탁자에게 유보되어 있는 것이 아니며, 수탁자로부터 권리를 취득한 제3자는 선·악의를 불문하고 언제나 소유권을 취득한다. 한편 탈법적 신탁행위와 소송행위를 주목적으로 하는 신탁행위는 무효이다(신탁법 제6조, 제7조)

수탁자의 완전한 소유권행사 **대법원 2008.3.13. 선고 2007다54276 판결**

신탁법상의 신탁은 신탁설정자(위탁자)와 신탁을 인수하는 자(수탁자)의 특별한 신임관계에 기하여 위탁자가 특정의 재산권을 수탁자에게 이전하거나 기타의 처분을 하고 수탁자로 하여금 일정한 자(수익자)의 이익을 위하여 또는 특정의 목적을 위하여 그 재산권을 관리, 처분하게 하는 법률관계를 말하고, 신탁계약에 의하여 재산권이 수탁자에게 이전된 경우 그 신탁재산은 수탁자에게 절대적으로 이전하므로, 이 사건 신탁계약을 체결하면서 수탁자인 원고가 위탁자 겸 수익자와의 사이에 "수탁자의 권한은 등기부상 소유권 관리 및 보전에 한정되므로 그 이외의 실질적인 관리, 보전 업무 일체는 우선수익자의 책임 하에 수익자가 주관하여 관리한다"고 특약하였다고 하더라도, 원고는 우선수익자나 수익자에 대한 관계에서 위와 같은 특약에 따른 제한을 부담할 뿐이고 제3자인 피고에 대한 관계에서는 완전한 소유권을 행사할 수 있다.

금전신탁과 예금의 차이 **대법원 2007.11.29. 선고 2005다64552 판결**

금전신탁은 신탁행위에 의하여 위탁자로부터 금전을 수탁받은 신탁회사가 이를 대출, 유가증권, 기타 유동성 자산 등에 운용한 후 신탁기간 종료시 수익자에게 금전의 형태로 교부하는 신탁의 일종으로서, 신탁된 금전은 금융기관의 고유재산이 아닌 신탁재산에 속하게 되고 신탁행위 또는 관계 법령에서 정한 바에 따라 자금운용이 이루어져야 하며, 실적배당주의가 적용되어 원칙적으로 원본과 이익이 보장되지 아니할 수 있다는 점 등에서, 예금된 금원이 금융기관의 고유재산에 속하게 되고 예금에 관한 금융기관의 자금운용 방법에 원칙적으로 제한이 없으며 원금 및 약정이율에 따른 이자의 지급이 보장되는 금전의 소비임치계약인 예금과 차이가 있다. 특정금전신탁은 위탁자가 신탁재산의 운용방법을 특정하는 금전신탁으로서 수탁자는 위탁자가 지정한 방법대로 자산을 운용하여야 하고 다른 신탁상품과는 합동운용할 수 없으며 원본 보전과 이익 보족이 금지되어 있는 반면, 불특정금전신탁은 위탁자가 신탁재산의 운용방법을 특정하지 않고 수탁자에게 일임하는 금전신탁으로서 수탁자는 관계 법령에서 정하고 있는 방법과 대상의 제한 범위 내에서 자유롭게 자산운용을 하고 다른 신탁상품과도 합동운용할 수 있으며 관계 법령이 정하는 바에 따라 원본 보전과 이익 보족이 허용된다는 점 등에서 특정금전신탁과 차이가 있다.

민법학상의 신탁이란 추심을 위한 채권양도에서와 같이 일정한 경제적 목적을 위하여 신탁자가 수탁자에게 그 목적 달성에 필요한 정도를 넘는 권리를 이전하고, 수탁자는 그 권리를 그 목적의 범위 안에서만 행사하여야 할 의무를 부담하는 법률관계를 말한다. 대외관계와 내부관계를 분리하여 대외적으로 수탁자는 진정한 권리자의 지위를 갖지만, 신탁자에 대한 내부관계에서는 그렇지 않다는 점에서 신탁법상의 신탁과 구별된다.

판례는 이러한 신탁행위이론을 적용하여 양도담보와 명의신탁 제도를 인정하고 있다.

5. 요식행위(要式行爲)와 불요식행위(不要式行爲)

의사표시를 일정한 방식에 따라서 행하여야 하는 것이 법률행위의 요건으로 되어 있는지 여부에 따른 구별이다. 법률행위는 계약 자유의 원칙상(그 중 방식의 자유임) 불요식이 원칙이나, 법률행위를 신중하고 명확하게 하기 위한 필요 등에 따라 일정한 방식을 요구하는 요식행위(할부거래에 관한 법률에 따른 할부구매시 서면주의, 보증계약, 유언, 법인의 설립행위, 어음행위 등)로 이루어지게 할 수도 있다. 법률에 특별한 규정이 없는 경우 요식행위와 불요식행위는 원칙적으로 그 효력에 차이가 없다. 다만 서면에 의하지 않은 증여의 경우에는 각 당사자가 증여계약을 언제든지 해제할 수 있어(제555조) 그 효력이 약하고, 서면에 의하지 않은 법률행위의 경우 입증과 관련하여 재판 등에서 불이익을 입을 여지는 있다.

요식행위와 관련된 강력한 법정방식으로 **공증제도**가 있다. 공증에는 공정증서 작성과 사서증서의 인증의 두 가지가 있다. 공정증서란 공증인이 공증인법에 따라 작성한 문서를 말하며, 공정증서가 작성되면 그에 기재된 의사표시 내지 법률행위의 진정성립이 증명되고, 특히 강제집행을 인낙한다는 취지를 적은 경우에는 재판절차를 거침이 없이 그 자체로 집행권원이 된다. 반면 사서증서의 인증이란 공증인이 사서증서 작성자 본인의 서명이나 날인의 진정성립을 인정함으로써 그 성립을 증명하는 행위를 말한다(민사소송법 제358조).

6. 생전행위(生前行爲)와 사인행위(死因行爲)

행위자의 사망으로 그 효력이 발생하는 법률행위가 사인행위이고(유언과 사인증여), 사인행위가 아닌 법률행위를 생전행위라고 한다. 분쟁 발생시 등에 행위자의 의사를 다시 확인하기 힘든 사인행위에서는 대체로 엄격한 방식을 요한다(제1060조).

7. 주된 행위와 종된 행위

법률행위가 유효하게 성립하기 위하여 다른 법률행위의 존재를 전제로 하는 행위를 종된 행위라 하고, 그 전제가 되는 행위를 주된 행위라고 한다. 가령 저당권설정계약은 금전소비대차계약에 종된 계약이다. 또한 부부재산계약은 혼인에 종된 계약이다. 종된 행위는 주된 행위와 법률상 운명을 같이 함이 보통이라는 것이 구별의 실익이다.

8. 독립행위와 보조행위

독립행위와 달리 보조행위는 다른 법률행위의 효과를 형식적으로 보충, 확정하는 것을 목적으로 하는 행위이다. 동의, 추인, 대리권의 수여 등이 보조행위의 예이다.

Ⅲ. 법률행위의 목적(내용)

행위자가 법률행위에 의하여 발생시키려고 하는 법률효과가 법률행위의 목적이고, 법률행위의 내용이라고도 한다. 법률행위의 목적은 의사표시의 목적, 즉 **효과의사의 내용**에 의하여 결정된다. 예를 들면 법률행위인 매매계약의 경우, 재산권의 이전과 대금의 지급이 그 목적이다.[7] 전술한 바와 같이 이러한 법률행위의 목적은 확정할 수 있고 가능하여야 하며, 적법하고 사회적 타당성이 있어야 그 효력이 있다.

1. 목적의 확정

가. 확정 또는 확정의 가능

법률행위의 목적은 확정되어 있거나 확정이 가능하여야 하고,[8] 그렇지 않으면 무효가 된다.[9] 목적의 확정 여부는 물권행위에서는 물권법정주의에 따라 그다지 문제되지 않고, 사적 자치의 원리가 통용되는 채권관계에서 주로 문제된다.

---

7) 따라서 '시세차익의 확보' 등 법률행위를 하게 된 의도 등과는 확연히 구별되고, 매매의 목적물과 같은 법률행위의 목적물과도 개념상 구분된다. 다만 매매의 목적물은 재산권이전채권의 요체이므로 법률행위 목적의 확정은 곧 그 목적물의 확정이 되는 경우가 많다.

8) 법률행위의 목적은 법률행위 성립 당시에 확정되어 있을 필요는 없고, 그후에라도 확정할 수 있는 방법과 기준이 정해져 있는 것으로 족하다.

9) 목적의 확정성을 효력요건으로 보는 견해가 통설이나, 그 확정이 불가능한 것은 목적의 부존재와 동일시된다는 이유로 성립요건으로 보아야 한다는 견해도 있다.

나. 확정의 기준

목적을 확정하는 표준은 원칙적으로 당사자의 의사에 따라 정하여지나, 거래상의 관습(제106조)이나 법률의 규정(제105조, 제656조 제1항)에 의할 경우도 있다. 이 목적의 확정은 **법률행위 해석의 문제와 직결**되고, 해석을 통하여도 목적의 확정이 불가능한 법률행위는 재판이나 강제집행의 절차에서 법이 도움을 줄 수 없어 부득이 무효처리[10] 된다.

법률행위 목적의 확정이 불가능한 사례 **대법원 1997.1.24. 선고 96다26176 판결**

이 사건 매매계약의 목적물을 "진해시 경화동 747의 77, 754의 6, 781의 15 등 3필지 및 그 외에 같은 동 소재 소외 망 장순남 소유 부동산 전부"라고 표시하여 이 사건 매매계약의 목적물 중 특정된 3필지를 제외한 나머지 부동산이 토지인지 건물인지, 토지라면 그 필지, 지번, 지목, 면적, 건물이라면 그 소재지, 구조, 면적 등 어떠한 부동산인지를 알 수 있는 표시가 전혀 되어 있지 아니할 뿐 아니라 계약당시 당사자들도 어떠한 부동산이 몇 개나 존재하고 있는지조차 알지 못한 상태에서 이루어진 것이고, 계약일로부터 17년 남짓 지난 후에야 그 소재가 파악될 정도라면, 그 목적물 중 특정된 3필지를 제외한 나머지 이 사건 부동산에 대한 매매는 그 목적물의 표시가 너무 추상적이어서 매매계약 이후에 이를 구체적으로 특정할 수 있는 방법과 기준이 정해져 있다고 볼 수 없어 매매계약이 성립되었다고 볼 수 없다.

2. 목적의 가능

가. 실현의 가능

법률행위의 목적은 그 실현이 가능해야 하고, 그것이 불능인 때는 무효이다. 그 판단시점은 법률행위의 성립시를 기준으로 한다. 법률행위의 목적 자체는 실현이 가능하더라도, **정지조건부의 법률행위의 조건 성취가 불가능한 때**는 전체를 불능으로 취급한다(제151조 제3항).

나. 불능과 가능의 표준

사회의 통념에 따라 결정되며, 물리적으로는 가능해도 사회통념상 그 실현이 불가능하다면(매매의 목적이 한강에 빠진 반지의 인도인 경우) 불능이다. 불능은 확정적이어야 하고 일시적으로 불능이라도 장차 가능하게 될 가망이 있으면 불능이 아니다. 한편 심리적 불능 또는 경제적 불능은 불능에 해당되지 않는다.

10) 대법원은 목적의 확정성을 법률행위의 성립요건으로 보는 견해를 취하고 있는 듯하다(대법원 1997.1.24. 선고 96다26176 판결, 2001.3.23. 선고 2000다51650 판결 등 참조)

다. 불능의 분류

(1) 원시적 불능과 후발적 불능

원시적 불능은 법률행위의 성립 당시에 이미 그 법률행위의 목적이 실현 불가능한 것을 말하고, 후발적 불능은 법률행위의 성립 후 그 이행 전에 불가능으로 된 것을 말한다. 법률행위를 당연히 무효로 하는 것은 원시적 불능이다.

한편 원시적 불능은 무효이지만 계약체결상의 과실책임(제535조)을 인정할 수 있고, 특히 원시적 일부불능의 경우(예컨대 부동산매매시 실제 면적이 계약 면적에 미달)에 매도인은 담보책임을 질 수 있다(대법원 2002.4.9. 선고 99다47396 판결). 후발적 불능은 채무자의 고의·과실 등 책임 있는 사유가 있는 경우에는 이행불능으로서 손해배상(제390조), 계약해제(제546조) 등이, 채무자의 책임 없는 사유로 인한 경우에는 대상청구권과 위험부담(제537조, 제538조)이 문제된다.

농지취득 할 수 없는 회사의 농지취득 **대법원 2008.4.24. 선고 2007다65665 판결**

주식회사는 구 농지개혁법 또는 구 농지임대차관리법(1994.12.22. 법률 제4817호로 폐지된 것)상 농지매매증명을 발급받을 수가 없어 결과적으로 농지의 소유권을 취득할 수 없고, 이 경우 농지의 매도인이 그 매매계약에 따라 그 매수인에 대하여 부담하는 소유권이전등기의무는 원시적으로 이행불능이라고 할 것이고, 따라서 이러한 원시적 불능인 급부를 목적으로 하는 농지의 매매계약은 채권계약으로서도 무효라고 할 것이다.

(2) 전부불능과 일부불능

불능의 범위에 따른 구별로서, 전부불능의 법률행위는 그 전부가 무효이지만, 일부불능의 경우에는 제137조 소정의 일부무효의 법리에 의해 처리된다.

3. 목적의 적법성

제105조는 법률행위의 당사자가 '법령 중의 선량한 풍속 기타 사회질서에 관계없는 규정'(=임의법규)과 다른 의사표시를 한 때에는 그에 따른다고 함으로써 사적 자치의 원칙을 간접적으로 규정하고 있다. 한편 이에 관하여는 '사회질서와 관계있는 규정'(=강행법규)에 위반하는 내용의 법률행위는 부적법한 것으로서 무효라는 반대해석도 가능하다. 즉 강행법규는 법이 사회질서의 유지를 위하여 그 준수를 강제하는 것으로 그와 관련된 법률행위에서는 사적 자치가 허용되지 않고, 그에 위반하는 법률행위는 무효가 된다는 것이다. 따라서 제105조는 법률행위가 유효하기 위하여는 그 목적이

적법한 것이어야 한다는 목적의 적법성에 관하여 규정하고 있는 것으로 볼 수 있다.

후술하는 바와 같이 제103조에서는 반사회적 법률행위는 무효라는 내용으로 법률행위의 사회적 타당성에 관하여 규정하고 있는바, 목적의 적법성과 사회적 타당성과의 관계가 문제된다. 이에 관하여 법률행위의 적법성과 사회적 타당성을 구별하여 각각 별개의 요건으로 취급하는 입장이 통설이다. 판례 역시 강행법규에 위반된다고 하여 곧바로 사회질서에 반하는 행위라고 할 수 없고, 강행법규에 위반하여 무효인 약정에 의하여 이행한 것이 있는 경우 불법원인급여에 해당한다고 할 수 없으므로 그 반환을 청구할 수 있다고 하여 양자를 구별하고 있다(대법원 2001.5.29. 선고 2001다1782 판결).

법률행위의 효력요건으로서 목적의 적법성이나 사회적 타당성을 요구하는 것은 사적 자치 외에 또 하나의 법률행위의 효력 근거인 **법질서의 승인**[11]과 관계가 있다.

가. 강행법규(강행규정)의 내용

(1) 의의

사법상의 법률효과를 중심으로 법률규정은 임의법규와 강행법규로 구별되는바, 당사자가 규정이 정하는 것과 다른 법률효과를 원하더라도 할 수 없는 것, 바꾸어 말하면 당사자의 의사에 의하여 그 규정의 적용을 배제할 수 없는 법규정을 강행법규라고 한다.[12] 강행법규는 그 내용상 '법령 중의 선량한 풍속, 기타 사회질서에 관한 규정'이 많을 것이나(제105조의 반대해석), 그와 무관한 강행규정도 있을 수 있다. 강행규정에 관하여는 신의칙[13] 또는 표현대리의 법리에 의해서도 그 적용이 배제되지 않음을 주의해야 한다.

강행규정은 당사자 쌍방 모두에게 적용되는 것이 원칙이다. 그런데 양 당사자 모두에게 강행규정으로 적용되는 것이 아니고, 예외적으로 법률행위의 일방 당사자에게 불리한 경우에만 무효로 하는 규정(제289조, 제625조, 주택임대차보호법 제10조 등)을 편면적 강행규정이라고 한다. 예컨대 주택임대차보호법에서는 2년의 임대차기간을 보장하고 있는바(동법 제4조 제1항), 임대차기간을 2년 미만으로 약정한 경우 그 유효를 임차인만이 주장할 수 있을 뿐(동조 단서) 임대인은 그 원용이 불가하다.

(2) 강행법규 판별의 기준

어떤 규정이 강행규정인지 임의규정인지 구별하는 것은 사적 자치의 한계와 관련

11) 즉 법률행위의 자유도 법질서가 허용하고 승인하는 한도에서만 허용되는 것이다.

12) 주석민법 총칙(2), 502-503면. 이에 반하여 당사자의 의사에 의하여 그 규정의 적용을 배제할 수 있는 법규정을 임의법규라고 한다.

13) 금반언의 원칙의 예에서 보듯이 법률행위의 내용이 강행규정의 취지는 물론 전체 법이념에 비추어 부당할 때에는 신의칙을 적용할 수 없다.

되므로 매우 중요하다. 법률에 명문의 규정이 있으면 그에 따르고(제289조, 608조, 제652조 등), 그것이 없으면 규정의 취지와 성질, 사회경제적 영향 등을 고려하여 강행법규인지 여부를 판단해야 한다.

(가) 일반기준

① 법률질서 기본구조에 관한 규정 - 권리능력, 행위능력에 관한 규정, 법인제도

② 제3자 내지 사회 일반에 직접 중요한 영향을 미치는 규정 - 물권법정주의

③ 사회기본윤리, 가족관계 질서에 관한 규정 - 친족관계질서, 상속의 기본체계 유지

④ 거래의 안전을 위한 규정 - 유가증권제도

⑤ 경제적 약자를 위한 규정 - 제104조, 제608조, 제652조, 주택임대차보호법

* **물권법과 가족법의 규정** - 대부분 강행규정, 반면 채권법 규정은 임의규정이 많음

***** 규정형식에 의한 구별**

- 강행규정 : '임의로 …하지 못한다'(제185조), '…한 것으로 본다'(제189조), '…한 약정은 효력이 없다'(제608조) 등으로 규정함
- 임의규정 : '…당사자의 약정이 없으면'(제379조), '다른 의사표시가 없으면'(제394조), '…할 수 있다' 등으로 규정함

(나) 법원의 선언

대법원은 변호사 아닌 자의 법률상담 등의 행위를 금지하는 변호사법 제109조, 의료인이나 의료법인 등 비영리법인 아닌 자의 의료기관 개설을 금지하는 의료법 제30조 제2항, 부동산중개수수료의 상한을 정하는 구부동산중개업법의 규정, 증권회사 등의 부당한 권유행위를 금지하는 증권거래법 제52조 등을 강행규정으로 판시하고 있다.

(3) 단속법규와의 관계

(가) 양자포함설(다수설·판례)

법령의 규정을 임의법규와 강행법규로 크게 나누고, 강행법규를 다시 위반되는 행위의 사법상의 효과가 부정되는 **효력규정**과, 위반시 벌칙의 적용이 있을 뿐 행위 자체의 사법상 효력에는 영향이 없는 **단속규정**으로 나누는 견해이다.[14] 즉 식품위생법에 위반하여 허가 없이 식품을 판매하는 행위를 제재하는 단순한 행정상의 금지법규 등 단속규정을 강행법규의 범주 속에 포함시키는 것이다.

어떤 강행법규가 효력규정인지 단속규정에 그치는지의 구별에 관하여는, 명문의 정함이 있다면 당연히 이에 따라야 할 것이고, 그러한 정함이 없는 때에는 종국적으로

14) 곽윤직 211면.

그 금지규정의 목적과 의미에 비추어 그에 반하는 법률행위의 무효 기타 효력 제한이 요구되는지를 검토하여 이를 정할 것이다(대법원 2010.12.23. 선고 2008다75119 판결).

① 효력규정으로 본 사례

판례는 아래 게재된 3개의 판결을 비롯하여, 변호사 아닌 자가 승소를 조건으로 대가를 받기로 한 약정은 무효(대법원 1990.5.11. 선고 89다카10514 판결), 건설업 면허를 대여하기로 하는 명의대여계약은 무효(대법원 1988.12.27. 선고 86다카2452 판결) 등 사건에서 관련규정들을 모두 효력규정이라고 판시한다.[15)]

한도 초과 수수료 약정은 무효 **대법원 2007.12.20. 선고 2005다32159 전원합의체 판결**

구 부동산중개업법(2005.7.29. 법률 제7638호 '공인중개사의 업무 및 부동산 거래신고에 관한 법률'로 전문 개정되기 전의 것)은 부동산중개업을 건전하게 지도·육성하고 부동산중개 업무를 적절히 규율함으로써 부동산중개업자의 공신력을 높이고 공정한 부동산거래질서를 확립하여 국민의 재산권 보호에 기여함을 입법목적으로 하고 있으므로(제1조), 중개수수료의 한도를 정하는 한편 이를 초과하는 수수료를 받지 못하도록 한 같은 법 및 같은 법 시행규칙 등 관련 법령 또는 그 한도를 초과하여 받기로 한 중개수수료 약정의 효력은 이와 같은 입법목적에 맞추어 해석되어야 한다. 그뿐 아니라, 중개업자가 구 부동산중개업법 등 관련 법령에 정한 한도를 초과하여 수수료를 받는 행위는 물론 위와 같은 금지규정 위반 행위에 의하여 얻은 중개수수료 상당의 이득을 그대로 보유하게 하는 것은 투기적·탈법적 거래를 조장하여 부동산거래질서의 공정성을 해할 우려가 있고, 또한 구 부동산중개업법 등 관련 법령의 주된 규율대상인 부동산의 거래가격이 높고 부동산중개업소의 활용도 또한 높은 실정에 비추어 부동산 중개수수료는 국민 개개인의 재산적 이해관계 및 국민생활의 편의에 미치는 영향이 매우 커 이에 대한 규제가 강하게 요청된다. 그렇다면, 앞서 본 입법목적을 달성하기 위해서는 고액의 수수료를 수령한 부동산 중개업자에게 행정적 제재나 형사적 처벌을 가하는 것만으로는 부족하고 구 부동산중개업법 등 관련 법령에 정한 한도를 초과한 중개수수료 약정에 의한 경제적 이익이 귀속되는 것을 방지하여야 할 필요가 있으므로, 부동산 중개수수료에 관한 위와 같은 규정들은 중개수수료 약정 중 소정의 한도를 초과하는 부분에 대한 사법상의 효력을 제한하는 이른바 강행법규에 해당하고, 따라서 구 부동산중개업법 등 관련 법령에서 정한 한도를 초과하는 부동산 중개수수료 약정은 그 한도를 초과하는 범위 내에서 무효이다.

---

15) 법률이 특별히 엄격한 표준을 정하여 일정한 자격을 갖춘 자에게만 허용하는 행위와 관련된 규정들은 대체로 효력규정으로 보고 있다.

정당한 사유 없는 손실보전약속은 무효 대법원 2002.12.26. 선고 2000다56952 판결

증권회사 또는 그 임·직원의 부당권유행위를 금지하는 증권거래법 제52조 제1호는 공정한 증권거래질서의 확보를 위하여 제정된 강행법규로서 이에 위배되는 주식거래에 관한 투자수익보장약정은 무효이고, 투자수익보장이 강행법규에 위반되어 무효인 이상 증권회사의 지점장에게 그와 같은 약정을 체결할 권한이 수여되었는지 여부에 불구하고 그 약정은 여전히 무효이며, 위 구 증권거래법 제52조 제3호와 구 증권거래법 시행규칙 제13조의3 제2호가 정하는 바와 같이 증권회사 등이 고객에 대하여 증권거래와 관련하여 발생한 손실을 보전하여 주기로 하는 약속이나 그 손실보전행위는 위험관리에 의하여 경제활동을 촉진하는 증권시장의 본질을 훼손하고 안이한 투자판단을 초래하여 가격형성의 공정을 왜곡하는 행위로서, 증권투자에 있어서의 자기책임원칙에 반하는 것이라고 할 것이므로, 정당한 사유 없는 손실보전의 약속 또는 그 실행행위 역시 사회질서에 위반되어 무효라고 할 것이다.

교육용 기본재산의 처분은 무효 대법원 1997.3.14. 선고 96다55693 판결

사립학교법(이하 법이라고만 한다) 제28조 제2항, 법시행령 제12조에 의하면 학교교육에 직접 사용되는 학교법인의 재산 중 교지, 교사 등은 이를 매도하거나 담보에 제공할 수 없게 되어 있고 법 제51조에 의하면 사립학교 경영자에게도 학교법인에 관한 법 제28조 제2항을 준용하게 되어 있으므로, 사립학교 경영자가 사립학교의 교지, 교사로 사용하기 위하여 출연·편입시킨 토지나 건물이 등기부상 학교경영자 개인 명의로 있는 경우에도 그 토지나 건물에 관하여 경료된 근저당권설정등기는 법 제51조에 의하여 준용되는 법 제28조 제2항, 법시행령 제12조에 위배되어 무효이다.

② 단속규정으로 본 사례

판례는 중간생략등기를 금지하는 부동산등기특별조치법 제2조 제2항(대법원 1993.1.26. 선고 92다39112 판결), 비실명금융거래를 금지하는 「금융실명거래 및 비밀보장에 관한 법률」 제3조 제1항(대법원 2001.1.5. 선고 2000다49091 판결), 일임매매약정을 제한하는 증권거래법 제107조(대법원 1996.8.23. 선고 94다38199 판결), 국민주택의 전매를 제한하는 주택건설촉진법 제38조의3, 비조합원과의 거래를 제한하는 구 신용협동조합법 제39조 제1항 제1호(대법원 2001.6.12. 선고 2001다18940 판결) 등을 단속규정으로 보면서, 위 규정과 관련된 법률행위의 사법상 효력은 유효한 것으로 판시하고 있다.

(나) 양자구분설(소수설)

사법의 영역인 강행법규와 행정상 목적의 달성을 위한 공법영역인 단속법규는 존

재의 이유를 달리하는 것으로 구별되어야 한다는 이유로, 법규정을 임의법규·강행법규·단속법규로 구분한 다음, 단속법규를 다시 그 위반행위를 무효로 하는 효력규정과 그 행위에 대하여 처벌 등의 불이익만을 가하는 단순한 단속규정으로 나눈다.[16]

(4) 강행법규 위반의 효과

강행법규 중 효력규정을 위반하는 법률행위는 무효이다. 법률행위의 일부가 강행법규에 위반되는 경우에 일부무효의 법리가 적용된다(제137조). 강행법규를 위반함에 따른 무효는 절대적이어서 **추인이나 표현대리의 규정에 의하여 유효로 될 수 없고, 선의의 제3자에게도 대항**할 수 있다. 법률행위가 강행법규 위반으로 무효인 경우에 그에 기한 이행이 있기 전이라면 이행할 필요가 없다. 반면 이미 이행이 있었다면 급부한 것이 부당이득에 해당하여 그 반환을 청구할 수 있고, 이 경우 원칙적으로 **제746조가 적용되지 않는다**고 한다.[17]

임·직원의 부당권유행위 금지 **대법원 1996.8.23. 선고 94다38199 판결**

증권회사 또는 그 임·직원의 부당권유행위를 금지하는 증권거래법 제52조 제1호는 공정한 증권거래질서의 확보를 위하여 제정된 강행법규로서 이에 위배되는 주식거래에 관한 투자수익보장약정은 무효이고, 투자수익보장이 강행법규에 위반되어 무효인 이상 증권회사의 지점장에게 그와 같은 약정을 체결할 권한이 수여되었는지 여부에 불구하고 그 약정은 여전히 무효이므로 표현대리의 법리가 준용될 여지가 없다.
일임매매의 제한에 관한 증권거래법 제107조는 고객을 보호하기 위한 규정으로서 증권거래에 관한 절차를 규정하여 거래질서를 확립하려는 데 그 목적이 있는 것이므로, 고객에 의하여 매매를 위임하는 의사표시가 된 것임이 분명한 이상 그 사법상 효력을 부인할 이유가 없고, 그 효력을 부인할 경우 거래 상대방과의 사이에서 법적 안정성을 심히 해하게 되는 부당한 결과가 초래되므로, 일임매매에 관한 증권거래법 제107조 위반의 약정도 사법상으로는 유효하다. 주식투자가와 증권회사 사이에 주식매매거래계좌설정약정 및 투자수익보장약정, 일임매매약정이 일체로서 체결되었으나 그 중 투자수익보장이 무효인 경우, 약정 당시 고객이 투자수익보장약정이 무효임을 알았거나 알 수 있었다고 보여질 뿐 아니라 주식매매거래계좌설정약정 및 일임매매약정에 기하여 주식거래가 계속되어 새로운 법률관계가 계속적으로 형성되어 왔다면, 투자수익보장약정이 무효라고 하여 주식매매거래계좌설정약정이나 일임매매약정까지 무효가 된다고 할 수는 없다.

---

16) 이영준, 178면.

17) 다만 강행법규의 내용이 선량한 풍속 기타 사회질서에 관한 것인 경우에는 제746조가 적용된다.

법률행위 일부가 효력규정에 위배되는 경우 대법원 2007.6.28. 선고 2006다38161 판결

민법 제137조는 임의규정으로서 의사자치의 원칙이 지배하는 영역에서 적용된다고 할 것이므로, 법률행위의 일부가 강행법규인 효력규정에 위배되어 무효가 되는 경우 그 부분의 무효가 나머지 부분의 유효·무효에 영향을 미치는가의 여부를 판단함에 있어서는 개별 법령이 일부무효의 효력에 관한 규정을 두고 있는 경우에는 그에 따라야 하고, 그러한 규정이 없다면 원칙적으로 민법 제137조가 적용될 것이나, 당해 효력규정 및 그 효력규정을 둔 법의 입법 취지를 고려하여 볼 때 나머지 부분을 무효로 한다면 당해 효력규정 및 그 법의 취지에 명백히 반하는 결과가 초래되는 경우에는 나머지 부분까지 무효가 된다고 할 수는 없다.

회사가 직원들을 유상증자에 참여시키면서 퇴직시 출자 손실금을 전액 보전해 주기로 약정한 경우, 직원들의 신주인수의 동기가 된 위 손실보전약정이 주주평등의 원칙에 위배되어 무효라는 이유로 신주인수까지 무효로 보아 신주인수인들로 하여금 그 주식 인수대금을 부당이득으로서 반환받을 수 있도록 한다면 이는 사실상 다른 주주들과는 달리 그들에게만 투하자본의 회수를 보장하는 결과가 되어 오히려 강행규정인 주주평등의 원칙에 반하는 결과를 초래하게 될 것이므로, 위 신주인수계약까지 무효라고 보아서는 아니 된다.

강행규정 위반과 부당이득반환 청구 대법원 2001.5.29. 선고 2001다1782 판결

부당이득의 반환청구가 금지되는 사유로 민법 제746조가 규정하는 불법원인이라 함은 그 원인되는 행위가 선량한 풍속 기타 사회질서에 위반하는 경우를 말하는 것으로서 법률의 금지에 위반하는 경우라 할지라도 그것이 선량한 풍속 기타 사회질서에 위반하지 않는 경우에는 이에 해당하지 않는다고 할 것인바, 담배사업법은 "담배산업의 건전한 발전을 도모하고 국민경제에 이바지하게 함을 목적"으로 제정된 것으로서, 원료용 잎담배의 생산 및 수매와 제조담배의 제조 및 판매 등에 관한 사항을 규정하고 있기는 하나, 원래 담배사업이 반드시 국가의 독점사업이 되어야 한다거나 담배의 판매를 특정한 자에게만 하여야 하는 것은 아니어서 그 자체에 반윤리적 요소가 있는 것은 아니고, 또한 담배 사재기가 물가안정에관한법률에 의하여 금지되고 그 위반행위는 처벌되는 것이라고 하여도 이는 국민경제의 정책적 차원에서 일정한 제한을 가하고 위반행위를 처벌하는 것에 불과하므로, 이에 위반하는 행위가 무효라고 하더라도 이것을 선량한 풍속 기타 사회질서에 반하는 행위라고는 할 수 없다. 따라서 구 담배사업법(1999.12.31. 법률 제6078호로 개정되기 전의 것) 소정의 등록도매업자 또는 지정소매인이 아닌 자가 담배사재기를 위하여 한국담배인삼공사로부터 담배를 구입키로 하고 지급한 담배구입대금은 불법원인급여에 해당하지 않아 그 반환을 청구할 수 있다고 보아야 한다.

나. 강행법규 위반의 모습

(1) 직접적 위반

강행법규에 직접적으로 위반하는 것이고, 그 법률행위는 당연무효가 된다.

(2) 탈법행위(간접적 위반)

탈법행위란 강행법규를 직접 위반하지 않으면서 회피수단을 통하여 강행법규가 금지하는 결과를 실질적으로 실현하는 행위를 말한다. 즉 강행법규가 금지하고 있는 사항을 직접 위반하지 않는 수단을 사용하여 회피하고, 실질적으로는 그 금지하고 있는 사항을 실현하는 행위이다.

탈법행위는 강행법규를 정면으로 위반하는 것은 아니지만 법의 이념에 반하여 법규가 인정하지 않는 결과 발생을 목적으로 하기 때문에 무효임이 원칙이다. 그러나 탈법행위가 언제나 무효는 아니며, 강행법규의 취지에 따라 그 효력을 판단하여야 한다. 즉 강행법규가 특정의 수단·형식을 금지하느냐 아니면 특정의 결과를 금지하느냐에 따라 전자의 경우에는 탈법행위가 유효라고 할 것인 반면, 후자의 경우라면 무효라고 하여야 한다. 예를 들면 동산의 양도담보는 질권계약의 요물성 등을 규정하고 있는 제330조, 제332조를 회피하기 위하여 제189조의 점유개정을 이용하는 것으로 탈법행위이지만 유효한 것으로 인정된다. 또한 공무원연금수급권은 대통령령으로 정하는 금융기관의 담보에 공여할 수 있으나 그 밖의 경우에 이를 담보로 제공하지 못하는데(공무원연금법 제32조), 이러한 담보제공금지규정을 회피하기 위하여 채권자에게 연금이 입금되는 예금통장과 인장을 교부하여 연금추심의 대리권을 수여하면서 원금과 이자의 완제가 있을 때까지 추심위임을 해제하지 않는다는 특약을 함으로써 연금수급권을 담보로 제공하는 것과 동일한 결과를 거둘 수 있는바, 위 계약 전부를 무효로 할 것은 아니고 불해제의 특약만이 무효라고 한다.

탈법행위로서 당연무효 **대법원 1996.4.26. 선고 94다43207 판결**

구 국유재산법(1976.12.31. 법률 제2950호로 개정되기 전의 것) 제7조가 같은 법 제1조의 입법 취지에 따라 국유재산 처분사무의 공정성을 도모하기 위하여 관련 사무에 종사하는 직원에 대하여 부정한 행위로 의심받을 수 있는 가장 현저한 행위를 적시하여 이를 엄격히 금지하는 한편, 그 금지에 위반한 행위의 사법상 효력에 관하여 이를 무효로 한다고 명문으로 규정하고 있는 점 등을 종합하여 보면, 국유재산에 관한 사무에 종사하는 직원이 타인의 명의로 국유재산을 취득하는 행위는 강행법규인 같은 법 규정들의 적용을 잠탈하기 위한 탈법행위로서 무효이고, 나아가 같은 법이 거래 안전의 보호 등을 위하여 그 무효를 주장할 수 있는 상대방을 제한하는 규정을 따로 두고 있지 아니한 이상 그 무효는 원칙적으로 누구에 대하여서나 주장할 수 있으므로, 그 규정들에 위반하여 취득한 국유재산을 제3자가 전득하는 행위 또한 당연무효이다.

4. 목적의 사회적 타당성

가. 제103조의 의의

법률행위의 목적이 어느 특정한 강행법규를 위반하지 않더라도 '선량한 풍속 기타 사회질서'에 위반하면 무효이다. 강행법규 위반이 개별적인 강행규정의 위반을 이유로 법률행위의 효력을 부인하고 있는데 반하여, 제103조는 **일반규정으로서 일반적, 포괄적으로 법률행위의 효력을 통제**하고 있다는 점에서 양자는 구별된다.

민법은 법률행위 자유의 원칙을 표방하고 있으나, 그 허용 범위는 무한하지 않고 법질서가 승인하는 한도 내이다. 따라서 법률행위의 목적이 공동체의 근본질서에 위반한 것일 때에는 그 효력이 부정되는 것은 당연하고, 성문법주의 법체계에서는 개별적인 강행규정 외에 법의 근본이념을 밝히는 일반규정을 두어 법률행위 목적의 타당성을 판단하는 기준으로 삼게 하고 있는 것이다. 법률행위의 목적이 법의 이념에 비추어 타당한지 여부를 개별적·구체적 규정으로 빠짐없이 규율한다는 것은 불가능하기 때문이다.

강행법규와 제103조의 관계 대법원 2009.9.10. 선고 2009다37251 판결

반사회성 여부가 논의되는 당해 법률행위와 관련이 있는 다른 일정한 법률행위에 관하여 그 효력을 명문으로 배제하는 강행법규가 있는 경우에는, 그 강행법규가 어떠한 취지에서 나온 것인지, 이들 두 법률행위가 일정한 구체적 생활관계의 맥락에서 일정한 내용으로 사회적·경제적인 연관을 가져서 강행법규에 의한 금지의 취지를 반사회질서의 법률행위라는 범주성을 통하여 다른 법률행위에도 미치게 하는 것이 적절하지 아니한지, 당해 법률행위에 대하여 그 규범내용이 명확하지 아니한 일반조항인 민법 제103조에 기하여 이를 무효로 함으로 인하여 거래에 부당한 부담을 지우거나 당사자들의 정당한 기대를 저버리게 되는 것은 아닌지 등을 당해 법률행위가 사회질서에 위반하는지 여부를 판단함에 있어서 고려할 수 있고 또 고려하여야 할 것이다.[18]

18) 성매매업소의 선불금과 관련된 금전대출행위가 강행규정(성매매알선 등 행위의 처벌에 관한 법률 규정) 위반으로 무효이고, 위 금전대출과 관련된 연대보증행위 역시 위 법률에 관련규정이 없더라도 제103조 위반으로 무효라고 판시한 사안임.

나. 사회질서의 의미

선량한 풍속이란 사회의 일반적 도덕관념으로 모든 국민이 지켜야 할 최소한도의 도덕율을 말하며, **사회질서**란 국가, 사회의 공공질서 내지는 일반적 이익으로서 사회생활의 평화와 질서를 유지하는 데 있어서 모든 국민이 반드시 지켜야 할 일반규범이다. 이들 간의 관계에 대하여, 양자를 독립된 별개의 개념으로 파악하는 견해[19]가 있으나, 사회질서가 상위개념으로서 제103조의 중심개념이라고 하는 견해[20]가 타당하다. 사회질서는 우리 법체계를 관통하는 윤리적 가치로서 공동체의 가치관에 따라 변천하는 불확정개념이다.

다. 사회질서위반의 요건

(1) 주관적 인식여부

법률행위의 내용이 사회질서에 반하는 것 외에, 법률행위가 사회질서에 반한다는 것에 대한 당사자의 인식이 필요한지 여부에 관하여 견해가 갈린다. 그 인식조차 없는 자에 대하여 법률행위의 효과를 부인하는 것은 타당치 않으므로 사회질서에 반함을 당사자가 인식하여야 하여야 한다는 견해,[21] 제103조는 행위자에 대한 비난가능성이 아닌 법체계의 가치기준에 따른 것이므로 당사자의 인식을 문제 삼을 필요가 없다는 견해,[22] 당사자는 자신의 행위가 사회질서에 반한다는 것까지 인식할 필요는 없지만, 그 점을 판단할 만한 기초사정의 존재는 인식하여야 한다는 절충적인 견해[23]가 있다. 판례는 대체로 제3의 견해에 따르고 있다.

(2) 판단의 기준시기

법률행위가 사회질서에 반하는지 여부는 원칙적으로 **법률행위 당시**를 기준으로 판단하여야 한다는 것이 다수설, 판례이다. 따라서 그 이후의 상황변화로 유무효가 바뀌지는 않는다. 그러나 일단 유효하게 성립된 법률행위가 아직 이행되지 않고 있는 동안에 그 법률행위가 사회질서에 반하게 하는 사정이 생겼다면, 당사자로서는 그 이행을 구할 수는 없다고 보아야 할 것이다.

---

19) 이영준, 192면.
20) 곽윤직, 215면.
21) 김증한·김학동, 311면.
22) 지원림, 196면; 송덕수, 134면.
23) 김준호, 249면; 민법주해(Ⅱ), 221면 등.

반사회질서 법률행위인지 여부 판단 시기 **대법원 2001.11.9. 선고 2001다44987 판결**[24)]

매매계약체결 당시에 정당한 대가를 지급하고 목적물을 매수하는 계약을 체결하였다면, 비록 그 후 목적물이 범죄행위로 취득된 것을 알게 되었다고 하더라도, 계약의 이행을 구하는 것 자체가 선량한 풍속 기타 사회질서에 위반하는 것으로 볼 만한 특별한 사정이 없는 한, 그러한 사유만으로 당초의 매매계약에 기하여 목적물에 대한 소유권이전등기를 구하는 것이 민법 제103조의 공서양속에 반하는 행위라고 단정할 수 없다.

라. 위반행위의 구체적 유형

(1) 위반의 모습

(가) 법률행위의 주된 내용이 사회질서에 반하는 것 : 첩 관계를 시작하거나 지속하는 내용의 약정, 살인을 목적으로 하는 계약 등

(나) 법률행위 자체가 사회질서에 반하지는 않으나 그것이 법적으로 강제됨으로써 사회질서에 반하는 것 : 종교를 바꾸기로 하는 약정, 어떤 경우에도 이혼하지 않기로 한 약정, 약정한 위약벌이 지나치게 무거운 경우 등

(다) 법률행위 자체는 반사회성이 없지만 금전적 이익과 관련됨으로써 사회질서에 반하는 것 : 소송에서 증언을 조건으로 금전지급을 약정한 경우(대법원 2010.7.29. 선고 2009다56283 판결), 장기를 제공하는 대가로 거액을 지급하기로 하는 약정, 범죄행위를 하지 않는 대가로 금전을 지급하기로 하는 계약 등

(라) 사회질서에 반하는 내용을 조건으로 하는 것 : 법률행위에 위법한 조건을 붙인 경우, 하지 않는 것이 당연한 행위를 특히 하지 않는다는 것을 조건으로 붙인 경우 등

(마) 법률행위의 동기가 불법인 경우

의사표시를 하게 된 연유, 또는 의사표시에 선행하는 심리과정인 동기에 반사회적 요소가 포함되어 있는 경우에 법률행위의 효력은 어떻게 되는가? 예를 들면 성매매를 위하여 주택을 임차한다든지 도박자금으로 사용하기 위하여 금전을 차용한 경우에, 위 임대차 또는 소비대차라는 법률행위가 효력이 있는 것인지, 아니면 무효인지가 문제된다.

동기는 의사표시의 요소가 아니므로 동기의 불법이 있다고 하여 법률행위가 언제나 무효가 되지는 않지만, 동기의 착오와 마찬가지로 동기가 표시되거나 상대방에게 알려진 경우에 한하여 제103조가 적용된다는 견해,[25)] 동기가 표시된 때에는 물론이고

24) 동지 대법원 2015.7.23. 선고 2015다200111 전원합의체판결.

25) 곽윤직, 219면.

표시되지 않더라도 상대방이 그 동기를 알고 있거나 알 수 있었을 때에도 무효가 된다는 견해, 동기가 상대방에게 표시되거나 알려져 상대방이 그 동기실현에 가담한 경우 무효가 된다는 견해,[26] 동기가 원칙적으로 고려되지 않지만 법률행위의 해석을 통하여 동기가 법률행위의 내용이 되면 제103조를 적용할 수 있다는 견해[27] 등이 있다. **판례는 동기가 표시되거나 상대방에게 알려진 법률행위에 대하여 제103조를 적용**하여 **무효**라고 한다.

제103조 위반행위의 유형 **대법원 2001.2.9. 선고 99다38613 판결**

민법 제103조에 의하여 무효로 되는 법률행위는 법률행위의 내용이 선량한 풍속 기타 사회질서에 위반되는 경우뿐만 아니라, 그 내용 자체는 반사회질서적인 것이 아니라고 하여도 법률적으로 이를 강제하거나 법률행위에 반사회질서적인 조건 또는 금전적인 대가가 결부됨으로써 반사회질서적 성질을 띠게 되는 경우 및 표시되거나 상대방에게 알려진 법률행위의 동기가 반사회질서적인 경우를 포함한다.[28]

형사사건 성공보수약정은 무효 **대법원 2015.7.23. 선고 2015다200111 전원합의체판결**

형사사건에 관하여 체결된 성공보수약정이 가져오는 여러 가지 사회적 폐단과 부작용 등을 고려하면, 구속영장청구 기각, 보석 석방, 집행유예나 무죄 판결 등과 같이 의뢰인에게 유리한 결과를 얻어내기 위한 변호사의 변론활동이나 직무수행 그 자체는 정당하다 하더라도, 형사사건에서의 성공보수약정은 수사·재판의 결과를 금전적인 대가와 결부시킴으로써, 기본적 인권의 옹호와 사회정의의 실현을 사명으로 하는 변호사 직무의 공공성을 저해하고, 의뢰인과 일반 국민의 사법제도에 대한 신뢰를 현저히 떨어뜨릴 위험이 있으므로, 선량한 풍속 기타 사회질서에 위배되는 것으로 평가할 수 있다.

(2) 유형별 판례

(가) 정의의 관념에 반하는 행위

범죄 기타 부정행위를 권하거나 이에 가담하는 계약, 불법적인 대가를 지급하겠다는 계약 등은 사회질서에 반하는 법률행위이므로 무효이다. 범죄행위를 하기로 하는 계약, 범죄행위를 않는 것을 조건으로 하는 증여계약, 경매나 입찰에서의 담합행위, 양도인에게 적극 권유하는 등으로 이루어진 부동산 이중양도계약 등이 이에 해당한다.

---

26) 송덕수, 136면.

27) 이영준, 202면.

28) 동지 대법원 2009.9.10. 선고 2009다37251 판결, 2017.4.13. 선고 275433 판결 등.

위 유형 중 부동산 **이중양도계약**에 관하여 살펴본다. 제1양도행위를 한 양도인이라도 계약에 구속력이 발생하기 전까지는 계약자유의 원칙상 제2양도행위를 유효하게 할 수 있다. 따라서 이중양도가 제103조 위반이라고 평가받기 위해서는, 제1양도행위에 대하여 양도인의 해제사유가 없는 등과 같이, **양도인이 제1양도행위에 기한 구속으로부터 벗어날 수 없어야** 한다.

판례는 일반적으로 이중양도의 행위 태양을 기준으로 **제2양수인이 양도인에게 이중으로 양도할 것을 권유하는 등 양도인의 배임행위에 적극 가담한 경우에 이중양도는 무효**라고 판시한다. 여기서 **적극 가담이 되기 위해서**는 제1양수인에게 양도된 사실을 제2양수인이 안다는 것만으로는 부족하고 적어도 양도인의 배임행위에 공모 내지 협력하거나 양도사실을 알면서 제2양도행위를 요청하거나 유도하여 계약에 이르게 하는 정도가 되어야 한다. 따라서 제2양수인의 적극 가담이 아닌 단순한 유발로 이루어진 이중양도는 반사회적 법률행위에 해당하지 않는다. 하지만 제2양수인이 양도인과 형제 또는 부부 사이 등 **특수한 관계에 있는 경우에는** 양도인의 배임행위에 적극 가담한 것으로 추정된다(대법원 1995.6.30. 선고 94다52416 판결).

한편 양도인 자신은 반사회적 행위를 하지 않고 제2양수인만이 적극적으로 반사회적 행위를 하였을 경우에도 그 법률행위가 무효로 될 수 있다. 가령 제3자가 피상속인으로부터 토지를 전전매수 하였다는 사실을 알면서 그 정을 모르는 상속인을 기망하여 결과적으로 그로 하여금 토지를 이중양도하게 하였다면 그 양수인의 적극적인 기망행위에 의하여 이루어진 상속인과 사이의 토지에 관한 양도계약은 반사회적 법률행위로 무효이다

이중양도가 반사회적 행위로서 문제되는 것은 매매의 경우가 대부분이지만, 그밖에 매도된 부동산을 증여받은 경우(대법원 1982.2.9. 선고 81다1134 판결, 1983.4.26. 선고 83다카57 판결 등), 매도된 부동산 위에 근저당권을 설정 받은 경우(대법원 2002.9.6. 선고 2000다41820 판결, 1997.7.25. 선고 97다362 판결 등), 취득시효 완성으로 소유권이전등기의무를 부담하는 자로부터 채무담보를 위한 가등기 및 본등기를 경료받은 경우(대법원 1991.7.26. 선고 91다8104 판결), 점유취득시효가 완성된 후에 그 부동산의 소유권이 이전된 경우(대법원 1995.6.30. 선고 94다52416 판결, 1993.2.9. 선고 92다47892 판결 등), 명의수탁자가 명의신탁계약상의 의무를 위반하여 신탁재산을 처분하였는데 양수인이 수탁자의 횡령에 적극 가담한 경우에도 적용된다(대법원 1992.6.9. 선고 91다29842 판결). 또한 이중으로 임대차계약을 체결한 경우(대법원 2013.6.27. 선고 2011다5813 판결), 제2 양수인이 가장채권에 의한 채무명의를 만들고 그에 기한 강제경매절차에서 경락취득 하는 방법을 취한 경우(대법원 1985.11.26. 선고 85다카1580 판결), 주권발행 전 주식을 이중으로 양도한 다음 제2 양수인에게 확정일자 있는

증서로 양도통지를 하고 제2양수인이 이에 적극 가담한 경우에도 적용된다(대법원 2006.9.14. 선고 2005다45537 판결).

권리취득의 좌절을 정당화할 책임귀속사유 **대법원 2009.9.10. 선고 2009다23283 판결**[29)]

어떠한 부동산에 관하여 소유자가 양도의 원인이 되는 매매 기타의 계약을 하여 일단 소유권 양도의 의무를 짐에도 다시 제3자에게 매도하는 등으로 같은 부동산에 관하여 소유권 양도의 의무를 이중으로 부담하고 나아가 그 의무의 이행으로, 그러나 제1의 양도채권자에 대한 양도의무에 반하여, 소유권의 이전에 관한 등기를 그 제3자 앞으로 경료함으로써 이를 처분한 경우에, 소유자의 그러한 제2의 소유권양도의무를 발생시키는 원인이 되는 매매 등의 계약이 소유자의 위와 같은 의무위반행위를 유발시키는 계기가 된다는 것만을 이유로 이를 공서양속에 반하여 무효라고 할 것이 아님은 물론이다. 그것이 공서양속에 반한다고 하려면, 다른 특별한 사정이 없는 한 **상대방에게도** 그러한 무효의 제재, 보다 실질적으로 말하면 나아가 **그가 의도한 권리취득 자체의 좌절을 정당화할 만한 책임귀속사유가 있어야** 한다. 제2의 양도채권자에게 그와 같은 사유가 있는지를 판단함에 있어서는, 그가 당해 계약의 성립과 내용에 어떠한 방식으로 관여하였는지를 일차적으로 고려할 것이고, 나아가 계약에 이른 경위, 약정된 대가 등 계약내용의 상당성 또는 특수성, 그와 소유자의 인적 관계 또는 종전의 거래상태, 부동산의 종류 및 용도, 제1양도채권자의 점유 여부 및 그 기간의 장단과 같은 이용현황, 관련 법규정의 취지·내용 등과 같이 법률행위가 공서양속에 반하는지 여부의 판단에서 일반적으로 참작되는 제반 사정을 여기서도 종합적으로 살펴보아야 할 것이다.

제1 매도사실을 알고도 매도를 요청한 경우 **대법원 1994.3.11. 선고 93다55289 판결**

부동산의 이중매매가 반사회적 법률행위로서 무효가 되기 위하여는 매도인의 배임행위와 매수인이 매도인의 배임행위에 적극 가담한 행위로 이루어진 매매로서, 그 적극 가담하는 행위는 매수인이 다른 사람에게 매매목적물이 매도된 것을 안다는 것만으로는 부족하고, 적어도 그 매도사실을 알고도 매도를 요청하여 매매계약에 이르는 정도가 되어야 한다.

분양된 아파트에 근저당권 설정 **대법원 2002.9.6. 선고 2000다41820 판결**

이미 매도된 부동산에 관하여 체결한 근저당권설정계약이 반사회적 법률행위로 무효가 되기 위하여는 매도인의 배임행위와 근저당권자가 매도인의 배임행위에 적극 가담

---

29) 동지 대법원 2013.6.27. 선고 2011다5813 판결.

한 행위로 이루어진 것으로서 그 적극 가담하는 행위는 근저당권자가 다른 사람에게 그 목적물이 매도된 것을 알고도 근저당권설정을 요청하거나 유도하여 계약에 이르는 정도가 되어야 한다고 할 것이고, 특히 아파트를 분양한 자가 부도위기에 직면하여 도피하기 직전 일부 채권자들에게 아파트 부지를 일거에 담보로 제공한 사안에 관하여 근저당권자가 매도인의 배임행위에 적극 가담하였는지의 여부를 판단함에 있어서는 근저당권자가 목적 부동산이 이미 피분양자들에게 분양된 사실을 알면서도 그와 같은 근저당권을 설정하게 된 목적, 매도인과 근저당권자 사이에 근저당권설정 전에도 금전대차관계가 있었는지의 여부와 담보제공 여부 및 만일 담보 없이 금전거래를 하여왔다면 그 경위와 이유, 매도인과 근저당권자 사이의 관계, 이러한 배임행위의 사회적 파장과 피분양자들에 대한 예상되는 피해규모에 관하여 매도인 및 근저당권자가 취한 태도 등을 더 나아가 심리하여야 한다.

확정판결에 따른 이전등기와 이중매매 대법원 2002.4.26. 선고 2001다8097,8103 판결

부동산의 제2매수인이 매도인의 배임행위에 적극 가담한 결과 제2매매계약이 반사회적 법률행위에 해당하여 무효인 경우에, 그 무효인 제2매매계약을 원인으로 하는 제2매수인 앞으로의 소유권이전등기가 확정판결에 따라 마쳐졌다 하더라도, 그 확정판결의 기판력에 저촉되지 않는 범위에서는 제1매수인이 위 소유권이전등기의 무효를 주장할 수 있다. 당초의 매도인이 사망하고 상속이 이루어진 후에 공동상속인 중 1인으로서 다른 공동상속인들의 대리인임을 자칭하는 자와 제2매수인 사이에 부동산 전부에 관하여 제2매매계약이 체결되었는데 그 제2매매계약이 제2매수인이 그 공동상속인의 배임행위에 적극 가담한 결과 반사회적 법률행위에 해당하여 무효인 경우라면, 위 제2매매계약에 직접 관여한 공동상속인의 상속분에 관하여 뿐만 아니라 부동산 전부에 관하여 그 매매계약 및 그에 기한 소유권이전등기가 무효인 것으로 보아야 한다.[30)]

사회적 상당성 있는 배임 행위자와의 거래 대법원 2009.3.26. 선고 2006다47677 판결

배임행위의 실행행위자와 거래하는 상대방으로서는 기본적으로 그 실행행위자와는 별개의 이해관계를 가지고 반대편에서 독자적으로 거래에 임하는 것이므로, 거래 상대방이 배임행위를 유인·교사하거나 배임행위의 전 과정에 관여하는 등 배임행위에 적극 가담하는 경우에는 그 실행행위자와 체결한 계약이 반사회적 법률행위에 해당하여 무

30) 원고의 청구가 확정판결에 따라 경료된 소유권이전등기와 무관한 토지인도청구인 사안임. 참고로 대법원 1996.6.25. 선고 96다8666 판결에서는 제2양수인이 확정판결에 의하여 소유권이전등기를 마친 경우, 제1양수인이 소유권이전등기말소청구를 하는 것은 확정판결의 기판력에 저촉되어 허용되지 않는다고 판시한다.

효로 될 수 있다. 그렇지만 관여의 정도가 거기에까지 이르지 아니하고 법질서 전체적인 관점에서 볼 때 거래 상대방이 반대편에서 독자적으로 거래에 따르는 위험을 피하고 합리적인 이익을 보호하기 위하여 필요한 조치를 요구하는 등 그 계약의 동기, 목적 및 의도, 그 계약의 내용 및 요구된 조치의 필요성 내지 관련성, 거래 상대방과 배임행위의 실행행위자와 관계 등을 종합할 때 사회적 상당성을 갖추고 있다고 평가할 수 있는 경우에는, 비록 거래 상대방이 그 계약의 체결에 임하는 실행행위자의 행위가 배임행위에 해당할 수 있음을 알거나 알 수 있었다 하더라도 그러한 사정만으로 그 계약을 반사회적 법률행위에 해당한다고 보아 무효라고 할 수는 없다.

(나) 윤리적 질서에 반하는 행위

부첩관계의 합의는 반사회적 행위로서 무효이나(대법원 1955.7.14. 선고 4288민상156 판결), 첩의 생활유지나 자녀의 양육 또는 불륜관계의 단절을 목적으로 하는 금전지급의 약정은 유효하다. 한편 부정행위를 용서받은 대가로 손해를 배상함과 아울러 가정에 충실하겠다는 서약의 취지에서 처에게 부동산을 양도하되 부부관계가 유지되는 동안에는 처가 임의로 처분할 수 없다는 제한이 붙은 약정은 사회질서에 반하는 것이라고 볼 수 없다(대법원 1992.10.27. 선고 92므204,211 판결).

(다) 개인의 자유를 심하게 제한하는 행위

성매매 또는 인신매매에 관한 계약, 어떠한 일이 있더라도 이혼하지 않겠다는 각서를 배우자 일방이 다른 쪽에 교부하는 행위(대법원 1969.8.19. 선고 69므18 판결), 영업의 자유나 거래활동을 현저히 제한하는 계약 등이 여기에 해당한다.

당사자 일방이 그의 독점적 지위 내지 우월한 지위를 악용하여 자기는 부당한 이득을 얻고 상대방에게는 과도한 반대급부 또는 기타의 부당한 부담을 부과하는 법률행위는 반사회적인 것으로 무효이다. 그에 따라 과도한 위약벌의 약정은 사회질서에 반하여 무효인바, 이는 채무이행을 확보하기 위한 것이어서 손해배상액의 예정과 그 취지가 달라 그에 관한 제398조 제2항을 유추적용하여 그 액을 감액할 수 없는 사정 등을 고려할 때, 그 의무의 강제에 의하여 얻어지는 채권자의 이익에 비하여 약정된 위약벌이 과도하게 무겁다면 그 일부 또는 전부가 사회질서에 반하여 무효로 된다. 경업금지약정도 직업선택의 자유 등을 과도하게 제한할 경우에는 무효이다.

다만 법원은 해외연수 후 일정기간 동안 회사에 근무하여야 하여야 하고 그 기간 내에 퇴직할 경우 그 경비를 변상하여야 한다는 사규나 약정은 제103조, 제104조에 위반되지 않는다고 판시한다(대법원 1982.6.22. 선고 82다카90 판결, 1992.2.25. 선고 91다26232 판결, 아래 2006다37274 판결).

윤락행위 선불금 제공은 불법원인급여 대법원 2004.9.3. 선고 2004다27488,27495 판결

영리를 목적으로 윤락행위를 하도록 권유·유인·알선 또는 강요하거나 이에 협력하는 것은 선량한 풍속 기타 사회질서에 위반되므로 그러한 행위를 하는 자가 영업상 관계있는 윤락행위를 하는 자에 대하여 가지는 채권은 계약의 형식에 관계없이 무효라고 보아야 한다. 부당이득의 반환청구가 금지되는 사유로 민법 제746조가 규정하는 불법원인이라 함은 그 원인되는 행위가 선량한 풍속 기타 사회질서에 위반하는 경우를 말하는 것인바, 윤락행위 및 그것을 유인·강요하는 행위는 선량한 풍속 기타 사회질서에 위반되므로, 윤락행위를 할 자를 고용·모집하거나 그 직업을 소개·알선한 자가 윤락행위를 할 자를 고용·모집함에 있어 성매매의 유인·강요의 수단으로 이용되는 선불금 등 명목으로 제공한 금품이나 그 밖의 재산상 이익 등은 불법원인급여에 해당하여 그 반환을 청구할 수 없다.

국제그룹해체 과정에서의 주식매매의 무효 여부 대법원 1996.4.26. 선고 94다34432 판결

민법 제103조에 의하여 무효로 되는 반사회질서 행위는, 법률행위의 목적인 권리의무의 내용이 선량한 풍속 기타 사회질서에 위반되는 경우뿐 아니라, 그 내용 자체는 반사회질서적인 것이 아니라고 하여도 법률적으로 이를 강제하거나 그 법률행위에 반사회질서적인 조건 또는 금전적 대가가 결부됨으로써 반사회질서적 성격을 띠는 경우 및 표시되거나 상대방에게 알려진 법률행위의 동기가 반사회질서적인 경우를 포함하지만, 이상의 각 요건에 해당하지 아니하고 단지 법률행위의 성립 과정에서 불법적 방법이 사용된 데 불과한 때에는, 그 불법이 의사표시의 형성에 영향을 미친 경우에는 의사표시의 하자를 이유로 그 효력을 논의할 수는 있을지언정 반사회질서의 법률행위로서 무효라고 할 수는 없을 것이다.

이 사건에서 대통령의 지시를 받아 국제그룹의 해체 방침을 결정한 재무부장관이 주거래은행인 제일은행에 이를 통보하고 이를 언론에 보도되도록 한 후 제일은행으로 하여금 이를 추진하게 하는 일련의 행위들이 통상의 행정지도의 한계를 넘어서는 권력적 사실행위로서 헌법상 법치국가의 원리, 헌법 제119조 제1항의 시장경제의 원리, 헌법 제126조의 경영권 불간섭의 원칙, 헌법 제11조의 평등권의 각 규정을 침해한 것으로 헌법에 위반됨은 헌법재판소 1993.7.29. 선고 89헌마31 결정에서 확인된 바이다. 그러나 주식의 매매를 목적으로 하는 이 사건 법률행위의 목적인 권리의무의 내용 자체가 선량한 풍속 기타 사회질서에 위반될 리가 없고 그 조건이나 대가관계로 인하여 반사회적 성격을 띨 리도 없으며, 이 사건에 있어서 표시된 법률행위의 동기는 부실화된 국제그룹의 정상화라고 할 것이므로 이것이 반사회질서적이라고 할 수도 없다. 국제그룹의 해체 지시라는 재무부장관의 제일은행에 대한 위와 같은 공권력 행사가 비

록 위헌적 행정지도라고 하더라도 당시 제일은행으로서도 막대한 자금을 부도 직전의 부실기업인 국제그룹에 대출하고 있던 주채권자로서 위 방안도 선택 가능한 방안이었으므로 이를 받아들여 원고와 피고에게 이를 권유하였고 원고와 피고가 이 제안을 받아들여 이 사건 주식 매매계약이 성립된 것인 이상, 위와 같은 위헌적인 공권력 행사가 이 사건 법률행위의 성립에 영향을 미쳤다고 보아 그 의사표시에 하자가 있다고 함은 몰라도, 이 사건 법률행위의 목적이나 표시된 동기가 불법이었다고 볼 수는 없다. 그러므로 이 사건 주식매매를 목적으로 하는 법률행위가 선량한 풍속이나 사회질서에 위반하였다고 볼 수 없다.

부당한 공사기간 단축과 지체상금의 약정 대법원 1997.6.24. 선고 97다2221 판결

도급인의 지위에 있는 행정기관이 당초의 입찰이나 계약체결시에 약정한 공사기간을 그 후 행정상의 이유로 일방적으로, 수급인이 당초 전혀 예상하지 못했을 정도로 상당한 기간의 단축을 요구하여 수급인으로 하여금 이에 부득이 응하게 한 경우, 공사기간을 단축할 당시에 있어서의 기성공정률과 그 공사의 완공에 필요한 총기간 및 남은 공사기간 등을 참작하여 그 단축된 기간 내에 공사를 준공하는 것이 물리적으로 불가능하거나 총체적으로 부실공사를 강요하는 것이 될 수밖에 없다면, 당초의 지체상금에 관한 약정을 그대로 적용하여 그와 같이 준공이 불가능할 정도로 단축된 준공기한을 기준으로 일률적으로 계산한 지체 일수 전부에 대하여 당초의 약정에 의한 지체상금의 배상을 그대로 물게 하는 것은 선량한 풍속 기타 사회질서에 비추어 허용할 수 없으므로, 준공기한을 앞당기기로 하는 그 합의는 준공에 절대적으로 필요한 최소한의 기간에 해당하는 지체상금 부분에 한하여 무효이다.

지나친 경업금지약정의 무효 대법원 2010.3.11. 선고 2009다82244 판결

사용자와 근로자 사이에 경업금지약정이 존재한다고 하더라도, 그와 같은 약정이 헌법상 보장된 근로자의 직업선택의 자유와 근로권 등을 과도하게 제한하거나 자유로운 경쟁을 지나치게 제한하는 경우에는 민법 제103조에 정한 선량한 풍속 기타 사회질서에 반하는 법률행위로서 무효라고 보아야 하며, 이와 같은 경업금지약정의 유효성에 관한 판단은 보호할 가치 있는 사용자의 이익, 근로자의 퇴직 전 지위, 경업 제한의 기간·지역 및 대상 직종, 근로자에 대한 대가의 제공 유무, 근로자의 퇴직 경위, 공공의 이익 및 기타 사정 등을 종합적으로 고려하여야 하고, 여기에서 말하는 '보호할 가치 있는 사용자의 이익'이라 함은 부정경쟁방지 및 영업비밀보호에 관한 법률 제2조 제2호에 정한 '영업비밀'뿐만 아니라 그 정도에 이르지 아니하였더라도 당해 사용자만

이 가지고 있는 지식 또는 정보로서 근로자와 이를 제3자에게 누설하지 않기로 약정한 것이거나 고객관계나 영업상의 신용의 유지도 이에 해당한다. 근로자 갑이 을 회사를 퇴사한 후 그와 경쟁관계에 있는 중개무역회사를 설립·운영하자 을 회사 측이 경업금지약정 위반을 이유로 하여 갑을 상대로 손해배상을 청구한 사안에서, 갑이 고용기간 중에 습득한 기술상 또는 경영상의 정보 등을 사용하여 영업을 하였다고 하더라도 그 정보는 이미 동종업계 전반에 어느 정도 알려져 있었던 것으로, 설령 일부 구체적인 내용이 알려지지 않은 정보가 있었다고 하더라도 이를 입수하는데 그다지 많은 비용과 노력을 요하지는 않았던 것으로 보이고, 을 회사가 다른 업체의 진입을 막고 거래를 독점할 권리가 있었던 것은 아니며 그러한 거래처와의 신뢰관계는 무역 업무를 수행하는 과정에서 자연스럽게 습득되는 측면이 강하므로 경업금지약정에 의해 보호할 가치가 있는 이익에 해당한다고 보기 어렵거나 그 보호가치가 상대적으로 적은 경우에 해당한다고 할 것이고, 경업금지약정이 갑의 이러한 영업행위까지 금지하는 것으로 해석된다면 근로자인 갑의 직업선택의 자유와 근로권 등을 과도하게 제한하거나 자유로운 경쟁을 지나치게 제한하는 경우에 해당되어 민법 제103조에 정한 선량한 풍속 기타 사회질서에 반하는 법률행위로서 무효라고 할 것이므로, 경업금지약정이 유효함을 전제로 하는 손해배상청구는 이유 없다.

의무복무기간 위반시 금전지급약정의 효력 **대법원 2008.10.23. 선고 2006다37274 판결**

근로자가 일정 기간 동안 근무하기로 하면서 이를 위반할 경우 소정 금원을 사용자에게 지급하기로 약정하는 경우, 그 약정의 취지가 약정한 근무기간 이전에 퇴직하면 그로 인하여 사용자에게 어떤 손해가 어느 정도 발생하였는지 묻지 않고 바로 소정 금액을 사용자에게 지급하기로 하는 것이라면 이는 명백히 구 근로기준법(2007.4.11. 법률 제8372호로 전문 개정되기 전의 것) 제27조[31]에 반하는 것이어서 효력을 인정할 수 없다. 또, 그 약정이 미리 정한 근무기간 이전에 퇴직하였다는 이유로 마땅히 근로자에게 지급되어야 할 임금을 반환하기로 하는 취지일 때에도, 결과적으로 위 조항의 입법 목적에 반하는 것이어서 역시 그 효력을 인정할 수 없다. 다만, 그 약정이 사용자가 근로자의 교육훈련 또는 연수를 위한 비용을 우선 지출하고 근로자는 실제 지출된 비용의 전부 또는 일부를 상환하는 의무를 부담하기로 하되 장차 일정 기간 동안 근무하는 경우에는 그 상환의무를 면제해 주기로 하는 취지인 경우에는, 그러한 약정의 필요성이 인정된다. 이때 주로 사용자의 업무상 필요와 이익을 위하여 원래 사용자가 부담하여야 할 성질의 비용을 지출한 것에 불과한 정도가 아니라 근로자의 자발적 희망과 이익까지 고려하여 근로자가 전적으로 또는 공동으로 부담하여야 할 비용을 사용자가 대신 지출한 것으로 평가되며, 약정 근무기간 및 상환해야 할 비용이 합리적이고 타당한 범위 내에서 정해져 있는 등 위와 같은 약정으로 인하여 근로자의 의사에 반하는 계속 근로를 부당하게 강제하는 것으로 평가되지 않는다면, 그러한 약정까지 구 근로기준법 제27조에 반하는 것은 아니다.

(라) 생존의 기초가 되는 재산의 처분행위

사람의 생존은 자유경쟁의 대상이 아니므로 생존의 기초를 위협하는 재산 등의 처분행위는 사회질서에 어긋난다. 따라서 자기가 장차 취득하게 될 전 재산을 양도하는 계약이나, 사찰이 그 존립에 필요한 재산을 증여하는 행위는 무효(대법원 1991.8.27. 선고 90다19848 판결)이다.

(마) 타인의 무사려 등을 이용하여 부당한 이득을 얻으려는 행위

통상의 경우 폭리행위(제104조)에 해당할 것이므로, 이에 관하여는 불공정한 법률행위에서 따로 상술한다.

고율의 이자약정의 무효와 그 반환 **대법원 2007.2.15. 선고 2004다50426 전원합의체 판결**

금전 소비대차계약과 함께 이자의 약정을 하는 경우, 양쪽 당사자 사이의 경제력의 차이로 인하여 그 이율이 당시의 경제적·사회적 여건에 비추어 사회통념상 허용되는 한도를 초과하여 현저하게 고율로 정하여졌다면, 그와 같이 허용할 수 있는 한도를 초과하는 부분의 이자 약정은 대주가 그의 우월한 지위를 이용하여 부당한 이득을 얻고 차주에게는 과도한 반대급부 또는 기타의 부당한 부담을 지우는 것이므로 선량한 풍속 기타 사회질서에 위반한 사항을 내용으로 하는 법률행위로서 무효이다. 선량한 풍속 기타 사회질서에 위반하여 무효인 부분의 이자 약정을 원인으로 차주가 대주에게 임의로 이자를 지급하는 것은 통상 불법의 원인으로 인한 재산 급여라고 볼 수 있을 것이나, 불법원인급여에 있어서도 그 불법원인이 수익자에게만 있는 경우이거나 수익자의 불법성이 급여자의 그것보다 현저히 커서 급여자의 반환청구를 허용하지 않는 것이 오히려 공평과 신의칙에 반하게 되는 경우에는 급여자의 반환청구가 허용되므로, 대주가 사회통념상 허용되는 한도를 초과하는 이율의 이자를 약정하여 지급받은 것은 그의 우월한 지위를 이용하여 부당한 이득을 얻고 차주에게는 과도한 반대급부 또는 기타의 부당한 부담을 지우는 것으로서 그 불법의 원인이 수익자인 대주에게만 있거나 또는 적어도 대주의 불법성이 차주의 불법성에 비하여 현저히 크다고 할 것이어서 차주는 그 이자의 반환을 청구할 수 있다.

---

31) 현행 근로기준법 제20조임

(바) 사행행위를 목적으로 하는 행위

도박자금의 대여, 노름빚을 갚기로 한 계약, 보험금을 부정취득할 목적으로 체결한 보험계약 등은 노동의 가치를 훼손하는 반사회적 법률행위로서 무효이다.

도박채무 변제를 위한 법률행위의 효력 대법원 1995.7.14. 선고 94다40147 판결

도박채무의 변제를 위하여 채무자로부터 부동산의 처분을 위임받은 채권자가 그 부동산을 제3자에게 매도한 경우, 도박채무 부담행위 및 그 변제약정이 민법 제103조의 선량한 풍속 기타 사회질서에 위반되어 무효라 하더라도, 그 무효는 변제약정의 이행행위에 해당하는 위 부동산을 제3자에게 처분한 대금으로 도박채무의 변제에 충당한 부분에 한정되고, 위 변제약정의 이행행위에 직접 해당하지 아니하는 부동산 처분에 관한 대리권을 도박 채권자에게 수여한 행위 부분까지 무효라고 볼 수는 없으므로, 위와 같은 사정을 알지 못하는 거래 상대방인 제3자가 도박 채무자부터 그 대리인인 도박 채권자를 통하여 위 부동산을 매수한 행위까지 무효가 된다고 할 수는 없다.

보험금 부정취득 목적의 보험계약 체결 대법원 2005.7.28. 선고 2005다23858 판결

보험계약자가 다수의 보험계약을 통하여 보험금을 부정취득할 목적으로 보험계약을 체결한 경우, 이러한 목적으로 체결된 보험계약에 의하여 보험금을 지급하게 하는 것은 보험계약을 악용하여 부정한 이득을 얻고자 하는 사행심을 조장함으로써 사회적 상당성을 일탈하게 될 뿐만 아니라, 또한 합리적인 위험의 분산이라는 보험제도의 목적을 해치고 위험발생의 우발성을 파괴하며 다수의 선량한 보험가입자들의 희생을 초래하여 보험제도의 근간을 해치게 되므로, 이와 같은 보험계약은 민법 제103조 소정의 선량한 풍속 기타 사회질서에 반하여 무효이다. 보험계약자의 직업 및 재산상태, 다수의 보험계약의 체결 경위, 보험계약의 규모, 보험계약 체결 후의 정황 등 제반 사정상 보험계약체결이 순수하게 생명, 신체 등에 대한 우연한 위험에 대비하기 위한 것이라고 보기는 어렵고, 오히려 보험사고를 가장하거나 혹은 그 정도를 실제보다 과장하여 보험금을 부당하게 취득할 목적으로 체결하였음을 추인할 수 있으므로, 보험계약이 민법 제103조 소정의 선량한 풍속 기타 사회질서에 반하여 무효이다.

보험금 부정취득을 위한 자살 여부 대법원 2001.11.27. 선고 99다33311 판결

다수의 생명보험계약이 체결되었고 그 보험료나 보험금이 다액이며 발생경위가 석연치 않은 교통사고로 보험계약자가 사망하였다는 사정만으로는 생명보험계약 체결의 동기가 자살에 의하여 보험금의 부정취득을 노린 반사회질서적인 것이라고 단정하기 어렵다.

(사) 기타

판례는 사회질서에 반한 법률행위에 의하여 이루어진 가압류집행을 무효라고 하여 소송행위 등에도 제103조를 적용한다. 또한 국가기관이 헌법상 보장된 국민의 기본권을 침해하는 위헌적인 공권력을 행사한 결과 국민이 그 공권력의 행사에 외포되어 자유롭지 못한 의사표시를 하였다고 하더라도 그 의사표시가 항상 반사회성을 띤다고 할 수 없고, 그 효력은 의사표시의 하자에 관한 민법의 원리에 의하여 판단되어야 한다고 판시한다.

반사회적 행위로 이루어진 가압류집행 **대법원 1997.8.29. 선고 96다14470 판결**

가압류집행이 형식적으로는 채권 확보를 위한 집행절차라고 하더라도 그 자체가 법이 보호할 수 없는 반사회적 행위에 의하여 이루어진 것임이 분명한 경우, 그 집행의 효력을 그대로 인정할 수 없으므로, 가압류집행 후 본집행으로 이행하기 전에 가압류 목적물의 소유권을 취득한 자는 그 가압류집행에 터잡은 강제집행절차에서 그 집행의 배제를 구할 수 있다.

위헌적 공권력 행사에 따른 법률행위의 효력 **대법원 2002.12.10. 선고 2002다56031 판결**

국가기관이 헌법상 보장된 국민의 기본권을 침해하는 위헌적인 공권력을 행사한 결과 국민이 그 공권력의 행사에 외포되어 자유롭지 못한 의사표시를 하였다고 하더라도 그 의사표시의 효력은 의사표시의 하자에 관한 민법의 일반원리에 의하여 판단되어야 할 것이고, 그 강박행위의 주체가 국가 공권력이고 그 공권력 행사의 내용이 기본권을 침해하는 것이라고 하여 그 강박에 의한 의사표시가 항상 반사회성을 띠게 되어 당연히 무효로 된다고는 볼 수 없다 할 것이고(대법원 1996.12.23. 선고 95다40038 판결 참조), 강박에 의한 법률행위가 하자 있는 의사표시로서 취소되는 것에 그치지 않고 나아가 무효로 되기 위하여는, 강박의 정도가 단순한 불법적 해악의 고지로 상대방으로 하여금 공포를 느끼도록 하는 정도가 아니고, 의사표시자로 하여금 의사결정을 스스로 할 수 있는 여지를 완전히 박탈한 상태에서 의사표시가 이루어져 단지 법률행위의 외형만이 만들어진 것에 불과한 정도이어야 할 것이다(대법원 1998.2.27. 선고 97다38152 판결 참조).

거래가액보다 낮은 가액 기재 매매계약의 효력 **대법원 2007.6.14. 선고 2007다3285 판결**

소득세법령의 규정에 의하여 당해 자산의 양도 당시의 기준시가가 아닌 양도자와 양수자간에 실제로 거래한 가액을 양도가액으로 하는 경우, 양도소득세의 일부를 회피할 목적으로 매매계약서에 실제로 거래한 가액을 매매대금으로 기재하지 아니하고 그보다 낮은 금액을 매매대금으로 기재하였다 하여, 그것만으로 그 매매계약이 사회질서에 반하는 법률행위로서 무효로 된다고 할 수는 없다.

마. 반사회질서 행위의 효과

사회질서에 반하는 사항을 내용으로 하는 법률행위는 무효이다(제103조). 즉 당사자가 그 법률행위에 의하여 발생시키려고 한 법률효과의 발생이 부정된다. 위 무효의 경우 **선의의 제3자에게도 대항**할 수 있고, **추인의 법리가 적용되지 아니한다**. 법률행위의 일부만이 사회질서에 반하는 경우에는 일부무효의 법리에 의하여 그 효과가 결정되어야 한다. 또한 법률행위가 사회질서에 위반하여 무효인 경우, 신의칙 위반의 법률행위와 달리, 당사자의 주장(권리장애항변)이 있어야 법원이 그 유효 여부에 관하여 판단한다.

반사회질서 행위에 해당하여 무효인 경우에는 그 이행 전이라면 이행할 필요가 없다. 반면 이미 이행했다면 무효의 일반원칙에 따라 이행한 자는 그 반환을 부당이득으로 구할 수 있어야 하지만(제741조), **제103조 위반으로 인한 무효에서는 제746조에 의하여 반환청구가 배제**[32]된다. 즉 제746조의 '불법의 원인'을 제103조 소정의 '사회질서에 위반한 법률행위'와 같은 뜻으로 해석함으로써 제103조의 취지를 소극적으로 실현하려고 한다. 나아가 제746조는 부당이득의 반환만을 제한하는 것이 아니라 제103조와 더불어 사회적 타당성이 없는 행위를 한 사람은 스스로 불법한 행위를 주장하여 복구를 그 형식 여하에 불구하고 소구할 수 없다는 규정이므로(영미법의 clean hands 원칙), 급여자는 그 원인행위가 무효라고 하여 상대방에게 부당이득반환청구를 할 수 없음은 물론 급여한 물건의 소유권이 자기에게 있음을 이유로 소유권에 기한 반환청구도 할 수 없다.

그러나 불법원인이 수익자에게만 있는 경우에는 반환을 구할 수 있다(제746조 단서). 또한 손실자의 반사회성보다 수익자의 그것이 현저하게 큰 경우에도 공평과 신의칙에 따라 제746조 본문의 적용을 배제한다는 것이 판례의 태도이다(대법원 1997.10.24. 선고 95다49530,49547 판결 참조).

한편 판례는 이중매매가 반사회적 법률행위에 해당하여 무효로 되는 경우, 제1매수인은 채권자대위권을 행사하여 매도인의 제2매수인에 대한 말소등기청구권을 대위할 수 있다고 판시하고 있는바(대법원 1983.4.26. 선고 83다카57 판결),[33] 등기가 매도인

32) 제103조는 반사회적 법률행위를 사전에 저지하고 제746조 본문은 그에 대한 사후 법적 구제를 거부하는 규정인바, 두 규정은 상호 표리관계에 있다.

33) 제103조 위반에 따른 무효의 경우 제746조가 적용되어 급여자의 반환청구가 배제된다는 것이 판례의 일반적 입장인바, 그에 따르면 매도인은 제2 매수인에 대한 반환청구(말소등기청구)가

에게 복귀되면 자신의 매도인에 대한 이전등기청구권을 행사하여 소유권을 취득할 수 있을 것이다

반사회적 법률행위인 이중매매는 절대적 무효 대법원 1996.10.25. 선고 96다29151 판결

부동산의 제2매수인이 매도인의 배임행위에 적극 가담하여 제2매매계약이 반사회적 법률행위에 해당하는 경우에는 제2매매계약은 절대적으로 무효이므로, 당해 부동산을 제2매수인으로부터 다시 취득한 제3자는 설사 제2매수인이 당해 부동산의 소유권을 유효하게 취득한 것으로 믿었다고 하더라도 제2매매계약이 유효하다고 주장할 수 없는 것이다

수익자의 불법성이 현저히 큰 경우 대법원 1997.10.24. 선고 95다49530 판결

민법 제746조에 의하면 급여가 불법원인급여에 해당하고 급여자에게 불법 원인이 있는 경우에는 수익자에게 불법 원인이 있는지의 여부나 수익자의 불법 원인의 정도 내지 불법성이 급여자의 그것보다 큰지의 여부를 막론하고 급여자는 그 불법원인급여의 반환을 구할 수 없는 것이 원칙이나, 수익자의 불법성이 급여자의 그것보다 현저히 크고 그에 비하면 급여자의 불법성은 미약한 경우에도 급여자의 반환 청구가 허용되지 않는다고 하는 것은 공평에 반하고 신의성실의 원칙에도 어긋나므로 이러한 경우에는 민법 제746조 본문의 적용이 배제되어 급여자의 반환 청구는 허용된다고 해석함이 상당하다.

제1 매수인의 등기 말소의 대위청구 대법원 1983.4.26. 선고 83다카57 판결

매도인의 매수인에 대한 배임행위에 가담하여 증여를 받아 이를 원인으로 소유권이전등기를 경료한 수증자에 대하여 매수인은 매도인을 대위하여 위 등기의 말소를 청구할 수는 있으나 직접 청구할 수는 없다는 것은 형식주의 아래서의 등기청구권의 성질에 비추어 당연하다.

바. 불공정한 법률행위(暴利行爲)

(1) 의의

자기의 급부에 비하여 현저하게 균형을 잃은 반대급부를 상대방에게 함으로써 부당한 재산적 이익을 얻는 행위를 불공정한 법률행위라고 일컫는바, 제104조는 당사자의 궁박, 경솔 또는 무경험으로 인하여 현저하게 공정성을 잃은 행위는 무효라고 규정

불가능하게 되고, 따라서 피대위채권이 존재하지 않으므로 제1 매수인은 채권자대위권을 행사할 수 없다는 결론에 이르게 된다. 그에 관하여 특별한 논거를 제시하지 않은 채 다른 결론을 내리고 있는 위 판결은 제103조·제746조에 관한 다른 판례와 배치된다는 비난을 면치 못할 것이다.

한다. 한편 제104조 외에도 폭리행위를 금지하는 규정으로 민법상 유질계약의 금지에 관한 제339조, 대물반환의 예약에 관한 제607조, 제608조가 있고, 그밖에 「약관의 규제 등에 관한 법률」이나 「할부거래에 관한 법률」 등 소비자보호에 관한 특별법상의 규정들이 있음을 유의해야 한다.

제103조와의 관계에 대하여, 다수설과 판례는 **불공정한 법률행위가 사회질서에 반하는 법률행위의 한 유형**이므로 제104조는 제103조의 예시규정에 불과하다고 본다. 즉 제103조는 주로 행위의 객관적인 성질을 기준으로 하여 반사회질서인지 여부를 판단하여야 함에 반하여, 제104는 행위자의 주관적인 사항까지 참작하여 그 행위가 현저하게 공정성을 잃은 것인지 여부를 판단한다는 차이가 있음에 불과하다. 따라서 폭리행위의 요건을 갖추지 못한 법률행위도 반사회적 법률행위에 해당하여 무효가 될 수 있다.

민법 제104조에 규정된 불공정한 법률행위 **대법원 1994.11.8. 선고 94다31969 판결**

민법 제104조에 규정된 불공정한 법률행위는 객관적으로 급부와 반대급부 사이에 현저한 불균형이 존재하고, 주관적으로 위와 같이 균형을 잃은 거래가 피해당사자의 궁박, 경솔, 또는 무경험을 이용하여 이루어진 경우에 한하여 성립하는 것으로서 약자적 지위에 있는 자의 궁박, 경솔 또는 무경험을 이용한 폭리행위를 규제하려는 데에 그 목적이 있다.

이 규정은 사법상의 **계약 중 매매와 같은 쌍무계약에 주로 적용**되고, 단독행위나 대가적 의미의 출연이 없는 증여(대법원 2000.2.11. 선고 99다56833 판결), 법원의 주도로 이루어지는 경매에 의한 재산권의 이전(대법원 1980.3.21.자 80마77 결정)에는 적용되지 않는 것이 원칙이다. 그러나 불법행위의 내용과 손해배상액 사이에 현저하게 균형을 잃은 합의, 계약 내용의 불공정성을 이유로는 소송 등을 제기하지 못하도록 하는 부제소합의, 현저하게 불공정한 비법인사단의 총회 결의(대법원 2003.6.27. 선고 2002다68034 판결), 남편의 구속과 부도수표를 회수하기 위한 불공정한 채권의 포기(대법원 1975.5.13. 선고 75다92 판결)에는 제104조의 적용이 있다.

불공정을 이유로 하는 제소불가 합의의 무효 **대법원 2010.7.15. 선고 2009다50308 판결**

매매계약과 같은 쌍무계약이 급부와 반대급부와의 불균형으로 말미암아 민법 제104조에서 정하는 '불공정한 법률행위'에 해당하여 무효라고 한다면, 그 계약으로 인하여 불이익을 입는 당사자로 하여금 위와 같은 불공정성을 소송 등 사법적 구제수단을 통하여 주장하지 못하도록 하는 부제소합의 역시 다른 특별한 사정이 없는 한 무효이다.[34)]

34) 아파트 부지에 포함될 임야 26평에 관하여 18억원에 매매계약 체결 후 그에 대하여 부제소 합의한

(2) 요건

(가) 객관적 요건

급부와 반대급부 사이에 현저한 불균형이 있어야 한다. 어느 정도의 차이가 있을 때 불균형이 현저하다고 할 것이냐에 관하여는, 일률적인 기준이 있을 수 없고 개개의 사건에서 법관에 의하여 결정된다고 할 것이다.

불균형을 판정하는 시기에 관하여는, 법률행위시라는 견해와, 이행기를 기준으로 하여야 한다는 견해가 대립한다. 판례는 환매권 양도약정의 경우에는 **법률행위시**를 기준으로 하고 있으나, 대물변제예약에 기한 양도담보와 같이 특별한 경우에는 대물변제의 효력이 발생하는 변제기를 기준으로 판단한다(대법원 1965.6.15. 선고 65다610 판결).

환매권 양도약정시 '법률행위시' 기준 **대법원 1984.4.10. 선고 81다239 판결**

환매권 양도계약에 의하여 환매권 양수인이 양도인 명의로 환매하여 대금을 납부하기로 한 경우에 있어서 동 양도계약이 현저히 불공정한 법률행위에 해당하는지의 여부는 1차적으로 소외인이 피고에게 지급한 환매권매수대금과 국가에 대신 납부하기로 하여 납부한 환매부동산의 대금을 합한 금액이 당시의 부동산시가와 비교하여 현저히 저렴한 가격이었는가에 따라 판단하여야 할 것이다.

(나) 주관적 요건

폭리자가 피해당사자의 궁박, 경솔 또는 무경험을 이용하였어야 한다. 즉 **폭리자에게 피해자의 궁박 등 사정을 이용할 의도**가 있어야 한다(통설, 판례).[35] 궁박은 벗어날 길이 없는 절박한 상태를 의미하고, 경제적·정신적·물리적 궁박이 모두 포함된다. 경솔은 신중함의 결여로 의사 결정시 행위의 결과에 대하여 일반인이 고려하는 사항을 빠뜨리는 것을 말하고, 무경험은 거래일반에 관한 경험 및 지식이 부족한 것을 일컫는 바, 위 3가지 중 어느 하나만 갖추어지면 충분하다. **대리인에 의한 법률행위**에서 경솔과 무경험은 대리인을 기준으로 하여 판단하지만, 궁박이 있었는지 여부는 본인을 기준으로 판단하여야 한다.

사안임

35) 제104조의 문언에 따르면 불공정한 법률행위의 성립에는 급부와 반대급부 사이의 현저한 불균형 외에 궁박·경솔·무경험과의 연관성이 필요하다. 그에 관하여 초기 판례에서는 폭리자가 피해자에게 그러한 사정이 있음을 인식하는 것으로 충분하다고 하였으나, 현재의 통설과 판례는 그러한 인식만으로는 부족하고 폭리자에게 그러한 사정을 이용할 의도(폭리행위의 악의)까지 있어야 하는 것으로 해석한다.

불공정한 법률행위의 요건 대법원 1996.6.14. 선고 94다46374 판결

민법 제104조에 규정된 불공정한 법률행위는 객관적으로 급부와 반대급부 사이에 현저한 불균형이 존재하고, 주관적으로 그와 같이 균형을 잃은 거래가 피해 당사자의 궁박, 경솔 또는 무경험을 이용하여 이루어진 경우에 성립하는 것으로서, 약자적 지위에 있는 자의 궁박, 경솔 또는 무경험을 이용한 폭리행위를 규제하려는 데 그 목적이 있고, 불공정한 법률행위가 성립하기 위한 요건인 궁박, 경솔, 무경험은 모두 구비되어야 하는 요건이 아니고 그 중 일부만 갖추어져도 충분한데, 여기에서 '궁박'이라 함은 '급박한 곤궁'을 의미하는 것으로서 경제적 원인에 기인할 수도 있고, 정신적 또는 심리적 원인에 기인할 수도 있으며, 당사자가 궁박의 상태에 있었는지 여부는 그의 신분과 재산상태 및 그가 처한 상황의 절박성의 정도 등 제반 상황을 종합하여 구체적으로 판단하여야 한다. 일반인이 수사기관에서 법관의 영장에 의하지 않고 30시간 이상 불법구금된 상태에서 구속을 면하고자 하는 상황에 처해 있었다면, 특별한 사정이 없는 한 정신적 또는 심리적 원인에 기인한 급박한 곤궁의 상태에 있었다고 봄이 상당하고, 금 514,010,000원에 경락받은 토지지분을 편취한 데에 따른 손해배상으로 그 지분을 반환하는 외에 금 240,000,000원이라는 거액을 추가로 지급하기로 한 것은 불법행위로 인하여 상대방이 입게 된 정신적 고통 등의 손해를 감안하더라도 지나치게 과도한 것이라고 보지 않을 수 없으므로 특별한 사정이 없는 한 급부와 반대급부 사이에 현저한 불균형이 있다고 보아야 한다는 이유로, 불공정한 법률행위로 보았다.

다소 합리성을 결한 궁박 대법원 2007.12.14. 선고 2007다18584 판결

노동조합 및 노동관계조정법 제3조, 제4조에 의하여 노동조합의 쟁의행위는 헌법상 보장된 근로자들의 단체행동권의 행사로서 그 정당성이 인정되는 범위 내에서 보호받고 있는 점에 비추어, 단체협약이 노동조합의 쟁의행위 끝에 체결되었고 사용자측의 경영상태에 비추어 그 내용이 다소 합리성을 결하였다고 하더라도 그러한 사정만으로 이를 궁박한 상태에서 이루어진 불공정한 법률행위에 해당한다고 할 수 없다.

궁박 등의 의의와 폭리자의 이용의도 대법원 2002.10.22. 선고 2002다38927 판결

민법 제104조에 규정된 불공정한 법률행위는 객관적으로 급부와 반대급부 사이에 현저한 불균형이 존재하고, 주관적으로 그와 같이 균형을 잃은 거래가 피해 당사자의 궁박, 경솔 또는 무경험을 이용하여 이루어진 경우에 성립하는 것으로서, 약자적 지위에 있는 자의 궁박, 경솔 또는 무경험을 이용한 폭리행위를 규제하려는 데에 그 목적이 있고, 불공정한 법률행위가 성립하기 위한 요건인 궁박, 경솔, 무경험은 모두 구비되어야 하는 요건이 아니라 그 중 일부만 갖추어져도 충분한데, 여기에서 '궁박'이라 함은

'급박한 곤궁'을 의미하는 것으로서 경제적 원인에 기인할 수도 있고 정신적 또는 심리적 원인에 기인할 수도 있으며, '무경험'이라 함은 일반적인 생활체험의 부족을 의미하는 것으로서 어느 특정영역에 있어서의 경험부족이 아니라 거래일반에 대한 경험부족을 뜻하고, 당사자가 궁박 또는 무경험의 상태에 있었는지 여부는 그의 나이와 직업, 교육 및 사회경험의 정도, 재산 상태 및 그가 처한 상황의 절박성의 정도 등 제반 사정을 종합하여 구체적으로 판단하여야 하며, 한편 피해 당사자가 궁박, 경솔 또는 무경험의 상태에 있었다고 하더라도 그 상대방 당사자에게 그와 같은 피해 당사자측의 사정을 알면서 이를 이용하려는 의사, 즉 폭리행위의 악의가 없었다거나 또는 객관적으로 급부와 반대급부 사이에 현저한 불균형이 존재하지 아니한다면 불공정 법률행위는 성립하지 않는다. 대리인에 의하여 법률행위가 이루어진 경우 그 법률행위가 민법 제104조의 불공정한 법률행위에 해당하는지 여부를 판단함에 있어서 경솔과 무경험은 대리인을 기준으로 하여 판단하고, 궁박은 본인의 입장에서 판단하여야 한다.

(다) 증명책임

불공정한 법률행위에 대한 주장 및 증명책임은 **그 무효를 주장하는 자**에게 있고, 급부와 반대급부 사이에 현저한 불균형이 있다는 사실, 피해자가 궁박, 경솔 또는 무경험 상태에 있었다는 사실, 폭리자에게 그 사정을 이용하려는 의도가 있었다는 사실을 모두 증명하여야 한다(대법원 1991.5.28. 선고 90다19770 판결). 그 중 폭리자의 이용 의도에 관하여는 직접 증명이 어려우므로 판례는 대체로 간접사실 등을 통하여 추인할 수 있다는 태도를 취하고 있다.

(3) 효과

폭리행위는 무효이고, 이는 **절대적 무효**로써 목적부동산이 선의의 제3자에게 이전된 경우에도 그 제3자는 소유권 취득을 못하며, 추인에 의하여도 유효로 될 수 없다.

한편 법률행위의 일부가 폭리행위에 해당되는 경우 유효부분과 무효부분을 가려서 판단할 수 있고(대법원 1967.9.19. 선고 67다1460 판결), 매매대금의 과다로 불공정한 법률행위에 해당하여 무효인 경우 당사자 쌍방이 위와 같은 무효를 알았더라면 다른 금액으로 대금을 정하여 매매계약에 합의하였을 것이라고 예외적으로 인정될 때에는 그 대금을 내용으로 하는 매매계약이 유효하게 성립되었다고 할 수 있는 사례와 같이 무효행위의 전환(제138조)은 인정될 수 있다.

법률행위에 따른 채무를 아직 이행하지 않았다면 이행할 필요가 없음은 제103조와 같다. 그러나 그것이 **이미 이행된 경우**에는, 불법원인이 폭리자측에게만 있으므로 제746조 단서가 적용되어 피해자는 반환청구를 할 수 있는 반면, 폭리자는 제746조 본문에 의하여 급부한 것의 반환을 청구할 수 없다는 점이 제103조와는 확연히 다르다.

Ⅳ. 법률행위의 해석

1. 총설

가. 의의

일반적으로 당사자에 의해 이루어진 법률행위는 그 내용이 명확하지 않는 경우는 물론, 그 필수요소인 의사표시의 존부가 불분명하거나 의사와 표시가 일치하지 않는 경우가 많다. 법률행위를 이루는 서면과 언동 중 모호하거나 불완전한 것을 명확·완전하게 하고, 비법률적인 것을 법률적으로 구성함으로써 당사자가 법률행위로 이루고자 하는 목적을 달성할 수 있도록 법이 도와줄 수 있는 기초를 마련하는 작업이 필요하다.

법률행위 해석은 법률행위의 성립 여부나 유효 여부를 판단하고, 그 목적 내지 내용을 명확히 밝혀 확정하는 것을 말한다. 그런데 의사표시는 법률행위의 필수요소일 뿐더러 그 안에 당사자가 누구이고 법률행위의 목적이 무엇인지를 담고 있는 경우가 대부분일 것이므로 법률행위의 해석은 곧 **의사표시의 해석**이라고 할 수 있다.

***** 법률행위 해석의 주체**

대법원은 '계약사항에 대한 이의시 매도인의 해석에 따른다'는 조항은 법원을 구속하지 못한다고 판시함으로써(대법원 1974.9.24. 선고 74다1057 판결), 법률행위 해석의 주체가 궁극적으로는 법관이고 당사자의 의사에 의해서도 그 해석권을 침해받지 않는다고 선언하고 있다.

나. 해석의 대상

법률행위의 해석이 의사표시의 해석이라고 할 때 그 대상이 표시상의 의사인지 내심적 의사인지에 관하여 다툼이 있다. 통설과 판례는 법률행위의 해석이란 당사자의 의사의 객관적 표현이라고 볼 수 있는 표시행위가 가지는 사회적 의미를 밝히는 것이라고 한다. 즉 해석의 대상을 '**표시행위**'로 보고, '표시행위에 부여된 객관적 의미를 밝히는 것'을 그 목표로 한다는 견해이다. 이에 대하여 사적자치가 허용되는 범위에서 당사자의 의사를 실현하는 수단이 법률행위라는 점 등을 근거로 법률행위의 해석이란 1차적으로 당사자의 내심적 효과의사, 즉 진의가 무엇인가를 밝히는 것이라는 견해가 있다.[36]

---

36) 지원림, 219~220면. 이에 대하여 내심의 의사는 확인의 대상은 될 수 있어도 해석의 대상은 될 수 없다는 비판이 있다.

표시행위의 객관적 의미를 합리적 해석 대법원 2001.3.23. 선고 2000다40858 판결

법률행위의 해석은 당사자가 그 표시행위에 부여한 객관적인 의미를 명백하게 확정하는 것으로서, 사용된 문언에만 구애받는 것은 아니지만, 어디까지나 **당사자의 내심의 의사가 어떤지에 관계없이 그 문언의 내용에 의하여 당사자가 그 표시행위에 부여한 객관적 의미를 합리적으로 해석**하여야 하는 것이고, 당사자가 표시한 문언에 의하여 그 객관적인 의미가 명확하게 드러나지 않는 경우에는 그 문언의 형식과 내용, 그 법률행위가 이루어진 동기 및 경위, 당사자가 그 법률행위에 의하여 달성하려는 목적과 진정한 의사, 거래의 관행 등을 종합적으로 고려하여 사회정의와 형평의 이념에 맞도록 논리와 경험의 법칙, 그리고 사회일반의 상식과 거래의 통념에 따라 합리적으로 해석하여야 한다. 건설회사가 토지를 부동산신탁회사에 신탁하여 신탁회사가 그 위에 아파트를 신축·분양하기로 하는 내용의 토지개발신탁계약을 체결한 후 신탁회사로부터 공사를 도급받아 아파트 신축공사를 시행하던 중, 공사현장에 레미콘을 공급하던 납품업체들이 건설회사에 신탁회사가 레미콘대금 지급채무를 지급보증한다는 내용의 약속을 받아 줄 것을 요구하자 신탁회사가 건설회사에 '납품사실 확인분에 대해서는 당사가 공동시행자의 입장에서 납품업체에 대한 피해가 없도록 조치를 취할 예정'이라는 내용의 회신을 보낸 경우, 위 회신을 보내면서 건설회사에 '지급보증'의 문구는 사용할 수 없다고 한 사실이 있더라도, 신탁회사가 위 회신을 작성하게 된 동기 및 경위와 당사자가 위 회신을 작성함으로써 달성하려는 목적과 진정한 의사 등을 종합적으로 고려하여 위 회신의 객관적 의미를 합리적으로 해석하면, 신탁회사가 건설회사를 매개로 하여 건설회사의 레미콘 납품업체들에 대한 레미콘대금 지급채무를 보증하였거나 중첩적으로 인수한 것으로 볼 수 있다.

건물 소유 목적의 토지 임대차 대법원 2009.5.14. 선고 2008다90095,90101 판결

법률행위의 해석은 당사자가 그 표시행위에 부여한 객관적인 의미를 명백하게 확정하는 것으로서, 사용된 문언에만 구애받는 것은 아니지만, 어디까지나 당사자의 내심의 의사가 어떤지에 관계없이 그 문언의 내용에 의하여 당사자가 그 표시행위에 부여한 객관적 의미를 합리적으로 해석하여야 한다. 당사자가 표시한 문언에 의하여 그 객관적인 의미가 명확하게 드러나지 않는 경우에는 그 문언의 형식과 내용, 그 법률행위가 이루어진 동기 및 경위, 당사자가 그 법률행위에 의하여 달성하려는 목적과 진정한 의사, 거래의 관행 등을 종합적으로 고려하여, 사회정의와 형평의 이념에 맞도록 논리와 경험의 법칙, 그리고 사회일반의 상식과 거래의 통념에 따라 합리적으로 해석하여야 한다.

그리고 토지 및 그 지상건물에 대한 임대차와 건물의 소유를 목적으로 하는 토지임대차는 그 임대차 종료시에 임차인의 갱신청구권 또는 건물매수청구권이 인정되는지 여

부, 원상회복약정의 유효 여부 등 그 법률효과에 있어 현저한 차이가 있으므로, 토지 및 지상건물에 대한 임대차가 건물의 소유를 목적으로 하는 임대차로 변경되었다고 인정함에는 신중을 기하여야 할 것이다(임대차계약서에 원상회복 문구가 기재되고, 임차인이 임대인에게 건물의 증·개축에 소요된 비용에 관한 권리를 행사하지 않겠다는 각서를 작성해 준 사안임).

비전형 혼합계약 해석에서 표시행위 강조 대법원 2010.10.14. 선고 2009다67313 판결

법률행위의 해석은 당사자가 그 표시행위에 부여한 객관적인 의미를 명백하게 확정하는 것으로서, 사용된 문언에만 구애받는 것은 아니지만, 어디까지나 당사자의 내심의 의사가 어떤지에 관계없이 그 문언의 내용에 의하여 당사자가 그 표시행위에 부여한 객관적 의미를 합리적으로 해석하여야 하는 것이고, 당사자가 표시한 문언에 의하여 그 객관적인 의미가 명확하게 드러나지 않는 경우에는 그 문언의 형식과 내용, 그 법률행위가 이루어진 동기 및 경위, 당사자가 그 법률행위에 의하여 달성하려는 목적과 진정한 의사, 거래의 관행 등을 종합적으로 고려하여 사회정의와 형평의 이념에 맞도록 논리와 경험의 법칙, 그리고 사회일반의 상식과 거래의 통념에 따라 합리적으로 해석하여야 한다(대법원 2009.5.14. 선고 2008다90095, 90101 판결, 대법원 2010.7.8. 선고 2010다9597 판결 등 참조). 이러한 법리는 비전형의 혼합계약의 해석에도 적용된다고 할 것인데, 비전형의 혼합계약에서는 다수의 전형계약의 요소들이 양립하면서 각자 그에 상응하는 법적 효력이 부여될 수 있으므로, 당사자가 그 표시행위에 부여한 객관적인 의미를 있는 그대로 확정하는 것이 필요하다.

***** 실무상 가장 중요한 작업인 '법률행위의 해석'과 '법률의 해석'**

- 법률행위의 해석 : 법률요건의 충족 여부 검토 등을 위하여 당사자가 행한 법률행위의 내용을 명확히 하는 작업이고, 재판에서는 사실인정의 일환임. 구체성을 띠게 되므로 구체적 타당성이 중시된다.
- 법률의 해석 : 다수의 잠재적 사례를 염두에 두고 법규정의 의미를 탐구하는 작업으로 법률적용의 전제가 됨. 보편성을 띠게 되므로 법적 안정성이 보다 강조된다.

2. 해석의 방법

법률행위의 해석은 법률행위(의사표시)의 존재 여부, 당사자의 확정을 포함하여 법률행위가 어떠한 내용인지를 밝힌 다음, 법률행위에 틈이 있는 경우 그것을 보충하는 순서로 이루어진다.

법률행위 해석의 방법으로는 자연적 해석, 규범적 해석, 보충적 해석이 있는바,[37]

통설과 판례에 따르면, 오표시 무해의 원칙(falsa demonstratio non nocet 잘못된 표시는 해가 되지 않는다.)이 적용되는 일부 예외의 경우에 자연적 해석이 이루어질 뿐(아래 93다2629,2636(병합) 판결), 그 외의 경우에는 대부분 규범적 해석이 강조된다는 것이다.

***** 오표시 무해(誤表示無害)의 원칙**

자연적 해석이 행해질 경우 표시와 관계없이 표의자가 의도했던 대로 법률효과가 발생하므로, 표의자가 표시를 그릇되게 하였다고 그에게 해가 되지 않는다는 원칙이다. 여기에는 아래 93다2629,2636 판결과 같은 착오에 의한 오표시와, 금괴 밀매시 금괴 대신 돼지라는 용어를 사용하기로 하는 것과 같은 합의에 의한 오표시가 있다.

가. 자연적 해석(주관적 해석)

자연적 해석은 법률행위 해석의 제1단계로서 법률행위에 관하여 규범적 평가 없이 **'있는 그대로의 의미'**를 확정하는 과정이다. 표시행위는 표의자의 효과의사를 외부에 표현하는 수단에 불과하므로, 설사 표시가 잘못되었더라도 그 표시의 의미에 관하여 당사자 사이에 의사의 합치가 있다고 한다면, 표의자의 관점에서 실제 내심의 의사를 탐구하는 것으로 충분하고 표시행위가 갖는 객관적 의미는 문제되지 않는다.

그에 따라 일정한 표시에 관하여 당사자가 사실상 일치하여 그 표시와 다른 내용으로 이해하고 있는 경우에는 그 내용대로 효력을 인정하여야 한다(오표시 무해의 원칙). 즉 의사표시의 의미에 관하여 표의자와 상대방의 인식이 일치할 경우에는 자연적 해석만으로 충분하고, 불일치할 경우에는 규범적 해석으로 나아가야 한다.

오표시 무해의 원칙에 관한 판례 **대법원 1993.10.26. 선고 93다2629,2636 판결**

부동산의 매매계약에 있어 쌍방당사자가 모두 특정의 甲 토지를 계약의 목적물로 삼았으나 그 목적물의 지번 등에 관하여 착오를 일으켜 계약을 체결함에 있어서는 계약서상 그 목적물을 甲 토지와는 별개인 乙 토지로 표시하였다 하여도 甲 토지에 관하여 이를 매매의 목적물로 한다는 쌍방당사자의 의사합치가 있은 이상 위 매매계약은 갑 토지에 관하여 성립한 것으로 보아야 할 것이고 乙 토지에 관하여 매매계약이 체결된 것으로 보아서는 안 될 것이며, 만일 乙 토지에 관하여 위 매매계약을 원인으로 하여 매수인 명의로 소유권이전등기가 경료되었다면 이는 원인이 없이 경료된 것으로서 무효[38]이다.

37) 윤진수 교수는 문언해석, 객관적 해석, 주관적 해석, 규범적 해석, 보충적 해석의 방법이 있다고 한다.
38) 乙토지에 관하여는 '표시'만 있을 뿐 '의사표시(효과의사)의 합치'는 존재하지 않으므로 무효인 것이다.

나. 규범적 해석(객관적 해석)

규범적 해석은 표의자와 상대방이 의사표시에 관하여 서로 다르게 이해함으로써 자연적 해석에 의한 법률행위 내용의 확정이 불가능한 경우 표의자의 진의가 아니라 표시행위의 객관적·규범적 의미를 탐구하는 것이다. 여기에서는 표의자가 아닌 그 상대방의 이익이 주로 고려되므로 상대방의 인지가능성 및 인식내용은 규범적 해석에서 중요한 요소이고, 그에 따라 합리적인 제3자의 규범적 평가에 의하여 의사표시의 내용이 확정된다. 즉 의사표시에 담긴 표의자의 진의보다 그것이 상대방에게 어떻게 전달되었는가 하는 점이 더 중요하다. 또한 언어와 행태는 물론 주위사정을 기초로 평균적인 상대방이 지득하였으리라고 여겨지는 객관적 의미를 탐구해야 하므로 법률행위의 기초사정이 중요하게 고려된다(위 2000다40858 판결, 대법원 1996.7.30. 선고 95다29130 판결 등).

규범적 해석에 따른 보증의사의 존재 **대법원 2000.11.10. 선고 98다31493 판결**

법률행위의 해석은 당사자가 그 표시행위에 부여한 객관적인 의미를 명백하게 확정하는 것으로서, 서면에 사용된 문구에 구애받는 것은 아니지만 어디까지나 당사자의 내심적 의사의 여하에 관계없이 그 서면의 기재 내용에 의하여 당사자가 그 표시행위에 부여한 객관적 의미를 합리적으로 해석하여야 하는 것이고, 당사자가 표시한 문언에 의하여 그 객관적인 의미가 명확하게 드러나지 않는 경우에는 그 문언의 내용과 그 법률행위가 이루어진 동기 및 경위, 당사자가 그 법률행위에 의하여 달성하려는 목적과 진정한 의사, 거래의 관행 등을 종합적으로 고려하여 사회정의와 형평의 이념에 맞도록 논리와 경험의 법칙, 그리고 사회일반의 상식과 거래의 통념에 따라 합리적으로 해석하여야 한다.

단기금융회사가 우량적격업체로 선정한 기업 발행의 어음을 할인매입하여 이를 기관투자가에게 할인매출(이른바 C.P어음)함에 있어 기관투자가 명의로 어음보관계좌를 개설하고 어음보관통장을 발급하면서 통장의 규약란에 "이 CP는 ( )이 당사에 그 지급을 보증한 것이므로 저희 회사가 지급일에 원금을 지급하겠습니다."라고 기재한 경우, 위 문구는 단기금융회사가 기관투자가와의 어음거래로 취득하여 통장에 보관하는 모든 C.P어음에 대하여 그 지급을 보증하겠다는 취지로 해석함이 상당하다고 한 사례.

다. 보충적 해석

어떤 법률행위에서는 당사자가 미처 생각하지 못했던 의사표시의 흠결 등 틈이 있는 것이 발견되는 경우가 있다. 그러한 틈이 생기는 이유로는 (1) 당사자가 당해 사항의 중요성을 간과하여 약정의 필요가 없다고 잘못 생각한 경우, (2) 당해 사항에 관한 약정이 있었으나 그 약정이 무효로 판명된 경우, (3) 법률행위 후 예상치 못한 사정이 생겨 기존의 약정만으로는 그 내용을 규율할 수 없게 된 경우 등이 있다.

이러한 경우 종물의 처분(제100조 제2항) 또는 하자담보책임(제587조 이하) 등과 같은 임의규정을 적용하거나, 사실인 관습 등에 의하여 그 틈을 보충할 수 있으나, 임의규정 등이 없어 순전히 법률행위 해석의 방법으로 그 틈을 메꾸어 의사의 흠결이나 의미 내용의 불확정성으로 인한 무효를 막아야 할 경우도 없지 않다.

보충적 해석이란 법률행위의 내용에 틈이 있는 경우에 이를 보충하는 해석방법을 말한다. 틈을 보충함에 있어서는 당사자들의 진의가 아니라 그들의 **가정적 의사**가 결정적이다. 당사자들의 가정적 의사를 탐구함에 있어서 계약에서 행해진 당사자들의 평가에서 출발하여 틈이 존재함을 알았다면 당사자들이 합리적으로 무엇을 합의하였을 것인가 밝혀야 한다. 변호사 보수에 관하여 명시적인 약정이 없는 경우라도, 무보수로 한다는 특약이 없는 한 응분의 보수를 지급할 묵시의 약정이 있는 것으로 봄이 상당하다는 아래 판결이 이 해석 방법의 대표적인 예이다.

그러나 보충적 해석을 통하여 당사자의 본래 의사를 위태롭게 하는 내용을 인정하는 것은 법률행위 해석의 범위를 벗어나는 것으로 허용될 수 없다.

변호사 보수액 약정 없는 경우의 보충적 해석 대법원 1995.12.5. 선고 94다50229 판결

변호사에게 계쟁 사건의 처리를 위임함에 있어서 그 보수 지급 및 수액에 관하여 명시적인 약정을 아니하였다 하여도, 무보수로 한다는 등 특별한 사정이 없는 한 응분의 보수를 지급할 묵시의 약정이 있는 것으로 봄이 상당하고, 이 경우 그 보수액은 사건 수임의 경위, 사건의 경과와 난이 정도, 소송물 가액, 승소로 인하여 당사자가 얻는 구체적 이익과 소속 변호사회 보수규정 및 의뢰인과 변호사 간의 관계, 기타 변론에 나타난 제반 사정을 참작하여 결정함이 상당하다.[39]

보충적 해석의 한계 대법원 1995.9.26. 선고 95다18222 판결

분양약정의 해석상 당사자 사이에 분양가격의 결정기준으로 합의하였던 기준들에 의하여 분양가격 결정이 불가능하게 되었다면, 당사자 사이에 새로운 분양가격에 관한 합의가 이루어지지 않는 한 위 분양약정에 기하여 당사자 일방이 바로 소유권이전등기절차의 이행을 청구할 수는 없는 것이고, 여기에 법원이 개입하여 당사자 사이에 체결된 계약의 해석의 범위를 넘어 판결로써 분양가격을 결정할 수는 없는 것이다.[40]

39) 동지 대법원 2006.11.23. 선고 2005다13288 판결

40) 분양가격의 결정기준으로 합의하였던 기준에 의하여 분양가격 결정이 불가능하게 된 경우, 보충

3. 해석의 기준

가. 서설

우리 민법은 법률행위 해석의 기준에 관하여 일반적 규정을 두지 않고 있다. 그와 관련하여 학설[41]은 제106조 등에 근거하여 ① 당사자가 기도한 목적 ② 사실인 관습 ③ 임의규정 ④ 신의성실의 원칙을 그 기준으로 들고 있고, 판례도 그와 비슷한 입장이다(대법원 2001.3.23. 선고 2000다40858 판결).

***** 유럽계약법원칙(PECL) 중 계약해석에 관한 주요내용[42]**

- 제101조 : 당사자들의 공통된 의도가 문언의 의미와 다르더라도 공통된 의도에 따라 해석. 가급적 당사자의 의도대로 계약을 해석.
- 제102조 : 계약해석시 고려할 관련사정- 계약이 체결된 상황, 당사자의 행태, 계약의 성질 및 목적, 당사자들 사이의 거래관례, 일반관행 등
- 제103~제107조 : 작성자에게 불리한 해석의 원칙, 교섭한 조항의 우선, 계약 전체의 관점에서 해석, 유효해석의 원칙, 언어 불일치시 최초로 작성된 언어본에 따른 해석이 우선.

나. 해석의 개별적 기준

(1) 당사자의 의도 및 법률행위 당시의 제반사정

법률행위는 사적자치를 달성하기 위한 법률상의 수단이므로, 그 해석에서는 무엇보다도 당사자가 법률행위에 의해 달성하려는 목적이 무엇인가를 알아내는 것이 중요하다. 이를 위하여 의사표시의 표현에만 구애됨이 없이 당사자가 의도하는 목적을 알아내고, 그 의도를 달성시키는 쪽으로 노력하여야 한다. 이를 위하여는 법률행위의 동기나 경위, 법률행위 당시에 존재하는 제반사정도 고려되어야 한다.

'책임지고 해결하겠다'의 의미 **대법원 1999.11.26. 선고 99다43486 판결**

법률행위의 해석은 당사자가 그 표시행위에 부여한 객관적인 의미를 명백하게 확정하는 것으로서 문언에 구애받는 것은 아니지만 어디까지나 당사자의 내심적 의사의 여하에 관계없이 그 문언의 내용에 의하여 당사자가 그 표시행위에 부여한 객관적 의미를 합리적으로 해석하여야 하는 것이고, 당사자가 표시한 문언에 의하여 그 객관적인

적 해석의 방법에 따라 분양 약정 당시의 시가에 따라 분양가격을 결정함이 상당하다는 원심판결을 파기한 사안임.

41) 곽윤직, 224면; 김증한·김학동, 286면.

42) 양창수 외1, 민법I 계약법 117면.

의미가 명확하게 드러나지 않는 경우에는 그 문언의 내용과 그 법률행위가 이루어진 동기 및 경위, 당사자가 그 법률행위에 의하여 달성하려는 목적과 진정한 의사, 거래의 관행 등을 종합적으로 고려하여 사회정의와 형평의 이념에 맞도록 논리와 경험의 법칙, 그리고 사회일반의 상식과 거래의 통념에 따라 합리적으로 해석하여야 한다.
낙찰대금에서 배당을 받지 못한 세입자가 임대인의 아들을 찾아가 임대차보증금을 어떻게 할 것인지 따지자 자신이 책임지고 해결하겠으니 걱정하지 말고 기다리라고 한 경우, 그 말의 객관적 의미는 임대차보증금반환의무를 법적으로 부담할 수는 없지만 사정이 허락하는 한 그 이행을 사실상 하겠다는 취지라고 해석된다.[43)]

(2) 사실인 관습

법률행위의 목적이나 표현행위는 그것이 행해지는 시대나 장소에서의 관습 또는 거래관행에 따라 이루어지는 것이 일반적이다. 제106조는 임의규정과 다른 관습이 있는 경우에, 당사자의 의사가 명확하지 않은 때에는 그 관습에 의한다고 한다. 즉 사실인 관습이 법률행위 해석의 기준으로 되기 위하여는 임의규정과 다른 관습이 존재하여야 하고, 당사자의 의사가 명확하지 않아야 하며, 그 관습이 선량한 풍속 기타 사회질서에 반하지 않아야 한다.

기업내부에 존재하는 특정관행 **대법원 2002.4.23. 선고 2000다50701 판결**

기업의 내부에 존재하는 특정의 관행이 근로계약의 내용을 이루고 있다고 하기 위하여는 그러한 관행이 기업 사회에서 일반적으로 근로관계를 규율하는 규범적인 사실로서 명확히 승인되거나 기업의 구성원에 의하여 일반적으로 아무도 이의를 제기하지 아니한 채 당연한 것으로 받아들여져서 기업 내에서 사실상의 제도로서 확립되어 있다고 할 수 있을 정도의 규범의식에 의하여 지지되고 있어야 한다. 사용자가 이미 퇴직한 근로자들에게 퇴직 이후에 체결된 단체협약에 의한 임금인상분 및 퇴직금인상분 차액을 추가 지급한 관행이 있었으나 그것은 노동조합 또는 근로자집단과 사용자 사이의 규범의식이 있는 노사관행으로는 볼 수 없다.

(3) 임의규정

제105조는 법률행위의 당사자가 임의규정과 다른 의사표시를 한 때에는 그 의사에 의한다고 규정한다. 위 규정은 직접적으로는 사적자치의 원칙에 관한 것이지만, 반대

43) "**최대한 노력하겠습니다**"와 "**협조를 최대로 한다**"는 문면의 의미도 위와 비슷한 취지로 해석된다고 판시함 : 대법원 1994.3.25. 선고 93다32668 판결, 1996.10.25. 선고 96다16049 판결 등 참조.

해석을 하면 당사자가 특별한 의사를 표명하지 않았거나 그 의사가 불명확한 경우에는 당사자의 의사를 임의규정과 같은 내용으로 본다는 것이다. 따라서 이 경우에는 임의규정이 법률행위 해석의 기준이 된다 할 것이다.

이에 대하여는 임의규정에 의한 당사자의 의사 인정은 '법률의 적용'일 뿐 해석의 영역이 아니라는 반대견해가 있다.[44)]

(4) 신의성실의 원칙

위 기준들에 의하더라도 법률행위의 의미를 확정할 수 없을 때에는, 명문의 규정은 없지만 신의성실의 원칙이나 법의 근본이념인 조리에 따라야 한다. 판례는 당사자에게 그에 구속될 의사가 결여되었음을 이유로 예문의 구속력을 부정하고, 학설로도 예문은 조리 또는 신의칙에 반하므로 그 구속력을 인정할 수 없다는 견해가 유력하다.[45)] 또한 무면허운전의 면책에 관한 보험약관을 보험계약자가 관리 가능한 무면허운전으로 한정함에 있어서도 신의칙을 해석의 기준으로 삼았다(신의성실의 원칙 편에 게재된 **90다카23899 판결**).

신의칙 또는 약관규제법에 위반한 약정 무효 **대법원 1999.3.26. 선고 98다33260 판결**

한국토지공사가 토지를 분양하면서 토지분양계약이 해제되었을 때 귀책사유의 유무를 불문하고 수분양자가 지급한 매매대금의 10%에 상당하는 계약보증금이 분양자인 한국토지공사에게 귀속되도록 정한 경우, 그 계약금 몰취 규정은 고객인 분양자에 대하여 일방적으로 부당하게 불리한 조항으로서 공정을 잃은 것으로 추정되어 신의성실의 원칙에 반하거나 또는 계약 해제시 고객의 원상회복청구권을 부당하게 포기하도록 하는 조항으로서 약관의 규제에 관한 법률에 위반하여 무효이다.

예문해석에 따른 약정의 구속력 부정 **대법원 1999.3.23. 선고 98다64301 판결**

교통사고 피해자가 합의금을 수령하면서 민·형사상의 소송이나 그 밖의 어떠한 이의도 제기하지 아니한다는 내용이 부동문자로 인쇄된 합의서에 날인한 경우, 그 피해 정도, 피해자의 학력, 피해자와 가해자의 관계, 합의에 이르른 경위, 가해자가 다른 피해자와 합의한 내용 및 합의 후 단기간 내에 소송을 제기한 점 등 제반 사정에 비추어 위 합의서의 문구는 단순한 예문에 불과할 뿐 이를 손해 전부에 대한 배상청구권의 포기나 부제소의 합의로는 볼 수 없다고 한 사례.

---

44) 송덕수, 105면; 지원림, 219면에서는 제105조의 의미를 사적 자치는 임의규정이 규율하는 영역에서만 가능함을 선언하는 것이라고 한다.

45) 송덕수, 196면; 백태승, 378면. 위와 같은 해석론적 조작에 앞서 「약관규제에 관한 법률」이 적용되어야 할 것이라고 주장한다.

운전자금채무를 포함하지 않는 포괄근보증 **대법원 2003.3.14. 선고 2003다2109 판결**

근저당설정계약서는 처분문서이므로 특별한 사정이 없는 한 그 계약 문언대로 해석하여야 함이 원칙이지만, 그 근저당권설정계약서가 금융기관 등에서 일률적으로 일반거래약관의 형태로 부동문자로 인쇄하여 두고 사용하는 계약서인 경우에 그 계약 조항에서 피담보채무의 범위를 그 근저당권 설정으로 대출받은 당해 대출금채무 외에 기존의 채무나 장래에 부담하게 될 다른 원인에 의한 모든 채무도 포괄적으로 포함하는 것으로 기재하였다고 하더라도, 당해 대출금채무와 장래 채무의 각 성립 경위 등 근저당설정계약 체결의 경위, 대출 관행, 각 채무액과 그 근저당권의 채권최고액과의 관계, 다른 채무액에 대한 별도의 담보확보 여부 등 여러 사정에 비추어 인쇄된 계약 문언대로 피담보채무의 범위를 해석하면 오히려 금융기관의 일반 대출 관례에 어긋난다고 보여지고 당사자의 의사는 당해 대출금 채무만을 그 근저당권의 피담보채무로 약정한 취지라고 해석하는 것이 합리적일 때에는 위 계약서의 피담보채무에 관한 포괄적 기재는 부동문자로 인쇄된 일반거래약관의 예문에 불과한 것으로 보아 그 구속력을 배제하는 것이 타당하다.
주택건설사업 시행자가 국민주택기금을 대출받으면서 체결한 근저당권설정계약서에 '포괄근보증'이라는 근저당권설정자의 자필기재가 있으나, 그 피담보채무의 범위에 사업시행자가 그 후 별도로 대출받은 운전자금 채무는 포함되지 않는다.

***** 문서의 증거력과 처분문서**

문서의 증거력에는, 문서가 신청인이 주장하는 문서작성자의 의사에 따라 작성된 것인지 여부(문서의 진정성립의 문제)에 관한 형식적 증거력과, 그 문서 내용대로의 의사표시의 존재와 내용을 인정할 수 있는지에 관한 실질적 증거력이 있다.

처분문서란 각종 계약서, 합의서, 유가증권, 유언서 등과 같이 증명하고자 하는 법률행위가 그 문서 자체에 의하여 이루어지는 경우의 문서를 말하고, 보고문서(영수증 등)와 구별된다. 처분문서에 관하여는 그 형식적 증거력이 인정되는 이상, 법원은 그 기재 내용을 부인할 만한 분명하고도 수긍할 수 있는 반증이 없는 한 그 처분문서에 기재되어 있는 문언대로의 의사표시의 존재 및 내용을 인정하여야 하고, 그 내용을 배척할 경우 판결서에 합리적인 이유설시가 필요하다.

처분문서에 나타난 당사자 의사의 해석 **대법원 2005.5.27. 선고 2004다60065 판결**

처분문서의 진정성립이 인정되면 법원은 그 기재 내용을 부인할 만한 분명하고도 수긍할 수 있는 반증이 없는 한 원칙적으로 그 처분문서에 기재되어 있는 문언대로의 의사표시의 존재와 내용을 인정하여야 하고, 당사자 사이에 계약의 해석을 둘러싸고 이견이 있어 처분문서에 나타난 당사자의 의사해석이 문제되는 경우에는 그 문언의 내용, 그러한 약정이 이루어진 동기와 경위, 그 약정에 의하여 달성하려는 목적, 당사자의 진정한 의사 등을 종합적으로 고찰하여 논리와 경험칙에 따라 합리적으로 해석하여야 한다.

4. 소송상 취급

법률행위에 있어서 당사자의 의사는 객관적 사실이지만 그것에 대한 해석은 법률적인 가치판단이므로 **법률문제**라고 하는 견해가 있는 반면(곽윤직), 당사자의 실재하는 의사를 탐구하는 것임을 전제로 **사실문제**라는 견해(이영준)도 있다. **다툼의 실익**은 법률행위의 해석에 따른 사실인정이 상고사유가 될 수 있는지, 법률행위 해석에 대한 자백이 법원과 당사자를 구속하는지, 그것이 법원의 직권조사사항인지 등에 있다. 자연적 해석은 실재하는 표의자의 진의를 밝히는 것이므로 사실문제라고 할 것인 반면, 규범적 해석에서 표시행위의 객관적 의미를 탐구하는 것은 법적 가치 판단의 문제로서 법률문제라고 보아야 할 것이다.

***** 법률행위의 명의자와 행위자가 다를 경우 그 해석의 문제로서 당사자 확정**

- **일반원칙** : 행위자 또는 명의인 가운데 누구를 당사자로 할 것인지에 관하여 행위자와 상대방의 의사가 일치한 경우에는 자연적 해석이 가능하므로 그것으로 당사자를 확정하고, 의사의 불일치 등으로 그것이 불가능할 경우 규범적 해석으로 당사자를 확정함(대법원 1995.9.29. 선고 94다4912 판결)
- **계약명의신탁의 경우** : 원칙적으로 명의수탁자만이 그 계약의 당사자가 됨(대법원 2003.9.5. 선고 2001다32120 판결)
- **예금계약의 경우** : 금전 출연자와 예금 명의자가 다른 경우, 금융실명제 시행 이후에는 명의자 이외의 제3자가 예금계약 당사자라는 명확한 의사합치와 명백한 증거가 있는 극히 예외적인 경우를 제외하고는 실명확인을 거친 예금명의자를 당사자로 봄(대법원 2009.3.19. 선고 2008다45828 전원합의체판결)

***** 법률행위 해석의 사례**

- 서점에 가서 막연히 "책을 사겠다"고 말한 경우.
  - 일반적으로 법률행위 불성립 : 그 목적이 불명확하고 해석을 통해서도 밝힐 수 없기 때문에 법률행위 목적이 부존재함
  - 특정작가의 베스트셀러를 특판하는 서점에서 위와 같은 언동을 한 경우 : 법률행위 당시의 제반사정에 의해 법률행위의 목적이 밝혀질 수 있기 때문에 계약이 성립
- 甲이 경관좋은 마을의 지주 乙과 사이에 전원주택부지를 5,000만원에 매매하기로 약속한 경우.

- 매매의 목적물 : 계약체결 후라도 확정 가능하면 됨
- 매매대금 : 확정되어 있어 해석조차 불요
- 인도·대금 지급 장소 : 제467조(변제의 장소), 제586조(대금지급장소)
- 면적 부족 등의 하자가 있는 경우 담보책임 : 제574조 등

***** 소송행위의 해석**

일반적으로 소송행위의 해석은 실체법상의 법률행위와는 달리 철저한 표시주의와 외관주의에 따르도록 되어 있고 표시된 내용과 저촉되거나 모순되는 해석을 할 수 없는 것이지만, 표시된 어구에 지나치게 구애되어 획일적이고 형식적인 해석에만 집착한다면 도리어 당사자의 권리구제를 위한 소송제도의 목적과 소송경제에 반하는 부당한 결과를 초래할 수 있으므로 그 소송행위에 관한 당사자의 주장 전체를 고찰하고 그 소송행위를 하는 당사자의 의사를 참작하여 객관적이고 합리적으로 소송행위를 해석할 필요가 있는 것이다(대법원 1984.2.28. 선고 83다카1981 전원합의체판결, 2008.3.27. 선고 2007다80183 판결 등).

제3절 의사표시

Ⅰ. 총설

1. 의사표시의 개념

의사표시는 표의자가 일정한 법률효과를 발생시키려는 **의사**를 외부로 **표시**하는 것으로, 법률행위를 구성하는 불가결의 요소이다. 법률행위는 의사표시에 의하여 의욕한 효과의사대로 법률관계를 변동시킨다. 따라서 법률행위의 체계적 파악을 위하여는 그 불가결의 구성요소인 의사표시에 대한 탐구가 필연적이고, 법률행위의 해석이란 곧 의사표시의 해석이라고 해도 과언이 아니다. 한편 의사표시는 표의자가 원하는 바의 효과를 그대로 발생시킨다는 점에서 의사의 통지나 관념의 통지 등 준법률행위와 구별된다.

민법은 의사표시의 개념이나 구성요소 등에 관한 총론적 규정을 두지 않고, 법률행위 해석상 주로 문제가 되는 그 성립과정에서의 병리적 현상을 중심으로 규율하고 있으며, 그 밖에 그 효력발생시기와 수령능력, 공시송달에 관하여도 규정하고 있다.

2. 의사표시의 구성요소

의사표시는 <법률행위의 동기 형성>, <**효과의사의 확립**>, <표시의사의 형성>, <**표시행위의 실행**>의 순서로 이루어진다. 그 중 동기(動機)[1]는 대부분이 표의자의 내심에 그칠 뿐 외부로 표시되지 않으므로 의사표시의 요소에서 제외하고, 표시의사는 표시행위의 일부로 보는 것이 통설적인 견해이다. 그에 따라 의사표시는 일정한 법률효과의 발생을 원하는 내심의 의사와 이를 외부에 표시하는 행위로 나눌 수 있다.

가. 내부적 요소 : 효과의사

의사표시 중 표의자가 의욕한 법률효과의 내용을 효과의사라고 하는데, 의사표시의 내용적·주관적 요소에 해당한다. 표의자가 어떠한 권리나 의무를 취득하거나 부담하겠다는 등의 특정한 법률효과를 얻겠다는 의사이다.

효과의사는 표의자가 내심으로 바라는 의사인 **내심적 효과의사**와, 표시행위의 객관적 의미에 따라 추단되는 의사인 **표시상의 효과의사**로 나누어진다. 두 의사 중 무엇을 효과의사의 요소로 파악할 것인지에 대하여, 효과의사의 본체는 진의 즉 내심적 효과

---

1) 동기는 법률행위로 성취하려는 경제적·사회적 연유 또는 효과의사를 형성하게 된 사정으로, 법률행위 당시 효과의사 결정의 동인이 되지만 외부에는 거의 표출되지 않는다.

의사라는 **의사주의**와, 효과의사의 본체를 표시상의 효과의사로 보는 **표시주의**가 대립한다. 법률행위가 사적자치를 달성하는 수단이 된다는 점을 중시하여 내심적 효과의사로 보아야 한다는 견해가 있으나, 통설과 판례는 법률행위가 법률관계를 발생시키는 규범적·사회적 행위라는 점을 중시하여 표시상의 효과의사를 그 요소로 보고 있다.

표시상의 효과의사 **대법원 2002.6.28. 선고 2002다23482 판결**

의사표시 해석에 있어서 당사자의 진정한 의사를 알 수 없다면, 의사표시의 요소가 되는 것은 표시행위로부터 추단되는 효과의사 즉, 표시상의 효과의사이고 표의자가 가지고 있던 내심적 효과의사가 아니므로, 당사자의 내심의 의사보다는 외부로 표시된 행위에 의하여 추단된 의사를 가지고 해석함이 상당하다.
임대인이 임대차계약기간 중에 임차인에게 인상된 임대차보증금 및 차임을 납부한 후 새로운 임대차계약을 체결하되 만약 이를 납부하지 아니하면 기존의 임대차계약을 해지하고 명도절차를 진행하겠다고 통지한 경우, 그 통지는 기존의 임대차계약 기간 중의 계약해지를 의미하는 외에 장차 기존의 임대차계약상의 임대차보증금과 차임을 인상하는 것으로 그 계약조건을 변경하지 않으면 계약을 갱신하지 않겠다는 의사표시까지 포함된 것으로 해석하여야 할 것이다.

나. 외부적 요소 : 표시(表示)행위

표의자가 효과의사를 상대방에 대하여 표시하는 행위가 표시행위이고, 의사표시는 그 객관적 요소인 표시행위가 있어야 완료된다. 행위자가 표시행위를 한다고 의식하는 것을 표시의사라고 하는데, 표시행위에는 표시의사가 포함되어 있어야 한다.[2)]

표시행위의 방식과 관련하여, 일반적인 경우와 같이 효과의사가 언어나 문자 등에 의하여 분명히 표현되는 것을 명시적 의사표시라고 한다. 반면에 법률행위의 제반사정에 비추어 의사표시가 있었다고 인정되는 경우를 묵시적 의사표시라고 하는데, 양자 사이에 법률효과의 차이가 없다는 견해가 통설이다.[3)]

침묵은 당사자 간의 약정이나 거래의 관행상 일정한 표시행위로 평가될 수 있는 특별한 사정이 있는 경우에만 예외적으로 의사표시로 인정된다.[4)] 위와 같은 특별한 사정이 없는 경우 청약자가 미리 정한 기간 내에 이의를 하지 아니하면 승낙한 것으로 간주한다는 뜻을 청약시 표시하였다고 하더라도, 상대방에게 답변의무가 있는 것이 아니므로 그의 침묵이 승낙으로 인정되는 것은 아니다(대법원 1999.1.29. 선고 98다48903 판결).

---

2) 종래에는 표시의사를 의사표시의 또 하나의 요소로 보는 견해가 통설이었음.
3) 곽윤직, 229면; 이은영, 279면.
4) 이러한 경우에 침묵은 원칙적으로 동의를 의미하는 것으로 본다.

한편 상대방의 확답촉구에 대한 제한능력자측의 침묵을 추인으로 보는 경우, 추인은 행위자에게 아무런 의사조차 없더라도 법률에 의하여 그 효과가 의제된 것이므로 이를 의제된 의사표시(준법률행위)라고 한다. 기타 무권대리에서 상대방의 최고에 대한 침묵(제131조), 법정추인(제145조), 묵시의 갱신(제639조) 등도 마찬가지이다.

3. 흠 있는 의사표시

일반적으로는 의사와 표시가 일치되나, 그 불일치시 흠 있는 의사표시로서 여러 문제들이 대두된다. 흠 있는 의사표시는 의사와 표시가 불일치하는 **의사의 흠결**과, 의사의 형성과정에 하자가 있는 **하자있는 의사표시**로 나누어지나, 의사의 흠결과 하자있는 의사표시는 모두 의사표시과정에서의 흠 때문에 당사자가 원하는 바의 법률효과가 발생하지 않는 경우로 이를 나눌 실익이 크지 않다. 아래에서는 「**흠 있는 의사표시**」로 통합하여 설명한다.

Ⅱ. 비진의표시(非眞意表示)

1. 의의

의사와 표시가 일치하지 않는다는 것, 즉 표시행위에 대한 효과의사가 없다는 것을 표의자 스스로 알면서 하는 의사표시를 비진의표시(진의 아닌 의사표시, 심리유보)라고 한다. 표시행위가 자신의 진의와 다른 의미로 이해된다는 것을 스스로 알면서 한다는 표의자의 의식이 그 특징이다. 의사표시에 상대방이 있는 경우에도 그와 통정이 없다는 점에서 후술하는 통정허위표시와 구별된다(단독 허위표시).

비진의표시가 아닌 퇴직 신청 대법원 2010.3.25. 선고 2009다95974 판결

갑 은행이 직원들에 대하여 특별퇴직을 권고하여 그 신청을 받고 이를 수리하는 형식으로 근로계약관계를 종료시킨 사안에서, 갑 은행의 경영상태 및 장래의 전망·구조조정에 관한 경영진의 확고한 의지·갑 은행이 제시한 특별퇴직의 조건·각 개인들의 개별적 사정과 장래의 불확실성·특별퇴직을 할 경우와 하지 않을 경우의 이해관계 등 제반 사정을 종합적으로 고려하여 직원들 스스로의 판단에 따라 그와 같은 퇴직의사를 결정하였거나, 마음 속으로는 갑 은행의 특별퇴직 권고를 선뜻 받아들일 수는 없었다 할지라도 당시의 상황으로서는 그것이 최선이라고 판단하여 특별퇴직을 신청한 것으로 봄이 상당하므로, 갑 은행의 직원들에 대한 퇴직처분이 실질적으로는 해고에 해당하지 않는다.

근로계약의 합의해지로서 해고가 아님 대법원 2001.1.19. 선고 2000다51919,51926 판결

진의 아닌 의사표시에 있어서의 '진의'란 특정한 내용의 의사표시를 하고자 하는 표의자의 생각을 말하는 것이지 표의자가 진정으로 마음 속에서 바라는 사항을 뜻하는 것은 아니므로 표의자가 의사표시의 내용을 진정으로 마음 속에서 바라지는 아니하였다고 하더라도 당시의 상황에서는 그것이 최선이라고 판단하여 그 의사표시를 하였을 경우에는 이를 내심의 효과의사가 결여된 진의 아닌 의사표시라고 할 수 없다. 사용자가 사직의 의사 없는 근로자로 하여금 어쩔 수 없이 사직서를 작성·제출하게 한 후 이를 수리하는 이른바 의원면직의 형식을 취하여 근로계약관계를 종료시키는 경우에는 실질적으로 사용자의 일방적인 의사에 의하여 근로계약관계를 종료시키는 것이어서 해고에 해당한다고 할 것이나, 그렇지 않은 경우에는 사용자가 사직서 제출에 따른 사직의 의사표시를 수락함으로써 사용자와 근로자의 근로계약관계는 합의해지에 의하여 종료되는 것이므로 사용자의 의원면직처분을 해고라고 볼 수 없다.[5]

중간퇴직 후 재입사 대법원 1996.4.26. 선고 95다2562,2579 판결

노사합의에 의하여 회사의 퇴직금지급률 제도가 누진제에서 단순제로 변경됨으로써 누진율의 상승에 의한 퇴직금의 상승을 기대할 수 없게 되자 근로자들이 자유로운 의사에 기한 선택에 따라 중간퇴직을 하고 퇴직금을 수령한 경우, 그 근로자들과 회사 사이의 근로계약 관계는 그 중간퇴직에 의하여 일단 종료되었다고 봄이 상당하고, 그 근로자들의 퇴직의 의사표시를 통정 허위표시 또는 비진의표시로서 무효라고 볼 수는 없다. 회사가 근로자들의 종전 경력을 인정하여 중간퇴직 후 신규 입사시에 종전 직위와 호봉을 부여하였고 사실상의 근무기간을 통산하여 장기근속 표창을 했을 뿐인 경우, 회사가 그 근로자들과의 근로계약 관계가 중간퇴직에 의하여 단절되어 재입사 이후의 퇴직금 기산일은 재입사 시점이라고 주장하는 것이 금반언의 원칙에 반한다고 할 수 없다.

2. 요건

가. 의사표시의 존재

의사표시가 존재하여야 한다. 효과의사라고 판단할만한 가치 있는 행위가 있어야 하므로, 사교상 명백한 농담이나 강의 중 교수의 사례 제시 등과 같이 법률관계의 발생을 원하고 있지 않는 것이 명백한 경우에는 의사표시가 아니라고 본다.

---

5) 동지 대법원 2003.4.11. 선고 2002다60528 판결.

나. 표시와 의사의 불일치

표시행위와 효과의사가 불일치함을 요한다. 즉 표시상의 효과의사(표시행위의 의미)에 대응하는 내심적 효과의사(표의자의 진의)가 존재하지 않아야 한다. 판례는 비진의표시에서 진의란 특정한 내용의 의사표시를 하고자 하는 표의자의 생각(즉 효과의사)을 말하는 것이지, 표의자가 마음 속에서 진정으로 바라는 사항을 말하는 것은 아니라고 한다.

표의자의 진의의 의미 대법원 2003.4.25. 선고 2002다11458 판결

진의 아닌 의사표시에 있어서의 '진의'란 특정한 내용의 의사표시를 하고자 하는 표의자의 생각을 말하는 것이지 표의자가 진정으로 마음 속에서 바라는 사항을 뜻하는 것은 아니므로 표의자가 의사표시의 내용을 진정으로 마음 속에서 바라지는 아니하였다고 하더라도 당시의 상황에서는 그것이 최선이라고 판단하여 그 의사표시를 하였을 경우에는 이를 내심의 효과의사가 결여된 진의 아닌 의사표시라고 할 수 없다. 명예퇴직은 근로자가 명예퇴직의 신청(청약)을 하면 사용자가 요건을 심사한 후 이를 승인(승낙)함으로써 합의에 의하여 근로관계를 종료시키는 것으로, 명예퇴직의 신청은 근로계약에 대한 합의해지의 청약에 불과하여 이에 대한 사용자의 승낙이 있어 근로계약이 합의해지되기 전에는 근로자가 임의로 그 청약의 의사표시를 철회할 수 있다.

진의 아닌 사직의 의사표시 대법원 1992.5.26. 선고 92다3670 판결

근로자들이 의원면직의 형식을 빌렸을 뿐 실제로는 사용자의 지시에 따라 진의 아닌 사직의 의사표시를 하였고 사용자가 이러한 사정을 알면서 위 사직의 의사표시를 수리하였다면 위 사직의 의사표시는 민법 제107조에 해당하여 무효라 할 것이고 사용자가 사직의 의사 없는 근로자로 하여금 어쩔 수 없이 사직서를 작성 제출케 하여 그중 일부만을 선별수리하여 이들을 의원면직처리한 것은 정당한 이유나 정당한 절차를 거치지 아니한 해고조치로서 근로기준법 제27조 등의 강행법규에 위배되어 당연무효이다.

다. 표의자의 인식

표의자가 진의와 표시가 불일치함을 알고 있어야 한다. 비진의표시를 하게 된 이유나 동기는 불문한다. 이 점에서 그 인식이 없는 착오와 구별된다. 한편 표의자가 불일치를 모르고 있는 경우에는 착오의 문제가, 상대방과 통정이 있으면 통정허위표시의 문제가 된다.

3. 효과

가. 원칙

표의자의 의사표시는 **표시된 대로 효력이 발생**한다(제107조 제1항 본문). 상대방 보호와 거래의 안전을 위하여 **표시주의를 따른 결과**이다.

나. 예외

상대방이 진의 아님을 알았거나 알 수 있었을 경우에는 **무효**이다(위 조항 단서). '알 수 있었을 경우'라 함은 과실로 알지 못한 경우를 뜻한다. 의사표시가 비진의표시로서 무효라고 주장하는 경우에 상대방의 악의 및 과실에 대한 **증명책임**은 그 무효를 주장하는 자에게 있다. **판단시기**는 상대방이 표시사실과 내용을 안 때를 기준으로 한다(통설).[6] 그리고 대리행위에서 진의 아닌 의사표시인지 여부 및 상대방이 진의 아님을 알았거나 알 수 있었는지 여부는 대리인을 표준으로 정한다.

위 무효는 선의의 제3자에게 대항하지 못하고(제107조 제2항), 선의는 추정되므로 무효를 주장하는 자가 제3자의 악의를 입증해야 한다.

진의 아닌 의사표시가 무효인 경우 표의자의 **상대방에 대한 신뢰이익 배상책임을 인정할 것인지 여부**에 대하여 견해의 대립이 있다. 그러나 비진의표시가 무효로 되기 위해서는 상대방의 악의 또는 과실이 있어야 하므로 민법 제535조 제2항의 취지에 비추어 표의자의 상대방에 대한 신뢰이익 배상책임이 부정된다.[7]

퇴직 후 재입사에 의한 퇴직금 산정 **대법원 1992.5.22. 선고 92다2295 판결**

어떠한 의사표시가 비진의 의사표시로서 무효라고 주장하는 경우에 그 입증책임은 그 주장자에게 있다. 인사규정상 1직급에서 5직급까지의 직급이 있는 회사에서 1직급 사원 등의 요구에 따라 회사에 근무한 공로를 인정하여 1직급에서 승진기간 4년을 근무하였던 자들에게는 즉시 2직급으로 승진시키면서, 그 필요재급년수에 미달인 자에 대하여는 4년을 충족시킨 뒤 인사규정에 따라 심사를 받아 2직급으로 승진하든지, 아니면 당시의 1직급에서 사직하여 회사와의 고용관계를 일단 청산한 후 2직급 정식사원으로 재입사할 것인지를 선택할 것을 요구하였던바, 갑이 후자의 방법을 택하기로 하여 그때까지의 퇴직금을 수령하고 회사를 퇴직하고, 그때 2직급 사원으로 재입사하는 데에 이의를 제기하지 않았으며, 근로기준법상의 제반 문제는 거론치 않기로 하는 내

---

6) 의사표시가 상대방에게 도달한 때를 기준으로 해야 한다는 소수설이 있음. 한편 상대방이 없는 의사표시의 경우에는 표시행위가 있었던 때를 기준으로 한다.

7) 곽윤직, 232면; 지원림, 231면. 반대-이은영, 292면; 이영준, 312~313면, 불법행위책임 또는 계약체결상의 과실책임을 인정하되 과실상계는 가능하다고 주장한다.

용의 각서까지 작성하였다면 갑의 위 퇴직은 갑의 진의에 의한 퇴직으로서 유효하며 그로써 갑과 회사 간의 근로관계는 단절되었다고 보아야 할 것이고, 그와 같은 경우에 재입사일 이후부터 근로한 것으로 보아 퇴직금을 산정하여야 한다.

대출시 명의대여와 비진의표시 대법원 1997.7.25. 선고 97다8403 판결

제3자가 채무자로 하여금 제3자를 대리하여 금융기관으로부터 대출을 받도록 하여 그 대출금을 채무자가 부동산의 매수자금으로 사용하는 것을 승낙하였을 뿐이라고 볼 수 있는 경우, 제3자의 의사는 특별한 사정이 없는 한 대출에 따른 경제적인 효과는 채무자에게 귀속시킬지라도 법률상의 효과는 자신에게 귀속시킴으로써 대출금채무에 대한 주채무자로서의 책임을 지겠다는 것으로 보아야 할 것이므로, 제3자가 대출을 받음에 있어서 한 표시행위의 의미가 제3자의 진의와는 다르다고 할 수 없고, 가사 제3자의 내심의 의사가 대출에 따른 법률상의 효과마저도 채무자에게 귀속시키고 자신은 책임을 지지 않을 의사였다고 하여도, 상대방인 금융기관이 제3자의 이와 같은 의사를 알았거나 알 수 있었을 경우라야 비로소 그 의사표시는 무효로 되는 것인데, 채무자의 금융기관에 대한 개인대출한도가 초과되어 채무자 명의로는 대출이 되지 않아 금융기관의 감사의 권유로 제3자의 명의로 대출신청을 하고 그 대출금은 제3자가 아니라 채무자가 사용하기로 하였다고 하여도 금융기관이 제3자의 내심의 의사마저 알았거나 알 수 있었다고 볼 수는 없다.

신용협동조합과 조합원 간의 예탁금계약 대법원 2002.11.26. 선고 2001다5876 판결

신용협동조합의 상무가 조합원들의 예탁금을 수기식 예탁금원장에만 기재하고 별도로 관리하면서 임의로 사용한 경우, (위 신용협동조합의 보험사고로 보험금을 지급해야 하는 예금보험공사는) 민법 제107조 제1항 단서를 이유로 신용협동조합과 조합원들 사이의 예탁금 계약의 성립을 부인할 수 없다.

증권회사 직원이 작성한 남편 안심용 각서 대법원 1999.2.12. 선고 98다45744 판결

증권회사 직원이 증권투자로 인한 고객의 손해에 대하여 책임을 지겠다는 내용의 각서를 작성해 준 사안에서, 원심이 그 각서를 단지 그 동안의 손실에 대하여 사과하고 그 회복을 위해 최선을 다하겠다는 의미로 해석하는 것은 경험칙과 논리칙에 반하지만, 그 각서가 남편을 안심시키려는 고객의 요청에 따라 작성된 경위 등에 비추어 비진의 의사표시로서 무효라고 판단한 것은 타당하다고 한 사례.

4. 적용범위

가. 계약과 상대방 있는 단독행위에 적용됨은 물론이고, 상대방 없는 단독행위에도 적용된다. 다만 제107조 제1항 단서가 상대방 없는 단독행위에 항상 적용되는가에 대하여 견해의 대립이 있다. 상대방 없는 비진의표시는 상대방의 선의·과실 여부를 상정할 수 없으므로 제107조 제1항 단서를 적용할 수 없다 할 것이고, 따라서 언제나 유효하다.

법인의 대표권 남용이 있는 경우 비진의표시에 관한 규정(제107조 제1항 단서)을 유추적용하고 있음은 전술한 바와 같다(후술하는 대리권 남용도 같음).

나. 재산법 관계와 친족법 상의 재산행위(부양, 재산분할)와 관련된 의사표시에 적용되고, 표의자의 진정한 의사가 중시되는 혼인과 입양 등 친족법 관련 신분행위에는 적용이 없다(제815조 제1호, 제883조 제1호 등). 소송행위 등 공법상의 의사표시, 거래안전이 중시되는 주식인수 청약(상법 제302조 제3항)과 어음행위 등에 대하여도 제107조가 적용되지 않는다.

사인의 공법행위에는 제107조 준용 안됨 **대법원 1997.12.12. 선고 97누13962 판결**

공무원이 사직의 의사표시를 하여 의원면직처분을 하는 경우 그 사직의 의사표시는 그 법률관계의 특수성에 비추어 외부적·객관적으로 표시된 바를 존중하여야 할 것이므로, 비록 사직원제출자의 내심의 의사가 사직할 뜻이 아니었다고 하더라도 진의 아닌 의사표시에 관한 민법 제107조는 그 성질상 사직의 의사표시와 같은 사인의 공법행위에는 준용되지 아니하므로 그 의사가 외부에 표시된 이상 그 의사는 표시된 대로 효력을 발한다. 사직서의 제출이 감사기관이나 상급관청 등의 강박에 의한 경우에는 그 정도가 의사결정의 자유를 박탈할 정도에 이른 것이라면 그 의사표시가 무효로 될 것이고 그렇지 않고 의사결정의 자유를 제한하는 정도에 그친 경우라면 그 성질에 반하지 아니하는 한 의사표시에 관한 민법 제110조의 규정을 준용하여 그 효력을 따져보아야 할 것이나, 감사담당 직원이 당해 공무원에 대한 비리를 조사하는 과정에서 사직하지 아니하면 징계파면이 될 것이고 또한 그렇게 되면 퇴직금 지급상의 불이익을 당하게 될 것이라는 등의 강경한 태도를 취하였다고 할지라도 그 취지가 단지 비리에 따른 객관적 상황을 고지하면서 사직을 권고·종용한 것에 지나지 않고 위 공무원이 그 비리로 인하여 징계파면이 될 경우 퇴직금 지급상의 불이익을 당하게 될 것 등 여러 사정을 고려하여 사직서를 제출한 경우라면 그 의사결정이 의원면직처분의 효력에 영향을 미칠 하자가 있었다고는 볼 수 없다.

상업사용인의 영업주 이익에 반한 행위 **대법원 2008.7.10. 선고 2006다43767 판결**

부분적 포괄대리권을 가진 상업사용인이 그 범위 내에서 한 행위는 설사 상업사용인이 영업주 본인의 이익이나 의사에 반하여 자기 또는 제3자의 이익을 도모할 목적으로 그 권한을 남용한 것이라 할지라도 일단 영업주 본인의 행위로서 유효하나, 그 행위의 상대방이 상업사용인의 진의를 알았거나 알 수 있었을 때에는 민법 제107조 제1항 단서의 유추해석상 그 행위에 대하여 영업주 본인에 대하여 무효가 되고, 그 상대방이 상업사용인의 표시된 의사가 진의 아님을 알았거나 알 수 있었는가의 여부는 표의자인 상업사용인과 상대방 사이에 있었던 의사표시 형성 과정과 그 내용 및 그로 인하여 나타나는 효과 등을 객관적인 사정에 따라 합리적으로 판단하여야 한다.

Ⅲ. 통정허위표시(通情虛僞表示)

1. 의의

통정허위표시는 표의자가 **상대방과 통정하여** 마치 진정한 효과의사가 있는 것처럼 허위의 표시행위를 하는 것이다. 상대방과 통정한 비진의표시를 말하고, 여기에서의 통정이란 의사와 다른 표시를 하는 것에 관한 합의 또는 양해를 의미한다. 허위표시에 의한 법률행위를 **가장행위**라고 하는바, 남편이 손해배상채무를 면탈하기 위하여 전재산을 그 아내에게 내배를 가장하여 이전해 두는 것과 같은 가장매매가 그 대표적인 예이다.

허위표시에는 법률행위의 외관을 갖추기 위한 합의만 존재할 뿐 그 외관에 상응하는 효과의사는 존재하지 않는바, 의사표시의 기본원칙을 고려할 때 허위표시의 무효는 필연적이다.

우선변제 복석을 위한 허위의 임대차 **대법원 2002.3.12. 선고 2000다24184,24191 판결**

임대차는 임차인으로 하여금 목적물을 사용·수익하게 하는 것이 계약의 기본 내용이므로, 채권자가 주택임대차보호법상의 대항력을 취득하는 방법으로 기존 채권을 우선변제 받을 목적으로 주택임대차계약의 형식을 빌려 기존 채권을 임대차보증금으로 하기로 하고 주택의 인도와 주민등록을 마침으로써 주택임대차로서의 대항력을 취득한 것처럼 외관을 만들었을 뿐 실제 주택을 주거용으로 사용·수익할 목적을 갖지 아니한 계약은 주택임대차계약으로서는 통정허위표시에 해당되어 무효라고 할 것이므로 이에 주택임대차보호법이 정하고 있는 대항력을 부여할 수는 없다.

*** **구별개념**

- **은닉행위** : 허위표시에 의해 감추어진 상태로 이루어진 법률행위를 말한다. 세금포탈을 위하여 증여의 의사를 감추고 매매를 가장하는 경우에 증여를 은닉행위라고 하고, 증여행위로서의 요건이 갖추어져 있느냐 여부에 따라 효력이 결정된다. 일반적으로 가장행위인 매매가 무효이더라도 은닉한 증여는 유효하다(대법원 1993.8.27. 선고 93다12930 판결 참조)
- **민법학상의 신탁행위** : 신탁자가 일정한 경제적 목적을 위하여 그 목적 달성에 필요한 정도를 넘는 권리를 이전하고, 수탁자는 그 권리를 목적의 범위 안에서만 행사하여야 할 의무를 부담하는 법률관계이다. 추심을 위한 채권양도, 담보 목적의 소유권양도와 같은 경우에는 권리를 이전하려는 의사가 있어 허위표시가 아니다.
- **허수아비행위** : 계약당사자가 전면에 나서는 것을 꺼려 다른 사람을 내세워 법률행위를 하되 대내적으로 이에 따른 권리, 의무를 자기에게 귀속시키는 행위를 허수아비행위라고 한다. 중간에 세워진 허수아비와 상대방의 의사표시에 진의와 표시의 불일치가 없으므로 허위표시가 아니다. 일종의 간접대리이고, 부동산거래에서는 계약명의신탁이 여기에 해당할 수 있다.

2. 요건

가. 의사표시의 존재

의사표시, 좀 더 정확하게 표현하면 **의사표시가 있는 것과 같은 외관이 존재**하여야 한다. 즉 법률행위의 외관을 갖추기 위한 합의만이 존재할 뿐 그에 상응하는 효과의사는 존재하지 않는다. 허위표시는 당연히 상대방 있는 의사표시이어야 한다. 그리고 증서의 작성이나 등기·등록의 이전과 같은 외형까지 수반하는 경우가 대부분이다.

나. 표시와 진의의 불일치

표시상의 효과의사에 대응하는 내심적 효과의사가 존재하지 않아야 한다. 즉 의사표시의 외관으로부터 추단되는 효과의사가 없어야 하고, 따라서 표시행위에 대응하는 효과의사가 있으면 허위표시가 아니다.

공정증서에 의한 전부명령 유효 **대법원 1989.9.12. 선고 88다카34117 판결**

실제 채무액보다 더 많은 액수의 어음을 발행하여 공증을 하였다고 하더라도 그 공정증서에 표시되어 있는 채권자와 채무자의 촉탁에 의하여 그 공정증서가 작성된 것이 확실하다면 그 공정증서에 의한 강제집행인 전부명령을 무효라고 하기 어렵고 제3채무자로서는 채무자에 대하여 부담하고 있는 채무액의 한도에서 그것을 전부채권자에게 변제하면 완전히 면책된다 할 것이다.

다. 상대방과의 통정

여기서 통정이란 상대방이 단순히 이를 인식하는 것으로 부족하고, 그에 대한 **합의** 또는 **양해**가 있어야 한다. 의사표시의 상대방이 여러 명이라면 통정은 모든 상대방과의 사이에 있어야 하고, 통정이 없는 상대방과 사이의 의사표시는 유효하다. 이 요건을 결하는 경우 비진의표시가 된다. 통정의 동기(허위표시의 의도)는 행위자의 이익도모를 위하여 제3자를 속이려는 것이 일반적이나, 그 동기의 존부나 내용은 불문한다.

이 요건에 관한 **주장과 증명**은 허위표시의 무효를 주장하는 자가 하여야 하며, 실제로 통정사실을 증명하기가 쉽지 않기 때문에 간접사실이나 보조사실에 의한 추정으로 증명하는 것이 일반적이다. 판례는 장인과 사위 사이의 농지매매나 부부 사이의 부동산매매와 같이 특별한 인적 관계자 간의 거래를 허위표시로 추정하고 있다(대법원 1978.4.25. 선고 78다226 판결, 1984.3.27. 선고 83다카983 판결).

명의대여에 의한 대출과 허위표시 불성립 **대법원 2008.6.12. 선고 2008다7772,7789 판결**

통정허위표시가 성립하기 위해서는 의사표시의 진의와 표시가 일치하지 아니하고 그 불일치에 관하여 상대방과 사이에 합의가 있어야 하는데, 제3자가 금전소비대차약정서 등 대출관련서류에 주채무자 또는 연대보증인으로서 직접 서명·날인하였다면 제3자는 자신이 그 소비대차계약의 채무자임을 금융기관에 대하여 표시한 셈이고, 제3자가 금융기관이 정한 여신제한 등의 규정을 회피하여 타인으로 하여금 제3자 명의로 대출을 받아 이를 사용하도록 할 의사가 있었다거나 그 원리금을 타인의 부담으로 상환하기로 하였더라도, 특별한 사정이 없는 한 이는 소비대차계약에 따른 경제적 효과를 타인에게 귀속시키려는 의사에 불과할 뿐, 그 법률상의 효과까지도 타인에게 귀속시키려는 의사로 볼 수는 없으므로 제3자의 진의와 표시에 불일치가 있다고 보기는 어렵다 할 것인바(대법원 1998.9.4. 선고 98다17909 판결, 대법원 2007.6.14. 선고 2006다53290 판결 등 참조), 구체적 사안에 있어서 위와 같은 특별한 사정의 존재를 인정하기 위해서는, 실제 차주와 명의대여자의 이해관계의 일치 여부, 대출금의 실제 지급 여부 및 직접 수령자, 대출서류 작성과정에 있어서 명의대여자의 관여 정도, 대출의 실행이 명의대여자의 신용에 근거하여 이루어진 것인지 혹은 실제 차주의 담보제공이 있었는지 여부, 명의대여자에 대한 신용조사의 실시 여부 및 조사의 정도, 대출원리금의 연체에 따라 명의대여자에게 채무이행의 독촉이 있었는지 여부 및 그 독촉 시점 기타 명의대여의 경위와 명의대여자의 직업, 신분 등의 모든 사정을 종합하여, 금융기관이 명의대여자와 사이에 당해 대출에 따르는 법률상의 효과까지 실제 차주에게 귀속시키고 명의대여자에게는 그 채무부담을 지우지 않기로 약정 내지 양해하였음이 적극적으로 입증되어야 할 것이다.

명의대여에 의한 대출과 허위표시 불성립 대법원 1998.9.4. 선고 98다17909 판결

통정허위표시가 성립하기 위하여는 의사표시의 진의와 표시가 일치하지 아니하고, 그 불일치에 관하여 상대방과 사이에 합의가 있어야 하는바, 제3자가 은행을 직접 방문하여 금전소비대차약정서에 주채무자로서 서명·날인하였다면 제3자는 자신이 당해 소비대차계약의 주채무자임을 은행에 대하여 표시한 셈이고, 제3자가 은행이 정한 동일인에 대한 여신한도 제한을 회피하여 타인으로 하여금 제3자 명의로 대출을 받아 이를 사용하도록 할 의도가 있었다거나 그 원리금을 타인의 부담으로 상환하기로 하였더라도, 특별한 사정이 없는 한 이는 소비대차계약에 따른 경제적 효과를 타인에게 귀속시키려는 의사에 불과할 뿐, 그 법률상의 효과까지도 타인에게 귀속시키려는 의사로 볼 수는 없으므로 제3자의 진의와 표시에 불일치가 있다고 보기는 어렵다.

라. 불일치에 대한 표의자의 인식

표의자 스스로 표시와 진의의 불일치를 알아야 하고, 불일치를 모르면 허위표시가 아닌 착오에 의하여 처리된다.

3. 효과

가. 당사자 간에는 언제나 무효

효과의사가 부존재하는 법률행위에 법률효과를 인정할 이유가 없고 의사표시가 진의 아님을 알면서 통정한 상대방을 보호할 이유도 없으므로 **당사자 사이에서는 언제나 무효**로 취급한다. 원칙적으로 누구든지 무효를 주장할 수 있으나, 실제로는 법률행위의 효력을 다투는 자가 주장 입증할 경우에 비로소 무효로 취급된다. 다만 당사자들의 진의가 일치되고 그 표시가 진의와 다를 뿐인 경우 오표시무해의 원칙에 따라 진의에 따른 법률효과가 발생한다.

무효이므로 이행 전에는 이행할 필요가 없고 이행한 후에는 부당이득반환의 대상이 된다. 허위표시에 의한 법률행위의 의무를 이행 당사자는 부당이득 또는 소유권에 기하여 그 반환을 청구할 수 있으며, 허위표시 자체가 불법은 아니기 때문에 제746조는 적용되지 않는다. 채무자의 법률행위가 통정허위표시인 경우에도 채권자취소권의 대상이 될 수 있고, 한편 채권자취소권의 대상으로 된 채무자의 법률행위라도 통정허위표시의 요건을 갖춘 경우에는 무효이다(대법원 1998.2.27. 선고 97다50985 판결).[8)]

8) 채권자는 사해행위로써 취소권을 행사할 수도 있고, 허위표시로써 무효를 주장할 수도 있는바, 이를 무효와 취소의 이중효라고 한다.

금융기관 양해하의 명여대여자에 대한 대출 대법원 2007.11.29. 선고 2007다53013 판결

동일인에 대한 대출액 한도를 제한한 법령이나 금융기관 내부규정의 적용을 회피하기 위하여 실질적인 주채무자가 실제 대출받고자 하는 채무액에 대하여 제3자를 형식상의 주채무자로 내세우고, 금융기관도 이를 양해하여 제3자에 대하여는 채무자로서의 책임을 지우지 않을 의도하에 제3자 명의로 대출관계 서류를 작성받은 경우, 제3자는 형식상의 명의만을 빌려준 자에 불과하고 그 대출계약의 실질적인 당사자는 금융기관과 실질적 주채무자이므로, 제3자 명의로 되어 있는 대출약정은 그 금융기관의 양해하에 그에 따른 채무부담의 의사 없이 형식적으로 이루어진 것에 불과하여 통정허위표시에 해당하는 무효의 법률행위라고 할 것이다(대법원 1996.8.23. 선고 96다18076 판결, 대법원 2001.5.29. 선고 2001다11765 판결 등 참조).

허위표시인 대출약정과 근저당권설정등기 대법원 2006.4.28. 선고 2005다76265 판결

조합으로부터 대출받기로 하면서 자신의 부동산에 근저당권을 설정한 자가 조합의 이사장으로부터 대출금의 실제 채무자는 근저당권설정자가 아니라는 등의 각서 및 이사장과 조합이 대출금에 대하여 연대하여 책임지겠다는 확인서를 작성받았으며 조합의 이사장이 대출금을 인출하여 조합의 부실채권 상환에 사용하고 이자도 납입한 사안에서, 근저당권설정자는 명목상의 대출명의자에 불과하고 실제로는 조합이 근저당권설정자에 대하여 대출로 인한 책임을 묻지 않기로 하는 의사의 합치가 있었다고 봄이 상당하므로, 대출약정은 통정허위표시에 해당하여 무효이고 따라서 그 담보목적으로 경료된 근저당권설정등기 역시 무효이다.

나. 제3자의 보호

허위표시는 원칙적으로 제3자에 대하여도 무효이나, 그 무효로 선의의 제3자에게 대항할 수 없다(제108조 제2항). 가장행위의 외관을 신뢰한 선의의 제3자에 대하여는 허위표시의 당사자 뿐만 아니라 그 누구도 허위표시의 무효로 대항하지 못한다. 이 규정은 동산이나 유가증권의 거래에서와 같이 선의취득이 인정되는 경우에 의미가 크지 않지만, 특히 부동산거래에서는 **공신의 원칙에 갈음**하여 **거래의 안전을 보호**한다는 중요한 의미를 갖는다.

임차보증금을 위한 전세권과 근저당 대법원 2008.3.13. 선고 2006다29372,29389 판결

실제로는 전세권설정계약이 없으면서도 임대차계약에 기한 임차보증금 반환채권을 담보할 목적으로 임차인과 임대인 사이의 합의에 따라 임차인 명의로 전세권설정등기를

경료한 후 그 전세권에 대하여 근저당권이 설정된 경우, 설령 위 전세권설정계약만 놓고 보아 그것이 통정허위표시에 해당하여 무효라 하더라도 이로써 위 전세권설정계약에 의하여 형성된 법률관계를 토대로 별개의 법률원인에 의하여 새로운 법률상 이해관계를 갖게 된 근저당권자에 대하여는 그와 같은 사정을 알고 있었던 경우에만 그 무효를 주장할 수 있다.[9]

(1) 제3자

일반적으로 제3자란 당사자와 그의 포괄승계인 이외의 모든 사람을 말한다. 위와 같은 일반론과는 달리 허위표시에서의 제3자에 관하여 다수설과 판례는 허위표시에 의하여 외형상 형성된 법률관계를 토대로 **실질적**으로 **새로운**(별개의) **법률상 이해관계를 맺은 자**로 한정하고 있다.[10]

실질적으로 새로운 법률상 이해관계를 맺은 자 대법원 1996.4.26. 선고 94다12074 판결

상대방과 통정한 허위의 의사표시는 무효이고 누구든지 그 무효를 주장할 수 있는 것이 원칙이나, 허위표시의 당사자 및 포괄승계인 이외의 자로서 허위표시에 의하여 외형상 형성된 법률관계를 토대로 실질적으로 새로운 법률상 이해관계를 맺은 선의의 제3자에 대하여는 허위표시의 당사자뿐만 아니라 그 누구도 허위표시의 무효를 대항하지 못하고, 따라서 선의의 제3자에 대한 관계에 있어서는 허위표시도 그 표시된 대로 효력이 있다. 통정허위표시를 원인으로 한 부동산에 관한 가등기 및 그 가등기에 기한 본등기로 인하여 갑의 소유권이전등기가 말소된 후 다시 그 본등기에 터잡아 을이 부동산을 양수하여 소유권이전등기를 마친 경우, 을이 통정 허위표시자로부터 실질적으로 부동산을 양수하고 또 이를 양수함에 있어 통정 허위표시자 명의의 각 가등기 및 이에 기한 본등기의 원인이 된 각 의사표시가 허위표시임을 알지 못하였다면, 갑은 선의의 제3자인 을에 대하여는 그 각 가등기 및 본등기의 원인이 된 각 허위표시가 무효임을 주장할 수 없고, 따라서 을에 대한 관계에서는 그 각 허위표시가 유효한 것이 되므로 그 각 허위표시를 원인으로 한 각 가등기 및 본등기와 이를 바탕으로 그 후에 이루어진 을 명의의 소유권이전등기도 유효하다.[11]

---

9) 전세권에 대한 근저당권 설정이 없었다면, 전세권설정등기는 통정허위표시에 기한 원인무효로써 말소되어야 할 것이다.

10) 제107조 내지 제110조에서 규정하는 제3자의 범위는 모두 동일하고, 계약해제의 효과(제548조 제1항 단서)에서의 제3자와는 구별된다.

11) 을이 선의라 하더라도 을에 대하여 갑이 그 부동산의 소유권자임을 주장할 수 있다고 한 원심판결을 파기한 사례임.

(가) **가장양수인으로부터 목적부동산을 양수한 자**가 제3자의 전형적인 예이지만, 가장양수인으로부터 저당권을 설정받은 자, 가장저당권설정행위에 기한 저당권의 실행에 의하여 부동산을 경락받은 자, 가장양수인으로부터 소유권이전등기청구권 보전을 위한 가등기를 경료받은 자, 가장양수인으로부터 목적부동산을 임차한 자, 임대차보증금반환채권을 담보하기 위하여 가장전세권설정등기가 경료된 후 그 전세권에 대하여 저당권을 설정받은 자(대법원 2008.3.13. 선고 2006다29372 판결)도 제3자에 해당한다.

(나) 가장매매에 기한 대금채권의 양수인, 통정허위표시에 의한 채권을 가압류한 자(대법원 2004.5.28. 선고 2003다70041 판결), 가장행위에 기한 근저당권부 채권을 가압류한 자 등은 모두 제3자에 해당한다. 금융기관이 구 「금융기관부실자산등의효율적처리및한국자산관리공사의설립에관한법률」에 따라 한국자산관리공사에게 부실자산인 대출금 채권을 양도한 경우, 위 공사 역시 제3자에 해당한다(대법원 2004.1.15. 선고 2002다31537 판결).[12)]

(다) 가장소비대차의 대주가 파산한 경우의 **파산관재인**도 제3자에 해당한다(대법원 2003.6.24. 선고 2002다48214 판결). 파산관재인은 파산채권자 전체의 공동의 이익을 위하여 선량한 관리자로서 그 직무를 행하여야 하는 지위에 있고, 파산자의 포괄승계인이나 대리인이 아니기 때문이다.[13)] 또한 가장채무에 대한 보증채무를 이행하여 구상권을 취득한 보증인도 제3자에 해당한다(대법원 2000.7.6. 선고 99다51258 판결).

(라) 반면에 **가장양수인의 일반채권자**, 채권의 가장양수인으로부터 추심을 위하여 채권을 양수한 자, 채권의 가장양도에서의 채무자, 제3자를 위한 계약에서의 제3자, 주식의 가장양도에서의 회사, 저당권 등 제한물권이 가장 포기된 경우의 기존의 후순위 제한물권자 등은 실질적으로 새로운 법률상 이해관계를 맺은 자가 아니므로 이에 해당하지 않는다.

(2) 선의

'선의'는 당해 의사표시가 허위표시라는 사실을 알지 못하는 것을 말한다. 제3자가 보호되기 위해서는 선의이면 족하고 무과실까지 요구되지 않는다. 제3자의 선의, 악의를 결정하는 표준이 되는 시기는 법률상 새로운 이해관계를 맺은 때이다. 한편 선의인

12) 반면에 일반 금융기관 사이에 대출과 관련된 계약이전이 있는 경우, 계약이전을 받은 금융기관은 제3자에 해당하지 않는다고 판시하고 있다.

13) 대법원 2006.11.10. 선고 2004다10299 판결. 그 선의 여부도 파산관재인 개인의 선의·악의를 기준으로 할 수는 없고, 총파산채권자를 기준으로 하여 파산채권자 모두가 악의로 되지 않는 한 파산관재인은 선의의 제3자라고 할 수밖에 없다고 판시한다.

제3자로부터 다시 권리를 취득한 자(전득자)는 악의일지라도 보호되고(엄폐물의 법칙, 통설), 악의의 제3자로부터 전득한 자가 선의라면 그 전득자 역시 보호된다.

선의의 **증명책임**에 관하여 법문상으로는 제3자가 자신이 선의임을 증명하여야 할 것으로 보이지만, 제3자의 선의가 추정되므로 무효를 주장하는 측이 제3자의 악의를 증명하여야 한다는 것이 판례의 입장이다.

허위표시의 무효와 배당이의의 소 **대법원 2001.5.8. 선고 2000다9611 판결**

허위의 근저당권에 대하여 배당이 이루어진 경우, 통정한 허위의 의사표시는 당사자 사이에서는 물론 제3자에 대하여도 무효이고 다만, 선의의 제3자에 대하여만 이를 대항하지 못한다고 할 것이므로, 배당채권자는 채권자취소의 소로써 통정허위표시를 취소하지 않았다 하더라도 그 무효를 주장하여 그에 기한 채권의 존부, 범위, 순위에 관한 배당이의의 소를 제기할 수 있다.

선의이면 족하고 무과실은 요건 아님 **대법원 2004.5.28. 선고 2003다70041 판결**

통정한 허위표시에 의하여 외형상 형성된 법률관계로 생긴 채권을 가압류한 경우, 그 가압류권자는 허위표시에 기초하여 새로운 법률상 이해관계를 가지게 되므로 민법 제108조 제2항의 제3자에 해당한다고 봄이 상당하고, 또한 민법 제108조 제2항의 제3자는 선의이면 족하고 무과실은 요건이 아니다. 강제집행을 면할 목적으로 부동산에 허위의 근저당권설정등기를 경료하는 행위는 민법 제103조의 선량한 풍속 기타 사회질서에 위반한 사항을 내용으로 하는 법률행위로 볼 수 없다. 근저당권은 그 담보할 채무의 최고액만을 정하고, 채무의 확정을 장래에 보류하여 설정하는 저당권으로서, 계속적인 거래관계로부터 발생하는 다수의 불특정채권을 장래의 결산기에서 일정한 한도까지 담보하기 위한 목적으로 설정되는 담보권이므로 근저당권설정행위와는 별도로 근저당권의 피담보채권을 성립시키는 법률행위가 있어야 한다. 근저당권이 있는 채권이 가압류되는 경우, 근저당권설정등기에 부기등기의 방법으로 그 피담보채권의 가압류사실을 기입등기하는 목적은 근저당권의 피담보채권이 가압류되면 담보물권의 수반성에 의하여 종된 권리인 근저당권에도 가압류의 효력이 미치게 되어 피담보채권의 가압류를 공시하기 위한 것이므로, 만일 근저당권의 피담보채권이 존재하지 않는다면 그 가압류명령은 무효라고 할 것이고, 근저당권을 말소하는 경우에 가압류권자는 등기상 이해관계 있는 제3자로서 근저당권의 말소에 대한 승낙의 의사표시를 하여야 할 의무가 있다.

무효를 주장하는 자의 입증책임 **대법원 2006.3.10. 선고 2002다1321 판결**

민법 제108조 제1항에서 상대방과 통정한 허위의 의사표시를 무효로 규정하고, 제2항에서 그 의사표시의 무효는 선의의 제3자에게 대항하지 못한다고 규정하고 있는데, 여기에서 제3자는 특별한 사정이 없는 한 선의로 추정할 것이므로, 제3자가 악의라는 사실에 관한 주장·입증책임은 그 허위표시의 무효를 주장하는 자에게 있다.

(3) 대항하지 못한다

'대항하지 못한다'는 것은 허위표시의 무효를 주장할 수 없다는 뜻이다. 즉 허위표시는 무효이지만 선의의 제3자에 대한 관계에서는 표시된 대로 효력이 생긴다(상대적 무효). 선의의 제3자가 무효를 주장할 수 있는가에 관하여 통설은 무효 주장이 가능하다는 입장이다. 즉 제3자가 대항불능을 원용할 수도 있고, 자기의 계약 상대방에 대하여 계약상의 책임(담보책임)을 물을 수도 있다고 한다.

다. 허위표시의 취소·철회 등

허위표시에 기한 법률행위는 무효이지만, 그와 별개로 다른 취소원인에 의하여 취소할 수 있고, 또한 해제사유가 있으면 해제권의 행사에 의해 소멸시키는 것도 가능하다. 전술한 바와 같이 허위표시에 의한 가장매매에 관하여 채권자취소권을 행사하여 취소하고 원상회복을 구하는 것도 허용된다.

또한 당사자 간의 합의에 의한 철회를 인정하여도 무방하지만,[14] 선의의 제3자에게는 철회를 가지고 대항할 수 없다. 따라서 철회를 할 때에는 선의의 제3자가 생기지 않도록 등기의 말소나 증서의 파기 등 허위표시의 외형을 제거하여야 한다.

한편 허위표시에 따른 법률행위도 당사자가 그 무효임을 알고 추인을 하면 장래를 향하여 유효하게 된다(제139조 단서). 이 때 그 법률행위와는 다른 은닉행위가 있을 경우, 그 은닉행위는 효력을 잃는다는 점을 유의해야 한다.

4. 적용범위

가. 재산법상의 법률행위

비진의표시의 경우와 대체로 같다. 그러나 상대방이 존재하여야 성립될 수 있기 때문에 유언과 같은 상대방 없는 단독행위나 사단법인의 설립행위와 같은 합동행위에는 적용되지 않는다(이설 있음). 원인행위로부터 단절하여 효력을 인정하는 요식행위인 주식인수나 유가증권거래에는 제108조가 적용되지 않는다. 채권의 추심이나 강제집행

14) 무효임에도 철회를 인정하는 이유는 선의의 제3자와의 관계에서 유효로 취급될 수 있으므로 허위표시의 존재를 제거할 실익이 있기 때문이다.

을 피하기 위한 약속어음 발행행위는 허위표시로서 무효라고 판시하여 어음행위에도 적용이 된다는 판결(대법원 2005.4.15. 선고 2004다70024 판결)이 있으나, 어음행위의 무인성과 요식성을 고려할 때 일반화 하기는 어렵다.

나. 가족법상의 법률행위

가족법상 법률행위와 관련된 허위표시는 **언제나 무효**인데 본인의 진의를 절대적으로 존중하기 때문이다. 따라서 가족법상의 행위에는 제108조 제2항은 적용되지 않는다.

Ⅳ. 착오(錯誤)에 의한 의사표시

1. 의의

착오의 개념에 관하여는 진의와 표시가 불일치된 결과만을 착오로 볼 것인지, 그 불일치에 이르는 과정에서의 착오도 포함시킬 것인지를 두고 견해가 대립한다. 즉 착오의 개념 속에 동기의 착오를 포함시킬 것인지 여부에 관하여 다툼이 있으나, 통설·판례에 의하면, 착오에 의한 의사표시란 진의(내심적 효과의사)와 표시(표시상의 효과의사)가 일치하지 않는 의사표시로서 그 불일치를 표의자 자신이 알지 못하는 것으로 규정한다.[15] 의사표시를 함에 있어 착오로 인하여 표시가 표의자의 진의와 일치하지 않더라도 일단 표의자는 그 의사표시에 구속되나, 민법은 표의자가 일정한 요건 하에 그 취소를 통하여 법률행위의 구속으로부터 벗어날 수 있게 하고 있다(제109조).

***** 착오론의 핵심**

- **비진의표시, 허위표시** : 진의와 표시의 불일치를 표의자가 인식하면서도 의사표시를 감행. 의사표시의 상대방과 제3자의 이익 보호를 우선.
- **착오** : 그 불일치를 표의자가 인식하지 못한 상태에서 의사표시가 이루어진 것임. 인간능력의 한계 고려되어야 함. 상대방·제3자, 표의자를 대등하게 보호.
  <표의자와 상대방 등의 대립되는 이익을 어떻게 조절할 것인가?>
  - 법률행위 내용의 중요부분에 착오가 있는 경우에만 취소 가능. 그러나 표의자의 중대한 과실로 인한 착오시 취소 불가(제109조 제1항).
  - 동기의 착오는 표시되어 당사자 사이에 교섭의 대상이 되었다면 내용의 착오로 됨(통설, 판례)

15) 동기의 착오도 포함시키는 소수설에 의하면, 표의자의 관념(인식)과 실제(대조사실)의 무의식적 불일치로 그 개념을 정의한다.

장래에 대한 단순한 기대는 착오와 무관 대법원 2010.5.27. 선고 2009다94841 판결

민법 제109조의 의사표시에 착오가 있다고 하려면 법률행위를 할 당시에 실제로 없는 사실을 있는 사실로 잘못 깨닫거나 아니면 실제로 있는 사실을 없는 것으로 잘못 생각하듯이 표의자의 인식과 그 대조사실이 어긋나는 경우라야 할 것이므로, 표의자가 행위를 할 당시에 장래에 있을 어떤 사항의 발생이 미필적임을 알아 그 발생을 예기한데 지나지 않는 경우는, 표의자의 심리상태에 인식과 대조에 불일치가 있다고 할 수 없어 착오로 다룰 수는 없다 할 것이다(대법원 1972.3.28. 선고 71다2193 판결 참조). 이 사건 매매계약 당시에는 이 사건 임야가 도시관리계획상 '관리지역'으로 지정되어 있었을 뿐 세부용도지역으로 구분되어 있지 않았고, 이 사건 공고는 위 임야를 '계획관리지역'으로 지정함에 대한 주민 및 이해관계인의 의견청취를 위한 공고에 불과하므로, 이 사건 매매계약 당시 객관적 상황에 대한 원고의 인식 자체에는 오류가 없는 것으로 보인다. 또한, 원고가 이 사건 임야가 장차 계획관리지역으로 지정되어 공장설립이 가능할 것으로 생각하였다고 하더라도 이는 장래에 대한 단순한 기대에 지나지 않는 것이므로, 그 기대가 이루어지지 아니하였다고 하여 이를 법률행위의 내용의 중요부분에 착오가 있는 것으로는 볼 수 없다고 할 것이다.

토지의 시가에 관한 착오는 동기의 착오 대법원 1985.4.23. 선고 84다카890 판결

민법 제2조가 천명한 신의성실의 원칙은 사적자치의 원칙이 지배하는 특정개인간의 거래관계에 있어서 그 권리의 행사와 의무의 이행에 관하여 사회공동체의 일원으로서 상호간 신뢰를 저버리지 않는 성실성을 요구하는 것으로 부동산의 매매계약을 체결함에 있어서 그 매매대금이 시세에 비하여 비싸다는 것을 들어 신의칙에 반하는 것이라고 할 수는 없다.

의사표시의 착오가 법률행위의 내용의 중요부분에 착오가 있는 이른바 요소의 착오이냐의 여부는 그 각 행위에 관하여 주관적, 객관적 표준에 좇아 구체적 사정에 따라 가려져야 할 것이고 추상적, 일률적으로 이를 가릴 수는 없다고 할 것인 바, 토지매매에 있어서 시가에 관한 착오는 토지를 매수하려는 의사를 결정함에 있어 그 동기의 착오에 불과할 뿐 법률행위의 중요부분에 관한 착오라 할 수 없다.

2. 착오의 유형

착오의 유형에 관하여 민법에는 아무런 규정이 없다. 그런데 민법은 내용의 착오에 한하여 착오 취소의 대상이 되는 것으로 규정하고 있으므로, 착오의 모습을 유형화하여 그것이 내용의 착오에 해당하는지 아니면 동기의 착오에 불과한지 살펴볼 필요가 있다.

가. 내용의 착오

(1) 의미의 착오

표의자가 의사표시에 사용하는 용어 등의 의미를 잘못 이해한 경우이다. 호주달러를 미국달러와 같은 가치로 알고 표기한 경우 등이 여기에 해당한다. 의미의 착오는 표시수단의 의미를 잘못 이해하는 것이고, 후술하는 표시상의 착오는 표의자가 의욕하지 않은 표시수단을 사용한 것으로 개념상 차이가 있으나, 모두 내용의 착오로 분류되는 것으로 법률효과는 동일하다.

(2) 표시상의 착오

표의자가 표시행위의 의미는 옳게 이해하였으나 표시행위 자체를 잘못한 경우이다. 계산서에 1,000,000원으로 적을 것을 10,000,000원으로 적는 경우가 이에 해당한다.

사자(使者)를 통하여 의사표시를 하는 경우에, 그 사자가 잘못하여 표의자의 의사와는 다른 표시를 한 것을 표시기관의 착오라고 한다. 표시기관의 착오에서 표의자의 의사가 사자에 의하여 그릇되게 표시되었으므로 그 표시는 표의자가 표명하려고 한 표시가 아니다. 따라서 **표시기관의 착오**는 표시상의 착오의 한 예이고,[16] 내용의 착오로 취급된다.

나. 동기의 착오

동기의 착오는 표시에 대응하는 내심의 의사가 존재하지만 그 내심의 의사를 결정할 때의 동기 내지 내심의 의사를 결정하는 과정에서 착오가 있는 경우이다. 여기에서의 동기는 효과의사를 형성하게 된 사정, 또는 법률행위로 성취하려는 경제적·사회적 목적으로 효과의사 결정의 동인이 되나, 외부에는 거의 표출되지 않는다. 즉 동기의 착오는 의사형성과정에서의 착오로 표의자의 의사결정에 중대한 영향을 줄 수 있지만, 외부에는 거의 표시되지 않는 점 등에서 법률행위 내용의 착오와는 구별되어야 한다.

제109조 제1항은 법률행위의 내용에 착오가 있는 경우에만 취소가 가능한 것으로 규정하고 있는바, 동기의 착오가 있는 경우 법률행위를 취소할 수 있는지에 관하여 견해의 대립이 있다. 통설과 판례에 따르면 **동기가 명백하게 표시되고 객관화되어 계약체결시 교섭의 대상**이 되었다면 그 동기는 법률행위의 내용으로 볼 수 있다고 한다(동기표시설). 또한 **동기가 상대방에 의하여 제공되었거나 유발된 경우, 양당사자가 공통된 동기의 착오**를 하고 그에 기하여 의사표시를 한 경우에는, 동기의 착오일지라도 내용의 착오로 취급하여 그 법률행위를 취소할 수 있다 할 것이다(대법원 2018.4.12. 선고 2017다 229536 판결).

---

16) 곽윤직, 239면; 김증한·김학동, 335면.

매매 대상 토지 일부의 도로 편입과 착오 대법원 2000.5.12. 선고 2000다12259 판결

동기의 착오가 법률행위의 내용의 중요부분의 착오에 해당함을 이유로 표의자가 법률행위를 취소하려면 그 동기를 당해 의사표시의 내용으로 삼을 것을 상대방에게 표시하고 의사표시의 해석상 법률행위의 내용으로 되어 있다고 인정되면 충분하고 당사자들 사이에 별도로 그 동기를 의사표시의 내용으로 삼기로 하는 합의까지 이루어질 필요는 없지만, 그 법률행위의 내용의 착오는 보통 일반인이 표의자의 입장에 섰더라면 그와 같은 의사표시를 하지 아니하였으리라고 여겨질 정도로 그 착오가 중요한 부분에 관한 것이어야 한다. 매매대상 토지 중 20~30평 가량 만 도로에 편입될 것이라는 중개인의 말을 믿고 주택 신축을 위하여 토지를 매수하였고 그와 같은 사정이 계약체결과정에서 현출되어 매도인도 이를 알고 있었는데 실제로는 전체 면적의 약 30%에 해당하는 197평이 도로에 편입된 경우, 동기의 착오를 이유로 매매계약의 취소를 인정한다.

동기가 법률행위 내용으로 인정된 사례 대법원 2010.7.22. 선고 2010다1456 판결

동기의 착오가 법률행위의 내용의 중요 부분의 착오에 해당함을 이유로 표의자가 법률행위를 취소하려면 그 동기를 당해 의사표시의 내용으로 삼을 것을 상대방에게 표시하고 의사표시의 해석상 법률행위의 내용으로 되어 있다고 인정되면 충분하고 당사자들 사이에 별도로 그 동기를 의사표시의 내용으로 삼기로 하는 합의까지 이루어질 필요는 없다(대법원 1989.12.26. 선고 88다카31507 판결, 대법원 2000.5.12. 선고 2000다12259 판결 등 참조).

원심이 인정한 사실과 기록에 의하면, 이 사건 합의는 원고가 이 사건 매매계약에 따른 잔금지급기일에 피고에게 잔금을 지급하지 못하게 되자 그로 인한 불이익을 면하고자 잔금지급기일을 연장하면서 체결한 것이고, 피고도 그 사실을 잘 알고 있었으며, 이 사건 합의서에도 "이 사건 매매계약에 있어 2008.1.31.로 지정된 잔금일을 원고의 귀책사유로 지연함을 확인하며"라고 기재되어 있음을 알 수 있다. 이는 동기의 착오에 해당하는데 이 사건 합의 과정에서 원고가 그 동기를 상대방에게 표시하여 그 동기가 이 사건 합의의 내용으로 되었다고 볼 수 있다.

착오취소에 이르지 못하는 동기의 착오 대법원 2010.4.29. 선고 2009다97864 판결

동기의 착오가 법률행위의 내용의 중요부분의 착오에 해당함을 이유로 표의자가 법률행위를 취소하려면 그 동기를 당해 의사표시의 내용으로 삼을 것을 상대방에게 표시하고 의사표시의 해석상 법률행위의 내용으로 되어 있다고 인정되면 충분하고 당사자들 사이에 별도로 그 동기를 의사표시의 내용으로 삼기로 하는 합의까지 이루어질 필

요는 없다(대법원 2000.5.12. 선고 2000다12259 판결 등 참조). 이러한 법리에 비추어 볼 때 주거용 주상복합건물을 분양받은 자가 일정한 조망(조망)·일조(일조)가 확보되리라는 동기의 착오를 이유로 분양계약을 취소하려면 조망·일조의 확보를 분양계약의 내용으로 삼기로 하는 합의가 있었거나, 수분양자가 조망·일조의 확보를 분양계약의 내용으로 삼을 것을 분양자에게 표시하고 의사표시의 해석상 분양계약의 내용으로 되어 있다고 인정되어야 할 것인데, 이때 의사표시의 해석상 조망·일조의 확보가 분양계약의 내용으로 되어 있는지는, 같은 층 내에서의 위치에 따른 분양가 차이, 층간 분양가 차이, 전체 분양가에서 이러한 분양가 차액이 차지하는 비율, 사회통념상 독자적 이익으로 승인되는 정도의 중요한 조망이 실재하는지 등의 요소를 고려하여 볼 때 조망·일조에 대한 평가가 상당한 정도로 분양가에 포함되거나 분양가 형성에 영향을 주었다고 볼 수 있는지 여부, 조망·일조의 확보가 분양자의 통제가능한 영역에 놓여 있었는지, 이 점에 대한 계약 당사자 상호간의 인식은 어떠하였는지 여부, 분양자가 조망·일조가 확보되어 있다고 선전·광고하였는지 및 그 구체성의 정도, 분양계약 체결과정에서 분양자의 언행 및 그 언행이 수분양자의 관념에 어느 정도 영향을 미쳤는지 여부 등을 종합하여 법률행위 해석의 일반원칙에 따라 판단하여야 한다.

상대방에 의하여 유발된 동기의 착오 대법원 1997.8.26. 선고 97다6063 판결

경계선을 침범하였다는 상대방의 강력한 주장에 의하여 착오로 그간의 경계 침범에 대한 보상금 내지 위로금 명목으로 금원을 지급한 경우, 진정한 경계선에 관한 착오는 위의 금원 지급 약정을 하게 된 동기의 착오이지만 그와 같은 동기의 착오는 상대방의 강력한 주장에 의하여 생긴 것으로서 표의자가 그 동기를 의사표시의 내용으로 표시하였다고 보아야 하고, 또한 표의자로서는 그와 같은 착오가 없었더라면 그 의사표시를 하지 아니하였으리라고 생각될 정도로 중요한 것이고 보통 일반인도 표의자의 처지에 섰더라면 그러한 의사표시를 하지 아니하였으리라고 생각될 정도로 중요한 것이라고 볼 수 있으므로, 위 금원 지급 의사표시는 그 내용의 중요 부분에 착오가 있는 것이 되어 이를 취소할 수 있다.

쌍방의 공통된 동기의 착오 대법원 1994.6.10. 선고 93다24810 판결

매도인의 대리인이, 매도인이 납부하여야 할 양도소득세 등의 세액이 매수인이 부담하기로 한 금액뿐이므로 매도인의 부담은 없을 것이라는 착오를 일으키지 않았더라면 매수인과 매매계약을 체결하지 않았거나 아니면 적어도 동일한 내용으로 계약을 체결하지는 않았을 것임이 명백하고, 나아가 매도인이 그와 같이 착오를 일으키게 된 계기를 제공한 원인이 매수인측에 있을 뿐만 아니라 매수인도 매도인이 납부하여야 할 세

액에 관하여 매도인과 동일한 착오에 빠져 있었다면, 매도인의 위와 같은 착오는 매매계약의 내용의 중요부분에 관한 것에 해당한다.

다. 특수한 유형의 착오

(1) 동일성의 착오

동일성의 착오란 법률행위에 관계되는 **사람** 또는 **객체**의 동일성에 관한 착오를 말한다. 동명이인의 계좌에 대한 금전 이체, 甲 부동산인 줄 알고 乙 부동산에 관하여 매매계약을 체결하는 경우이다. 학설은 이를 성질의 착오로 보는 견해[17]와 내용의 착오로 보아 제109조를 직접 적용하는 견해가 있다.[18] 동일성에 관한 착오의 경우에 의사표시 자체는 효과의사에 대응하는 내심의 의사가 흠결되어서 **내용의 착오**에 해당된다.

(2) 성질의 착오

성질의 착오란 법률행위에 관계되는 사람 또는 물건의 성질에 관한 착오를 말한다. 여기서 사람의 성질은 연령·성별과 같은 신체적·정신적 성질뿐만 아니라 전문지식·자산과 같은 법적·사실적 관계 및 가족관계와 같은 주변적 상황도 포함한다. 횡령의 전과자인 줄 모르고 경리직원으로 채용하는 고용계약을 체결하는 경우 등이 그 예이다. 물건의 성질도 질료·진품성 등 물건이 가지고 있는 자연적 속성뿐만 아니라 건축관련 법규에 따른 토지의 건축가능성과 같이 그 물건의 사용가능성 또는 가치에 영향을 미치는 사실적 또는 법률적 관계도 포함한다. 성질의 착오는 원칙적으로 **동기의 착오**로 분류되어야 하며, 따라서 그것이 표시되어 계약교섭의 대상이 되었을 경우에 의사표시를 취소할 수 있다고 할 것이다.

(3) 법률의 착오

법률의 착오란 법률상태, 즉 법률규정의 유무 또는 그 의미에 관한 착오를 말하며, 의사표시의 내용을 이루는 법률효과에 관한 착오인 법률효과의 착오와 구별된다. 물론 당사자에 의하여 의욕된 법률효과가 법률의 규성에 기한 것이라면 양자의 구별이 쉽지 않을 것이지만, 법률효과의 내용을 표의자가 의사표시의 내용으로 삼았다면 법률효과의 착오로 되는 반면 표의자가 이를 의사표시의 내용으로 삼지 않은 경우에 법률의 착오로 된다.[19] 법률효과의 착오는 내용의 착오로 분류되나, 법률의 착오는 **동기의 착오**로 분류된다.

17) 이영준, 343면.
18) 김증한·김학동, 352면.
19) 김증한·김학동, 353면.

(4) 계산의 착오

계산의 착오란 매매대금이나 공사대금을 계산함에 있어서 표의자가 계산 내지 계산의 기초가 된 사정에 관하여 착오한 경우를 말한다. 도급계약을 체결함에 있어 건축면적을 잘못 알고 그를 기초로 공사대금을 산출한 경우가 그 예이다. 계산의 기초 등이 상대방에게 표시되거나 상대방이 알 수 있었다는 등의 사정이 있는 경우에는 내용의 착오로 된다 할 것이나, 그렇지 아니한 경우에는 단순한 **동기의 착오**에 불과하다.

계산서 기재의 잘못과 계산의 착오 **대법원 1996.1.26. 선고 94다36919 판결**

동업관계에 있던 갑과 을이 동업관계를 청산함에 있어서, 병이 작성한 계산서에 기재된 개별 항목의 가액 평가나 계산에 부정확하거나 잘못된 점이 있다고 하더라도 이를 일일이 문제 삼지는 아니하고 그 계산서에 의한 산출의 결과로 나타난 을의 지분 가액의 총액이 정산대금으로 적절하다고 보아 그 금액의 수수로써 동업관계를 청산, 종결한다는 의사가 있었다고 볼 수 있는 경우에는, 설사 그 계산서의 기재 내용에 계산의 착오가 있어 일부 과다계상된 부분이 있다고 하더라도 을이 이를 알면서 정산대금을 수령하였거나 또는 그 과다계상된 부분을 그대로 보유하는 것이 신의성실의 원칙에 위배된다고 볼 만한 사정이 없는 한, 을은 갑에게 이를 반환할 의무가 없다.

(5) 기명날인의 착오

기명날인 또는 서명의 착오란 어떤 자가 자기의 의사와 다른 내용을 담고 있는 법률문서를 읽지 않거나 잘못 읽고 그 문서에 기명날인 또는 서명하는 경우를 말한다. 통상 **내용의 착오**로 취급된다.

3. 착오 취소의 요건

가. 의사표시에서 착오의 존재

(1) 우선 의사표시가 존재하고, 그 의사표시가 표의자의 착오에 의해 이루어진 것이어야 한다.[20] 착오의 대상에는 현재의 사실뿐만 아니라 장래의 불확실한 사실도 포함된다.

(2) 착오의 존재여부 판단시점은 **의사표시 당시**이다.

(3) 대리인에 의하여 계약이 체결되는 경우 착오의 유무는 대리인을 표준으로 판단한다.

---

20) 착오로 인한 취소의 요건으로 표의자의 착오를 상대방이 그 의사표시 당시에 알았거나 알 수 있었을 것을 요한다는 견해가 있으나, 그것은 해석의 한계를 벗어나 법적 안정성을 해칠 수 있다는 것이 통설·판례이다.

경락인의 착오 **대법원 1991.1.11. 선고 90다8992 판결**

공장의 전 소유자가 전기요금을 체납함에 따라 전력공급이 중단되고 있었고 한국전력공사가 위 공장에 대하여 가압류등기까지 하여 두는 등으로 경락인이 전 소유자의 체납전기요금을 완납하여야만 전기공급을 받을 수 있다는 내용을 알고서 위 공장을 경락받았다면 그 후 경락인이 위 공사와의 사이에 위 체납전기요금을 인수지급하기로 약정하여 이를 납부하였다고 하더라도 이를 궁박한 상태에서 이루어진 불공정한 법률행위에 해당한다고 볼 수 없고, 착오 또는 사기에 의한 의사표시로 볼 수도 없다.

장래의 불확실한 사실에 대한 착오 **대법원 1994.6.10. 선고 93다24810 판결**

매도인의 대리인이, 매도인이 납부하여야 할 양도소득세 등의 세액이 매수인이 부담하기로 한 금액뿐이므로 매도인의 부담은 없을 것이라는 착오를 일으키지 않았더라면 매수인과 매매계약을 체결하지 않았거나 아니면 적어도 동일한 내용으로 계약을 체결하지는 않았을 것임이 명백하고, 나아가 매도인이 그와 같이 착오를 일으키게 된 계기를 제공한 원인이 매수인측에 있을 뿐만 아니라 매수인도 매도인이 납부하여야 할 세액에 관하여 매도인과 동일한 착오에 빠져 있었다면, 매도인의 위와 같은 착오는 매매계약의 내용의 중요부분에 관한 것에 해당한다. 부동산의 양도가 있은 경우에 그에 대하여 부과될 양도소득세 등의 세액에 관한 착오가 미필적인 장래의 불확실한 사실에 관한 것이라도 민법 제109조 소정의 착오에서 제외되는 것은 아니다.

나. 법률행위 내용의 중요부분의 착오

(1) 의의

법률행위의 내용이란 법률행위의 목적, 즉 당사자가 그 법률행위를 통하여 발생시키고자 하는 법률효과를 의미한다. 전술한 바와 같이 동기가 표시되어 객관화 되었다면 확장된 내용으로 취급되어 동기에 관한 착오도 내용에 관한 착오로 다루어진다.

우리 민법은 법률행위 내용의 중요부분에 착오가 있는 경우에 한하여 착오 취소를 허용하고 있는바, 법률행위에의 구속을 유지시키는 것이 표의자에게 너무 가혹한 경우에만 취소를 허용함으로써 표의자와 상대방 등의 이익을 대등하게 보호하고 있다.

동기의 착오가 내용의 착오가 되는 경우 **대법원 1999.4.23. 선고 98다45546 판결**

의사표시는 법률행위의 내용의 중요 부분에 착오가 있는 때에는 취소할 수 있고, 의사표시의 동기에 착오가 있는 경우에는 당사자 사이에 그 동기를 의사표시의 내용으로 삼았을 때에 한하여 의사표시의 내용의 착오가 되어 취소할 수 있는 것이며, 법률행위의 중요 부분의 착오라 함은 표의자가 그러한 착오가 없었더라면 그 의사표시를 하지 않으리라고 생각될 정도로 중요한 것이어야 하고 보통 일반인도 표의자의 처지에 섰더라면 그러한 의사표시를 하지 않았으리라고 생각될 정도로 중요한 것이어야 한다.

(2) 중요부분에 관한 판단기준

법률행위의 중요부분에 착오가 있어야 하는바, 표의자의 주관적 의도와 일반인의 객관적 현저성이라는 두 요건이 충족되어야 한다. 판례는 중요부분 착오인지 여부는 해당 행위에 관하여 주관적 의도, 객관적 현저성 등에 관한 구체적 사정에 따라 가려져야 할 것이고 추상적, 일률적으로 가릴 수는 없다고 한다(전술한 84다카890 판결).

(가) 주관적 의도

표의자가 그러한 착오가 없었다면 그 의사표시를 하지 않았으리라고 생각될 정도로 중요한 것이어야 한다. 이는 결국 **착오와 의사표시 사이에 인과관계가 존재**하여야 한다는 의미인바, 착오를 이유로 의사표시를 취소하는 자는 법률행위의 내용에 착오가 있었다는 사실과 함께 그 착오가 의사표시에 결정적인 영향을 미쳤다는 점, 즉 만약 그 착오가 없었더라면 의사표시를 하지 않았을 것이라는 점을 증명하여야 한다.

(나) 객관적 현저성

일반인도 표의자의 처지에 있었더라면 그러한 의사표시를 하지 않았을 것이라는 정도로 중요한 것이어야 한다. 이는 착오가 **객관적으로 현저**하여야 한다는 의미이다. 다만 객관적으로 현저하지 않더라도 상대방이 착오를 유발하였거나 착오사실을 알고 있었다면 취소가 허용된다. 특히 판례는 착오로 인하여 표의자가 **경제적 불이익을 입은 것이 아니라면** 이를 법률행위 내용의 중요부분에 관한 착오라고 할 수 없다고 판시한다.

착오와 의사표시의 인과관계 대법원 2008.1.17. 선고 2007다74188 판결

착오를 이유로 의사표시를 취소하는 자는 법률행위의 내용에 착오가 있었다는 사실과 함께 그 착오가 의사표시에 결정적인 영향을 미쳤다는 점, 즉 만약 그 착오가 없었더라면 의사표시를 하지 않았을 것이라는 점을 증명하여야 한다.

채무자에 대한 동일성의 착오 대법원 1986.8.19. 선고 86다카448 판결

일반적으로 근저당권설정계약 또는 보증계약을 맺음에 있어서 채무자가 누구인가에 관한 착오는 일응 의사표시의 중요부분에 관한 착오라고 못 볼 바 아니나 근저당권설

정자 또는 보증인이 그 계약서에 나타난 채무자가 마음 속으로 채무자라고 본 사람의 이름을 빌린 것에 불과하여 계약당시에 위 두 사람이 같은 사람이 아닌 것을 알았더라도 그 계약을 맺을 것이라고 보여지는 등 특별한 사정이 있는 경우에는 형식상 사람의 동일성에 관한 착오가 있는 것처럼 보이더라도 이를 가지고 법률행위의 중요부분에 관한 착오라고는 볼 수 없다.

경제적 불이익이 없는 경우 중요부분 착오 아님 대법원 2006.12.7. 선고 2006다41457 판결

착오가 법률행위 내용의 중요 부분에 있다고 하기 위하여는 표의자에 의하여 추구된 목적을 고려하여 합리적으로 판단하여 볼 때 표시와 의사의 불일치가 객관적으로 현저하여야 하고, 만일 그 착오로 인하여 표의자가 무슨 경제적인 불이익을 입은 것이 아니라면 이를 법률행위 내용의 중요 부분의 착오라고 할 수 없다. 주채무자의 차용금반환채무를 보증할 의사로 공정증서에 연대보증인으로 서명·날인하였으나 그 공정증서가 주채무자의 기존의 구상금채무 등에 관한 준소비대차계약의 공정증서이었던 경우, 소비대차계약과 준소비대차계약의 법률효과는 동일하므로 공정증서가 연대보증인의 의사와 다른 법률효과를 발생시키는 내용의 서면이라고 할 수 없어 표시와 의사의 불일치가 객관적으로 현저한 경우에 해당하지 않을 뿐만 아니라, 연대보증인은 주채무자가 채권자에게 부담하는 차용금반환채무를 연대보증할 의사가 있었던 이상 착오로 인하여 경제적인 불이익을 입었거나 장차 불이익을 당할 염려도 없으므로 위와 같은 착오는 연대보증계약의 중요 부분의 착오가 아니다(연대보증의 목적이 차용금에 관한 것으로 알았으나, 실제로는 지급하여야 할 구상금 등을 목적으로 삼은 소비대차인 사안임).

경제적 불이익과 중요부분의 착오 대법원 1999.2.23. 선고 98다47924 판결

착오가 법률행위 내용의 중요 부분에 있다고 하기 위하여는 표의자에 의하여 추구된 목적을 고려하여 합리적으로 판단하여 볼 때 표시와 의사의 불일치가 객관적으로 현저하여야 하고, 만일 그 착오로 인하여 표의자가 무슨 경제적인 불이익을 입은 것이 아니라고 한다면 이를 법률행위 내용의 중요 부분의 착오라고 할 수 없다. 군유지로 등기된 군립공원 내에 건물 기타 영구 시설물을 지어 이를 군(郡)에 기부채납하고 그 부지 및 기부채납한 시설물을 사용하기로 약정하였으나 후에 그 부지가 군유지가 아니라 이(里) 주민의 총유로 밝혀진 사안에서, 군수가 여전히 공원관리청이고 기부채납자의 관리권이 계속 보장되는 점에 비추어 소유권 귀속에 대한 착오는 기부채납의 중요 부분에 관한 착오라고 볼 수 없다.

(다) 판례의 유형

① 사람에 관한 착오

ⅰ) 동일성에 관한 착오

사람의 성질에 중점을 두는 증여, 임대차, 위임, 고용 등에서는 중요부분의 착오가 되나, 일반 매매에 있어서는 사람에 대한 동일성의 착오는 중요부분의 착오가 아니다. 그 동일성에 관한 착오는 의사표시의 상대방뿐만 아니라 제3자를 위한 계약에서의 제3자, 보증계약에서의 주채무자와 관련될 수 있다. 근저당권설정계약에서 채무자가 누구인가에 관한 착오는 일반적으로 법률행위 내용의 중요부분에 관한 착오이다.

금융부실거래자에 대한 신용보증 **대법원 1993.10.22. 선고 93다14912 판결**

"금융기관의 불량거래처에 대한 정보교환 및 규제 규약"에 따라 금융부실거래자로 규제되어 자기의 이름으로는 대출이나 신용보증을 받을 수 없게 된 갑이 동생인 을 명의로 기업을 경영하면서 을의 주민등록증에 자기 사진을 붙이고 을 명의의 인감도장과 인감증명서 및 사업자등록증을 소지하여 을로 행세하고, 나아가 신용보증을 신청할 때에도 을 명의로 신청하였으므로, 기술신용보증기금이 을을 보증대상기업의 경영주로 오인하고 그에 대한 신용조사를 한 다음 신용보증을 하였다면 기술신용보증기금은 위 신용보증의 신청인이 갑이라는 사실을 알았더라면 신용보증을 체결하지 아니하였을 것이 명백하고, 갑이 금융부실거래자가 아니라 신용 있는 자로 착각하여 위 신용보증을 하게 된 것으로서, 이는 법률행위의 중요부분에 착오가 있는 경우에 해당한다.

ⅱ) 성질에 관한 착오

실무상 많이 문제되는 것은 보증계약에서 주채무자의 신용상태에 관한 착오이다. 보증인이 주채무자의 변제자력 또는 다른 담보가치에 관하여 착오를 하였더라도 보증의사표시를 취소할 수 없다. 그러나 신용보증계약에서 보증대상기업의 신용상태에 대한 착오에 관하여 판례의 주류는 보증인의 착오를 이유로 보증의사표시의 취소를 인정하고 있다.

또한 법률행위의 상대방 등이 건축사 등 일정한 자격을 갖추었는지 여부도 중요부분의 착오가 될 수 있다.

채권자의 보증인에 대한 채무자 신용 고지의무 **대법원 1998.7.24. 선고 97다35276 판결**

회사의 이사가 채무액과 변제기가 특정되어 있는 회사 채무에 대하여 보증계약을 체결한 경우에는 계속적 보증이나 포괄근보증과는 달리 이사직 사임이라는 사정변경을 이유로 이사가 일방적으로 그 보증계약을 해지할 수는 없다. 보증제도는 본질적으로 주채무자의 무자력으로 인한 채권자의 위험을 인수하는 것이므로, 보증인이 주채무자의 자력에 대하여 조사한 후 보증계약을 체결할 것인지의 여부를 스스로 결정하여야 하는 것이고, 채권자가 보증인에게 채무자의 신용상태를 고지할 신의칙상의 의무는 존재하지 아니한다.

은행의 잘못에 기인한 신용보증행위 대법원 2005.5.12. 선고 2005다6228 판결

신용보증기금법 제1조는 신용보증기금을 설립하여 담보능력이 미약한 기업의 채무를 보증하게 하여 기업의 자금융통을 원활히 하고, 신용정보의 효율적인 관리·운영을 통하여 건전한 신용질서를 확립함으로써 균형 있는 국민경제의 발전에 기여함을 목적으로 한다라고 규정하고 있고, 이러한 목적을 위하여 같은 법 제6조는 신용보증기금의 기본재산 조성을 정부, 금융기관, 기업 등의 출연으로 할 것을 규정하고, 같은 법 제2조 제2항은 신용보증기금의 신용보증대상 채무를 일정한 경우로 국한하도록 규정하고 있으며, 같은 법 제24조에 기하여 작성된 신용보증기금의 업무방법서 제10조 제1항 제3호 는 전국은행연합회의 '금융기관의 신용정보교환 및 관리규약'에 의한 금융부실거래자에 대한 신규보증을 금지하도록 규정함으로써 신용보증의 대상기업을 신용 있는 기업으로 제한하고 있는 등의 취지에 비추어 본다면, 신용보증기금의 신용보증에 있어서 기업의 신용 유무는 그 절대적인 전제사유로서 신용보증의사표시의 중요 부분을 구성한다.

건축학 교수의 건축사 자격 유무 대법원 2003.4.11. 선고 2002다70884 판결

법률행위 내용의 중요 부분에 착오가 있다고 하기 위하여는 표의자에 의하여 추구된 목적을 고려하여 합리적으로 판단하여 볼 때 표시와 의사의 불일치가 객관적으로 현저하여야 하는바, 재건축아파트 설계용역에서 건축사 자격이 가지는 중요성에 비추어 볼 때, 재건축조합이 건축사 자격이 없이 건축연구소를 개설한 건축학 교수에게 건축사 자격이 없다는 것을 알았더라면 재건축조합만이 아니라 객관적으로 볼 때 일반인으로서도 이와 같은 설계용역계약을 체결하지 않았을 것으로 보이므로, 재건축조합측의 착오는 중요 부분의 착오에 해당한다.

② 객체(목적물)에 관한 착오

ⅰ) 동일성에 관한 착오

목적물의 동일성에 관한 착오는 중요부분의 착오가 된다. 물건의 성상, 내력 그리고

수량, 가격에 관한 착오는 거래상 중요한 의미를 갖는바, 그와 관련된 착오가 있으면 중요한 부분의 착오가 된다. 매매목적물인 점포를 다른 점포로 오인한 것은 동기의 착오가 아니라 내용의 착오 중 목적물의 동일성에 관한 착오로 중요부분의 착오에 해당한다.

목적물의 동일성에 관한 착오 대법원 1997.11.28. 선고 97다32772,32789 판결

원고가 매매 목적물인 점포를 이 사건 점포와 다른 점포인 창신상회로 오인한 것은 동기의 착오가 아니라 내용의 착오 중 목적물의 동일성에 대한 착오로서 중요 부분의 착오에 해당한다고 할 것이다.

ii) 성질에 관한 착오

법령상의 제한에 관한 착오는 동기의 착오에 해당할 수는 있어도 내용의 착오가 될 수 없으나, 토지의 경계나 현황에 관한 착오는 법률행위 내용의 중요부분 착오로 다루어질 수 있다. 거래 목적물인 토지의 지적부족이 있는 경우 일반적으로 중요부분의 착오로 인정되지 않으나, 부족분이 지나치면 달라질 수 있다.

장래 미필적 사실에 대한 기대와 착오 대법원 2007.8.23. 선고 2006다15755 판결

매매계약 당시 장차 도시계획이 변경되어 공동주택, 호텔 등의 신축에 대한 인·허가를 받을 수 있을 것이라고 생각하였으나 그 후 생각대로 되지 않은 경우, 이는 법률행위 당시를 기준으로 장래의 미필적 사실의 발생에 대한 기대나 예상이 빗나간 것에 불과할 뿐 착오라고 할 수는 없다.

토지의 경계에 관한 착오 대법원 1993.9.28. 선고 93다31634,31641 판결

외형적인 경계(담장)를 기준으로 하여 갑, 을 사이에 인접토지에 관한 교환계약이 이루어졌으나 그 경계가 실제의 경계와 일치하지 아니함으로써, 결국 을이 그 소유대지와 교환으로 제공받은 갑의 대지 또한 그 대부분이 을의 소유인 것으로 판명되었다면, 이는 토지의 경계(소유권의 귀속)에 관한 착오로서 특단의 사정이 없는 한 법률행위의 중요부분에 관한 착오라 봄이 상당하다.

수급인의 허위고지로 인한 보험자의 착오 대법원 2002.7.26. 선고 2001다36450 판결

공사도급계약과 관련하여 체결되는 이행(계약)보증보험계약이나 지급계약보증보험에 있어 그 보험사고에 해당하는 수급인의 채무불이행이 있는지 여부는 그 보험계약의

대상으로 약정된 도급공사의 공사금액, 공사내용 및 공사기간과 지급된 선급금 등을 기준으로 판정하여야 하므로, 이러한 보증보험계약에 있어 공사계약 체결일이나 실제 착공일, 공사기간도 공사대금 등과 함께 그 계약상 중요한 사항으로서 수급인측에서 이를 허위로 고지함으로 말미암아 보험자가 그 실제 공사의 진행상황을 알지 못한 채 보증보험계약을 체결한 경우에는 이는 법률행위의 중요한 부분에 관한 착오로 인한 것으로서 민법의 일반원칙에 따라 보험자가 그 보험계약을 취소할 수 있다.

③ 상대방이 유발한 착오

의사표시의 상대방이 표의자의 착오를 유발한 경우, 그것이 동기의 착오에 해당한다고 하더라도 그 **표시 여부를 불문**하고 **취소할 수 있다**. 판례는 그와 같은 동기의 착오는 상대방의 주장에 의하여 생긴 것으로서 표의자가 그 동기를 의사표시의 내용으로 표시하였다고 보아야 한다는 이유로 그것을 취소 가능한 내용의 착오로 취급한다. 나아가 이러한 경우 법률행위 내용의 중요부분에 착오가 있는 것으로 인정하였고, 상대방이 표의자의 착오를 유발한 점을 중대한 과실여부 판단의 기준으로도 활용하였다.

건축선을 침범한 건축물의 매매계약 대법원 1997.9.30. 선고 97다26210 판결

건물에 대한 매매계약 체결 직후 건물이 건축선을 침범하여 건축된 사실을 알았으나 매도인이 법률전문가의 자문에 의하면 준공검사가 난 건물이므로 행정소송을 통해 구청장의 철거 지시를 취소할 수 있다고 하여 매수인이 그 말을 믿고 매매계약을 해제하지 않고 대금지급의무를 이행한 경우라면 매수인이 건물이 철거되지 않으리라고 믿은 것은 매매계약과 관련하여 동기의 착오라고 할 것이지만, 매수인과 매도인 사이에 매매계약의 내용으로 표시되었다고 볼 것이고, 나아가 매수인 뿐만 아니라 일반인이면 누구라도 건물 중 건축선을 침범한 부분이 철거되는 것을 알았더라면 그 대지 및 건물을 매수하지 아니하였으리라는 사정이 엿보이므로, 결국 매수인이 매매계약을 체결함에 있어 그 내용의 중요 부분에 착오가 있는 때에 해당하고, 한편 매도인의 적극적인 행위에 의하여 매수인이 착오에 빠지게 된 점, 매수인이 그 건물의 일부가 철거되지 아니할 것이라고 믿게 된 경위 등 제반 사정에 비추어 보면 착오가 매수인의 중대한 과실에 기인한 것이라고 할 수 없다.

④ 동기의 착오

i) 물건의 성상에 관한 착오

매매목적물의 성상에 관한 착오 대법원 1991.8.27. 선고 91다11308 판결

원고는 1989.4.21. 피고로부터 서울 노량진동 315의 82 대 171평(이하 판시 제4부동산이라 한다)을 포함한 판시 제1 내지 제4 부동산을 대금 150,000,000원에 매수하면서 계약금 13,000,000원은 같은 날 피고에게 지급하였으며 중도금은 같은 해 5.10.에 지급하기로 하되 위 매매목적물 중 제1, 2, 3부동산은 피고 소유이나 제4부동산은 서울특별시 소유인데 제1부동산의 대지로서 시유지인 제4 부동산을 점유하고 있음을 근거로 장차 이를 불하받을 것을 기대하여 이른바 연고권을 매수한 것이어서 관계서류에 하자가 있을 경우 매도인인 피고가 원고에게 그 손해를 배상하기로 약정한 사실, 제1부동산은 피고가 1965.9.경 건축허가를 받지 아니한 채 이를 건축하고서 소외 이종순과의 화해조서에 기하여 1967.12.30. 소유권보존등기를 마친 이래 이를 소유하여 왔는데 그 등기부상의 지번은 상도동 13의 1이나 실제로는 같은 동 13의 7 임야 2188평방미터 중의 일부와 제4부동산의 양 지상에 걸쳐 있어 실제지번과 등기부상의 지번이 일치하지 아니하고 건축물관리대장에도 등재되어 있지 아니한 사실, 무허가건물등의 점유를 근거로 국유재산법 등에 따라 국유지 등을 불하받기 위해서는 우선 지상건물에 대한 올바른 지번의 등기가 필요하며 불하받을 수 있는 면적은 당해 건물바닥 면적의 2배까지를 한도로 하고 있는 사실, 피고는 1989.12.13. 동작구청장에게 제1부동산에 대한 무허가건물관리대장상의 지번정정신청을 하여 같은 달 22. 그 지번을 상도동 산 13의 7로, 면적을 30평으로 정정등재하도록 하였으며 판시와 같은 경위로 같은 해 4.7. 같은 취지로 경정등기까지 마친 사실, 제1부동산의 바닥면적은 위와 같은 경정에도 불구하고 그 면적이 30평 정도에 불과한데다가 그나마 공원용지로서 불하가 불가능한 상도동 산 13의 7 임야와 위 제4부동산의 양지상에 걸쳐 있어 아직도 실제 지번과 일치하지 아니할 뿐만 아니라 제1부동산을 근거로 불하받을 수 있는 면적은 많아야 60평을 넘지 않는 사실, 원·피고 모두 원심법원의 사실조회결과에 의하여 밝혀지기 전까지 이러한 사정을 알지 못한 채 계약을 체결한 사실을 각 인정하고 원고가 위와 같은 착오가 있었음을 이유로 위 매매계약을 취소한다는 의사표시를 담은 준비서면이 1990.5.11. 피고에게 송달되었음이 기록상 명백하다고 한 다음 위 인정사실에 의하여 원고가 이 사건 부동산을 매수한 것은 시유지인 제4부동산 전부를 불하받을 목적에서였고 매매가격 역시 그 부동산을 모두 불하받을 수 있으리라는 전제하에서 결정되었는데 실제로는 건물지번이 상이하여 불하받기 어렵거나 불하받더라도 그 일부분에 그친다는 것을 원고가 알았더라면 이를 매수하지 않았으리라는 것은 쉽사리 짐작할 수 있고 이러한 원고의 의사는 매매계약 당시 표시되어 피고도 이를 알고 있었으므로 위와 같은 착오는 계약의 중요부분의 착오에 해당하여 위 매매계약은 원고의 위와 같은 취소 의사표시에 의하여 적법하게 취소되었다고 판단한 원심을 수긍한 사례.

ⅱ) 기부채납 또는 증여

기부채납 또는 증여의 동기에 착오가 있는 경우에 취소가 용인된 판례가 있는데, 이는 상대방에 의하여 유발된 동기의 착오의 한 유형으로 파악할 수 있다.

기부채납 의무 없는 휴게소시설의 증여 대법원 1990.7.10. 선고 90다카7460 판결

시로부터 공원휴게소 설치시행허가를 받음에 있어 담당공무원이 법규오해로 인하여 잘못 회시한 공문에 따라 동기의 착오를 일으켜 법률상 기부채납의무가 없는 휴게소부지의 16배나 되는 토지 전부와 휴게소건물을 시에 증여한 경우 휴게소부지와 그 지상시설물에 관한 부분을 제외한 나머지 토지에 관해서만 법률행위의 중요부분에 관한 착오라고 할 수 있다.

ⅲ) 협의매수

잔여지를 포함한 전체토지의 협의매수 대법원 1991.3.27. 선고 90다카27440 판결

시가 산업기지개발사업을 실시하기 위해 토지를 취득함에 있어 일부가 그 사업대상토지에 편입된 토지는 무조건 잔여지를 포함한 전체토지를 협의매수하기로 하여 지주들에게는 잔여지가 발생한 사실 등을 알리지 아니한 채 전체토지에 대한 손실보상협의요청서를 발송하고 매수협의를 진행함에 따라 지주들은 그 소유 토지전부가 사업대상에 편입된 것 등으로 잘못 판단하고 시의 협의매수에 응한 것에 대하여 그 의사표시의 동기에 착오가 있었음을 이유로 취소할 수 있다.[21)]

ⅳ) 보증의 동기

은행의 지급보증과 동기의 착오 대법원 1989.12.26. 선고 88다카31507 판결

피고가 본건 지급보증서를 발행한 것은 원고가 원판시 어음할인대전을 영동개발에게 지급하여 위 8.23.자 지급보증서의 결제자금으로 입금된 것으로 알고 보증행위를 하였다 할 것이므로 만일 원고의 위약으로 위 어음할인대전이 피고에게 입금되지 않을 것을 알았다면 본건 지급보증서를 발행하지 않았을 것임이 명백하므로 피고는 본건 지급보증서를 발행함에 있어서 법률행위의 중요한 부분에 관한 동기의 착오가 있었다 할 것이고 또한 피고의 위와 같은 보증의 동기는 피고가 본건 지급보증서를 발급하기 이전에 영동개발을 통하여 원고에게 고지함으로써 표시되었다 할 것이므로 피고의 본건 보증행위는 위 9.24.자 취소의 의사표시에 의하여 적법히 취소되었다 할 것이다.

21) 그 동기를 제공한 것이 피고 산하의 공무원이라고 판시하고 있다.

v) 시가 등에 관한 착오

시가의 착오에 관하여 원칙적으로 취소는 허용되지 않는다. 시가가 변동할 뿐만 아니라 거래목적물의 평가는 거래상의 일반적인 위험으로 표의자가 그에 따른 위험을 상대방에게 전가해서는 안 되기 때문이다. 판례도 부동산매매에서 시가에 관한 착오는 그 부동산을 매매하려는 의사를 결정함에 있어서의 동기의 착오에 불과할 뿐, 법률행위의 중요부분의 착오라고 할 수 없다고 한다.

시가에 관한 착오는 동기의 착오 대법원 1992.10.23. 선고 92다29337 판결

민법 제104조에 규정된 불공정한 법률행위는 객관적으로 급부와 반대급부 사이에 현저히 불균형이 존재하고 주관적으로 위와 같은 균형을 잃은 거래가 피해당사자의 궁박, 경솔 또는 무경험을 이용하여 이루어진 경우에 한하여 성립하는 것으로서, 약자적 지위에 있는 자의 궁박, 경솔 또는 무경험을 이용한 폭리행위를 규제하려는 데에 그 목적이 있으므로, 피해당사자가 궁박, 경솔 또는 무경험의 상태에 있었다고 하더라도 그 상대방 당사자에게 위와 같은 피해 당사자측의 사정을 알면서 이를 이용하려는 의사, 즉 폭리행위의 악의가 없었다면 불공정한 법률행위는 성립되지 않는다. 부동산 매매에 있어서 시가에 관한 착오는 부동산을 매매하려는 의사를 결정함에 있어 동기의 착오에 불과할 뿐 법률행위의 중요부분에 관한 착오라고 할 수 없다.

85% 정도 과다한 평가에 따른 협의매수 대법원 1998.2.10. 선고 97다44737 판결

목적물의 시가에 관한 착오는 동기의 착오에 해당하나, 협의매수 요청시 통지됨으로써 표시되고 교섭의 대상이 되었으며, 협의매수계약의 중요부분을 구성한다고 한 사례(협의매수 대상 토지의 시가 감정시 감정기관들이 자연녹지 개발제한구역을 생산녹지로 잘못 알고 85% 정도 과다 평가하였고, 협의매수 요청시 매수가액 결정 방법 등으로 위와 같은 내용이 통지되었고, 그 대금 결정의 기준과 계산 내역 및 그 방법이 매매계약서에 명시된 사안임).

vi) 법률상태에 대한 착오

반환대상 토지로 알고 체결한 매매계약 대법원 1991.11.12. 선고 91다10732 판결

반환소송을 당하게 되면 아무런 보상도 받지 못한 채 부동산을 반환하여야 할 것으로 착각하여 이를 매도하는 매매계약을 체결하였다 하더라도 이는 동기의 착오에 불과하므로 그와 같은 동기를 매매계약의 내용으로 삼았다는 특별한 사정이 없는 한 이를 이유로 매매계약을 취소할 수 없다. 원고의 사위가 피고에게 이 사건 부동산은 원고가

상속받은 것이고 피고 명의의 등기는 원인무효이니 원고에게 되돌려 주어야 한다고 말하면서 원고가 소송을 제기하면 피고가 패소될 것이 분명하니 좋게 해결하는 것이 좋다는 취지의 말을 하여 시가 금 10,000,000원 정도의 부동산을 금 5,000,000원에 매매하였다고 하여 바로 민법 제104조 소정의 불공정한 법률행위에 해당한다고 할 수 없다.

vii) 법률의 착오

양도소득세에 관한 착오 **대법원 1995.3.24. 선고 94다44620 판결**

매매계약의 체결 경위 및 당시 시행되던 소득세법, 같은 법 시행령, 조세감면규제법, 주택건설촉진법 등 관계 규정에 의하면, 토지의 매수인이 개인인지 법인인지, 법인이라도 주택건설사업자인지 및 주택건설사업자라도 양도소득세 면제신청을 할 것인지 여부 등은 매도인이 부담하게 될 양도소득세액 산출에 중대한 영향을 미치게 되어 이 점에 관한 착오는 법률행위의 내용의 중요부분에 관한 것이라고 할 수 있다.

다. 표의자에게 중대한 과실이 없을 것

(1) 의의

착오 취소를 허용하는 것은 인간의 불완전성을 고려하여 표의자를 보호하기 위한 것이다. 그런데 중대한 과실이 있는 표의자까지 보호하는 것은 지나친 처사이므로 제109조 제1항 단서는 착오가 표의자의 중대한 과실에 의한 경우 취소권을 배제한다고 규정한다. 여기에서의 '중대한 과실'이란 **표의자의 직업, 행위의 종류, 목적 등에 비추어 당해 행위에 일반적으로 요구되는 주의를 현저하게 결여**하는 것을 말한다. 중대한 과실의 유무는 구체적 사실관계에서 보통인이 베풀어야 할 주의를 표준으로 객관적으로 판단되어야 한다(추상적 중과실).[22]

그러나 상대방이 표의자의 착오를 알면서 이를 이용한 경우에 표의자의 중대한 과실이 있더라도 표의자는 그 의사표시를 취소할 수 있다. 악의의 상대방이 표의자의 중대한 과실을 원용하여 표의자의 취소권을 부인하는 것은 신의칙에 반하기 때문이다(대법원 1955.11.10. 선고 4288민상321 판결).

(2) 판례

(가) 인정하는 재판례

용도에 부적합한 목적물의 매수 **대법원 1993.6.29. 선고 92다38881 판결**

민법 제109조 제1항 단서에서 규정하고 있는 "중대한 과실"이라 함은 표의자의 직업,

22) 전술한 대법원 2000.5.12 선고 2000다12259 판결 참조

행위의 종류, 목적 등에 비추어 보통 요구되는 주의를 현저하게 결여한 것을 말한다. 공장을 경영하는 자가 공장이 협소하여 새로운 공장을 설립할 목적으로 토지를 매수함에 있어 토지상에 공장을 건축할 수 있는지 여부를 관할관청에 알아보지 아니한 과실은 "중대한 과실"에 해당한다.

대출금미상환 불구 담보설정해지 통지 대법원 2000.5.12. 선고 99다64995 판결

'중대한 과실'이라 함은 표의자의 직업, 행위의 종류, 목적 등에 비추어 보통 요구되는 주의를 현저히 결여하는 것을 의미한다. 신용보증기금의 신용보증서를 담보로 금융채권자금을 대출해 준 금융기관이 위 대출자금이 모두 상환되지 않았음에도 착오로 신용보증기금에게 신용보증서 담보설정해지를 통지한 경우, 그 해지의 의사표시는 민법 제109조 제1항 단서 소정의 중대한 과실에 기한 것이다.

(나) 부정하는 재판례

전문 감정 없는 매수인의 고려청자 매수 대법원 1997.8.22. 선고 96다26657 판결

고려청자로 알고 매수한 도자기가 진품이 아닌 것으로 밝혀진 경우, 매수인이 도자기를 매수하면서 자신의 골동품 식별 능력과 매매를 소개한 자를 과신한 나머지 고려청자 진품이라고 믿고 소장자를 만나 그 출처를 물어 보지 아니하고 전문적 감정인의 감정을 거치지 아니한 채 그 도자기를 고가로 매수하고 만일 고려청자가 아닐 경우를 대비하여 필요한 조치를 강구하지 아니한 잘못이 있다고 하더라도, 그와 같은 사정만으로는 매수인이 매매계약 체결시 요구되는 통상의 주의의무를 현저하게 결여하였다고 보기는 어렵다는 이유로 착오를 이유로 매매계약을 취소할 수 있다.

중개업자의 오인과 다른 점포의 매수 대법원 1997.11.28. 선고 97다32772,32789 판결

거래 당사자 사이의 권리의 득실변경에 관한 행위의 알선을 업으로 삼고 있어 고도의 직업적인 주의의무를 부담하고 있는 부동산중개업자의 지위나 중개행위를 함에 있어 고의 또는 과실로 거래 당사자에게 재산상의 손해를 받게 할 때에는 그 손해를 배상하도록 한 부동산중개업법 제19조의 규정에 비추어 보면, 부동산중개업자에게 중개를 의뢰하여 매매 등의 계약을 체결하는 일반인으로서는 부동산중개업자가 전문적인 지식과 경험을 가진 것으로 신뢰하고 그의 개입에 의한 거래 조건의 지시, 설명에 과오가 없을 것이라고 믿고 거래하는 것이라는 점, 매수인이 중개업자의 말을 믿어 착오에 빠지게 되었지만 중개업자가 착오에 빠지게 된 과정에 명확하게 당해 점포를 지적하지 아니하였던 매도인의 잘못도 개입되어 있는 점, 중개인을 통하여 하는 부동산 매매거

래에 있어 언제나 매수인 측에서 매매 목적물을 현장에서 확인하여야 할 의무까지 있다고 할 수 없을 뿐만 아니라 매매 당사자에게 중개업자가 매매 목적물을 혼동한 상태에 있는지의 여부까지 미리 확인하거나 주의를 촉구할 의무까지는 없다고 할 것인 점 등 매매 중개와 계약 체결의 경위 및 부동산 매매 중개업의 제반 성질에 비추어 볼 때, 매수인이 다른 점포를 매매계약의 목적물이라고 오인한 과실이 중대한 과실이라고 단정하기는 어렵고, 매수인과 매도인 쌍방을 위하여 중개행위를 한 중개업자 스스로 매매계약의 목적물을 다른 점포로 오인한 채 매수인에게 알려 준 과실을 바로 매수인 자신의 중대한 과실이라고 평가할 수도 없다.

주민등록증사진을 통한 경영주의 구분 **대법원 2007.8.23. 선고 2006다52815 판결**

소액대출임을 감안하여 간이심사 방식으로 신용조사를 한 점 등에 비추어 볼 때 신용보증기관 직원이 실제 경영주가 신용보증을 신청하면서 제출한 신청명의인의 주민등록증 사진을 통하여 신청명의인과 실제 경영주를 구분하지 못하고, 신청명의인의 학력과 경력이 실제 경영주의 것임을 발견하지 못하였다는 사정만으로 신용보증기관이 보증대상 기업의 경영주와 그 신용상태에 대한 착오를 일으킨 데 중대한 과실이 있다고 단정할 수 없다.

라. 착오취소 배제사유의 부존재

(1) 취소권 배세의 합의, 취소권의 포기 또는 실효

계약당사자들의 약정으로 착오를 이유로 한 취소권을 배제한 경우, **임의규정인 제109조 규정**의 적용이 배제된다(대법원 2016.4.15. 선고 2013다97694 판결). 또한 착오를 인식한 후 추인함으로써 취소권을 포기할 수 있고(제143조, 제144조), 착오 취소 사실을 알고도 장기간 취소권의 행사를 하지 아니한 경우 실효의 원칙이 적용될 수도 있다.

(2) 신의칙에 의한 취소권의 배제

의사표시 당시 착오가 있었더라도 그 후의 사정변경에 의하여 표의자에게 유리하게 되었고, 그에 따라 표의자의 착오 주장이 신의칙에 반하게 되는 경우에 취소권이 배제된다. 공장 신축이 불가한 지역의 토지에 관하여 착오를 일으켜 공장용지로 목적으로 매수한 경우, 후에 규제가 해제되어 공장신축이 가능하게 되었다면 착오 취소가 불가하다.

(3) 상대방의 양해

상대방이 사후에 표의자에 의하여 의욕된 바를 알고 표의자의 진의에 따른 법률효과를 양해한 경우, 선행행위와 모순되는 행위의 금지의 원칙 등에 비추어 착오취소가 배제된다.

(4) 계속적 채권관계에서 사정변경

고용 또는 조합과 같은 계속적 채권관계에서 의사표시가 행하여진 당시에는 법률행위의 내용의 중요부분의 착오가 있었으나 계약실행의 과정에서 착오를 이유로 한 취소가 의미를 상실한 경우, 예를 들어 미숙련자를 숙련공인지 잘못 알고 고용하였으나 그 사이에 기술을 익혀 숙련공이 된 경우, 취소할 수 없다.

(5) 의식적인 위험인수

투기행위처럼 위험을 의식적으로 인수한 경우 착오취소가 인정되지 않는다.

마. 증명책임

적극요건인 착오의 존재 및 그 착오가 법률행위 내용의 중요부분에 관한 것이라는 점에 대한 증명책임은 **표의자**가 부담하나, 권리장애사실로서 소극요건인 표의자의 **중대한 과실**여부는 의사표시를 취소하고자 하는 표의자의 **상대방**이 부담한다.

4. 효과

가. 소급적 무효

착오로 인한 의사표시는 취소할 수 있을 뿐이고,[23] 비진의표시·허위표시와 달리 처음부터 무효가 아니다. 취소권은 권리자의 일방적인 의사표시에 의하여 당사자 사이의 법률관계를 변동케 하는 효력이 있으므로 형성권에 속한다.

취소권이 행사되면 법률행위가 처음부터 무효인 것으로 간주된다. 일부 착오의 경우 법률행위가 가분적이거나 그 목적물의 일부가 특정될 수 있고 나머지 부분만이라도 유지하려는 당사자의 가정적 의사가 인정되면 그 일부만의 취소도 가능하다(대법원 1998.2.10. 선고 97다44737 판결).

나. 제3자에 대한 관계

제109조 제2항에 의해서 선의의 제3자에게 대항하지 못한다. 제3자란 착오에 기한 의사표시의 당사자와 그 포괄승계인 이외의 자로서 착오에 의한 의사표시로 인하여 생긴 법률관계를 토대로 새로운 이해관계를 가지게 된 자를 말한다. '선의'란 착오에 의한 의사표시임을 알지 못하는 것을 말하는바 착오에 기한 외관을 신뢰한 것을 의미한다. 선의의 제3자로부터 전득한 자는 비록 전득시 악의였더라도 취소로 대항하지

---

23) 취소의 대상이 의사표시 자체인지, 아니면 그 의사표시를 구성요소로 하는 법률행위인지 다툼이 있다. 그러나 의사표시가 효력을 잃으면 법률행위 역시 의사표시를 결한 것이 되어 소급하여 효력을 잃게 되는 것이므로 실익이 없는 논쟁이다.

못한다. 제109조 제2항 역시 선의자의 무과실을 요구하지 않는다.

전술한 바와 같이 제107조 제2항, 제108조 제2항, 제109조 제2항, 제110조 제2항은 제3자의 범위 등에서 모두 같은 취지의 규정이다.

다. 취소자의 신뢰이익배상책임

표의자가 착오를 이유로 그의 의사표시를 취소한다면 그 취소로 인하여 선의, 무과실의 상대방이 입게 되는 손해에 관하여 독일 민법은 상대방에 대하여 신뢰이익을 배상하도록 규정한다. 위와 같은 규정이 없는 우리 민법 체계에서도 착오 취소 상대방이 입은 예기치 못한 손해는 전적으로 착오를 일으킨 표의자에 의하여 야기된 것이므로 제535조를 준용하여 과실 있는 표의자의 신뢰이익에 대한 배상책임을 인정해야 한다는 견해와,[24] 그에 관한 명문의 규정이 없고, 착오 취소의 경우 표의자에게 경과실이 있는 경우에 한정될 뿐 중과실의 경우에는 취소권이 배제되므로 신뢰이익배상은 인정할 수 없다는 견해가 대립한다.[25] 판례는 경과실로 착오에 빠져 계약을 체결한 다음 착오를 이유로 그 취소를 한 자에 대하여 불법행위책임을 부정한다.

착오 취소를 이유로 한 배상책임 불인정 **대법원 1997.8.22. 선고 97다13023 판결**

전문건설공제조합이 계약보증서를 발급함에 앞서 조합원으로부터 입찰결과통보서 등을 제출받거나 도급인에게 도급금액 등을 조회하여 도급금액이 조합원의 도급한도액 범위 내인지 여부를 확인하는 것을 게을리하여 조합원이 제출한 계약보증신청서만 믿고서 계약보증서를 발급한 것이 중대한 과실에 해당한다고는 할 수 없다. 불법행위로 인한 손해배상책임이 성립하기 위하여는 가해자의 고의 또는 과실 이외에 행위의 위법성이 요구되므로, 전문건설공제조합이 계약보증서를 발급하면서 조합원이 수급할 공사의 실제 도급금액을 확인하지 아니한 과실이 있다고 하더라도 민법 제109조에서 중과실이 없는 착오자의 착오를 이유로 한 의사표시의 취소를 허용하고 있는 이상, 전문건설공제조합이 과실로 인하여 착오에 빠져 계약보증서를 발급한 것이나 그 착오를 이유로 보증계약을 취소한 것이 위법하다고 할 수는 없다.[26]

라. 쌍방착오와 보충해석

당사자 쌍방이 계약의 전제나 내용에 관하여 모두 착오에 빠진 경우, 쌍방이 모두

---

24) 곽윤직, 245면; 지원림, 265~266면.

25) 김증한·김학동, 351면; 김준호, 289면.

26) 전문건설공제조합이 도급금액이 허위로 기재된 계약보증신청서를 믿고서 조합원이 수급할 공사의 도급금액 범위 내인 것으로 잘못 알고 계약보증서를 발급한 것은 중대한 과실에 해당한다고 할 수 없고, 그로 인한 착오 취소가 위법하다고 할 수도 없다는 사안임.

그 계약의 유지를 바란다면 당사자들의 가정적 의사를 밝히는 보충해석이 필요하다. 그러나 계약 유지를 원치 않는 당사자가 있거나 그 보충해석이 불가능한 경우, 불이익 당사자의 탈퇴권이 인정되어 법률행위 내용의 중요부분에 착오가 있는 것으로 보아 취소가 가능하다.

쌍방 착오시 계약의 보충해석 **대법원 2006.11.23. 선고 2005다13288 판결**

계약당사자 쌍방이 계약의 전제나 기초가 되는 사항에 관하여 같은 내용으로 착오가 있고 이로 인하여 그에 관한 구체적 약정을 하지 아니하였다면, 당사자가 그러한 착오가 없을 때에 약정하였을 것으로 보이는 내용으로 당사자의 의사를 보충하여 계약을 해석할 수 있는바, 여기서 보충되는 당사자의 의사는 당사자의 실제 의사 또는 주관적 의사가 아니라 계약의 목적, 거래관행, 적용법규, 신의칙 등에 비추어 객관적으로 추인되는 정당한 이익조정 의사를 말한다. 국가와 기부채납자가 국유지인 대지 위에 건물을 신축하여 기부채납하고 위 대지 및 건물에 대한 사용수익권을 받기로 약정하면서 그 기부채납이 부가가치세 부과대상인 것을 모른 채 계약을 체결한 사안에서, 두 계약당사자의 진의(진의)가 국가가 부가가치세를 부담하는 것이었다고 추정하여 계약을 수정 해석하여야 한다고 본 원심판결을 파기한 사례(쌍방착오로서 취소 가능하나, 쌍방이 모두 계약의 유지를 바라는 경우이므로 보충해석이 필요함).

5. 적용범위

가. 사법상의 의사표시

(1) 제109조는 **원칙적으로 모든 재산법상의 의사표시에 적용**된다. 판례는 재단법인의 설립행위와 같은 상대방 없는 단독행위의 경우에도 착오 취소가 가능하다고 한다(대법원 1999.7.9. 선고 98다9045 판결). 다만 재산법상의 행위 중 거래의 안전이 중시되는 대규모·정형적 거래에는 표시주의를 관철할 필요가 있어 제109조의 적용이 제한되는 경우가 있다.

(2) **가족법상의 법률행위**에는 당사자의 의사가 절대적으로 중요하므로 제109조가 적용되지 않는다(제109조 제1항 단서 및 제2항 포함). 특히 착오에 기한 혼인 및 입양행위는 그에 관한 합의가 없으므로 무효이다(제815조, 제883조).

(3) **화해계약**은 분쟁의 종식을 위하여 당사자가 서로 양보함으로써 새로운 권리가 발생하는 창설적 효력이 있으므로(제732조), 그 성립이 당사자의 착오에 기인한 것이라고 할지라도 그 성질상 취소하지 못하는 것이 원칙이다(제733조). 다만 불법행위로 인한 피해자의 상속인으로 잘못 알고 손해배상에 관하여 화해를 한 경우와 같은 **당사**

자의 자격에 관한 착오, 분쟁의 대상이 아니라 분쟁의 전제 또는 기초가 되는 사항(손해배상의 범위에 관하여 다툼이 있다가 화해가 이루어진 경우에 불법행위의 성립 여부)에 관하여 잘못 안 것과 같이 **목적인 분쟁 이외의 사항에 착오가 있는 경우**에만 예외적으로 착오 취소가 가능하다.

화해의 목적인 분쟁 이외의 사항 **대법원 2004.6.25. 선고 2003다32797 판결**

민법상의 화해계약을 체결한 경우 당사자는 착오를 이유로 취소하지 못하고, 다만 화해 당사자의 자격 또는 화해의 목적인 분쟁 이외의 사항에 착오가 있는 때에 한하여 이를 취소할 수 있으며, 여기서 '화해의 목적인 분쟁 이외의 사항'이라 함은 분쟁의 대상이 아니라 분쟁의 전제 또는 기초가 된 사항으로서 쌍방 당사자가 예정한 것이어서 상호 양보의 내용으로 되지 않고 다툼이 없는 사실로 양해된 사항을 말한다.

나. 공법상의 행위

공법상의 행위에 대하여는 원칙적으로 제109조가 적용되지 않는다. 그러나 사인의 공법상의 의사표시(예컨대 공법상 계약에 따라 신분을 취득한 공무원의 사직의사 표명)에 대하여 제109조가 유추적용 된다고 할 것이고, 행정주체가 사인과 유사한 지위에서 거래하는 경우 즉 행정주체의 사경제적 활동에 대하여는 제109조가 적용된다.

소송행위에 관하여도 그 절차의 안정과 명확성이 요구되므로 그 내용의 중요부분에 착오가 있더라도 제109조가 적용되지 않는다.

6. 관련문제

가. 법률행위의 해석과의 관계

법률행위의 해석이 착오 여부에 관한 판단에 선행한다. 표의자의 진의가 의사표시에 명확하게 표현되지 않았더라도 그 상대방이 표의자의 진의를 알고 있었기 때문에 표시된 바가 아니라 진의가 의사표시의 내용이라는 점이 해석을 통하여 밝혀진다면, 위 의사표시에는 착오가 존재하지 않으므로 취소권은 배제된다.

법률행위 해석의 영역에서는 **규범적 해석이 이루어지는 경우에 한하여 착오로 인한 취소가 가능**하다. 자연적 해석의 경우 외견상 착오와 비슷하게 진의와 표시가 불일치하는 상황이 있더라도 당사자들이 의욕한대로 효과가 발생하게 되므로 그 불일치가 의사표시의 무효화의 근거가 될 수 없고, 보충적 해석의 경우 계약을 가급적 유지시키고자 하는 것이므로 착오 문제가 거론되지 않기 때문이다.

나. 매도인의 담보책임과의 관계

매매 목적물에 하자가 있는 경우 하자담보책임에 관한 규정만이 적용되는지, 아니면 매수인이 계약 체결시 하자의 존재를 알지 못하였음을 들어 착오 취소에 관한 규정도 함께 적용될 수 있는지 문제된다. 다수설은 매도인의 담보책임에 관한 규정이 적용되고, 법률행위 내용의 중요부분에 착오가 있더라도 착오의 규정은 적용되지 않는다고 한다(법조경합설). 그것은 담보책임의 성립요건이 대체로 착오의 그것을 포함하고, 담보책임의 법률효과가 착오의 그것보다 상세하게 규정되어 있기 때문이다.[27)]

다. 무효인 법률행위와의 관계

강행규정 또는 사회질서에 반하는 법률행위는 확정적으로 무효이고, 따라서 그에 대하여는 착오 취소가 적용될 여지가 없다. 다만 유동적 무효상태에 있는 법률행위에 대한 착오 취소의 주장은 거래허가신청 협력에 대한 거절의사를 명백히 하는 의미를 가질 수 있다.

유동적 무효와 착오로 인한 취소 **대법원 1996.11.8. 선고 96다35309 판결**

국토이용관리법상 규제구역 내에 속하는 토지거래에 관하여 관할 도지사로부터 거래허가를 받지 아니한 거래계약은 처음부터 허가를 배제하거나 잠탈하는 내용의 계약이 아닌 한 허가를 받기까지는 유동적 무효의 상태에 있고 거래당사자는 거래허가를 받기 위하여 서로 협력할 의무가 있으므로, 그 유동적 무효 상태의 계약에 기하여 임의로 지급한 계약금 등은 유동적 무효 상태가 확정적으로 무효가 되었을 때 비로소 부당이득으로 그 반환을 구할 수 있고, 유동적 무효 상태의 계약이 확정적으로 무효로 되는 경우로서는 관할 도지사에 의한 불허가 처분이 있을 때나 당사자 쌍방이 허가신청협력의무의 이행거절 의사를 명백히 표시한 경우 등이 있다. 국토이용관리법상 거래허가를 받지 아니하고 계약당사자의 표시와 불일치한 의사(비진의표시, 허위표시 또는 착오) 또는 사기, 강박과 같은 하자 있는 의사에 의하여 토지거래 등이 이루어진 경우에 있어서, 이들 사유에 기하여 그 거래의 무효 또는 취소를 주장할 수 있는 당사자는 그러한 거래허가를 신청하기 전 단계에서 이러한 사유를 주장하여 거래허가 신청협력에 거절의사를 일방적으로 명백히 함으로써 그 계약을 확정적으로 무효화시키고 자신의 거래허가절차에 협력할 의무를 면함은 물론 기왕에 지급된 계약금 등의 반환도 구할 수 있다.

라. 계약해제권과의 관계

매도인이 매수인의 중도금지급의무불이행을 이유로 매매계약을 적법하게 해제한 후라도, 매수인은 상대방이 한 계약해제의 효과로 발생하는 손해배상책임을 지거나

27) 서울고등법원 1980.10.31. 선고 80나2589 판결

매매계약에 따른 계약금의 반환을 받을 수 없는 불이익을 면하기 위하여 착오를 이유로 취소권을 행사하여 매매계약 전체를 무효로 할 수 있다. 위와 같이 계약해제권이 행사되더라도 착오 취소권은 소멸되지 않는 반면, 착오로 인한 취소권을 행사하면 계약해제권은 소멸한다.

계약이 해제된 후 착오로 인한 취소 **대법원 1996.12.6. 선고 95다24982,24999 판결**

매도인이 매수인의 중도금 지급채무 불이행을 이유로 매매계약을 적법하게 해제한 후라도 매수인으로서는 상대방이 한 계약해제의 효과로서 발생하는 손해배상책임을 지거나 매매계약에 따른 계약금의 반환을 받을 수 없는 불이익을 면하기 위하여 착오를 이유로 한 취소권을 행사하여 매매계약 전체를 무효로 돌리게 할 수 있다.

Ⅴ. 사기·강박에 의한 의사표시

1. 의의

사적자치의 원칙에 따르면, 의사표시는 행위자가 자유로운 상태에서 결정한 의사에 따른 것이어야 온전히 그 효력을 발생할 수 있다. 타인의 위법한 간섭으로 자유롭지 못한 상태에서 행하여진 의사표시를 유효한 것으로 한다면 표의자에게는 가혹하고, 위법한 간섭을 한 자에게 그 의사표시에 의한 법률효과가 그대로 귀속되는 결과가 되어 부당하다. 그에 따라 민법은 위와 같이 의사형성과정에 하자가 있는 경우로 사기·강박에 의한 의사표시를 규정하면서, 표의자에게 그 의사표시를 취소할 수 있도록 하고 있다. 또한 사기나 강박을 한 자가 누구냐에 따라 취소권의 발생요건을 달리 규정하고 있는바, 법률행위 상대방에 의한 사기·강박의 경우에는 그 사실이 입증되면 언제든지 취소할 수 있으나(제110조 제1항), 제3자에 의한 경우에는 상대방이 그 사실을 알았거나 알 수 있었을 때에만 취소가 가능하다(동조 제2항).

사기·강박에 의한 의사표시는 전술한 바와 같이 표시에 상응하는 의사가 있다는 점에서 '의사와 표시의 불일치'와는 구별된다. 또한 표의자에게 재산상 손해가 있을 것을 그 취소의 요건으로 규정하지 않는 등으로 미루어 제110조가 표의자의 재산이 아니라 **의사결정의 자유를 보호**하고자 하는 것임을 유의하여야 한다.

2. 요건

가. 사기에 의한 의사표시

표의자가 타인의 기망행위로 말미암아 착오에 빠지고, 그러한 상태에서 의사표시를 하는 것을 말한다. 법률행위 내용의 중요부분의 착오일 필요는 없지만, 내용의 중요부분의 착오일 때는 제109조의 취소권과 경합된다 할 것이다.

(1) 사기자의 고의

법률행위의 상대방 또는 제3자인 사기자에게 표의자를 기망하여 착오에 빠지게 하려는 고의와 착오에 기하여 의사표시를 하게 하려는 고의, 즉 2단의 고의가 있어야 한다. 이들 중 어느 한쪽에 고의가 없거나 과실이 개재되었다면 사기에 의한 의사표시가 성립하지 않는다.

(2) 기망행위

표의자로 하여금 사실과 다른 그릇된 관념을 갖게 하거나 이를 강화 또는 유지하려는 모든 행위를 말한다. 적극적이든 소극적이든 진실을 은폐하는 모든 기망행위를 포함하므로 신의칙상 고지의무 있는 사항의 불고지 등 침묵도 기망행위가 될 수 있다.

수급인의 공제조합에 대한 기망행위 **대법원 2002.11.26. 선고 2002다34727 판결**

건설산업기본법에 따라 설립된 공제조합이 그 조합원과의 보증위탁계약에 따라 조합원이 도급받은 공사 등의 계약이행과 관련하여 부담하는 계약보증금의 납부에 관한 의무이행을 보증하기 위하여 계약보증서를 발급하는 방법으로 그 도급인과 보증계약을 체결하는 경우, 공제조합은 그 조합원이 도급계약에 따른 채무를 이행하지 아니함으로 말미암아 도급인에게 부담하게 될 채무를 보증하는 것이므로, 선급금의 액수와 그 지급방법 및 선급금이 정하여진 용도로 실제 사용될 것인지 여부 등은 보증사고에 해당하는 수급인의 채무불이행 여부를 판정하는 기준이 되는 계약상 중요한 사항으로서 조합원 등이 이를 거짓으로 고지할 경우 공제조합에 대한 기망행위가 될 수 있다.

계약 전 정보제공 불이행과 기망행위 **대법원 1984.4.10. 선고 81다239 판결**

환매권양도계약 체결당시 국가가 본건 부동산을 원소유자에게 환매하기로 결정하여 환매수속상신중에 있다는 사실을 양수인이 알고 있었다 하더라도 양수인이 그 사실을 양도인인 환매권자에게 고지하여 주었어야만 할 의무는 없다 할 것이므로 이를 고지하지 않았다 하여 기망행위가 있었다고 볼 수 없다.
환매권자가 환매권의 양도계약체결시에 목적부동산이 군용지로 사용되지 않고 있고, 국가가 원소유자(환매권자)에게 환매할 것이라는 사실을 몰랐기 때문에 시가보다 저렴한 가격으로 양도계약을 체결한 것이라 하더라도 그것은 의사결정의 동기의 착오는 될 수 있을지언정 법률행위의 중요부분의 착오가 있는 경우로는 볼 수 없다.

(3) 인과관계의 존재

기망행위와 착오 사이, 착오와 의사표시 사이에 인과관계가 존재하여야 한다. 즉 표의자가 기망행위로 말미암아 착오에 빠지고, 그 착오에 기하여 의사표시를 하였어야 한다. 여기에서의 인과관계는 주관적인 것으로 족하므로 피기망자의 인식을 기준으로 원인, 결과의 관계가 있으면 된다.

(4) 기망행위의 위법성

기망행위가 위법한 것이어야 한다. 일반 거래에 있어 이익 도모를 위하여 타인의 무지를 이용하거나 과장된 표현을 하는 것이 어느 정도 허용된다 할 것이므로, 기망행위가 **신의칙 및 거래관행에 비추어 용인될 정도를 넘은 때**에 비로소 위법한 것으로 평가된다. 기망행위의 위법 여부는 개별적, 구체적으로 판단되어야 한다.

과장광고의 위법성 여부 **대법원 2001.5.29. 선고 99다55601,55618 판결**

상가를 분양하면서 그 곳에 첨단 오락타운을 조성·운영하고 전문경영인에 의한 위탁경영을 통하여 분양계약자들에게 일정액 이상의 수익을 보장한다는 광고를 하고, 분양계약 체결시 이러한 광고내용을 계약상대방에게 설명하였더라도, 체결된 분양계약서에는 이러한 내용이 기재되지 않은 점과, 그 후의 위 상가 임대운영경위 등에 비추어 볼 때, 위와 같은 광고 및 분양계약 체결시의 설명은 청약의 유인에 불과할 뿐 상가 분양계약의 내용으로 되었다고 볼 수 없고, 따라서 분양 회사는 위 상가를 첨단 오락타운으로 조성·운영하거나 일정한 수익을 보장할 의무를 부담하지 않는다. 상품의 선전 광고에 있어서 거래의 중요한 사항에 관하여 구체적 사실을 신의성실의 의무에 비추어 비난받을 정도의 방법으로 허위로 고지한 경우에는 기망행위에 해당한다고 할 것이나, 그 선전 광고에 다소의 과장 허위가 수반되는 것은 그것이 일반 상거래의 관행과 신의칙에 비추어 시인될 수 있는 한 기망성이 결여된다고 할 것이고, 또한 용도가 특정된 특수시설을 분양받을 경우 그 운영을 어떻게 하고, 그 수익은 얼마나 될 것인지와 같은 사항은 투자자들의 책임과 판단 하에 결정될 성질의 것이므로, 상가를 분양하면서 그 곳에 첨단 오락타운을 조성하고 전문경영인에 의한 위탁경영을 통하여 일정 수익을 보장한다는 취지의 광고를 하였다고 하여 이로써 상대방을 기망하여 분양계약을 체결하게 하였다거나 상대방이 계약의 중요부분에 관하여 착오를 일으켜 분양계약을 체결하게 된 것이라 볼 수 없다.

수분양자로 하여금 잘못 판단하게 하는 정보 대법원 2010.2.25. 선고 2009다86000 판결

분양자가 수분양자가 전매이익을 노리고 분양을 받으려는 것을 알면서 수분양자로 하여금 전매이익의 발생 여부나 그 액에 관하여 거래관념상 용납될 수 없는 방법으로 잘못 판단하게 함으로써 분양계약에 이르게 하였다는 등의 특별한 사정이 없는 한, 분양자에게 그 대립당사자로서 스스로 이익을 추구하여 행위하는 수분양자에 대하여 최초분양인지, 전매분양인지를 포함하여 수분양자의 전매이익에 영향을 미칠 가능성이 있는 사항들에 관하여 분양자가 가지는 정보를 밝혀야 할 신의칙상의 의무가 있다거나, 나아가 그러한 정보를 밝혀 고지하지 아니하면 그것이 부작위에 의한 기망에 해당하여 민법 제110조 제1항에서 정하는 사기가 된다고 쉽사리 말할 수 없다.

교환 목적물에 관한 고가 평가 대법원 2002.9.4. 선고 2000다54406,54413 판결

일반적으로 교환계약을 체결하려는 당사자는 서로 자기가 소유하는 교환 목적물은 고가로 평가하고 상대방이 소유하는 목적물은 염가로 평가하여 보다 유리한 조건으로 교환계약을 체결하기를 희망하는 이해상반의 지위에 있고 각자가 자신의 지식과 경험을 이용하여 최대한으로 자신의 이익을 도모할 것이 예상되기 때문에, 당사자 일방이 알고 있는 정보를 상대방에게 사실대로 고지하여야 할 신의칙상의 주의의무가 인정된다고 볼 만한 특별한 사정이 없는 한, 어느 일방이 교환 목적물의 시가나 그 가액 결정의 기초가 되는 사항에 관하여 상대방에게 설명 내지 고지를 할 주의의무를 부담한다고 할 수 없고, 일방 당사자가 자기가 소유하는 목적물의 시가를 묵비하여 상대방에게 고지하지 아니하거나 혹은 허위로 시가보다 높은 가액을 시가라고 고지하였다 하더라도 이는 상대방의 의사결정에 불법적인 간섭을 한 것이라고 볼 수 없다.

아파트 분양자의 고지의무 대법원 2006.10.12. 선고 2004다48515 판결

이 사건 아파트 단지 인근에 쓰레기 매립장이 건설예정인 사실이 신의칙상 피고가 분양계약자들에게 고지하여야 할 대상이다. 부동산 거래에 있어 거래 상대방이 일정한 사정에 관한 고지를 받았더라면 그 거래를 하지 않았을 것임이 경험칙상 명백한 경우에는 신의성실의 원칙상 사전에 상대방에게 그와 같은 사정을 고지할 의무가 있으며, 그와 같은 고지의무의 대상이 되는 것은 직접적인 법령의 규정뿐 아니라 널리 계약상, 관습상 또는 조리상의 일반원칙에 의하여도 인정될 수 있다. 고지의무 위반은 부작위에 의한 기망행위에 해당하므로 원고들로서는 기망을 이유로 분양계약을 취소하고 분양대금의 반환을 구할 수도 있고 분양계약의 취소를 원하지 않을 경우 그로 인한 손해배상만을 청구할 수도 있다.

백화점의 변칙세일행위의 위법성 대법원 1993.8.13. 선고 92다52665 판결

상품의 선전, 광고에 있어 다소의 과장이나 허위가 수반되는 것은 그것이 일반 상거래의 관행과 신의칙에 비추어 시인될 수 있는 한 기망성이 결여된다고 하겠으나, 거래에 있어서 중요한 사항에 관하여 구체적 사실을 신의성실의 의무에 비추어 비난받을 정도의 방법으로 허위로 고지한 경우에는 기망행위에 해당한다고 할 것이고, 한편 현대 산업화 사회에 있어 소비자가 갖는 상품의 품질이나 가격등에 대한 정보는 대부분 생산자 및 유통업자의 광고에 의존할 수밖에 없는 것이므로, 이 사건 백화점들과 같은 대형유통업체의 매장에서 판매되는 상품의 품질과 가격에 대한 소비자들의 신뢰나 기대는 백화점들 스스로의 대대적인 광고에 의하여 창출된 것으로서 특히 크고 이는 보호되어야 할 것이다. 원심이 같은 취지에서, 위와 같은 변칙세일은 물품구매동기에 있어서 중요한 요소인 가격조건에 관하여 기망이 이루어진 것으로서 그 사술의 정도가 사회적으로 용인될 수 있는 상술의 정도를 넘은 것이어서 위법성이 있다고 판단하였음은 옳고, 거기에 소론과 같이 상거래의 본질 또는 허용될 수 있는 기망행위의 범위에 관한 법리오해의 위법이 있다고 할 수 없다.

나. 강박에 의한 의사표시

표의자가 타인의 강박행위에 의하여 공포심을 갖게 되고, 그로 인한 해악을 피하기 위하여 마음에 없이 행한 의사표시를 말한다. 강박에 의한 의사표시로서 취소의 대상이 되려면 심리적 강제는 있었으나 피강박자에게 의사결정의 여지는 여전히 존재하여야 한다. 따라서 절대폭력에 의하여 의사결정의 자유가 완전히 박탈된 상태에서 행위가 이루어진 경우에는 효과의사나 표시행위가 없어 의사표시 자체가 존재하지 않고, 그 행위는 무효이다.

(1) 강박의 고의

강박자에게 2중의 고의가 필요하다. 표의자에게 공포심을 일으키려는 고의와, 그 공포심에 기하여 의사표시를 하게 하려는 고의가 그것이다.

(2) 강박행위

강박행위란 장차 해악이 초래될 것임을 고지하여 공포심을 일으키게 하는 일체의 행위를 말한다. 여기에서 해악이란 피강박자인 표의자에게 불리한 것을 말하며, 그 방법이나 종류에는 제한이 없다. 피강박자 본인이 아닌 그의 근친자 등 제3자에 대한 강박도 포함된다.

강박행위가 아니라고 판단한 사례 **대법원 1996.4.26. 선고 94다34432 판결**

채권자인 주거래은행이 부실기업의 제3자 인수 방안을 부실기업의 대표이사에게 통보하고 이를 실현해 나감에 있어 그 대표이사가 반대함에도 불구하고 그 대표이사에게 불응하면 어떤 해악이 초래될 것임을 고지하여 그 대표이사가 이에 응할 수밖에 없도록 강요하였다면 강박이 될 수도 있겠으나, 주거래은행이 더 이상 자금 지원을 하지 아니하는 한 그 부실기업 전체는 즉각 도산하고 그 대표이사는 당좌수표의 부도로 인하여 형사처벌까지도 당할 위험에 처해 있었기 때문에, 그 대표이사 스스로도 여러 차례 검토를 한 연후에 뚜렷한 반대 없이 주거래은행의 결정을 받아들인 경우, 그 과정에서 일어난 주거래은행의 일련의 조치를 해악의 고지라고 할 수 없다.

의사결정의 자유를 완전 박탈한 경우 **대법원 2002.12.10. 선고 2002다56031 판결**

강박에 의한 법률행위가 하자 있는 의사표시로서 취소되는 것에 그치지 않고 나아가 무효로 되기 위하여는, 강박의 정도가 단순한 불법적 해악의 고지로 상대방으로 하여금 공포를 느끼도록 하는 정도가 아니고, 의사표시자로 하여금 의사결정을 스스로 할 수 있는 여지를 완전히 박탈한 상태에서 의사표시가 이루어져 단지 법률행위의 외형만이 만들어진 것에 불과한 정도이어야 할 것이다

(3) 인과관계 존재

강박행위와 표의자의 공포심, 그 공포심과 피강박자의 의사표시 사이에 인과관계가 있어야 하고, 그 존재 여부는 피강박자인 표의자의 관점에서 판단하여야 한다.

해악고지에 공포를 느끼고 한 의사표시 **대법원 2003.5.13. 선고 2002다73708,73715 판결**

강박에 의한 의사표시라고 하려면 상대방이 불법으로 어떤 해악을 고지함으로 말미암아 공포를 느끼고 의사표시를 한 것이어야 한다.
강박에 의한 법률행위가 하자 있는 의사표시로서 취소되는 것에 그치지 않고 나아가 무효로 되기 위하여는, 강박의 정도가 단순한 불법적 해악의 고지로 상대방으로 하여금 공포를 느끼도록 하는 정도가 아니고, 의사표시자로 하여금 의사결정을 스스로 할 수 있는 여지를 완전히 박탈한 상태에서 의사표시가 이루어져 단지 법률행위의 외형만이 만들어진 것에 불과한 정도이어야 한다. 제반 사정을 고려하여 보면 의무부담의 의사표시가 강박으로 인하여 의사결정을 스스로 할 수 있는 여지를 완전히 박탈당한 상태에서 이루어진 것으로 보기 어렵다고 한 사례.

(4) 위법성

강박행위가 위법하여야 한다. 주의할 것은 이 의미가 강박행위 자체가 위법하여야 한다는 것이 아니고 '표의자의 의사결정이 위법하게 이루어지는 것'을 말한다는 것이다. 강박의 수단이 위법(감금, 폭행이나 협박의 사용)하거나, 강박행위에 의하여 추구하는 목적이 위법(교통사고의 피해자가 가해운전자에게 보험회사를 속이는데 협력하지 않으면 사고신고를 하겠다고 하는 경우)하면 강박행위의 위법성이 인정된다. 나아가 강박의 수단과 목적이 정당하더라도 그것들을 상관적으로 고찰하여 정당하지 않으면(자선단체에 기부를 권유하며 불응시 과거의 범죄사실을 고발하겠다고 하는 경우) 위법성이 인정될 수 있다.

위법성이 인정되지 않는 해악의 고지 **대법원 2000.3.23. 선고 99다64049 판결**

강박에 의한 의사표시라고 하려면 상대방이 불법으로 어떤 해악을 고지함으로 말미암아 공포를 느끼고 의사표시를 한 것이어야 하는바, 여기서 어떤 해악을 고지하는 강박행위가 위법하다고 하기 위하여는, 강박행위 당시의 거래관념과 제반 사정에 비추어 해악의 고지로써 추구하는 이익이 정당하지 아니하거나 강박의 수단으로 상대방에게 고지하는 해악의 내용이 법질서에 위배된 경우 또는 어떤 해악의 고지가 거래관념상 그 해악의 고지로써 추구하는 이익의 달성을 위한 수단으로 부적당한 경우 등에 해당하여야 한다. 갑이 자신이 최대주주이던 A 금융회사로 하여금 실질상 자신 소유인 B 회사에 부실대출을 하도록 개입하였다고 판단한 A 금융회사의 새로운 경영진이 갑에게 위 대출금채무를 연대보증하지 않으면 갑 소유의 C 회사에 대한 어음대출금을 회수하여 부도를 내겠다고 위협하여 갑이 법적 책임 없는 위 대출금채무를 연대보증한 경우, 강박에 의한 의사표시에 해당하지 않는다.

3. 효과

가. 상대방의 사기·강박의 경우

표의자가 그 상대방으로부터 사기나 강박을 당하여 의사표시를 한 경우, 표의자는 언제든지 그 **의사표시를 취소**할 수 있다(제110조 제1항).

나. 제3자의 사기·강박의 경우

표의자의 상대방이 아닌 제3자가 사기·강박을 행한 경우, **상대방 없는 의사표시**는 표의자가 언제든지 취소할 수 있다.

이 경우 **상대방 있는 의사표시**는 그 의사표시의 상대방이 제3자에 의한 사기나 강박의 사실을 알고 있거나 알 수 있었을 경우에만 표의자가 취소할 수 있다(제110조

제2항). 사기·강박이 누구에 의해 행하여졌든 그로 인해 표의자의 의사결정 자유가 침해받는 것은 마찬가지이만, 제3자의 사기·강박에 의한 의사표시의 경우 그 법률효과를 받는 자가 제3자가 아닌 상대방임에도 언제든지 취소가 가능하다면 상대방에게 너무 가혹한 결과를 초래하기 때문에 의사표시의 취소 요건을 서로 달리한 것으로 보인다.

사기·강박의 행위자에 따라 그 취소의 요건이 달라지므로 제3자의 범위를 정하는 것은 매우 중요하다. 이에 대하여 학설은 실제로 사기·강박을 행한 사람이 의사표시 상대방의 의사에 좇아 법률행위에 관여한 경우에는 제3자가 아닌 것으로 보는 등 그 범위를 좁히고 있다.[28] 판례는 상대방의 피용자는 원칙적으로 제3자에 해당하나, 상대방의 대리인 또는 대리권 있는 피용자는 제3자에 해당하지 않고(대법원 1998.1.23. 선고 96다41496 판결, 아래 98다60828,60835 판결 등), 제3자가 법률행위의 상대방과 공모하여 표의자를 기망하였다면 제3자에 의한 사기라고 볼 수 없으므로 제110조 제1항이 적용된다고 판시한다(대법원 2002.6.14. 선고 2002다14853 판결).

다. 제3자에 대한 관계

위 의사표시의 취소는 선의의 제3자에게 대항할 수 없다(제110조 제3항). 제3자의 범위, 선의 등에 관하여는 허의표시 등에서 설명한 바와 같다. 다만 취소권이 배제되더라도 표의자가 입게 되는 손해는 기망 또는 강박을 한 자에 대하여 불법행위로 인한 손해배상청구를 함으로써 전보될 수 있다.

제3자의 사기·강박 **대법원 1999.2.23. 선고 98다60828,60835 판결**

상대방 있는 의사표시에 관하여 제3자가 사기나 강박을 한 경우에는 상대방이 그 사실을 알았거나 알 수 있었을 경우에 한하여 그 의사표시를 취소할 수 있으나, 상대방의 대리인 등 상대방과 동일시할 수 있는 자의 사기나 강박은 제3자의 사기·강박에 해당하지 아니한다. 은행의 출장소장이 어음할인을 부탁받자 그 어음이 부도날 경우를 대비하여 담보조로 받아두는 것이라고 속이고 금전소비대차 및 연대보증 약정을 체결한 후 그 대출금을 자신이 인출하여 사용한 사안에서, 위 출장소장의 행위는 은행 또는 은행과 동일시할 수 있는 자의 사기일 뿐 제3자의 사기로 볼 수 없으므로, 은행이 그 사기사실을 알았거나 알 수 있었을 경우에 한하여 위 약정을 취소할 수 있다고 볼 것은 아니다.

분양계약 취소 않고도 손해배상청구 가능 **대법원 1998.3.10. 선고 97다55829 판결**

제3자의 사기행위로 인하여 피해자가 주택건설사와 사이에 주택에 관한 분양계약을 체결하였다고 하더라도 제3자의 사기행위 자체가 불법행위를 구성하는 이상, 제3자로

28) 김준호, 295면.

서는 그 불법행위로 인하여 피해자가 입은 손해를 배상할 책임을 부담하는 것이므로, 피해자가 제3자를 상대로 손해배상청구를 하기 위하여 반드시 그 분양계약을 취소할 필요는 없다.

4. 적용범위

재산법상의 행위에 적용됨이 원칙이다. 다만 그 중에서 외형을 신뢰하여 신속·대량으로 행해지는 법률행위에 대해서는 거래의 안전을 위하여 표시주의가 관철되어야 하므로 제110조의 적용이 제한된다. 예컨대 상법 제320조는 회사 성립 후 주식의 인수에서 사기나 강박 등을 이유로 인수를 취소하지 못한다고 규정하고 있다. 가족법상의 행위에는 적용되지 않음이 원칙이고, 혼인이나 입양 등에 관하여 따로 특칙을 두고 있다(제816조, 제884조 등).

5. 다른 제도와의 관계

가. 불법행위와의 관계

사기·강박에 의한 의사표시의 경우, 그에 대한 구제수단으로 표의자는 제110조에 의하여 의사표시를 취소함으로써 부당이득반환을 청구할 수 있고, 제750조에 의하여 손해배상을 청구할 수도 있다. 따라서 취소권을 행사한 후라도 전보되지 않은 손해가 있으면 손해배상을 청구할 수 있다. 다만 취소에 따른 부당이득반환청구권과 사기·강박에 기한 일체의 손해에 대한 배상청구를 중첩적으로 행사할 수는 없고, 부당이득을 반환받은 한도에서 손해배상액이 감축된다.

부당이득반환청구권과 손해배상청구권 경합 **대법원 1993.4.27. 선고 92다56087 판결**

영업양도계약이 사기로 인한 것으로서 취소되었다면 양수인이 양수한 물건들은 반환되어야 할 것이므로 양수인이 위 물건들로써 어떤 이득을 얻었다고 볼 수 없다. 법률행위가 사기에 의한 것으로서 취소되는 경우에 그 법률행위가 동시에 불법행위를 구성하는 때에는 취소의 효과로 생기는 부당이득반환청구권과 불법행위로 인한 손해배상청구권은 경합하여 병존하는 것이므로, 채권자는 어느 것이라도 선택하여 행사할 수 있지만 중첩적으로 행사할 수는 없다.

나. 착오 취소와의 관계

의사표시의 구속력을 제거하기 위한 근거라는 점에서 착오 취소와 사기 취소 사이에 차이는 없다. 그러나 사기·강박은 다른 사람이 표의자의 효과의사(진의)의 형성에 관여하기 때문에 착오에서와 같은 의사와 표시의 불일치는 없는 것이 원칙이고,[29] 그 중점이 「효과의사의 하자있는 형성」에 있다. 또한 사기 취소의 경우에는 표의자가 기망행위를 한 자에 대하여 불법행위에 기한 손해배상을 청구할 수 있지만, 착오 취소의 경우에 적어도 현행법 해석론으로는 그렇지 않다는 점에 차이가 있다.

한편 그 요건상 사기 취소의 경우에는 표의자가 상대방의 고의를 입증해야 하나 중요부분의 착오가 아니라도 되는 반면, 착오 취소의 경우에는 상대방의 고의를 요구치 않으나 중요부분의 착오이어야 한다.

사기가 아닌 착오에 의한 의사표시 적용 **대법원 2005.5.27. 선고 2004다43824 판결**

사기에 의한 의사표시란 타인의 기망행위로 말미암아 착오에 빠지게 된 결과 어떠한 의사표시를 하게 되는 경우이므로 거기에는 의사와 표시의 불일치가 있을 수 없고, 단지 의사의 형성과정 즉 의사표시의 동기에 착오가 있는 것에 불과하며, 이 점에서 고유한 의미의 착오에 의한 의사표시와 구분되는데, 신원보증서류에 서명날인한다는 착각에 빠진 상태로 연대보증의 서면에 서명날인한 경우, 결국 위와 같은 행위는 강학상 기명날인의 착오(또는 서명의 착오), 즉 어떤 사람이 자신의 의사와 다른 법률효과를 발생시키는 내용의 서면에, 그것을 읽지 않거나 올바르게 이해하지 못한 채 기명날인을 하는 이른바 표시상의 착오에 해당하므로, 비록 위와 같은 착오가 제3자의 기망행위에 의하여 일어난 것이라 하더라도 그에 관하여는 사기에 의한 의사표시에 관한 법리, 특히 상대방이 그러한 제3자의 기망행위 사실을 알았거나 알 수 있었을 경우가 아닌 한 의사표시자가 취소권을 행사할 수 없다는 민법 제110조 제2항의 규정을 적용할 것이 아니라, 착오에 의한 의사표시에 관한 법리만을 적용하여 취소권 행사의 가부를 가려야 한다.[30]

다. 담보책임과의 관계

매매목적물에 흠이 있음에도 불구하고 이를 속이고 매도한 경우에 사기에 의한 의사표시와 매도인의 하자담보책임이 문제되는바, 매수인 겸 피기망자는 양자를 자유롭게 행사할 수 있다(대법원 1973.10.23. 선고 73다268 판결). 피기망자가 의사표시를 취소하였다면 더 이상 담보책임을 물을 수 없으나, 계약해제권을 행사하여도 취소권은 존속한다. 이 점에 관하여 착오 취소와 다른 이유는 담보책임이 항상 기망을 수반하는 것은 아니기 때문이다.

29) 그 유형상 사기·기망에 의한 의사표시는 상대방 등 타인이 유발한 동기의 착오와 유사하다.

30) 표의자가 취소의 원인으로서 착오에 관한 주장을 아니함에 따라 착오에 관하여는 판단조차 하지 않은 채 제110조 제2항을 적용하여 기망에 의한 의사표시가 아니라고 판시한 원심을 파기한 사례임.

Ⅵ. 의사표시의 효력발생

1. 서설

상대방이 없는 의사표시의 경우에 특정의 상대방이 없으므로 표의자가 의사를 표명한 때 그 효력이 발생함이 원칙이다. 따라서 민법은 그에 관한 일반규정을 두고 있지 않고, 유언의 경우에 유언자의 사망시에 그 효력이 발생하고(제1073조), 상속포기의 경우 상속이 개시된 때로 소급하여 그 효력이 발생한다(제1042조)는 등, 특별한 의사표시에 관하여 개별적인 규정들을 두고 있을 뿐이다.

상대방 있는 의사표시에서는 표시행위에 의하여 효과의사가 외부에서 알 수 있는 상태가 되는 것으로 충분하지 않고, 표시행위가 바로 그 상대방을 향하여 행해짐으로써 인지가능성이 있게 하는 등 상대방의 입장에서 고려하여야 할 문제들이 있다. 첫째는 의사표시의 효력이 언제 발생하는가(의사표시의 불착 또는 연착의 경우에 표의자와 상대방 중 누가 그에 따른 위험을 부담할 것인가), 둘째는 상대방이 제한능력자인 경우에 의사표시의 수령능력이 있는가, 셋째는 상대방이 누구인지 또는 그 소재를 알지 못하는 경우에 의사표시를 어떻게 하느냐 등이 그것이다. 민법은 제111조부터 제113조까지 그에 관하여 규정한다.

2. 의사표시의 효력발생시기

가. 도달주의의 원칙

상대방이 있는 의사표시는 일반적으로 <표의자에 의한 의사표명>, <발신(통지)>, <상대방에게 도달>, <상대방의 요지>의 단계를 거친다. 제111조는 상대방 있는 의사표시는 위 단계 중 상대방에게 도달시 효력이 발생한다고 규정함으로써 도달주의 원칙을 표명하고 있다. 그러나 위 규정은 **임의규정**이므로 당사자의 약정에 의하여 의사표시의 효력발생시기를 달리 정할 수 있다.

도달(到達)이란 의사표시가 상대방의 사회적 지배 범위 내에 들어가 상대방이 일반적, 객관적으로 **의사표시의 내용을 요지할 수 있는 상태에 놓이는 것**을 말하고(요지가능시설), 상대방이 이를 현실적으로 수령하였다거나 그 내용을 알았을 것까지 요하지는 않는다. 의사표시가 담긴 편지가 상대방의 우편함에 투입되거나 동거 가족에게 교부되면 도달된 것으로 보아야 한다. 그러나 상대방이 일반적, 객관적으로 의사표시의 내용을 알 수 있는 상태에 놓여져야 하므로 가령 표의자가 의사가 담긴 문서를 상대방 모르게 주머니에 넣는 것만으로는 도달이 있었다고 할 수 없다.

제111조는 상대방 있는 법률행위에 적용되므로, 계약은 물론 상대방 있는 단독행위

인 근로기준법상의 해고(대법원 1997.9.26. 선고 97누1600 판결), 소장이나 준비서면을 통한 의사표시에도 적용된다. 또한 채권양도의 통지와 같은 준법률행위, 행정처분의 송달에도 위와 같은 도달의 법리가 유추적용된다.

납세고지서의 수령권한 위임에 따른 수령 대법원 2011.5.13. 선고 2010다108876 판결

원심판결 및 원심이 적법하게 채용한 증거들에 의하면, 피고는 1999. 1.경 이 사건 납세고지서를 등기우편으로 원고의 주민등록지인 서울 양천구 신정동 311 목동신시가지 아파트 1019동 (이하 생략)(이하 '이 사건 아파트'라고 한다)로 발송한 사실, 원고는 당시 두 딸들과 함께 이 사건 아파트에 주민등록상 전입신고를 하여 1996.11.4.부터 1999.8.30.까지 거주한 것으로 되어 있으나 실제로 원고의 두 딸들만이 이 사건 아파트의 방 1칸에 거주하면서 고등학교와 중학교에 다니고 있었고 원고는 위 기간 동안 울산에서 남편, 아들과 함께 거주하고 있었던 사실, 한편 소외인은 1995. 4.경부터 이 사건 아파트의 다른 방 1칸을 임차하여 거주하고 있었는데 1999.1.8. 원고를 수취인으로 하여 이 사건 아파트로 우송되어 온 이 사건 납세고지서를 수령하면서 그 우편물배달증명서에 자신을 동거인이라고 기재한 사실, 소외인은 평소 원고에게 온 우편물을 대신 수령하여 원고의 두 딸들이 거주하던 방문 앞에 놓아 온 사실을 알 수 있는바, 사실관계가 이와 같다면, 원고는 이 사건 납세고지서 등의 수령권한을 소외인에게 묵시적으로 위임한 것이라고 봄이 상당하다.

통지의 내용을 알 수 있는 객관적 상태 대법원 2008.6.12. 선고 2008다19973 판결

계약의 해제와 같은 상대방 있는 의사표시는 그 통지가 상대방에게 도달한 때 효력이 생기는 것이고(민법 제111조 제1항), 여기서 도달이라 함은 사회통념상 상대방이 통지의 내용을 알 수 있는 객관적 상태에 놓여 있는 경우를 가리키는 것으로서, 상대방이 통지를 현실적으로 수령하거나 통지의 내용을 알 것까지는 필요로 하지 않는 것이므로 (대법원 1983.8.23. 선고 82다카439 판결 등 참조), 상대방이 정당한 사유 없이 통지의 수령을 거절한 경우에는 상대방이 그 통지의 내용을 알 수 있는 객관적 상태에 놓여 있는 때에 의사표시의 효력이 생기는 것으로 보아야 한다. 원심은 피고가 원고에게 그 판시와 같이 이 사건 매매계약을 이행할 것과 이행하지 아니할 경우에는 이 사건 매매계약을 해제하겠다는 내용이 담긴 내용증명우편을 보내어 원고에게 도착하였으나 원고가 그 우편물의 수취를 거절하고 매매계약을 이행하지 아니한 사실을 인정한 다음, 그 판시와 같은 사정에 비추어 보면 이 사건 매매계약은 원고의 잔금지급 거절을 원인으로 한 피고의 계약해제 의사표시에 의하여 적법하게 해제되었다고 판단하였다.

청문서의 적법한 송달 대법원 1993.11.26. 선고 93누17478 판결

우편법 제31조, 제34조, 같은법 시행령 제42조, 제43조의 규정취지는 우편사업을 독점하고 있는 국가가 배달위탁을 받은 우편물의 배달방법을 구체적으로 명시하여 그 수탁업무의 한계를 명백히 한 것으로서 위 규정에 따라 우편물이 배달되면 우편물이 정당하게 교부된 것으로 인정하여 국가의 배달업무를 다하였다는 것일 뿐이지 우편물의 송달로써 달성하려고 하는 법률효과까지 발생하게 하는 것은 아니므로 위 규정에 따라 우편물이 배달되었다고 하여 언제나 상대방있는 의사표시의 통지가 상대방에게 도달하였다고 볼 수는 없다 할 것인바(당원 1984.2.14. 선고 83누233 판결 참조), 원심이 확정한 사실에 의하더라도 집배원으로부터 우편물을 수령한 빌딩건물 경비원이 원고나 그 동거인 또는 고용인에게 위 청문서를 전달하였다고 볼 수 없는 이상 청문서가 원고에게 적법하게 송달되었다고 볼 수 없다할 것이고 식품위생법 제64조가 정하는 청문제도의 취지는 영업정지와 같은 식품위생법 제58조가 정하는 처분으로 불이익을 받게 된 영업자에게 미리 변명과 유리한 자료를 제출할 기회를 부여함으로써 처분의 신중을 기하고 그 적정성을 확보하여 영업자의 권리에 대한 부당한 침해를 예방하려는 데 있으므로 원고가 청문서를 송달받지 못하여 청문절차에 불출석하였는데도 불응하는 것으로 보아 원고에게 의견진술기회를 주지 아니한 채 이루어진 이 사건 처분은 영업정지사유가 인정된다 하더라도 위법하다 할 것이다(당원 1991.7.9. 선고 91누971 판결 참조).

채권양도통지의 채무자에게 도달 대법원 2010.4.15. 선고 2010다57 판결

민사소송법상의 송달은 당사자나 그 밖의 소송관계인에게 소송상 서류의 내용을 알 기회를 주기 위하여 법정의 방식에 좇아 행하여지는 통지행위로서, 송달장소와 송달을 받을 사람 등에 관하여 구체적으로 법이 정하는 바에 따라 행하여지지 아니하면 부적법하여 송달로서의 효력이 발생하지 아니한다. 한편 채권양도의 통지는 채무자에게 도달됨으로써 효력이 발생하는 것이고, 여기서 도달이라 함은 사회통념상 상대방이 통지의 내용을 알 수 있는 객관적 상태에 놓여 졌다고 인정되는 상태를 가리킨다. 이와 같이 도달은 보다 탄력적인 개념으로서 송달장소나 수송달자 등의 면에서 위에서 본 송달에서와 같은 엄격함은 요구되지 아니하며, 이에 송달장소 등에 관한 민사소송법의 규정을 유추적용할 것이 아니다. 따라서 채권양도의 통지는 민사소송법상의 송달에 관한 규정에서 송달장소로 정하는 채무자의 주소·거소·영업소 또는 사무소 등에 해당하지 아니하는 장소에서라도 채무자가 사회통념상 그 통지의 내용을 알 수 있는 객관적 상태에 놓여 졌다고 인정됨으로써 족하다.

도달주의를 채택한 결과 **의사표시의 불착 또는 연착의 불이익을 표의자가 부담**한다. 따라서 의사표시의 효력발생을 주장하는 표의자가 도달에 대한 **증명책임**을 부담하고, 상대방이 의사표시의 수령을 거절한 경우에는 수령거절사실을 증명하여야 한다. 이러한 증명책임을 완화하는 방법으로 내용증명 및 배달증명이 이용될 수 있을 것이다. 보통우편을 이용하는 경우 그 도달이 추정되지 않으나, 내용증명우편이나 등기우편의 경우 반송되었다는 등의 특별한 사정이 없다면 도달된 것으로 추정한다.

의사표시는 상대방에게 도달한 때에 효력이 생기므로 발신 후라도 도달하기 전이라면 그 철회가 가능하다. 그러나 의사표시가 일단 상대방에게 도달한 후에는, 비록 상대방이 아직 그 내용을 알기 전일지라도, 표의자는 더 이상 그 의사표시를 철회할 수 없다. 한편 계약에 있어서 청약의 의사표시에 관하여는 특별한 구속력이 인정되고(제527조, 제529조), 연착한 승낙의 의사표시에 관하여도 특별한 효력을 주는 규정을 두고 있다(제528조).

의사표시의 발신 후의 사정변경은 의사표시에 영향을 미치지 않는다. 가령 승낙의 의사표시를 발신한 후 승낙자가 사망하고 그 의사표시는 승낙기간 내에 도달하였다면 계약은 유효하게 성립하고, 승낙자의 상속인이 계약상의 권리와 의무를 상속한다(제111조 제2항 참조).

내용증명 우편물의 도달 추정 **대법원 1997.2.25. 선고 96다38322 판결**

의사표시가 기재된 내용증명 우편물이 발송되고 반송되지 아니하였다면 특별한 사정이 없는 한 이는 그 무렵에 송달되었다고 볼 것이므로(대법원 1980.1.15. 선고 79다1498 판결 참조), 이 사건에서 원고가 피고에게 보낸 위 최고서가 반송되었다는 등 특별한 사정이 없는 한 그 무렵 수취인에게 배달되었다고 보아야 할 것이다.

나. 발신주의의 예외

(1) 민법의 특칙

상대방의 확답촉구에 대한 제한능력자측의 확답(제15조), 무권대리인의 상대방의 최고에 대한 본인의 확답(제131조), 채무인수 승낙여부 최고에 대한 채권자의 확답(제455조) 등에 관하여는 발신주의가 적용된다. 그 밖에 격지자 간의 계약은 승낙의 통지를 발송한 때에 성립하고(제531조), 사단법인 총회의 소집통지는 1주간 전에 발송하도록 규정한다(제71조).

(2) 상법

상법에서는 거래의 신속을 위하여 발신주의를 많이 채택하고 있다.

3. 의사표시의 공시송달

의사표시는 도달에 의하여 효력을 발생하게 되므로, 상대방이 누구인지 또는 그가 어디 있는지를 알 수 없는 표의자는 의사표시의 효력을 발생시킬 수 없다. 이러한 불편을 없애기 위하여 공시의 방법에 의한 송달이 인정된다.

민법은 표의자가 과실이 없이 상대방을 알지 못하거나 그 소재를 알지 못하는 경우에는 민사소송법 공시송달의 규정에 의하여 송달할 수 있다고 규정한다(제113조). 상대방이 사망하였는데 그 상속인이 누구인지 모르거나, 채무자가 잠적해버린 경우 등이 그 예이다.

공시송달은 민사소송법 제194조 내지 제196조 등에 따라 법원에 신청하고, 법원사무관 등이 송달할 서류를 보관하고 그 사유를 법원의 게시판에 게시하거나 그 밖에 대법원 규칙이 정하는 방법으로 실시하며, 게시일로부터 2주가 지나면[31) 도달한 것으로 본다.

4. 의사표시의 수령능력

의사표시의 수령이란 그 도달을 표의자의 상대방 쪽에서 본 것이다. 의사표시의 통지가 상대방에게 도달하였다고 하더라도 그것을 수령한 사람이 그 내용을 이해할 능력이 없다면, 상대방이 의사표시의 내용을 요지할 수 있는 상태에 놓인 것으로 볼 수 없고, 따라서 그 도달을 의사표시의 효력발생시기로 보기는 어렵다.

의사표시의 수령능력이란 타인으로부터 수령한 의사표시의 내용을 알 수 있는 능력을 말한다. 수령능력이 적극적으로 의사표시를 하는 행위능력과 똑같을 필요는 없을 것으로 보이나, 민법은 제한능력자에 대한 보호의 취지에서 모든 제한능력자를 수령능력이 없는 것으로 다룬다. 그에 따라 의사표시의 상대방이 의사표시를 받은 때에 제한능력자인 경우에는 의사표시자는 그 의사표시로써 대항할 수 없다고 규정하고 있다(제112조 전문). 표의자가 의사표시의 도달을 주장할 수 없다는 것일 뿐, 제한능력자가 그 도달을 주장하는 것은 무방하다. 다만 상대방의 법정대리인이 제한능력자에게 의사표시가 도달한 사실을 안 후에는 표의자는 의사표시의 도달을 주장할 수 있다(동조 후문). 한편 제한능력자가 예외적으로 행위능력을 가지는 경우, 수령능력은 행위능력보다 그 정도가 낮아도 무방하므로, 수령능력도 인정된다고 할 것이다.[32)]

다만 위 규정은 의시표시가 특정의 상대방에게 도달이 된 것으로 보아야 하는지의 문제이므로, 상대방이 없는 의사표시나 발신주의의 예외가 적용되는 의사표시, 공시송달에 의한 의사표시에는 적용되지 않는다.

---

31) 같은 당사자에게 그 후에 하는 공시송달은 게시 다음 날부터 도달의 효력이 발생한다.

32) 곽윤직, 252면.

*** 우편물의 배달과 의사표시의 도달에 관한 판례

- **통상우편(보통우편)의 경우**
  - 우편이 발송되었다는 사실만으로 상당기간 내 도달을 추정할 수 없고, 송달 효력을 주장하는 측에서 도달사실을 입증하여야 함(대법원 2002.7.26. 선고 2000다25002 판결)
  - 우편물이 수취인 가구의 우편함에 투입되었다는 사실만으로 수취인이 그 우편물을 실제로 수취하였다고 추단할 수 없음(대법원 2006.3.24. 선고 2005다66411 판결)
- **등기우편이나 내용증명우편의 경우**
  - 반송 등 특별한 사정이 없는 한 도달된 것으로 봄(대법원 2007.12.27. 선고 2007다51758 판결)
  - 다만 등기우편물이 수취인의 주소나 사무소가 아닌 동업자의 사무소에서 신원이 분명치 않은 자에게 송달되거나, 주소지가 상대방이 현실적으로 거주하지 않는 채 주민등록만 되어 있는 경우라면 도달된 것으로 볼 수 없음(대법원 1997.11.25. 선고 97다31281 판결, 1998.2.13. 선고 97누8977 판결)

제4절 법률행위의 대리

Ⅰ. 총설

1. 대리의 의의 및 기능

가. 개념 및 연혁

대리란 타인(대리인)이 본인의 이름으로 법률행위(의사표시)를 하거나 의사표시를 수령함으로써 그 법률효과가 직접 본인에게 귀속되도록 하는 제도이다. 법률행위가 성립한 경우에 법률행위(의사표시)의 효과는 그 행위자(표의자)에게 귀속되는 것이 원칙이다. 그런데 대리제도는 '법률효과의 표의자에의 귀속'이라는 원칙에 대한 중대한 예외로써, 대리인의 의사표시의 효과가 본인에게 귀속하게 된다. 즉 대리인에 의하여 법률행위가 이루어진 경우 **법률행위의 주체와 그에 따른 법률효과의 귀속자가 서로 달라지게 된다**.

나. 사회적 기능

근대사법은 사적자치의 원칙을 실현하는 수단으로 법률행위 제도를 두고 있다. 그 법률행위를 본인이 아닌 타인이 하면서 그 법률효과를 본인에게 귀속시키는 대리제도는 사적자치와 관련하여 다음과 같이 중요한 기능을 한다.

(1) 사적자치의 확장

오늘날 산업의 발전으로 거래관계는 공간적으로 전국적·세계적 규모로 넓어지고, 그 방법 또한 기술적으로 전문화되는 분야가 많이 있게 되었다. 그에 따라 어느 법률주체가 자유의사에 따라 모든 법률행위를 할 수 있다고 하더라도, 실제로 그 법률행위를 혼자서 한다는 것은 사실상 불가능할 수밖에 없다. 이러한 경우 타인을 대리인으로 하여 법률행위를 하게하고 그 효과는 본인에게 귀속시킨다면 그 법률주체의 활동범위는 크게 확장된다. 이러한 기능은 후술하는 임의대리 분야에서 작용한다.

(2) 사적자치의 보충

권리능력은 모든 사람에게 인정되나, 의사무능력자는 스스로 법률행위를 할 수 없고, 제한능력자의 경우 행위능력이 일정 범위로 제한되어 있다. 대리제도는 위와 같은 의사무능력자나 제한능력자로 하여금 권리·의무를 취득할 수 있게 해준다. 즉 의사무능력자 등이 권리·의무를 취득할 수 있는 것은 대리제도가 있기 때문이다. 이러한 기능은 주로 법정대리 분야에서 작용한다.

2. 대리의 법적 성질

가. 대리의 본질

대리는 본인과는 별개의 독립된 법률적 지위를 가지는 대리인 자신이 하거나 수령하는 의사표시에 기하여, 본인을 위하여 한다는 대리적 효과의사에 따라 그 행위의 법률적 효과가 직접 본인에게 귀속되는 제도이다. 이처럼 **법률행위의 주체**와 **법률효과의 귀속자**가 서로 **분리**되는 현상을 이해하기 위해서는 대리의 본질에 대한 고찰이 필요하다.

본인행위설은 법률행위의 당사자는 본인과 상대방이라면서, 본인의 기관에 불과한 대리인의 행위를 본인의 행위로 의제한다고 보는 견해이고, **공동행위설**은 본인과 대리인의 공동행위, 즉 본인의 대리인에 대한 의사와 대리인의 상대방에 대한 의사의 결합으로 법률행위의 효력이 발생한다고 보는 견해이며, **통합요건설**은 본인의 수권행위와 대리인의 대리행위가 적법한 대리를 위한 통합요건이 된다는 견해이다. 통설인 **대리인행위설**에 따르면 법률행위의 당사자를 본인이 아니라 현실의 행위자인 대리인으로 보면서, 대리인은 본인의 효과의사를 대리하는 것이 아니라 자신의 효과의사에 기하여 본인의 이름으로 법률행위를 행하게 된다는 것이다. 즉 대리행위에 있어서 법률요건은 대리인에 의하여 실현되나 그 법률효과는 '법률의 규정(제114조 이하)' 또는 '본인을 위하여 법률행위 등을 하려고 하는 대리인의 효과의사'에 의하여 본인에게 귀속된다고 보는 것이다. 그 실정법적 근거로는 제116조 제1항을 든다.

나. 대리가 인정되는 범위

대리가 인정되는 범위는 **원칙적으로 법률행위**, 즉 의사표시를 하거나(능동대리) 또는 의사표시를 받는 행위(수동대리, 제114조)에 한한다. 그런데 대리에 관한 규정은 **임의규정**이므로 당사자 사이에 대리 금지의 약정을 한 경우 법률행위라도 대리가 허용되지 않는다.

한편 아래에서 보는 바와 같이 법률행위가 아니면서도 대리가 허용되는 경우도 있고, 법률행위이면서도 대리에 친하지 않은 경우도 있다.

(1) 준법률행위 및 사실행위

준법률행위 중 의사의 통지와 관념의 통지 등 표현행위에 대해서는 의사표시에 관한 규정들이 유추적용되므로 대리가 허용된다(통설).

사실행위에는 대리가 인정되지 않으므로 사실행위에 제3자의 협력이 있더라도 대행 또는 보조행위에 그칠 뿐 대리와는 무관하다.[1]) 인도와 관련하여 사실행위인 현실

1) 다만 제124조 단서에 따르면, '채무의 이행'은 그 내용이 법률행위가 아닌 사실행위일지라도 대리가 가능할 것으로 보인다(양창수·김재형, 170면).

의 인도에 대리가 허용되지 않음은 다툼이 없다. 한편 인도의 유형 중 간이인도(제188조 제2항), 점유개정(제189조), 목적물반환청구권의 양도(제190조)의 경우와 관련해서는 대리가 가능하다는 견해가 있으나, 굳이 그러한 예외를 인정할 실익이 없다할 것이므로 부정설이 타당하다.

(2) 불법행위

불법행위에서는 대리가 성립될 여지가 없고, 그 효과가 불법행위를 한 자에게만 발생한다. 대리인이 동시에 본인의 피용자라면 대리인의 불법행위에 대하여 본인이 손해배상책임을 질 수도 있지만, 이는 제756조가 적용되는 결과일 뿐이다. 또한 법인의 불법행위에 관한 제35조 제1항은 법인의 기관에 관한 규정일 뿐 불법행위의 대리와는 무관하다.

(3) 대리에 친하지 않는 법률행위

혼인이나 유언 등과 같이 본인의 의사결정을 절대적으로 필요로 하는 가족법상의 법률행위는 대리에 친하지 않으나, 그 중 재산행위의 성질이 짙은 부양청구권 등의 행사는 그렇지 않다. 또한 13세 미만자의 입양의 경우에 법정대리인에 의한 대리가 인정된다(제869조).

한편 근로기준법은 '친권자 등 법정대리인은 **미성년자의 근로계약**을 대리할 수 없다'고 규정하여(제67조 제1항) 명문으로 대리를 금지하고 있다.

다. 대리와 구별되는 제도

(1) 간접대리

간접대리는 타인의 계산으로 그러나 자신의 명의로 법률행위를 하고, 그 효과는 행위자 자신에 관하여 생기며, 후에 그가 취득한 권리를 타인에게 이전하는 관계를 말한다. 그 대표적인 예로 위탁매매업(상법 제101조), 허수아비행위 등이 있다.

(2) 사자(使者)

본인에 의하여 완성된 의사표시를 단순히 전달하는 **전달기관으로서 사자**와, 본인이 결정한 효과의사를 상대방에게 그대로 표시하는 **표시기관으로서 사자**가 있다. 이러한 사자의 의사표시는 본인이 그 효과의사를 결정한다는 점, 그에 따라 대리인은 의사능력이 있어야 함에 반하여 사자에게는 의사능력이 필요치 않다는 점에서 대리와 구별된다.

(3) 대표

법인의 대표기관의 행위는 그대로 법인 자신의 행위로 간주된다. 대표는 법인과 별개의 행위주체가 아니라 법인의 기관, 즉 그 구성요소에 불과하기 때문이다(법인실재설). 따라서 대표의 행위는 대리와는 달리 법률행위뿐만 아니라 사실행위, 불법행위 영역에서도 성립한다.

한편 대표기관의 행위의 효과가 곧바로 법인에 귀속된다는 점에서 대표와 대리는 공통점이 있다. 그에 따라 민법은 '법인의 대표에 관하여는 대리에 관한 규정을 준용한다'고 규정하고 있다(제59조 제2항).

(4) 간접점유

간접점유는 타인으로 하여금 물건을 사실상 지배하게 하고 그 효과인 점유권을 본인이 가지는 경우, 그 본인의 점유를 말한다(제194조).[2] 예컨대 물건의 소유자가 그 물건을 다른 사람에게 임대하여 준 경우에 소유자가 하는 형태의 점유를 간접점유라고 하고, 임차인이 그것을 직접 지배하는 것과 같은 점유를 직접점유라고 한다.

(5) 명의모용

명의모용은 법률행위자가 법률효과의 귀속자 본인의 이름을 사용하면서 그 본인으로 행세하여 하는 법률행위를 말한다. 외견상 비현명대리와 비슷하나 대리인에게 대리권 및 대리의사가 있어 유효한 대리행위가 되는 비현명대리와 달리, 명의모용에서는 행위자와 명의자 중 누가 법률행위의 당사자인지를 확정하는 것이 법률행위 해석의 문제로 대두된다.

타인 명의의 계약체결과 당사자의 확정 **대법원 2003.9.5. 선고 2001다32120 판결**

계약을 체결하는 행위자가 타인의 이름으로 법률행위를 한 경우에 행위자 또는 명의인 가운데 누구를 계약의 당사자로 볼 것인가에 관하여는, 우선 행위자와 상대방의 의사가 일치한 경우에는 그 일치한 의사대로 행위자 또는 명의인을 계약의 당사자로 확정하여야 할 것이고, 행위자와 상대방의 의사가 일치하지 않는 경우에는 그 계약의 성질·내용·목적·체결 경위 등 그 계약 체결 전후의 구체적인 제반 사정을 토대로 상대방이 합리적인 사람이라면 행위자와 명의자 중 누구를 계약당사자로 이해할 것인가에 의하여 당사자를 결정하여야 한다. 어떤 사람이 타인을 통하여 부동산을 매수함에 있어 매수인 명의 및 소유권이전등기 명의를 그 타인 명의로 하기로 하였다면 이와 같은 매수인 및 등기 명의의 신탁관계는 그들 사이의 내부적인 관계에 불과한 것이므로 특별한 사정이 없는 한 대외적으로는 그 타인을 매매 당사자로 보아야 한다. 어떤 사람이 타인을 통하여 부동산을 매수함에 있어 매수인 명의 및 소유권이전등기 명의를 타인 명의로 하기로 약정하였고 매도인도 그 사실을 알고 있어서 그 약정이 부동산실권

---

2) 구민법에서는 간접점유가 아닌 대리점유라고 규정하였으나, 이는 점유의 문제일 뿐 의사표시와는 무관하므로 대리와는 구별된다.

리자명의등기에 관한 법률 제4조의 규정에 의하여 무효로 되고 이에 따라 매매계약도 무효로 되는 경우에, 매매계약상의 매수인의 지위가 당연히 명의신탁자에게 귀속되는 것은 아니지만, 그 무효사실이 밝혀진 후에 계약상대방인 매도인이 계약명의자인 명의수탁자 대신 명의신탁자가 그 계약의 매수인으로 되는 것에 대하여 동의 내지 승낙을 함으로써 부동산을 명의신탁자에게 양도할 의사를 표시하였다면, 명의신탁약정이 무효로 됨으로써 매수인의 지위를 상실한 명의수탁자의 의사에 관계없이 매도인과 명의신탁자 사이에는 종전의 매매계약과 같은 내용의 양도약정이 따로 체결된 것으로 봄이 상당하고, 따라서 이 경우 명의신탁자는 당초의 매수인이 아니라고 하더라도 매도인에 대하여 별도의 양도약정을 원인으로 하는 소유권이전등기청구를 할 수 있다.

명의모용과 계약당사자의 확정 대법원 1998.5.12. 선고 97다36989 판결

지입회사 직원이 자기 회사의 명의로 등록되어 있는 지입차량에 관하여 자기 회사가 사고가 많아 보험료율이 높은 관계로 보험료율이 낮은 계열회사의 명의로 보험계약을 체결하기 위하여 보험회사 직원에게 그 차량이 계열회사 소유라고 말하여 보험계약자 및 피보험자 명의를 계열회사로 하는 보험계약을 체결한 경우, 지입회사의 내심의 의사는 자신을 보험계약자 내지 피보험자로 하려는 의사가 있었을지 모르나 상대방인 보험회사와 사이에 그렇게 하기로 하는 의사의 합치가 있었다고 볼 수 없고, 또 보험회사로서는 계약 명의자인 계열회사가 실제의 보험계약자 및 피보험자인 것으로 이해하고 그에 따른 보험료율 등을 정하여 보험계약을 체결한 것이라고 보여지므로, 보험계약자 및 기명피보험자는 계약 명의자인 계열회사이다.

불특정인이 추가된 경우 당사자의 확정 대법원 2008.3.13. 선고 2007다76603 판결

실제 매매계약을 체결한 행위자가 자신의 이름은 특정하여 기재하되 불특정인을 추가하는 방식으로 매매계약서상의 매수인을 표시한 경우(즉, 실제 계약체결자의 이름에 '외 ○인'을 부가하는 형태)에 있어서는, 비록 실제 계약을 체결한 행위자가 당시 계약금 마련 과정에서 일부 자금을 출연한 사람이나 장래 중도금 및 잔금의 지급과정에서 예상되는 제3자의 투자자 등을 "외 ○인"에 해당하는 공동매수인으로 추가시키려는 내심의 의사를 가지고 있었다고 하더라도, 계약체결시나 그 이후 합의해제 시점까지 매도인에게 "외 ○인"에 해당하는 매수인 명의를 특정하여 고지한 바가 없고 매도인의 입장에서 이를 특정 내지 확정할 수 있는 다른 객관적 사정도 존재하지 않는다면, 그러한 계약의 매수인 지위는 매도인과 명확하게 의사합치가 이루어진 부분으로서 실제 계약을 체결한 행위자에게만 인정된다고 보아야 할 것이다.

3. 대리의 종류

가. 임의대리와 법정대리

대리권이 부여되는 근거에 따른 구별로, 본인의 의사에 의하여 대리권이 부여되는 임의대리(제128조)와, 법률의 규정이나 법원의 선임에 따라 대리권이 부여되는 법정대리가 있다. 임의대리와 법정대리의 **구별실익**은 대리인의 복임권(제120조, 제122조) 등 대리권의 범위, 대리인의 행위능력 요부(제937조, 제948조 등)와 대리권의 소멸사유(제128조, 제127조) 등에서 나타난다.

임의대리권의 범위 **대법원 1994.2.8. 선고 93다39379 판결**

임의대리에 있어서 대리권의 범위는 수권행위(대리권수여행위)에 의하여 정하여지는 것이므로 어느 행위가 대리권의 범위 내의 행위인지의 여부는 개별적인 수권행위의 내용이나 그 해석에 의하여 판단할 것이나, 일반적으로 말하면 수권행위의 통상의 내용으로서의 임의대리권은 그 권한에 부수하여 필요한 한도에서 상대방의 의사표시를 수령하는 이른바 수령대리권을 포함하는 것으로 보아야 한다. 부동산의 소유자로부터 매매계약을 체결할 대리권을 수여받은 대리인은 특별한 사정이 없는 한 그 매매계약에서 약정한 바에 따라 중도금이나 잔금을 수령할 권한도 있다고 보아야 한다.

나. 능동대리와 수동대리

대리행위의 모습에 따른 구별로, 능동대리는 본인을 위하여 제3자에게 의사표시를 하는 대리이고(제114조 제1항), 수동대리는 본인을 위하여 제3자의 의사표시를 수령하는 대리이다. 능동대리권이 인정되면 수동대리권도 당연히 있는 것으로 보게 되므로(통설, 판례), 특별한 사정이 없는 한 대리인은 위 두 대리권을 모두 갖는다.

다. 유권대리와 무권대리

대리권의 유무에 따른 구별로서 유권대리는 정당한 대리권을 가진 경우이고, 무권대리는 정당한 대리권을 갖지 못한 경우이다. 무권대리는 다시 표현대리(제125조, 제126조, 제129조)와 협의의 무권대리(제130조-제136조)로 나뉜다.

4. 대리에 있어서의 3면관계

대리인이 한 법률행위의 효과가 본인에게 귀속되려면, 대리인에게 본인을 대리하여 법률행위를 할 수 있는 권한이 있어야 하고, 대리행위가 그 권한의 범위 내에서 이루어져야 하며, 대리인의 의사표시가 본인을 위한 것임을 표시(현명)하여 행해져야 하는 등의 요건을 갖추어야 한다. 즉 위와 같은 요건들이 갖추어지면 대리에 의한 법률행위는 직접 본인에 대하여 효력이 생긴다.

이러한 대리관계는 본인과 대리인 사이에서 대리인이 본인으로부터 권한을 수여받은 정당한 대리인이라는 관계〈**대리권**〉, 대리인과 상대방 사이에서 대리인이 본인을 위하여 상대방과 사이에서 법률행위를 하는 관계〈**대리행위**〉, 상대방과 본인 사이에서 대리행위의 결과로 상대방과 본인 사이에 권리변동이 생기는 관계〈**법률효과의 귀속**〉 등 3면관계로 이루어진다.

민법은 대리에 관하여 대리제도의 본체인 3면관계를 규율하는 규정들을 두고, 이어서 대리에서의 특수한 경우인 복대리와 무권대리에 관하여 규정하고 있는바, 아래에서는 그 순서에 따라 항을 나누어 기술한다.

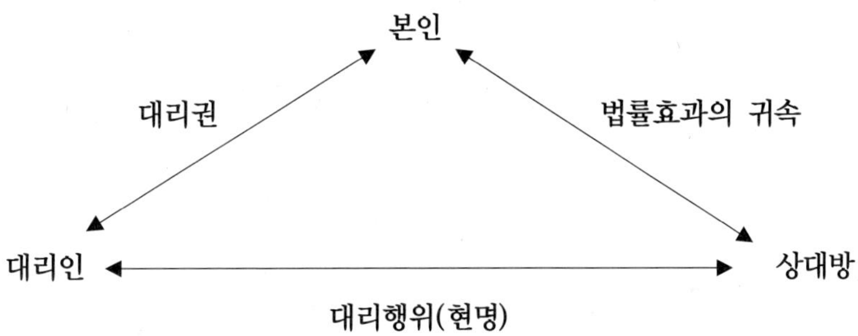

Ⅱ. 대리권(본인과 대리인 사이의 관계)

1. 의의 및 성질

대리권이란 타인(대리인)이 본인의 이름으로 의사표시를 하거나, 의사표시를 받음으로써 직접 본인에게 법률효과를 귀속시킬 수 있는 법률상의 능력 또는 자격을 말한다. 대리권은 행위능력과 같이 대리인과 상대방 사이에서의 법률행위를 유효하게 하는 요건이 된다.

대리권의 법적 성질에 관하여 형성권설, 부정설, 자격설 등이 주장되었으나, 자격설이 현재의 통설이다. 그에 따르면 대리권은 권리가 아니라 법률상 자격으로 일종의 권한이다.

대리권의 존재에 대한 증명책임 대법원 2008.9.25. 선고 2008다42195 판결

인감도장 및 인감증명서는 대리권을 인정할 수 있는 하나의 자료에 지나지 아니하고 이에 의하여 당연히 피고에게 원고를 대리하여 양도담보부 금전소비대차계약을 체결

하거나 위 계약에 대한 공정증서 작성을 촉탁할 대리권이 인정되는 것은 아니며, 대리권이 있다는 점에 대한 입증책임은 그 효과를 주장하는 피고에게 있다.

2. 발생원인

가. 법정대리권의 발생원인

법정대리권은 본인의 의사가 아닌 법률의 규정에 기하여 발생하는 대리권을 말한다. 여기에는 법률의 규정에 의하여 직접 대리인이 정해지면서 대리권도 발생하는 경우, 지정권자의 지정 또는 법원의 선임에 의하여 대리인이 정해지면서 대리권이 발생하는 경우 등 3가지가 있다.

법률의 규정에 의하여 당연히 대리권을 가지는 경우로는 본인에 대하여 일정한 지위에 있는 친권자(제911조, 제920조), 일상가사대리권을 가진 부부(제827조) 등을 들 수 있고(당연한 법정대리), **법률의 규정에 따라 일정한 지정권을 가진 자의 지정**에 의해서 대리인이 되는 경우로는 지정후견인(제931조), 지정유언집행자(제1093조, 제1094조) 등을 들 수 있으며(지정에 의한 법정대리), **법원이 선임**하는 자가 대리인이 되는 경우로는 부재자의 재산관리인(제23조),[3] 미성년후견인(제932조), 선임후견인(제936조), 상속재산관리인(제1023조, 제1040조, 제1044조, 제1047조, 제1053조), 유언집행자(제1096조) 등을 들 수 있다(선임에 의한 법정대리).

나. 임의대리권의 발생원인

(1) 대리권의 수여행위(수권행위)

본인이 대리인에게 대리권을 수여하는 행위를 **수권행위**라고 하는데, 임의대리권은 이러한 **본인의 수권행위**에 의하여 발생한다.

(2) 수권행위의 법적 성질

수권행위의 본질에 관하여는 그것이 계약인지 아니면 단독행위인지 견해가 갈린다. 대리인에게 의사능력·행위능력의 흠결이 있는 경우, 또는 착오, 사기나 강박 등 그 의사표시에 흠이 있는 경우에 수권행위의 효력을 좌우할 수 있다는 점에서 논의의 실익이 있다.

(가) 무명계약설(소수설)

무명계약설은 수권행위를 본인과 대리인 사이의 계약으로 이해한다. 수권행위가 단독행위라는 실정법상의 명문 규정이 없는 한, 단독행위만으로 타인에게 대리권을 발생시키는 것은 사적자치의 원칙에 반한다는 것을 근거로 한다.

---

3) 반면에 부재자가 선임한 재산관리인은 임의대리인이다.

(나) 단독행위설(통설)

단독행위설은 수권행위를 상대방 있는 단독행위로 이해한다. 따라서 상대방(대리인)의 동의나 승낙의 의사표시가 필요하지 않고, 상대방이 승낙할 능력이 없거나 그 승낙에 의사표시의 흠결이 있다고 하더라도 수권행위에 영향을 미치지 않는다.

(다) 검토

민법은 수권행위에 관하여 대리인에게 어떤 능력이나 자격을 부여(제120조) 또는 수여(제128조)한다는 표현을 사용하고, 수권행위를 철회(제128조 후문)할 수 있다는 표현도 사용하며, 대리인은 행위능력자임을 요하지 않는다(제117조)고 규정한다. 또한 권리나 의무를 취득, 부담시키는 것이 아니므로 대리인이 될 자의 의사표시는 불필요하다. 따라서 수권행위를 단독행위로 보는 견해가 타당하고, 그 상대방은 대리인이다.

(3) 수권행위와 기초적 내부관계(원인된 법률관계)[4]

(가) 수권행위의 독자성

수권행위는 일반적으로 본인과 대리인 사이의 위임이나 고용, 조합 등 기초적 내부관계에 수반하여 이루어진다. 주택의 매도를 위임하면서 대리권을 수여하는 경우, 변호사에게 사건처리를 위임하면서 소송대리권을 수여하는 경우처럼 대부분의 법률관계에서는 기초적 내부관계와 수권행위가 일체로 이루어진다.[5] 이처럼 두 행위가 일체로 이루어지는 것이 보통이지만, 수권행위와 그 근거가 되는 기초적 내부관계는 서로 내용을 달리하는 법률행위로써 관념상 구별된다고 보는 것이 통설이다. 즉 수권행위는 기초적 내부관계와는 별개의 독립된 행위라는 것이다.

(나) 수권행위의 유인성 여부

수권행위 자체에 하자가 있는 경우 의사표시 흠결의 원리에 의하여 해결하면 된다. 그런데 기초적 내부관계에 무효사유가 있거나 그것이 취소·해제되는 경우, 수권행위가 그 영향을 받아 소급적으로 실효가 되는지 여부에 관하여는 견해가 대립한다.

① 유인설

유인설은 본인과 대리인 사이의 기초적 내부관계인 위임 등이 무효이거나 취소·해제 등의 사유로 실효가 되면, 수권행위도 그 영향을 받아 효력을 상실한다고 본다(제

4) 수권행위가 통상 본인과 대리인 사이의 위임 등에 수반하여 이루어지는바, 대리관계의 측면에서 대리권의 기초가 되는 위임 등을 기초적 내부관계라고 부른다. 민법은 이에 관하여 제128조(임의대리의 종료)에서 원인된 법률관계라는 표현을 사용하나, 학자들은 위임 등에 반드시 대리가 수반되지 않는다는 이유로 기초적 내부관계라는 표현을 선호한다.

5) 그러나 변호사 선임시 위임의 일종인 선임계약이 체결되고(선임계약서 작성), 그와 별개로 소송대리권이 수여되면서 그 징표로써 위임장 또는 선임계가 작성되는 경우에는 두 행위가 외형상 분리된 예이다.

128조 전단). 따라서 대리행위가 이미 행하여졌다면 소급하여 실효되거나, 무권대리행위가 된다는 것이다. 다만 유인설을 취하면서도 거래안전을 위하여 이미 행해진 대리행위는 부득이하게 유효한 것으로 보는 견해도 있다.[6]

② 무인설

수권행위는 별개의 단독행위이므로 그 원인되는 기초적 내부관계로부터 구별되고, 기초적 내부관계가 무효 등의 사유로 실효된 경우에도 그 영향을 받지 않으므로 여전히 유효하다는 견해이다(다수설). 수권행위의 실효를 최소화함으로써 상대방을 보호하고 거래의 안전을 도모한다.[7]

(4) 수권행위의 방식

수권행위는 불요식행위이므로 구두, 또는 묵시적인 방법으로도 가능하지만(거래에 필요한 서류와 인감 등의 교부), 대리인에게 위임장을 주는 것이 가장 전형적인 방식이다. 위임장에는 통상 대리인과 대리권의 범위 등이 표시되나, 위 내용의 전부나 일부가 백지로 된 백지위임장도 유효하다.

(5) 수권행위의 하자

대리에서 행위자는 대리인이므로 대리행위의 하자 유무는 대리인을 기준으로 결정되지만(제116조 제1항), 수권행위의 하자는 그 행위의 주체인 **본인을 기준으로** 규율된다. 수권행위 자체에 착오나 사기 등 하자가 있어 취소되면 그 수권행위에 기초한 대리행위는 소급적으로 무권대리가 된다. 다만 상대방은 제109조 제2항 또는 제110조 제3항의 규정의 적용, 또는 제129조의 유추적용에 의하여 보호받을 수 있다.

3. 대리권의 범위와 제한

가. 대리권의 범위

(1) 법정대리권

법정대리인의 경우, 대리권 수여의 근거가 되는 법률규정의 해석으로 그 범위가 결정된다. 그 규정에는 친권자 또는 후견인(제920조, 제948조, 제949조), 유언집행자(제1101조), 부재자의 재산관리인과 상속재산관리인(제25조, 제1023조 제2항, 제1044조 제2항, 제1047조 제2항, 제1053조 제2항) 등이 있다. 위 규정의 내용이 아닌 당사자의 의사에 따라 법정대리권의 범위를 확장 또는 제한하는 것은 허용되지 않는다.

---

6) 곽윤직, 260면.

7) 김증한·김학동, 393면.

(2) 임의대리권

(가) 수권행위의 해석

임의대리인의 경우 원칙적으로 수권행위에 의하여 대리권의 범위가 결정된다. 위임장의 문언, 본인과 대리인의 관계, 대리행위의 내용, 거래의 관행 등을 고려하여 수권행위를 해석하게 되므로, 그 범위의 결정은 수권행위의 해석문제로 귀결된다(아래 93다39379 판결, 2008다11276 판결 등). 계약체결에 관한 대리권에 계약해제권은 포함되지 않으며, 융자를 위해서 등기필증과 인감증명서를 교부하는 것은 융자를 받을 권한을 준 것에 그치고 그 부동산을 매도할 권한을 준 것으로까지 해석되지 않는다고 한다.

계약체결의 대리권과 대금 수령권한 **대법원 1994.2.8. 선고 93다39379 판결**

임의대리에 있어서 대리권의 범위는 수권행위(대리권수여행위)에 의하여 정하여지는 것이므로 어느 행위가 대리권의 범위 내의 행위인지의 여부는 개별적인 수권행위의 내용이나 그 해석에 의하여 판단할 것이나, 일반적으로 말하면 수권행위의 통상의 내용으로서의 임의대리권은 그 권한에 부수하여 필요한 한도에서 상대방의 의사표시를 수령하는 이른바 수령대리권을 포함하는 것으로 보아야 할 것이다.
또한 부동산의 소유자로부터 매매계약을 체결할 대리권을 수여받은 대리인은 특별한 사정이 없는 한 그 매매계약에서 약정한 바에 따라 중도금이나 잔금을 수령할 권한도 있다고 보아야 할 것이다(당원 1991.1.29. 선고 90다9247 판결).

부동산 매수 대리권에 처분권의 포함 여부 **대법원 1991.2.12. 선고 90다7364 판결**

법률행위에 의하여 수여된 대리권은 그 원인된 법률관계의 종료에 의하여 소멸하는 것이므로 특별한 다른 사정이 없는 한 부동산을 매수할 권한을 수여받은 대리인에게 그 부동산을 처분할 대리권도 있다고 볼 수 없다.

계약체결의 대리권에 해제권 포함 여부 **대법원 2008.6.12. 선고 2008다11276 판결**

어떠한 계약의 체결에 관한 대리권을 수여받은 대리인이 수권된 법률행위를 하게 되면 그것으로 대리권의 원인된 법률관계는 원칙적으로 목적을 달성하여 종료하는 것이고, 법률행위에 의하여 수여된 대리권은 그 원인된 법률관계의 종료에 의하여 소멸하는 것이므로(민법 제128조), 그 계약을 대리하여 체결하였던 대리인이 체결된 계약의 해제 등 일체의 처분권과 상대방의 의사를 수령할 권한까지 가지고 있다고 볼 수는 없다.

(나) 범위가 명확하지 않는 경우의 보충규정

대리권은 있으나 수권행위의 해석을 통하여도 그 범위를 정할 수 없는 경우, 대리인은 제118조에 따라 보존·관리행위만 할 수 있고, 처분행위는 할 수 없다. 다만 이 규정은 그 내용상 임의대리 전반에 적용될 것은 아니고 재산의 관리에 관하여 대리권이 주어진 경우에 한정되어 적용됨을 유의하여야 한다.[8)]

① 보존행위

보존행위란 재산의 현상을 유지하기 위한 행위를 말하는바, 가옥의 수선, 소멸시효의 중단, 미등기 부동산의 등기, 기한 도래된 채무의 변제, 부패하기 쉬운 물건의 처분 등이 그 예이다. 반면에 대물변제나 경개, 기한이 미도래된 채무의 변제 등은 이에 해당되지 않는다. 대리인은 위와 같은 보존행위를 제한 없이 할 수 있다(제118조 제1호).

② 이용행위·개량행위(관리행위)

이용행위란 재산을 사용하거나 수익을 꾀하는 행위를, 개량행위란 사용가치나 교환가치를 증가시키는 행위를 말한다. 이용행위·개량행위는 대리의 목적인 물건이나 권리의 성질을 변하게 하지 않는 범위에서만 허용되고(제118조 제2호), 그 성질을 변하게 하는지 여부는 사회통념에 따라 결정된다. 허용되는 예로서 물건의 임대, 무이자 소비대차를 이자부 소비대차로 전환하는 행위를 들 수 있다. 그러나 농지의 택지 전환, 나대지에 건물의 신축, 예금의 주식 전환 및 은행예금의 사채화 등은 허용되지 않는다.

나. 대리권의 제한

(1) 자기계약 및 쌍방대리의 금지

본인과 대리인, 또는 본인과 본인 사이의 이익충돌을 방지하기 위하여 자기계약과 쌍방대리는 원칙적으로 금지된다(제124조). 본인 또는 일방의 이익을 해칠 우려가 있어 금지하는 것이므로 본인의 위임, 허락이 있거나 새로운 이해관계가 생기지 않는 채무의 이행이나 그와 동일시 할 수 있는 경우에는 허용된다. 다만 채무이행이라도 새로운 이해관계가 생기게 하는 대물변제(제466조)나 경개(제500조) 또는 기한이 도래하지 않은 채무이행의 경우에는 자기계약 또는 쌍방대리가 허용되지 않는다. 이를 **위반하면** 당연 무효가 아니고, **무권대리행위**가 되어 본인에 대하여 당연히 효력이 생기지는 않지만, 본인이 추인하면 유효하다. 자기계약·쌍방대리의 금지는 **임의대리와 법정대리에 모두 적용**된다. 그리고 자기계약 금지는 계약의 대리뿐만 아니라 상대방 있는 단독행위의 대리에도 적용된다.

---

8) 양창수·김재형, 178면.

법인과 이사 사이, 친권자와 자(子) 사이의 이익상반행위의 금지(제64조, 제921조, 제951조), 회사의 사원·이사의 자기거래 제한(상법 제199조, 제269조), 수임 승낙한 사건의 상대방이 위임한 사건의 수임금지(변호사법 제31조 제1항 등) 등은 **위 규정의 특칙**이다.

본인에게 이익만을 주는 자기계약 대법원 1981.10.13. 선고 81다649 판결

민법 제921조가 이른바 이해상반행위에 관하여 법정대리인인 친권자의 친권을 제한하고 있는 취의는 친권자의 친권행사에 있어서 미성년자와 친권자 자신 또는 같은 친권자의 친권에 복종하는 다른 미성년자와의 간에 서로 이해가 상충하는 경우 즉 이해상반행위에 있어서는 친권자에게 공정한 친권의 행사를 기대할 수 없을 터이므로 이와 같은 경우, 미성년자를 위하여 특별대리인을 선임하여 친권자의 친권행사를 제한하는데 있으므로 민법 제124조의 자기계약 또는 쌍방대리라고 하더라도 친권에 복종하는 미성년자에게 이익만이 있는 경우에는 자기계약이나 쌍방대리가 되는 경우라도 유효하다고 해석하여야 할 것이고, 따라서 친권자에 의하여 적법하게 대리되었다면 미성년자 자신의 의사표시 문제는 제기될 수도 없다고 할 것인즉, 원심이 이와 같은 뜻에서 소외 망인이 이 사건 계쟁 부동산을 매수하여 이를 그의 친권에 복종하는 당시 미성년자이었던 원고에게 증여한 것은 유효하다고 판단한 조치는 정당하다.

(2) 공동대리

대리인이 수인인 경우에 원칙적으로 대리인 각자가 본인을 대리한다. 즉 **각자대리가 원칙**이다(제119조). 그러나 법률의 규정 또는 수권행위에서 수인의 대리인이 공동으로만 대리행위를 할 수 있는 것으로 되어 있는 경우에는, 모든 대리인이 공동으로 대리하여야만 그 행위가 적법하게 되고, 이는 대리권 제한의 한 태양이 된다. 이때의 '공동'은 **의사결정의 공동**을 의미하며, 공동대리인 간의 의사의 합치가 있는 이상 반드시 전원이 공동으로 의사표시를 할 필요는 없고 어느 1인에게 의사표시의 실행을 위임할 수 있다. 공동대리에 위반한 대리행위는 **무권대리**가 되고, 본인의 추인이 있으면 유효로 된다. 공동대리 제한의 경우 제126조의 표현대리가 성립할 여지가 많고, 위 경우에도 의사표시의 수령과 제한능력자의 법정대리인의 법률행위 취소는 단독으로 할 수 있다(다수설).

4. 대리권의 남용(배임적 대리)

가. 의의

대리인은 기초적 법률관계인 위임 등의 본지에 따라 본인의 이익을 위하여 대리행

위를 하여야 할 의무를 진다. 그런데 대리인이 외형상 대리권의 범위 내에서 대리행위를 하였지만 내심으로는 본인의 이익이 아닌 자신이나 제3자의 이익을 위하여 행위를 하는 경우가 있다. 대리인이 위와 같이 배임적 의도를 갖고 행한 대리행위의 효과를 본인에게 그대로 귀속시킬 것인지, 아니면 그 효과 귀속을 부인할 것인지가 대리권 남용의 문제이다.

우선 대리권은 본인이 대리인을 신뢰하여 부여하였으므로 그 남용에 따른 위험도 본인이 부담하여야 하는 점, 본인에게 효과 귀속을 부인할 경우 상대방이 예기치 않은 손해를 입게 되어 거래안전과 대리제도에 대한 신용이 훼손될 수 있는 점 등을 고려하면, 대리권 남용이 있는 경우에도 유효한 대리행위로서 그 효과는 본인에게 귀속됨이 원칙이다.

그러나 대리권의 남용사실(구체적으로는 대리인의 배임적 의도)을 상대방이 알았거나 알 수 있었을 경우에는 상대방 보호의 필요성이 없으므로 그 효과를 본인에게 귀속시킬 필요는 없다 할 것이다. 그 법적 근거와 요건에 관하여 아래와 같은 견해의 대립이 있다.

나. 학설과 판례

(1) 심리유보설(비진의표시 규정 유추적용설)

대리행위를 함에 있어 대리권 남용이 있는 경우 원칙적으로 대리의사는 존재하므로 대리행위의 성립을 긍정하되, 상대방의 선의·무과실로 비진의표시 효력의 기준으로 삼았던 제107조 제1항 단서를 유추적용[9]하여, 대리인의 배임적 의도를 상대방이 알았거나 알 수 있었다면 대리행위 효력의 본인 귀속을 부정하여야 한다는 견해이다(통설, 판례).

대리권 남용행위의 법적 효력 **대법원 2001.1.19. 선고 2000다20694 판결**

진의 아닌 의사표시가 대리인에 의하여 이루어지고 그 대리인의 진의가 본인의 이익이나 의사에 반하여 자기 또는 제3자의 이익을 위한 배임적인 것임을 그 상대방이 알았거나 알 수 있었을 경우에는 민법 제107조 제1항 단서의 유추해석상 그 대리인의 행위에 대하여 본인은 아무런 책임을 지지 않는다고 보아야 하고, 그 상대방이 대리인의 표시의사가 진의 아님을 알았거나 알 수 있었는가의 여부는 표의자인 대리인과 상

---

9) 대리권남용의 경우 대리행위의 법률효과 귀속에 관한 대리인의 '진의'는 그 효과를 본인에게 돌리려는 것이므로 그 '표시'와 불일치는 없다할 것이다. 그러나 실제로는 그 '진의'는 대리인 자신이나 제3자가 대리행위에 의한 경제적 효과를 얻으려는 것임에도 그 '표시'는 본인에게 그 효과가 돌아가는 것으로 하고 있는바, 이는 비진의표시와 구조가 비슷함으로써 그 조항을 유추적용할 수 있다는 것이다.

대방 사이에 있었던 의사표시 형성 과정과 그 내용 및 그로 인하여 나타나는 효과 등을 객관적인 사정에 따라 합리적으로 판단하여야 한다. 증권회사 직원이 고객으로부터 채권과 채권매수대금을 교부받아 증권회사의 계좌에 입금하지 아니하고 임의로 운용한 경우에, 일반적인 채권 또는 양도성예금증서와는 달리 세금공제 후의 확정이자가 지급되었고, 고객은 그 직원을 통하여만 증권회사와 거래하였을 뿐만 아니라 고객 명의의 종합통장의 잔고는 없어지고 다만 그 직원으로부터 잔액증명서나 보관증만을 교부받았고, 이 잔액증명서나 보관증으로 그 직원을 통하지 아니하고는 증권회사로부터 현금 또는 채권으로 인출할 수 없었다면, 고객으로서는 증권회사 직원의 의사가 증권회사를 위한 것이 아님을 알았다고 할 수는 없을 지라도 적어도 통상의 주의만 기울였던들 이를 알 수 있었을 것이라고 보는 것이 상당하므로 고객과 증권회사 사이에 채권이나 채권매수자금에 대한 위탁계약이 성립되었다고 볼 수 없다.

임·직원의 배임행위와 금융기관의 책임 **대법원 2007.4.12. 선고 2004다51542 판결**

진의 아닌 의사표시가 대리인에 의하여 이루어지고 그 대리인의 진의가 본인의 이익이나 의사에 반하여 자기 또는 제3자의 이익을 위한 배임적인 것임을 그 상대방이 알았거나 알 수 있었을 경우에는 민법 제107조 제1항 단서의 유추해석상 그 대리인의 행위에 대하여 본인은 책임을 지지 아니하므로, 금융기관의 임·직원이 예금 명목으로 돈을 교부받을 때의 진의가 예금주와 예금계약을 맺으려는 것이 아니라 그 돈을 사적인 용도로 사용하거나 비정상적인 방법으로 운용하는 데 있었던 경우에 예금주가 그 임·직원의 예금에 관한 비진의 내지 배임적 의사를 알았거나 알 수 있었다면 금융기관은 그러한 예금에 대하여 예금계약에 기한 반환책임을 지지 아니한다.

대리권 남용에 대하여 상대방의 과실 인정 **대법원 1987.7.7. 선고 86다카1004 판결**[10)]

진의 아닌 의사표시가 대리인에 의하여 이루어지고 그 대리인의 진의가 본인의 이익이나 의사에 반하여 자기 또는 제3자의 이익을 위한 배임적인 것임을 그 상대방이 알거나 알 수 있었을 경우에는 민법 제107조 제1항 단서의 유추해석상 그 대리인의 행위는 본인의 대리행위로 성립할 수 없다 하겠으므로 본인은 대리인의 행위에 대하여 아무런 책임이 없다 할 것이 며 이때 그 상대방이 대리인의 표시의사가 진의아님을 알았거나 알 수 있었는가의 여부는 표의자인 대리인과 상대방사이에 있었던 의사표시의 형성과정과 그 내용 및 그로 인하여 나타나는 효과 등을 객관적인 사정에 따라 합리적으로 판단하여야 한다.

예금계약이 은행의 정규예금금리보다 훨씬 높은 이자가 정기적으로 지급되고 은행의 많은 지점 가운데서도 오로지 하나의 지점에서만 이러한 예금이 가능할 뿐더러 예금을 할 때 암호가 사용되어야 하며 예금거래신청서의 금액란도 빈칸으로 한 채 통상의 방법이 아닌 수기식통장이 교부되는 사정이라면 위 예금계약의 형성과정과 내용 및 그로 인하여 나타나는 효과 등에 비추어 적어도 예금자로서는 은행지점장대리인의 표시의사가 진의가 아닌 것을 알았거나 중대한 과실로 이를 알 수 없었다고는 할 수 없을지라도 적어도 통상의 주의만 기울였던들 이를 알 수 있었을 것이라고 인정되는 점에서 볼 때 위 지점장대리인의 의사는 본인인 은행의 의사나 이익에 반하여 자기 또는 제3자의 이익을 위하여 배임적인 의도로 한 것이고 예금자 역시 위 대리인의 예금계약 의사가 진의가 아님을 통상의 과실로 알지 못한 채 예금계약을 체결한 것이라고 할 것이므로 결국 이 사건 예금계약자체가 성립되지 아니하였다 할 것이니 위 예금자는 은행에 대하여 위 대리인의 사용자임을 이유로 그의 불법행위를 원인으로 한 책임을 묻는 것은 별문제로 하고 정당한 예금계약이 성립되었음을 전 제로 하여 예금반환청구는 할 수 없다고 할 것이다.

(2) 신의칙설(권리남용설)

대리권 남용에 따른 위험은 본인이 부담하는 것이 원칙이나, 그와 관련하여 상대방의 악의나 중과실 등 신의칙에 반하는 사정이 있다면 본인에 대한 대리행위의 효과가 부인된다는 견해이다.

심리유보설에 의하면 **선의의 상대방에게 과실(경과실 포함)이 있는 경우**에도 대리행위의 효과가 본인에게 귀속되지 않지만, **신의칙설**에 의하면 상대방이 **악의**이거나 **선의이지만 중과실이 있는 경우**에만 본인이 보호된다. 즉 본인에 대한 보호범위에 차이가 있다.

(3) 대리권부인설

대리권이 남용된 경우, 대리권이 본인의 이익을 위하여 행사되어야 한다는 존재이유를 벗어난 것이라는 이유로 대리권 자체를 부인하는 견해이다. 즉 대리권의 남용이 ① 객관적으로 본인의 불이익으로 자기 또는 제3자의 이익을 도모하는 대리인의 배임행위가 있어야 하고 ② 주관적으로 대리인과 법률행위를 한 상대방이 이러한 배임행위를 알았거나 '정당한 이유' 없이 알지 못한다는 두 가지 요건을 충족시킨 경우에는, 대리권이 부정되며 그 배임행위는 무권대리가 된다는 것이다. 여기서 정당한 이유가 없는 경우란 합리적 사람이라면 배임행위를 알 수 있었을 경우, 즉 대리행위에 의심스러운 데가 있어서 합리적인 사람이라면 그 법률행위를 하지 않았을 것으로 인정되는 경우라고 한다.

---

10) 같은 사건에 관하여 본인인 은행의 불법행위책임을 인정하고, 그와 관련된 과실상계비율, 소멸시효의 기산점에 관하여 판시하고 있는 **대법원 1989.9.26. 선고 88다카32371 판결**도 읽어보기 바람.

(4) 검토

법률을 적용함에 있어 어떤 사항에 관하여 적용(유추적용을 포함함)할 구체적인 규정이 있다면 추상적 규범인 신의칙이나 권리남용의 규정을 적용하는 것은 신중을 기하여야 하고, 상대방에게 경과실이라도 있는 경우에는 상대방보다는 본인의 이익을 보호함이 타당하다 할 것이므로 신의칙설은 부당하다. 또한 대리권남용의 경우에도 법률효과를 본인에게 귀속시키려는 대리의사는 존재한다고 할 것이므로 대리권부인설도 부당하다 할 것이다. 통설과 판례와 같이 심리유보설에 따른다.

다. 효과

대리권의 남용사실을 상대방이 알았거나 알 수 있었을 경우, 대리에 의한 법률행위의 효과는 본인에게 귀속되지 않는다. 그에 따라 대리행위에 따른 법률효과를 받지 못하는 상대방으로서는 대리인이 피용자일 경우 제756조에 따른 사용자책임의 성립 여부를 검토할 수 있다. 또한 대리권 남용이 인정되어 대리행위의 효력이 부인되는 경우, 악의 또는 과실 있는 상대방을 보호할 필요가 없으므로 표현대리는 성립하지 않는다(통설).[11]

라. 적용범위

대리권남용은 주로 임의대리와 관련되나, 친권이 남용되는 경우 등 법정대리에도 적용된다(대법원 2018.4.26. 선고 2016다3201 판결). 다만 제한능력자의 법정대리에서는 제한능력자의 보호라는 민법의 근본정신이 존중되어야 하므로, 상대방의 보호 필요성이 인정된다고 하더라도 남용된 대리권 행사의 효과가 본인인 제한능력자에게 귀속되는 것으로 인정함에는 보다 엄격한 기준이 필요하다고 할 것이다.

친권자의 유일한 재산 증여행위는 친권 남용 **대법원 1997.1.24. 선고 96다43928 판결**

친권자인 모가 미성년자인 자의 법정대리인으로서 자의 유일한 재산을 아무런 대가도 받지 않고 증여하였고 상대방이 그 사실을 알고 있었던 경우, 그 증여행위는 친권의 남용에 의한 것이므로 그 효과는 자에게 미치지 않는다. 위의 경우, 친권자의 법정대리권의 남용으로 인한 법률행위의 효과가 미성년인 자에게 미치지 아니한다고 하여 그 친권자의 친권이 상실되어야 하는 것은 아니며, 친권자가 자의 법정대리인으로서 소송대리인을 선임하여 그 증여에 기하여 이루어진 소유권이전등기의 말소를 구하는 소를 제기하였다고 하여 이를 금반언의 원칙에 어긋난 것으로 볼 수도 없다.

11) 또한 법률효과의 측면에서도, 본인에게 전적인 책임을 물을 수 있는 표현대리 책임을 인정하는 것은 부적절하고, 과실상계 적용 등으로 책임을 분담할 수 있는 불법행위책임을 지우는 것이 적당하다고 보는 듯하다.

대리권의 남용에 해당하지 않는 사례 **대법원 2009.1.30. 선고 2008다73731 판결**

친권자가 자(子)를 대리하는 법률행위는 친권자와 자(子) 사이의 이해상반행위에 해당하지 않는 한, 그것을 할 것인가 아닌가는 자(자)를 위하여 친권을 행사하는 친권자가 자(자)를 둘러싼 여러 사정을 고려하여 행할 수 있는 재량에 맡겨진 것으로 보아야 하므로, 이와 같이 친권자가 자(자)를 대리하여 행한 자(자) 소유의 재산에 대한 처분행위에 대해서는 그것이 사실상 자(자)의 이익을 무시하고 친권자 본인 혹은 제3자의 이익을 도모하는 것만을 목적으로 하여 이루어졌다고 하는 등 친권자에게 자(자)를 대리할 권한을 수여한 법의 취지에 현저히 반한다고 인정되는 사정이 존재하지 않는 한 친권자에 의한 대리권의 남용에 해당한다고 쉽게 단정할 수 없다.
망인 명의의 토지가 명의신탁된 것이었을 가능성이 있다는 점 등을 고려하여, 친권자(망인의 처)가 미성년자인 딸과 공동으로 상속받은 토지를 (신탁자로 보여지는) 망인의 형에게 증여한 행위가 친권의 남용에 해당하지 않는다고 한 사례.

5. 대리권의 소멸

대리권의 소멸은 본인을 위하여 대리행위를 할 수 있는 권한이 없어지는 것을 말한다. 그 원인에는 법정대리와 임의대리에 공통된 소멸원인과, 임의대리·법정대리에 각 특유한 소멸원인이 있다.

대리권소멸 후에 대리인이었던 자가 한 대리행위는 무권대리로 된다. 그러나 상대방이 선의, 무과실이라면 대리권 소멸 후의 표현대리(제129조)가 성립할 수 있다.

가. 법정대리와 임의대리에 공통된 소멸원인

(1) 본인의 사망

본인의 사망으로 대리인의 대리권이 소멸하는 것이 대리제도의 인정 취지에 부합한다(제127조 제1호). 본인이 실종선고를 받은 경우에도 같고, 본인이 법인인 경우에는 청산종결등기가 경료되었을 때 자연인에 준하여 대리권이 소멸한다. 그러나 위 규정은 **임의규정**이므로 다른 특약이 있거나, 제691조와 같은 급박한 사정이 있을 경우에는 대리권이 소멸되지 않을 수도 있다.

한편 소송대리권,[12] 상행위의 위임에 의한 대리권은 본인의 사망에 의하여 소멸되지 않음을 주의하여야 한다(민사소송법 제95조, 상법 제50조).

---

12) 소송대리인의 소송대리권은 해당 심급에 한하므로 판결정본이 소송대리인에게 송달된 때 소멸함이 원칙이다. 다만 상소의 제기에 관한 특별수권이 있는 경우에는 상소 제기시 그 대리권이 소멸한다.

(2) 대리인의 사망, 성년후견의 개시 또는 파산

대리인의 사망에 의하여 대리권이 소멸한다. 법정대리인은 일정한 자격 내지 직무에 수반하여 부여되는 것이고, 임의대리권도 대리인에 대한 특별한 신임을 기초로 수여되는 것이기 때문이다. 예외적으로 임의대리에 한하여 대리인이 사망하면 그 상속인에게 대리권이 승계된다는 취지의 명시 또는 묵시의 특약이 있는 경우에 그 효력을 인정할 수 있다.[13)]

피성년후견인은 의사능력만 있으면 임의대리인이 될 수 있으며, 파산자를 대리인으로 함에도 특별한 제한이 없다. 그러나 대리인이 된 후 성년후견의 개시, 또는 파산선고를 받으면 신임관계의 변동이 있으므로 그 대리권이 소멸하는 것으로 민법은 규정한다(제127조 제2호). 한편 한정후견의 개시로 인하여 피한정후견인이 되는 것은 그 소멸사유가 아니다.

나. 임의대리에 특유한 소멸원인

(1) 원인된 법률관계의 종료

당사자의 의사는 원인된 법률관계(기초적 내부관계)와 대리권의 운명을 함께 하고자 하는 것이 보통이므로 원인된 법률관계의 종료를 대리권의 소멸사유로 규정한다(제128조 전문). 이때 원인된 법률관계의 종료사유가 무엇인지는 불문하며, 대리권이 위임계약에 수반하여 수여되었다면 당사자 쌍방은 언제든지 그 계약을 해지함으로써 대리관계를 종료시킬 수 있다(제689조). 제128조는 임의규정이므로 원인된 법률관계의 종료에도 불구하고 대리권을 존속시키기로 하는 약정은 유효하다.

(2) 수권행위의 철회

수권행위는 원인된 법률관계로부터 독립된 행위이므로, 그 법률관계가 존속 중이라도 본인이 수권행위를 철회하면 대리권은 소멸한다(제128조 후문). 수권행위의 철회는 상대방 있는 단독행위이고, 대리인 또는 대리행위의 상대방에게 명시적, 묵시적으로 행해질 수 있다. 역시 임의규정이므로 원인된 법률관계의 종료 전에 수권행위를 철회하지 않겠다는 특약도 유효하다.

(3) 본인의 파산

민법은 수권자인 본인이 파산한 경우의 대리권 소멸 여부에 관하여 아무런 규정도 두고 있지 않다. 한편 본인의 파산은 위임에서는 당연 종료사유로(제690조), 고용 또는 도급의 경우에는 계약해지 또는 해제사유로(제663조, 제674조) 각 규정되어 있다. 따라서 본인의 파산시 대리권의 원인이 위임일 경우, 또는 그 원인이 되는 고용 또는

13) 지원림, 299면. 반대-송덕수, 208면.

도급이 해지·해제된 경우 대리권은 제128조 전단에 의하여 소멸한다.

다. 법정대리에 특유한 소멸원인

법정대리권의 발생과 마찬가지로 그 소멸원인에 관하여도 민법의 개별 조문에 규정되어 있는바, 부재자에 의한 재산관리인의 선임과 법원의 재산관리에 필요한 처분의 취소(제22조 제2항) 및 개임(제23조), 친권상실의 선고(제924조), 법원의 허가를 얻은 사퇴·사임(제927조, 제939조) 등이 그 예이다. 미성년자의 성년 도달과 같은 대리권 발생의 원인인 사실관계가 소멸한 경우에도 법정대리권은 당연히 소멸한다.

Ⅲ. 대리행위(대리인과 상대방의 관계)

1. 대리행위와 현명

본인으로부터 대리권을 수여받은 대리인이 상대방과 사이에 법률행위를 하게 되면, 그 법률행위의 효과는 본인에게 귀속한다. 대리에 있어서 행위의 당사자가 되는 대리인과 상대방 사이의 법률행위를 **대리행위**라고 한다. 위와 같은 대리행위에는 '그 법률행위와 관련된 효과의사의 표시'와 '대리의사의 표시'가 포함되어 있다. 그 중 후자와 같이 대리인이 상대방에게 본인을 위한 법률행위라는 점을 표시하기 위하여, '자신이 대리인으로 법률행위를 한다는 사실'과 '본인의 존재 및 그 성명'을 밝히는 것을 **현명**[14]이라고 한다.

가. 현명주의의 의의

현명주의란 **대리인이 상대방에게 대리의사를 표시하여야 대리행위가 유효하다는 원칙**, 즉 대리인이 상대방에게 '**본인을 위한 것임을 표시**'하여야 법률행위에 포함된 '의사표시는 직접 본인에 대하여 효력이 생긴다.'(제114조 제1항)는 원칙을 말한다. 여기에서 '본인을 위한 것임'은 대리행위의 법률적 효과를 본인에게 귀속시키려는 의사, 즉 대리적 효과의사를 의미하고, '본인에게 경제적 이익이 되도록' 또는 '본인의 이익을 위한다'는 뜻은 아니다.

이러한 원칙을 통하여 상대방은 자신이 행하는 법률행위의 당사자가 누구인지 분명히 알게 됨으로써 법률관계를 명확하게 할 수 있다.

나. 현명의 방식

현명의 방식에는 아무런 제한이 없으므로 서면뿐만 아니라 구두로도 가능하고, 대

---

14) 현명의 본질에 관하여, 대리적 효과의사를 외부에 표시하는 의사표시라는 견해와, 법률행위의 주체가 본인이라는 사실을 알리는 의사의 통지 또는 관념의 통지라는 견해가 대립한다.

리의사가 반드시 명시적으로 표시되어야 하는 것도 아니다. 대리의사는 일반적으로 '甲의 대리인 乙'이라는 모습으로 나타나지만, 대리에 의한 법률행위가 대리인을 위한 것이 아니라 본인을 위한 것이라는 사실만 표시되면 충분하다. 즉 법률행위 해석의 일반원칙을 통하여 대리의사의 표시를 인정할 수 있으면 족하다. 대리행위에 있어서 중요한 것은 현명이 있었는지 여부이고 그 방식은 관건이 아니다.

보험모집인이 대행한 타인의 서명 **대법원 2006.12.21. 선고 2006다69141 판결**

타인의 사망을 보험사고로 하는 보험계약에 있어 피보험자인 타인의 동의는 각 보험계약에 대하여 개별적으로 서면에 의하여 이루어져야 하고 포괄적인 동의 또는 묵시적이거나 추정적 동의만으로는 부족하나, 피보험자인 타인의 서면동의가 그 타인이 보험청약서에 자필 서명하는 것만을 의미하지는 않으므로 피보험자인 타인이 참석한 자리에서 보험계약을 체결하면서 보험계약자나 보험모집인이 타인에게 보험계약의 내용을 설명한 후 타인으로부터 명시적으로 권한을 수여받아 보험청약서에 타인의 서명을 대행하는 경우와 같이, 타인으로부터 특정한 보험계약에 관하여 서면동의를 할 권한을 구체적·개별적으로 수여받았음이 분명한 사람이 권한 범위 내에서 타인을 대리 또는 대행하여 서면동의를 한 경우에도 그 타인의 서면동의는 적법한 대리인에 의하여 유효하게 이루어진 것이다.

다. 현명하지 않은 경우

현명하지 않은 경우(즉 대리인의 이름으로 법률행위를 하는 경우) 대리인 자신을 위한 것으로 본다(제115조 본문). 대리인은 의사표시에 착오가 있다고 주장하거나 대리의사를 주장 입증하는 방법으로 위 본문의 적용을 피하지 못한다. 위 규정이 대리인을 법률행위의 당사자로 믿은 상대방을 보호하기 위한 것이고, 소위 간주 규정이기 때문이다. 따라서 그 적용을 피하려면 아래와 같이 제115조 단서에 해당한다는 점을 주장하여야 한다.

한편 현명하지 않았으나 상대방이 대리인으로서 법률행위를 한 사실을 알았거나 알 수 있었을 때에는 대리의 효력이 발생하고(제115조 단서, 아래 2003다43490 판결 참조), 그에 해당한다는 점에 대한 증명책임은 대리인이 진다.

제115조는 능동대리에만 적용되고, 상대방이 대리인에게 본인에 대한 의사표시임을 표시해야 하는 수동대리에는 적용되지 않는다(통설). 따라서 상대방이 대리인에게 본인에 대한 것임을 표시하지 않고 의사표시를 한 경우 그것이 누구에 대한 의사표시인가는 의사표시 해석의 문제로 귀결된다.

양수인 명의의 채권양도통지의 효력 대법원 2004.2.13. 선고 2003다43490 판결

민법 제450조에 의한 채권양도통지는 양도인이 직접하지 아니하고 사자를 통하여 하거나 대리인으로 하여금 하게 하여도 무방하고, 채권의 양수인도 양도인으로부터 채권양도통지 권한을 위임받아 대리인으로서 그 통지를 할 수 있다(대법원 1994.12.27. 선고 94다19242 판결, 1997.6.27. 선고 95다40977, 40984 판결 등 참조).

그리고 채권양도통지 권한을 위임받은 양수인이 양도인을 대리하여 채권양도통지를 함에 있어서는 민법 제114조 제1항의 규정에 따라 양도인 본인과 대리인을 표시하여야 하는 것이므로, 양수인이 서면으로 채권양도통지를 함에 있어 대리관계의 현명을 하지 아니한 채 양수인 명의로 된 채권양도통지서를 채무자에게 발송하여 도달되었다 하더라도 이는 효력이 없다고 할 것이다.

다만, 대리에 있어 본인을 위한 것임을 표시하는 이른바 현명은 반드시 명시적으로만 할 필요는 없고 묵시적으로도 할 수 있는 것이고, 나아가 채권양도통지를 함에 있어 현명을 하지 아니한 경우라도 채권양도통지를 둘러싼 여러 사정에 비추어 양수인이 대리인으로서 통지한 것임을 상대방이 알았거나 알 수 있었을 때에는 민법 제115조 단서의 규정에 의하여 유효하다고 보아야 할 것이다.[15]

***** 위와 달리 대리인 乙이 대리인임을 표시하지 않고 본인인 甲명의로 법률행위를 한 경우**

- 乙에게 대리의사가 있는 경우에는 법률효과가 甲에게 귀속하는 것이 원칙임.
- 乙이 대리의사 없이 본인의 명의를 모용하여(본인인 것처럼 행세하여) 법률행위를 한 경우에 는 법률행위 해석의 원칙에 따른 당사자 확정의 문제로 귀결됨(대법원 2003.12.12. 선고 2003다44059 판결).

라. 현명주의의 예외

기업활동의 비개인성 및 신속성 요구로 **상행위**에 관하여는 현명주의를 채용하지 않고 있다. 상행위의 대리인이 본인을 위한 것임을 표시하지 아니하여도 그 행위는 본인에 대하여 효력이 발생한다. 그러나 상대방이 본인을 위함을 알지 못하는 경우에는 대리인에 대하여도 이행청구를 할 수 있다(상법 제48조).

2. 대리행위의 하자

가. 원칙

대리행위에 있어서의 의사표시의 하자 여부, 어느 사정에 관한 선의·무과실 여부는 **대**

15) 채권의 양수인이 양도인으로부터 양도통지의 권한을 위임받은 사안임. 따라서 양수인이 양도통지의 권한을 위임받지 아니한 경우에는 양수인의 양도통지는 제115조 단서에 의하여 유효하게 될 수 없다. 대법원 2008.2.14. 선고 2007다77569 판결 참조.

리인을 기준으로 결정하는 것이 원칙이다(제116조 제1항). 대리인이 의사를 결정하여 표시하는 의사표시의 주체이기 때문이다. 따라서 본인에게 착오, 사기나 강박 등의 사유가 있더라도 대리인에게 그 사유가 없다면 본인은 그 하자를 이유로 하는 취소권을 행사할 수 없다. 그러나 그 대리행위의 하자로 인해 발생하는 효과(취소권 등)는 본인에게 귀속한다.

이 조항을 적용함에 있어 본인은 제107조 내지 제109조 소정의 제3자가 아니다. 그에 따라 비진의표시에 관하여 상대방이 그 진의 아님을 알았거나 알 수 있었을 경우에는 무효로 하면서 선의의 제3자에 대하여는 그 무효로 대항하지 못한다고 규정하고 있으나, 본인은 이에 해당하지 않는다. 또한 허위표시에 관하여 대리인이 상대방과 통정하여 허위의 의사표시를 한 경우에는 무효이고, 본인이 그 사실을 알지 못한 경우에도 제3자로서 보호를 받지 못한다.

대리인을 통한 법률행위와 본인의 착오 **대법원 1996.2.13. 선고 95다41406 판결**

매수인이 대리인을 통하여 분양택지 매수지분의 매매계약을 체결한 경우, 대리행위의 하자의 유무는 대리인을 표준으로 판단하여야 하므로, 대리인이 매도인과 분양자와의 매매계약에 있어서 매수인의 1인으로서 그 계약 내용, 잔금의 지급 기일, 그 지급 여부 및 연체 지연손해금 액수에 관하여 잘 알고 있었다고 인정되는 때에는, 설사 매수인이 연체 지연손해금 여부 및 그 액수에 관하여 모른 채로 대리인에게 대리권을 수여하여 매도인과의 사이에 그 매매계약을 체결하였다고 하더라도, 매수인으로서는 그 자신의 착오를 이유로 매도인과의 매매계약을 취소할 수는 없게 되었다고 볼 여지가 있다.

나. 예외

특정한 법률행위를 위임한 경우에 대리인이 본인의 지시에 좇아 그 행위를 한 때에는 본인은 자기가 안 사정 또는 과실로 인하여 알지 못한 사정에 관하여 대리인의 부지를 주장하지 못한다(제116조 제2항). 본인은 대리로 행해지는 의사표시의 주체는 아니지만 그 법률효과의 귀속자이므로 본인이 악의라면 대리인이 선의이더라도 선의자로서 보호를 받을 수 없다는 것이다.

여기에서의 본인의 '지시'는 특정한 지시를 필요로 하는 것으로 엄격하게 해석할 것은 아니고, 문제된 내용이 본인의 의사에 따라 결정되는 것을 의미한다고 한다(통설).[16]

3. 대리인의 능력

가. 입법취지 등

대리인은 법률행위에 의하여 권리를 취득하거나 의무를 면하는 것이 아니므로 제

16) 곽윤직, 270면 참조.

한능력자를 대리인으로 하더라도 행위능력이 흠결된 자를 보호하려는 제한능력자제도의 취지에 반하지 않는다. 그에 따라 제117조는 대리인은 행위능력자임을 요하지 아니한다고 규정한다. 그러나 법률행위에 관한 기본법리상 행위자에게 의사능력이 없다면 그 법률행위는 무효로 될 수밖에 없기 때문에 대리인은 적어도 의사능력을 가지고 있어야 한다.

제117조가 법정대리에도 적용되는가에 관하여, 제한능력자가 법정대리인이 될 수 있는 것으로 긍정하는 견해[17)]와, 부정하면서 능력자이어야 한다는 견해[18)]가 있다. 제127조 제2호가 법정대리와 임의대리에 공통되는 대리권의 소멸사유로 '대리인의 성년후견의 개시 또는 파산'을 규정한 점에 비추어 제한능력자도 법정대리인이 될 수 있다고 할 것이다. 그러나 실제로는 제한능력자는 법정대리인이 될 수 없다는 특별규정들이 많이 있음을 기억하여야 한다(제937조, 제1098조).

나. 대리행위의 능력과 그 주체

민법에 따르면 피성년후견인도 대리인이 될 수 있는바, 이 경우에 대리로 이루어지는 법률행위의 주체가 제한능력자인지, 아니면 그 법정대리인인지 문제된다. 본인이 대리인을 신임하여 대리권을 수여한 취지 및 제117조의 규정 내용에 비추어, 대리행위는 제한능력자의 법정대리인이 아니라 제한능력자 자신이 직접 행하여야 한다.

따라서 대리인이 행한 법률행위는 행위주체가 제한능력자임을 이유로 제한능력자인 대리인 자신은 물론 그의 법정대리인이나 본인 등 어느 누구도 취소할 수 없고, 본인은 그 법률행위의 구속을 받는다.

다. 제한능력자인 대리인과 본인의 관계

제117조에 의하여 본인이 대리인의 제한능력을 이유로 대리행위를 취소할 수 없지만, 제한능력자인 대리인과 본인의 관계에서 대리인의 행위능력 결여가 수권행위에 영향을 미치는지 여부는 이와 별개의 문제이다.

우선 수권행위 자체에 미치는 영향을 살펴보면, 수권행위의 성질에 관한 통설인 단독행위설에 따를 경우 수권행위는 대리인의 행위능력 결여에 아무런 영향을 받지 않는다.

기초적 내부관계는 제한능력을 이유로 대리인측에 의하여 취소될 수 있음에 의문이 없다. 그런데 기초적 내부관계가 취소됨으로 인하여 수권행위가 어떠한 영향을 받는지는 수권행위의 유인성 여부와 관련되어 있다. 이에 관하여는 '수권행위와 기초적 내부관계'에서 기술하였다.

---

17) 김증한·김학동, 422면; 이영준, 501~502면.

18) 곽윤직, 271면.

Ⅳ. 대리의 효과(본인과 상대방의 관계)

1. 법률효과의 본인에의 귀속

대리인이 법률행위를 하지만 그 법률효과는 제114조에 의하여 직접 본인에게 귀속되는바, 대리인이 본인을 대리하여 계약을 체결하였다면 그 계약의 당사자는 대리인이 아니고 본인이 되는 것이다. 즉 대리행위의 효과로 발생하는 권리·의무가 일단 대리인에게 귀속되었다가 그 후 본인에게 이전하는 것이 아니라 처음부터 곧바로 본인에게 귀속된다. 이 때 당사자가 원하는 효력뿐만 아니라 법률행위의 하자로 인한 취소권 또는 손해배상청구권, 해제로 인한 원상회복의무 등도 본인에게 귀속된다. 반면에 대리인은 대리행위에 따른 권리를 취득하지도 의무를 부담하지도 않는다.

대리인이 불법행위를 저질렀을 경우에는 대리가 아니므로 그 효과가 본인에게 귀속되지 않는다. 다만 기초적 내부관계에 따라 본인이 제756조의 책임을 질 수는 있다.

해제로 인한 효과의 본인 귀속 대법원 2011.8.18. 선고 2011다30871 판결

계약이 적법한 대리인에 의하여 체결된 경우에 대리인은 다른 특별한 사정이 없는 한 본인을 위하여 계약상 급부를 변제로서 수령할 권한도 가진다. 그리고 대리인이 그 권한에 기하여 계약상 급부를 수령한 경우에, 그 법률효과는 계약 자체에서와 마찬가지로 직접 본인에게 귀속되고 대리인에게 돌아가지 아니한다. 따라서 계약상 채무의 불이행을 이유로 계약이 상대방 당사자에 의하여 유효히게 해제되었다면, 해제로 인한 원상회복의무는 대리인이 아니라 계약의 당사자인 본인이 부담한다. 이는 본인이 대리인으로부터 그 수령한 급부를 현실적으로 인도받지 못하였다거나 해제의 원인이 된 계약상 채무의 불이행에 관하여 대리인에게 책임 있는 사유가 있다고 하여도 다른 특별한 사정이 없는 한 마찬가지라고 할 것이다.[19]

2. 본인의 능력

본인은 스스로 법률행위 내지 의사표시를 하지 않으므로 의사능력 또는 행위능력을 가질 필요는 없으나, 대리행위의 효과가 본인에게 귀속되므로 **권리능력**은 가져야 한다.

---

19) 원고가 본인인 주택조합을 대리하는 피고와 조합가입계약을 체결한 후 조합원 분담금 중 일부를 피고에게 송금하였으나, 피고는 위 돈을 주택조합에 입금하지 아니함. 그 후 원고의 계약 해제로 인한 원상회복의무는 피고가 아닌 주택조합이 부담한다는 내용이다.

Ⅴ. 복대리

1. 의의

복대리란 복대리인에 의한 대리를 말하고, 복대리인은 **대리인이 그의 권한 내에서 자신의 이름으로 선임한 본인의 대리인**이다. 대리인의 이름으로 선임하므로 대리인의 복대리인 선임행위는 대리행위가 아니다(제120조~제122조)). 그럼에도 불구하고 복대리인은 대리인의 대리인이 아니라 **본인의 대리인**이고(제123조 제1항), **언제나 임의대리인**이다. 즉 법정대리인이 선임한 복대리인도 임의대리인이다. 한편 복대리인 선임 후에도 대리인은 여전히 대리권을 보유한다.

이러한 복대리인 선임행위(복임행위)의 **법적 성질**에 관하여는 견해의 대립이 있으나, 대리권은 본인의 승낙이 있거나 기초적 내부관계가 특별한 경우가 아니면 양도가 불가능한 것이 원칙인 점, 복대리인을 선임한 후에도 본대리인은 여전히 대리권을 보유하고 있는 점 등을 고려하면, 대리권의 설정적 양도행위가 아닌 병존적 설정행위라고 하는 다수설이 타당한 것으로 보인다.[20]

2. 대리인의 복임권과 책임

복임권은 대리인이 복대리인을 선임할 수 있는 권한으로 대리권과는 별도로 **법률의 규정에 의하여 대리인에게 부여되는 권능**이다.[21] 그런데 대리인이 임의대리인이냐 아니면 법정대리인이냐에 따라 복임권의 유무와 책임범위가 달라진다.

가. 임의대리인의 복임권

제120조에 따르면 임의대리인의 경우 본인의 승낙이 있거나 부득이한 사유가 있는 경우에만 복임권을 인정하고 원칙적으로 복임권이 없다. 그러나 대리의 목적인 법률행위의 성질상 대리인 자신에 의한 처리가 필요하지 않은 경우에는, 본인이 복대리 금지의 의사를 명시하지 않는 한 복대리인의 선임에 관하여 묵시적으로 승낙이 있는 것으로 본다(통설, 판례).

복대리인을 선임한 대리인은 본인에 대하여 그 선임 및 감독에 관해 책임져야 하고 손해가 있으면 배상해야 한다(제121조 제1항). 그러나 본인의 지명에 따라 복대리인을 선임하면 책임이 완화된다. 즉, 복대리인의 부적임, 불성실을 알고도 본인에게 통지나 그 해임을 게을리 한 경우에만 책임을 지게 된다(제121조 제2항).

---

20) 송덕수, 236면; 주석민법 총칙(3), 66면 등 참조.

21) 대리인이 법률의 규정에 의해서가 아니고, 본인으로부터 그 권한을 위임받아 복대리인을 선임하는 경우, 그 선임행위는 대리행위이고 따라서 본인의 이름으로 한다.

복대리인 선임의 묵시적 승낙 **대법원 1996.1.26. 선고 94다30690 판결**

대리의 목적인 법률행위의 성질상 대리인 자신에 의한 처리가 필요하지 아니한 경우에는 본인이 복대리 금지의 의사를 명시하지 아니하는 한 복대리인의 선임에 관하여 묵시적인 승낙이 있는 것으로 보는 것이 타당하다. 오피스텔의 분양업무는 그 성질상 분양을 위임받은 대리인이 광고를 내거나 그 직원 또는 주변의 부동산중개인을 동원하여 분양사실을 널리 알리고, 분양사무실을 찾아온 사람들에게 오피스텔의 분양가격, 교통 등 입지조건, 오피스텔의 용도, 관리방법 등 분양에 필요한 제반 사항을 설명하고 청약을 유인함으로써 분양계약을 성사시키는 것으로서 대리인의 능력에 따라 본인의 분양사업의 성공 여부가 결정되는 것이므로, 사무처리의 주체가 별로 중요하지 아니한 경우에 해당한다고 보기 어렵다.[22]

나. 법정대리인의 복임권

법정대리인은 언제든지 복임권을 행사할 수 있다(제122조 본문). 법정대리인은 본인의 신임에 기하여 대리인이 된 것이 아니고 임의로 사임할 수도 없으며, 본인이 복대리인 선임에 관하여 승낙할 능력을 가지지 못한 것이 통상적일 뿐만 아니라, 법정대리인의 직무범위가 광범위하다는 이유 때문이다.

법정대리인은 언제든지 복임권을 행사할 수 있는 대신에, 복대리인의 행위에 의하여 본인이 손해를 입으면 복대리인의 선임, 감독에 관하여 과실이 없더라도 그에 대하여 전적인 책임을 진다(제122조 본문). 원칙적으로 **무과실책임**이다. 그러나 부득이한 사유로 복대리인을 선임할 때는 책임이 완화되는바, 선임·감독에 대한 잘못이 있을 경우에만 책임을 진다(제122조 단서, 제121조 제1항).

3. 복대리인의 지위

가. 대리인에 대한 관계

복대리인은 대리인으로부터 본인을 위하여 대리행위를 할 수 있는 능력과 자격을 부여받는다. 복대리인은 대리인의 감독을 받으며 대리인으로부터 부여받은 대리권의 범위 내에서 대리행위를 할 수 있다. 따라서 그 범위는 대리인의 그것보다 클 수 없으며, 대리인의 대리권이 소멸하면 복대리인의 대리권도 소멸한다. 반면 대리인의 대리권은 복대리인의 선임에 의하여 소멸되지 않는다.

나. 본인과 상대방에 대한 관계

복대리인은 대리인에 의하여 선임되므로 복대리인과 본인 사이에는 대리관계 외에

22) 동지 대법원 2009.4.23. 선고 2005다22701 판결. 1999.9.3. 선고 97다56099 판결(아파트 분양).

내부관계가 생길 여지가 없다. 그런데 복대리제도 운용의 편의를 위하여, 민법은 본인과 대리인 사이의 내부관계를 의제하는 제123조 제2항을 두고 있다. 그에 따라 대리인과 본인 사이에 수임인으로서 내부관계가 존재하는 것처럼, 복대리인도 본인의 수임인으로서 권리, 의무를 갖는다.

상대방에 대하여, 복대리인은 직접 본인의 이름으로 본인을 대리하고(제123조 제1항), 현명주의의 원칙 아래 대리행위를 할 수 있다(제115조). 대리행위의 하자는 복대리인을 기준으로 정해지지만, 그 효과는 본인에게 귀속된다(제116조).

다. 복대리인의 복임권

복대리인은 임의대리인과 동일한 조건의 복임권을 갖는다.

4. 복대리권의 소멸

복대리권은 제127조의 대리권의 일반 소멸원인, 대리인과 복대리인 사이의 수권행위의 철회, 대리인의 대리권 소멸 등에 의하여 소멸된다.

Ⅵ. 무권대리

1. 총설

가. 무권대리의 의의

전술한 바와 같이 대리는 대리권의 유무에 따라 유권대리와 무권대리로 분류된다. 무권대리는 대리행위의 다른 요건을 모두 갖추고 있으나 대리권만이 없는 행위이다. 대리권이 없이 행하여진 법률행위의 효과는, 대리권이 없으므로 본인에게 귀속시킬 수가 없고, 대리인이 대리의사를 갖고 행하였으므로 대리인에게 귀속시킬 수도 없다. 위와 같이 법률효과를 전혀 발생시키지 못하는 무권대리행위를 그대로 방치할 경우 대리제도를 이용하는 사람들의 불안이 커짐으로써 제도에 대한 신뢰가 손상받게 되는 바, 이를 방지하기 위한 **입법정책적 고려**가 무권대리제도에 관한 규정들이다.

나. 민법의 규정

민법은 무권대리에 관하여 표현대리(제125조, 제126조, 제129조)와 협의의 무권대리(제130조~제136조)로 나누어 규정하고 있다. **표현대리**는 대리인에게 대리권이 있는 것으로 믿을만한 외관이 있고 그에 대하여 본인의 책임이 있다고 생각되는 특수한 사정이 있는 경우 본인에게 책임을 지우는 것이다. 위와 같은 사정이 없는 그 밖의 무권대리의 경우 무권대리행위를 당연무효로 하지 않고 본인에게 추인의 여지를 인정한 다음, 그 추인이 없을 때 대리인에게 특별한 책임을 지우는 것이 **협의의 무권대리**이다.

다. 표현대리와 협의의 무권대리의 관계

표현대리는 외관을 신뢰한 선의·무과실의 제3자를 보호하고, 거래의 안전을 보호하며, 대리제도의 신용을 유지하려는 취지에서 **법률이 특별히 인정한 책임**이다(법정책임설).[23]

그런데 그 본질이 유권대리인지 무권대리인지, 무권대리라면 제135조를 적용할 수 있는지 여부를 두고 다툼이 있다. 즉 표현대리에도 본인의 추인이나 거절(제132조, 제133조), 상대방의 최고나 철회(제131조, 제134조)의 규정이 적용된다는 데에는 이견이 없지만, **무권대리인의 책임 규정(제135조)의 적용에 대하여** 상대방이 본인에 대한 표현대리 책임과의 관계에서 선택적으로 행사할 수 있는지 여부를 둘러싼 논쟁이다.

(1) 보충적 책임설

대리인에게 대리권이 없는 경우를 통틀어 광의의 무권대리라 하고, 이를 다시 본인과 무권대리인 사이에 특별한 사정이 있는 경우와 그렇지 않는 경우로 나누어 전자를 표현대리, 후자를 협의의 무권대리라고 한다. 표현대리가 성립하면 무권대리 책임을 인정할 필요가 없지만, 표현대리가 성립하지 않는 경우에는 협의의 무권대리 규정을 적용할 수 있다고 본다.[24] 표현대리의 성립으로 상대방은 유권대리의 경우와 똑같은 보호를 받게 되어 소기의 목적을 달성하게 되므로 굳이 제135조를 적용할 필요가 없다는 것이다.

(2) 효과선택설

무권대리에는 광의의 무권대리와 표현대리만이 있을 뿐 협의의 무권대리의 개념을 인정할 수 없으므로 대리권이 흠결된 법률행위가 있는 경우 표현대리규정과 무권대리규정이 경합적으로 적용된다는 견해이다. 따라서 상대방은 어느 쪽이든 선택적으로 행사할 수 있다고 본다.

(3) 유권대리설

내부적 수권행위가 없었지만 상대방에 대한 대리권 수여의 표시에 의하여 외부적 수권행위가 존재하는 경우에 대리권 수여표시에 의한 표현대리(제125조)가, 내부적 수권이 소멸하였는데도 상대방이 이를 알지 못하였거나 알 수 없었으므로 외부적 수권이 소멸하지 않는 경우에 대리권 소멸 후의 표현대리(제129조)가, 내부적 수권이 일부만 존재하는데도 정당한 이유가 있어 외부적 수권이 전부에 대하여 존재하는 경우에 권한을 넘는 표현대리(제126조)가 각 성립한다고 본다.[25] 표현대리는 유권대리의 아

---

23) 곽윤직, 277면; 김증한·김학동, 436면.

24) 곽윤직, 277면.

25) 이영준, 524~525면.

종(亞種)이므로 무권대리에 관한 모든 규정을 적용할 수 없다는 견해이다.

(4) 검토

유권대리가 아닌 표현대리에서 본인의 책임과 무권대리인의 책임을 선택적으로 추궁할 수 있다면 지나치게 상대방 보호에 치우쳐 무권대리인에게 불리하게 된다. 표현대리가 성립하는 경우에는 제135조의 적용을 부정하는 보충적 책임설이 타당한 것으로 보인다.

2. 표현대리

가. 일반론

(1) 의의

표현대리란 대리인에게 대리권이 없음에도 불구하고 그것이 있는 것과 같은 외관이 존재하고, 본인이 그러한 외관의 형성에 관여하든가 방치함으로써 본인이 책임져야 할 경우에, 그 무권대리행위에 대하여 본인에게 귀책시키는 제도이다. 즉 외관의 발생원인이 누구의 책임이고 지배영역에 있는가, 누가 그 발생원인에 보다 근접하여 그것을 억제·조정할 수 있는가 등을 검토한 다음, 본인이 외관의 형성과 방치에 책임이 있다고 인정되는 경우에 표현대리의 성립을 인정하는 것이다.

이는 **원래 무권대리**이지만 특별히 유권대리에 준하여 다루어지는바, 무권대리인과 거래한 상대방을 보호함으로써 **대리제도에 대한 신뢰를 유지하며 거래의 안전을 도모**하는 데 표현대리제도의 존재이유가 있다. 판례는 표현대리의 법리는 거래안전을 위하여 어떠한 외관적 사실을 야기한 데 원인을 준 자는 그 외관적 사실을 믿음에 정당한 사유가 있다고 인정되는 자에 대하여는 책임이 있다는 일반적인 **권리외관이론에 기초**를 두고 있다.

권리외관이론에 기초한 표현대리 법리 대법원 1998.5.29. 선고 97다55317 판결

표현대리의 법리는 거래의 안전을 위하여 어떠한 외관적 사실을 야기한 데 원인을 준 자는 그 외관적 사실을 믿음에 정당한 사유가 있다고 인정되는 자에 대하여는 책임이 있다는 일반적인 권리외관 이론에 그 기초를 두고 있는 것인 점에 비추어 볼 때, 대리인이 대리권 소멸 후 직접 상대방과 사이에 대리행위를 하는 경우는 물론 대리인이 대리권 소멸 후 복대리인을 선임하여 복대리인으로 하여금 상대방과 사이에 대리행위를 하도록 한 경우에도, 상대방이 대리권 소멸 사실을 알지 못하여 복대리인에게 적법한 대리권이 있는 것으로 믿었고 그와 같이 믿은 데 과실이 없다면 민법 제129조에 의한 표현대리가 성립할 수 있다.

(2) 유형

표현대리는 거래의 안전을 보호하고 대리제도의 신용을 유지하기 위하여 대리인에게 대리권이 있는 것과 같이 보이는 특별한 사정 내지 외관이 있을 때에 일정한 요건 아래 본인에게 법률행위의 이행책임을 부여하는 제도인바, 민법은 대리권의 **성립·범위·존속에 관한 외관**의 차이를 기준으로 하여 3가지를 규정하고 있다. 즉, 제3자에 대하여 타인에게 대리권을 수여함을 표시한 자는 그 대리권의 범위 내에서 행한 그 타인과 그 제3자 간의 법률행위에 대하여 책임이 있고(제125조, **수권대리**), 대리인이 그 권한 외의 법률행위를 한 경우에 제3자가 그 권한이 있다고 믿을만한 정당한 이유가 있으면 본인은 그 행위에 대하여 책임이 있으며(제126조, **월권대리**), 대리권의 소멸은 선의의 제3자에게 대항하지 못한다(제129조, **멸권대리**)라고 규정하고 있다.

(3) 성립요건 및 효과

(가) 일반적 성립요건 및 주장책임

표현대리의 성립요건으로는 ① 대리인에게 대리권이 없음에도 대리권이 존재하는 외관이 존재하여야 한다. 이러한 외관은 대리권의 성립·범위·존속에 관하여 있을 수 있고, 그 외관의 존재에 대하여 본인에게 책임을 물을 만한 요소가 있어야 한다. ② 상대방이 그 외관을 근거로 대리권이 존재한다고 신뢰하였고 그 신뢰에는 선의·무과실 또는 정당한 이유가 있어야 한다. 즉 상대방의 외관 신뢰에 대하여 보호할 만한 가치가 있어야 한다. ③ 표현대리에 의하여 이루어진 법률행위가 유효한 것이어야 한다. 강행법규 등의 위반으로 법률행위 자체가 무효인 경우 그 효력이 발생하지 않고, 따라서 본인에게 법률효과가 귀속될 여지가 없기 때문이다.

표현대리는 **상대방이 주장하는 경우에 비로소 그 성립 여부를 따지게** 되는 것으로, 그 요건을 충족한다고 하여 상대방의 주장이 없음에도 당연히 그 효과가 발생하는 것은 아니다. 한편 본인이 표현대리를 주장하는 것은 불가능하지만 무권대리의 추인에 의하여 동일한 효과를 얻을 수 있다.

강행법규 위반에 표현대리 적용 불가 **대법원 1996.8.23. 선고 94다38199 판결**

증권회사 또는 그 임·직원의 부당권유행위를 금지하는 증권거래법 제52조 제1호는 공정한 증권거래질서의 확보를 위하여 제정된 강행법규로서 이에 위배되는 주식거래에 관한 투자수익보장약정은 무효이고, 투자수익보장이 강행법규에 위반되어 무효인 이상 증권회사의 지점장에게 그와 같은 약정을 체결할 권한이 수여되었는지 여부에 불구하고 그 약정은 여전히 무효이므로 표현대리의 법리가 준용될 여지가 없다. 일임매매의 제한에 관한 증권거래법 제107조는 고객을 보호하기 위한 규정으로서 증권거래에 관한 절차를 규정하여 거래질서를 확립하려는 데 그 목적이 있는 것이므로, 고객에 의하여 매매를 위임하는 의사표시가 된 것임이 분명한 이상 그 사법상 효력을 부인할 이유가 없고, 그 효력을 부인할 경우 거래 상대방과의 사이에서 법적 안정성을 심히 해하게 되는 부당한 결과가 초래되므로, 일임매매에 관한 증권거래법 제107조 위반의 약정도 사법상으로는 유효하다.

유권대리 주장에 표현대리 주장 불포함 **대법원 1983.12.13. 선고 83다카1489 판결**[26)]

당사자가 변론에서 주장한 주요사실만이 심판의 대상이 되는 것으로서 여기서 주요사실이라 함은 법률효과를 발생시키는 실체법상의 구성요건 해당사실을 말한다.
유권대리에 있어서는 본인이 대리인에게 수여한 대리권의 효력에 의하여 법률효과가 발생하는 반면 표현대리에 있어서는 대리권이 없음에도 불구하고 법률이 특히 거래상대방 보호와 거래안전유지를 위하여 본래 무효인 무권대리행위의 효과를 본인에게 미치게 한 것으로서 표현대리가 성립된다고 하여 무권대리의 성질이 유권대리로 전환되는 것은 아니므로, 양자의 구성요건 해당사실 즉 주요사실은 다르다고 볼 수밖에 없으니 유권대리에 관한 주장 속에 무권대리에 속하는 표현대리의 주장이 포함되어 있다고 볼 수 없다.

무권대리행위와 그 대리인을 특정하여 주장 **대법원 1984.7.24. 선고 83다카1819 판결**

표현대리 제도는 대리권이 있는 것 같은 외관이 생긴데 대해 본인이 민법 제125조, 제126조 및 제129조 소정의 원인을 주고 있는 경우에 그러한 외관을 신뢰한 선의 무과실의 제3자를 보호하기 위하여 그 무권대리 행위에 대하여 본인이 책임을 지게 하려는 것이고 이와 같은 문제는 무권대리인과 본인과의 관계, 무권대리인의 행위 당시의 여러 가지 사정 등에 따라 결정되어야 할 것이므로 당사자가 표현대리를 주장함에는 무권대리인과 표현대리에 해당하는 무권대리 행위를 특정하여 주장하여야 한다 할 것이고 따라서 당사자의 표현대리의 항변은 특정된 무권대리인의 행위에만 미치고 그 밖의 무권대리인이나 무권대리 행위에는 미치지 아니한다.

(나) 일반적 효과

본인과 상대방 사이에 처음부터 **대리권이 있는 경우와 같은 효과**가 발생한다.[27)] 또한 무권대리에 관한 규정 중 제135조를 제외한 나머지 조항들이 적용되므로 상대방의

26) 전원합의체판결이고, 이 판결로 대법원 1964.11.30. 선고 64다1082 판결이 폐기됨.
27) 제125조와 재126조는 '…책임이 있다'라고, 제129조는 '…제3자에게 대항하지 못한다'고 각 규정하나, 그 의미는 동일하다.

최고권과 본인의 추인권도 인정된다.

본인과 무권대리인 사이에서는, 표현대리가 성립함에 따라 본인에게 손해가 발생하였다면 본인은 기초적 법률관계에 기한 의무위반 또는 불법행위를 이유로 대리행위를 한 자에게 손해배상을 청구할 수 있다.

무권대리인과 상대방 사이에서는, 통설에 의하면 제135조가 적용되지 않고, 따라서 아무런 관계도 발생하지 않는다.

***** 표현대리 규정에서의 제3자의 의미**

- 제3자는 일반적으로 법률행위의 당사자와 그 포괄승계인 이외의 자를 지칭하나, 표현대리에서는 대리행위의 직접 상대방만을 가리킨다.
- 표현대리의 주장은 대리행위의 직접 상대방에 한하여 할 수 있고, 그 상대방과 거래한 제3취득자 등은 상대방에 대한 표현대리가 인정될 경우 그것을 원용할 수 있을 뿐 표현대리에 관한 주장을 할 수 없다(대법원 1999.12.24. 선고 99다13201 판결).

(4) 관련문제

(가) 사자와 표현대리

사자가 월권하여 대리인으로서 행동하거나 본인의 지시를 위반하여 지시받지 않는 사항을 전달하는 경우 표현대리 규정을 적용 내지 유추적용할 수 있다고 한다.

사자에 대한 표현대리 법리 적용 **대법원 1962.2.8. 선고 4294민상192 판결**

대리인이 아니고 사실행위를 위한 사자라 하더라도 외견상 그에게 어떠한 권한이 있는 것의 표시 내지 행동이 있어 상대방이 그를 믿었고 또 그를 믿음에 있어 정당한 사유가 있다면 표현대리의 법리에 의하여 본인에게 책임이 있다.

연대보증 서명후 주채무자의 변경 **대법원 2001.2.9. 선고 2000다54918 판결**

갑이 자동차부품상을 경영하는 을로부터 물품대금 상환채무의 담보를 위한 보증보험계약의 연대보증인이 되어 달라는 부탁을 받고 보험계약자란이 공란으로 되어 있는 보증보험약정서의 연대보증인란에 직접 서명날인하고 본인 발급의 인감증명서를 을에게 교부하였는데, 실제 보증보험계약은 을이 아닌 을의 동업자 병 명의로 체결된 사안에서, 갑의 표현대리책임을 부인한 원심판결을 파기한 사례(연대보증계약체결 권한을 甲은 乙에게, 乙은 다시 피보험자인 기아자동차에게 각 위임하였고, 원고인 보증보험회사가 피보험자에게 대리권이 있는 것으로 믿는데 정당한 이유가 있는 것으로 판시함).

(나) 어음행위와 표현대리

어음행위는 대리에 친한 행위이고, 다른 법률행위에서 보다 그 외관이 중시되므로 표현대리에 관한 규정이 어음행위에 적용되는 것은 당연하다.

어음행위에 어음의 제3취득자도 제126조 소정의 제3자의 범위에 포함하는가에 대하여 제3자를 어음행위의 직접 상대방으로 한정하는 제한설과 제3자의 범위를 확장하여 어음의 제3취득자도 제3자의 범위에 포함시키는 확장설이 대립한다. 다수설은 어음이란 전전유통 되는 것을 예정하여 발행되는 것이기 때문에 어음의 유통을 보호하고 거래안전을 도모하기 위하여 어음행위의 직접 상대방 외에 제3자를 포함시킬 필요가 있음을 이유로 확장설을 취한다. 판례는 제한설을 따르고 있다.

어음행위의 직접상대방인 제3자 **대법원 2002.12.10. 선고 2001다58443 판결**

표현대리에 관한 민법 제126조의 규정에서 제3자라 함은 당해 표현대리행위의 직접 상대방이 된 자만을 지칭하는 것이고, 약속어음의 보증은 발행인을 위하여 그 어음금 채무를 담보할 목적으로 하는 보증인의 단독행위이므로 그 행위의 구체적, 실질적인 상대방은 어음의 제3취득자가 아니라 발행인이라 할 것이어서 약속어음의 보증 부분이 위조된 경우, 동 약속어음을 배서, 양도받는 제3취득자는 위 보증행위가 민법 제126조 소정의 표현대리행위로서 보증인에게 그 효력이 미친다고 주장할 수 있는 제3자에 해당하지 않는다.

(다) 사용자책임과 표현대리

본인과 무권대리인이 사용자와 피용자의 관계이면서 무권대리행위가 표현대리와 불법행위의 법리를 모두 충족시키는 경우, 먼저 표현대리의 성립요건에 관한 해석을 통하여 상대방의 보호를 실현하도록 한다. 그리고 표현대리 성립에 따른 이행책임의 추궁이 불가능한 경우에 상대적으로 약한 구제인 불법행위책임(사용자책임)의 구성 여부를 검토해야 한다.

(라) 표현대리 규정의 중복 적용

표현대리 세 유형을 형식적으로 해석한다면 대리제도의 신용을 유지하기 어려우므로 이들 규정을 서로 관련된 유기적인 하나의 제도로 통일적으로 이해함으로써 각 조문의 간극을 메워 동적 안전을 보호한다는 취지에서 중복적용을 긍정함이 타당하다. 주로 제125조와 제129조에 의한 표현대리의 성립이 제126조 소정의 기본대리권이 될 수 있는지가 문제되는바, 판례는 이를 긍정한다.

표현대리의 중복적용 **대법원 2008.1.31. 선고 2007다74713 판결**

민법 제126조에서 말하는 권한을 넘은 표현대리는 현재에 대리권을 가진 자가 그 권한을 넘은 경우에 성립하는 것이지, 현재에 아무런 대리권도 가지지 아니한 자가 본인을 위하여 한 어떤 대리행위가 과거에 이미 가졌던 대리권을 넘은 경우에까지 성립하는 것은 아니라고 할 것이고 (대법원 1973.7.30. 선고 72다1631 판결, 대법원 1979.3.27. 선고 79다234 판결 등 참조), 한편 과거에 가졌던 대리권이 소멸되어 민법 제129조에 의하여 표현대리로 인정되는 경우에 그 표현대리의 권한을 넘는 대리행위가 있을 때에는 민법 제126조에 의한 표현대리가 성립할 수 있다.

(마) 복대리에서의 표현대리

대리인이 대리권소멸 후 복대리인을 선임하여 복대리인으로 하여금 상대방과 사이에 대리행위를 하도록 한 경우에도, 상대방이 대리권 소멸사실을 알지 못하여 복대리인에게 적법한 대리권이 있는 것으로 믿었고, 그와 같이 믿는데 과실이 없다면 제129조에 의한 표현대리가 성립할 수 있다(기술한 97다55317 판결).

(바) 공법상 행위와 표현대리

표현대리는 사법관계에서 대리제도에 대한 신뢰유지와 거래의 안전을 도모하기 위한 제도이므로 절차의 적법과 안정을 중요시하는 소송행위(집행인낙 의사표시 있는 공정증서 작성 등)와 같은 공법상 행위에는 그 적용이 없다(대법원 1994.2.22. 선고 93다42047 판결). 다만 사법관계로 파악되는 공공기관이 사경제주체로서 행한 법률행위에는 그 적용이 있다.

(사) 법정대리와 표현대리

법정대리에는 수권행위가 있을 수 없기 때문에 제126조와 제129조의 표현대리 규정만 적용되고, 제125조 규정은 적용되지 않는다(통설).

나. 민법 제125조의 표현대리

(1) 서설

본인과 무권대리인 사이에서는 대리권이 수여되지 않았음에도 불구하고, 본인이 제3자에 대하여 타인에게 대리권을 수여하였다는 취지를 표시하고, 그 표시를 받은 제3자가 대리권의 수여가 있는 것으로 오신하여 그 타인과의 사이에 법률행위를 하는 경우, 제3자를 보호하기 위하여 그 행위의 효과를 본인에게 귀속시키는 것이다. 대리권의 '**성립**'에 관하여 외관이 존재하는 경우이고, 이러한 표현대리를 흔히 **수권대리**라고 칭한다.

한편 이러한 수권대리와 유사한 제도로서 상법에 명의대여자의 책임(상법 제24조), 표현지배인(상법 제14조), 표현대표이사(상법 제395조) 등이 있다.

부분적 포괄대리권을 가진 명칭 사용 **대법원 2007.8.23. 선고 2007다23425 판결**

민법 제125조가 규정하는 대리권 수여의 표시에 의한 표현대리는 본인과 대리행위를 한 자 사이의 기본적인 법률관계의 성질이나 그 효력의 유무와는 관계없이 어떤 자가 본인을 대리하여 제3자와 법률행위를 함에 있어 본인이 그 자에게 대리권을 수여하였다는 표시를 제3자에게 한 경우에 성립한다. 상법 제15조의 부분적 포괄대리권을 가진 사용인은 영업의 특정한 종류 또는 특정한 사항에 관한 재판 외의 모든 행위를 할 수 있는 대리권을 가진 상업사용인을 말하는 것이므로, 이에 해당하기 위해서는 그 사용인의 업무 내용에 영업주를 대리하여 법률행위를 하는 것이 당연히 포함되어 있어야 한다. 상법 제14조 제1항은, 실제로는 지배인에 해당하지 않는 사용인이 지배인처럼 보이는 명칭을 사용하는 경우에 그러한 사용인을 지배인으로 신뢰하여 거래한 상대방을 보호하기 위한 취지에서, 본점 또는 지점의 영업주임 기타 유사한 명칭을 가진 사용인은 표현지배인으로서 재판상의 행위에 관한 것을 제외하고는 본점 또는 지점의 지배인과 동일한 권한이 있는 것으로 본다고 규정하고 있으나, 부분적 포괄대리권을 가진 사용인의 경우에는 상법은 그러한 사용인으로 오인될 만한 유사한 명칭에 대한 거래 상대방의 신뢰를 보호하는 취지의 규정을 따로 두지 않고 있는바, 그 대리권에 관하여 지배인과 같은 정도의 획일성, 정형성이 인정되지 않는 부분적 포괄대리권을 가진 사용인들에 대해서까지 그 표현적 명칭의 사용에 대한 거래 상대방의 신뢰를 무조건적으로 보호한다는 것은 오히려 영업주의 책임을 지나치게 확대하는 것이 될 우려가 있으며, 부분적 포괄대리권을 가진 사용인에 해당하지 않는 사용인이 그러한 사용인과 유사한 명칭을 사용하여 법률행위를 한 경우 그 거래 상대방은 민법 제125조의 표현대리나 민법 제756조의 사용자책임 등의 규정에 의하여 보호될 수 있다고 할 것이므로, 부분적 포괄대리권을 가진 사용인의 경우에도 표현지배인에 관한 상법 제14조의 규정이 유추적용되어야 한다고 할 수는 없다.

(2) 요건

(가) 대리권 수여의 표시

본인이 대리행위의 상대방이 될 제3자에 대하여, 어떤 자에게 대리권을 준다는 것을 표시하여야 한다. 이러한 표시행위의 성질은 수권행위가 있음을 알리는 행위로써 관념의 통지이다(다수설).

표시의 방법은 서면이든 구술이든, 특정인에 한하든 신문광고에서와 같이 불특정인에 대한 것이든 문제되지 않는다. 본인이 작성한 위임장의 교부, 법률행위에 필요한 서류나 인감 등을 소지하게 하는 것이 일반적이다. 대리권의 수여표시가 반드시 대리권 또는 대리인이라는 말이나 문자를 사용한 경우에 한정되는 것은 아니고, 대리권을 추단하게 하는 일정한 직함, 명칭, 상호 등의 사용의 승낙 또는 묵인하는 경우, '○○기업 ○○지역책임자'라는 직함을 사용하게 한 경우, 타인에 대하여 자기 명의의 사용을 허락하거나 묵인하는 소위 명의대여의 경우 등을 대리권 수여의 표시로 보는 것이 다수설과 판례의 입장이다.

그 표시 후 수권행위의 철회에 의하여 제125조에 의한 표현대리의 성립을 저지할 수 있다. 다만 그 철회는 표현대리인이 대리행위를 하기 전에 행하여져야 하고, 대리권 수여의 표시와 같은 방법으로 상대방에게 그 사실을 알려야 한다. 따라서 특정인에게 수권의 표시를 하였다면 그 자에게 철회의 의사표시를 하여야 하고, 광고에 의하여 수권의 표시를 하였다면 동일한 광고나 이에 준하는 방법으로 철회가 이루어져야 한다.

추단 가능한 직함·명칭 사용의 승낙 대법원 1998.6.12. 선고 97다53762 판결

민법 제125조가 규정하는 대리권 수여의 표시에 의한 표현대리는 본인과 대리행위를 한 자 사이의 기본적인 법률관계의 성질이나 그 효력의 유무와는 직접적인 관계가 없이 어떤 자가 본인을 대리하여 제3자와 법률행위를 함에 있어 본인이 그 자에게 대리권을 수여하였다는 표시를 제3자에게 한 경우에는 성립될 수가 있고, 또 본인에 의한 대리권 수여의 표시는 반드시 대리권 또는 대리인이라는 말을 사용하여야 하는 것이 아니라 사회통념상 대리권을 추단할 수 있는 직함이나 명칭 등의 사용을 승낙 또는 묵인한 경우에도 대리권 수여의 표시가 있은 것으로 볼 수 있다. 호텔 등의 시설이용 우대회원 모집계약을 체결하면서 자신의 판매점, 총대리점 또는 연락사무소 등의 명칭을 사용하여 회원모집 안내를 하거나 입회계약을 체결하는 것을 승낙 또는 묵인하였다면 민법 제125조의 표현대리가 성립할 여지가 있다.

표현대리의 법리 불인정 대법원 2001.2.9. 선고 99다48801 판결

금융기관의 직원이 고객관리차원에서 장기간 동안 고객의 예금을 파출수납의 방법으로 입금 및 인출하여 오던 중 고객으로부터 예금인출 요구를 받지 않았음에도 불구하고 인출을 요구받아 파출업무를 수행하는 것처럼 가장하여 금융기관의 영업부 직원에게 구두로 출금을 요구하여 돈을 받은 후 고객 몰래 인장을 찍어 둔 인출청구서에 고객의 서명을 위조하여 위 영업부 직원에게 교부하는 방법으로 여러 차례에 걸쳐 금원을 인출한 경우, 파출수납의 방법에 의한 예금 입·출금은 금융기관 직원 자신의 직무를 수행하는 것에 불과하고, 고객이 직원에게 예금 입·출금과 관련한 대리권을 수여하

였다거나 그 수여의 의사를 표시한 것으로 볼 수는 없다고 하여 표현대리의 법리를 인정하지 않은 사례.[28]

주채무자의 보증인 대위 보증계약 체결 **대법원 2000.5.30. 선고 2000다2566 판결**

보증인의 보증의사의 존부는 당사자가 거래에 관여하게 된 동기와 경위, 그 관여 형식 및 내용, 당사자가 그 거래행위에 의하여 달성하려는 목적, 거래의 관행 등을 종합적으로 고찰하여 판단하여야 할 당사자의 의사해석 및 사실인정의 문제이지만, 보증은 이를 부담할 특별한 사정이 있을 경우 이루어지는 것이므로 보증의사의 존재는 이를 엄격하게 제한하여 인정하여야 한다. 갑이 주채무액을 알지 못한 상태에서 주채무자의 부탁으로 채권자와 보증계약 체결 여부를 교섭하는 과정에서 채권자에게 보증의사를 표시한 후 주채무가 거액인 사실을 알고서 보증계약 체결을 단념하였으나 갑의 도장과 보증용 과세증명서를 소지하게 된 주채무자가 임의로 갑을 대위하여 채권자와 사이에 보증계약을 체결한 경우, 갑이 채권자에 대하여 주채무자에게 보증계약 체결의 대리권을 수여하는 표시를 한 것이라 단정할 수 없고, 대리권 수여의 표시를 한 것으로 본다 하더라도 채권자에게는 주채무자의 대리권 없음을 알지 못한 데 과실이 있다고 보아 제125조 소정의 표현대리의 성립을 부정한 사례.

(나) 표시된 대리권 범위 내의 행위

대리인으로 표시된 자(표현대리인)가 그 통지에서 수여한 것으로 표시된 대리권 범위 내에서 대리행위를 하였어야 한다.

백지위임장을 교부받은 자가 백지부분을 보충하여 제3자에게 제시하거나, 백지 그대로 제시하며 구두로 제3자에게 설명하여 전달한 내용이 본인으로부터 표시 위탁 받은 것과 다른 경우를 어떻게 처리하여야 하는지 문제되는바, 예정되어 있지 않은 대리인이나 상대방과 사이에 법률행위가 이루어진 경우에는 제125조의 표현대리가 적용된다고 할 것이나, 위탁받은 사항 이외의 법률행위를 하였을 경우에는 제126조가 적용된다.

(다) 대리행위의 상대방

대리행위는 그 표시를 통지 받은 상대방과 사이에서 한 것이어야 한다. 그 표시를 특정인에게 한 때에는 그 특정인만이 제125조에 의해 보호를 받는 상대방이 되고, 표시가 광고에 의하여 이루어졌다면 그 광고를 본 모든 사람이 대리행위의 상대방으로 보호된다.

---

28) 사안에서 금융기관이 아닌 고객이 대리권 수여의 의사를 표시했는지 여부가 문제되었음을 유의할 것.

(라) 상대방의 선의·무과실

상대방은 선의, 무과실이어야 한다. 선의란 대리권이 없음을 알지 못하는 것이고, 무과실이란 선의임에 과실이 없는 것, 즉 일반인의 주의를 기울였음에도 대리권이 없음을 알지 못하는 것을 말한다. 상대방의 과실 유무는 무권대리 당시 제반 사정을 객관적으로 판단하여 결정하여야 한다. 상대방의 악의, 과실은 본인이 증명해야 한다.

대리권 수여 없는 분양중개 대법원 1997.3.25. 선고 96다51271 판결

중개인이 본인인 회사에게 오피스텔의 분양 희망자를 중개하여 주고 그 대가로 회사로부터 수수료만을 지급받기로 하였고, 분양계약서의 작성 및 분양대금 수납은 회사에서 직접 관리하였으며, 중개인은 오피스텔을 분양받고자 하는 자가 있으면 그를 오피스텔 내에 있는 회사 분양사무소에 데리고 가서 분양대금을 지급하고 회사 명의의 계약서를 작성하여 받아오는 방식을 취하였고, 상대방의 매매계약서도 그러한 방식에 의하여 작성되었다면, 상대방이 중개인에게 지급한 매매대금에 대한 영수증이 회사의 명의로 발행되지 아니하고 중개인 명의로 발행된 경우, 오피스텔을 분양받으려는 상대방으로서는 본인에게 중개인의 대리권 유무를 확인하여 보았더라면 그가 단순한 중개인에 불과하고 오피스텔의 매매대금을 수령할 대리권이 없다는 점을 쉽게 알 수 있었을 것임에도 이를 게을리 한 과실이 있고, 나아가 본인이 중개인에게 오피스텔의 분양중개를 부탁한 것을 가지고 오피스텔 분양에 관련한 어떤 대리권을 수여한 것이라고 볼 수도 없다고 보아 민법 제125조의 표현대리에 해당하지 않는다고 본 사례.

(3) 효과

(가) 본인의 책임

무권대리행위는 유권대리와 마찬가지로 다루어지므로, 그 효과는 **본인에게 귀속**되어 그 법률행위에 따른 권리와 의무가 발생한다. 표현대리가 성립하는 경우에는 상대방에게 어떤 과실이 있더라도 **과실상계의 법리를 적용할 수 없다**. 과실상계는 본래 채무불이행 내지 불법행위로 인한 손해배상책임에 대해 인정되는 것이고, 채무 내용에 따른 본래의 급부의 이행을 구하는 경우에 적용될 것이 아니기 때문이다.

표현대리 성립시 과실상계 적용 불가 대법원 1996.7.12. 선고 95다49554 판결

표현대리행위가 성립하는 경우에 그 본인은 표현대리행위에 의하여 전적인 책임을 져야 하고, 상대방에게 과실이 있다고 하더라도 과실상계의 법리를 유추적용하여 본인의 책임을 경감할 수 없는 것이므로(대법원 1994.12.22. 선고 94다24985 판결 참조), 피고가 반환할 금액에서 원고의 과실이 참작되어 감액되어야 한다는 지적도 그 이유 없다.

(나) 상대방의 주장

표현대리는 상대방의 주장이 있는 경우에만 무권대리행위의 효과를 본인에게 귀속시킬 수 있다. 표현대리가 무권대리에 속하므로 그 성립요건을 모두 충족시켰다고 할지라도 여전히 무권대리로 취급되기 때문이다. 이때 복수의 무권대리인이나 무권대리행위가 있는 경우, 상대방은 무권대리행위 등을 특정하여 표현대리의 주장을 하여야 한다(대법원 1984.3.24. 선고 83다카1819 판결). 한편 본인은 상대방에 대하여 표현대리의 효과를 주장할 수는 없으나, 협의의 무권대리의 경우처럼 추인을 함으로써(제130조) 무권대리행위의 구속력을 상대방에게 주장할 수 있다.

무권대리로서의 성질도 잃지 않는다. 따라서 본인은 추인하거나 추인을 거절할 수 있고, 상대방은 철회하거나 추인 여부의 확답을 최고할 수 있다. 한편 상대방이 표현대리를 주장하는 한, 본인이 추인을 거절하는 방법(제132조)으로 그 구속력을 면할 수는 없다.

(다) 본인과 표현대리인의 관계

본인에게 손해가 발생하는 경우 본인은 표현대리인에게 채무불이행 또는 불법행위를 이유로 손해배상을 청구할 수 있다.

(4) 적용범위

제125조는 임의대리에 한하여 적용되고, 수권행위가 존재하지 않는 **법정대리에는 적용되지 않는다**(통설, 판례). **복대리**에는 그 적용이 있으나, 소송행위 등 **공법상의 행위**의 대리에는 적용되지 않는다.

다. 민법 제126조의 표현대리

(1) 서설

건물의 임대차계약 체결에 관한 대리권을 가진 대리인이 건물을 처분하는 계약을 체결한 경우, 시가 2,000만 원의 트럭 구입에 관한 보증계약 체결에 관한 대리권을 가진 대리인이 시가 1억 원의 굴삭기 구입에 따른 보증보험계약의 구상금채무에 대하여 연대보증계약을 체결한 경우, 위 계약들이 유효한지의 문제는 대리권 범위의 불명확성 등으로 실무상 자주 거론된다. 제126조는 대리인이 기본대리권의 범위를 넘는 대리행위를 한 경우에 일정한 요건 하에서 대리권의 범위 안에서 대리행위를 하는 것과 같은 법률관계를 인정한다. 이는 대리권 '범위'의 외관과 관련되고, 위 법조에 의한 표현대리를 **월권대리**라고 한다.

월권대리의 경우, 대리인 스스로의 반신뢰행위에 불과하고, 무권대리행위 자체에 대한 본인의 기여는 없다. 다만 신뢰할 수 없는 사람을 거래계에 투입함으로써 외관작출에 기여하였거나 무권대리의 발생원인에 근접하여 있는 책임을 본인에게 지우는 것이다.

(2) 요건

(가) 기본대리권의 존재

실제로 행하여진 권한을 넘는 대리행위에는 대리권이 없지만, 일정한 대리권은 반드시 존재하여야 한다. 즉 대리권이 전혀 존재하지 않는 경우에까지 제126조의 표현대리를 인정하면 제3자의 신뢰를 지나치게 보호하는 반면 본인의 이익을 크게 해치므로, 본인의 정적 안정을 위한 최소한 요건으로 대리권 자체는 존재하고 있어야 한다는 것이다. 여기에서 실제로 존재하는 일정한 행위에 대한 대리권을 **기본대리권**이라 한다. 기본대리권이 없는 자의 무권대리행위에 관하여는, 일반적으로 많은 사람들이 대리권이 있는 것으로 생각하는 경우일지라도 월권대리는 성립하지 않는다(통설, 판례).[29]

기본대리권으로서의 적격성이 문제되는 경우가 적지 않다. 기본대리권에 복대리권이 포함되고(대법원 1998.3.27. 선고 97다48982판결), 제126조와 제129조에 의하여 표현대리가 성립됨으로써 인정되는 대리권도 포함된다(대법원 2008.1.31. 선고 2007다74713 판결). **공법상의 행위**인 등기신청에 대한 대리권에 관하여 제126조의 기본대리권으로서의 적격성을 인정하는 판례도 있다.[30] 그러나 사실행위를 할 수 있는 업무권한은 제외되며 법률행위에 관한 대리권에 한정된다(대법원 1992.5.26. 선고 91다32190 판결). 기본대리권의 유형이 월권대리행위의 그것과 같거나 유사할 필요는 없다.

기본대리권 인정되나 표현대리 불성립 **대법원 1994.11.8. 선고 94다29560 판결**

일반적으로 부동산의 소유자가 아닌 제3자로부터 근저당권을 취득하려는 자로서는 근저당권설정계약을 함에 있어 그 소유자에게 과연 담보제공의 의사가 있는지 여부 및 그 제3자가 소유자로부터 담보제공에 관한 위임을 받았는지 여부를 서류상 또는 기타의 방법으로 소유자에게 확인하여 보는 것이 보통이라 할 것이므로, 만약 그러한 조사를 하지 아니하였다면 그 제3자에게 소유자를 대리할 권한이 있다고 믿은 데에 과실이 있다고 할 것이다. 갑이 채무의 기한연장을 위한 보증절차를 을로부터 위임받고 을의 공증용인감증명서, 인감도장, 주민등록증을 소지하고 있음을 기화로 사채업자인 병으로부터 금원을 차용하면서 을 소유 부동산에 근저당권을 설정한 경우, 갑은 자기 채무의 기한연장에 관한 기본적 대리권이 있다고 할 것이나, 병이나 그의 대리인 등이 등기필증도 없이 을의 공증용 인감증명서와 인감도장 및 주민등록증만 소지한 갑을 을

29) 대리행위의 표시가 없는 성명모용에 의한 법률행위의 경우에도, 기본대리권이 인정이 되면 제126조가 유추적용 되나(대법원 1993.2.23. 선고 92다52436 판결), 기본대리권을 인정할 수 없으면 제126조를 유추적용할 수 없다고 한다(대법원 2002.6.28. 선고 2001다49814 판결).

30) 이는 기본대리권에 공법상의 대리권이 포함될 수 있는지를 따지는 대리권의 문제이고, 전술한 공법상 행위나 소송행위에는 표현대리의 적용이 없다는 것은 **대리행위의 문제**로 전혀 별개의 분야이다.

의 대리인으로 믿고 담보제공의사의 존부를 소유자인 을에게 확인하지 않은 채 갑과 금원대여 및 근저당권설정계약을 체결하였다면, 갑에게 을을 대리하여 금원을 차용하고 근저당권을 설정할 대리권이 있다고 믿을 만한 정당한 이유가 있다고 보기는 어려우므로 표현대리항변은 배척된다.

등기신청에 대한 대리권과 월권대리 성립 **대법원 1991.2.12. 선고 88다카21647 판결**

본인이 그 직원에게 자동차 소유권이전등록을 위임하면서 인감을 교부하는 한편 부동산의 2분의 1 지분에 관한 등기권리증과 나머지 2분의 1 지분에 대하여 본인 앞으로 지분이전등기를 경료할 수 있는 인낙조서등본을 교부하였다면 동 부동산에 관한 지분이전등기를 신청하는데 필요한 대리권을 수여하였다고 보아야 할 것이고, 가등기담보권의 설정은 채무자뿐만 아니라 제3자가 물상보증을 위하여도 할 수 있는 것으로서, 위 직원이 동 부동산에 대한 가등기담보설정계약 당시 권리증서와 인감 및 인감증명, 위임장 등 동 부동산의 처분에 필요한 모든 서류를 소지하고 있었다면 비록 그 인감과 인감증명이 그 용도가 다르거나 부당히 작성된 것이라도 동 직원에게 위 부동산에 대한 가등기담보설정계약을 체결할 대리권이 있는 것으로 믿을만한 정당한 이유가 있다고 보아야 할 것이다.

사실행위인 투자상담업무와 기본대리권 **대법원 1992.5.26. 선고 91다32190 판결**

증권회사의 직원이 아니면서도 사실상 투자상담사의 역할을 하는 자에게 유가증권 매매의 위탁 권유 등과 관련하여 증권회사를 대리하여 예탁금을 수령하거나 위탁매매계약을 체결할 권한이 있고 또 그것이 증권업계의 일반적인 관행이라고 볼 수 없다. 민법 제126조의 표현대리가 성립하기 위하여는 무권대리인에게 법률행위에 관한 기본대리권이 있어야 하는바, 증권회사로부터 위임받은 고객의 유치, 투자상담 및 권유, 위탁매매약정실적의 제고 등의 업무는 사실행위에 불과하므로 이를 기본대리권으로 하여서는 권한초과의 표현대리가 성립할 수 없다.

(나) 기본대리권의 범위를 넘는 대리행위

① 대리인의 대리행위

대리행위가 있어야 한다. 따라서 행위자가 당사자 본인으로서 법률행위를 한 경우와 같이 대리행위로 인정할만한 것이 없다면, 비록 상대방의 신뢰가 있더라도 제126조가 적용될 여지가 없다. 대리행위의 일반원칙에 따라 현명을 요구하나, 특별한 사정이 있으면 현명이 없더라도 제126조의 유추적용을 긍정한다.

대리행위 아닌 자신의 법률행위 표방 대법원 2001.1.19. 선고 99다67598 판결

종중으로부터 임야의 매각과 관련한 권한을 부여받은 갑이 임야의 일부를 실질적으로 자기가 매수하여 그 처분권한이 있다고 하면서 을로부터 금원을 차용하고 그 담보를 위하여 위 임야에 대하여 양도담보계약을 체결한 경우, 이는 종중을 위한 대리행위가 아니어서 그 효력이 종중에게 미치지 아니하고, 민법 제126조의 표현대리의 법리가 적용될 수도 없다.

사술로 본인의 성명을 모용한 경우 대법원 2002.6.28. 선고 2001다49814 판결

민법 제126조의 표현대리는 대리인이 본인을 위한다는 의사를 명시 혹은 묵시적으로 표시하거나 대리의사를 가지고 권한 외의 행위를 하는 경우에 성립하고, 사술을 써서 위와 같은 대리행위의 표시를 하지 아니하고 단지 본인의 성명을 모용하여 자기가 마치 본인인 것처럼 기망하여 본인 명의로 직접 법률행위를 한 경우에는 특별한 사정이 없는 한 위 법조 소정의 표현대리는 성립될 수 없다. 처가 제3자를 남편으로 가장시켜 관련 서류를 위조하여 남편 소유의 부동산을 담보로 금원을 대출받은 경우, 남편에 대한 민법 제126조 소정의 표현대리책임이 부정된다.

② 월권행위

대리행위가 주어진 권한(기본대리권)을 넘는 것이어야 한다. 권한을 넘는다는 것은 실제로 존재하는 대리권의 범위를 넘는 모든 경우를 말한다. 월권행위는 기본대리권의 내용과 같거나 유사한 법률행위인 것이 일반적이나, 반드시 동종 내지 유사할 것을 요하지 않는다. 하지만 그 동종성 등은 후술하는 정당한 이유의 판단에서 중요한 요소가 된다.

월권행위와 기본대리권의 동질성 대법원 1969.7.22. 선고 69다548 판결

피고 갑이 피고 을에게 지역사회개발관계서류에 사용하라고 하여 인장을 임치하였다면, 갑은 을에게 특별한 사정이 없는 한 지역사회개발관계행위의 대리권을 부여하였다고 볼 것이다. 정당하게 부여받은 대리권의 내용되는 행위와 표현대리행위는 반드시 같은 종류의 행위에 속할 필요는 없다.

(다) 대리권이 있다고 믿을만한 정당한 이유

① '정당한 이유'의 의미

'정당한 이유'는 무권대리행위 당시 존재하는 여러 사정을 객관적으로 관찰하여 보

통사람이라면 대리권이 있는 것으로 믿는 것이 당연한 정도의 사유가 존재한다는 의미이고, 실무상 '월권대리'의 성립 여부를 결정하는 가장 중요한 요소이다.

'정당한 이유'의 의미에 관하여는 제125조나 제129조에서 요건으로 규정된 '상대방의 선의, 무과실'과 같은 의미인지 여부에 관하여 논란이 있다. 굳이 다른 의미로 해석할 이유가 없으므로 같은 의미로 보아야 한다는 견해와,[31] 법문의 차이와 대리권의 외관에 대한 신뢰의 차이 등을 고려할 때 정당한 이유를 선의·무과실보다는 좁게 해석하여야 한다는 견해[32]가 대립한다. 판례는 최근 들어 무권대리행위 당시 존재한 여러 사정을 객관적으로 관찰하여 보통인이라면 유효한 행위가 있었던 것으로 믿는 것이 당연(분명)하다고 보여지는 경우에는 정당한 이유를 긍정할 수 있다고 판시함으로써(대법원 1998.7.10. 선고 98다18988 판결, 2008.1.31. 선고 2007다74713 판결 등) 두 의미를 구별하고 있는 것으로 보인다.

어음위조 관련한 정당한 이유의 유무 **대법원 2000.2.11. 선고 99다47525 판결**

민법상의 표현대리에 관한 규정이 어음행위의 위조에 관하여 유추 적용되기 위하여서는 상대방이 위조자에게 어음행위를 할 권한이 있다고 믿거나 피위조자가 진정하게 당해 어음행위를 한 것으로 믿은 것만으로는 부족하고, 그와 같이 믿은 데에 정당한 사유가 있어야 하는바, 이러한 정당한 사유는 어음행위 당시에 존재한 여러 사정을 객관적으로 관찰하여 보통인이면 유효한 행위가 있었던 것으로 믿는 것이 당연하다고 보여지면 이를 긍정할 수 있지만, 어음 자체에 위조자의 권한이나 어음행위의 진정성을 의심하게 할 만한 사정이 있는데도 불구하고 그 권한 유무나 본인의 의사를 조사·확인하지 아니하였다면 상대방의 믿음에 정당한 사유가 있다고 하기 어렵다. 액면금 30억 원의 위조어음의 발행인 인영 부분에 인영 전사 수법으로 종종 사용되는 스카치테이프가 붙어 있고 어음용지책에서 어음용지를 떼어낼 때 통상적으로 하는 이른바 꼭지 간인이 되어 있지 않았음에도 발행인에게 아무런 확인을 하지 않은 경우, 위조어음이 진정한 것이라고 믿은 데에 정당한 사유가 있다고 할 수 없어 민법상 표현대리의 규정이 유추적용되지 않는다.

② 정당한 이유의 판단

정당한 이유 유무는 무권대리행위 당시의 사정을 기초로 하여 판단하여야 한다(통설, 판례). 그 **판단요소**로는 대리권의 존재를 추단시키는 **증빙으로 제시한 자료**(위임

31) 곽윤직, 281면.

32) 송덕수, 230면. 외관의 존재와 관련된 본인의 책임이 다른 표현대리보다 낮다고 보아야 하므로, 그 인정에 있어 선의·무과실보다 더욱 엄격하게 보아야 한다는 것으로 보여짐.

장의 내용, 등기필증과 인감, 인감증명서의 소지 및 본인 발급 여부), **법률행위의 내용과 성질**(중요재산의 처분, 반복되는 동종거래, 보증 또는 물상보증), **당사자들의 직업과 사회적 지위·인적 관계나 거래내역**, 행위를 전후한 **본인의 언동** 등이다. 한편 대리권과 관련된 외관이 본인의 행동에 기한 경우, 혹은 본인의 행동에 기하지 않았으나 외관 형성에 관하여 본인에게 과실이 있는 경우에는 모두 본인 측에 귀책요소가 있다고 할 것이다.

상대방이 대리권의 유무나 본인의 의사를 **조사, 확인할 의무**는, 후견인으로부터 제한능력자 소유의 주요 부동산을 매수하는 경우, 어음 자체에 위조자의 권한이나 어음행위의 진정성을 의심하게 할 만한 사정이 있는 경우, 사회통념상 무권대리행위가 비정상적이거나 이례적으로 보이는 경우, 대리권수여의 여부를 본인에게 쉽게 확인할 수 있는 경우 등에 인정된다. 반면에 대리행위에 필요한 일체의 서류를 소지하고 있는 경우 특히 보증보험 연대보증에서 본인 발급의 인감증명서가 구비된 경우, 또는 동종거래가 반복된 경우에는 조사, 확인의무가 부정된다.

무권대리행위 당시의 사정 **대법원 1997.6.27. 선고 97다3828 판결**

거래상대방이 후견인으로서 상당기간 피후견인의 재산을 관리하여 왔다고 할지라도 후견인을 상대로 중요한 재산적 가치를 가지는 한정치산자의 부동산을 매수하는 자로서는 친족회의 동의가 있었는지 여부를 확인하였어야 할 것인데도 막연히 부동산 중개업자를 통하여 거래상대방이 후견인으로 선임된 후 1년 이상 부동산의 관리를 전담하여 온 사실만을 확인하였을 뿐 친족회의 동의에 관하여는 전혀 확인하지 아니하였다면, 매수인은 후견인을 상대로 거래하는 자로서 마땅히 해야 할 주의를 다하지 못한 과실이 있다고 하지 않을 수 없으며, 또한 권한을 넘은 표현대리에 있어서 정당한 이유의 유무는 대리행위 당시를 기준으로 하여 판정하여야 하고 매매계약 성립 이후의 사정은 고려할 것이 아니므로, 피후견인이 위 매매로 인한 소유권이전등기를 경료하기에 앞서 그 거래에 관한 친족회원의 선임 및 친족회의 소집에 관한 법원의 심판을 받았고 그에 따라 작성된 친족회 의사록을 후견인으로부터 교부받았다고 할지라도 이로써 후견인이 매매 당시 친족회의 동의를 받았다고 믿을 만한 정당한 이유가 된다고 볼 수 없다.

부동산처분 관련 정당한 이유의 부정 **대법원 1991.2.12. 선고 90다7364 판결**

본인이 대리인을 통하여 허무인 명의로 부동산을 매수하고 소유권이전등기를 경료하지 아니하고 있는 사이에 대리인이 위 부동산을 제3자에 처분함으로 인하여 당초의 매도인으로부터 제3자 앞으로 직접 소유권이전등기가 경료된 데 대하여 본인이 매도인에 대하여는 소유권이전등기절차의 이행을, 제3자에 대하여는 소유권이전등기의 말소등기절차의 이행을 구하는 사안에 있어서 본인이 위 대리인의 매도행위에 대하여 책임이 있는지에 대하여는 아무런 판단도 하지 아니한 채 당초 매도인이 위 대리인에게 위 허무인(또는 본인)을 대리하여 위 부동산을 전매할 권한까지 있다고 믿을 만한 정당한 이유가 있었으므로 제3자가 정당하게 소유권이전등기를 경료받은 것으로 판단한 것은 이유를 제대로 명시하지 아니한 위법이 있는 것이다. 매매대금 62,100,000원의 6할도 못되는 금 36,225,000원에 매수하기로 매매계약을 체결하였으니, 위 피고에게는 타인의 대리인으로부터 부동산을 매수하는 사람으로서 일반적으로 기울여야 할 주의의무를 게을리 한 잘못이 있었다고 하지 않을 수 없고, 따라서 원심이 판시한 바와 같은 사정만으로는 위 피고가 대리인에게 본인을 대리하여 이 사건 부동산을 매도할 권한까지 있다고 믿을 만한 정당한 이유가 있었다고는 볼 수 없는 것이다.

정당한 이유 있는 소비대차계약 대법원 2003.4.11. 선고 2003다7173,7183 판결

갑 스스로 을에게 친분관계 등에 터잡아 그의 사업수행에 필요한 자금을 조달하는 과정에서 보증용으로 사용할 수 있도록 자신의 인감 등을 넘겨줌으로써 을이 그 권한을 남용하여 발생할 거래안전에 미칠 위험성은 상당 정도 갑에게도 책임 있는 사유로 유발되었고, 더구나 갑이 종전에도 약속어음의 할인에 즈음하여 병의 직접 확인 전화를 받고 을의 사업자금 조달을 위하여 보증을 한다는 취지에서 배서를 한 사실을 인정까지 해 준 것이라면 병으로서는 을이 갑으로부터 두터운 신뢰를 받고 있어 갑을 대리할 수 있는 적법한 권한을 보유하고 있던 것으로 능히 생각할 수 있었다고 할 것이므로 병이 을에게 그와 금전소비대차계약을 체결함에 있어서 갑을 대리할 권한이 있었다고 믿었고 또 그와 같이 믿은 데에 상당한 이유가 있었다고 보아 민법 제126조 소정의 표현대리의 성립을 인정한다.

대리행위 조사, 확인의무 대법원 1992.11.27. 선고 92다31842 판결

부동산의 소유자가 아닌 제3자로부터 근저당권을 취득하려는 자로서는, 그 소유자의 인감증명 외에 그 소유자에게 과연 담보제공의 의사가 있는지 여부 및 그 제3자가 소유자로부터 담보제공에 관한 위임을 받았는지 여부를 그 소유자에게 확인해 보아야 할 것이고, 만약 그러한 조사를 하지 아니하였다면 그 제3자에게 그 소유자를 대리할 권한이 있다고 믿은 데에 과실이 있다… 대리권 수여 여부를 본인에게 쉽게 확인할 수 있었는데도 이를 확인함이 없이 근저당권설정계약을 체결한 경우 대리인에게 본인을 대리할 권한이 있다고 믿을 만한 정당한 이유가 있다고 볼 수 없다고 하여 표현대리의 성립을 부인한 사례.

③ 증명책임

제125조 또는 제129조는 제126조와 달리 대리권의 외관이 본인의 직접적 관여에 의하여 작출된 것을 표현대리의 근거로 삼고 있고, 상대방의 선의·무과실을 단서조항의 형식으로 각 규정하고 있다. 위와 같이 규정형식이 상호 다른 점, 제126조의 표현대리에서 상대방 보호의 필요성이 다른 유형의 표현대리에 비하여 낮다는 점 등에 비추어 제126조 소정의 정당한 이유에 대한 증명책임까지도 상대방이 부담한다고 할 것이다(통설, 대법원 1968.6.18. 선고 68다694 판결).

(라) 법률행위 유형별 판례

① 어음·수표행위

대표자의 인장사용 대법원 1989.3.28. 선고 87다카2152,2153 판결

대한어머니중앙연합회 부회장 겸 사무총장으로서 대표자인 회장을 대리하여 일상업무를 처리하면서 회장의 인장을 사용해 온 자의 어음배서가 그 연합회 대표자의 동의나 승낙 없이 이루어졌더라도 대표자를 대리할 권한이 있다고 믿을만한 정당한 이유가 있다.

채무자가 발행한 물상보증인 명의의 약속어음 대법원 2000.3.23. 선고 99다50385 판결

다른 사람이 본인을 위하여 한다는 대리문구를 어음 상에 기재하지 않고 직접 본인 명의로 기명날인을 하여 어음행위를 하는 이른바 기관 방식 또는 서명대리 방식의 어음행위가 권한 없는 자에 의하여 행하여졌다면 이는 어음행위의 무권대리가 아니라 어음의 위조에 해당하는 것이기는 하나, 그 경우에도 제3자가 어음행위를 실제로 한 자에게 그와 같은 어음행위를 할 수 있는 권한이 있다고 믿을 만한 사유가 있고, 본인에게 책임을 질 만한 사유가 있는 때에는 대리방식에 의한 어음행위의 경우와 마찬가지로 민법상의 표현대리 규정을 유추적용하여 본인에게 그 책임을 물을 수 있다. 채무자가 물상보증인으로부터 근저당권설정에 관한 대리권만을 위임받은 후 그의 승낙 없이 채무 전액에 대한 연대보증의 취지로 채권자에게 물상보증인 명의의 약속어음을 발행해 준 경우, 채권자가 채무자에게 위와 같은 어음행위를 할 수 있는 권한이 있다고 믿을 만한 정당한 사유가 없다.

② 부동산처분행위

필요한 각종 서류 소지 대법원 1995.12.22. 선고 94다45098 판결

일상가사대리권 외에 별도의 기본대리권이 있는 처가 근저당권설정등기에 필요한 각종 서류를 소지하고 있는데다가 그 인감증명서가 본인인 남편이 발급받은 것이고, 남편이

스스로 처에게 인감을 보냈음을 추단할 수 있는 문서와 남편의 무인이 찍힌 위임장 및 주민등록증 등을 제시하는 등 남편이 처에게 대리권을 수여하였다고 믿게 할 특별한 사정까지 있었다면, 그 상대방으로서는 처가 남편을 대리할 적법한 권한이 있었다고 믿은 데 정당한 이유가 있다고 보아야 할 것이다. (그 후) 처가 타인으로부터 금원을 차용하면서 승낙 없이 남편 소유 부동산에 근저당권을 설정한 것을 알게 된 남편이, 처의 채무 변제에 갈음하여 아파트와 토지를 처가 금전을 차용한 자에게 이전하고 그 토지의 시가에 따라 사후에 정산하기로 합의한 후 그 합의가 결렬되어 이행되지 않았다고 하더라도, 일단 처가 차용한 사채를 책임지기로 한 이상 남편은 처의 근저당권 설정 및 금원 차용의 무권대리 행위를 추인한 것이라고 한 원심판결을 수긍한 사례.

소유자에게 확인하지 아니한 근저당권설정 대법원 1995.2.17. 선고 94다34425 판결

일반적으로 부동산의 소유자가 아닌 제3자로부터 근저당권을 취득하려는 자로서는 근저당권설정계약을 함에 있어서 그 소유자에게 과연 담보제공의 의사가 있는지 여부 및 그 제3자가 소유자로부터 담보제공에 관한 위임을 받았는지 여부를 서류상 또는 기타의 방법으로 소유자에게 확인하여 보는 것이 보통이라 할 것이므로, 만약 그러한 조사를 하지 아니하였다면 그 제3자에게 소유자를 대리할 권한이 있다고 믿은 데에 과실이 있다고 할 것이다. 갑 회사의 이사가 부동산 소유자인 을로부터 상호신용금고로부터의 대출을 받아달라는 부탁을 받아 을의 설정용 인감증명서와 인감도장을 소지하고 있음을 기화로 갑 회사가 자기 회사에 대한 병 회사의 광고비채권을 담보하기 위하여 을과 병 회사 명의의 근저당권설정계약을 체결하고, 등기절차를 위임함에 있어서는 등기권리증을 분실한 것처럼 하여 2인의 보증서를 제출하는 방법으로 근저당권설정등기를 경료하여 준 사안에서, 원심이 병 회사가 등기권리증도 없이 을의 설정용 인감증명서와 인감도장만을 소지하고 을의 정당한 대리권자라고 자처하는 갑 회사나 그 직원이 목적부동산의 등기권리증을 소지하지 아니한 까닭을 알아본 바 있었는지, 아니라도 부동산의 소유자인 을에게 담보제공의 의사나 그 위임의 여부를 확인한 바 있었는지 등의 점 등에 관하여 심리하지 아니한 채, 병 회사가 이미 갑 회사에게 물적 담보를 제공하여 달라는 요구를 수차 하였던 상태이고, 갑 회사의 직원이 을의 인감증명서와 인감도장을 소지하고 있음을 확인하였다는 사정만으로 병 회사에게 갑 회사나 그 직원이 을을 대리하여 근저당권설정계약을 체결할 권한이 있다고 믿을 만한 정당한 이유가 있었다고 판단한 것은 심리미진 또는 표현대리에 관한 법리를 오해한 위법이 있다.

③ 보증행위

조사·확인의무가 없는 경우 대법원 1997.7.8. 선고 97다9895 판결

연대보증계약 체결 당시 대리인이 본인이 직접 발급받은 본인의 인감증명과 납세증명원, 본인의 인감도장을 보증보험회사 직원에게 교부하였고, 대리인이 자신 소유의 승용차를 구입할 때에도 본인을 대리하여 보증보험계약을 체결하면서 본인 명의의 인감증명과 납세증명원, 본인의 인감도장을 이용하였으므로 담당직원이 위 거래를 통하여 대리인과 본인의 관계를 알게 되어 대리인에게 본인을 대리할 권한이 있는지 여부를 의심할 만한 특별한 사정이 없었으며, 회사를 대리하여 보증보험계약을 체결하는 직원이 연대보증인 본인에 대하여 직접 보증의사를 확인하고 서명날인을 받도록 하는 업무지침이나 실무관행이 없어 회사가 전문금융기관이라는 것만으로 회사의 직원이 본인에게 직접 보증의사를 확인할 주의의무가 있다고 보기 어려우며, 연대보증약정서에 기재된 연대보증인의 전화번호는 차후 연락을 위한 것으로 반드시 연대보증인 본인의 전화번호만을 기재하여야 하는 것도 아니라면, 회사의 직원으로서는 대리인이 본인을 대리하여 연대보증계약을 체결할 대리권이 있다고 믿을 만한 정당한 이유가 있다.

인감증명서의 교부 및 인감의 소지 대법원 1987.11.10. 선고 87다카1325 판결

처 乙이 夫 丙의 해외취업 중 丙으로부터 경영권을 위임받아 공장을 경영하면서 공장운영자금의 조달을 위하여 금원을 차용하고 이를 담보하기 위한 가등기를 경료함에 있어 채권자 甲이 乙로부터 丙명의의 가등기설정용 인감증명서를 교부받고, 乙이 丙의 인감을 소지하고 있는 것을 보았다면 甲이 乙에게 丙을 대리할 권한이 있다고 믿음에 정당한 이유가 있다고 할 것이다.

정당한 사유 없는 남편의 채무부담약정 대법원 1997.4.8. 선고 96다54942 판결

부부간에 서로 일상가사대리권이 있다고 하더라도, 일반적으로 처가 남편이 부담하는 사업상의 채무를 남편과 연대하여 부담하기 위하여 남편에게 채권자와의 채무부담약정에 관한 대리권을 수여한다는 것은 극히 이례적인 일이라 할 것이고, 채무자가 남편으로서 처의 도장을 쉽사리 입수할 수 있었으며 채권자도 이러한 사정을 쉽게 알 수 있었던 점에 비추어 보면, 채무자가 채권자를 자신의 집 부근으로 오게 한 후 처로부터 위임을 받았다고 하여 처 명의의 채무부담약정을 한 사실만으로는 채권자가 남편에게 처를 대리하여 채무부담약정을 할 대리권이 있다고 믿은 점을 정당화할 수 있는 객관적인 사정이 있다고 할 수 없다고 하여 민법 제126조의 표현대리의 성립을 인정한 원심판결을 표현대리에 관한 법리오해라는 이유로 파기한 사례.

④ 기타

납북된 남편을 대리한 처의 토지매매 **대법원 2009.4.23. 선고 2008다95861 판결**

처가 북한으로 피랍된 남편을 대리하여 토지를 매도한 사안에서, 남편이 피랍된 후 매매계약 당시까지 연락이 두절되어 처에게 매매계약에 관한 대리권을 수여할 수 없었고, 당시 남편이 처에게 위 매매계약에 관한 대리권을 주었다고 매수인이 믿었음을 정당화할 만한 객관적 사정이 존재하였다고 볼 수 없어, 민법 제126조의 표현대리가 성립하지 않는다.

대리 후 4년 경과한 다른 대리행위 **대법원 1990.12.26. 선고 88다카24516 판결**

금원차용 당시 처가 남편을 대신하여 차용금을 수령하고 근저당권설정서류를 교부하였으며 그 후 이자를 대신 지급하여 왔다고 하더라도 차용시부터 약 4년 후 잔존채무금을 확정하고 분할변제의 약정을 체결함에 있어서도 대리권을 수여받았다고 믿은 데에 정당한 사유가 있다고 보기는 어려우므로 위와 같은 새로운 내용의 약정을 체결하는데 관하여는 표현대리가 성립되지 아니한다.

***** 일상가사대리권과 표현대리**

- 일상가사대리권을 기본대리권으로 하여 제126조의 표현대리가 성립할 수 있는지?
  - 통설과 판례는 일상가사대리권을 법정대리권으로 인정하면서 성립을 긍정함. (대표권으로 파악하는 소수설도 거래안전을 위하여 제126조를 유추적용 하자고 함)
- 표현대리의 인정범위
  - 학설은 일상가사 범위로 믿을만한 정당한 이유가 있을 때에 한하여 적용을 긍정하는 견해가 있으나(곽윤직), 판례는 문제된 행위에 대해 배우자의 특별수권이 있었다고 믿을만한 정당한 이유가 있을 경우에 제126조의 적용을 긍정함(대법원 2009.4.23. 선고 2008다95861 판결).

(3) 효과

대리인이 월권행위를 하였더라도 제126조의 요건이 충족되면 그 대리행위 전부의 효과가 본인에게 발생하는 것은 제125조와 마찬가지이다.

다만 다른 유형의 표현대리와 달리 제126조의 **표현대리가 성립하지 않더라도 실재하는 대리권 범위 내에서는 대리행위가 유효**하다. 예컨대 어음행위의 대리 또는 대행권한을 수여받은 자가 그 수권의 범위를 넘어 어음행위를 한 경우에 본인은 그 수권의 범위 내에서 대리 또는 대행자와 함께 어음상의 채무를 부담한다.

일부무효 대리행위 대법원 2001.2.23. 선고 2000다45303,45310 판결

어음행위의 대리 또는 대행권한을 수여받은 자가 그 수권의 범위를 넘어 어음행위를 한 경우에 본인은 그 수권의 범위 내에서는 대리 또는 대행자와 함께 어음상의 채무를 부담한다. 공정증서가 채무명의로서 집행력을 가질 수 있도록 하는 집행인낙의 표시는 공증인에 대한 소송행위이므로, 무권대리인의 촉탁에 의하여 공정증서가 작성된 경우 채무명의로서의 효력이 없다(1,000만원 한도로 한 연대보증을 내용으로 하는 수권행위. 대리인이 액면금 6,000만원의 약속어음 발행 후 집행인낙의 약속어음공정증서를 작성한 사안임.- 본인의 청구이의는 인용하고, 반소인 상대방의 약속어음청구는 1,000만원에 한하여 일부 인용함).

(4) 적용범위

법정대리에도 권한을 넘은 표현대리가 적용될 것인지 문제된다. 적어도 제한능력자의 법정대리인에 대하여 제126조를 적용해서는 안 된다는 설도 있으나,[33] 판례는 그 적용을 긍정하고 있다(아래 97다3828 판결). 또한 **일상가사대리권**을 법정대리권으로 이해하면서 이를 기본대리권으로 하여 제126조의 적용을 긍정하는 판결도 있다.[34]

월권대리가 적용되는 법정대리관계 대법원 1997.6.27. 선고 97다3828 판결

민법 제126조 소정의 권한을 넘는 표현대리 규정은 거래의 안전을 도모하여 거래상대방의 이익을 보호하려는 데에 그 취지가 있으므로 법정대리라고 하여 임의대리와는 달리 그 적용이 없다고 할 수 없고, 따라서 한정치산자의 후견인이 친족회의 동의를 얻지 않고 피후견인의 부동산을 처분하는 행위를 한 경우에도 상대방이 친족회의 동의가 있다고 믿은 데에 정당한 사유가 있는 때에는 본인인 한정치산자에게 그 효력이 미친다. 한정치산자의 후견인이 친족회의 동의 없이 피후견인인 한정치산자의 부동산을 처분한 경우에 발생하는 취소권은 민법 제146조에 의하여 추인할 수 있는 날로부터 3년 내에, 법률행위를 한 날로부터 10년 내에 행사하여야 하지만, 여기에서 '추인할 수 있는 날'이라 함은 취소의 원인이 종료한 후를 의미하므로, 피후견인이 스스로 법률행위를 취소함에 있어서는 한정치산선고가 취소되어 피후견인이 능력자로 복귀한 날로부터 3년 내에 그 취소권을 행사하여야 한다.

---

33) 지원림, 320면.

34) 대법원 1998.7.10. 선고 98다18988 판결; 대법원 2009.4.23. 선고 2008다95861 판결 등.

일상가사대리권과 월권대리 대법원 1998.7.10. 선고 98다18988 판결

타인의 채무에 대한 보증행위는 그 성질상 아무런 반대급부 없이 오직 일방적으로 불이익만을 입는 것인 점에 비추어 볼 때, 남편이 처에게 타인의 채무를 보증함에 필요한 대리권을 수여한다는 것은 사회통념상 이례에 속하므로, 처가 특별한 수권 없이 남편을 대리하여 위와 같은 행위를 하였을 경우에 그것이 민법 제126조 소정의 표현대리가 되려면 처에게 일상가사대리권이 있었다는 것만이 아니라 상대방이 처에게 남편이 그 행위에 관한 대리의 권한을 주었다고 믿었음을 정당화할 만한 객관적인 사정이 있어야 한다.
처가 임의로 남편의 인감도장과 용도란에 아무런 기재 없이 대리방식으로 발급받은 인감증명서를 소지하고 남편을 대리하여 친정 오빠의 할부판매보증보험계약상의 채무를 연대보증한 경우, 남편의 표현대리 책임을 부정한 사례.

라. 민법 제129조의 표현대리

(1) 서설

제129조는 대리권이 소멸하여 대리권이 없게 된 자가 대리행위를 한 경우에 선의, 무과실로 그와 거래한 상대방을 보호하기 위하여 그 상대방과의 관계에서는 마치 대리권이 있는 것과 같은 효과를 인정한다. 대리권의 '**존속**'에 관하여 외관이 존재하는 경우이고, 이 법조에 의한 표현대리를 **멸권대리**라고 한다. 그 효과로 '제3자에게 대항하지 못한다'라고 규정하고 있는바, 법문의 표현이 제125조나 제126조에서의 '책임이 있다'와 다르지만 그 의미는 마찬가지이다.

한편 채권의 준점유자에 대한 변제(제470조)나 영수증 소지인에 대한 변제(제471조)는 변제자가 선의, 무과실이라면 변제로서 효력을 갖는다. 그런데 가령 대리권이 있던 점원이 해고된 후 상점의 청구서나 영수증을 가지고 고객으로부터 수금을 하였다면 제129조와 위 조문들이 경합할 것인바, 상대방인 고객은 제129조, 또는 제470조·제471조의 요건을 증명하여 변제의 효력을 주장할 수 있다.

(2) 요건

(가) 이전에 존재하였던 대리권의 소멸

대리인이 과거에 대리권을 가지고 있었으나, 문제되는 대리행위를 할 당시에는 대리권이 소멸한 상태이어야 한다. 위임이나 고용 등 원인된 법률관계가 종료됨으로써 대리권이 소멸한 경우(제128조), 본인 사망 후에 대리행위가 이루어진 경우 등이 여기에 해당한다. 이는 대리권이 존재했던 잔영을 제거하지 않음으로써 그 외관을 방치한 것에 대하여 책임을 지우는 것이기 때문에, 당초부터 전혀 대리권이 존재하지 않았던

경우에는 이 규정이 적용될 여지가 없다. 또한 수권행위가 무효이거나 취소된 경우에는 처음부터 대리권이 없었던 것이 되므로 본조의 적용이 없게 된다.

멸권대리의 성립을 인정할 수 없는 사례 **대법원 1967.9.5. 선고 67다1355 판결**

甲이 을로부터 여러 차례에 걸쳐서 금원을 차용함에 있어 병이 연대보증을 서고 갑으로 하여금 병을 대신하여 을과 보증계약을 체결토록 대리권을 수여한 사실이 있다하여 거래의 실정에 비추어 특단의 사정이 없는 한 병은 개개의 보증계약을 체결할 때마다 갑에게 대리권을 수여한 것이지 구체적인 개개의 거래를 떠나서 일반적으로 병을 대신하여 보증계약을 체결할 수 있는 권한을 부여하였다고는 보기 어렵다 할 것이고 그렇다면 갑이 구체적인 개개의 금원차용에 있어 병을 대리하여 보증계약을 체결함으로써 그 임무는 완료한 것이고 병이 갑에게 더 이상 보증을 서지 않겠다는 통고를 한 것은 앞으로의 보증의뢰를 사전에 거절한 것이지 수권행위의 철회라고 볼수 없으니 병의 위 통고 후 갑이 병을 대신하여 보증계약을 체결한 것에는 본조의 표현대리가 성립될 수 없다 할 것이다.

(나) 권한 내의 대리행위

원칙적으로 과거에 존재했던 대리권의 범위 내에서 대리행위가 행하여져야 한다. 대리인이 대리권 소멸 후에 복대리인을 선임하여 복대리인으로 하여금 대리행위를 한 경우에도 제129조가 적용될 수 있다. 한편 대리행위가 소멸된 대리권의 내용을 초과하는 행위인 경우에도 표현대리는 성립될 수 있으나, 이는 제129조와 제126조가 중복 적용된 결과이다(전술한 2007다74713 판결 참조).

(다) 상대방의 선의와 무과실

① 의의

여기에서의 선의, 무과실은 상대방이 이전의 대리권의 존재를 인식하고, 이에 기하여 현재도 대리권이 존속한다고 믿은 데에 과실이 없어야 한다는 의미이다(다수설).[35] 다수설에 따르면 상대방의 오신의 대상은 대리권의 '존재'가 아닌 그 '존속'이라는 것이고, 대리권이 이전에 존재하였다는 사실에 대한 인식과 대리권의 존속에 대한 신뢰 사이에 인과관계가 있어야 한다.

② 증명책임

제129조의 요건사실 중 존재하던 대리권이 소멸하였다는 점 및 대리인이 권한 내의 대리행위를 하였다는 점에 대해서는, 상대방이 이를 주장하고 증명하여야 한다. 선의,

35) 곽윤직, 282면 : 지원림, 332면.

무과실에 대하여 누가 증명책임을 부담하는지에 관하여, 제125조의 표현대리 등과 구별할 이유가 없으므로 상대방의 악의 또는 과실에 대한 증명책임은 본인에게 있다는 설,[36] 조문의 체계에 따라 선의의 증명책임은 상대방에게 있고 과실의 증명책임은 본인에게 있다는 설[37]이 대립한다. 이에 관한 판례는 아직 없는 것으로 보인다.

(3) 효과

제125조의 표현대리와 같다.

(4) 적용범위

통설적 견해와 판례에 따르면 **법정대리**에도 제129조가 적용된다고 한다.[38] 본인 생전에 부동산의 양도가 있었으나 등기절차 이행 전에 그가 사망함으로써 그 대리권이 소멸한 대리인에 의하여 등기신청이 이루어진 경우에, 제129조 적용을 긍정하는 견해[39]와 공법상의 행위라는 이유로 부정하는 견해가 있으나, 판례는 실체관계와 부합하는 한 유효하다고 한다. 제129조는 **복대리**의 경우에도 적용이 있다(대법원 1998.5.29. 선고 97다55317 판결).

공법상 행위라도 실체관계 부합시 유효 **대법원 1965.8.24. 선고 65다1177,1178 판결**

대법원규칙 제63호에 구 부동산등기법시행규칙(60.1.1. 대법원규칙 제63호) 제68조의 인감증명서는 작성 후 6개월 이내의 것에 한하여 등기절차를 신청할 수 있다고 규정한 취지가 인감증명서 작성 후 장구한 시일이 경과된 것을 허용함으로써 물권변동에 있어서의 분규발생 등 폐단을 방지하기 위한 것이라 할지라도 이는 인감증명서의 효력이 6개월밖에 없다는 취지가 아니고 또한 망인명의의 인감증명에 의하여 소유권이전등기가 경유되었다 하더라도 그것이 권리의 실체관계와 부합하는 경우에는 유효하다.

***** 대리에 관한 주장·증명책임 판례 정리**

- 대리인에 의하여 법률행위가 행하여진 사실은 본인에 의해 법률행위가 행하여진 사실과는 별개의 주요사실이므로, 법원은 당사자가 주장하지 않는 이상 판단할 필요가 없다. 다만 위 주장은 반드시 명시적일 필요는 없고, 묵시적이든 간접적이든 쌍방 당사자의 주장 속에 그 취지가 포함되어 있으면 족하다(대법원 1990.6.26. 선고 89다카15359 판결, 1996.2.9. 선고 95다27998 판결 등).
- 대리권의 존부에 관한 입증책임은 대리권의 존재를 주장하는 자(통상은 대리행위

36) 곽윤직, 282면.
37) 이영준, 548면.
38) 곽윤직, 282면; 대법원 1975.1.28. 선고 74다1199 판결.
39) 김현태, 376면.

의 상대방임)에게 있다(대법원 1994.2.22. 선고 93다42047 판결). 그러나 대리행위가 부동산물권변동과 관련된 것으로 그에 관하여 상대방에게 이전등기까지 경료된 경우에는 등기의 추정력으로 인하여 입증책임이 전환됨을 유의할 것(대법원 2009.9.24. 선고 2009다37831 판결).

- 유권대리와 표현대리의 경우, 법률효과가 본인에게 귀속되는 근거가 전혀 다르므로 유권대리에 관한 주장 속에 표현대리에 관한 주장이 포함되어 있다고 볼 수 없고(대법원 1990.3.27. 선고 88다카181 판결), 표현대리를 주장함에는 무권대리인과 표현대리에 해당하는 무권대리행위를 특정하여야 하며, 당사자의 표현대리의 항변은 특정된 무권대리인의 행위에만 미치고 그 밖의 무권대리인이나 무권대리 행위에는 미치지 않는다(대법원 1984.07.24. 선고 83다카1819 판결).
- 표현대리의 주장은 그에 해당한다는 것으로 충분하고, 3가지 유형별로 특정하여 따로 적시할 필요는 없다(대법원 1987.3.24. 선고 86다카1348 판결).

3. 협의의 무권대리

가. 서설

대리인이 대리권 없이 법률행위를 한 경우 중 표현대리가 성립한다고 볼 수 있는 특별한 사정이 있는 경우를 제외한 것이 협의의 무권대리이다. 바꾸어 말하면 '**광의의 무권대리**'에서 기술한 '**표현대리**'의 경우를 제외한 것이 '**협의의 무권대리**'(이하에서는 '무권대리'라고 지칭한다)이다. 주의할 것은 표현대리의 요건을 충족시키는 경우일지라도 상대방이 표현대리에 관한 주장을 하지 않는 한 무권대리로 다루어진다는 것이다. 민법은 무권대리에 관하여 계약과 단독행위로 나누어 규정하고 있다.

(1) 무권대리의 성립

대리인에게 그 법률행위의 효과를 본인에게 귀속시키려는 의사(**대리의사**)가 있어야 하고, 대리인이 상대방에게 본인을 위한 것임을 표시하는(현명) **대리행위**가 있어야 한다. 그 대리행위가 다른 요건을 갖추고 있으나 **대리권은 없는 것**이다.

한편 대리권이 없음에도 그것이 있는 것 같은 외관이 존재하고 본인이 그 외관 형성 등에 책임이 있는 경우에는 표현대리로서 책임을 지게 되는바, 무권대리는 **본인에게 귀책사유 있는 외관이 존재하지 않는 경우**에 성립한다. 즉 위험지배영역의 법리에 의하더라도 본인에게 책임을 물을 수 없을 때에 무권대리가 된다.

(2) 효과

무권대리에 의한 법률행위에 의하여 대리의 효과가 발생하지 않는 것이 원칙이다. 무권대리의 경우 상대방이 본인에 대하여 대리의 효과를 주장할 수 없는 점이 표현대리와 확연히 다르다. 이러한 무권대리행위는 그 무효가 확정적인 것이 아니고, 본인의 추인(제130조)이 있으면 소급하여 유효로 되는 **유동적 무효**이나, 추인이 거절되거나 상대방의 철회(제134조)가 있으면 확정적 무효가 된다.

무권대리행위가 확정적으로 무효가 된 경우에, 상대방의 보호를 위하여 **무권대리인에게 일정한 법정책임을 부담**시킨다(제135조).

나. 계약의 무권대리

계약에서의 무권대리의 경우, 유권대리에서와 마찬가지로 3면관계가 있다. 이하에서는 무권대리의 효과를 그 **3면관계**에 따라 본인과 상대방 사이의 효과, 무권대리인과 상대방 사이의 효과, 본인과 무권대리인 사이의 효과로 나누어 살펴본다.

(1) 본인과 상대방 사이의 효과

무권대리행위는 원칙적으로 본인에게 효력이 없다. 그런데 제130조는 무권대리에 관하여 확정적 무효로 하지 않고 본인의 추인 또는 추인 거절 여하에 따라 본인에 대한 효력 귀속 여부가 결정되는 **유동적 무효**로 규정하고 있다. 이는 본인이 그 효력 귀속을 원하는 경우가 있을 수 있고, 그러한 경우 상대방에게도 효력이 발생하도록 하는 것이 당사자들의 의사에 부합한다고 볼 수 있기 때문이다.

(가) 본인의 추인권(제132조)

① 성질

추인은 본인이 무권대리행위에 관하여 그 행위가 있음을 알고 행위의 효과를 자신에게 직접 발생하게 하는 것을 목적으로 하는 의사표시이고, 상대방이나 무권대리인의 동의나 승낙을 요하지 않는 **상대방 있는 단독행위**이다. 그리고 추인에 의하여 효력이 없는 무권대리행위의 효력이 발생하므로, 추인권은 **형성권**의 일종이다.

민법상의 추인으로 법률행위의 효과가 발생하지 않는 것으로 확정되어 있는 것을 장래에 향하여 유효하게 하는 의사표시인 무효행위의 추인(제139조)과, 일응 효력 있는 행위에 관하여 이를 확정적, 소급적으로 유효하게 하는 의사표시인 취소할 수 있는 행위의 추인(제143조)이 있다. 제130조가 규정하고 있는 무권대리행위의 추인은 유동적으로 무효인 행위에 관하여 본인이 그 행위의 효과를 소급적으로 자신에게 직접 발생하게 하는 의사표시라는 점에서 위 추인들과 차이가 있다.

② 추인의 당사자

추인권자는 본인이지만, 본인이 사망한 경우에 본인의 상속인도 추인할 수 있고, 그 밖에 법정대리인이나 본인으로부터 그에 관한 특별수권을 받은 임의대리인도 추인할 수 있다. 본인이 파산한 경우 파산관재인이 추인권자이다(대법원 2004.1.25. 선고 2003다56625 판결).

추인의 상대방으로 제132조는 무권대리행위의 상대방만을 규정하고 있지만, 학설과 판례는 추인이 사후적 대리권 수여의 실질을 가진다는 이유를 들면서 상대방은 물론 무권대리인에 대하여도 추인이 가능하다고 한다. 또한 그 무권대리행위로 인한 권리 또는 법률관계의 승계인에 대하여도 추인할 수 있다(대법원 1981.4.14. 선고 80다2314 판결).

추인의 상대방에 무권대리인도 포함 대법원 1992.10.27. 선고 92다19033 판결

회사가 공동대표이사에게 단순한 대표이사라는 명칭을 사용하여 법률행위를 하는 것을 용인 내지 방임한 경우에도 회사는 상법 제395조에 의한 표현책임을 면할 수 없다. 공동대표이사가 단독으로 회사를 대표하여 제3자와 한 법률행위를 추인함에 있어 그 의사표시는 단독으로 행위한 공동대표이사나 그 법률행위의 상대방인 제3자 중 어느 사람에게 대하여서도 할 수 있다.

③ 방법

추인은 구술이나 서면으로 가능하며, 재판 외뿐만 아니라 재판상으로도 가능하다. 무권대리행위에 의하여 체결된 계약이 요식행위일지라도 추인 그 자체는 요식행위일 필요는 없다 할 것이고, 명시적인 의사표시는 물론 묵시적으로도 가능하다. 따라서 본인이 그 행위로 처하게 된 법적 지위를 충분히 이해하고 그럼에도 진의에 기하여 그 행위의 결과가 자기에게 귀속된다는 것을 승인한 것으로 볼만한 사정이 있는 경우에는 묵시적으로 추인한 것으로 볼 수 있다(대법원 2011.2.10. 선고 2010다83199,83205 판결, 2014.2.13. 선고 2012다112299,112305 판결 등). 그러나 본인이 무권대리 사실을 알고 있으면서 이의제기를 하지 않았거나 상당기간 방치하였다는 것만으로는 추인이 되지 않는다(대법원 1967.12.28. 선고 67다2294 판결).

묵시적인 추인의 요건 대법원 2002.10.11. 선고 2001다59217 판결

무권대리행위는 그 효력이 불확정 상태에 있다가 본인의 추인 유무에 따라 본인에 대한 효력발생 여부가 결정되는 것으로서, 추인은 무권대리행위가 있음을 알고 그 행위의 효과를 자기에게 귀속시키도록 하는 단독행위인바, 증권회사의 고객이 그 직원의 임의매매를 묵시적으로 추인하였다고 하기 위하여는 자신이 처한 법적 지위를 충분히 이해하고 진의에 기하여 당해 매매의 손실이 자기에게 귀속된다는 것을 승인하는 것으로 볼 만한 사정이 있어야 할 것이고, 나아가 임의매매를 사후에 추인한 것으로 보게 되면 그 법률효과는 모두 고객에게 귀속되고 그 임의매매행위가 불법행위를 구성하지 않게

되어 임의매매로 인한 손해배상청구도 할 수 없게 되므로, 임의매매의 추인, 특히 묵시적 추인을 인정하려면, 고객이 임의매매 사실을 알고도 이의를 제기하지 않고 방치하였는지 여부, 임의매수에 대해 항의하면서 곧바로 매도를 요구하였는지 아니면 직원의 설득을 받아들이는 등으로 주가가 상승하기를 기다렸는지, 임의매도로 계좌에 입금된 그 증권의 매도대금(예탁금)을 인출하였는지 또는 신용으로 임의매수한 경우 그에 따른 그 미수금을 이의 없이 변제하거나, 미수금 변제독촉에 이의를 제기하지 않았는지 여부 등의 여러 사정을 종합적으로 검토하여 신중하게 판단하여야 할 것이다.

본인의 권리행사에 의한 추인 대법원 1992.2.28. 선고 91다15584 판결

무권리자인 문중 명의로 그것도 대표자로 사칭한 자에 의하여 부동산매매계약이 체결된 후 진정한 소유자가 그 권리자임을 주장하여 매수인으로부터 중도금을 직접 수령하였다면 위 매매계약에 따른 처분행위가 소유자에 대하여 그 효력이 미치게 되고 따라서 소유자에게 매매를 원인으로 한 소유권이전등기의무가 발생한다.

의무에 대하여 유예를 구하는 경우 대법원 1991.1.25. 선고 90다카26812 판결

무권대리인이 상호신용금고로부터 금원을 대출받은 사실을 그 직후에 알고도 그로부터 3년이 지나도록 상호신용금고에 아무런 이의를 제기하지 아니하였으며, 그 동안 4회에 걸쳐 어음을 개서하여 지급의 연기를 구하고, 자신의 이익을 위하여 직접 채무의 일부를 변제하기까지 하였다면 무권대리인에 대한 상호신용금고의 대출을 그 근저당권에 대한 피담보채무로 추인한 것으로 보아야 한다.

별도의 합의를 한 경우 대법원 1995.12.22. 선고 94다45098 판결

처가 타인으로부터 금원을 차용하면서 승낙 없이 남편 소유 부동산에 근저당권을 설정한 것을 알게 된 남편이, 처의 채무 변제에 갈음하여 아파트와 토지를 처가 금전을 차용한 자에게 이전하고 그 토지의 시가에 따라 사후에 정산하기로 합의한 후 그 합의가 결렬되어 이행되지 않았다고 하더라도, 일단 처가 차용한 사채를 책임지기로 한 이상 남편은 처의 근저당권 설정 및 금원 차용의 무권대리 행위를 추인한 것이라고 본다.

범죄가 되는 행위를 고소하지 아니한 경우 대법원 1998.2.10. 선고 97다31113 판결

무권대리행위에 대한 추인은 무권대리행위로 인한 효과를 자기에게 귀속시키려는 의사표시이니만큼 무권대리행위에 대한 추인이 있었다고 하려면 그러한 의사가 표

시되었다고 볼 만한 사유가 있어야 하고, 무권대리행위가 범죄가 되는 경우에 대하여 그 사실을 알고도 장기간 형사고소를 하지 아니하였다 하더라도 그 사실만으로 묵시적인 추인이 있었다고 할 수는 없는바, 권한 없이 기명날인을 대행하는 방식에 의하여 약속어음을 위조한 경우에 피위조자가 이를 묵시적으로 추인하였다고 인정하려면 추인의 의사가 표시되었다고 볼 만한 사유가 있어야 한다.

④ 증명책임

무권대리행위의 추인은 추인에 기한 권리의 근거사실이다. 따라서 **추인의 효과를 주장하는 자**가 무권대리인이 본인의 대리인으로서 계약을 체결한 사실 및 본인이 상대방에 대하여 추인의 의사표시를 한 사실을 주장하고 증명하여야 한다.

⑤ 효과

추인이 있으면 무권대리행위는 처음부터, 즉 **소급적으로 유권대리와 같은 법률효과가 발생**한다(제133조). 그 예외로 다른 의사표시(본인의 일방적 의사표시가 아닌 본인과 상대방 사이의 합의)가 있으면 추인의 소급효는 배제된다(제133조 본문). 또한 추인의 소급효는 등기부상의 권리와 같이 배타적 효력이 있는 제3자의 권리를 해하지 못한다(제133조 단서).[40]

원칙적으로 추인의 효과는 무권대리행위의 구성부분 전체에 미친다. **일부추인**(=변경추인)에 관하여, 그 일부만에 대해서도 법률행위를 할 것을 원하였다고 인정될 만한 특별한 사정이 있다면 상대방 동의를 요하지 않는다는 견해[41]가 있으나, 판례는 새로운 계약의 청약으로 볼 수 있으므로 상대방의 동의가 없는 한 무효라고 한다(대법원 1982.1.26. 선고 81다카549 판결). 또한 무권대리인이 행한 소송행위의 추인은 특별한 사정이 없는 한 소송행위의 전체를 대상으로 하여야 하고, 그 중 일부의 소송행위만을 추인하는 것은 허용되지 않는다(대법원 2008.08.21. 선고 2007다79480 판결).

추인의 소급효 **대법원 1994.11.11. 선고 94다23265 판결**

채무자가 금융기관에 대한 대출금채무를 담보하기 위하여 근저당권을 설정한 후 다시 같은 금융기관으로부터 추가로 대출을 받아 그 추가대출금의 일부로 기존채무를 변제함에 있어서 그 추가대출금에 대하여 별도의 담보제공을 하지 않았거나 추가담보로 근저당권을 설정하였으나 추가로 설정된 근저당권의 채권최고액이 그 추가대출금액에

40) 대법원 1963.4.18. 선고 62다223 판결, 대법원 1991.11.8. 선고 91다25383 판결 등.
41) 김증한·김학동, 458면.

미달하는 경우, 다른 특별한 사정이 없는 한 당사자 사이에는 기왕에 설정된 근저당권으로 추가대출금채무를 담보시키려는 의사가 있었다고 해석함이 상당하다. 이 경우 제3자가 권한 없이 추가대출을 받고 추가근저당권을 설정하여 주었으나 채무자 본인이 무권대리인인 그 제3자의 추가대출행위와 근저당설정행위를 모두 추인하였다면, 기존의 근저당권은 채무자의 금융기관에 대한 미변제 채무원리금을 모두 담보한다고 보아야 한다.

(나) 본인의 추인거절권

① 의의 및 성질

추인 여부는 본인의 자유에 속하지만, 본인이 추인의사가 없음을 적극적으로 표시하여 무권대리행위의 유동적 무효를 확정적 무효로 만드는 것을 **추인거절**이라고 한다. 추인거절권 역시 상대방 있는 단독행위로 형성권의 일종이다.

② 상대방 및 행사방법

무권대리행위에 대한 추인거절권의 행사는 상대방에 대하여 본인의 일방적 의사표시로 이루어진다(제132조). 그 방법은 서면 또는 구두로든, 명시적 또는 묵시적으로든 가리지 않고, 소송상은 물론 소송 외에서의 행사도 가능하다.

③ 효과

본인의 추인거절의 의사표시가 적극적으로 표시된 경우에 그 무권대리행위는 본인에게 효력이 생기지 않는 것으로 확정된다(확정적 무효). 그 후에는 본인이 다시 추인하지 못하고, 상대방도 최고권이나 철회권을 행사하지 못한다. 추인거절 전에 상대방이 이행한 급부가 있다면 본인은 부당이득반환책임을 진다.

④ 무권대리와 상속의 법률관계

무권대리에서 본인은 추인 또는 추인을 거절할 수 있는 지위에 있고, 무권대리인은 본인이 추인을 거절할 경우 상대방에게 무권대리행위에 따른 계약의 이행 또는 손해배상의 책임을 져야하는 지위에 있다. 위와 같은 두 개의 지위가 상속에 의하여 동일인에게 귀속된 경우에도 본인의 지위에서 추인거절권을 행사할 수 있을 것인지의 문제가 대두된다.

- 무권대리인이 본인을 상속한 경우

예컨대 子가 父의 대리인이라고 하며 父의 재산을 처분한 후 父의 사망으로 父를 상속한 경우, 子는 무권대리인으로서 지위와, 父의 상속인으로서 무권대리행위를 추인하거나 추인을 거절할 수 있는 지위를 동시에 갖게 된다. 이러한 경우 계약상의 지위의 상속에 수반되는 추인권 또는 추인거절권과 관련하여, 무권대리인에게 추인거절권이 인정되는지 문제된다. 다수설은 양자의 지위가 혼동이 되어 무권대리행위가 당연히 유효로 되고 본인의 지위에서 추인을 거절하지 못한다고 한다.[42] 반면에 소수설은 본인의 지위와 무권대리인의 지위가 혼동되지 않고 양 지위가 병존하지만 본인의 지위에서 추인을 거절하는 것은 신의칙상 허용되지 않는다고 한다.[43]

판례는 무권대리인의 지위와 본인의 지위가 상속에 의하여 동일인에게 귀속되더라도 상대방이 악의이거나 과실이 있는 선의라면 제135조 제1항의 적용이 배제되는데(같은 조 제2항), 이러한 경우에도 지위의 혼동으로 인하여 무권대리행위가 당연히 유효로 된다면 상대방에게 지나치게 유리하다는 이유로 소수설에 따른다.

무권대리인이 본인을 상속한 경우 **대법원 1992.4.28. 선고 91다30941 판결**

갑이 부 소유의 부동산에 관하여 부의 생전에 자신의 단독명의로 소유권이전등기를 마칠 의도로 그 등기방법을 을과 상의하다가 을이 일단 자기 앞으로 소유권이전등기를 마쳤다가 이를 넘겨 가라는 권유를 하여 부의 인감도장을 가지고 나와 을 명의로 소유권이전등기를 마쳤는데, 을이 이를 기화로 다시 병 명의로 소유권이전등기를 하여준 경우 갑이 부 몰래 을에게 소유권이전등기를 하여 준 행위가 명의신탁계약의 무권대리행위로 법률상 평가될 수 있더라도 을이 그 대리권 없음을 알았다고 보여 위 명의신탁계약은 갑의 부에 대한 관계에서 뿐만 아니라 갑에 대한 관계에서도 아무런 효력을 발생할 수 없는 것임이 명백하므로 갑이 그 후 부의 권리의무를 상속받았다고 하여 을 명의의 위 소유권이전등기가 갑의 상속분 범위 내에서 실체적 권리관계에 부합하는 유효한 등기로 전환되는 것은 아니라 할 것이고, 원인무효인 을 명의의 소유권이전등기가 경료된 데 대하여 갑에게도 책임이 있음은 부정할 수 없다고 하겠지만, 갑이 원인무효인 그 등기를 기초로 하여 경료된 병 명의의 소유권이전등기의 말소를 청구하는 것이 곧바로 금반언이나 신의성실의 원칙에 위배된다고 단정할 수는 없다.

무권대리인인 자의 본인 상속 **대법원 1994.9.27. 선고 94다20617 판결**

甲이 대리권 없이 乙 소유 부동산을 丙에게 매도하여 부동산소유권이전등기등에관한특별조치법에 의하여 소유권이전등기를 마쳐주었다면 그 매매계약은 무효이고 이에 터잡은 이전등기 역시 무효가 되나, 甲은 乙의 무권대리인으로서 민법 제135조 제1항의 규정에 의하여 매수인인 丙에게 부동산에 대한 소유권이전등기를 이행할 의무가

42) 당연유효설 : 곽윤직, 285면.
43) 양지위병존설 : 이영준, 562면.

있으므로 그러한 지위에 있는 甲이 乙로부터 부동산을 상속받아 그 소유자가 되어 소유권이전등기이행의무를 이행하는 것이 가능하게 된 시점에서 자신이 소유자라고 하여 자신으로부터 부동산을 전전매수한 丁에게 원래 자신의 매매행위가 무권대리행위여서 무효였다는 이유로 丁 앞으로 경료된 소유권이전등기가 무효의 등기라고 주장하여 그 등기의 말소를 청구하거나 부동산의 점유로 인한 부당이득금의 반환을 구하는 것은 금반언의 원칙이나 신의성실의 원칙에 반하여 허용될 수 없다.

- 본인이 무권대리인을 상속한 경우

父가 子의 대리인이라 하며 子의 재산을 처분한 후 父의 사망으로 子가 父를 상속한 경우에도 子는 본인의 지위와 무권대리인의 지위를 동시에 갖게 된다. 이 경우 子가 추인거절권을 행사할 수 있느냐에 관하여, 무권대리행위가 당연히 유효로 되며 따라서 추인을 거절할 수 없다는 당연유효설[44]과, 상속에 의하여 무권대리인의 지위와 본인의 지위가 동일인에게 귀속되더라도 혼동으로 소멸하지 않고 양 지위가 병존하게 되므로 무권대리행위가 당연히 유효로 되는 것이 아니라는 병존설[45]이 있다. 병존설에 입각하여 추인을 거절한 경우, 무권대리인의 지위에 의하여 이행 또는 손해배상책임을 부담하게 된다.

판례는 무권대리행위를 한 무권대리인이 본인을 상속한 경우에서와 달리 아무런 잘못이 없는 본인이 무권대리인의 지위를 상속하였다고 하여 추인거절권을 박탈함은 부당하다는 이유로 병존설을 따른다.

본인이 무권대리인을 상속한 경우 **대법원 2001.9.25. 선고 99다19698 판결**

부동산의 경매절차에서 경매목적 부동산을 경락받은 경락인이 실질적인 권리자가 아니라 단순히 타인을 위하여 그 명의만을 빌려준 것에 불과하더라도 경매목적 부동산의 소유권은 경락대금을 실질적으로 부담한 자가 누구인가에 상관없이 그 명의인이 적법하게 취득한다고 할 것이다. 채권자가 채무자 소유의 부동산에 대하여 강제경매신청을 하여 자녀들 명의로 이를 경락받았다면 그 소유자는 경락인인 자녀들이라 할 것이므로, 채권자가 그 후 채무자와 사이에 채권액의 일부를 지급받고 자녀들 명의의 소유권이전등기를 말소하여 주기로 합의하였다 하더라도 이는 일종의 타인의 권리의 처분행위에 해당하여 비록 양자 사이에서 위 합의는 유효하고 채권자는 자녀들로부터 위 부동산을 취득하여 채무자에게 그 소유권이전등기를 마쳐주어야 할 의무를 부담하

44) 곽윤직, 285면.
45) 이영준, 562면.

지만 자녀들은 원래 부동산의 소유자로서 타인의 권리에 대한 계약을 체결한 채무자에 대하여 그 이행에 관한 아무런 의무가 없고 이행을 거절할 수 있는 자유가 있었던 것이므로, 채권자의 사망으로 인하여 자녀들이 상속지분에 따라 채권자의 의무를 상속하게 되었다고 하더라도 그들은 신의칙에 반하는 것으로 인정할 만한 특별한 사정이 없는 한 원칙적으로 위 합의에 따른 의무의 이행을 거절할 수 있다.

- 무권대리인의 지위와 본인의 지위를 모두 상속한 경우

처가 부(夫)의 대리인이라 칭하며 부 소유의 부동산을 제3자에게 매각한 후 모두 사망함으로서 그 부부의 아들이 무권대리인 처와 본인인 부를 모두 상속한 경우, 무권대리행위인 부동산매각처분의 효력은 어떻게 되는가의 문제이다. 특별한 사정이 없는 한 아들은 무권대리인을 상속한 본인의 경우에서와 같이 무권대리행위의 추인 여부의 선택권 및 무권대리인의 이행책임에 대한 추인거절권을 갖는다고 할 것이다.

(다) 상대방의 최고권(제131조)

① 최고권의 법적 성질

최고는 상대방이 본인에 대하여 무권대리행위를 추인할 것인지 여부의 확답을 촉구하는 것이며, 제한능력자의 상대방이 하는 확답촉구와 동일한 성질의 것이다. 최고는 그 효과가 최고자의 의사와 관계없이 법률에 의해 정해진다는 점에서 의사의 통지에 속한다. 그리고 **악의의 상대방**, 즉 계약 당시 무권대리라는 것을 알았던 상대방에게도 **최고권은 인정**되며, 이 점에서 선의의 상대방에게만 인정되는 철회권과 다르다.

② 요건 등

무권대리행위의 본인에 대한 효력발생 여부가 불확정적일 것을 요한다. 최고는 상당한 기간을 정하여 할 것을 요한다. 너무 짧은 기간의 최고는 최고 후 상당한 기간이 지난 후 효력이 발생한다.

최고의 상대방은 원칙적으로 본인이고 법정대리인에 대하여도 할 수 있으나, 무권대리인에 대한 최고는 효력이 없다.

③ 효과

본인이 상당한 기간 내에 추인하거나 추인을 거절하면 그 의사대로 효과가 발생하지만, 최고의 본래 효과는 본인이 침묵하는 경우 즉 추인도 추인거절도 하지 않는 경우에 발생한다. **본인이 상당한 기간 내에 확답을 발하지 아니한 때에는 추인을 거절한 것으로 간주**한다(제131조 단서).

(라) 상대방의 철회권(제134조)

① 의의

철회는 **무권대리행위에 따른 법률관계의 성립을 원하지 않는 상대방**이 적극적으로 무권대리인과의 사이에서 맺은 계약을 확정적으로 무효로 하는 행위이다. 그 권리는 **형성권**에 속한다.

② 요건

철회는 **본인의 추인이 있기 전**에 하여야 하고, 그 의사표시는 최고와 달리 본인뿐만 아니라 무권대리인에 대하여도 할 수 있다.

또한 철회권은 **선의의 상대방에게만 인정**되는바, 계약이 불안정한 상태에 놓일 것을 알고도 무권대리인과 법률관계를 맺은 상대방을 보호할 필요가 없기 때문이다. 선의와 악의를 결정하는 기준이 되는 시기는 계약 당시이다.[46] 본인은 상대방의 악의를 주장하고 증명하여 철회를 저지할 수 있다.

③ 효과

상대방이 철회권을 행사하면 **무권대리행위는 무효로 확정**된다. 철회 후에는 본인은 추인할 수 없고, 상대방은 무권대리인에게 제135조의 책임을 추궁할 수도 없다.

(2) 무권대리인과 상대방 사이의 효과

(가) 서설

무권대리행위에 관하여, 표현대리가 성립하거나 본인이 추인을 하지 않는 한 그 대리행위의 효과는 본인에게 미치지 않게 된다. 그에 따라 민법은 상대방의 신뢰를 보호하고 거래의 안전을 꾀함과 동시에, 대리제도의 신용을 유지하기 위하여 무권대리인에게 무거운 책임을 지운다. 무권대리인의 위 책임은 제135조에 의하여 발생하는 **법정책임**이고, 무권대리인의 과실을 요건으로 하지 않는 **무과실책임**이다.

무권대리인의 책임은 무과실책임 **대법원 2014.2.27. 선고 2013다213038 판결**

민법 제135조 제1항은 "타인의 대리인으로 계약을 한 자가 그 대리권을 증명하지 못하고 또 본인의 추인을 얻지 못한 때에는 상대방의 선택에 좇아 계약의 이행 또는 손해배상의 책임이 있다."고 규정하고 있다. 위 규정에 따른 무권대리인의 상대방에 대한 책임은 무과실책임으로서(대법원 1962.4.12. 선고 4294민상1021 판결 등 참조) 대리권의 흠결에 관하여 대리인에게 과실 등의 귀책사유가 있어야만 인정되는 것이 아니고, 무권대리행위가 제3자의 기망이나 문서위조 등 위법행위로 야기되었다고 하더라도 그 책임은 부정되지 아니한다.

46) 곽윤직, 286면.

(나) 책임의 요건

① 대리권의 증명 불가

대리인으로서 법률행위를 한 자에게 대리권이 없어야 한다. 처음부터 대리권이 존재하지 아니한 경우는 물론, 대리권이 있었다가 후에 소멸하거나 기본대리권을 초과한 대리행위를 모두 포함한다.

제135조 제1항의 법문과 변론주의 원칙에 의하면 **상대방**은 무권대리인이 대리권의 존재를 증명하지 못했음을 **주장할 책임**이 있다. 반면에 상대방이 무권대리인에게 책임을 묻기 위하여 '대리권의 부존재'를 입증할 책임을 지는 것이 아니라, **무권대리인**이 책임을 면하기 위하여 **'대리권의 존재'를 증명할 책임**을 진다.47)

② 상대방의 선의, 무과실

상대방이 무권대리인에게 대리권 없음을 알지 못하고, 또한 알지 못한 데 과실이 없어야 한다. 제135조 제2항의 '알 수 있었을 때'를 다수설은 '과실로 알지 못한 때'로 새기고 있는 것이다. 상대방에게 거래 시마다 대리권의 존부를 조사할 의무가 있다고 할 수 없지만, 거래상황에 따라 대리권의 존부에 관하여 의심할만한 사정이 있다면 조사의무를 부과하고, 그에 따라 과실 여부를 판단하여야 할 것이다. 선의, 무과실에 대한 판단시점은 대리행위가 행하여진 때를 기준으로 한다.

상대방의 악의나 과실은 모두 권리발생을 방해하는 사실에 해당하므로 무권대리인이 그에 대하여 **증명책임**을 진다(대법원 1962.4.12. 선고 4294민상1021 판결).

③ 본인의 추인거절, 표현대리의 불성립

무권대리행위에 대한 본인의 추인 또는 표현대리의 성립 등 본인에게 책임을 물을 수 있는 사정이 없어야 한다. 그러한 사정이 있다면 굳이 무권대리인에게 책임을 물을 필요가 없기 때문이다. 제135조 제1항 소정의 '본인의 추인을 얻지 못한 때'에 관하여 본인이 추인을 거절한 때로 해석할 것이고, 여기에는 최고권 행사에 의하여 추인 거절로 간주되는 경우(제131조), 무권대리인이 본인 소유의 부동산에 관하여 제3자와 매매계약을 체결한 후에 본인이 위 부동산을 타인에게 매도하고 그에 관한 소유권이전등기까지 경료해 준 사안48)과 같이 묵시적으로 추인거절을 한 것으로 볼 수 있는 경우 등이 포함된다.

추인거절은 무권대리인의 책임발생요건이므로 그에 관한 **증명책임**은 상대방에게 있다(무권대리인이 그 책임소멸의 요건으로서 증명해야 한다는 반대설 있음).

---

47) 이는 주장책임과 입증책임이 일치하는 일반원칙에 대한 예외가 된다.

48) 대법원 1965.8.24. 선고 64다1156 판결 참조.

④ 상대방의 철회권 불행사

상대방 스스로 무권대리인과의 계약을 철회한 경우에 무권대리인에 대한 책임을 물을 수 없음은 당연하다. 그리고 이는 무권대리인의 책임소멸요건이므로, 그 책임을 면하려는 무권대리인이 상대방의 철회권 행사를 주장하고 증명하여야 한다.

⑤ 무권대리인이 행위능력자일 것

제한능력자를 보호하기 위하여 대리인이 행위능력이 없는 때에는 책임이 발생하지 않는다고 규정한다(제135조 제2항). 다만 제한능력자일지라도 법정대리인의 동의를 얻어 무권대리행위를 한 경우에는 그 책임이 인정된다(이설 없음).

(다) 책임의 내용

① 이행책임

상대방이 계약이행책임을 선택하면, 무권대리인은 대리행위가 본인에 대하여 효력을 발생하였더라면 본인이 상대방에 대하여 부담하였을 것과 같은 내용의 급부를 상대방에게 이행하여야 한다. 즉 무권대리인에게는 상대방과 사이에 유효한 계약이 성립된 것과 같은 권리의무가 발생한다. 그 **이행책임의 내용**은 본인이 부담할 급부와 같은 것이라고 할지라도, 그 **발생근거**는 무권대리행위로 인한 계약과는 무관한 별개의 **법정책임**임을 유의하여야 한다. 무권대리인이 그 의무를 이행한 경우 상대방에 대하여 반대급부청구권을 취득한다.

또한 무권대리인은 대리행위가 유효할 때 본인이 부담하였을 내용 이상의 의무는 지지 않아야 하는바, 대리행위가 유효할 경우 본인에게 인정될 동시이행항변권, 계약해제권, 담보책임에 관한 권리를 상대방에게 행사할 수 있다.

② 손해배상책임

상대방이 손해배상책임을 선택한 경우, 무권대리인이 배상할 **손해배상의 범위**에 관하여 계약이 유권대리로서 효력을 발생하였지만 그 이행이 되지 않았기 때문에 생긴 손해인 적극적 계약이익인 이행이익의 배상인가, 계약이 효력을 발생하지 않았으나 그것이 효력을 발생하는 유권대리라고 믿었기 때문에 받은 손해인 신뢰이익의 배상인가에 관하여 견해가 갈린다. 다수설인 **이행이익배상설**에 따르면 계약의 이행에 갈음하는 전보배상, 정확하게는 본래 급부의 시가 상당액에서 반대급부의 가액을 뺀 금액의 배상을 말한다(대법원 2018.6.28. 선고 2018다210775 판결 참조).

③ 기타

상대방은 무권대리인에 대하여 위의 **두 책임 중 하나를 선택하여 행사**한다. 선택의 방법은 선택채무의 규정(제380조 이하)에 의하여야 하는 것으로 해석되고(통설), 그에 따라 무권대리인이 계약의 이행을 하는 것이 불가한 경우 손해배상의 책임만을 지는 것으로 확정된다(제385조 제1항). 선택권자는 무권대리인의 상대방이다.

제135조에 기한 청구권의 **소멸시효**는 상대방이 선택권을 행사할 수 있을 때로부터 진행한다. 선택권을 행사할 수 있는 시기는 무권대리인의 책임이 성립하는 시기, 즉 대리권의 증명이 없고 본인의 추인을 얻지 못한 때이다. 시효기간은 대리행위가 목적으로 하는 계약의 성질에 따라 결정된다고 본다.

(3) 본인과 무권대리인 사이의 효과

본인이 무권대리행위를 추인하지 않으면 본인에 대하여 아무런 효력도 생기지 않으므로 본인과 무권대리인 사이에는 어떠한 법률관계도 형성되지 않는다. 다만 그 행위로 인하여 본인의 이익이 침해되면 채무불이행 또는 불법행위책임이 성립할 수 있고, 그밖에 무권대리인에게 부당한 이득이 발생한 경우 부당이득반환청구권이 성립한다.

본인이 추인한 경우에는 무권대리인의 행위는 **사무관리**(제734조)가 된다. 그리고 추인으로 인하여 그 법률효과는 모두 본인에게 귀속하게 되고, 무권대리행위가 불법행위를 구성하지 않게 되어 본인은 무권대리인에게 그로 인한 손해배상을 청구할 수 없다(묵시적 추인에 게재된 2001다59217 판결 참조).

다. 단독행위의 무권대리

(1) 상대방 없는 단독행위

소유권 포기나 유언 등 상대방 없는 단독행위의 무권대리는 **언제나 절대무효**이다. 무권대리제도가 원래 그 상대방을 보호하려는 제도인데 상대방이 없기 때문에 원칙대로 처리하면 된다.

(2) 상대방 있는 단독행위

상대방 있는 단독행위는 **무효가 원칙**이지만, **예외적으로 무권대리인에게 대리권이 있다고 믿은 상대방을 보호할 필요**가 있다. 제136조는 단독행위의 무권대리를 원칙적으로 무효로 하되, 다음과 같은 예외적인 경우에는 계약의 무권대리에서와 마찬가지로 유동적 무효로 하면서, 추인(제130조, 제132조, 제133조)·최고권(제131조)·철회권(제134조)에 관한 규정, 무권대리인의 상대방에 대한 책임에 관한 규정(제135조)을 준용하고 있다.

(가) 능동대리의 경우(무권대리인이 본인을 대리하여 상대방에게 계약해제의 의사표시를 하는 경우 등)에는, 상대방이 무권대리인의 행위에 동의하거나 그 대리권을 다투지 아니한 때가 그 예외이다. '대리권을 다투지 아니한다'의 의미는 이의를 제기하지 않는 것을 말하고, 상대방이 무권대리인의 단독행위를 수령한 후 지체 없이 이의를

제기하면 다툰 것으로 본다.

(나) 수동대리의 경우(상대방이 무권대리인에 대하여 본인을 위하여 수령하라는 뜻을 표시하여 계약해제의 의사표시를 한 경우 등)에는 상대방이 무권대리인의 동의를 얻어 행위를 한 때가 그 예외에 해당된다. 본인이 추인하지 아니하면 무권대리인이 제135조의 무거운 책임을 부담하므로 무권대리인을 보호하기 위하여 그 동의를 요건으로 한 것이다. 한편 능동대리에서의 '다투지 아니한 때'가 규정되지 않은 이유는 본인 등과 특별한 법률관계 없이 상대방의 의사표시를 받는 입장에 불과한 무권대리인에게 이의를 제기할 의무를 부담시키는 것은 부당하기 때문이다.

라. 관련 문제

(1) 무권리자의 처분행위에 대한 추인

무권리자에 의한 타인의 권리 처분행위는 무효이다.[49] 그러나 무권리자의 처분행위 후 본인이 그 처분을 승인하였다면 특별한 사정이 없는 한 그 처분은 본인에 대하여 효력을 발생한다. 이는 본인에게 아무런 불이익이 없을 뿐만 아니라 거래의 안전과 선의의 제3자 보호를 위하여 필요하므로 타당하다고 할 것이다.[50]

우리 민법은 무권리자의 처분에 대한 추인 등에 관하여 아무런 규정도 두지 않음으로써 그 이론 구성을 학설과 판례에 맡기고 있다. 위 추인의 근거에 대하여 학설은 ① 무효행위의 소급적 추인(제139조 단서)으로 보는 견해[51] ② 무권대리의 추인(제132조, 제133조)과 다름없으므로 그 규정을 유추적용하여야 한다는 견해[52] ③ 사적자치의 원칙의 발현이라는 점은 양자가 동일하나, 무권리자의 처분은 처분자의 이름으로 행하여지므로 본인의 이름으로 하는 대리행위와는 다르고, 각 행위에서 결여된 것이 대리권과 처분권으로 전혀 성질을 달리하는 점 등으로 구별이 된다는 견해[53]가 대립한다. 판례는 단순히 무권대리의 추인을 그 근거로 삼거나, 사적자치 원칙을 유효의 근거로 하면서 추인의 효력 등에 관하여는 무권대리에 관한 규정을 유추적용할 수 있

49) 타인의 권리 매매는 유효하므로(제569조 이하) 채권적 효력은 발생한다. 여기에서는 물권적 효력의 측면에서 처분권한이 없는 자의 처분행위는 무효라는 것이고, 따라서 상대방이 등기 또는 점유 등의 공시방법을 갖추었다고 하더라도 물권을 취득할 수 없다.

50) 독일 민법은 무권리자의 처분행위와 관련하여, 유효의 근거로 권리자의 사전 동의 또는 추인, 권리자에 대한 무권리자의 상속을 규정(독일 민법 184조, 185조)하고, 유효한 경우 무권리자의 권리자에 대한 부당이득반환의무에 관한 규정(같은 법 제816조)을 두고 있다(민법주해(Ⅲ), 286~288면 참조).

51) 곽윤직, 294면.

52) 김증한·김학동, 460면.

53) 그러나 법률효과의 측면에서 유동적 무효를 스스로의 의사에 기하여 확정적 유효로 만드는 것은 무권대리의 추인과 공통되고 무효행위의 추인과는 다르므로, 무권대리의 추인 등에 관한 규정이 유추적용된다고 한다. 양창수·김재형, 245면~247면.

다고 한다.

처분권자의 추인에 의하여 처분권 흠결이 소급적으로 치유되어 무권리자와 거래한 상대방은 처분대상인 권리를 처음부터 유효하게 취득한 것으로 다루어진다. 그리고 추인이 있은 후 소유자 등 처분권자는 자기 권리를 처분함으로서 이득을 얻은 무권리자에 대하여 부당이득반환을 청구하거나, 제750조의 요건을 충족하는 경우 손해배상청구를 할 수 있다.

본인의 추인에 의한 효력 발생 **대법원 1981.1.13. 선고 79다2151 판결**

타인의 권리를 자기의 이름으로 또는 자기의 권리로 처분한 후에 본인이 그 처분을 인정하였다면 특별한 사정이 없는 한 무권대리에 있어서 본인의 추인의 경우와 같이 그 처분은 본인에 대하여 효력을 발생한다.

사적자치 원칙에 따른 무권리자의 처분 추인 **대법원 2017.6.8. 선고 2017다3499 판결**

법률행위에 따라 권리가 이전되려면 권리자 또는 처분권한이 있는 자의 처분행위가 있어야 한다. 무권리자가 타인의 권리를 처분한 경우에는 특별한 사정이 없는 한 권리가 이전되지 않는다. 그러나 이러한 경우에 권리자가 무권리자의 처분을 추인하는 것도 자신의 법률관계를 스스로의 의사에 따라 형성할 수 있다는 사적 자치의 원칙에 따라 허용된다. 이러한 추인은 무권리자의 처분이 있음을 알고 해야 하고, 명시적으로 또는 묵시적으로 할 수 있으며, 그 의사표시는 무권리자나 그 상대방 어느 쪽에 해도 무방하다(대법원 1964.6.2. 선고 63다880 판결, 대법원 2001.11.9. 선고 2001다44291 판결 등 참조).

권리자가 무권리자의 처분을 추인하면 무권대리에 대해 본인이 추인을 한 경우와 당사자들 사이의 이익상황이 유사하므로, 무권대리의 추인에 관한 민법 제130조, 제133조 등을 무권리자의 추인에 유추 적용할 수 있다. 따라서 무권리자의 처분이 계약으로 이루어진 경우에 권리자가 이를 추인하면 원칙적으로 그 계약의 효과가 계약을 체결했을 때에 소급하여 권리자에게 귀속된다고 보아야 한다.

(2) 복대리에서의 대리권 흠결

대리인의 대리권 및 복대리인의 대리권 모두가 결여되어 있는 경우에 복대리인이 한 법률행위는 무권대리행위로 본인에게 그 효력이 발생하지 않고, 상대방은 복대리인에 대하여 제135조에 기한 권리를 가진다. 이 때 무권대리행위에 대한 추인권은 본인에게만 인정된다. 한편 대리인은 대리권이 있으나 복대리인이 대리권을 갖고 있지 않은 경우, 본인과 대리인은 모두 추인권을 갖는다. 추인이 없는 경우 상대방은 복대리인에 대하여 제135조에 규정된 권리를 행사할 수 있다.

제5절 법률행위의 무효와 취소

Ⅰ. 총설

1. 민법의 규정

법률행위가 그 구성요소인 의사표시의 내용대로 효과를 발생하려면, 모든 법률행위에 공통되는 일반적인 성립요건과 효력요건은 물론 개개의 법률행위에 특유한 요건을 모두 갖추어야 한다. 법률은 법률행위 중 위 성립요건이나 효력요건을 갖추지 못함으로써 법률효과가 발생하지 않는 것을 무효, 또는 취소할 수 있는 법률행위로 규정하고 있다. 예를 들면, 강행규정에 위반한 법률행위·사회질서에 반하는 법률행위·불공정한 법률행위·비진의표시·통정허위표시 등은 무효이고, 제한능력자의 법률행위·착오에 의한 의사표시·사기 또는 강박에 의한 의사표시 등은 취소할 수 있다.

한편 법률효과가 완전히 발생하지 않는 사유로는 위와 같은 무효와 취소 외에, 해제조건이나 종기, 계약의 해제나 해지 등이 있다. 민법은 제137조 내지 제146조에서 법률행위의 무효와 취소에 관한 통칙을, 제147조 이하에서 법률행위의 부관으로서 조건과 기한을, 채권편인 제543조 이하에서 계약의 해제와 해지에 관하여 각각 규정하고 있다.

2. 무효와 취소

가. 차이점

무효와 취소에는 그 사유가 있는 경우 모두 법률행위에 효력부여가 거부된다는 공통점이 있으나, 아래와 같은 차이점들도 존재한다.

첫째, 무효는 특정인의 주장을 필요로 하지 않고 처음부터 당연히 법률행위가 효력을 발생하지 않으나, 취소는 특정인(취소권자)이 주장(취소권의 행사)을 할 때에만 법률행위가 소급하여 무효가 되고 그 주장이 없는 한 그 효력은 유효한 것으로 다루어진다(유동적 유효).

둘째, 무효인 법률행위는 추인하여도 그 효력이 발생하지 않음이 원칙인데 반하여(제139조), 취소할 수 있는 법률행위는 추인하면 그 이후에는 취소할 수 없고 유효한 법률행위로 확정된다(제143조 제1항, 유동적 유효에서 확정적 유효로 바뀜).

셋째, 무효는 시간이 경과하여도 무효로써 효력은 변함이 없으나, 취소는 일정한 기간(제척기간)이 지나면 취소권이 소멸하고 법률행위는 유효한 것으로 확정된다.

나. 무효와 취소사유의 구별기준

어떤 흠을 무효사유로 할 것인지, 아니면 취소사유로 할 것인지에 관하여는 절대적인 기준이 있는 것은 아니고, 입법정책의 문제로 본다. 그에 따라 구민법에서 무효사유로 규정되었던 착오에 의한 의사표시가 현행민법에서는 취소할 수 있는 법률행위로 바뀐 것처럼 시대 상황에 따라 그 내용이 바뀔 수 있다.

다만 입법례상의 일반적인 기준은, 법질서 전체의 이상에 비추어 개개인의 의사를 묻지 않고서도 당연히 그 효력 부여를 거부할 만한 객관적인 이유가 있는 경우에는 무효로 하고, 법률행위의 효력 유지 여부를 특정인의 의사에 맡겨도 무방할 정도의 비교적 경미한 절차상의 하자 등의 경우에는 취소할 수 있는 것으로 규정하고 있는 경향이 있다.[1)]

다. 무효와 취소의 경합

제한능력자가 의사무능력의 상태에서 법률행위를 한 경우에는 하나의 법률행위에 무효사유와 취소사유가 공존한다. 이와 같이 법률행위가 무효인 경우에도, 거기에 취소사유가 따로 있다면 법률행위를 취소할 수 있다고 한다(통설). 이를 무효와 취소의 경합 또는 이중효라고 한다.

판례도 통정허위표시로서 무효인 경우에도 채권자취소권의 요건을 갖춘 때에는 취소권을 행사할 수 있고(대법원 1963.11.28. 선고 63다493 판결), 토지거래허가를 받지 않아 유동적 무효 상태에 있는 거래계약에 관하여 사기 또는 강박에 의한 계약의 취소를 주장할 수 있다고 한다(대법원 1997.11.14. 선고 97다36118 판결).

Ⅱ. 법률행위의 무효

1. 의의

법률행위가 성립한 때로부터 법률상 그 효력이 달성되지 않는 것으로 확정되어 있는 것을 법률행위의 무효라고 한다. 법률행위가 무효인 경우 처음부터 법률효과가 생기지 않으므로 물권행위에서는 물권변동이 생기지 않고, 채권행위로부터는 채권이 발생하지 않는다.

법률행위의 '무효'는 그 '불성립'과 구별하여야 한다. 법률행위의 불성립은 법률행위로서의 외형적인 존재가 인정되지 않는 것이므로 그 유효·무효가 문제될 수 없고, 따라서 무효에 관한 일반규정이 적용될 수 없다.

1) 곽윤직, 290면 참조.

2. 무효사유

민법상 무효사유로는 의사무능력,[2] 강행규정에 위반된 법률행위, 사회질서에 반하는 법률행위(제103조), 불공정 법률행위(제104조), 진의 아닌 의사표시(제107조 제1항 단서), 통정허위표시(제108조 제1항), 무권대리행위(제130조) 등이 있다.

특별법에서는 「부동산 거래신고 등에 관한 법률」 소정의 토지거래허가구역에서 관할관청의 허가가 없는 경우 무효라는 규정(동법 제11조), 「부동산 실권리자명의 등기에 관한 법률」이 정하는 명의신탁약정은 무효라는 규정(동법 제4조) 등이 있다.

3. 무효의 일반적 효과

무효인 법률행위에 대해서는 특정인의 주장을 기다리지 않고 법률행위의 내용에 따른 법률효과가 처음부터 당연히 생기지 않는다. 급부의 이행이 있기 전이라면 더 이상 이행할 필요가 없지만, 이미 급부가 이행되었다면 부당이득에 관한 규정에 의하여 반환되어야 한다(제741조 이하). 원시적 불능을 이유로 하는 무효의 경우에는 제535조에 따라 신뢰이익 배상책임이 발생한다. 무효인 법률행위의 경우 당초부터 그 효력이 발생하지 않으므로, 그 법률효과를 침해하는 것처럼 보이는 위법행위나 채무불이행이 있다고 하더라도 침해받은 법률효과가 없으므로 그에 따른 손해배상을 청구할 수 없다(아래 2002다72125 판결).

한편 주된 행위의 무효는 종된 행위의 무효를 초래한다(소비대차계약과 그에 따른 보증계약). 소송에서 무효의 주장은 권리장애항변이지만, 법률행위의 무효 자체가 직권탐지사항은 아니기 때문에 무효를 주장하는 당사자가 이를 **주장**하여야 한다.

통정허위표시의 무효와 손해배상 **대법원 2003.3.28. 선고 2002다72125 판결**

통정한 허위의 의사표시는 허위표시의 당사자와 포괄승계인 이외의 자로서 그 허위표시에 의하여 외형상 형성된 법률관계를 토대로 실질적으로 새로운 법률상 이해관계를 맺은 선의의 제3자를 제외한 누구에 대하여서나 무효이고, 또한 누구든지 그 무효를 주장할 수 있다. 무효인 법률행위는 그 법률행위가 성립한 당초부터 당연히 효력이 발생하지 않는 것이므로, 무효인 법률행위에 따른 법률효과를 침해하는 것처럼 보이는 위법행위나 채무불이행이 있다고 하여도 법률효과의 침해에 따른 손해는 없는 것이므로 그 손해배상을 청구할 수는 없다.

---

2) 무효에 관한 일반조항은 없으나, 피성년후견인의 유언능력에 관한 제1063조 제1항의 규정이 있다.

부관의 무효와 그에 따른 법률행위의 효력 대법원 2009.6.25. 선고 2006다18174 판결

행정처분에 부담인 부관을 붙인 경우 부관의 무효화에 의하여 본체인 행정처분 자체의 효력에도 영향이 있게 될 수는 있지만, 그 처분을 받은 사람이 부담의 이행으로 사법상 매매 등의 법률행위를 한 경우에는 그 부관은 특별한 사정이 없는 한 법률행위를 하게 된 동기 내지 연유로 작용하였을 뿐이므로 이는 법률행위의 취소사유가 될 수 있음은 별론으로 하고 그 법률행위 자체를 당연히 무효화하는 것은 아니다. 또한, 행정처분에 붙은 부담인 부관이 제소기간의 도과로 확정되어 이미 불가쟁력이 생겼다면 그 하자가 중대하고 명백하여 당연 무효로 보아야 할 경우 외에는 누구나 그 효력을 부인할 수 없을 것이지만, 부담의 이행으로서 하게 된 사법상 매매 등의 법률행위는 부담을 붙인 행정처분과는 어디까지나 별개의 법률행위이므로 그 부담의 불가쟁력의 문제와는 별도로 법률행위가 사회질서 위반이나 강행규정에 위반되는지 여부 등을 따져보아 그 법률행위의 유효 여부를 판단하여야 한다.

4. 종류

가. 절대적 무효, 상대적 무효

절대적 무효는 누구에 의해서나 누구에 대해서나 주장할 수 있는 무효이고, 상대적 무효는 특정인에 대해서는 행위의 무효를 주장할 수 없는 무효이다. 제3자 보호규정이 없는 의사무능력자의 행위와 사회질서에 반하는 법률행위·불공정 법률행위는 전자에, 거래안전 보호를 위하여 제3자 보호 규정이 있는 비진의 표시와 허위표시는 후자에 각 해당한다.

나. 당연무효와 재판상 무효

법률행위를 무효로 하기 위하여 특별한 행위나 절차를 필요로 하지 않는 것이 원칙인바, 이를 당연무효라고 한다. 민법상 무효는 모두 **당연무효**에 해당하나, 법률관계의 획일적 확정을 위하여 소에 의해서만 주장할 수 있는 상법의 회사설립의 무효(상법 제184조)나 회사합병의 무효(상법 제236조)는 **재판상 무효**이다.

다. 전부무효, 일부무효

(1) 법규정 등

법률행위의 내용 전부에 관하여 무효사유가 있는 경우, 당연히 그 법률행위 전부를 무효로 다루게 되는바, 이를 전부무효라고 한다.

반면에 무효의 원인이 법률행위 내용의 일부에만 존재하는 경우와 관련하여, 민법은 법률행위의 일부가 무효인 때는 그 전부를 무효로 하고(제137조 본문), 다만 그 무

효부분이 없더라도 법률행위를 하였을 것이라고 인정될 때는 나머지 부분은 무효가 되지 않는다고 규정한다(위 단서). 이를 **'일부무효의 법리'**라고 한다. 이는 법률행위의 일부에 무효사유가 존재하면 원칙적으로 그에 관한 효력 부여를 전면적으로 거부하고, 잔부(나머지 부분)에 관하여 효력을 유지하려는 당사자의 의사가 있는 경우에는 사적자치의 원칙에 따라 예외적으로 그에 대하여 효력을 부여한다는 것이다. 위와 같은 당사자의 의사는 후술하는 바와 같이 실재하는 의사가 아닌 가정적 의사를 말한다.

(2) 일부무효의 적용요건

(가) 일체로서 법률행위

하나의 법률행위, 또는 여러 개의 법률행위가 경제적·사실적으로 일체로 행하여진 것이어야 한다. 금전소비대차계약과 그 담보를 위한 근저당권설정계약, 건물의 매매와 그 기반을 이루는 토지의 매매계약 등과 같이 복수의 법률행위가 동시에 또는 하나의 문서로 이루어지는 등 상호 밀접한 관련성을 갖는 경우 일체성을 인정할 수 있다.

(나) 법률행위의 가분성

가분성이란 일체성의 요건을 갖춘 법률행위에서 무효인 일부와 나머지 부분을 나누는 것이 가능한 것을 말한다. 즉 무효부분이 없다고 하더라도 나머지 부분이 독립한 법률행위로 존재할 수 있어야 한다. 당사자의 일방 또는 쌍방이 다수인 주관적 가분성과, 목적물이 토지와 건물인 경우와 같은 객관적 가분성이 있다. 가분성이 없는 법률행위의 일부가 무효인 때에는 그 법률행위 전부가 무효로 된다.

(다) 무효부분이 없더라도 법률행위를 하였을 것이라고 인정될 것

법률행위 당시를 기준으로 당사자 등이 추구하는 목적 등을 고려하여 당사자가 일부 무효인 사정을 알았더라면 어떠한 합의를 하였을 것인지를 반영하여야 한다. 이는 당사자의 의사를 보충적으로 해석함으로써 판단하여야 하고, 그 의사는 **법률행위 당시** 일부무효임을 당사자 쌍방이 알았더라면 그에 대비하여 의욕하였을 **'가정적 의사'**[3]를 말한다.

주관적 가분성의 경우 **대법원 2010.3.25. 선고 2009다41465 판결**

복수의 당사자 사이에 어떠한 합의를 한 경우 그 합의는 전체로서 일체성을 가지는 것이므로, 그 중 한 당사자의 의사표시가 무효인 것으로 판명된 경우 나머지 당사자 사이의 합의가 유효한지의 여부는 민법 제137조에 정한 바에 따라 당사자가 그 무효

---

3) 일부무효와 질적 일부무효라고 하는 무효행위의 전환은 **법률행위 당시의 가정적 의사**에 기한 것이고, 무효행위의 추인은 **추인 당시의 현실적·실재적 의사**라는 점에서 무효행위의 구분된다. 그에 따라 전자는 소급하여 유효한 것이 되나, 후자는 소급효가 인정되지 않는 것이 원칙이다.

부분이 없더라도 법률행위를 하였을 것이라고 인정되는지의 여부에 의하여 판정되어야 하고, 그 당사자의 의사는 실재하는 의사가 아니라 법률행위의 일부분이 무효임을 법률행위 당시에 알았다면 당사자 쌍방이 이에 대비하여 의욕하였을 가정적 의사를 말하는 것이지만, 한편 그와 같은 경우에 있어서 나머지 당사자들이 처음부터 한당사자의 의사표시가 무효가 되더라도 자신들은 약정내용대로 이행하기로 하였다면 무효가 되는 부분을 제외한 나머지 부분만을 유효로 하겠다는 것이 당사자의 의사라고 보아야 할 것이므로, 그 당사자들 사이에서는 가정적 의사가 무엇인지 가릴 것 없이 무효 부분을 제외한 나머지 부분은 그대로 유효하다고 할 것이다.

객관적 가분성에 관한 사례 **대법원 1992.10.13. 선고 92다16836 판결**

민법 제137조는 법률행위의 일부분이 무효인 때에는 그 전부를 무효로 하되, 그 무효 부분이 없더라도 법률행위를 하였을 것이라고 인정될 때에는 나머지 부분은 무효가 되지 아니한다고 규정하고 있는바, 국토이용관리법상의 규제구역 내의 토지와 건물을 일괄하여 매매한 경우 일반적으로 토지와 그 지상의 건물은 법률적인 운명을 같이하는 것이 거래의 관행이고, 당사자의 의사나 경제의 관념에도 합치되는 것이므로, 토지에 관한 당국의 거래허가가 없으면 건물만이라도 매매하였을 것이라고 볼 수 있는 특별한 사정이 인정되는 경우에 한하여 토지에 대한 매매거래허가가 있기 전에 건물만의 소유권이전등기를 명할 수 있다고 보아야 할 것이고, 그렇지 않은 경우에는 토지에 대한 거래허가가 있어 그 매매계약의 전부가 유효한 것으로 확정된 후에 토지와 함께 이전등기를 명하는 것이 옳을 것이다.

(라) 증명책임

잔부의 유효를 주장하는 자는 제137조 단서의 요건을 증명하여야 한다.[4] 다만 가정적 의사는 증명의 대상이 아니라 보충적 해석의 방법에 따른 탐구의 대상이다.

(3) 일부무효의 효과

원칙적으로 전부 무효이나, 제137조 단서의 요건을 갖춘 경우 그 일부분은 유효이다. 유효로 되는 시점은 무효행위의 추인과 달리 법률행위 당시로 소급한다.

(4) 일부무효의 법리 적용 한계

(가) 특별법 우선의 원칙

제137조는 일반규정이므로 민법 또는 특별법에 특별규정(제385조, 제415조, 제591

4) 법률행위가 무효라는 주장은 권리장애항변이므로 원칙적으로 피고에게 증명책임이 부여되나, 일부무효의 경우에는 그 내용이 권리근거사실과 흡사하므로 증명책임이 달리 인정되는 것이다.

조 제1항,근로기준법 제15조, 약관의 규제에 관한 법률 제16조 등)이 있을 경우에는 특별규정이 적용되고 제137조는 적용이 배제된다.

(나) 특약에 의한 적용배제

제137조는 **임의규정**으로서 사적자치의 원칙이 적용되는바, 당사자는 일부무효시 법률행위 전부가 무효가 된다는 등의 약정을 함으로써 그 적용을 배제할 수 있다.

(다) 효력규정 위반에 따른 일부무효

법률행위 일부가 강행법규인 효력규정에 위반되어 무효가 되는 경우 그 부분의 무효가 나머지 부분의 유효, 무효에 어떤 영향을 미치는가? 그에 관한 개별법령이 일부무효의 효력에 관한 규정을 두고 있는 경우에는 그에 따라야 하고, 그러한 규정이 없다면 원칙적으로 민법 제137조가 적용될 것이다. 그러나 당해 효력규정 및 그 규정을 둔 법의 입법취지를 고려할 때 나머지 부분을 무효로 한다면 당해 효력규정 및 그 법의 취지에 명백히 반하는 결과가 초래되는 경우에는 나머지 부분을 무효라고 할 수 없다.

담보제공약정의 무효와 대출약정의 효력 **대법원 2004.6.11. 선고 2003다1601 판결**

구 상호신용금고법(2001.3.28. 법률 제6429호 상호저축은행법으로 개정되기 전의 것) 제18조의2 제4호는 상호신용금고가 대통령령이 정하는 특수한 경우를 제외하고 "채무의 보증 또는 담보의 제공"을 하는 행위를 금지하고 있는바, 이는 서민과 소규모기업의 금융편의를 도모하고 거래자를 보호하며 신용질서를 유지함으로써 국민경제의 발전에 이바지함을 목적으로 하는(구 상호신용금고법 제1조) 상호신용금고가 경영자의 무분별하고 방만한 채무부담행위로 인한 자본구조의 악화로 부실화됨으로써 그 업무수행에 차질을 초래하고 신용질서를 어지럽게 하여 서민과 소규모기업 거래자의 이익을 침해하는 사태가 발생함을 미리 방지하려는 데에 그 입법 취지가 있다고 할 것이어서 위 규정은 단순한 단속규정이 아닌 효력규정이라고 할 것이다. 강행법규에 위반한 자가 스스로 그 약정의 무효를 주장하는 것이 신의칙에 위반되는 권리의 행사라는 이유로 그 주장을 배척한다면, 이는 오히려 강행법규에 의하여 배제하려는 결과를 실현시키는 셈이 되어 입법 취지를 완전히 몰각하게 되므로 달리 특별한 사정이 없는 한 위와 같은 주장은 신의칙에 반하는 것이라고 할 수 없고, 한편 신의성실의 원칙에 위배된다는 이유로 그 권리의 행사를 부정하기 위해서는 상대방에게 신의를 공여하였다거나 객관적으로 보아 상대방이 신의를 가짐이 정당한 상태에 있어야 하며, 이러한 상대방의 신의에 반하여 권리를 행사하는 것이 정의관념에 비추어 용인될 수 없는 정도의 상태에 이르러야 한다. 민법 제137조는 임의규정으로서 의사자치의 원칙이 지배하는 영역에서 적용된다고 할 것이므로, 법률행위의 일부가 강행법규인 효력규정에 위반되어 무효가 되는 경우 그 부분의 무효가 나머지 부분의 유효·무효에 영향을 미치는가의 여부를 판단함에 있어서는 개별 법령이 일부무효의 효력에 관한 규정을 두고 있는 경우에는 그에 따라야 하고, 그러한 규정이 없다면 원칙적으로 민법 제137조가 적용될 것이나 당해 효력규정 및 그 효력규정을 둔 법의 입법 취지를 고려하여 볼 때 나머지 부분을 무효로 한다면 당해 효력규정 및 그 법의 취지에 명백히 반하는 결과가 초래되는 경우에는 나머지 부분까지 무효가 된다고 할 수는 없다. 상호신용금고의 담보제공약정이 효력규정인 구 상호신용금고법(2001.3.28. 법률 제6429호 상호저축은행법으로 개정되기 전의 것) 제18조의2 제4호에 위반하여 무효라고 하더라도, 그와 일체로 이루어진 대출약정까지 무효로 된다고는 할 수 없다.

손실금보전약정의 무효와 신주인수계약 **대법원 2007.6.28. 선고 2006다38161,38178 판결**

회사가 직원들을 유상증자에 참여시키면서 퇴직시 출자 손실금을 전액 보전해 주기로 약정한 경우, 직원들의 신주인수의 동기가 된 위 손실보전약정이 주주평등의 원칙에 위배되어 무효라는 이유로 신주인수까지 무효로 보아 신주인수인들로 하여금 그 주식인수대금을 부당이득으로서 반환받을 수 있도록 한다면 이는 사실상 다른 주주들과는 달리 그들에게만 투하자본의 회수를 보장하는 결과가 되어 오히려 강행규정인 주주평등의 원칙에 반하는 결과를 초래하게 될 것이므로, 위 신주인수계약까지 무효라고 보아서는 아니 된다.

라. 확정적 무효, 유동적 무효

(1) 의의

법률행위의 무효는 추인 등이 있다고 하여 유효하게 될 수 없는 확정적 무효가 원칙적인 모습이다.

유동적 무효란 현재는 권리의 효력이 발생하지 않으나, 후에 어떤 조건을 충족시키면 소급하여 유효한 법률행위가 되고, 충족시키지 못하면 무효로 확정되는 것을 말한다. 유동적 무효의 법리는 무권대리의 추인에 관한 규정(제130조 이하)에서 비롯되었으나, 현재는 「부동산 거래신고 등에 관한 법률」[5] 소정의 규제구역에 속하는 토지의 거래 등과 관련된 강행규정을 위반한 매매계약을 다룬 재판례에서 주로 거론된다.

5) 토지거래허가 등에 관하여는 구 국토이용관리법(후에 그 법명이 국토의 계획 및 이용에 관한 법률로 바뀜)에서 규율하다가 현재는 위 법률에 관련 규정들이 있다.

유동적 무효인 사찰재산의 양도 대법원 2001.2.9. 선고 99다26979 판결

사찰 소유의 일정한 재산을 대여, 양도 또는 담보에 제공하는 때에는 관할청의 허가를 받아야 한다는 구 불교재산관리법(1962.5.31. 법률 제1087호, 전통사찰보존법 부칙 제2조에 의하여 폐지) 제11조 제1항 제2호 및 전통사찰보존법 제6조의 규정은 강행법규로서 이에 위반한 양도계약은 무효이고, 사찰재산의 양도에 필요한 위와 같은 허가는 반드시 그 양도 전에 미리 받아야 하는 것은 아니고 양도 후에라도 허가를 받으면 그 양도계약은 소급하여 유효한 것으로 된다고 할 것이지만, 양도계약이 처음부터 허가를 배제·잠탈하는 내용의 것이거나 또는 양도계약 후 당사자 쌍방이 허가받지 않기로 하는 의사표시를 명백히 한 때에는 그 양도계약은 그로써 확정적으로 무효로 되어 더 이상 관할청의 허가를 받아 유효한 것으로 될 여지가 없다. 사찰재산의 양도계약에 기한 소유권등기이전청구권이 인낙조서에 의해 확정되었으나 양도계약이 관할청의 허가를 받지 못해 무효가 되어 유효한 소유권이전등기를 경료할 수 없게 되었다면, 위 인낙조서에 의해 확정된 소유권이전등기청구권의 시효중단을 위한 재소(再訴)는 소의 이익이 없어 부적법하다.

처음부터 허가 잠탈한 경우에는 확정적 무효 대법원 2010.6.10. 선고 2009다96328 판결

국토의 계획 및 이용에 관한 법률상 토지거래계약 허가구역 내의 토지에 관한 매매계약을 체결하면서 허가요건을 갖추지 못한 매수인이 허가요건을 갖춘 사람의 명의를 도용하여 매매계약서에 그를 매수인으로 기재한 것은 매매계약을 체결하면서 처음부터 토지거래허가를 잠탈한 경우에 해당하므로 위 매매계약은 처음 체결된 때부터 확정적으로 무효이다.

(2) 유동적 무효상태의 법률관계

(가) 법률행위 효력의 불발생

「부동산 거래신고 등에 관한 법률」은 규제지역에 속한 토지에 관하여 토지거래계약을 체결하는 경우 지방자치단체의 장의 허가를 받아야 하고, 위 허가를 받지 않고 체결한 계약은 그 효력이 발생하지 않는다고 규정하고 있다(동법 제10조, 제11조 제6항). 위 허가를 전제로 체결한 계약과 관련하여, 판례는 허가를 받기 전의 유동적 무효상태에서는 물권적 효력은 물론 채권적 효력도 발생하지 않는다고 한다. 따라서 각 당사자는 **상대방에 대하여 권리의 이전 또는 설정에 관한 어떠한 이행청구도 할 수 없고,**[6] 이행청구권이 부인되는 결과 중도금 지급기일 도과 등 **채무불이행에 기한 계**

6) 규제구역 내의 토지에 관한 매매계약이 체결된 경우 허가절차에 협력하지 않는 상대방에 대하여

약해제[7]나 **손해배상도 인정될 여지가 없다**. 유동적 무효상태에 있는 동안에는 이미 지급한 계약금 등 대금의 반환을 부당이득으로 청구할 수 없고, 유동적 무효상태가 확정적으로 무효로 되어야 비로소 부당이득으로 그 반환을 청구할 수 있다(아래 97다36965 판결). 또한 유동적 무효상태에 있는 계약에 기한 소유권이전등기청구권, 토지거래계약에 관한 허가를 받을 것을 조건으로 한 소유권이전등기청구권을 각 피보전권리로 하는 부동산처분금지가처분도 허용되지 않는다(아래 2010마818 결정).

한편 그 토지거래가 계약 당사자의 표시와 불일치한 의사(비진의표시, 허위표시 또는 착오) 또는 사기·강박과 같은 하자 있는 의사에 의하여 이루어진 경우에 있어서는, 이들 사유에 의하여 그 거래의 무효 또는 취소를 주장할 수 있다(대법원 1997.11.14. 선고 97다36118 판결). 유동적 무효상태인 매매계약에 있어서도 제565조 제1항에 의한 계약해제가 가능한바, 매수인이 의무이행을 구하는 소송을 제기하여 승소판결을 받은 것만으로는 매수인이 그 계약의 이행에 착수하였다고 할 수 없고, 또한 매도인이 계약금의 배액을 상환하고 매매계약을 해제하는 것을 신의칙에 반하는 것이라고 할 수 없다(대법원 1997.6.27. 선고 97다9369 판결).

유동적 무효상태인 거래계약의 효력 **대법원 1991.12.24. 선고 90다12243 전원합의체 판결**

국토이용관리법상의 규제구역 내의 '토지 등의 거래계약'허가에 관한 관계규정의 내용과 그 입법취지에 비추어 볼 때 토지의 소유권 등 권리를 이전 또는 설정하는 내용의 거래계약은 관할 관청의 허가를 받아야만 그 효력이 발생하고 허가를 받기 전에는 물권적 효력은 물론 채권적 효력도 발생하지 아니하여 무효라고 보아야 할 것인바, 다만 허가를 받기 전의 거래계약이 처음부터 허가를 배제하거나 잠탈하는 내용의 계약일 경우에는 확정적으로 무효로서 유효화될 여지가 없으나 이와 달리 허가받을 것을 전제로 한 거래계약(허가를 배제하거나 잠탈하는 내용의 계약이 아닌 계약은 여기에 해당하는 것으로 본다)일 경우에는 허가를 받을 때까지는 법률상 미완성의 법률행위로서 소유권 등 권리의 이전 또는 설정에 관한 거래의 효력이 전혀 발생하지 않음은 위의 확정적 무효의 경우와 다를 바 없지만, 일단 허가를 받으면 그 계약은 소급하여 유효한 계약이 되고 이와 달리 불허가가 된 때에는 무효로 확정되므로 허가를 받기까지는 유동적 무효의 상태에 있다고 보는 것이 타당하므로 허가받을 것을 전제로 한 거래계약은 허가받기 전의 상태에서는 거래계약의 채권적 효력도 전혀 발생하지 않으므로

허가가 있을 것을 조건으로 하는 소유권이전등기청구권은 인정되지 아니한다(대법원 1991.12.24. 선고 90다12243 판결).

7) 이와 같은 법정해제는 불가능하나, 당사자 사이에 별개의 약정으로 매매잔금이 그 지급기일에 지급되지 아니하는 경우 매매계약을 자동적으로 해제하기로 약정하는 것은 가능하다(대법원 2010.7.22. 선고 2010다1456 판결).

권리의 이전 또는 설정에 관한 어떠한 내용의 이행청구도 할 수 없으나 일단 허가를 받으면 그 계약은 소급해서 유효화되므로 허가 후에 새로이 거래계약을 체결할 필요는 없다.[8)]

확정적 무효가 되었을 때 부당이득청구 가능 **대법원 1997.11.11. 선고 97다36965 판결**

국토이용관리법상의 토지거래허가구역 내의 토지에 관하여 관할 관청의 허가를 받기 전에 체결한 매매계약은 처음부터 허가를 배제하거나 잠탈하는 내용의 계약일 경우에는 확정적 무효로서 유효화될 여지가 없지만, 이와 달리 허가받을 것을 전제로 한 거래계약일 경우에는 일단 허가를 받을 때까지는 법률상 미완성의 법률행위로서 소유권 등 권리의 이전에 관한 계약의 효력이 전혀 발생하지 않음은 확정적 무효의 경우와 다를 바 없으나, 일단 허가를 받으면 그 계약은 소급하여 유효한 계약이 되고 이와 달리 불허가된 경우에는 무효로 확정되므로 허가를 받기까지는 유동적 무효의 상태에 있다고 보아야 하고, 이와 같이 허가를 배제하거나 잠탈하는 내용이 아닌 유동적 무효 상태의 매매계약을 체결하고 그에 기하여 임의로 지급한 계약금 등은 그 계약이 유동적 무효 상태로 있는 한 그를 부당이득으로서 반환을 구할 수 없고 유동적 무효 상태가 확정적으로 무효가 되었을 때 비로소 부당이득으로 그 반환을 구할 수 있으며, 이와 같은 유동적 무효 상태의 계약은 관할 시장, 군수 또는 구청장에 의한 불허가처분이 있는 경우와 당사자 쌍방이 허가신청 협력의무의 이행 거절 의사를 명백히 표시한 경우에는 허가 전 거래계약 관계 즉 계약의 유동적 무효 상태가 더 이상 지속한다고 볼 수 없고 그 계약 관계는 확정적으로 무효라고 인정되는 상태에 이른다.

이전등기청구권을 피보전권리로 하는 보전처분 **대법원 2010.8.26.자 2010마818 결정**

국토의 계획 및 이용에 관한 법률상의 토지거래계약 허가구역 내의 토지에 관하여 관할관청의 허가를 받을 것을 전제로 한 매매계약은 법률상 미완성의 법률행위로서 허가받기 전의 상태에서는 아무런 효력이 없어, 그 매수인이 매도인을 상대로 하여 권리의 이전 또는 설정에 관한 어떠한 이행청구도 할 수 없고, 이행청구를 허용하지 않는

---

8) 이 판결에는 위 판시 내용 외에도 허가신청절차에 협력하지 않는 당사자에 대하여 상대방은 협력의무이행을 소로써 구할 이익이 있다는 내용, 관할 관청으로부터 토지거래허가를 받기까지는 매매계약이 그 계약내용대로의 효력이 있을 수 없는 것이어서 매수인으로서도 그 계약내용에 따른 대금지급의무가 있다고 할 수 없으며, 설사 계약상 매수인의 대금지급의무가 매도인의 소유권이전등기의무에 선행하여 이행하기로 약정되어 있었다고 하더라도, 매수인에게 그 대금지급의무가 없음은 마찬가지여서 매도인으로서는 그 대금지급이 없었음을 이유로 계약을 해제할 수 없다는 내용이 포함되어 있다. 이 판결에는 유동적 무효상태인 계약의 효력에 관하여 중요한 내용을 많이 담겨 있으므로 다소 장황하더라도 판결 전문을 읽어 볼 것을 권한다.

취지에 비추어 볼 때 그 매매계약에 기한 소유권이전등기청구권 또는 토지거래계약에 관한 허가를 받을 것을 조건으로 한 소유권이전등기청구권을 피보전권리로 한 부동산 처분금지가처분신청 또한 허용되지 않는다.

(나) 협력의무

쌍방 당사자는 공동으로(서로 협력하여) 관할 관청에 허가를 신청할 의무가 있고, 어느 일방이 허가신청 협력의무를 이행하지 않을 경우 **상대방에 대하여 소송으로도 청구**할 수 있다. 그 소송에서 청구인용판결이 확정되면 그 판결로 토지거래허가신청 의사표시에 갈음하므로 단독으로 허가신청을 할 수 있다(제389조 제2항, 민사집행법 제263조). 또한 허가 없이 체결된 매매계약의 매수인은 매도인에 대한 '**토지거래허가신청절차청구권**'을 **피보전권리**로 하여 매매 목적 토지의 **처분을 금하는 가처분**을 구할 수 있고(아래 98다44376 판결), 위 청구권을 보전하기 위하여 채무자를 '대위'하여 제3자에게 토지거래허가신청절차의 협력을 구할 수도 있다(대법원 1996.10.25. 선고 96다23825 판결, 2013.5.23. 선고 2010다50014 판결 등). 또한 매수인의 잔대금지급채무가 협력의무에 대한 선이행이나 동시이행관계에 있는 것은 아니므로 잔대금을 지급하지 않았더라도 협력의무의 이행을 청구하는 것은 가능하다.

한편 유동적 무효의 상태에 있는 거래계약의 당사자는 상대방이 협력의무를 이행하지 아니하였음을 들어 일방적으로 유동적 무효의 상태에 있는 거래계약 자체를 해제할 수 없다. 협력의무가 신의칙 등에 의하여 인정되는 부수적인 것이고 계약에 따른 주된 의무가 아니기 때문이다. 그리고 협력의무를 부담하는 한도에서 당사자의 의사표시까지 무효상태에 있는 것이 아니므로 협력의무를 이행하지 않고 매수인이 그 매매계약을 일방적으로 철회함으로써 매도인이 손해를 입은 경우에, 매수인은 이 협력의무의 불이행과 인과관계에 있는 손해를 배상하여야 한다.

협력의무이행의 소구 가능 **대법원 1991.12.24. 선고 90다12243 전원합의체 판결**

규제지역 내의 토지에 대하여 거래계약이 체결된 경우에 계약을 체결한 당사자 사이에 있어서는 그 계약이 효력 있는 것으로 완성될 수 있도록 서로 협력할 의무가 있음이 당연하므로, 계약의 쌍방 당사자는 공동으로 관할 관청의 허가를 신청할 의무가 있고, 이러한 의무에 위배하여 허가신청절차에 협력하지 않는 당사자에 대하여 상대방은 협력의무의 이행을 소송으로써 구할 이익이 있다.

허가신청절차권을 피보전권리로 하는 보전처분 대법원 1998.12.22. 선고 98다44376 판결

국토이용관리법상의 규제구역 내의 토지에 관하여 관할관청의 허가 없이 체결된 매매계약이라 하더라도 거래당사자 사이에는 계약이 효력이 있는 것으로 완성될 수 있도록 서로 협력할 의무가 있어 매매계약의 쌍방 당사자는 공동으로 관할관청의 허가를 신청할 의무가 있고, 이러한 의무에 위배하여 허가신청절차에 협력하지 않는 당사자에 대하여 상대방은 협력의무의 이행을 구할 수 있는 것이므로, 허가를 받을 것을 전제로 하여 체결된 매매계약의 매수인은 비록 그 매매계약이 허가를 받을 때까지는 법률상 미완성의 법률행위로서 소유권의 이전에 관한 계약의 효력이 전혀 발생하지 아니한다고 할지라도 위와 같은 토지거래허가신청절차청구권을 피보전권리로 하여 매매목적물의 처분을 금하는 가처분을 구할 수 있다.

협력의무와 대금지급채무와의 관계 대법원 1996.10.25. 선고 96다23825 판결

국토이용관리법상의 토지거래규제구역 내의 토지에 관하여 관할 관청의 토지거래허가 없이 매매계약이 체결됨에 따라 그 매수인이 그 계약을 효력이 있는 것으로 완성시키기 위하여 매도인에 대하여 그 매매계약에 관한 토지거래허가 신청절차에 협력할 의무의 이행을 청구하는 경우, 매도인의 토지거래계약허가 신청절차에 협력할 의무와 토지거래허가를 받으면 매매계약 내용에 따라 매수인이 이행하여야 할 매매대금 지급의무나 이에 부수하여 매수인이 부담하기로 특약한 양도소득세 상당 금원의 지급의무 사이에는 상호 이행상의 견련성이 있다고 할 수 없으므로, 매도인으로서는 그러한 의무이행의 제공이 있을 때까지 그 협력의무의 이행을 거절할 수 있는 것은 아니다.

협력의무 불이행과 계약의 해제 대법원 2006.1.27. 선고 2005다52047 판결

토지거래허가를 취득하기 이전의 유동적 무효상태인 토지거래계약에 기하여서는 아직 거래계약상의 매매대금 지급의무가 발생하지 아니하므로 원고가 이 사건 중도금 지급기일을 도과하였음에도 이를 지급하지 아니하고 오히려 정당한 사유 없이 대금의 감액을 주장한다고 하여도 이를 이유로 피고들이 이 사건 매매계약을 일방적으로 해제할 수는 없고, 또한 이러한 유동적 무효상태인 토지거래계약의 당사자는 상대방이 그 토지거래허가 신청절차에 협력하지 아니한다 하더라도 소로써 이를 구할 수 있음은 별론, 그러한 사유만으로 거래계약 자체를 일방적으로 해제할 수 없다(대법원 1992.9.8. 선고 92다19989 판결, 1997.7.25. 선고 97다4357 판결, 1999.6.17. 선고 98다40459 판결 등 참조).

매매계약의 일방적 철회와 손해배상 대법원 1995.4.28. 선고 93다26397 판결

유동적 무효 상태에 있는 계약을 효력이 있는 것으로 완성하여야 할 협력의무를 부담하는 한도 내에서의 당사자의 의사표시까지 무효 상태에 있는 것이 아니므로, 이러한 유동적 무효 상태에 있는 매매계약에 대하여 허가를 받을 수 있도록 허가신청을 하여야 할 협력의무를 이행하지 아니하고 매수인이 그 매매계약을 일방적으로 철회함으로써 매도인이 손해를 입은 경우에 매수인은 이 협력의무 불이행과 인과관계가 있는 손해는 이를 배상하여야 할 의무가 있다.

(다) 확정적 무효로의 전환

애초부터 **허가를 배제·잠탈하기로 하는 약정**이 있는 경우(위 2009다96328 판결 참조), **관청의 불허가처분**이 있는 경우, 당사자 **쌍방이 허가신청을 하지 않기로 하는 의사를 명백히** 하는 경우(대법원 1997.11.11. 선고 97다36965 판결) 등에는 유동적 무효 상태에 있는 법률행위가 확정적으로 무효가 된다.

관청의 불허가처분시 확정적 무효 원칙 대법원 1998.12.22. 선고 98다44376 판결

토지거래허가를 받지 아니하여 유동적 무효 상태에 있는 계약이라고 하더라도 일단 거래허가신청을 하여 불허되었다면 특별한 사정이 없는 한 불허가된 때로부터 그 거래계약은 확정적으로 무효로 되었다고 할 것이지만, 그 불허가의 취지가 미비된 요건의 보정을 명하는 데에 있고 그러한 흠결된 요건을 보정하는 것이 객관적으로 불가능하지도 아니한 경우라면 그 불허가로 인하여 거래계약이 확정적으로 무효가 되는 것은 아니다.

(라) 확정적 유효로의 전환

토지거래허가구역 지정이 해제되거나 그 지정기간이 만료되었음에도 허가구역 재지정을 하지 아니한 경우, **허가 등의 조건을 충족**시킨 경우 등에는 허가를 전제로 한 거래계약은 소급하여 유효로 된다.

허가구역 지정 해제시 확정적 유효 대법원 1999.6.17. 선고 98다40459 전원합의체 판결

국토이용관리법상 토지의 거래계약허가구역으로 지정된 구역 안의 토지에 관하여 관할 행정청의 허가를 받지 아니하고 체결한 토지거래계약은 처음부터 그 허가를 배제하거나 잠탈하는 내용의 계약일 경우에는 확정적 무효로서 유효화될 여지가 없으나, 이와 달리 허가받을 것을 전제로 한 거래계약일 경우에는 일단 허가를 받을 때까지는 법률상 미완

성의 법률행위로서 거래계약의 채권적 효력도 전혀 발생하지 아니하지만, 일단 허가를 받으면 그 거래계약은 소급해서 유효로 되고 이와 달리 불허가가 된 때에는 무효로 확정되는 이른바 유동적 무효의 상태에 있다고 보아야 한다.

[다수의견] 토지거래허가구역으로 지정된 토지에 관하여 건설교통부장관이 허가구역 지정을 해제하거나, 또는 허가구역 지정기간이 만료되었음에도 허가구역 재지정을 하지 아니한(이하 '허가구역 지정해제 등'이라고 한다) 취지는 당해 구역 안에서의 개별적인 토지거래에 관하여 더 이상 허가를 받지 않도록 하더라도 투기적 토지거래의 성행과 이로 인한 지가의 급격한 상승의 방지라는 토지거래허가제도가 달성하려고 하는 공공의 이익에 아무런 지장이 없게 되었고 허가의 필요성도 소멸되었으므로, 허가구역 안의 토지에 대한 거래계약에 대하여 허가를 받은 것과 마찬가지로 취급함으로써 사적자치에 대한 공법적인 규제를 해제하여 거래 당사자들이 당해 토지거래계약으로 달성하고자 한 사적자치를 실현할 수 있도록 함에 있다고 할 것이므로, 허가구역 지정기간 중에 허가구역 안의 토지에 대하여 토지거래허가를 받지 아니하고 토지거래계약을 체결한 후 허가구역 지정해제 등이 된 때에는 그 토지거래계약이 허가구역 지정이 해제되기 전에 확정적으로 무효로 된 경우를 제외하고는, 더 이상 관할 행정청으로부터 토지거래허가를 받을 필요가 없이 확정적으로 유효로 되어 거래 당사자는 그 계약에 기하여 바로 토지의 소유권 등 권리의 이전 또는 설정에 관한 이행청구를 할 수 있고, 상대방도 반대급부의 청구를 할 수 있다고 보아야 할 것이지, 여전히 그 계약이 유동적 무효상태에 있다고 볼 것은 아니다.

5. 무효행위의 전환

가. 의의

甲이라는 행위로서는 무효인 법률행위가 乙이라는 행위의 요건을 갖추고 있고, 또한 당사자가 그 무효를 알았더라면 乙행위를 했을 것이라고 인정된 경우에, 무효인 甲행위 대신 乙행위로서의 효력을 인정하는 것을 무효행위의 전환이라고 한다. 제137조가 양(量)적 일부무효를 규정한 것이라면, 이를 규정한 제138조는 **질(質)적 일부무효**를 규정한 것이라고 할 수 있다. 민법 제138조는 **임의규정**이므로 당사자 간에 다른 특약을 할 수 있다. 비밀증서에 의한 유언의 자필증서에 의한 유언으로의 전환(제1071조), 연착한 승낙과 청약을 변경한 승낙을 새로운 청약으로 보는 규정(제530조, 제534조) 등은 무효행위의 전환을 입법화한 특별규정이다.

나. 요건

(1) 법률행위의 무효

일단 성립한 법률행위가 무효이어야 하고, 취소할 수 있는 법률행위에는 적용이 없다.

(2) 전환의사의 존재

당사자가 그 무효를 알았더라면 다른 법률행위를 하는 것을 의욕 하였으리라고 인정되어야 한다. 행위시점의 가정적 의사(숨은 예비적 의사)로도 족하다. 그런데 가정적 의사는 전환시점이 아니라 **법률행위 시점을 기준으로** 판단하여야 한다.

(3) 다른 법률행위의 요건을 갖추고 있을 것

다른 법률행위(대체행위)는 그 법률효과에서 원래의 법률행위보다 작은 것으로 이에 내포되어 있어야 한다(이설 있음).

대체행위가 불요식인 경우에는 원래의 법률행위가 요식인지 불요식인지를 불문하고 자유롭게 전환이 인정된다. 문제되는 것은 대체행위가 요식행위인 경우인데, 신중히 결정하여야 하겠지만 그 전환이 어렵다고 할 것이다.

다. 효과

위 요건을 갖춘 경우 무효인 법률행위는 애초의 법률행위 시점부터 **다른 법률행위로서 유효**한 것으로 취급된다. 즉 내용상 일부유효인 법률행위가 당사자의 가정적 의사의 확정을 통하여 유효로 의제된 것일 뿐, 무효인 법률행위 자체가 새롭게 유효로 되는 것이 아님을 주의하여야 한다.

판례는 무효인 출생신고를 입양신고 또는 인지신고로의 전환(아래 2004므1484 판결, 대법원 1976.10.26. 선고 76다2189 판결), 무효인 상속포기를 상속재산의 분할협의로의 전환(대법원 1989.9.12. 선고 88누9305 판결)으로 보는 등 신분행위 영역에서의 무효행위의 전환을 인정한다.

출생신고의 입양신고로서의 효력 **대법원 2004.11.11. 선고 2004므1484 판결**

당사자가 양친자관계를 창설할 의사로 친생자 출생신고를 하고 거기에 입양의 실질적 요건이 모두 구비되어 있다면 그 형식에 다소 잘못이 있더라도 입양의 효력이 발생하고, 양친자관계는 파양에 의하여 해소될 수 있는 점을 제외하고는 법률적으로 친생자관계와 똑같은 내용을 갖게 되므로 이 경우의 허위의 친생자 출생신고는 법률상의 친자관계인 양친자관계를 공시하는 입양신고의 기능을 발휘하게 되는 것이지만, 여기서 입양의 실질적 요건이 구비되어 있다고 하기 위하여는 입양의 합의가 있을 것, 15세 미만자는 법정대리인의 대낙이 있을 것, 양자는 양부모의 존속 또는 연장자가 아닐 것 등 민법 제883조 각 호 소정의 입양의 무효사유가 없어야 함은 물론 감호·양육 등 양친자로서의 신분적 생활사실이 반드시 수반되어야 하는 것으로서, 입양의 의사로 친생자 출생신고를 하였다 하더라도 위와 같은 요건을 갖추지 못한 경우에는 입양신고로서의 효력이 생기지 아니한다.

불공정한 법률행위와 무효행위의 전환 대법원 2010.7.15. 선고 2009다50308 판결

매매계약이 약정된 매매대금의 과다로 말미암아 민법 제104조에서 정하는 '불공정한 법률행위'에 해당하여 무효인 경우에도 무효행위의 전환에 관한 민법 제138조가 적용될 수 있다. 따라서 당사자 쌍방이 위와 같은 무효를 알았더라면 대금을 다른 액으로 정하여 매매계약에 합의하였을 것이라고 예외적으로 인정되는 경우에는, 그 대금액을 내용으로 하는 매매계약이 유효하게 성립한다고 할 것이다. 이때 당사자의 의사는 매매계약이 무효임을 계약 당시에 알았다면 의욕하였을 가정적(가정적) 효과의사로서, 당사자 본인이 계약 체결시와 같은 구체적 사정 아래 있다고 상정하는 경우에 거래관행을 고려하여 신의성실의 원칙에 비추어 결단하였을 바를 의미한다. 이와 같이 여기서는 어디까지나 당해 사건의 제반 사정 아래서 각각의 당사자가 결단하였을 바가 탐구되어야 하는 것이므로, 계약 당시의 시가와 같은 객관적 지표는 그러한 가정적 의사의 인정에 있어서 하나의 참고자료로 삼을 수는 있을지언정 그것이 일응의 기준이 된다고도 쉽사리 말할 수 없다. 이와 같이 가정적 의사에 기한 계약의 성립 여부 및 그 내용을 발굴·구성하여 제시하게 되는 법원으로서는 그 '가정적 의사'를 함부로 추단하여 당사자가 의욕하지 아니하는 법률효과를 그에게 또는 그들에게 계약의 이름으로 불합리하게 강요하는 것이 되지 아니하도록 신중을 기하여야 한다.

통화가 아닌 채권양도에 의한 임금지급 대법원 2012.3.29. 선고 2011다101308 판결

임금은 법령 또는 단체협약에 특별한 규정이 있는 경우를 제외하고는 통화로 직접 근로자에게 그 전액을 지급하여야 한다(근로기준법 제43조 제1항). 따라서 사용자가 근로자의 임금 지급에 갈음하여 사용자가 제3자에 대하여 가지는 채권을 근로자에게 양도하기로 하는 약정은 그 전부가 무효임이 원칙이다. 다만 당사자 쌍방이 위와 같은 무효를 알았더라면 임금의 지급에 갈음하는 것이 아니라 그 지급을 위하여 채권을 양도하는 것을 의욕하였으리라고 인정될 때에는 무효행위 전환의 법리(민법 제138조)에 따라 그 채권양도 약정은 임금의 지급을 위하여 한 것으로서 효력을 가질 수 있다.

6. 무효행위의 추인

가. 의의

법질서에 위반되어 그에 대한 효력 부여가 확정적으로 거부되는 법률행위의 무효는 당사자가 추인하여도 그 효력이 생기지 않는 것이 원칙이다(제139조 본문). 그러나 당사자가 무효임을 알면서 동일한 내용의 법률행위를 하려는 의사를 표시하는 것을 무효행위의 추인이라고 하고, 추인한 때부터 새로운 법률행위로서 유효로 취급된다(동조 단서).

나. 요건

(1) 무효인 법률행위의 존재

부존재하는 법률행위에 대해서는 추인할 수 없으므로 법률행위의 성립요건을 갖추고 있어야 한다. 무효이면 되고, 그 원인을 묻지 않는다. 다만 제139조 단서는 확정적 무효에만 적용되고, 무권대리행위와 같은 유동적 무효의 경우에는 제130조의 적용으로 소급하여 유효가 되므로 그 적용이 없다.

한편 취소할 수 있는 법률행위에 대하여 취소권자가 취소권을 행사하여 소급적 무효가 된 경우에도 그 적용이 있다.

(2) 추인

무효행위의 추인은 무효사유가 종료된 후, 법률행위가 무효임을 알고 추인하여야 한다. 무효사유가 존속함에도 그 추인을 인정하게 되면 무효를 규정하고 있는 법률의 취지가 무의미해지기 때문이다. 한편 강박에 의한 의사표시임을 이유로 유효하게 취소되어 당초의 의사표시가 무효로 된 후에 추인하는 경우, '무효사유가 종료된 후'라 함은 당초의 의사표시의 성립 과정에 존재하였던 취소의 원인이 종료된 후, 즉 강박상태에서 벗어난 후를 의미한다(아래 95다38240 판결). 한편 무효사유가 종료될 수 없는 사회질서에 반하는 법률행위나 불공정한 법률행위로서 무효인 경우 추인에 의하여 유효로 될 수 없다(대법원 1994.6.24. 선고 94다10900 판결).

이때의 추인은 가정적 의사가 아닌 '**현실적** 의사표시'이다. 추인의 의사표시는 묵시적으로도 행하여 질 수가 있다.

(3) 새로운 법률행위의 요건 충족

새로운 법률행위로서 요건을 갖추어야 한다. 여전히 무효사유의 흠결이 있다면 유효로 될 수 없고, 새로운 법률행위가 요식행위라면 요식성을 갖추어야 하며, 주무관청의 허가가 필요하면 허가를 득하여야 한다.

무효원인이 소멸한 후 추인 **대법원 1997.12.12. 선고 95다38240 판결**

취소한 법률행위는 처음부터 무효인 것으로 간주되므로 취소할 수 있는 법률행위가 일단 취소된 이상 그 후에는 취소할 수 있는 법률행위의 추인에 의하여 이미 취소되어 무효인 것으로 간주된 당초의 의사표시를 다시 확정적으로 유효하게 할 수는 없고, 다만 무효인 법률행위의 추인의 요건과 효력으로서 추인할 수는 있으나, 무효행위의 추인은 그 무효 원인이 소멸한 후에 하여야 그 효력이 있고, 따라서 강박에 의한 의사표시임을 이유로 일단 유효하게 취소되어 당초의 의사표시가 무효로 된 후에 추인한 경우 그 추인이 효력을 가지기 위하여는 그 무효 원인이 소멸한 후일 것을 요한다고 할 것인데, 그 무효 원인이란 바로 위 의사표시의 취소사유라 할 것이므로 결국 무효 원인이 소멸한 후란 것은 당초의 의사표시의 성립 과정에 존재하였던 취소의 원인이 종료된 후, 즉 강박 상태에서 벗어난 후라고 보아야 한다.

다. 효과

무효인 법률행위에 대하여 당사자가 무효임을 알고 추인하면 무효인 행위 자체가 사후에 유효로 되는 것이 아니고, **새로운 법률행위를 한 것으로 간주**될 뿐이므로 **추인의 소급효가 인정되지 않는다**. 즉 무효인 가등기를 유효한 등기로 전용키로 한 약정은 그때부터 새로운 등기로 유효할 뿐, 그 가등기 자체가 등기시로 소급하여 효력이 있게 되는 것은 아니다.

제139조는 **임의규정**이므로 당사자 간의 합의에 의하여 채권적, 소급적 추인을 인정할 수 있다. 예를 들면 허위표시의 당사자들이 그 법률행위의 추인을 하면서 그들 사이에서만 행위시부터 유효인 것으로 약정함으로써 과실수취권이 행위시부터 양수인에게 이전한 것으로 다룰 수 있다.

한편 대법원은 혼인이나 입양 등 신분행위에 관한 추인에 관하여는 제139조의 적용을 부정하면서 소급효를 인정한다(대법원 1965.12.28. 선고 65므61 판결). 다만 추인의 의사표시만으로는 부족하고, 그에 상응하는 신분관계가 실질적으로 형성되어 있어야만 추인으로 인정됨을 기억하여야 한다.

유효등기로 전용키로 한 가등기 **대법원 1992.5.12. 선고 91다26546 판결**

무효인 법률행위는 당사자가 무효임을 알고 추인할 경우 새로운 법률행위를 한 것으로 간주할 뿐이고 소급효가 없는 것이므로 무효인 가등기를 유효한 등기로 전용키로 한 약정은 그때부터 유효하고 이로써 위 가등기가 소급하여 유효한 등기로 전환될 수 없다.

추인에 의한 소급적 신분행위의 효력인정 **대법원 2004.11.11. 선고 2004므1484 판결**

친생자 출생신고 당시 입양의 실질적 요건을 갖추지 못하여 입양신고로서의 효력이 생기지 아니하였더라도 그 후에 입양의 실질적 요건을 갖추게 된 경우에는 무효인 친생자 출생신고는 소급적으로 입양신고로서의 효력을 갖게 된다고 할 것이나, 민법 제139조 본문이 무효인 법률행위는 추인하여도 그 효력이 생기지 않는다고 규정하고 있음에도 불구하고, 입양 등의 신분행위에 관하여 이 규정을 적용하지 아니하고 추인에 의하여 소급적 효력을 인정하는 것은 무효인 신분행위 후 그 내용에 맞는 신분관계가 실질적으로 형성되어 쌍방 당사자가 이의 없이 그 신분관계를 계속하여 왔다면, 그 신고가 부적법하다는 이유로 이미 형성되어 있는 신분관계의 효력을 부인하는 것은 당사자의 의사에 반하고 그 이익을 해칠 뿐만 아니라, 그 실질적 신분관계의 외형과 호적의 기재를 믿은 제3자의 이익도 침해할 우려가 있기 때문에 추인에 의하여 소급적으로 신분행위의 효력을 인정함으로써 신분관계의 형성이라는 신분관계의 본질적 요소를 보호하는 것이 타당하다는 데에 그 근거가 있다고 할 것이므로, 당사자 간에 무효인 신고행위에 상응하는 신분관계가 실질적으로 형성되어 있지 아니한 경우에는 무효인 신분행위에 대한 추인의 의사표시만으로 그 무효행위의 효력을 인정할 수 없는 것이다.

Ⅲ. 법률행위의 취소

1. 의의

법률행위의 취소란, 그 효력요건에 흠결이 있지만 일단 효력을 발생한 법률행위를, 행위능력의 흠결 또는 의사표시의 흠을 이유로, 특정인의 의사표시에 의하여 행위시에 소급하여 무효로 하는 것을 말한다(유동적 유효). 이러한 취소제도는 중대한 흠결이 있는 법률행위에 관하여, 그 효력을 유지시킬 것인가 무효화시킬 것인가의 결정을 취소권자에게 맡김으로써 법률행위의 효력 유지의 가능성을 높이려는 목적을 갖는다. 취소할 수 있는 지위를 하나의 권리로 보아 취소권이라고 하고, 이는 **형성권**에 속한다.

법률행위의 취소에 관한 제140조 이하의 규정은 행위능력의 흠결 또는 의사표시의 흠(착오나 사기, 강박)을 이유로 하는 취소에 한하여 적용된다(협의의 취소). 민법은 그 외에도 여러 곳에서 취소라는 용어를 쓰지만(광의의 취소 : 제22조, 제29조, 제38조, 제406조, 제816조, 제828조, 제838조, 제854조, 제884조, 제861조, 제978조 등), 이들의 경우에는 제140조 이하의 규정이 적용되지 않음을 주의하여야 한다.

2. 구별할 개념

가. 철회

취소는 이미 발생하고 있는 법률행위의 효력을 소급적으로 소멸하게 하는 것임에 비해, 철회는 아직 효력을 발생하고 있지 않은 의사표시를 종국적으로 효력을 발생하지 않게 하거나(청약의 철회에 관한 제527조, 유언의 철회에 관한 제1108조 등), 일단 발생한 의사표시의 효력을 장래에 향하여 소멸시키는 표의자의 일방적인 의사표시(제한능력자의 상대방의 철회권에 관한 제16조 제1항, 무권대리 상대방의 철회권에 관한 제134조 등)를 말한다.

***** 소비자보호를 위한 청약철회제도**

할부거래·전자상거래·통신판매·방문판매 등의 경우, 소비자는 계약서를 받은 날로부터 7일 또는 14일 이내에 청약의 의사표시를 임의로 철회하고 계약을 소급적으로 소멸시킬 수 있는 청약 철회권을 갖는다. 위 철회권은 청약 또는 계약의 구속력의 예외로써, 위 기간 내에는 상품이나 계약에 아무런 문제가 없을 경우에도 행사할 수 있다(할부거래법 제7조, 전자상거래법 제17조 이하, 방문판매법 제8조 등).

나. 해제

취소는 법률행위 당시에 행위능력 또는 의사표시에 흠결이 있어 그 효력을 소급적으로 소멸시키는 것이고, 해제는 **법률행위 당시에 존재하는 요건흠결이 아니라 그 후에 발생한 사정**, 즉 채무불이행 등 법이 정하거나 당사자가 약정한 사유로 인하여 법률행위의 효력을 소급적으로 소멸시키는 것이며, **계약에 한하여** 인정된다.

당사자 일방이 계약을 적법하게 해제하였다 하더라도 그 상대방으로서는 계약해제의 효과로서 발생하는 손해배상책임을 지거나 계약금의 반환을 받을 수 없는 불이익을 면하기 위해서 취소권을 행사하여 위 매매계약 전체를 무효로 돌리게 할 수 있다. 반대로 이미 취소된 계약에 대하여 해제권의 행사는 불가하다.

매매계약 해제 후 취소권 행사 **대법원 1996.12.6. 선고 95다24982 판결**

매도인이 매수인의 중도금 지급채무불이행을 이유로 매매계약을 적법하게 해제한 후라도 매수인으로서는 상대방이 한 계약해제의 효과로서 발생하는 손해배상책임을 지거나 매매계약에 따른 계약금의 반환을 받을 수 없는 불이익을 면하기 위하여 착오를 이유로 한 취소권을 행사하여 위 매매계약 전체를 무효로 돌리게 할 수 있다고 할 것이다(1991.8.27. 선고 91다11308 판결 참조).

다. 공법상의 취소

협의의 취소가 사법의 영역에서 인정되는 제도인 반면, 부재자 재산관리에 관한 명령의 취소, 실종선고의 취소, 법인설립 허가의 취소 등과 같이 법원이나 행정기관이 법률의 규정에 따라 공법의 영역에서 행하는 것이다. 여기에는 제140조 이하의 규정들이 적용되지 않는다.

라. 사해행위의 취소

제406조 규정에 따른 채권자취소권으로, 취소권자가 표의자나 그 대리인이 아닌 채권자이고, **취소권의 행사가 재판상** 이루어져야 하며, 취소의 효력이 **상대적**이다.

3. 취소권자와 상대방

가. 취소권자

제140조에 의하면 취소할 수 있는 법률행위는 **제한능력자**, **착오** 또는 **하자 있는 의사표시를 한 자**, 그 대리인 또는 승계인만이 취소할 수 있다고 규정한다.

제한능력자는 자신이 행한 법률행위를 법정대리인의 동의 없이 단독으로 취소할 수 있고, 대리인은 법정대리인과 임의대리인을 모두 포함한다. 승계인 역시 포괄승계인과 특정승계인[9]을 모두 포함하나, 취소권만의 특정승계는 인정되지 않는다.

나. 취소의 상대방

법률행위의 직접 상대방에게 취소권을 행사할 수 있다. 계약의 상대방 또는 상대방 있는 단독행위에서 의사표시를 수령한 자가 취소의 상대방이 되고, 그들에 대하여 취소의 의사표시를 하여야 한다(제142조). 법률행위 상대방의 **포괄승계인**은 동일한 인격체로 보므로 취소의 상대방이 되지만, 특정승계인에게는 취소권을 행사할 수 없다. 취소할 수 있는 행위의 상대방이 그 행위로 취득한 권리를 양도한 경우에도 양수인이 아니라 원래의 상대방이 취소의 상대방이 된다.

상대방 없는 단독행위에서는 상대방이 확정되지 않기 때문에 취소를 특정인에 대하여 행할 필요가 없고, 그 의사를 적당한 방법으로 외부에 알리면 된다.

4. 취소의 방법

가. 취소의 의사표시

형성권이므로 권리자의 일방적 의사표시에 의한다. 특별한 방식은 필요 없고 취소의 의사가 상대방에 의하여 인식될 수 있다면 어떠한 방법에 의하더라도 무방하며, 재판상은 물론 재판 외에서 행사도 가능하다. 취소의 의사표시를 함에 있어 취소원인을 특정하는 진술은 불필요하다는 것이 통설과 판례의 입장이다.

취소권 행사의 방법 **대법원 1993.9.14. 선고 93다13162 판결**

법률행위의 취소는 상대방에 대한 의사표시로 하여야 하나 그 취소의 의사표시는 특별히 재판상 행하여짐이 요구되는 경우 이외에는 특정한 방식이 요구되는 것이 아니고, 취소의 의사가 상대방에 의하여 인식될 수 있다면 어떠한 방법에 의하더라도 무방하다고 할 것이고, 법률행위의 취소를 당연한 전제로 한 소송상의 이행청구나 이를 전제로 한 이행거절 가운데는 취소의 의사표시가 포함되어 있다고 볼 수 있다.

---

9) 임대인이 착오로 임대차계약을 체결한 후 그 임대주택을 제3자에게 양도한 경우, 양수인은 임대인의 지위를 승계하므로 착오를 이유로 위 임대차계약을 취소할 수 있다.

취소원인의 진술 없이도 유효한 취소 대법원 2005.5.27. 선고 2004다43824 판결

사기에 의한 의사표시란 타인의 기망행위로 말미암아 착오에 빠지게 된 결과 어떠한 의사표시를 하게 되는 경우이므로 거기에는 의사와 표시의 불일치가 있을 수 없고, 단지 의사의 형성과정 즉 의사표시의 동기에 착오가 있는 것에 불과하며, 이 점에서 고유한 의미의 착오에 의한 의사표시와 구분되는데, 신원보증서류에 서명날인한다는 착각에 빠진 상태로 연대보증의 서면에 서명날인한 경우, 결국 위와 같은 행위는 강학상 기명날인의 착오(또는 서명의 착오), 즉 어떤 사람이 자신의 의사와 다른 법률효과를 발생시키는 내용의 서면에, 그것을 읽지 않거나 올바르게 이해하지 못한 채 기명날인을 하는 이른바 표시상의 착오에 해당하므로, 비록 위와 같은 착오가 제3자의 기망행위에 의하여 일어난 것이라 하더라도 그에 관하여는 사기에 의한 의사표시에 관한 법리, 특히 상대방이 그러한 제3자의 기망행위 사실을 알았거나 알 수 있었을 경우가 아닌 한 의사표시자가 취소권을 행사할 수 없다는 민법 제110조 제2항의 규정을 적용할 것이 아니라, 착오에 의한 의사표시에 관한 법리만을 적용하여 취소권 행사의 가부를 가려야 한다. 취소의 의사표시란 반드시 명시적이어야 하는 것은 아니고, 취소자가 그 착오를 이유로 자신의 법률행위의 효력을 처음부터 배제하려고 한다는 의사가 드러나면 족한 것이며, **취소원인의 진술 없이도 취소의 의사표시는 유효한 것**이므로, 신원보증서류에 서명날인하는 것으로 잘못 알고 이행보증보험약정서를 읽어보지 않은 채 서명날인한 것일 뿐 연대보증약정을 한 사실이 없다는 주장은 위 연대보증약정을 착오를 이유로 취소한다는 취지로 볼 수 있다.

나. 취소의 대상

제한능력을 이유로 하는 취소의 대상은 **법률행위 자체**임은 물론이다. 그러나 제109조와 제110조에서는 '의사표시를 취소'하는 것으로 규정하고, 제140조에서는 '법률행위의 취소'라고 규정하여 서로 다른 표현을 사용하고 있어 문제이다. 취소의 대상이 의사표시라는 견해와 법률행위라는 견해가 대립하나, 법률행위가 의사표시를 불가결의 요소로 하는 만큼 효력의 차이가 없으므로 다툼의 실익은 없다.

다. 일부취소

일부취소란 법률행위 일부에 취소사유가 있는 경우에 취소권자가 그 부분만을 취소하고 나머지 부분은 유효하게 하는 것을 말한다. 법률행위 일부를 취소하기 위해서는 ①일체로서의 법률행위가 ②가분적이고 ③그 법률행위의 일부에 취소사유가 존재하여야 하며(제137조의 유추적용), 그 밖에 ④나머지 부분을 유지하려는 당사자의 가정적 의사가 인정되어야 한다(아래 98다56607 판결).

불가분의 관계에 있는 계약들 중 일부취소 대법원 2013.5.9. 선고 2012다115120 판결

여러 개의 계약이 체결된 경우에 그 계약 전부가 하나의 계약인 것과 같은 불가분의 관계에 있는 것인지 여부는 계약체결의 경위와 목적 및 당사자의 의사 등을 종합적으로 고려하여 판단하여야 할 것이고(대법원 2003.5.16. 선고 2000다54659 판결, 대법원 2006.7.28. 선고 2004다54633 판결 등 참조), 각 계약이 전체적으로 경제적, 사실적으로 일체로서 행하여진 것으로 그 하나가 다른 하나의 조건이 되어 어느 하나의 존재 없이는 당사자가 다른 하나를 의욕하지 않았을 것으로 보이는 경우 등에는, 하나의 계약에 대한 기망 취소의 의사표시는 법률행위의 일부무효이론과 궤를 같이하는 법률행위 일부취소의 법리에 따라 전체 계약에 대한 취소의 효력이 있다고 할 것이다(대법원 1994.9.9. 선고 93다31191 판결 참조).

연대보증계약은 가분적인 금전채무임 대법원 2002.9.10. 선고 2002다21509 판결

하나의 법률행위의 일부분에만 취소사유가 있다고 하더라도 그 법률행위가 가분적이거나 그 목적물의 일부가 특정될 수 있다면, 그 나머지 부분이라도 이를 유지하려는 당사자의 가정적 의사가 인정되는 경우 그 일부만의 취소도 가능하다고 할 것이고, 그 일부의 취소는 법률행위의 일부에 관하여 효력이 생긴다.

채권자와 연대보증인 사이의 연대보증계약이 주채무자의 기망에 의하여 체결되어 적법하게 취소되었으나, 그 보증책임이 금전채무로서 채무의 성격상 가분적이고 연대보증인에게 보증한도를 일정 금액으로 하는 보증의사가 있었으므로, 연대보증인의 연대보증계약의 취소는 그 일정 금액을 초과하는 범위 내에서만 효력이 생긴다.

법률행위의 일부취소의 요건 대법원 1999.3.26. 선고 98다56607 판결[10)]

하나의 법률행위의 일부분에만 취소사유가 있는 경우에 그 법률행위가 가분적이거나 그 목적물의 일부가 특정될 수 있다면, 그 나머지 부분이라도 이를 유지하려는 당사자의 가정적 의사가 인정되는 경우 그 일부만의 취소도 가능하고, 또 그 일부의 취소는 법률행위의 일부에 관하여 효력이 생긴다고 할 것이나, 이는 어디까지나 어떤 목적 혹은 목적물에 대한 법률행위가 존재함을 전제로 한다. 매매계약 체결시 토지의 일정 부분을 매매 대상에서 제외시키는 특약을 한 경우, 이는 매매계약의 대상 토지를 특정하여 그 일정 부분에 대하여는 매매계약이 체결되지 않았음을 분명히 한 것으로써 그 부분에 대한 어떠한 법률행위가 이루어진 것으로는 볼 수 없으므로, 그 특약만을 기망에 의한 법률행위로서 취소할 수는 없다.

10) 동지 대법원 2002.9.10. 선고 2002다21509 판결.

5. 효과

가. 소급적 무효

취소의 소급효로 법률행위가 처음부터 무효인 것으로 된다(제141조 본문). 취소한 후라도 무효행위의 추인의 요건에 따라 다시 추인하는 것은 가능하다(대법원 1997.12.12 선고 95다38240 판결).

나. 소급효의 구체적 내용

법률행위가 취소되면 소급하여 무효로 된다. 따라서 그 법률행위에 기하여 급부가 이미 행하여졌다면 원상회복으로써 취득한 부당이득은 반환되어야 한다. 매매계약이 취소된다면 매도인의 매매대금반환의무와 매수인의 소유권이전등기말소의무는 동시이행 되어야 한다.

한편 제3자에 대한 관계에서는, 제한능력을 이유로 하는 취소의 경우에는 선의·무과실인 제3자에게도 대항할 수 있는 절대적 무효인 반면, 착오나 사기·강박을 이유로 하는 취소의 경우에는 상대적 무효에 그친다.

다. 제한능력자의 반환범위에 관한 특칙

(1) 반환범위의 제한(현존이익만 반환)

민법은 제한능력자의 행위로 인하여 받은 이익은 현존하는 한도에서 상환의 책임을 진다는 특칙을 규정하고 있다(제141조 단서). 부당이득의 반환범위에 관한 제748조는 선의의 수익자는 현존이익을, 악의의 수익자는 받은 이익에 이자를 붙여 반환하도록 규정하고 있음에도, 제한능력자가 수익자인 경우에는 선의·악의를 불문하고 언제나 현존이익만 반환하면 된다는 위 단서는 제748조의 특칙이 된다. 즉 제한능력자는 취소행위에 의하여 사실상 얻은 이익이 그대로 있거나 또는 그것이 변형되어 잔존하는 것을 반환하면 된다. 받은 것을 이미 소비하였거나 타인에게 교부하였다가 회수하지 못한 경우에는 이익은 현존하지 않는 것이 된다. 그러나 생활비 등 수익자에게 꼭 필요한 비용에 충당하였다면 다른 재산의 소비를 면한 것이 되므로 그 한도에서 이익은 현존하는 것이 되는바, 이를 **지출의 절약**(支出의 節約)이라고 한다.

한편 판례는 의사무능력자에게도 제141조 단서가 유추적용된다고 판시한다(아래 2008다58367 판결).

신용카드 이용계약 **대법원 2005.4.15. 선고 2003다60297,60303,60310,60327 판결**

미성년자가 신용카드발행인과 사이에 신용카드 이용계약을 체결하여 신용카드거래를 하다가 신용카드 이용계약을 취소하는 경우 미성년자는 그 행위로 인하여 받은 이익이 현존하는 한도에서 상환할 책임이 있는바, 신용카드 이용계약이 취소됨에도 불구하고 신용카드회원과 해당 가맹점 사이에 체결된 개별적인 매매계약은 특별한 사정이 없는 한 신용카드 이용계약취소와 무관하게 유효하게 존속한다 할 것이고, 신용카드발행인이 가맹점들에 대하여 그 신용카드사용대금을 지급한 것은 신용카드 이용계약과는 별개로 신용카드발행인과 가맹점 사이에 체결된 가맹점 계약에 따른 것으로서 유효하므로, 신용카드발행인의 가맹점에 대한 신용카드이용대금의 지급으로써 신용카드회원은 자신의 가맹점에 대한 매매대금 지급채무를 법률상 원인 없이 면제받는 이익을 얻었으며, 이러한 이익은 금전상의 이득으로서 특별한 사정이 없는 한 현존하는 것으로 추정된다.

(2) 이익현존의 판단시점

이익의 현존 여부 및 그 범위는 **취소한 시점을 기준으로** 판단하여야 한다. 취소한 시점에 부당이득반환의무가 생기고 그 범위도 객관적으로 확정되어 있으며, 제한능력자측에서도 이익보유 권한이 없어진 것을 인식할 수 있기 때문이다. 따라서 취소권 행사 후의 낭비는 제141조 단서에 의하여 보호되지 않는다.

(3) 이익현존에 대한 증명책임

현존이익의 유무는 제한능력자의 생활영역에 속한다는 점, 반환의 범위 등에서 제한능력자가 특별한 보호를 받고 있는 것을 감안하면 상대방과의 이익을 조화시킬 필요가 있는 점 등을 고려한다면, 이익의 현존은 추정되고 **제한능력자측**에서 현존이익이 없음을 증명하여야 한다(통설, 판례).[11]

의사무능력자 측에 입증책임 **대법원 2009.1.15. 선고 2008다58367 판결**

무능력자의 책임을 제한하는 민법 제141조 단서는 부당이득에 있어 수익자의 반환범위를 정한 민법 제748조의 특칙으로서 무능력자의 보호를 위해 그 선의·악의를 묻지 아니하고 반환범위를 현존 이익에 한정시키려는 데 그 취지가 있으므로, 의사능력의 흠결을 이유로 법률행위가 무효가 되는 경우에도 유추적용 되어야 할 것이나, 법률상 원인 없이 타인의 재산 또는 노무로 인하여 이익을 얻고 그로 인하여 타인에게 손해를 가한 경우에 그 취득한 것이 금전상의 이득인 때에는 그 금전은 이를 취득한 자가 소비하였는가의 여부를 불문하고 현존하는 것으로 추정되므로, 위 이익이 현존하지 아니함은 이를 주장하는 자, 즉 의사무능력자 측에 입증책임이 있다.

11) 한편 대법원은 제141조에 국한되지 않은 부당이득 일반과 관련된 사안에서, 부당이득으로 취득한 것이 금전 또는 그와 유사한 대체물인 경우 그 소비 여부를 불문하고 현존하는 것으로 추정된다고 판시한다(대법원 2009.5.28. 선고 2007다20440 판결).

6. 취소권의 소멸

민법은 취소권의 소멸사유로 **추인**(제144조)과 **법정추인**(제145조), **취소권의 단기소멸**제도(제146조)에 관하여 규정하고 있다.

가. 추인

(1) 의의

추인은 법률행위가 결함이 있음에도 불구하고 취소권을 행사하지 않고 그것을 유효로 확정시킨다는 뜻의 의사표시로 **취소권의 포기**라 할 수 있다. 추인이 있으면 취소할 수 있는 행위를 더 이상 취소할 수 없고 확정적 유효로 된다(대법원 1997.12.12. 선고 95다38240 판결). 추인권자와 그 상대방은 취소와 동일하다.

(2) 요건

추인은 추인할 수 있는 것임을 알고서 추인권자인 취소권자가 해야 한다. 미성년자와 피한정후견인은 법정대리인의 동의를 얻어 추인권을 행사할 수 있다. 그러나 피성년후견인은 법정대리인의 동의를 얻어도 추인이 불가능하다.

(가) 추인은 취소권의 포기이므로 취소할 수 있는 행위임을 알고 추인하여야 한다(대법원 1997.5.30. 선고 97다5986 선고).

(나) 추인은 취소의 원인이 종료한 후에 해야 한다. 즉 능력자가 된 뒤, 착오나 사기·강박에서 벗어난 후에 해야 한다. 그렇지 않으면 추인은 무효이다(제144조 제1항). 다만 행위능력 흠결의 경우 제한능력자가 능력을 회복하지 못했더라도, 미성년자와 피한정후견은 법정대리인의 동의를 얻어, 법정대리인은 단독으로 추인이 가능하다(제144조 제2항).

당연히 취소권을 행사하기 전에만 추인이 가능하다. 취소권을 행사하여 소급무효가 된 후의 추인은 무효행위의 추인으로 취급된다(전술한 95다38240 판결).

고소 취소와 매매 취소권의 포기 **대법원 1997.6.27. 선고 97다3828 판결**

한정치산자가 '횡령혐의로 고소한 바 있으나 쌍방 원만히 합의하였을 뿐만 아니라 피고소인이 범행에 대하여 깊이 반성하고 있으므로 고소 취소한다'는 내용의 고소취소장을 작성하여 제출할 때에도 아직 한정치산선고를 취소받기 전이므로 여전히 한정치산자로서 독립하여 추인할 수 있는 행위능력을 가지고 있지 못하였을 뿐더러, 고소 취소는 어디까지나 수사기관 또는 법원에 대하여 고소를 철회하는 의사표시에 지나지 아니하고 또 고소취소장에 기재된 문면의 내용상으로도 고소인이 매수인에 대하여 가지는 매매의 취소권을 포기한 것으로 보기 어렵다.

(3) 방법

추인은 취소할 수 있는 법률행위의 상대방에 대한 의사표시로 하고(제142조, 제143조 제2항), 묵시적 추인도 가능하다. 그 밖의 내용은 취소와 동일하다.

(4) 효과

이제는 취소할 수 없고 법률행위는 유효한 것으로 확정된다. 즉 유동적 유효상태인 법률행위가 **확정적 유효**가 되는 것이다.

나. 법정추인

(1) 의의

취소할 수 있는 행위에 대하여 일반적으로 추인이라고 인정할 수 있는 일정한 사실이 있는 때,[12] 취소권자의 추인 의사의 유무를 묻지 않고[13] 법률상 당연히 추인이 있었던 것으로 간주하는 것이다(제145조). 취소권의 단기소멸, 제한능력자의 상대방 보호방법(민법 제15조, 제16조, 제17조 등)과 더불어 취소할 수 있는 법률행위의 상대방 보호와 거래의 안전을 위한 제도이다.

(2) 법정추인의 요건

(가) 취소할 수 있는 법률행위에 관하여, 다음의 사유 중 어느 하나가 있어야 한다.

① 전부나 일부 이행의 경우

취소할 수 있는 법률행위에 의하여 발생한 채권에 관하여, 취소권자가 상대방에게 이행한 경우이고, 상대방으로부터 이행을 수령한 경우를 포함한다.

② 이행의 청구의 경우

취소권자가 상대방에게 채무이행을 청구하는 경우에 한하고, 상대방으로부터 이행청구를 받는 것은 포함되지 않는다.

③ 경개

경개는 취소할 수 있는 법률행위에 의하여 성립된 채권 또는 채무를 소멸시키고, 대신 다른 채권 또는 채무를 발생시키는 계약인바(제500조 이하), 취소권자가 경개계약을 채권자로 체결하든 채무자로 체결하든 관계없다.

④ 담보의 제공

취소권자가 채무자로서 담보를 제공하는 경우와 채권자로서 담보를 제공받는 경우

---

12) 법정추인은 묵시적 추인의 전형적 유형 중 몇 가지를 법제화한 것으로 볼 수 있다.

13) 다만 법정추인의 사유가 있더라도 취소권자가 이의를 유보함으로써 법정추인이 되는 것을 막을 수 있다(제145조 단서)

를 모두 포함하며, 담보의 내용도 물적담보·인적담보를 불문한다.

⑤ 취소할 수 있는 행위로 취득한 권리의 전부나 일부의 양도

취소권자가 양도하는 경우에 한정한다. 취소할 수 있는 법률행위로 취득한 권리 위에 제한물권이나 임차권을 설정해 주는 것도 양도에 포함된다. 그러나 취소함으로써 발생하게 될 장래의 채권(예컨대 향후 취소하게 되면 발생하게 되는 원상회복으로서의 부당이득반환청구권)을 양도하는 행위는 취소를 전제로 하는 것이므로 이에 해당되지 않는다.

⑥ 강제집행

취소권자가 채권자로서 집행을 하는 경우는 물론이고, 채무자로서 집행을 받은 경우 역시 재판상의 이의 주장을 포기한 것으로 볼 수 있으므로 이에 포함된다고 한다.

(나) 위에 든 여러 사유와 관련된 행위가 추인할 수 있는 후에 즉, **취소의 원인이 종료된 후**에 있어야 한다(제145조 본문). 다만 피성년후견인 외의 제한능력자가 법정대리인의 동의를 얻어 위와 같은 행위를 하거나 법정대리인 스스로 그 행위를 한 경우에는 그것이 취소의 원인이 종료하기 전에 행하여졌더라도 법정추인으로 된다. 추인과는 달리 취소권자가 취소할 수 있는 법률행위인지를 알고 있을 필요가 없다.

(다) 취소권자가 위와 같은 행위를 함에 있어 **이의를 보류하지 않았어야** 한다(제145조 단서). 이의의 보류는 위 법문에 의하여 주어지는 법률효과를 받아들이지 않겠다는 취지의 의사표시로, 취소권자가 추인하는 것이 아니라는 것을 밝히고서 상대방에게 이행한 경우가 그 예이다.

(4) 효과

추인과 동일한 효과가 발생하는바, 법률행위는 유효한 것으로 확정된다.

다. 취소권의 단기소멸

(1) 의의

취소할 수 있는 법률행위는 취소권자의 취소에 의하여 소급적으로 무효가 되므로 유동적·불확실한 상태에 놓이게 된다. 또한 취소권자만이 이러한 유동적 상태를 종식시킬 수 있으므로 그 상대방이나 이해관계 있는 제3자의 지위는 불안정하기 짝이 없다. 그에 따라 민법은 법률관계를 조기에 확정함으로써 위 상대방 등이 불확실한 지위에서 벗어날 수 있도록 하기 위하여 취소권의 단기소멸제도를 규정하고 있다.

(2) 내용

취소권은 '추인할 수 있는 날부터 3년 내, 법률행위를 한 날로부터 10년 내'에 행사

하여야 한다(제146조). '추인할 수 있는 날'이란 취소의 원인이 종료되어 취소권 행사에 관한 장애가 없어져서 취소권자가 취소대상인 법률행위를 추인할 수도 있고 취소할 수도 있는 상태가 된 때를 말한다.

취소권의 제척기간의 기산점 대법원 1998.11.27. 선고 98다7421 판결

민법 제146조 전단은 "취소권은 추인할 수 있는 날로부터 3년 내에 행사하여야 한다." 고 규정하는 한편, 민법 제144조 제1항에서는 "추인은 취소의 원인이 종료한 후에 하지 아니하면 효력이 없다."고 규정하고 있는바, 위 각 규정의 취지와 추인은 취소권의 포기를 내용으로 하는 의사표시인 점에 비추어 보면, 민법 제146조 전단에서 취소권의 제척기간의 기산점으로 삼고 있는 「추인할 수 있는 날」이란 취소의 원인이 종료되어 취소권행사에 관한 장애가 없어져서 취소권자가 취소의 대상인 법률행위를 추인할 수도 있고 취소할 수도 있는 상태가 된 때를 가리킨다고 보아야 한다. 계엄사령부 합동조사본부 수사관들의 강박에 의하여 부동산에 관한 증여계약이 이루어진 후 증여를 원인으로 한 소유권이전등기를 하기로 제소전화해를 하여 그 화해조서에 기하여 소유권이전등기가 경료된 경우, 비상계엄령의 해제로 강박 상태에서 벗어난 후 위 증여계약을 취소한다 하더라도, 위 제소전화해조서의 기판력이 존속하는 동안에는, 재산권을 원상회복하는 실효를 거둘 수 없어 강박에 의하여 이루어진 부동산에 관한 증여계약을 취소하는 데 법률상 장애가 존속되고 있다고 보아야 하고, 따라서 제소전화해조서를 취소하는 준재심사건 판결이 확정되어 위 제소전화해조서의 기판력이 소멸된 때부터 민법 제146조 전단에 규정한 3년의 취소기간이 진행된다고 봄이 상당하다.

(3) 법적 성질

위 기간의 성질은 취소권이 형성권이므로 시효기간이 아닌 **제척기간**이다. 위의 3년과 10년의 기간 중 어느 것이나 먼저 도과한 것이 있으면 취소권은 소멸한다. 취소권자가 취소의 의사표시를 담은 준비서면 등으로 상대방에 대하여 취소권을 재판상 행사하는 경우, 준비서면이 법원에 접수된 때가 아니라 상대방에게 송달되어야 취소의 효력이 발생한다. 즉 취소의 의사표시가 담긴 준비서면이 제척기간 내에 상대방에게 송달되어야 취소권자가 적법하게 취소권을 행사한 것으로 본다(대법원 2008.9.11. 선고 2008다27301,27318 판결 등).

취소권의 행사로 인하여 발생하는 청구권의 존속기간에 관하여는 견해의 대립이 있다. 다수설은 취소의 효과로 생기는 원상회복청구권이나 현존이익의 반환청구도 위 기간 내에 행사해야 한다는 것이나, 판례는 같은 제척기간인 환매권 행사에 따른 소유권이전등기청구권의 행사기간이 문제된 사안에서, 환매권을 행사한 때부터 별개의 소

멸시효가 진행된다고 판시하였다(대법원 1991.2.22. 선고 90다13420 판결). 취소권의 단기소멸제도의 취지가 유동적 법률관계를 조기에 확정함으로써 상대방 등이 불안정한 지위에서 벗어나게 하기 위한 것이고, 일단 취소권이 행사되면 유동적 법률관계가 확정된다 할 것이므로, 취소권을 행사한 때로부터 별개의 소멸시효가 진행된다고 해석하는 입장이 타당하다 할 것이다.

기간의 성질은 제척기간 **대법원 1996.9.20. 선고 96다25371 판결**

민법 제146조는 취소권은 추인할 수 있는 날로부터 3년 내에 행사하여야 한다고 규정하고 있는바, 이 때의 3년이라는 기간은 일반 시효기간이 아니라 제척기간으로서 그 기간이 도과하였는지 여부는 당사자의 주장에 관계없이 법원이 당연히 조사하여 고려하여야 할 사항이다.

제6절 법률행위의 부관

Ⅰ. 서설

법률행위가 성립하면 곧 바로 효력이 발생하는 것이 원칙이다. 그러나 당사자가 법률행위시, 그 효과를 바로 발생시키지 않고 장래 어떤 사실관계가 있었을 때 발생시키기를 원하는 경우가 있고, 법률행위의 효과를 바로 발생시키지만 장차 발생할 어떤 사실관계와 연계하여 소멸시키고 싶을 때도 있을 수 있다. 이와 같이 법률행위의 효력의 발생 또는 소멸을 제한하기 위하여 법률행위의 내용으로 부가되는 약관을 법률행위의 부관(附款)이라고 한다. 이는 사적자치의 원칙에 의하여 당사자들이 법률행위의 효력의 발생 또는 소멸을 예상할 수 있는 **장래의 일정한 사실**에 의존하게 하는 제도이다. '장래의 일정한 사실'의 발생이 불확실한 것이 조건이고, 그 발생이 확실한 것이 기한이다.

부관은 법률행위와 동시에 그에 덧붙여진 것이어야 한다. 법률행위 후 그 효력에 관하여 따로 약정을 맺은 경우에는 별개의 법률행위로 다루어진다. 이러한 부관은 법률행위의 **효력**의 발생 또는 소멸에 관한 것이고, 법률행위의 **성립**에 관한 것이 아니다. 즉 부관은 법률행위의 성립요건이 아닌 특별효력요건이다.

법률행위의 부관으로는 조건, 기한 및 부담[1]의 세 가지가 있다. 민법은 조건과 기한에 관하여만 총칙에 일반 규정을 두고, 채권과 상속편에 부담부 증여(제561조)와 부담부 유증(제1088조)에 관한 특별 규정을 두고 있다.

Ⅱ. 조건(條件)

1. 의의

조건은 법률행위의 효력 발생 또는 소멸을 「**장래의 불확실한 사실의 성부**」[2]에 의존하게 하는 법률행위의 부관이다. 조건이 되는 사실은 장래의, 발생 여부가 객관적으로 불확실한 것이어야 한다. 따라서 과거의 사실은 조건이 될 수 없고, 장래의 사실이더

1) 부담은 부관의 일종이지만 법률행위의 효력요건은 아니다. 즉 부담이 붙어 있더라도 법률행위의 효력발생 여부에 직접 영향을 미치지 않고, 부담을 이행하지 않더라도 법률행위가 무효가 되는 것은 아니다.

2) 장래의 사실만이 조건이 될 수 있고 현재나 과거의 사실은 조건이 될 수 없으며, 장래의 불확실한 사실의 부관이라는 점에서 장래의 '확실한' 사실의 부관인 기한과 구별된다.

라도 닥쳐온다는 것이 확실한 것은 기한이 될 수 있을 뿐 조건이 될 수 없다.

조건은 의사표시의 내용을 이루는 것으로서, 의사표시의 일반원칙에 따라 **조건을 붙이려는 의사**와 **그 표시**가 있어야 한다. 따라서 조건의사가 없는 법정조건은 조건이 아니고, 그것이 표시되지 않으면 법률행위의 동기에 불과하다.

조건부 법률행위의 효력판단의 기준시점은 조건성취시가 아니고 '법률행위 당시'이고, 그에 따라 법률행위 성립 후 조건성취 전에 목적이 불능이면 후발적 불능이 된다.

조건과 동기의 구별 **대법원 2003.5.13. 선고 2003다10797 판결**

조건은 법률행위의 효력의 발생 또는 소멸을 장래의 불확실한 사실의 성부에 의존케 하는 법률행위의 부관으로서 당해 법률행위를 구성하는 의사표시의 일체적인 내용을 이루는 것이므로, 의사표시의 일반원칙에 따라 조건을 붙이고자 하는 의사 즉 조건의사와 그 표시가 필요하며, 조건의사가 있더라도 그것이 외부에 표시되지 않으면 법률행위의 동기에 불과할 뿐이고 그것만으로는 법률행위의 부관으로서의 조건이 되는 것은 아니다. 갑이 을에게 병의 횡령금 중 일부를 지급하기로 한 약정은 갑이 병의 오빠로서 병이 을에 대하여 부담하는 부당이득반환 또는 손해배상채무 중 일부를 대신 변제한다는 취지이고, 그러한 약정을 하는 갑의 내심에는 병이 처벌받지 않기를 바라는 동기 이외에 병이 실제로 처벌을 받는 경우에는 위 약정 자체가 무효라는 조건의사까지 있었을지도 모르지만, 그것만으로는 병의 선처를 조건으로 한 조건부 약정이 이루어졌다고 단정할 수 없고, 각서의 기재 내용과 그 작성 당시의 상황 및 상대방인 을의 의사 등 제반 사정에 비추어 보면 위 약정 자체의 효력이 을의 정식 고소나 병의 처벌이라는 사실의 발생만으로 당연히 소멸된다는 의미의 조건이 쌍방의 합의에 따라 위 약정에 붙어 있다고는 볼 수 없으며, 오히려 위 각서 중 '변제하고 선처를 받기로 한다.'라는 문구는 갑과 병이 위 약정을 예정대로 이행하면 병이 선처를 받을 수 있도록 을이 협조한다는 취지이다.

2. 종류

가. 정지조건과 해제조건

정지조건은 법률행위 **효력의 발생**을 장래의 불확실한 사실에 의존하게 하는 것이고, 정지조건이 붙은 경우 그 조건이 성취되어야 비로소 법률행위의 효력이 발생하여 그에 따른 권리와 의무를 주장할 수 있다(아래 99다30534 판결의 사안 참조). 해제조건은 법률행위의 **효력의 소멸**을 장래의 불확실한 사실에 의존하게 하는 것이고, 위 조건이 붙은 경우 일단 법률행위의 효력이 생겨 권리의무가 발생하지만 조건이 성취되면 그 효력을 잃게 되는 것이다(아래 96다5506 판결 참조).

소송에서 법률행위에 정지조건이 붙어 있다는 진술이 절차법상 부인인가 아니면 항변인가에 대하여 견해의 대립이 있다. 판례는 위 진술이 그 법률행위로 인한 법률효과의 발생을 저지하는 사유로서 그 발생을 다투려는 자에게 주장, 증명책임이 있다고 하여 **항변설**(抗辯說)을 따른다. 그러나 정지조건이 성취되었다는 사실은 권리를 발생시키는 사유이므로 권리자가 증명하여야 한다(대법원 1984.9.25. 선고 84다카967 판결).

반면에 법률행위에 해제조건이 붙어 있다는 사실과 그 성취사실은 권리소멸사실이므로 그 효력이 소멸되었다고 주장하는 자가 증명하여야 한다.

소유권유보부매매는 정지조건부 법률행위 대법원 1999.9.7. 선고 99다30534 판결

동산의 매매계약을 체결하면서, 매도인이 대금을 모두 지급받기 전에 목적물을 매수인에게 인도하지만 대금이 모두 지급될 때까지는 목적물의 소유권은 매도인에게 유보되며 대금이 모두 지급된 때에 그 소유권이 매수인에게 이전된다는 내용의 이른바 소유권유보의 특약을 한 경우, 목적물의 소유권을 이전한다는 당사자 사이의 물권적 합의는 매매계약을 체결하고 목적물을 인도한 때 이미 성립하지만 대금이 모두 지급되는 것을 정지조건으로 하므로, 목적물이 매수인에게 인도되었다고 하더라도 특별한 사정이 없는 한 매도인은 대금이 모두 지급될 때까지 매수인 뿐만 아니라 제3자에 대하여도 유보된 목적물의 소유권을 주장할 수 있으며, 이와 같은 법리는 소유권유보의 특약을 한 매매계약이 매수인의 목적물 판매를 예정하고 있고, 그 매매계약에서 소유권유보의 특약을 제3자에 대하여 공시한 바 없고, 또한 그 매매계약이 종류물을 목적물로 하고 있다 하더라도 다를 바 없다.

약혼예물의 수수와 해제조건 대법원 1996.5.14. 선고 96다5506 판결

약혼예물의 수수는 약혼의 성립을 증명하고 혼인이 성립한 경우 당사자 내지 양가의 정리를 두텁게 할 목적으로 수수되는 것으로 혼인의 불성립을 해제조건으로 하는 증여와 유사한 성질을 가지므로, 예물의 수령자측이 혼인 당초부터 성실히 혼인을 계속할 의사가 없고 그로 인하여 혼인의 파국을 초래하였다고 인정되는 등 특별한 사정이 있는 경우에는 신의칙 내지 형평의 원칙에 비추어 혼인 불성립의 경우에 준하여 예물반환의무를 인정함이 상당하나, 그러한 특별한 사정이 없는 한 일단 부부관계가 성립하고 그 혼인이 상당 기간 지속된 이상 후일 혼인이 해소되어도 그 반환을 구할 수는 없으므로, 비록 혼인 파탄의 원인이 며느리에게 있더라도 혼인이 상당 기간 계속된 이상 약혼예물의 소유권은 며느리에게 있다.

조건 존재사실의 증명책임 대법원 2011.8.25. 선고 2008다47367 판결

조건은 법률행위의 당사자가 그 의사표시에 의하여 그 법률행위와 동시에 그 법률행위의 내용으로서 부가시켜 그 법률행위의 효력을 제한하는 법률행위의 부관이므로, 구체적인 사실관계가 어느 법률행위에 붙은 조건의 성취에 해당하는지 여부는 의사표시의 해석에 속하는 경우도 있다고 할 수 있지만, 어느 법률행위에 어떤 조건이 붙어 있었는지 아닌지는 사실인정의 문제로서 그 조건의 존재를 주장하는 자가 이를 증명하여야 한다(대법원 2006.11.24. 선고 2006다35766 판결 참조).

정지조건부 법률행위 해당사실의 증명책임 대법원 1993.9.28. 선고 93다20832 판결

어떠한 법률행위가 조건의 성취시 법률행위의 효력이 발생하는 소위 정지조건부 법률행위에 해당한다는 사실은 그 법률행위로 인한 법률효과의 발생을 저지하는 사유로서 그 법률효과의 발생을 다투려는 자(피고)에게 주장입증책임이 있다(그 정지조건의 성취에 관한 주장, 입증책임이 원고에게 있음은 별론으로 하고).

정지조건 불성취로 인한 약정의 무효 대법원 2003.8.19. 선고 2001다14061 판결

재산분할에 관한 협의는 혼인중 당사자 쌍방의 협력으로 이룩한 재산의 분할에 관하여 이미 이혼을 마친 당사자 또는 아직 이혼하지 않은 당사자 사이에 행하여지는 협의를 가리키는 것인바, 그 중 아직 이혼하지 않은 당사자가 장차 협의상 이혼할 것을 약정하면서 이를 전제로 하여 위 재산분할에 관한 협의를 하는 경우에 있어서는, 특별한 사정이 없는 한, 장차 당사자 사이에 협의상 이혼이 이루어질 것을 조건으로 하여 조건부 의사표시가 행하여지는 것이라 할 것이므로, 그 협의 후 당사자가 약정한대로 협의상 이혼이 이루어진 경우에 한하여 그 협의의 효력이 발생하는 것이지, 어떠한 원인으로든지 협의상 이혼이 이루어지지 아니하고 혼인관계가 존속하게 되거나 당사자 일방이 제기한 이혼청구의 소에 의하여 재판상이혼(화해 또는 조정에 의한 이혼을 포함한다.)이 이루어진 경우에는, 위 협의는 조건의 불성취로 인하여 효력이 발생하지 않는다.

나. 수의조건과 비수의조건

(1) 수의조건(隋意條件)

조건의 성부가 당사자의 일방적 의사에 의존하는 조건이다.

(가) 순수수의조건

언제나 당사자 일방의 의사에만 의존하므로(내 기분이 좋아지면…) 조건은 물론,

그것이 붙은 법률행위까지 **무효**이다. 당사자에게 법률행위의 효력을 발생시킬 의사가 없다고 보아야 하므로 언제나 무효라는 것이다.[3)]

(나) 단순수의조건

당사자 일방의 의사와 어떤 사실이 결합한 것이므로(내가 유럽으로 여행을 가면…), 유효한 조건이다.

조건, 순수수의조건에 해당 여부 대법원 2006.10.13. 선고 2004다21862 판결

제작물공급계약의 당사자들이 보수의 지급시기에 관하여 "수급인이 공급한 목적물을 도급인이 검사하여 합격하면, 도급인은 수급인에게 그 보수를 지급한다"는 내용으로 한 약정은 도급인의 수급인에 대한 보수지급의무와 동시이행관계에 있는 수급인의 목적물 인도의무를 확인한 것에 불과하므로, 법률행위의 효력 발생을 장래의 불확실한 사실의 성부에 의존하게 하는 법률행위의 부관인 조건에 해당하지 아니할 뿐만 아니라, 조건에 해당한다 하더라도 검사에의 합격 여부는 도급인의 일방적인 의사에만 의존하지 않고 그 목적물이 계약내용대로 제작된 것인지 여부에 따라 객관적으로 결정되므로 순수수의조건에 해당하지 않는다.

(2) 비수의조건(非隋意條件)

조건의 성부가 당사자의 일방적 의사에만 의존하지 않는 조건을 말한다. 이들 모두 유효한 조건이다.

(가) 우성조건(偶成條件)

당사자 의사와 무관한 자연적 사실이나 제3자의 행위 등에 의하여 그 성부가 결정되는 조건(내일 비가 오면…)이다.

(나) 혼성조건(混成條件)

당사자 일방의 의사와 제3자의 의사 등이 결합된 조건(내가 갑과 결혼하면…)이다.

(3) 가장조건(假裝條件)

외관상으로는 조건으로 보이지만, 실질적으로 조건으로서의 효력이 인정되지 못하는 것을 말한다.

(가) 법정조건(法定條件)

법인설립에 있어 주무관청의 허가(제32조), 유언에 있어 유언자의 사망(제1073조 제1항) 등과 같이 법률행위의 효력 발생을 위하여 법률이 규정하는 조건이다. 법정조

3) 지원림, 379면. 반대-이영준, 647면; 송덕수, 258면.

건은 당사자에게 조건을 붙이려는 의사가 없으므로 조건에 해당되지 않는다.

(나) 기성조건(旣成條件)

조건이 법률행위 성립 당시 이미 객관적으로 성립하고 있는 경우이다. 정지조건일 때는 조건 없는 법률행위가 되고, 해제조건일 때는 그 법률행위가 무효가 된다(제151조 제2항).

(다) 불법조건(不法條件)

범죄행위를 조건으로 하는 증여계약처럼 불법조건이 붙은 법률행위는 그 조건만이 무효가 아니라 법률행위 전부가 **무효**이다(제151조 제1항, 대법원 2005.11.8.자 2005마541 결정).

(라) 불능조건(不能條件)

조건이 법률행위 성립 당시에 이미 성취될 수 없는 것으로 객관적으로 확정된 경우가 불능조건이다. 불능조건이 해제조건이면 조건 없는 법률행위가 되고, 정지조건이라면 그 법률행위는 무효이다(제151조 제3항).

3. 조건을 붙일 수 없는 법률행위(조건에 친하지 않는 법률행위)

법률행위에 조건이 붙여지면 그 효력의 발생이나 존속이 불확실하게 되기 때문에 그러한 불확실성을 감내할 수 없는 법률행위에는 조건을 붙일 수가 없다. 조건을 붙일 수 없는 법률행위에 조건을 붙인 경우 법률에 규정이 있으면 그에 따르고, 규정이 없으면 그 법률행위 전부가 무효로 된다(위 2005마541 결정 참조).

가. 확정적으로 효과발생이 요구되는 경우

공익상 불허되는 것으로 **어음 및 수표행위**(어음법 제12조, 제26조, 수표법 제15조, 제54조), 혼인, 이혼, 입양, 인지 등과 같은 **가족법상의 신분행위**가 이에 속한다. 그러나 가족법상의 재산행위인 유언과 상속재산 분할협의 등에는 조건을 붙일 수 있는 예외적인 경우도 있다(정지조건부 유언에 관한 제1073조 제2항 참조, 한편 상속의 승인 및 포기 등에는 조건을 붙일 수 없다).

정지조건이 붙은 상속재산 분할협의 대법원 2004.7.8. 선고 2002다73203 판결

상속재산 분할협의는 공동상속인들 사이에 이루어지는 일종의 계약으로서, 공동상속인들은 이미 이루어진 상속재산 분할협의의 전부 또는 일부를 전원의 합의에 의하여 해제한 다음 다시 새로운 분할협의를 할 수 있다. 상속재산 분할협의가 합의해제 되면 그 협의에 따른 이행으로 변동이 생겼던 물권은 당연히 그 분할협의가 없었던 원상태

로 복귀하지만, 민법 제548조 제1항 단서의 규정상 이러한 합의해제를 가지고서는, 그 해제 전의 분할협의로부터 생긴 법률효과를 기초로 하여 새로운 이해관계를 가지게 되고 등기·인도 등으로 완전한 권리를 취득한 제3자의 권리를 해하지 못한다.[4)]

나. 조건을 붙이면 상대방의 지위를 현저하게 불리하게 하는 경우

상계·취소·해제 등 **단독행위**에는 원칙적으로 조건을 붙일 수 없다(제493조 제1항). 다만 상대방의 동의가 있거나 상대방이 결정할 수 있는 사항을 조건으로 하는 경우(대법원 1979.9.25. 선고 79다1135,1136 판결), 또는 채무면제나 유증과 같이 상대방에게 이익만을 주는 경우에는 조건을 붙일 수 있다.

4. 조건의 성취와 불성취

조건부 법률행위의 효력은 장래의 불확실한 사실이 이루어지는지 여부에 따라 결정된다. 장래의 불확실한 사실이 이루어지는 것을 조건성취라고 하고, 그 반대의 경우를 불성취라고 한다. 아래에서는 조건의 성취 또는 불성취의 효과와 함께, 당사자의 신의칙에 반하는 행위로 조건의 성부가 이루어진 경우에 관하여 살펴본다.

가. 조건의 성취 또는 불성취 효과

(1) 법률행위 효력의 확정

정지조건부 법률행위에서 조건이 성취되면 **법률행위는 그 효력을 발생**하고(제147조 제1항), 불성취로 확정되면 법률행위가 무효로 된다(대법원 2006.12.7. 선고 2004도3319판결). 그 법률행위가 채권행위인 경우에는 조건 성취시부터 채권을 행사할 수 있고, 그때부터 소멸시효가 진행한다(제166조 제1항). 물권행위인 때에는 조건 성취시부터 물권변동의 효력이 생긴다.

반면 해제조건부 법률행위에서 조건이 성취되면 **법률행위는 소멸**하고, 불성취로 확정되면 효력은 소멸하지 않는 것으로 확정된다. 그 법률행위가 채권행위인 경우에는 조건 성취로 그 채권은 소멸한다. 물권행위인 경우 조건 성취로 그 물권의 효력이 상실되는바, 부동산에 관하여 해제조건부 매매에 의해 매수인에게 소유권이전등기가 된 후에 조건이 성취된 때에는 그에 관한 등기 없이도 당연히 매도인에게 소유권이 복귀한다(아래 92다5584 판결).

---

4) 당초의 상속재산 분할협의를 합의해제 한 다음 새로운 분할협의를 하면서, 장남이 ~까지 상속세와 상속 관련 채무 등을 변제하는 것을 정지조건으로 붙인 경우, 새로운 분할협의는 정지조건이 성취되지 않아 실효되었지만 당초의 분할협의에 의하여 근저당권을 취득한 선의의 제3자의 권리를 해하지 못한다는 사례임.

조건성취의 효과는 **원칙적으로 소급하지 않는다**. 즉 정지조건부 법률행위는 그 조건이 성취된 때로부터 그 효력이 생기고(제147조 제1항), 해제조건부 법률행위는 그 조건이 성취된 때로부터 그 효력을 상실한다(동조 제2항). 다만 당사자가 조건성취 전에 그 효력을 소급할 의사를 표시한 때에는 그에 따른다(제147조 제3항).

조건성취사실에 대한 **증명책임**은 기술한 바와 같이 조건의 성취로 인하여 법률행위 효력이 확정되었음을 주장하는 자가 부담한다.

고용승계에 관한 조건 성취 여부 **대법원 2002.11.8. 선고 2002다35867 판결**

근로자들이 미지급 상여금을 포기한다는 동의서에 서명하면서 고용승계를 보장받는 것을 목적으로 특정 회사에 회사가 매각되는 것을 조건으로 한 경우, 그 후 특정 회사에의 회사 매각은 결렬되었으나 다른 회사가 동일한 조건으로 고용승계를 보장하여 회사를 인수한 이상 합목적적으로 해석하여 그 조건이 성취된 것으로 볼 수 있으나, 특정 회사에의 회사 매각이 결렬된 후 다른 회사로 회사가 매각되기 전에 퇴직한 근로자들에게는 그 조건이 성취된 것으로 보아서는 아니 되고 그 조건의 문언대로 엄격하게 해석하여야 한다.

해제조건의 성취 **대법원 1992.5.22. 선고 92다5584 판결**

해제조건부증여로 인한 부동산소유권이전등기를 마쳤다 하더라도 그 해제조건이 성취되면 그 소유권은 증여자에게 복귀한다고 할 것이고, 이 경우 당사자간에 별단의 의사표시가 없는 한 그 조건성취의 효과는 소급하지 아니하나, 조건성취 전에 수증자가 한 처분행위는 조건성취의 효과를 제한하는 한도 내에서는 무효라고 할 것이고, 다만 그 조건이 등기되어 있지 않는 한 그 처분행위로 인하여 권리를 취득한 제3자에게 위 무효를 대항할 수 없다.

***** 법률행위의 부관과 부동산등기**

- 법률행위의 목적물이 부동산이고, 그로 인한 청구권이 시기(始期)부 또는 정지조건부일 경우에는 권리의 변동을 보전하는 가등기를 할 수 있다(부동산등기법 제88조).
- 등기원인에 권리의 소멸에 관한 약정이 있을 경우 신청인은 그 약정에 관한 부기등기를 신청할 수 있다(같은 법 제52조 제7호, 제54조).

나. 조건의 성취 또는 불성취의 의제

(1) 조건 성취의 의제

조건의 성취에 의해 불이익을 받을 당사자가 신의성실에 반하여 조건성취를 방해할 때, 상대방은 그 조건이 성취된 것으로 주장할 수 있다(제150조 제1항). 당사자란 조건의 성취로 인하여 직접 불이익을 받는 자를 말하고, 그 당사자 아닌 자가 조건 성취를 방해한 경우 불법행위가 성립할 수는 있어도 위 조항의 적용을 받지 않는다. 신의칙에 반하기만 하면, 방해행위는 고의이든 과실이든, 작위이든 부작위든 무관하다. 또한 제150조 제1항은 조건 성취시의 기대권을 보호하는 규정이므로 당사자의 방해행위와 조건 불성취 사이에 인과관계가 필요하다.

상대방이 조건의 성취를 주장하여야 그 효과가 발생하는 것이고, 그 주장이 없더라도 조건성취가 간주되는 것은 아니다. 따라서 그에 관한 상대방의 권리는 형성권의 일종이고, 그 행사는 상대방에 대한 의사표시로 한다. 조건이 성취된 것으로 의제되는 시점은 이러한 신의성실에 반하는 행위가 없었더라면 조건이 성취되었으리라고 추산되는 시점이다(아래 98다42356 판결). 한편 위 방해행위는 조건부 권리에 대한 침해로서 제148조의 적용도 받게 되고, 상대방은 제148조와 제150조의 선택적 행사가 가능하므로 손해배상을 청구할 수도 있고 조건의 성취를 주장할 수도 있다.

조건 성취 방해에 해당하는 공사방해 대법원 1998.12.22. 선고 98다42356 판결

상대방이 하도급 받은 부분에 대한 공사를 완공하여 준공필증을 제출하는 것을 정지조건으로 하여 공사대금채무를 부담하거나 위 채무를 보증한 사람은 위 조건의 성취로 인하여 불이익을 받을 당사자의 지위에 있다고 할 것이므로, 이들이 위 공사에 필요한 시설을 해주지 않았을 뿐만 아니라 공사장에의 출입을 통제함으로써 위 상대방으로 하여금 나머지 공사를 수행할 수 없게 하였다면, 그것이 고의에 의한 경우만이 아니라 과실에 의한 경우에도 신의성실에 반하여 조건의 성취를 방해한 때에 해당한다고 할 것이므로, 그 상대방은 민법 제150조 제1항의 규정에 의하여 위 공사대금채무자 및 보증인에 대하여 그 조건이 성취된 것으로 주장할 수 있다. 조건의 성취로 인하여 불이익을 받을 당사자가 신의성실에 반하여 조건의 성취를 방해한 경우, 조건이 성취된 것으로 의제되는 시점은 이러한 신의성실에 반하는 행위가 없었더라면 조건이 성취되었으리라고 추산되는 시점이다.

(2) 조건 불성취의 의제

조건의 성취로 인하여 이익을 받을 당사자가 신의성실에 반해 조건을 성취시킨 때에는, 상대방은 그 조건이 성취되지 않는 것으로 주장할 수 있다(제150조 제2항). 그 내용은 조건 성취로 의제되는 경우에 준한다.

5. 조건부 법률행위의 일반적 효력

가. 서언

조건의 성취에 의하여 이익을 받을 당사자는 조건의 성취가 미정인 상태에서도 **기대권**을 갖는다. 이는 기대권, 희망권의 일종으로 **조건부 권리**라고 한다. 민법은 조건부 권리의 침해금지와 그 처분 등에 관하여 규정하고 있다.

그러나 법률행위에 불법조건이 붙은 경우, 또는 조건을 붙이는 것이 허용되지 않는 법률행위에 조건을 붙인 경우에는 법률행위 전체가 무효가 되고, 따라서 조건부 권리에 관한 위 규정들이 적용되지 않는다.

부가한 조건의 무효로 인한 임용계약 불성립 **대법원 2005.11.8. 자 2005마541 결정**

주주총회에서 감사로 선임된 자에게 회사의 대표이사가 감사임용계약의 청약을 하면서 부가한 조건의 내용 자체가 무효이거나 조건을 부가하여 위 청약의 의사표시를 하는 것이 무효인 경우, 그 조건뿐만 아니라 청약의 의사표시 전체가 무효로 되는 것이므로 이에 대하여 피선임자가 승낙의 의사표시를 하였다 하더라도 감사임용계약이 성립된 것으로 볼 수 없다

나. 조건부 권리의 침해금지

조건부 법률행위 당사자는 조건의 성부가 미정한 동안에 조건의 성취로 인하여 생길 상대방의 이익을 해하지 못한다(제148조). 정지조건부로 증여한 토지를 증여자가 그 조건 성취 전에 제3자에게 매각하여 그 등기가 경료된 경우에, 수증자는 조건의 성취를 전제로 증여자를 상대로 그 토지의 인도불능에 따른 손해배상(전보배상)을 청구할 수 있다. 이 손해배상의 법적 성질에 관하여 보호의무 위반에 기한 채무불이행책임으로 보는 견해와,[5] 불법행위에 기한 손해배상책임으로 보는 견해[6]가 대립한다. 한편 해제조건부로 부동산을 증여한 경우, 조건 성취 전에 수증자가 그 부동산에 관하여 한 처분행위는 조건 성취의 효과를 제한하는 한도 내에서는 무효라고 할 것이다(위 92다5584 판결).

다. 조건부 권리의 처분

해제조건부 권리는 일반 권리와 다름없이 권리행사가 가능하다. **정지조건부 권리**는 조건의 성취가 미정한 동안에도 일반 규정에 의하여 처분, 상속, 보존, 담보로 할 수 있다(제149조). 여기에서 '담보로 할 수 있다'라 함은 조건부 권리를 위한 담보를 설정

---

5) 이영준, 663면.

6) 곽윤직, 310면.

할 수 있다는 뜻이고, 조건부 권리를 담보로 제공할 수 있다는 의미는 아니다(통설).

한편 조건부 권리라 할지라도 가처분의 피보전권리가 될 수 있다(대법원 2002.8.23. 선고 2002다1567 판결).

Ⅲ. 기한(期限)

1. 의의

법률행위의 효력의 발생이나 소멸을 「**장래의 확실한 사실**」에 의존하게 하는 법률행위의 부관을 말한다(가령 2020.10.1.부터…, 첫눈이 내리면…). 기한 역시 당사자가 그 의사에 따라 붙인 것이어야 하므로 제척기간이나 시효기간 등 법정기한은 이와 무관하다.

한편 법률행위의 효력의 발생 또는 소멸이 장래의 불확실한 사실에 달려 있다고 하여 언제나 조건으로 되는 것은 아니다. 가령 장래의 불확실한 사실의 발생 여부의 확정에 법률행위 효력의 발생 또는 소멸을 의존케 하는 것이라면, 위와 같은 '장래의 불확실한 사실의 발생 여부'는 조건이 아니라 불확정 기한이라고 보아야 한다.[7] 어떤 사실의 발생 여부가 조건인지 아니면 불확정 기한인지는 법률행위 해석에 의한다.[8]

조건이 아닌 불확정 기한 **대법원 2003.8.19. 선고 2003다24215 판결**

부관이 붙은 법률행위에 있어서 부관에 표시된 사실이 발생하지 아니하면 채무를 이행하지 아니하여도 된다고 보는 것이 상당한 경우에는 조건으로 보아야 하고, 표시된 사실이 발생한 때에는 물론이고 반대로 발생하지 아니하는 것이 확정된 때에도 그 채무를 이행하여야 한다고 보는 것이 상당한 경우에는 표시된 사실의 발생 여부가 확정되는 것을 불확정기한으로 정한 것으로 보아야 한다. 이미 부담하고 있는 채무의 변제에 관하여 일정한 사실이 부관으로 붙여진 경우에는 특별한 사정이 없는 한 그것은 변제기를 유예한 것으로서 그 사실이 발생한 때 또는 발생하지 아니하는 것으로 확정된 때에 기한이 도래한다.[9]

---

7) "성공한 날에는 돈을 지급하겠다"는 출세지급의 특약이 조건인지 불확정기한인지는 당사자의 의사해석에 의하여 판단되겠지만, 금전차용계약의 채무자가 위와 같은 특약을 한 경우, 금전지급의 법률적 의무가 없는 기부자의 입장과는 달리, 출세 여부의 확정은 조건이 아니라 불확정기한으로 보아야 한다.

8) 아래 2003다24215 판결, 대법원 2009.5.14. 선고 2009다16643 판결, 대법원 2018.4.24. 선고 2017다205127 판결 등 참조.

9) 정리회사의 관리인이 회사직원에 대하여 희망퇴직신청을 하는 경우에는 회사정리계획 인가결정일로부터 1개월 이내에 퇴직위로금을 지급하겠다는 의사표시를 하였는데, 후에 정리절차가 폐지

2. 기한의 종류

가. 시기와 종기

시기란 법률행위의 효력발생에 관한 기한을 말한다(제152조 제1항, '내년 1월 1일부터 임대한다'). 종기란 법률행위의 효력의 소멸이 걸려 있는 기한이다(제152조 제2항, '내년 12월 31일까지 임대한다').

나. 확정기한과 불확정기한

기한의 내용인 사실이 발생하는 시기가 확정되어 있는 것(내년 1월 1일)이 확정기한이고, 확정되어 있지 않은 것(내가 사망한 때)이 불확정기한이다.

3. 기한을 붙일 수 없는 행위

기한을 붙이는 것이 허용되지 아니하는 법률행위를 '기한과 친하지 않은 행위'라고 한다. 그 범위는 조건과 친하지 않은 행위와 비슷하고, 기한과 친하지 않은 행위에 기한을 붙인 때의 효과 역시 조건의 경우와 마찬가지로 법률행위 자체가 무효로 된다.

시기부 법률행위의 효력은 기한이 도래한 때로부터 생기기 때문에 효력을 즉시 발생하게 할 필요가 있는 혼인, 입양과 같은 가족법상의 법률행위에는 붙일 수 없다. 법률행위의 취소나 상계 등 소급효가 있는 법률행위에는 그 성질이 상충되므로 시기를 붙일 수 없다. 다만 어음과 수표행위에는 조건을 붙일 수 없으나 시기(지급일)를 붙일 수는 있다. 한편 혼인 등 신분행위에 종기를 붙이는 것은 사회질서에 반하므로 허용되지 않는다.

4. 기한의 도래

기한의 내용이 되는 사실은 장차 그 발생이 확실한 것인바, 기한의 내용이 되는 사실이 실현되는 것을 기한의 도래라고 한다. 기한이 기일 또는 기간으로 정하여져 있는 경우에는, 그 기일의 도래 또는 기간의 경과로 기한이 도래하므로 특별한 문제가 없다. 그런데 일정한 사실의 발생을 기한으로 정한 경우, 그 사실이 불발생으로 확정된 때에는 기한의 도래에 관하여 어떻게 다루어야 할 것인지 문제된다. 기한은 반드시 도래하여야 하는 것이므로 그 사실이 불발생으로 확정된 때에 기한은 도래한 것으로 해석해야 할 것이다(위 2003다24215 판결, 대법원 2018.4.24. 선고 2017다205127 판결 등 참조).

한편 후술하는 바와 같이 기한의 이익의 포기나 상실이 있는 경우, 기한은 곧 바로 도래한 것으로 다루어진다.

되어 정리계획 인가결정을 받을 수 없는 사실이 확정된 사안임.

5. 기한부 법률행위의 효력

가. 기한도래 전의 효력

조건부 법률행위를 법이 보호한다면, 더 확정적인 기대권인 기한부 권리 등은 더욱 강한 법의 보호를 받아야 한다. 그에 따라 민법은 기한부 권리에 관하여 조건부 권리의 침해금지에 관한 제148조와 기한부 권리의 처분 등에 관한 제149조를 준용하고 있다(제154조).

나. 기한도래 후의 효력

법률행위에 시기를 붙인 경우에는 그 법률행위는 기한이 도래한 때로부터 효력이 발생하고(제152조 제1항), 종기를 붙인 법률행위는 기한이 도래한 때로부터 그 효력을 잃는다(위 제2항). 기한의 효력에는 소급효가 없다. 기한에 소급효를 인정하는 것은 기한의 본질과 모순되기 때문에 당사자 사이의 특약에 의해서도 이를 인정할 수 없다.

6. 기한의 이익

기한의 이익은 기한이 존재하는 것, 즉 기한이 도래하지 않음으로써 당사자가 받는 이익을 말한다. 기한의 이익을 누가 갖는가는 법률행위 성질에 따라 다르다. 무상임치의 경우에 채권자만이, 무이자 소비대차의 경우에 채무자만이 기한이익을 가지는 반면에, 가령 이자부(利子附) 소비대차의 경우에 채권자와 채무자 쌍방이 기한이익을 가진다. 그러나 법은 당사자의 특약이나 법률행위 성질에 비추어 반대의 취지가 명백하지 않는 한 기한은 채무자의 이익을 위한 것으로 추정한다(제153조 제1항). 따라서 기한의 이익이 채권자를 위하여 정해진 것으로 주장하는 경우, 채권자측에서 그 사실을 증명하여야 한다.

기한의 이익은 포기할 수 있지만, 상대방의 이익을 해할 수 없다(동조 제2항). 무이자부 소비대차와 같이 기한의 이익이 당사자의 한쪽만을 위하여 존재하는 경우에, 그 당사자가 언제든지 임의로 상대방에 대한 의사표시에 의하여 그것을 포기할 수 있다. 그러나 이자부 소비대차와 같이 기한의 이익이 상대방을 위해서도 존재하는 경우에는, 이행기까지의 이자를 지급하는 등으로 상대방의 손해를 배상하고 그 이익을 포기할 수 있다(이설 없음).

채무자가 담보를 손상, 감소, 멸실케 하거나 담보제공의 의무를 이행하지 않을 때는 기한이익을 상실한다(제388조). 채무자가 파산선고를 받은 때도 같다. 제388조는 **임의규정**이므로 장래 일정한 사유가 발생하면 채무자가 기한의 이익을 상실하기로 한다는 기한이익의 상실의 특약은 당연히 허용된다. 기한이익 상실의 특약에는 일정한 사유가 발생하면 채권자의 청구 등을 요함이 없이 당연히 기한의 이익이 상실되어 이행기가 도래하는 것으로 하는 **정지조건부 기한이익 상실의 특약**과, 일정한 사유가 발생한 후 채권자의 통지 등 채권자의 의사행위를 기다려 비로소 이행기가 도래하는 것으로 하는 **형성권적 기한이익 상실의 특약**이 있다. 그에 관하여 명백히 정지조건부 기한이익 상실의 특약이라고 볼 만한 특별한 사정이 없는 이상 형성권적 기한이익 상실의 특약으로 추정한다.

기한이익의 상실 특약의 구분 대법원 2002.9.4. 선고 2002다28340 판결

기한이익 상실의 특약은 그 내용에 의하여 일정한 사유가 발생하면 채권자의 청구 등을 요함이 없이 당연히 기한의 이익이 상실되어 이행기가 도래하는 것으로 하는 **정지조건부 기한이익 상실의 특약**과 일정한 사유가 발생한 후 채권자의 통지나 청구 등 채권자의 의사행위를 기다려 비로소 이행기가 도래하는 것으로 하는 **형성권적 기한이익 상실의 특약**의 두 가지로 대별할 수 있고, 기한이익 상실의 특약이 위의 양자 중 어느 것에 해당하느냐는 당사자의 의사해석의 문제이지만 일반적으로 기한이익 상실의 특약이 채권자를 위하여 둔 것인 점에 비추어 명백히 정지조건부 기한이익 상실의 특약이라고 볼 만한 특별한 사정이 없는 이상 형성권적 기한이익 상실의 특약으로 추정하는 것이 타당하다.

기한이익 상실사유 발생과 이행지체 대법원 1989.9.29. 선고 88다카14663 판결

계약당사자 사이에 일정한 사유가 발생하면 채무자는 기한의 이익을 잃고 채권자의 별도의 의사표시가 없더라도 바로 이행기가 도래한 것과 같은 효과를 발생케 하는 이른바 **정지조건부 기한이익상실의 특약을 한 경우**에는 그 특약에 정한 기한이익의 상실사유가 발생함과 동시에 기한의 이익을 상실케 하는 채권자의 의사표시가 없더라도 이행기도래의 효과가 발생하고, 채무자는 특별한 사정이 없는 한 그때부터 **이행지체**의 상태에 놓이게 된다. 신용보증기금법 제31조 제2항이나 동일한 내용의 통지의무를 신용보증약정에 규정한 것은 보증인으로 하여금 보증채무의 변제로 인한 구상채권을 미리 확보할 수 있도록 한 취지이므로 채권자가 보증인에게 통지하여야 할 신용보증사고는 채무자가 채권자에 대하여 부담하고 있는 피보증채무 자체에 관하여 기한의 이익을 상실하거나 채무를 이행하지 아니하는 사유가 발생한 것을 말하고 특별한 사정이 없는 한 피보증채무 이외의 다른 채무에 관하여 위의 사유가 발생하여 피보증채무에 관하여서도 기한의 이익이 상실된 것과 같은 결과가 초래된 경우는 포함되지 않는다.

제7절 기 간

Ⅰ. 의의

기간이란 어느 시점에서 어느 시점까지의 계속된 시간을 말한다. 특정의 시점을 말하는 기일과 구별된다. 기간은 법률사실로서 '**사건**'에 속하고,[1] 다른 법률사실과 결합하여 법률요건을 이루며(성년, 최고기간, 실종기간, 시효 등), 기간만으로 법률요건이 되는 경우는 없다. 또한 기간은 의사표시와 무관하므로 <u>법률행위의 부관이 아니다</u>.

기간 계산에 관한 민법규정은 **보충적**인 것이다. 즉 다른 법령이나 재판상의 처분 또는 법률행위에 달리 정한 바가 있으면 그에 따른다(제155조). 한편 기간에 관한 규정은 사법관계뿐만 아니라 **공법관계에도 적용**된다.

기간에 관한 규정의 공법관계에의 적용 **대법원 2009.11.26. 선고 2009두12907 판결**

민법 제155조는 "기간의 계산은 법령, 재판상의 처분 또는 법률행위에 다른 정한 바가 없으면 본장의 규정에 의한다"고 규정하고 있으므로, 기간의 계산에 있어서는 당해 법령 등에 특별한 정함이 없는 한 민법의 규정에 따라야 하고, 한편 광업법 제16조는 "제12조에 따른 광업권의 존속기간이 끝나서 광업권이 소멸하였거나 제35조에 따라 광업권이 취소된 구역의 경우 그 광업권이 소멸한 후 6개월 이내에는 소멸한 광구의 등록광물과 같은 광산에 묻혀 있는 다른 광물을 목적으로 하는 광업권설정의 출원을 할 수 없다"고 규정하고 있으나, 광업법에는 기간의 계산에 관하여 특별한 규정을 두고 있지 아니하므로, 광업법 제16조에 정한 출원제한기간을 계산할 때에도 기간계산에 관한 민법의 규정은 그대로 적용된다.
광업권설정 출원제한기간의 기산일인 2007.7.28.로부터 6개월의 기간이 경과하는 마지막 날인 2008.1.27.이 일요일인 경우, 그 출원제한기간은 민법 제161조의 규정에 따라 그 다음날인 2008.1.28. 만료된다.

Ⅱ. 기간의 계산방법

기간의 계산방법에는, 시간의 흐름을 순간에서 순간까지 계산하는 자연적 계산법과, 역(曆)에 의해 계산하는 역법적 계산법이 있다. 민법은 단기간에 관하여는 자연적 계산법을, 장기간에 관하여는 역법적 계산법을 각 채용하고 있다.

1) 반면에 조건과 기한은 의사표시의 내용을 이룬다.

1. 자연적 계산방법

기간을 시·분·초로 정한 때에는 자연적 계산법에 의하고, 그 즉시로부터 기산한다(제156조). 따라서 기간의 만료점은 정하여진 시·분·초가 끝난 때이다.

2. 역법적(曆法的) 계산법

기간을 일·주·월·연으로 정한 때에는 역에 따라 계산하고, 초일은 이를 산입하지 않는 것이 원칙이다. 그러나 연령의 계산과 오전 0시로부터 시작하는 기간의 계산은 초일을 산입한다(제157조, 제158조).

기간의 만료시점은 말일이 종료된 때이다(제159조). 기간을 주·월·연으로 정한 때에는, 이를 일로 환산하지 않고 역에 의하여 계산하므로(제160조 제1항), 월이나 연의 일수의 장단은 문제 삼지 않는다. 또한 주·월·연의 처음으로부터 기간을 기산하지 아니하는 때에는 최후의 주·월 또는 연에서 그 기산일에 해당하는 날의 전일로 기간이 만료한다(제160조 제2항). 월·연으로 정한 기간에서 해당일이 없으면 해당 월의 말일에 기간이 종료되고, 기간의 말일이 공휴일이면 그 익일로 만료한다(제160조, 제161조).

초일 불산입 원칙의 예외 **대법원 2007.8.23. 선고 2006다62942 판결**

민법 제157조는 "기간을 일, 주, 월 또는 년으로 정한 때에는 기간의 초일은 산입하지 아니한다"고 규정하여 초일 불산입을 원칙으로 정하고 있으나, 민법 제155조에 의하면 법령이나 법률행위 등에 의하여 위 원칙과 달리 정하는 것도 가능하다.

3. 기간의 역산

기간의 계산방법에 관한 민법의 규정은 일정시점부터 장래에 향한 기간의 계산에 관한 것이다. 그러나 기산일부터 소급하여 계산되는 기간의 계산방법에 대하여도 민법의 기간 계산방법에 관한 규정이 준용되어야 한다(이설 없음). 예를 들어 사단법인의 사원총회는 1주간 전에 사원들에게 통지하여야 하는바, 사원총회일이 3월 25일이라면 24일이 기산점이 되어 그 날부터 역으로 7일을 계산한 날의 말일인 18일 오전 0시에 만료하기 때문에 늦어도 17일 중으로 총회 소집통지가 발송되어야 한다.

제8절 소멸시효

Ⅰ. 소멸시효의 일반론

1. 의의

시효는 일정한 사실상태가 오랫동안 계속된 경우에 그 상태가 진실한 권리관계에 합치하느냐 여부를 묻지 않고서 그 사실상태를 그대로 존중하여 일정한 법률효과를 인정하려는 제도이다. 즉 일정한 사실상태가 일정기간 계속된 경우에 권리의 취득 또는 그 소멸이라는 법률효과를 발생시키는 법률요건이 시효이다.

일정한 사실상태(점유)와 일정기간의 경과로 권리를 취득하는 것을 취득시효라 하고, 일정한 사실상태(권리의 불행사)와 일정기간의 경과에 의하여 권리가 소멸되는 것을 소멸시효라고 한다. 민법은 총칙편에서는 소멸시효에 관하여만 규정하고, 취득시효에 관한 규정은 물권의 취득원인으로 물권편(제245조 이하)에 두고 있다.

2. 시효의 성질

가. 시간의 경과라는 **사건**을 법률사실로 하는 **법률요건**이다.

나. 시효가 완성되면 법률상 당연히 권리를 취득하거나 권리가 소멸한다(법률행위가 아닌 **법률의 규정**에 따른 **권리의 변동**임).

다. 시효는 **재산권에 관한 것**이고, 가족법관계는 시효에 친하지 않다.

라. 시효제도는 법적 안정성 추구 등 공익적 목적을 위한 것으로 그에 관한 규정들은 **강행규정**이다.

3. 시효제도의 존재이유

가. 법적 안정성과 법적 평화의 추구

일정한 사실상태가 오래 지속되면, 사회에서는 그것이 진실한 권리관계인 것으로 믿게 되고 그것을 기초로 새로운 법률관계가 형성된다. 오랜 시간의 경과 후 그러한 사실상태가 정당하지 못하다고 하여 부인해 버린다면 거래의 안전이 위협받고 사회질서가 혼란에 빠진다. 시효제도는 영속된 사실상태를 존중함으로써 법적 안정성을 추구하고 법적 평화를 달성하려는 것이다(주로 취득시효에 타당).[1)]

---

1) 또 다른 법의 이념인 정의 실현이라는 측면에서는 예외적인 제도이므로, 법원은 대체로 소멸시효의 요건 등에 관하여는 엄격하게 해석하고, 그에 대한 항변사유인 시효의 장애를 폭 넓게 인정하고 있다.

나. 증거보전곤란의 구제

어떤 사실상태에 대하여 아무도 다투지 않고 오랜 세월이 경과하게 되면 그에 관한 증거는 흩어지거나 사라져 버린다. 이러한 경우 남은 증거만으로 진실을 파악하는 것은 불가능해지고, 그것을 이유로 증명책임이 있는 당사자에게 패소의 부담을 지우는 것은 부당하다. 오히려 권리자가 오랜 기간 동안 권리행사를 하지 않은 것은 의무가 이미 이행되었을 개연성이 높고, 더 이상 권리행사가 없을 것으로 믿은 의무자의 신뢰를 보호할 필요성이 크다고 할 것이다. 여기에서 증거보전의 곤란을 구제하고 의무자의 신뢰를 보호하기 위하여 그 사실상태를 그대로 정당한 권리관계로 보자는 것이 시효제도의 목적이다(주로 소멸시효에 타당).

다. 권리행사 태만에 대한 불이익

오랜 기간 자기의 권리를 행사하지 않은 채 방치한 자는 '권리 위에 잠자는 자'로서 법률상 보호를 받을 가치가 없으므로 시효제도에 의한 희생을 감수하여야 한다.

시효제도의 존재이유 **대법원 1992.3.31. 선고 91다32053 전원합의체 판결**

소멸시효는 객관적으로 권리가 발생하여 그 권리를 행사할 수 있는 때로부터 진행하고 그 권리를 행사할 수 없는 동안만은 진행하지 않는바, '권리를 행사할 수 없는' 경우라 함은 그 권리행사에 법률상의 장애사유, 예컨대 기간의 미도래나 조건불성취 등이 있는 경우를 말하는 것이고, 사실상 권리의 존재나 권리행사가능성을 알지 못하였고 알지 못함에 과실이 없다고 하여도 이러한 사유는 법률상 장애사유에 해당하지 않는다.
시효제도의 존재이유는 **영속된 사실상태를 존중하고 권리 위에 잠자는 자를 보호하지 않는다**는 데에 있고 특히 소멸시효에 있어서는 후자의 의미가 강하므로, 권리자가 재판상 그 권리를 주장하여 권리 위에 잠자는 것이 아님을 표명한 때에는 시효중단사유가 되는바, 이러한 시효중단사유로서의 재판상의 청구에는 그 권리 자체의 이행청구나 확인청구를 하는 경우만이 아니라, 그 권리가 발생한 기본적 법률관계에 관한 확인청구를 하는 경우에도 그 법률관계의 확인청구가 이로부터 발생한 권리의 실현수단이 될 수 있어 권리 위에 잠자는 것이 아님을 표명한 것으로 볼 수 있을 때에는 그 기본적 법률관계에 관한 확인청구도 이에 포함된다고 보는 것이 타당하다.

소멸시효제도의 존재이유 **대법원 2011.7.14. 선고 2011다19737 판결**

시효제도의 존재이유는 영속된 사실 상태를 존중하고 권리 위에 잠자는 자를 보호하지 않는다는 데에 있고 특히 소멸시효에서는 후자의 의미가 강하므로, 권리자가 재판상 그 권리를 주장하여 권리 위에 잠자는 것이 아님을 표명한 때에는 시효중단 사유가 되는데, 이러한 시효중단 사유로서 재판상 청구에는 소멸시효 대상인 권리 자체의 이행청구나 확인청구를 하는 경우만이 아니라, 권리가 발생한 기본적 법률관계를 기초로 하여 소의 형식으로 주장하는 경우에도 권리 위에 잠자는 것이 아님을 표명한 것으로 볼 수 있을 때에는 이에 포함된다고 보아야 하고, 시효중단 사유인 재판상 청구를 기판력이 미치는 범위와 일치하여 고찰할 필요는 없다.[2]

4. 제척기간과의 구별

가. 제척기간의 의의

제척기간은 **일정한 권리에 관하여 법률이 미리 정하고 있는 그 권리의 행사 가능기간**(권리존속기간)[3]을 말한다. 그 기간 내에 권리를 행사하지 않으면 그 권리는 당연히 소멸하는데, 당사자에게 책임 없는 사유로 인하여 그 기간을 준수하지 못하였더라도 마찬가지이다. 즉 소멸시효가 일정한 기간의 경과와 권리의 불행사라는 사정에 의하여 권리소멸의 효과를 발생시키는 것과는 달리, 제척기간은 그 권리와 관련된 법률관계를 조속히 확정시키기 위한 제도이므로 **기간의 경과 그 자체만으로 곧 권리소멸의 효과를 발생**시킨다.

제척기간인 한정상속 승인 기간 **대법원 2003.8.11. 자 2003스32 결정**

민법 제1019조 제3항의 기간은 한정승인신고의 가능성을 언제까지나 남겨둠으로써 당사자 사이에 일어나는 법적 불안상태를 막기 위하여 마련한 제척기간이고, 경과규정인 개정 민법(2002.1.14. 법률 제6591호) 부칙 제3항 소정의 기간도 제척기간이라 할 것이며, 한편 제척기간은 불변기간이 아니어서 그 기간을 지난 후에는 당사자가 책임질 수 없는 사유로 그 기간을 준수하지 못하였더라도 추후에 보완될 수 없다.

---

2) 소유권이전등기청구권이 발생한 기본적 법률관계에 해당하는 매매계약을 기초로 하여 건축주명의변경을 구하는 소가 소유권이전등기청구권의 소멸시효를 중단시키는 재판상 청구에 포함된다고 한 사례임.

3) 존속기간이 정해져 있는 전세권이나 임차권 등의 경우에는 권리행사 여부와 무관하게 그 존속기간의 경과로 권리가 소멸하나, 제척기간에 있어서는 그 기간 내에 권리의 행사가 있으면 그에 따른 법률효과(예컨대 그 권리가 취소권이라면 법률관계의 소멸과 원상회복청구권 등의 발생)가 생긴다.

소장을 통한 권리행사와 제척기간의 준수 대법원 2000.1.28. 선고 99다50712 판결

보험계약의 해지권은 형성권이고, 해지권 행사기간은 제척기간이며, 해지권은 재판상이든 재판외이든 그 기간 내에 행사하면 되는 것이나 해지의 의사표시는 민법의 일반원칙에 따라 보험계약자 또는 그의 대리인에 대한 일방적 의사표시에 의하며, 그 의사표시의 효력은 상대방에게 도달한 때에 발생하므로 해지권자가 해지의 의사표시를 담은 소장 부본을 피고에게 송달함으로써 해지권을 재판상 행사하는 경우에는 그 소장 부본이 피고에게 도달할 때에 비로소 해지권 행사의 효력이 발생한다 할 것이어서, 해지의 의사표시가 담긴 소장 부본이 제척기간 내에 피고에게 송달되어야만 해지권자가 제척기간 내에 적법하게 해지권을 행사하였다고 할 것이고, 그 소장이 제척기간 내에 법원에 접수되었다고 하여 달리 볼 것은 아니다.

나. 제척기간이 정하여진 권리의 행사방법

제척기간이 정하여져 있는 권리는 그 기간 내에 어떠한 행위가 있을 때에 그에 따른 법률효과가 발생하는가에 관하여 견해가 갈린다. 다수설은 제척기간을 출소기간으로 보아 그 기간 내에 소의 제기가 있어야 한다고 한다.[4] 다른 견해는 제척기간을 원칙적으로 출소기간으로 보면서, 법률 규정 및 권리의 성질에 따라 소의 제기를 요하는 경우와 상대방에 대한 의사표시로 족한 경우로 나뉜다는 것이다.[5] 판례는 후설에 따르면서, 제204조 제3항, 제205조 제2항, 제406조 제2항, 제819조, 제823조, 제841조, 제842조에 따른 청구권 및 형성권의 제척기간을 출소기간으로 본다.

출소기간이 아닌 제척기간 대법원 1993.7.27. 선고 92다52795 판결

미성년자 또는 친족회가 민법 제950조 제2항에 따라 제1항의 규정에 위반한 법률행위를 취소할 수 있는 권리는 형성권으로서 민법 제146조에 규정된 취소권의 존속기간은 제척기간이라고 보아야 할 것이지만(당원 1988.11.8. 선고 87다카991 판결 참조), 그 제척기간 내에 소를 제기하는 방법으로 권리를 재판상 행사하여야만 되는 것은 아니고, 재판 외에서 의사표시를 하는 방법으로도 권리를 행사할 수 있다고 보아야 할 것이다.

출소기간인 제척기간 대법원 2002.4.26. 선고 2001다8097,8103 판결

민법 제204조 제3항과 제205조 제2항에 의하면 점유를 침탈당하거나 방해를 받은 자의 침탈자 또는 방해자에 대한 청구권은 그 점유를 침탈당한 날 또는 점유의 방해행위

4) 곽윤직, 320면 등.
5) 지원림, 396면; 위 92다52795 판결 등

가 종료된 날로부터 1년 내에 행사하여야 하는 것으로 규정되어 있는데, 여기에서 제척기간의 대상이 되는 권리는 형성권이 아니라 통상의 청구권인 점과 점유의 침탈 또는 방해의 상태가 일정한 기간을 지나게 되면 그대로 사회의 평온한 상태가 되고 이를 복구하는 것이 오히려 평화질서의 교란으로 볼 수 있게 되므로 일정한 기간을 지난 후에는 원상회복을 허용하지 않는 것이 점유제도의 이상에 맞고 여기에 점유의 회수 또는 방해제거 등 청구권에 단기의 제척기간을 두는 이유가 있는 점 등에 비추어 볼 때, 위의 제척기간은 재판외에서 권리행사하는 것으로 족한 기간이 아니라 **반드시 그 기간 내에 소를 제기하여야 하는 이른바 출소기간으로 해석함이 상당**하다.[6]

다. 제척기간과 소멸시효의 차이

소멸시효는 권리 불행사와 기간의 경과를 법률요건으로 하는 권리소멸사유인 반면, 제척기간은 권리에 내재하는 권리존속기간이라는 본질적 차이가 있다.

(1) 제척기간

권리의 존속기간인 제척기간의 도과로 그 권리는 당연히 소멸하며, 권리의 소멸은 장래에 향하여 소멸할 뿐이고 소급효가 없다. 권리자의 권리주장이 있으면 바로 그 효과가 발생하며 이를 기초로 기간이 갱신된다든지 하는 문제도 발생하지 않는다. 제척기간은 이익의 포기가 인정되지 않고, 그 기간도 자유로이 단축할 수 없다. 시효의 중단이나 정지 등 시효장애와 같은 규정도 없다. 소송절차에서는 제척기간의 기산점과 기간의 경과 등이 모두 **법원의 직권조사사항**이므로 굳이 공격방어방법으로 제출하지 않아도 된다.

그 기간에 관하여 취소권과 같이 법률에 규정이 있으면 그에 따른다(제146조). 지상권자의 매수청구권(제283조) 등 기간의 규정이 없는 형성권의 제척기간에 관하여, 다수설은 그 형성권을 행사한 결과 발생하는 채권의 소멸시효기간을 고려하여 10년이라고 한다.

제척기간의 기산점 대법원 1995.11.10. 선고 94다22682,22699 판결

매매의 일방예약에서 예약자의 상대방이 매매예약 완결의 의사표시를 하여 매매의 효력을 생기게 하는 권리, 즉 매매예약의 완결권은 일종의 형성권으로서 당사자 사이에 그 행사기간을 약정한 때에는 그 기간 내에, 그러한 약정이 없는 때에는 그 예약이 성립한 때로부터 10년 내에 이를 행사하여야 하고, 그 기간을 지난 때에는 예약 완결권

6) 반면에 제146조의 취소권, 제582조와 제670조 소정의 하자담보책임에 관한 매수인의 권리행사기간은 재판상 또는 재판 외에서 모두 행사할 수 있고, 출소기간이 아니다.

은 제척기간의 경과로 인하여 소멸한다. 제척기간은 권리자로 하여금 당해 권리를 신속하게 행사하도록 함으로써 법률관계를 조속히 확정시키려는 데 그 제도의 취지가 있는 것으로서, 소멸시효가 일정한 기간의 경과와 권리의 불행사라는 사정에 의하여 권리 소멸의 효과를 가져오는 것과는 달리 그 기간의 경과 자체만으로 곧 권리 소멸의 효과를 가져오게 하는 것이므로 그 기간 진행의 기산점은 특별한 사정이 없는 한 원칙적으로 권리가 발생한 때이고, 당사자 사이에 매매예약 완결권을 행사할 수 있는 시기를 특별히 약정한 경우에도 그 제척기간은 당초 권리의 발생일로부터 10년간의 기간이 경과되면 만료되는 것이지 그 기간을 넘어서 그 약정에 따라 권리를 행사할 수 있는 때로부터 10년이 되는 날까지로 연장된다고 볼 수 없다.

제척기간 도과 여부는 직권조사사항 대법원 2000.10.13. 선고 99다18725 판결

매매의 일방예약에서 예약자의 상대방이 매매예약완결의 의사표시를 하여 매매의 효력을 생기게 하는 권리, 즉 매매예약의 완결권은 일종의 형성권으로서 당사자 사이에 그 행사기간을 약정한 때에는 그 기간 내에, 그러한 약정이 없는 때에는 그 예약이 성립한 때로부터 10년 내에 이를 행사하여야 하고 그 기간이 지난 때에는 예약완결권은 제척기간의 경과로 인하여 소멸한다. 매매예약완결권의 제척기간이 도과하였는지 여부는 소위 직권조사 사항으로서 이에 대한 당사자의 주장이 없더라도 법원이 당연히 직권으로 조사하여 재판에 고려하여야 하므로, 상고법원은 매매예약완결권이 제척기간 도과로 인하여 소멸되었다는 주장이 적법한 상고이유서 제출기간 경과 후에 주장되었다 할지라도 이를 판단하여야 한다.

공동주택의 하자보수기간은 제척기간 아님 대법원 2006.6.16. 선고 2005다25632 판결

구 공동주택관리령(1998.12.31. 대통령령 제16069호로 개정되기 전의 것) 제16조는, 제1항에서 공동주택 등에 대한 하자보수기간은 그 사용검사일부터 주요시설인 경우에는 2년 이상으로 하고 그 외의 시설인 경우에는 1년 이상으로 하되 하자보수대상인 주요시설 및 그 외의 시설의 구분 및 범위에 따른 기간은 건설교통부령으로 정한다고 한 다음, 제2항에서 '제1항의 규정에 의한 기간 내에 공동주택 등의 하자가 발생한 때'에는 입주자대표회의 등이 사업주체에 대하여 그 하자의 보수를 요구할 수 있다고 규정하고 있을 뿐, 그 기간 내에 하자보수를 요구하여야 한다거나 그 기간 동안 담보책임이 있다고 규정하고 있지는 않으므로, 위 하자보수기간을 하자보수청구권 행사의 제척기간으로 해석할 수는 없다.

(2) 소멸시효

소멸시효에 따른 권리소멸은 그 기산일에 소급하여 효력이 발생한다(제167조). 권리자의 청구, 압류, 채무자의 승인이 있으면 소멸시효의 진행이 중단되고 그 때까지 경과된 시효기간은 산입되지 않는다(제168조, 제178조). 소멸시효이익은 미리 포기할 수 없으나(제184조 제1항), 소멸시효가 완성된 후에는 포기할 수 있다. 소멸시효기간은 법률행위에 의하여 이를 단축 또는 감경할 수 있으나(제184조 제2항), 배척하거나 연장 또는 가중할 수는 없다. 소멸시효 완성의 효과에 관하여 상대적 소멸설에 따를 경우는 물론, 시효완성으로 당연히 권리소멸의 효과가 생긴다는 절대적 소멸설에 의하더라도, 소송상 **변론주의가 적용**되므로 시효이익을 받을 자가 공격방어방법으로 제출해야 한다.

(3) 제척기간과 소멸시효기간의 판별

제척기간과 소멸시효를 판별하는 기준에 관하여는 조문의 구절에 의하여야 한다는 견해가 통설이다. 즉 '**시효로 인하여**'라는 문구가 있으면 소멸시효기간으로 보고, 그렇지 않은 것은 제척기간으로 본다는 것이다. 민법은 이에 관하여 매우 신중하게 규정하고 있어 그 판별에서 혼란을 초래하는 일이 거의 없다. 다만 상속의 승인·포기의 취소금지에 관한 **제1024조 제2항**은 '시효로 인하여 소멸한다'고 규정하나, 이는 취소권의 소멸에 관한 제146조의 특별규정이므로 제척기간으로 보아야 한다.

Ⅱ. 소멸시효의 요건

1. 일반론

가. 권리가 소멸시효의 목적이 될 수 있는 것이어야 한다(**대상적격**의 문제).
나. 권리자가 법률상 그의 권리를 행사할 수 있음에도 불구하고 행사하지 않아야 한다(**시효기산점**의 문제).
다. 권리불행사의 상태가 일정기간 계속되어야 한다(**시효기간**의 문제).

위와 같은 요건들을 갖추면 권리는 시효로 소멸하게 되나, 일정한 경우에는 시효의 완성 또는 그 진행이 방해된다. 그것을 **시효의 장애**라고 하며, 여기에는 '시효의 중단'과 '시효의 정지'가 있다.

2. 대상적격(소멸시효에 걸리는 권리)

권리가 소멸시효의 목적이 될 수 있는 것이어야 한다. 민법은 소멸시효에 걸리는 권리로 채권과 '채권 및 소유권 이외의 재산권'의 두 종류만을 규정하고 있는바(제162조), 채권 역시 소유권 이외의 재산권에 포함되므로 소멸시효에 걸리는 권리는 **소유권 이외의 재산권**으로 정리된다. 가족법상의 권리 중 가족관계 형성에 관한 권리가 아닌 가족관계에 기초한 재산적 권리(부양청구권, 부부 간의 재산에 관한 권리 등)는 소멸시효에 걸린다.[7]

가. 채권

청구권인 채권은 전형적인 소멸시효의 대상이다. 채권은 그 목적이 물건의 인도이든 노무의 제공이든 관계없이 모두 소멸시효에 걸린다. 다만 후술하는 바와 같이 노무의 제공을 목적으로 하는 채권의 경우 대체로 단기소멸시효가 적용된다.

나. 소유권 이외의 재산권

소유권 이외의 재산권은 거의 모두 소멸시효의 대상이 된다.

(1) 채권적 청구권

(가) 부동산매매로 인한 소유권이전등기청구권

부동산 매매로 인한 소유권이전등기청구권은 채권적 청구권으로서 10년의 소멸시효에 걸린다. 다만 계약목적물을 인도 받은 후 계속 점유하는 매수인은 그 부동산에 관하여 권리 위에 잠자는 자라고 할 수 없으므로 그 매수인의 소유권이전등기청구권은 소멸시효에 걸리지 않는다. 또한 위 매수인이 그 후 다른 사람에게 그 부동산을 다시 처분하고 그 점유를 승계하여 준 경우에도, 스스로 계속 사용 수익하고 있는 것과 다를 바 없으므로 소유권이전등기청구권의 소멸시효는 진행되지 않는다.[8]

소멸시효의 대상이 아닌 등기청구권 **대법원 1976.11.6. 선고 76다148 전원합의체 판결**

시효제도의 존재이유에 비추어 보아 부동산 매수인이 그 목적물을 인도받아서 이를 사용수익하고 있는 경우에는 그 매수인을 권리 위에 잠자는 것으로 볼 수도 없고 또 매도인 명의로 등기가 남아 있는 상태와 매수인이 인도받아 이를 사용수익하고 있는 상태를 비교하면 매도인 명의로 잔존하고 있는 등기를 보호하기 보다는 매수인의 사용수익상태를 더욱 보호하여야 할 것이므로 그 매수인의 등기청구권은 다른 채권과는 달리 소멸시효에 걸리지 않는다고 해석함이 타당하다(동지 대법원 2010.1.28. 선고 2009다73011 판결).

---

7) 다만 '재산분할청구권은 이혼한 날부터 2년이 경과한 때에는 소멸한다'는 제839조의2 제3항은 제척기간에 관한 규정으로 본다.

8) 현행법 시행 이전의 법률행위에 의한 부동산 소유권이전등기청구권은 1966.1.1.부터 소멸시효가 진행되나, 그 취득자가 목적물을 사용·수익하고 있다면 시효는 진행되지 않는다.

미등기매수인이 전매와 점유 승계 대법원 1999.3.18. 선고 98다32175 전원합의체 판결

시효제도는 일정 기간 계속된 사회질서를 유지하고 시간의 경과로 인하여 곤란해지는 증거보전으로부터의 구제를 꾀하며 자기 권리를 행사하지 않고 소위 권리 위에 잠자는 자는 법적 보호에서 이를 제외하기 위하여 규정된 제도라 할 것인바, 부동산에 관하여 인도, 등기 등의 어느 한 쪽만에 대하여서라도 권리를 행사하는 자는 전체적으로 보아 그 부동산에 관하여 권리 위에 잠자는 자라고 할 수 없다 할 것이므로, 매수인이 목적 부동산을 인도받아 계속 점유하는 경우에는 그 소유권이전등기청구권의 소멸시효가 진행하지 않는다.

동산의 매수인이 그 부동산을 인도받은 이상 이를 사용·수익하다가 그 부동산에 대한 보다 적극적인 권리 행사의 일환으로 다른 사람에게 그 부동산을 처분하고 그 점유를 승계하여 준 경우에도 그 이전등기청구권의 행사 여부에 관하여 그가 그 부동산을 스스로 계속 사용·수익만 하고 있는 경우와 특별히 다를 바 없으므로 위 두 어느 경우에나 이전등기청구권의 소멸시효는 진행되지 않는다고 보아야 한다.

(나) 취득시효로 인한 등기청구권

취득시효의 요건을 갖춘 사람이 점유를 계속하는 동안 소유권이전등기청구권의 소멸시효가 진행되지 않지만(위 76다148 판결, 대법원 1990.11.13. 선고 90다카25352 판결), 위 사람이 점유를 상실한 경우에는 그 이전등기청구권은 10년의 소멸시효에 걸린다(대법원 1996.3.8. 선고 95다34866 판결).

(다) 근저당권설정등기청구권

근저당권설정 약정에 의한 근저당권설정등기청구권은 그 피담보채권이 될 채권과 별개로 소멸시효에 걸린다(대법원 2004.2.13. 선고 2002다7213 판결).[9]

(2) 물권적 청구권

소유권에 기한 물권적 청구권은 소멸시효의 대상이 아니다. 따라서 합의해제에 따른 매도인의 원상회복청구권은 소유권에 기한 물권적청구권이므로 소멸시효의 대상이 아니다(대법원 1982.7.27. 선고 80다2968 판결). 그러나 소유권 이외의 물권은 소멸시효에 걸리기 때문에 그로부터 연유하는 물권적 청구권은 시효에 걸린다는 것이 다수설이다.[10]

9) 위 판결에는 근저당권설정등기청구의 소 제기가 그 피담보채권이 될 채권에 대한 소멸시효 중단 사유로 된다는 설시도 포함되어 있다.

10) 곽윤직, 324면

다. 소멸시효에 걸리지 않는 권리

(1) 소유권

소유권은 항구성이 있어서 시효에 걸리지 않는다(제162조 제2항). 광업권, 어업권, 특허권, 상표권 등은 소유권과 동일한 것으로 보아 소멸시효에 걸리지 않지만, 그 근거가 되는 특별법에 존속기간이 정해져 있음이 보통이다.

(2) 형성권

취소권·해제권과 같은 형성권의 경우 권리자의 의사표시가 있으면 곧 바로 그 목적인 법률효과가 발생하고, 권리행사 즉시 법률관계의 변동이 생기므로 청구권과 같이 권리가 행사되었으나 급부이행이 안 되는 등으로 목적을 달성하지 못하는 상태가 있을 수 없다. 따라서 형성권에 있어서는 소멸시효의 요건인 권리 불행사라는 사실상태의 지속을 상정할 수 없다. 즉 형성권은 제척기간의 적용을 받을 뿐 소멸시효의 대상이 아니다.

(3) 성질상 소멸시효에 걸리지 않는 재산권

점유권(제192조)과 **유치권**(제328조)은 점유사실이 있으면 그 권리가 존재하고 점유의 상실이 있으면 당연히 권리가 소멸되므로 소멸시효의 문제가 생길 여지가 없다. 일정한 법률관계에 의존하는 권리인 상린관계에 따른 권리(제216조 내지 제244조)와 공유물 분할청구권(제268조)은 소유 또는 공유관계에 수반되는 권리이므로 그 관계가 존속하는 한 그 권리 등이 독립하여 시효소멸하지 않는다.

형성권인 공유물분할청구권 **대법원 1981.3.24. 선고 80다1888,1889 판결**

공유물분할청구권은 공유관계에서 수반되는 형성권이므로 공유관계가 존속하는 한 그 분할청구권만이 독립하여 시효소멸 될 수 없다. 민법 제165조의 규정은 단기의 소멸시효에 걸리는 것이라도 확정판결을 받은 권리의 소멸시효는 10년으로 한다는 뜻일 뿐 10년보다 장기의 소멸시효를 10년으로 단축한다는 의미도 아니고 본래 소멸시효의 대상이 아닌 권리가 확정판결을 받음으로써 10년의 소멸시효에 걸린다는 뜻도 아니다. 공유물분할청구소송의 승소확정판결은 기판력과 집행력이 있는 것이므로 그 확정판결의 원본이 멸실되어 강제집행에 필요한 집행문을 받을 수 없는 등 특별한 사정이 없는 한 그와 동일한 소를 제기할 소의 이익이 없다.

(4) 담보물권

담보물권은 채권을 담보하기 위하여 존재하므로 그 부종성에 따라 피담보채권이 시효 등의 이유로 소멸하면 말소등기절차가 없더라도 당연히 소멸한다. 한편 담보물권은 피담보채권이 존속하는 한 독립해서 시효에 걸리지 않는다.

(5) 비재산권

인격권과 가족법상의 권리 중 가족관계 형성에 관한 권리(인지청구권 등과 같은 신분권)는 소멸시효에 걸리지 않는다.

(6) 항변권

항변권은 성질상 그 기초가 되는 권리관계에 수반되는 권리이다. 따라서 기초가 되는 법률관계와 독립하여 항변권이 소멸한다고 볼 수 없다. 쌍무계약이나 보증관계에 수반되는 동시이행의 항변권(제536조), 보증인의 최고·검색의 항변권(제437조)의 경우 소멸시효의 대상적격이 부정된다.

(7) 법률관계에 대한 무효확인청구권

법률관계 성립시부터 무효임을 확인하는데 그치므로 소멸시효의 대상이 아니다. 다만 신의칙의 파생원칙인 실효의 원칙의 적용을 받을 수는 있다.

3. 권리의 불행사(소멸시효의 기산점)

가. 총설

소멸시효가 완성하려면 소멸시효기간 동안 권리의 불행사가 있어야 한다(제162조 참조). 그런데 언제부터 그러한 불행사가 있었다고 보아야 하는가, 즉 소멸시효의 기산점을 어디에 두느냐가 중요한 문제로 대두된다.

이에 대하여 제166조 제1항은 '소멸시효는 **권리를 행사할 수 있는 때로부터 진행**한다'고 규정하고 있다. 권리가 있더라도 그것을 행사할 수 없는 상태에 있는 동안은 소멸시효의 진행은 개시되지 않는다. 바꾸어 말하면 권리가 시효로 소멸하려면 권리자가 그 권리를 행사할 수 있음에도 행사하지 않는 「권리의 불행사」가 있어야 한다.

(1) 권리를 행사할 수 있는 때란 권리를 행사함에 **법률상 장애사유가 없는 것**을 말한다. 즉 소멸시효의 기산점으로서 「권리의 불행사」란 **권리행사에 법률상 장애가 없음에도 불구하고 행사하지 않는 것**을 말한다. 법률상 장애사유로는 기한의 미도래, 정지조건의 미성취, 청구권을 부정하는 위헌인 법률규정의 존재, 건물에 관한 소유권이전등기청구권에서 목적물인 건물의 미완공 등이 있다.

권리를 행사할 수 있을 때의 의미 **대법원 1982.1.19. 선고 80다2626 판결**

소멸시효의 기산점인 "권리를 행사할 수 있는 때"라 함은 권리를 행사함에 있어서 법률상의 장애(예, 이행기 미도래, 정지조건 미성취)가 없는 경우를 말하며, 권리자의 개인적 사정이나 법률지식의 부족, 권리존재의 부지 또는 채무자의 부재등 사실상 장애로 권리를 행사하지 못하였다 하여 시효가 진행하지 아니하는 것이 아니며, 이행기가 정해진 채권은 그 기한이 도래한 때부터 소멸시효가 진행한다.

소멸시효 기산점과 위헌결정 **대법원 1996.7.12. 선고 94다52195 판결**

헌법재판소에 의하여 면직처분의 근거가 된 법률 규정이 위헌으로 결정되어 위헌결정의 소급효로 인하여 면직처분이 당연무효가 되고 그 면직처분이 불법행위에 해당되는 경우라도, 그 손해배상청구권은 위헌결정이 있기 전까지는 법률 규정의 존재라는 법률상 장애로 인하여 행사할 수 없었다고 보아야 할 것이므로 소멸시효의 기산점은 위헌결정일로부터 진행되는 것이고, 이러한 법리는 그 법률이 위헌결정 당시에는 실효되었다 할지라도 그 법률 규정으로 인한 면직처분의 효력이 그대로 지속되는 경우에도 마찬가지이다.

건물 완공시부터 소멸시효 진행 **대법원 2007.8.23. 선고 2007다28024,28031 판결**

소멸시효는 객관적으로 권리가 발생하여 그 권리를 행사할 수 있는 때로부터 진행하고 그 권리를 행사할 수 없는 동안만은 진행하지 않는바, '권리를 행사할 수 없는' 경우란, 권리자가 권리의 존재나 권리행사 가능성을 알지 못하였다는 등의 사실상 장애사유가 있는 경우가 아니라, 법률상의 장애사유, 예컨대 기간의 미도래나 조건불성취 등이 있는 경우를 말하는데(대법원 2006.4.27. 선고 2006다1381 판결 등 참조), 건물에 관한 소유권이전등기청구권에 있어서 그 목적물인 건물이 완공되지 아니하여 이를 행사할 수 없었다는 사유는 법률상의 장애사유에 해당한다.

(2) 채무자의 무자력이나 질병, 채권자의 법률지식 부족 등 **사실상 장애**는 소멸시효의 진행을 막지 못함이 원칙이다. 판례는 사실상 권리의 존재나 권리행사의 가능성을 알지 못하였고, 알지 못함에 과실이 없다고 하여도 이러한 사유는 법률상 장애사유에 해당되지 않는다고 판시한다. 또한 대법원이 어떤 사항에 관하여 종전의 견해를 바꾸는 판례 변경을 하였다고 하더라도, 청구권을 부정하는 대법원의 종전 견해는 사실상 장애에 불과하므로, 그 판례 변경시가 아니고 당초 청구권을 행사할 수 있었던 시점이 소멸시효의 기산점이 된다고 한다.[11)]

그러나 권리의 발생여부를 알기 어려운 객관적 사정이 있고 권리자가 과실 없이 그

11) 대법원 1993.4.13. 선고 93다3622 판결, 2004.4.27. 선고2003두10763 판결, 2010.9.9. 선고 2008다15865 판결, 2011.7.28. 선고 2009다92784 판결 등 참조.

것을 알지 못하는 경우, 또는 권리를 행사할 수 있는 방법과 절차가 나중에야 비로소 마련된 경우에도, 위 원칙을 관철하면 사회정의와 형평의 이념에 반할뿐 아니라 소멸시효제도의 존재이유에 부합된다고 볼 수 없기 때문에 판례는 **예외를 인정**한다.

종전 대법원판례의 청구권부정은 사실상장애 대법원 2010.9.9. 선고 2008다15865 판결

소멸시효는 객관적으로 권리가 발생하고 그 권리를 행사할 수 있는 때로부터 진행하고 그 권리를 행사할 수 없는 동안에는 진행하지 아니한다. 여기서 '권리를 행사할 수 없다'라고 함은 그 권리행사에 법률상의 장애사유, 예컨대 기간의 미도래나 조건불성취 등이 있는 경우를 말하는 것이고, 사실상 그 권리의 존부나 권리행사의 가능성을 알지 못하였거나 알지 못함에 과실이 없다고 하여도 이러한 사유는 법률상 장애사유에 해당한다고 할 수 없다.

법원이 2004.4.22. 선고 2000두7735 전원합의체 판결로 임용기간이 만료된 국공립대학 교원에 대한 재임용거부처분에 대하여 이를 다툴 수 없다는 종전의 견해를 변경하였다고 하더라도, 그와 같은 대법원의 종전 견해는 국공립대학 교원에 대한 재임용거부처분이 불법행위임을 원인으로 한 손해배상청구에 대한 법률상 장애사유에 해당하지 아니한다.

보험금청구권의 소멸시효 기산점 대법원 2005.12.23. 선고 2005다59383,59390 판결

보험금청구권은 보험사고가 발생하기 전에는 추상적인 권리에 지나지 아니할 뿐 보험사고의 발생으로 인하여 구체적인 권리로 확정되어 그때부터 그 권리를 행사할 수 있게 되는 것이므로, 특별한 다른 사정이 없는 한 원칙적으로 보험금액청구권의 소멸시효는 보험사고가 발생한 때로부터 진행한다고 해석해야 할 것이고, 다만 보험사고가 발생한 것인지의 여부가 객관적으로 분명하지 아니하여 보험금청구권자가 과실 없이 보험사고의 발생을 알 수 없었던 경우에도 보험사고가 발생한 때로부터 보험금청구권의 소멸시효가 진행한다고 해석하는 것은, 보험금청구권자에게 너무 가혹하여 사회정의와 형평의 이념에 반할 뿐만 아니라 소멸시효제도의 존재이유에 부합된다고 볼 수도 없으므로 이와 같이 객관적으로 보아 보험사고가 발생한 사실을 확인할 수 없는 사정이 있는 경우에는 보험금청구권자가 보험사고의 발생을 알았거나 알 수 있었던 때로부터 보험금액청구권의 소멸시효가 진행한다(동지 대법원 001.4.27. 선고 2000다31168판결).

이사회결의부존재확인판결의 확정시 대법원 2003.4.8. 선고 2002다64957,64964 판결

소멸시효의 진행은 당해 청구권이 성립한 때로부터 발생하고 원칙적으로 권리의 존재나 발생을 알지 못하였다고 하더라도 소멸시효의 진행에 장애가 되지 않는다고 할 것이지만, 법인의 이사회결의가 부존재함에 따라 발생하는 제3자의 부당이득반환청구권처럼 법인이나 회사의 내부적인 법률관계가 개입되어 있어 청구권자가 권리의 발생여부를 객관적으로 알기 어려운 상황에 있고 청구권자가 과실 없이 이를 알지 못한 경우에도 청구권이 성립한 때부터 바로 소멸시효가 진행한다고 보는 것은 정의와 형평에 맞지 않을 뿐만 아니라 소멸시효제도의 존재이유에도 부합한다고 볼 수 없으므로, 이러한 경우에는 이사회결의부존재확인판결의 확정과 같이 객관적으로 청구권의 발생을 알 수 있게 된 때로부터 소멸시효가 진행된다고 보는 것이 타당하다.

(3) 소멸시효 기산점은 **변론주의의 적용대상**이다.[12] 따라서 본래의 소멸시효의 기산일과 당사자가 주장하는 기산일이 다른 경우에, 변론주의 원칙상 법원은 당사자가 주장하는 기산일을 기준으로 소멸시효를 계산한다. 시효의 기산점에 관한 주장·증명책임은 시효이익을 주장하는 자가 진다.[13]

소멸시효 기산점은 변론주의의 대상 대법원 1995.8.25. 선고 94다35886 판결

소멸시효의 기산일은 채무의 소멸이라고 하는 법률효과 발생의 요건에 해당하는 소멸시효 기간 계산의 시발점으로서 소멸시효 항변의 법률요건을 구성하는 구체적인 사실에 해당하므로 이는 변론주의의 적용 대상이고, 따라서 본래의 소멸시효 기산일과 당사자가 주장하는 기산일이 서로 다른 경우에는 변론주의의 원칙상 법원은 당사자가 주장하는 기산일을 기준으로 소멸시효를 계산하여야 하는데, 이는 당사자가 본래의 기산일보다 뒤의 날짜를 기산일로 하여 주장하는 경우는 물론이고 특별한 사정이 없는 한 그 반대의 경우에 있어서도 마찬가지이다.

시효이익을 주장하는 자의 증명책임 대법원 1995.6.30. 선고 94다13435 판결

불법행위로 인한 손해배상청구권의 단기소멸시효에 있어서 손해를 안 것이라 함은 단순히 손해발생 사실을 안 것만으로는 부족하고 그 손해가 위법행위로 인하여 발생한

---

12) 반면에 시효기간에 관한 주장은 후술하는 바와 같이 사실에 관한 주장이 아닌 법률상의 주장에 불과하므로 변론주의 적용대상이 아니다.

13) 한편 취득시효의 기산점은 주요사실이 아니고 간접사실에 불과하다. 법원으로서는 그에 관하여 당사자의 주장에 구속되지 않고 소송자료에 의거 진정한 점유개시시기를 인정하면 된다(대판 1994.4.15. 93다60120).

> 것까지도 알았음을 요하고, 이 같은 손해를 안 시기에 관한 입증책임은 시효의 이익을 주장하는 자에게 있으며, 시효제도의 존재이유는 영속된 사실상태를 존중하고 권리 위에 잠자는 자를 보호하지 않는다는 데 있고 특히 소멸시효에 있어서는 후자의 의미가 강하므로 권리자가 재판상 그 권리를 주장하여 권리 위에 잠자는 것이 아님을 표명한 때에는 시효중단사유가 되는바, 이러한 시효중단사유로서의 재판상의 청구에는 그 권리 자체의 이행청구를 하는 경우뿐만 아니라 그 권리가 발생한 기본적 권리관계에 관한 이행청구나 확인청구를 하는 경우에도 그 기본적 권리관계의 이행청구나 확인청구가 그로부터 발생한 권리의 실현 수단이 될 수 있어 권리 위에 잠자는 것이 아님을 표명한 것으로 볼 수 있는 때에는 그 기본적 권리관계에 관한 이행청구나 확인청구도 시효중단사유로서의 재판상 청구에 포함된다.

나. 구체적 검토

소멸시효의 기산점은 권리를 행사할 수 있을 때이므로 이행지체의 시점과 동일함이 원칙이나, 아래와 같이 그 시점이 서로 달라질 수 있음을 유의하여야 한다.

(1) **확정기한부 채권**일 때에는 그 기산점은 예외 없이 확정되어 있는 그 기한이다. 상대방에게 동시이행의 항변권이 있다고 하더라도 채권자는 확정기한 이후에는 언제라도 권리행사가 가능하기 때문에 확정기한일부터 소멸시효가 진행한다(대법원 1991.3.22. 선고 90다9797 판결). 이 경우 상대방이 동시이행의 항변권을 행사할 때는 소멸시효의 기산점과 이행지체의 시점이 서로 달라진다.

(2) **불확정기한부 채권**일 때는 이행지체의 요건(채무자가 기한 도래를 안 때)과 달리 기한이 객관적으로 도래한 때 소멸시효가 진행한다(제387조 제1항 후문).

(3) **기한을 정하고 있지 않는 채권**에 대한 이행지체 책임은 이행청구를 받은 때이지만, 언제든지 이행청구가 가능하므로 소멸시효의 기산점은 채권이 발생할 때이다.

(4) **청구 또는 해지 통고를 한 후 일정기간이나 상당한 기간이 경과한 후에 청구할 수 있는 채권**은 전제가 되는 청구나 해지 통고를 할 수 있는 때로부터 소정의 유예기간이 경과한 때를 소멸시효의 기산점으로 본다(제603조 제2항, 제635조, 제660조).

(5) **정지조건부 권리**는 조건성취 시부터 시효가 진행하고, **부작위채권**은 위반행위를 한 때(제166조 제2항)로부터 시효가 진행한다.

(6) **무권대리행위의 추인**에 소급효가 인정되지만, 추인으로 효력발생이 확정된 권리의 소멸시효는 대리행위의 시점부터가 아니라 추인의 시점부터 시작한다. 반면에

무권대리인이 대리권을 증명하지 못하거나 본인의 추인을 얻지 못한 경우, 그 상대방이 갖는 선택채권인 계약이행 또는 손해배상채권의 소멸시효는 그 선택권을 행사한 시점이 아닌 '선택권을 행사할 수 있는 때'로부터 진행한다(대법원 1965.8.24. 선고 64다1156 판결).

(7) **채무불이행에 기한 손해배상채권**은 채무불이행이 있어야 비로소 채권이 성립되므로, 본래의 채권을 행사할 수 있는 때가 아닌 채무불이행 시점부터 시효가 진행된다(아래 2002다57119 판결, 대법원 1990.11.9. 선고 90다카22513 판결).[14]

(8) **보험자대위에 의한 권리**의 소멸시효의 기산점은 피보험자 등의 제3자에 대한 권리가 동일성을 잃지 않고 그대로 보험자에게 이전되므로, 제3자에 대한 권리를 기준으로 하며, 시효기간에 관하여도 마찬가지이다(상법 제682조).

치료비 채권의 소멸시효 기산점 **대법원 2001.11.9. 선고 2001다52568 판결**

민법 제163조 제2호 소정의 '의사의 치료에 관한 채권'에 있어서는, 특약이 없는 한 그 개개의 진료가 종료될 때마다 각각의 당해 진료에 필요한 비용의 이행기가 도래하여 그에 대한 소멸시효가 진행된다고 해석함이 상당하고, 장기간 입원 치료를 받는 경우라 하더라도 다른 특약이 없는 한 입원 치료 중에 환자에 대하여 치료비를 청구함에 아무런 장애가 없으므로 퇴원시부터 소멸시효가 진행된다고 볼 수는 없다. 환자가 수술 후 후유증으로 장기간 입원 치료를 받으면서 병원을 상대로 의료과오를 원인으로 한 손해배상청구 소송을 제기하였다 하더라도, 그러한 사정만으로는 환자를 상대로 치료비를 청구하는 데 법률상으로 아무런 장애가 되지 아니하므로 치료비 채권의 소멸시효가 퇴원시부터 진행한다거나 위 손해배상청구 소송이 종결된 날로부터 진행한다고 볼 수는 없다.

약속어음상의 청구권의 소멸시효 **대법원 2004.12.10. 선고 2003다33769 판결**

발행인에 대한 약속어음상의 청구권의 소멸시효는 만기의 날로부터 진행하는 것이 원칙이나, 그 약속어음이 수취인 겸 소지인의 발행인에 대한 장래 발생할 구상채권을 담보하기 위하여 발행된 것이라면, 소지인은 발행인에 대하여 구상채권이 발생하지 않은 기간 중에는 약속어음상의 청구권을 행사할 수 없고, 구상채권이 현실로 발생한 때에 비로소 이를 행사할 수 있게 되는 것이므로, 그 약속어음의 소지인의 발행인에 대한 약속어음상의 청구권의 소멸시효는 위 구상채권이 현실적으로 발생하여 그 약속어음

---

14) 반면 불법행위에 기한 손해배상채권의 기산점 등에 관하여는 제766조에 특칙으로 규정되어 있다.

상의 청구권을 행사하는 것이 법률적으로 가능하게 된 때부터 진행된다고 봄이 상당하고 이러한 결과가 민법 제184조 제2항의 규정에 반하여 소멸시효를 가중하는 것이라고 할 수는 없다.

중간정산 합의 시점부터 소멸시효 진행 대법원 2008.2.1. 선고 2006다20542 판결

구 근로기준법(2005.1.27. 법률 제7379호로 개정되기 전의 것) 제34조 제3항에 의한 퇴직금중간정산은 근로자가 기왕의 계속근로기간 전부 또는 일부에 대하여 퇴직금의 중간정산을 요구하고 사용자가 그 요구기간에 대한 중간정산을 승낙함으로써 성립하는 것이고, 이 경우 사용자는 근로자의 요구기간 중 일부 기간에 대하여만 일방적으로 중간정산을 실행함으로써 그 합의를 확정지을 수 없으나, 사용자의 일부 기간에 대한 중간정산 실행이 민법 제534조에 의한 변경을 가한 승낙으로서 새로운 청약에 해당하고 근로자가 그 중간정산퇴직금을 아무런 이의 없이 수령함으로써 이에 동의한 것으로 볼 수 있는 경우에는 그 중간정산이 실행된 일부 기간의 범위 내에서 중간정산이 성립된다. 사용자와 근로자의 합의로 퇴직금 중간정산이 성립한 일부 근로기간에 대하여는 중간정산 시점에 중간정산퇴직금청구권이 발생하고 소멸시효도 그때부터 기산되지만, 중간정산 합의가 없었던 나머지 근로기간에 대하여는 최종 퇴직시에 퇴직금청구권이 발생하고, 소멸시효도 최종 퇴직 시점으로부터 진행한다.

4. 소멸시효기간

가. 일반 민사채권, 상사채권

일반 민사채권의 소멸시효기간은 **10년**이고(제162조 제1항), 대량·정형·신속이라는 상거래관계의 특성을 갖는 **상사채권은 5년**이다(상법 제64조). 위 상사채권에는 직접 상행위로 인한 채권은 물론이고, 보조적 상행위로 인한 채권과 상사채무의 불이행으로 인한 손해배상채권(대법원 1997.8.26. 선고 97다9260 판결), 상행위인 계약의 해제로 인한 원상회복청구권(대법원 1993.9.14. 선고 93다21569 판결) 등이 포함된다. 그러나 상인과 관련된 법률관계일지라도 상거래 특유의 성질과 무관한 채권(근로계약에 따른 청구, 불법행위로 인한 손해배상청구권 등)에 관하여는 상법 제64조의 적용이 배제된다.

5년의 소멸시효가 적용되는 상사채권 **대법원 2008.4.10. 선고 2007다91251 판결**

당사자 쌍방에 대하여 모두 상행위가 되는 행위로 인한 채권뿐만 아니라 당사자 일방에 대하여만 상행위에 해당하는 행위로 인한 채권도 상법 제64조 소정의 5년의 소멸시효기간이 적용되는 상사채권에 해당하는 것이고, 그 상행위에는 상법 제46조 각 호에 해당하는 기본적 상행위뿐만 아니라, 상인이 영업을 위하여 하는 보조적 상행위도 포함되는 것이며(대법원 1994.4.29. 선고 93다54842 판결 참조), 상인의 행위는 영업을 위하여 하는 것으로 추정된다(상법 제47조 제2항).[15)]

상거래의 특성과 무관한 채권 **대법원 2003.4.8. 선고 2002다64957,64964 판결[16)]**

주식회사인 부동산 매수인이 의료법인인 매도인과의 부동산매매계약의 이행으로서 그 매매대금을 매도인에게 지급하였으나, 매도인 법인을 대표하여 위 매매계약을 체결한 대표자의 선임에 관한 이사회결의가 부존재하는 것으로 확정됨에 따라 위 매매계약이 무효로 되었음을 이유로 민법의 규정에 따라 매도인에게 이미 지급하였던 매매대금 상당액의 반환을 구하는 부당이득반환청구의 경우, 거기에 상거래 관계와 같은 정도로 신속하게 해결할 필요성이 있다고 볼 만한 합리적인 근거도 없으므로 위 부당이득반환청구권에는 상법 제64조가 적용되지 아니하고, 그 소멸시효기간은 민법 제162조 제1항에 따라 10년이다.

상인이 체결한 근로계약에 따른 청구 **대법원 2005.11.10. 선고 2004다22742 판결**

상법 제64조의 상사시효제도는 대량, 정형, 신속이라는 상거래 관계 특유의 성질에 기인한 제도임을 고려하면, 상인이 그의 영업을 위하여 근로자와 체결하는 근로계약은 보조적 상행위에 해당한다고 하더라도, 근로자의 근로계약상의 주의의무 위반으로 인한 손해배상청구권은 상거래 관계에 있어서와 같이 정형적으로나 신속하게 해결할 필요가 있다고 볼 것은 아니므로 특별한 사정이 없는 한 5년의 상사 소멸시효기간이 아니라 10년의 민사 소멸시효기간이 적용된다.[17)]

---

15) 상인인 원고가 사업자금을 조달하기 위하여 계주인 피고가 조직·운영하는 계에 가입한 경우, 그 계주가 위 상인에 대하여 갖는 계불입금채권은 상사채권에 해당한다고 사례임.

16) 그러나 부당이득반환청구권도 상행위와 밀접한 관련이 있고 신속 해결의 필요성이 있는 경우에는 상사시효가 적용됨을 기억해야 한다(대법원 2007.5.31. 선고 2006다63150 판결).

17) 그러나 통상적인 상거래관계에서 발생한 채무불이행으로 인한 손해배상채권에는 상법 제64조가 적용된다(위97다9260 판결 참조).

나. 단기소멸시효

민법은 민사채권의 소멸시효기간이 10년이라는 것에 대한 예외로 단기소멸시효제도를 두고 있다(제163조, 제164조). 단기소멸시효의 대상이 되는 채권은 일상에서 빈번하게 발생하고 금액도 보통 소액이며, 그에 대한 영수증을 교부하지 않거나 교부되더라도 이를 오래 보존하지 않으며, 단기간에 결재하는 것이 거래 관행으로 되어 있는 것이다.

(1) 3년의 소멸시효에 걸리는 채권

(가) 이자, 부양료, 급료, 사용료 기타 1년 이내의 기간으로 정한 금전 또는 물건의 지급을 목적으로 한 채권

'1년 이내의 기간으로 정한 채권'이란 정기급 채권 중 그 기간이 1년 이내인 채권을 의미하는 것이지(월급, 아파트관리비 등), 변제기가 1년 이내인 채권을 말하는 것은 아니다. 이자채권이더라도, 예컨대 이자를 원금 변제시 함께 지급하기로 약정한 경우와 같이, 1년 이내의 정기로 지급하기로 한 것이 아니라면 3년의 단기소멸시효에 걸리지 않는다. 여기서 이자채권은 순수한 이자채권만을 의미하고 금전채무의 이행지체로 인한 지연손해금은 이에 해당하지 않는다. 시효기간의 기산점은 권리를 행사할 수 있을 때이므로 매 기의 채권이 성립한 때부터 각 진행한다.

고용 등 종속관계에 있는 급료채권은 근로기준법 제49조와 마찬가지로 3년의 소멸시효에 걸린다. 급료 중 종속관계가 없는 노역인과 연예인의 임금채권에 관하여는 1년의 단기시효가 따로 규정되어 있다(제164조 제3호).

동산의 사용료에 관하여는 제164조 제2호에 따로 규정하고 있으므로 여기에서의 사용료는 부동산과 권리에 대한 사용료만을 의미한다. 한편 리스료채권에 관하여는 단순한 물건의 사용료가 아니라는 이유로 단기소멸시효의 대상이 아니라고 한다(대법원 2001.6.12. 선고 99다1949 판결).

집합건물의 관리비 채권 대법원 2007.2.22. 선고 2005다65821 판결

> 민법 제163조 제1호에서 3년의 단기소멸시효에 걸리는 것으로 규정한 '1년 이내의 기간으로 정한 채권'이란 **1년 이내의 정기로 지급되는 채권**을 말하는 것으로서(대법원 1996.9.20. 선고 96다25302 판결 참조) 1개월 단위로 지급되는 집합건물의 관리비채권은 이에 해당한다고 할 것이다.

(나) 의사, 조산원, 간호사 및 약사의 치료, 근로 및 조제에 관한 채권

여기에 열거되지 않은 치과의사와 한의사 및 수의사가 포함될 뿐만 아니라, 의료행

위를 한 무자격자의 치료비채권도 해당된다(통설). 조제와 무관한 약사·한약사의 일반약품의 판매는 본호가 아닌 제6호의 '상인이 판매한 상품의 대가'에 해당하여 역시 3년의 시효에 걸린다.

(다) 도급받은 자, 기사 기타 공사의 설계 또는 감독에 종사하는 자의 공사에 관한 채권

수급인의 도급인에 대한 공사대금 채권 등을 말하고, 도급인의 수급인에 대한 채권이나 공동수급체 구성원들 상호 간의 정산금 채권 등을 포함하지 않는다(대법원 2013.2.28. 선고 2011다79838 판결).

설계 종사자의 공사에 관한 채권 **대법원 2005.1.14. 선고 2002다57119 판결**

우수현상광고의 광고자로서 당선자에게 일정한 계약을 체결할 의무가 있는 자가 그 의무를 위반함으로써 계약의 종국적인 체결에 이르지 않게 되어 상대방이 그러한 계약체결의무의 채무불이행을 원인으로 하는 손해배상을 청구한 경우 그 손해배상청구권은 계약이 체결되었을 경우에 취득하게 될 계약상의 이행청구권과 실질적이고 경제적으로 밀접한 관계가 형성되어 있기 때문에, 그 손해배상청구권의 소멸시효기간은 계약이 체결되었을 때 취득하게 될 이행청구권에 적용되는 소멸시효기간에 따른다. 우수현상광고의 당선자가 광고주에 대하여 우수작으로 판정된 계획설계에 기초하여 기본 및 실시설계계약의 체결을 청구할 수 있는 권리를 가지고 있는 경우, 이러한 청구권에 기하여 계약이 체결되었을 경우에 취득하게 될 계약상의 이행청구권은 "설계에 종사하는 자의 공사에 관한 채권"으로서 이에 관하여는 민법 제163조 제3호 소정의 3년의 단기소멸시효가 적용되므로, 위의 기본 및 실시설계계약의 체결의무의 불이행으로 인한 손해배상청구권의 소멸시효 역시 3년의 단기소멸시효가 적용된다.
채무불이행으로 인한 손해배상청구권의 소멸시효는 채무불이행시로부터 진행한다 할 것이다(대법원 1990.11.9. 선고 90다카22513 판결, 1995.6.30. 선고 94다54269 판결 등 참조).

이자채권 아닌 지연손해금 **대법원 1998.11.10. 선고 98다42141 판결**

시효중단의 보증인에 대한 효력을 규정한 민법 제440조는 보증채무의 부종성에서 비롯된 당연한 규정이 아니라 채권자의 보호를 위하여 보증채무만이 따로 시효소멸하는 결과를 방지하기 위한 정책적 규정이므로, 회사정리법 제240조 제2항이 회사정리계획의 효력 범위에 관하여 보증채무의 부종성을 배제하고 있다 하더라도 같은 법 제5조가 규정한 정리절차 참가로 인한 시효중단의 효력에 관하여 민법 제440조의 적용이 배제되지 아니하고, 따라서 정리절차 참가로 인한 시효중단의 효력은 정리회사의 채무를

주채무로 하는 보증채무에도 미치고 그 효력은 정리절차 참가라는 권리행사가 지속되는 한 그대로 유지된다.
금전채무의 이행지체로 인하여 발생하는 지연손해금은 그 성질이 손해배상금이지 이자가 아니며, 민법 제163조 제1호가 규정한 '1년 이내의 기간으로 정한 채권'도 아니므로 3년간의 단기소멸시효의 대상이 되지 아니한다.

(라) 변호사, 변리사, 공증인, 공인회계사 및 법무사에 대한 직무상 보관한 서류의 반환을 청구하는 권리

변호사 등 전문직 종사자들은 업무처리 과정에서 의뢰인 등으로부터 교부받은 많은 서류를 다루게 된다. 이러한 서류는 곧 바로 반환되는 것이 일반적이라는 점에서 단기소멸시효의 대상이 된다. 서류의 멸실이나 훼손, 반환불이행에 따른 손해배상청구권 역시 본조의 시효기간이 적용된다고 보아야 한다. 다만 등기필증이나 차용증 등과 같은 **서류의 소유권에 기한 반환청구권**은 소멸시효에 걸리지 않음을 주의하여야 한다.

(마) 변호사, 변리사, 공증인, 공인회계사 및 법무사의 직무에 관한 채권

변호사 등의 보수청구권, 비용상환청구권 등이 여기에 해당한다. 시효기간의 기산점에 관하여, 보수의 변제기에 관한 당사자 간에 특약이 있는 경우에는 그 때부터 진행하고, 특약이 없는 경우에는 의뢰한 사건의 종료시부터 진행한다. 그에 따라 변호사의 성공보수 약정이 제1심에 대한 것으로 인정되는 이상 보수금의 지급시기에 관하여 당사자 사이에 특약이 없는 한, 심급대리의 원칙에 따라 수임한 소송사무가 종료하는 시기인 제1심 판결을 송달받은 때로부터 그 소멸시효 기간이 진행된다(대법원 1995.12.26. 선고 95다24609 판결, 1991.11.12. 선고 91다7989 판결).

(바) 생산자 및 상인이 판매한 생산물 및 상품의 대가

여기에서의 생산자 및 상인은 상법상의 상인에 해당하고, 이들이 판매한 생산물 및 상품의 대가에 관한 청구는 상사채권이 된다. 따라서 상법 제64조에 의하여 5년의 시효에 걸려야 하나, 그 단서 소정의 「다른 법령」인 민법 제163조 제6호가 적용되어 3년의 시효에 걸리게 되는 것이다.

다만 위 '상인이 판매한 상품의 대가'는 상품의 판매로 인한 대금 그 자체의 채권만을 말하는 것이고, 위탁자의 위탁상품 공급으로 인한 위탁매매인에 대한 이득상환청구권이나 이행담보책임 이행청구권은 위탁자의 위탁매매인에 대한 상품공급과 서로 대가관계에 있지 아니하므로 여기에 해당하지 아니한다(대법원 1996.1.23. 선고 95다39854 판결).

(사) 수공업자 및 제조업자의 업무에 관한 채권

수공업자는 자신의 일터에서 주문을 받아, 그 주문자와 고용관계 등이 없이 그를 위하여 일을 하는 이발사나 세탁업자등을 지칭하고, 제조업자는 주문을 받아 물건을 가공하여 다른 물건을 제조하는 구두나 가구 등의 제작자를 말한다. 위 제6호의 생산자가 기계 등을 이용하여 대량생산을 하는 자를 지칭하는 것으로 보여지므로, 생산의 방법이나 규모에서 그 적용대상자가 구별된다.

(2) 1년 단기소멸시효에 걸리는 채권(제164조)

(가) 여관, 음식점, 대석(貸席), 오락장의 숙박료, 음식료, 대석료, 입장료, 소비물의 대가 및 체당금 채권

(나) 의복, 침구, 장구(葬具) 기타 동산의 사용료의 채권

(다) 노역인, 연예인의 임금 및 그에 공급한 물건의 대금채권

여기에서의 노역인은 사용자와 고용 등 종속관계에 서지 않고서 육체적 노무를 제공하는 자로서, 목수·미장이·정원사 등이 여기에 해당된다. 간병인계약에 따른 간병인 역시 여기의 노역인에 해당한다(아래 2013다65178 판결). 노역인 등이 그 일과 관련하여 공급한 물건의 대금채권도 1년의 시효에 걸린다.

(라) 학생 및 수업자의 교육, 의식(衣食) 및 유숙(留宿)에 관한 교주(校主), 숙주(塾主), 교사의 채권

수업료·학원비·기숙사비 등의 채권이 여기에 해당한다. 채권자가 개인인 경우는 물론, 법인·법인 아닌 사단이나 재단이 설립한 교육시설의 채권에도 적용이 된다.

제164조 채권에 대한 반대채무의 시효기간 **대법원 2013.11.14. 선고 2013다65178 판결**

일정한 채권의 소멸시효기간에 관하여 이를 특별히 1년의 단기로 정하는 민법 제164조는 그 각 호에서 개별적으로 정하여진 채권의 채권자가 그 채권의 발생원인이 된 계약에 기하여 상대방에 대하여 부담하는 반대채무에 대하여는 적용되지 아니한다. 따라서 그 채권의 상대방이 그 계약에 기하여 가지는 반대채권은 원칙으로 돌아가, 다른 특별한 사정이 없는 한 민법 제162조 제1항에서 정하는 10년의 일반소멸시효기간의 적용을 받는다.

다. 손해배상청구권

민법은 불법행위로 인한 손해배상청구권에 관하여, 제766조 제1항에서 피해자나 그 법정대리인이 그 손해 및 가해자를 안 날로부터 3년간 이를 행사하지 않으면 시효

로 인하여 소멸한다고, 그 제2항에서 불법행위를 한 날로부터 10년을 경과한 때에도 전항과 같다고 각 규정하고 있다. 위 두 기간 중 어느 하나가 완성되면 다른 기간의 경과를 기다리지 않고 권리는 소멸한다. 위 두 기간 가운데 제1항 소정의 기간의 성격이 시효기간이라는 것에 대하여는 다툼이 없으나, 제2항에 대하여는 견해가 갈린다. 학설은 제척기간이라는 견해와 시효기간이라는 견해가 있으나, 판례는 일관되게 시효기간으로 본다(대법원 1996.12.19. 선고 94다22927 전원합의체판결, 2005.5.13. 선고 2004다71881 판결).

한편 채무불이행으로 인한 손해배상청구권의 경우에는, 채권의 동일성이 그대로 유지되는 것이므로 그 시효기간은 본래의 채권의 그것과 동일함을 유의하여야 한다(위 2002다 57119 판결, 대법원 2010.9.9. 선고 2010다28031 판결 등).

라. 판결 등으로 확정된 채권(제165조)

제163조, 제164조, 상법 제64조 등 단기소멸시효에 해당하는 채권에 관하여 소를 제기하여 판결이 확정된 경우, 그 소멸시효기간은 위 법조들에 정해진 기간이 아닌 10년으로 한다(제165조 제1항). 주의할 것은, 이 조항은 단기의 소멸시효에 걸리는 것이라도 확정판결을 받은 권리의 소멸시효는 10년으로 한다는 뜻일 뿐 10년보다 장기의 소멸시효를 10년으로 단축한다는 의미는 아니고, 본래 소멸시효의 대상이 아닌 권리가 확정판결을 받음으로써 10년의 소멸시효에 걸린다는 뜻도 아니라는 것이다(대법원 1981.3.24. 선고 80다1888,1889 판결). 새롭게 진행되는 소멸시효의 기산점은 재판이 확정된 날의 익일이다(제178조 제2항).

위와 같은 시효 연장의 효과는 상대적이므로 판결 등의 당사자 사이에서만 효력이 있다. 그에 따라 채권자와 주채무자 사이의 판결 등에 의해 채권이 확정되어 그 소멸시효가 10년으로 되었다 할지라도 위 당사자 이외의 채권자와 연대보증인 사이에 있어서는 위 확정판결 등은 그 시효기간에 대하여는 아무런 영향도 없고, 채권자의 연대보증인에 대한 채권의 소멸시효기간은 여전히 종전의 소멸시효기간에 따른다(아래 86다카1569 판결, 대법원 2006.8.24. 선고 2004다26287,26294 판결).

여기에서의 '판결'은 확정된 종국판결을 지칭하고, 이행판결은 물론 채무부존재확인청구에서 청구기각판결이 확정된 경우와 같은 확인판결도 포함된다. 그 제2항 소정의 '판결과 동일한 효력이 있는 것'이란 기판력을 갖는 것으로 해석되며, 예시된 재판상 화해 외에 인낙조서(민사소송법 제220조)와 지급명령(동법 제474조)이 해당한다.

제3항의 취지는 예컨대 기한부인 단기소멸시효 대상 채권의 권리자가 기한이 도래하기 전에 장래 이행의 소를 제기하여 확정판결을 받은 경우, 그 채권은 기한 도래와 함께 소멸시효가 진행되어 단기소멸시효기간이 도과함으로써 그 시효가 완성된다는 것이다.

지급명령으로 확정된 채권 대법원 2009.9.24. 선고 2009다39530 판결

민사소송법 제474조, 민법 제165조 제2항에 의하면, 지급명령에서 확정된 채권은 단기의 소멸시효에 해당하는 것이라도 그 소멸시효기간이 10년으로 연장된다. 유치권이 성립된 부동산의 매수인은 피담보채권의 소멸시효가 완성되면 시효로 인하여 채무가 소멸되는 결과 직접적인 이익을 받는 자에 해당하므로 소멸시효의 완성을 원용할 수 있는 지위에 있다고 할 것이나, 매수인은 유치권자에게 채무자의 채무와는 별개의 독립된 채무를 부담하는 것이 아니라 단지 채무자의 채무를 변제할 책임을 부담하는 점 등에 비추어 보면, 유치권의 피담보채권의 소멸시효기간이 확정판결 등에 의하여 10년으로 연장된 경우 매수인은 그 채권의 소멸시효기간이 연장된 효과를 부정하고 종전의 단기소멸시효기간을 원용할 수는 없다.

채권자와 연대보증인 사이의 시효기간 연장 대법원 1986.11.25. 선고 86다카1569 판결

민법 제165조가 판결에 의하여 확정된 채권, 판결과 동일한 효력이 있는 것에 의하여 확정된 채권은 단기의 소멸시효에 해당한 것이라도 그 소멸시효는 10년으로 한다고 규정하는 것은 당해 판결 등의 당사자 사이에 한하여 발생하는 효력에 관한 것이고 채권자와 주채무자 사이의 판결 등에 의해 채권이 확정되어 그 소멸시효가 10년으로 되었다 할지라도 위 당사자 이외의 채권자와 연대보증인사이에 있어서는 위 확정판결 등은 그 시효기간에 대하여는 아무런 영향도 없고 채권자의 연대보증인의 연대보증채권의 소멸시효기간은 여전히 종전의 소멸시효기간에 따른다. 보증채무가 주채무에 부종한다 할지라도 보증채무는 주채무와는 별개의 독립된 채무의 성질이 있고 민법 제440조가 주채무자에 대한 시효의 중단은 보증인에 대하여 그 효력이 있다라고 규정하고 있으나 이는 보증채무의 부종성에 기한 것이라기보다는 채권자보호 내지 채권담보의 확보를 위한 특별규정으로서 이 규정은 주채무자에 대한 시효중단의 사유가 발생하였을 때는 그 보증인에 대한 별도의 중단조치가 이루어지지 아니하여도 동시에 시효중단의 효력이 생기도록 한 것에 불과하고 중단된 이후의 시효기간까지가 당연히 보증인에게도 그 효력을 미치는 것은 아니다.

마. 기타 재산권

채권 및 소유권 이외의 재산권(지상권, 전세권 등)의 소멸시효기간은 20년이다(제162조 제2항).

소멸시효기간 주장은 변론주의 대상 아님 대법원 2017.3.22. 선고 2016다258124 판결

민사소송절차에서 변론주의 원칙은 권리의 발생·변경·소멸이라는 법률효과 판단의 요건이 되는 주요사실에 관한 주장·증명에 적용된다. 따라서 권리를 소멸시키는 소멸시효 항변은 변론주의 원칙에 따라 당사자의 주장이 있어야만 법원의 판단대상이 된다. 그러나 이 경우 어떤 시효기간이 적용되는지에 관한 주장은 권리의 소멸이라는 법률효과를 발생시키는 요건을 구성하는 사실에 관한 주장이 아니라 단순히 법률의 해석이나 적용에 관한 의견을 표명한 것이다. 이러한 주장에는 변론주의가 적용되지 않으므로 법원이 당사자의 주장에 구속되지 않고 직권으로 판단할 수 있다. 당사자가 민법에 따른 소멸시효기간을 주장한 경우에도 법원은 직권으로 상법에 따른 소멸시효기간을 적용할 수 있다.

Ⅲ. 시효의 장애

1. 서설

가. 의의

권리불행사라는 사실상태가 소멸시효 완성을 향하여 나아가는 과정을 소멸시효의 진행이라고 한다. 그런데 권리자가 권리를 행사한다든가 의무자가 권리를 시인하는 것과 같이 그 진행이 방해되는 경우가 있는데, **소멸시효의 진행이 방해되는 것**을 통틀어 시효의 장애라고 하며, 여기에는 시효의 중단과 시효의 정지가 있다. 이는 소멸시효의 진행 중, 바꾸어 말하면 **소멸시효 완성 전의 문제**이므로 그 완성 후에는 시효의 장애가 문제될 여지가 없다(대법원 2010.3.11. 선고 2009다100098 판결).

통상의 소송절차에서 시효의 장애는 피고의 소멸시효 항변에 대하여 원고가 하는 재항변으로 주장되고,[18] 소송의 각하나 기각 등 시효장애로서의 효력 상실에 관한 주장은 피고의 재재항변이 된다.

나. 시효중단과 시효정지의 차이점

소멸시효의 중단과 정지는 시효의 장애사유라는 공통점에도 불구하고, 다음과 같은 여러 차이점이 있다.

(1) 시효중단은 시효의 진행 중 어느 시점에서라도 가능하나, 시효정지는 시효기간

---

18) 예를 들면 원고가 제기한 대여금반환청구의 소송에서, 피고는 대여금채권의 소멸시효가 완성되었다는 항변을 할 수 있고, 그에 대하여 원고는 그 채권에 관한 재판상 청구나 채무승인 등이 있었음을 이유로 소멸시효가 중단되었다는 재항변을 할 수 있다.

의 만료직전에만 허용된다.

(2) 시효중단은 그 사유 등이 권리의 만족을 얻기 위한 방법이 대부분이므로 그에 의하여 권리자가 만족을 얻어 권리가 소멸되는 경우가 많은 반면, 시효정지의 사유는 이행청구 등을 할 수 없는 법정대리인의 부재 등 권리행사의 장애사유이므로 그에 의하여 권리의 만족을 얻는 경우는 있을 수 없다.

(3) 시효중단은 그 후 종전의 기간을 산입하지 않고 새로 시효가 진행되는 반면, 시효정지는 시효진행을 일시적으로 일정기간 동안 정지시킴으로써 시효완성을 저지하고 그 기간 동안만 권리자의 이행청구를 위한 시간을 연장시키는 제도이다.

2. 소멸시효의 중단

가. 의의

소멸시효의 중단이란 소멸시효가 진행하는 도중에 권리의 불행사라는 지속적인 사실상태와 조화될 수 없는 사정이 발생한 경우, 그 사실상태를 존중할 이유가 없어져서 이미 진행한 시효기간은 무의미하게 되므로 그 효력을 상실하게 하는 제도를 말한다. 따라서 소멸시효가 중단되면 그때까지 경과한 시효기간은 의미를 잃으므로 중단사유가 종료된 때로부터 다시 시효가 진행한다(제178조).[19]

시효중단사유는 **변론주의 대상**이어서 당사자의 주장이 없으면 법원이 그에 대하여 판단할 필요가 없고, 그에 대한 주장 및 증명책임은 **시효완성을 다투는 권리자**가 진다.

변론주의와 시효중단의 주장 **대법원 2003.6.13. 선고 2003다17927, 17934 판결**

시효를 주장하는 자가 원고가 되어 소를 제기한 경우에 있어서, 피고가 응소행위를 하였다고 하여 바로 시효중단의 효과가 발생하는 것은 아니고, 변론주의 원칙상 시효중단의 효과를 원하는 피고로서는 당해 소송 또는 다른 소송에서의 응소행위로서 시효가 중단되었다고 주장하지 않으면 아니 되고, 피고가 변론에서 시효중단의 주장 또는 이러한 취지가 포함되었다고 볼 만한 주장을 하지 아니하는 한, 피고의 응소행위가 있었다는 사정만으로 당연히 시효중단의 효력이 발생한다고 할 수는 없는 것이나(대법원 1997.2.28. 선고 96다26190 판결), 응소행위로 인한 시효중단의 주장은 취득시효가 완성된 후라도 사실심 변론종결 전에는 언제든지 할 수 있다고 할 것이다.

19) 소멸시효의 중단에 관한 규정들은 모두 취득시효에 유추적용 된다(제247조 제2항).

시효중단사유의 주장 입증책임과 그 정도 **대법원 1997.4.25. 선고 96다46484 판결**

시효중단사유의 주장·입증책임은 시효완성을 다투는 당사자가 지며, 그 주장책임의 정도는 취득시효가 중단되었다는 명시적인 주장을 필요로 하는 것이 아니라 중단사유에 속하는 사실만 주장하면 주장책임을 다한 것으로 보아야 한다. 취득시효의 중단사유가 되는 재판상 청구에는 시효취득의 대상인 목적물의 인도 내지는 소유권존부 확인이나 소유권에 관한 등기청구소송은 말할 것도 없고, 소유권침해의 경우에 그 소유권을 기초로 하는 방해배제 및 손해배상 혹은 부당이득반환청구소송도 이에 포함된다. 위의 경우 그로 인한 시효중단의 효력은 당사자 및 그 승계인 간에만 미치는 바, 여기서 당사자라 함은 중단행위에 관여한 당사자를 가리키고 시효의 대상인 권리 또는 청구권의 당사자는 아니며, 승계인이라 함은 '시효중단에 관여한 당사자로부터 중단의 효과를 받는 권리를 그 중단효과 발생 이후에 승계한 자'를 뜻하고, 포괄승계인은 물론 특정승계인도 이에 포함된다.

나. 중단사유(제168조 이하)

시효중단의 효력을 생기게 하는 사유들을 중단사유라고 한다. 제168조는 중단사유로 ① 청구, ② 압류·가압류·가처분, ③ 승인을 규정하고 있다. 위 3가지 사유는 모두 시효의 기초가 되는 사실상태를 뒤집는 것으로서 그때까지 진행된 시효기간의 효력을 모두 상실시킨다. 민법은 제168조를 기초로 하여, 제170조부터 제174조까지는 청구에 관하여, 제175조와 제176조에서는 압류 등에 관하여, 제177조에서는 승인에 관하여, 그 구체적인 요건 등을 각 규정하고 있다.

(1) 청구

권리자가 시효의 완성으로 이익을 얻게 될 자를 상대로, 시효의 대상인 권리를 재판상 또는 재판 외에서 행사하는 것을 말한다. 민법은 재판상 청구(제170조), 파산절차 참가(제171조), 지급명령(제172조), 제소전화해의 신청과 임의출석(제173조), 최고(제174조)를 그 내용으로 규정하고 있다.

(가) 재판상 청구

재판상 청구란 권리를 소송 제기의 방법으로 행사하는 것을 말하고, 여기에는 일반적인 이행 및 확인의 소는 물론이고, 반소와 재심의 소, 형성의 소, 예비적 청구가 포함된다. 사법(私法)상의 권리행사이어야 하므로 민사소송에 국한하는 것이 원칙이다.

재판상 청구에 시효중단효를 인정하는 근거 및 범위에 관하여, 권리자가 소송의 형식으로 그 권리를 주장하면 되고 반드시 그 권리에 대하여 주문에서 판단되거나 기판력이 발생할 것을 요하지 않는다는 권리행사설이 통설이다.[20] 그에 따르면 권리행사가 재판에서 어떤 형태 또는 방식으로 행하여졌는가를 불문하고 시효중단효가 인정된다. 판례 역시 권리행사설을 따르고 있다.

재판상 청구가 있더라도 소송의 각하, 기각 또는 취하가 있으면 시효중단의 효력이 없다(제170조 제1항). 다만 6월 내에 새로운 재판상 청구 등을 하면 최초의 재판상 청구를 한 때 시효가 중단된 것으로 본다(제170조 제2항).

재판상 청구에 의한 시효중단의 효력은 소를 제기한 때 발생한다(민사소송법 제265조). 따라서 소장을 법원에 제출하는 시점에 시효가 중단되고, 그것이 피고에게 송달되었는지 여부는 묻지 않는다.

재판상 청구와 시효중단의 범위 **대법원 2011.7.14. 선고 2011다19737 판결**

시효제도의 존재이유는 영속된 사실 상태를 존중하고 권리 위에 잠자는 자를 보호하지 않는다는 데에 있고 특히 소멸시효에 있어서는 후자의 의미가 강하므로, 권리자가 재판상 그 권리를 주장하여 권리 위에 잠자는 것이 아님을 표명한 때에는 시효중단 사유가 되는바, 이러한 시효중단 사유로서의 재판상의 청구에는 소멸시효 대상인 그 권리 자체의 이행청구나 확인청구를 하는 경우만이 아니라, 그 권리가 발생한 기본적 법률관계를 기초로 하여 소의 형식으로 주장하는 경우에도 권리 위에 잠자는 것이 아님을 표명한 것으로 볼 수 있을 때에는 이에 포함된다고 보는 것이 타당하고, 시효중단 사유인 재판상 청구를 기판력이 미치는 범위와 일치하여 고찰할 필요가 없다(대법원 1979.7.10. 선고 79다569 판결, 대법원 1992.3.31. 선고 91다32053 전원합의체 판결 등 참조).

대항요건을 갖추지 못한 채권양수인의 청구 **대법원 2005.11.10. 선고 2005다41818 판결**

채권양도는 구 채권자인 양도인과 신 채권자인 양수인 사이에 채권을 그 동일성을 유지하면서 전자로부터 후자에게로 이전시킬 것을 목적으로 하는 계약을 말한다 할 것이고, 채권양도에 의하여 채권은 그 동일성을 잃지 않고 양도인으로부터 양수인에게 이전되며(대법원 2002.4.26. 선고 2001다59033 판결 참조) 이러한 법리는 채권양도의 대항요건을 갖추지 못하였다고 하더라도 마찬가지인 점, 민법 제149조의 "조건의 성취가 미정한 권리의무는 일반규정에 의하여 처분, 상속, 보존 또는 담보로 할 수 있다."는 규정은 대항요건을 갖추지 못하여 채무자에게 대항하지 못한다고 하더라도 채권양도에 의하여 채권을 이전받은 양수인의 경우에도 그대로 준용될 수 있는 점, 채무자를 상대로 재판상의 청구를 한 채권의 양수인을 '권리 위에 잠자는 자'라고 할 수 없는

---

20) 그에 반대되는 견해인 권리확정설은 청구된 권리가 판결주문에서 판단되어 기판력이 발생하는 소송물에 한정된다는 것이다.

점 등에 비추어 보면, 비록 대항요건을 갖추지 못하여 채무자에게 대항하지 못한다고 하더라도 채권의 양수인이 채무자를 상대로 재판상의 청구를 하였다면 이는 소멸시효 중단사유인 재판상의 청구에 해당한다고 보아야 할 것이다(대법원 2004.4.28. 선고 2004다3673, 3680 판결 참조).

① 형사소송이나 행정소송의 제기

형사소송은 사법상의 권리를 주장하는 것이 아니므로 시효중단의 효력이 인정되지 아니한다(대법원 1999.3.12. 선고 98다18124 판결). 다만 「소송촉진등에 관한 특례법」에 따른 배상명령신청은 민사소송의 제기와 같은 효력이 있으므로 시효중단의 효력이 있다.

행정소송 역시 원칙적으로 시효중단의 효력이 없다. 다만 과·오납한 조세의 부당이득반환청구권에 있어 그 수단이 되는 조세부과처분의 취소 또는 무효확인의 소는 시효중단의 효력이 있다는 것이 판례의 입장이다.

재판상 청구가 되는 행정소송 **대법원 1992.3.31. 선고 91다32053 전원합의체 판결**

일반적으로 위법한 행정처분의 취소, 변경을 구하는 행정소송은 사권을 행사하는 것으로 볼 수 없으므로 사권에 대한 시효중단사유가 되지 못하는 것이나, 다만 오납한 조세에 대한 부당이득반환청구권을 실현하기 위한 수단이 되는 과세처분의 취소 또는 무효확인을 구하는 소는 그 소송물이 객관적인 조세채무의 존부확인으로서 실질적으로 민사소송인 채무부존재확인의 소와 유사할 뿐 아니라, 과세처분의 유효 여부는 그 과세처분으로 납부한 조세에 대한 환급청구권의 존부와 표리관계에 있어 실질적으로 동일 당사자인 조세부과권자와 납세의무자 사이의 양면적 법률관계라고 볼 수 있으므로, 위와 같은 경우에는 과세처분의 취소 또는 무효확인청구의 소가 비록 행정소송이라고 할지라도 조세환급을 구하는 부당이득반환청구권의 소멸시효중단사유인 재판상 청구에 해당한다고 볼 수 있다.

② 응소

시효중단사유인 재판상의 청구는 일반적으로 권리자가 원고로서 의무자를 피고로 하여 소를 제기하는 모습으로 행하여진다. 그런데 의무자가 제기한 소에 권리자가 피고로서 응소하여 적극적으로 권리 주장을 하는 행위에 관하여 재판상의 청구와 같은 시효중단효를 인정할 수 있는지 문제된다. 소멸시효 완성을 이유로 하는 채무부존재확인소송에 응소하여 채권의 존재를 주장하는 경우, 그 응소행위가 소멸시효의 중단사유가 될 수 있다는 점에 대하여는 별다른 의문이 없다. 문제는 위와 같은 채무부존재확인의 소가 아닌 경우에도 상대방이 제기한 소에 대하여 응소한 것이 재판상 청구와 같이 중단사유가 되는지 여부인바, 판례는 긍정한다. 한편 권리자가 피고로서 응소하여 권리를 주장하였으나 그 소가 각하·취하됨으로써 그 권리에 대한 판단 없이 소송이 종료된 경우에도 제170조 제2항을 유추적용하여 그로부터 6월 이내에 재판상 청구 등 다른 시효중단조치를 취하면 응소시에 소급하여 시효중단이 있는 것으로 본다(아래 2008다42416,42423 판결 참조)

그러나 **채무자**가 제기한 소에 응소한 경우에 한정되므로 물상보증인이 제기한 소에 채권자겸 저당권자가 응소한 경우(아래 2003다30890 판결), 담보가등기가 설정된 부동산의 제3취득자가 제기한 소에 가등기권리자가 응소한 경우(대법원 2007.1.11. 선고 2006다33364 판결) 등은 제168조 소정의 청구에 해당하지 않는다.

나아가 변론주의 원칙상 피고의 응소만으로 시효중단의 효과가 발생하는 것은 아니고 시효중단의 주장을 하여야 그 효력이 생기는 것이지만, 그 주장은 반드시 응소시에 할 필요는 없고 소멸시효기간이 만료된 후라도 사실심 변론종결 전에는 언제든지 할 수 있으며, 그로 인한 시효중단효의 발생시기는 응소시로 소급한다.

재판상 청구에 해당하는 응소 **대법원 1993.12.21. 선고92다47861 전원합의체 판결**[21)]

민법 제168조 제1호, 제170조 제1항에서 시효중단사유의 하나로 규정하고 있는 재판상의 청구라 함은, 통상적으로는 권리자가 원고로서 시효를 주장하는 자를 피고로 하여 소송물인 권리를 소의 형식으로 주장하는 경우를 가리키지만, 이와 반대로 시효를 주장하는 자가 원고가 되어 소를 제기한 데 대하여 피고로서 **응소**하여 그 소송에서 적극적으로 권리를 주장하고 그것이 받아들여진 경우도 마찬가지로 이에 포함되는 것으로 해석함이 타당하다.

물상보증인이 제기한 소에 저당권자의 응소 **대법원 2004.1.16. 선고 2003다30890 판결**

채무자 겸 저당권설정자가 피담보채무의 부존재 또는 소멸을 이유로 하여 제기한 저당권설정등기 말소등기절차이행청구소송에서 채권자 겸 저당권자가 청구기각의 판결을 구하면서 피담보채권의 존재를 주장하는 경우에는 그와 같은 주장은 재판상 청구에 준하는 것으로서 피담보채권에 관하여 소멸시효중단의 효력이 생긴다. 그러나 타인의 채무를 담보하기 위하여 자기의 물건에 담보권을 설정한 물상보증인은 채권자에

21) 이 판결로 응소행위는 시효중단사유인 재판상 청구에 해당하지 않는다고 판시한 이전 재판례들이 폐기됨.

대하여 물적 유한책임을 지고 있어 그 피담보채권의 소멸에 의하여 직접 이익을 받는 관계에 있으므로 소멸시효의 완성을 주장할 수 있는 것이지만, 채권자에 대하여는 아무런 채무도 부담하고 있지 아니하므로, 물상보증인이 그 피담보채무의 부존재 또는 소멸을 이유로 제기한 저당권설정등기 말소등기절차이행청구소송에서 채권자 겸 저당권자가 청구기각의 판결을 구하고 피담보채권의 존재를 주장하였다고 하더라도 이로써 직접 채무자에 대하여 재판상 청구를 한 것으로 볼 수는 없는 것이므로 피담보채권의 소멸시효에 관하여 규정한 민법 제168조 제1호 소정의 '청구'에 해당하지 아니한다고 할 것이다.

응소시로 소급하여 시효중단 **대법원 2010.8.26. 선고 2008다42416,42423 판결**[22)]

민법 제168조 제1호, 제170조 제1항에서 시효중단사유의 하나로 규정하고 있는 재판상의 청구라 함은, 통상적으로는 권리자가 원고로서 시효를 주장하는 자를 피고로 하여 소송물인 권리를 소의 형식으로 주장하는 경우를 가리키지만, 이와 반대로 시효를 주장하는 자가 원고가 되어 소를 제기한 데 대하여 피고로서 응소하여 그 소송에서 적극적으로 권리를 주장하고 그것이 받아들여진 경우도 이에 포함되고, 위와 같은 응소행위로 인한 시효중단의 효력은 피고가 현실적으로 권리를 행사하여 응소한 때에 발생한다. 한편, 권리자인 피고가 응소하여 권리를 주장하였으나 그 소가 각하되거나 취하되는 등의 사유로 본안에서 그 권리주장에 관한 판단 없이 소송이 종료된 경우에도 민법 제170조 제2항을 유추적용하여 그때부터 6월 이내에 재판상의 청구 등 다른 시효중단 조치를 취하면 응소시에 소급하여 시효중단의 효력이 있는 것으로 봄이 상당하다.

응소행위에 대하여 소멸시효중단의 효력을 인정하는 것은 그것이 권리 위에 잠자는 것이 아님을 표명한 것에 다름 아닐 뿐만 아니라 계속된 사실상태와 상용할 수 없는 다른 사정이 발생한 때로 보아야 한다는 것에 기인한 것이므로, 채무자가 반드시 소멸시효완성을 원인으로 한 소송을 제기한 경우이거나 당해 소송이 아닌 전 소송 또는 다른 소송에서 그와 같은 권리주장을 한 경우이어야 할 필요는 없고, 나아가 변론주의 원칙상 피고가 응소행위를 하였다고 하여 바로 시효중단의 효과가 발생하는 것은 아니고 시효중단의 주장을 하여야 그 효력이 생기는 것이지만, 시효중단의 주장은 반드시 응소시에 할 필요는 없고 소멸시효기간이 만료된 후라도 사실심 변론종결 전에는 언제든지 할 수 있다.

---

22) 동지 대법원 2012.1.12. 선고 2011다78606 판결.

③ 재판상 청구로 인한 시효중단의 물적 범위

기본적 법률관계에 관한 확인소송의 제기는 그 확인청구가 파생적 청구권의 실현 수단으로서의 의미를 갖는다면 파생적 청구권에 대한 소멸시효의 중단사유가 될 수 있다. 그러므로 해고무효확인의 소는 해고 후의 임금채권에 대하여 시효중단의 효력이 있다(대법원 1994.5.10. 선고 93다21606 판결). 근저당권설정등기청구의 소의 제기는 그 피담보채권의 재판상 청구에 준하는 것으로서 피담보채권에 대한 소멸시효중단의 효력을 생기게 한다고 봄이 상당하다(대법원 2004.2.13. 선고 2002다7213 판결).

채권자가 동일한 목적을 달성하기 위하여 복수의 채권을 가지고 있는 경우(소위 청구권경합의 경우)에 채권자로서는 그 선택에 따라 권리를 행사할 수 있지만, 어느 하나 청구를 한 것만으로는 다른 채권을 행사한 것으로 볼 수는 없으므로 특별한 사정이 없는 한 다른 채권에 대한 소멸시효중단의 효력은 없다(대법원 2002.6.14. 선고 2002다11441 판결). 한편 원인채권의 지급을 확보하기 위한 방법으로 어음이 발행된 경우 원인채권의 행사는 어음채권의 소멸시효를 중단시키는 효력이 없으나, 어음채권에 대한 재판상 청구는 원인채권의 소멸시효를 중단시키는 효력이 있다.

원고가 채권의 일부만을 청구한 일부청구의 경우에 그 일부에 대하여 시효중단의 효력이 발생하지만 나머지 부분은 어떻게 되는가? 판례는 소 제기시 일부청구임을 명시적으로 밝혔다면 시효중단의 효력이 나머지 부분에 미치지 않지만, 비록 일부만을 청구하였더라도 그 취지로 보아 채권 전부에 관하여 판결을 구하는 것으로 해석된다면 그 동일성의 범위 내에서 그 전부에 관하여 시효중단의 효력이 발생한다고 한다(대법원 2001.9.28. 선고 99다72521 판결).

시효중단사유로서 어음금과 원인채권 청구 **대법원 1999.6.11. 선고 99다16378 판결**

원인채권의 지급을 확보하기 위한 방법으로 어음이 수수된 경우에 원인채권과 어음채권은 별개로서 채권자는 그 선택에 따라 권리를 행사할 수 있고, 원인채권에 기하여 청구를 한 것만으로는 어음채권 그 자체를 행사한 것으로 볼 수 없어 어음채권의 소멸시효를 중단시키지 못한다.

원인채권의 지급을 확보하기 위한 방법으로 어음이 수수된 경우, 이러한 어음은 경제적으로 동일한 급부를 위하여 원인채권의 지급수단으로 수수된 것으로서 그 어음채권의 행사는 원인채권을 실현하기 위한 것일 뿐만 아니라, 원인채권의 소멸시효는 어음금 청구소송에 있어서 채무자의 인적항변 사유에 해당하는 관계로 채권자가 어음채권의 소멸시효를 중단하여 두어도 채무자의 인적항변에 따라 그 권리를 실현할 수 없게 되는 불합리한 결과가 발생하게 되므로, 채권자가 원인채권에 기하여 청구를 한 것이 아니라 어음채권에 기하여 청구를 하는 반대의 경우에는 원인채권의 소멸시효를 중단시키는 효력이 있다고 봄이 상당하고, 이러한 법리는 채권자가 어음채권을 피보전권리로 하여 채무자의 재산을 가압류함으로써 그 권리를 행사한 경우에도 마찬가지로 적용된다.

(나) 파산절차 참가

채권자가 파산재단의 배당에 참가하기 위하여 그 채권을 신고하는 것이 파산절차 참가인데, 시효중단의 효력을 갖는다. 그러나 채권자가 이를 취소하거나 그 청구가 각하되면 시효중단의 효력이 발생하지 않는다(제171조). 채권자에 의한 파산선고의 신청도 파산절차 참가에 준하여 시효중단의 효력을 가진다고 할 것이다. 관리인에 의한 회생채권자의 목록 제출, 개인채무자에 의한 개인회생채권자 목록의 제출, 기타 회생절차 또는 개인회생절차 참가도 시효를 중단케 한다(채무자회생 및 파산에 관한 법률 제32조, 제147조, 제589조).

보증채무에 미치는 시효중단 효력 대법원 2007.5.31. 선고 2007다11231 판결

회사정리절차 참가로 인한 구 회사정리법(2005.3.31. 법률 제7428호 채무자 회생 및 파산에 관한 법률 부칙 제2조로 폐지) 제5조의 시효중단의 효력은 정리회사의 채무를 주채무로 하는 보증채무에도 미치고 그 효력은 정리절차 참가라는 권리행사가 지속되는 한 그대로 유지되므로, 후에 정리계획에 의하여 주채무의 전부 또는 일부가 면제되거나 이율이 경감된 경우 그 면제 또는 경감된 부분의 주채무가 정리계획의 인가결정이 확정된 때에 소멸하게 됨에 따라 그 시점에서 채권자의 정리절차에서의 권리행사가 종료되어 그 부분에 대응하는 보증채무의 소멸시효는 위 인가결정 확정시부터 다시 진행한다. 그러나 정리계획에 의해서도 주채무가 잔존하고 있는 경우에는 정리절차 참가에 의한 시효중단의 효력이 그대로 유지되어 그 정리절차의 폐지결정 또는 종결결정이 확정되어 정리절차에 있어서의 권리행사가 종료되면 그 시점부터 중단되어 있던 보증채무의 소멸시효가 다시 진행하고, 아울러 그 이후에도 보증채무가 소멸하기 전에 주채무에 대한 시효중단의 사유가 발생한 때에는 보증채무에 대하여도 그 시효중단의 효력이 미친다.

(다) 지급명령

금전 기타 대체물이나 유가증권의 일정한 수량의 지급을 목적으로 하는 청구에 대하여 법원은 채권자 신청에 의하여 지급명령을 할 수 있고, 지급명령에 대하여 이의신청이 없거나 이의신청을 취하하였거나 또는 각하결정이 확정된 경우에 지급명령이 확

정된다. 이러한 지급명령은 채권자로 하여금 간이, 신속하게 집행권원을 취득하도록 하기 위하여 이행의 소를 대신하여 법이 마련한 특별소송절차이고, 따라서 제170조 제1항 소정의 '재판상의 청구'에는 지급명령의 신청도 포함되는 것으로 해석된다(대법원 2011.11.10. 선고 2011다54686 판결). 한편 제172조 소정의 지급명령에 관한 가집행제도에 관하여 규정하고 있는 구 민사소송법 제440조와 제441조는 1990.1.13.자로 삭제되었는바, 제170조 제1항에 의하여 지급명령의 신청에는 시효를 중단하는 효력이 있고 제172조는 그 효력이 상실된 규정이라고 보아야 할 것이다.

(라) 화해를 위한 소환

제소전 화해를 신청하면 시효가 중단된다. 그러나 그 신청을 받은 법원이 화해를 권고하기 위하여 상대방을 소환하였으나 상대방이 출석하지 않거나 출석하더라도 화해가 성립하지 않는 경우에, 화해신청인이 1월 내에 소를 제기하지 않으면 시효중단의 효력이 없다(제173조 전문).

민사조정법에 따른 조정은 재판상 화해와 동일한 효력을 가지므로(민사조정법 제29조) 조정신청은 시효중단의 효력이 있다. 다만 조정신청이 취하되거나 조정신청인의 불출석으로 조정신청이 취하된 것으로 의제되는 때에는 1월 내에 소제기가 없으면 시효중단의 효력이 없다(같은 법 제35조).

(마) 임의출석

임의출석이란 당사자 쌍방이 임의로 법원에 출석하여 소송에 관하여 변론을 함으로써 제소 또는 제소전 화해신청을 하도록 허용하는 제도를 말하는데, 시효중단의 효력을 갖는다. 그러나 임의출석에 의하여 화해가 성립하지 않으면 1월 이내에 소를 제기하여야 시효중단의 효력이 유지된다(제173조 후문). 이러한 임의출석제도에 관하여 현행 민사소송법에는 규정이 없고, 「소액사건심판법」에 의해서만 임의출석에 의한 소의 제기가 인정된다(동법 제5조).

(바) 최고

최고란 권리자가 의무자에 대하여 의무의 이행을 청구하는 것으로 의사의 통지에 속한다. 최고에 특별한 방식을 요하지 않을 뿐만 아니라, 행위 당시 당사자가 시효중단의 효과를 발생시킨다는 점을 알았거나 의욕 하였어야 하는 것도 아니다(대법원 2003.5.13. 선고 2003다16238 판결). 판례는 **재산관계명시신청**(대법원 2001.5.29. 선고 2000다32161 판결)과 **소송고지**에 대하여도 최고와 같은 효력을 부여한다.

최고는 시효기간 만료가 가까워져 강력한 다른 중단방법을 취하려고 하는 경우에 그 예비적 조치로서의 의미를 가지므로 그 효력이 약하다. 즉 최고 후 6월 내에 앞에 제시한 5가지 청구 중 어느 하나 또는 압류, 가압류, 가처분 방법을 취하지 않으면 시효중단의 효력이 없다(제174조). 그리고 최고를 반복하다가 재판상 청구 등을 하는 경우에 시효중단의 효력은 재판상 청구 등을 한 시점을 기준으로 하여 이로부터 소급하여 6월 내에 한 최고시에 발생한다(대법원 1987.12.22. 선고 87다카2337 판결). 6월의 기산점은 최고가 상대방에게 도달한 때로부터 기산한다.

최고에 있어서 6월 기간의 기산점 **대법원 2006.6.16. 선고 2005다25632 판결**

소멸시효제도 특히 시효중단제도는 그 제도의 취지에 비추어 볼 때 이에 관한 기산점이나 만료점은 원권리자를 위하여 너그럽게 해석하는 것이 상당하다 할 것이므로, 민법 제174조 소정의 시효중단사유로서의 최고에 있어서 채무이행을 최고받은 채무자가 그 이행의무의 존부 등에 대하여 조사를 해 볼 필요가 있다는 이유로 채권자에 대하여 그 이행의 유예를 구한 경우에는 채권자가 그 회답을 받을 때까지는 최고의 효력이 계속된다고 보아야 하고, 따라서 같은 조에 규정된 6월의 기간은 채권자가 채무자로부터 회답을 받은 때로부터 기산되는 것이라고 해석하여야 할 것이다(대법원 1995.5.12. 선고 94다24336 판결 참조).

채무이행 청구의사 표명된 소송고지 **대법원 2009.7.9. 선고 2009다14340 판결**

소송고지의 요건이 갖추어진 경우에 그 소송고지서에 고지자가 피고지자에 대하여 채무의 이행을 청구하는 의사가 표명되어 있으면 민법 제174조에 정한 시효중단사유로서의 최고의 효력이 인정된다. 시효중단제도는 그 제도의 취지에 비추어 볼 때 이에 관한 기산점이나 만료점은 원권리자를 위하여 너그럽게 해석하는 것이 상당한데, 소송고지로 인한 최고의 경우 보통의 최고와는 달리 법원의 행위를 통하여 이루어지는 것으로서, 그 소송에 참가할 수 있는 제3자를 상대로 소송고지를 한 경우에 그 피고지자는 그가 실제로 그 소송에 참가하였는지 여부와 관계없이 후일 고지자와의 소송에서 전소 확정판결에서의 결론의 기초가 된 사실상·법률상의 판단에 반하는 것을 주장할 수 없어 그 소송의 결과에 따라서는 피고지자에 대한 참가적 효력이라는 일정한 소송법상의 효력까지 발생함에 비추어 볼 때, 고지자로서는 소송고지를 통하여 당해 소송의 결과에 따라 피고지자에게 권리를 행사하겠다는 취지의 의사를 표명한 것으로 볼 것이므로, 당해 소송이 계속중인 동안은 최고에 의하여 권리를 행사하고 있는 상태가 지속되는 것으로 보아 민법 제174조에 규정된 6월의 기간은 당해 소송이 종료된 때로부터 기산되는 것으로 해석하여야 한다.

(2) 압류 또는 가압류, 가처분

(가) 재판상 청구와 별도의 규정 두는 이유

민사집행법상의 강제집행절차 또는 보전처분인 압류·가압류·가처분[23)]은 반드시 재판상 청구를 전제로 하지 않을 뿐만 아니라, 판결이 있더라도 재판확정 후에는 다시 시효가 진행하므로 압류 등을 별도의 시효중단사유로 삼고 있다. 판례는 다른 채권자의 신청에 의한 경매절차를 이용하여 **배당요구**를 신청한 행위도 압류에 준하는 것으로 본다(대법원 2002.2.26. 선고 2000다25484 판결).

(나) 시효중단의 효력 발생

압류 등에 의하여 시효중단이 발생하는 시점에 관하여 집행행위시라는 견해도 있으나, 다수설은 소제기에 준하여 **집행행위가 있으면 신청시에 소급하여 중단의 효력**이 생긴다고 한다. 가압류에 의한 시효중단의 효력은 가압류의 집행보전의 효력이 존속하는 동안 계속된다(대법원 2006.7.4. 선고 2006다32781 판결).

압류 등이 권리자의 청구에 의하여 또는 법률의 규정에 따르지 아니함으로 인하여 **취소**되면 시효중단의 효력이 없다(제175조). 여기에서 '권리자의 청구에 의하여 취소된 때'라고 함은 권리자가 압류, 가압류 및 가처분의 신청을 취하한 경우를 말하고, '시효중단의 효력이 없다'라고 함은 소멸시효 중단의 효력이 소급적으로 상실된다는 것을 말한다(대법원 2014.11.13. 선고 2010다63591 판결).

한편 사망자를 피신청인으로 하는 가압류 신청과 같은 당연무효인 압류 등에 시효중단효가 인정되지 않음은 물론이고(대법원 2006.8.24. 선고 2004다26287 판결), 유체동산에 관한 가압류결정 후 그 집행절차에 착수하지 않은 경우[24)]에도 시효중단의 효력이 없다(대법원 2011.5.13. 선고 2011다10044 판결). 그러나 집행절차를 개시하였으나 압류 등을 할 재산이 없기 때문에 집행불능이 된 경우(위 2011다10044 판결), 압류절차 개시 후 집행불능이 된 경우, 채무자가 집행을 면하기 위하여 담보를 제공함으로써 집행이 취소된 경우, 제3자 이의의 소로 인하여 압류가 취소된 경우 등에는 시효중단의 효력이 있고, 위 집행절차 등이 종료된 때로부터 소멸시효가 새로이 진행된다.

---

23) '압류'는 금전채권의 실행을 위하여 집행기관이 확정판결 등 집행권원에 기하여 채무자의 재산처분을 금하는 강제집행절차의 첫 단계이고, '가압류'는 금전채권이나 금전으로 환산할 수 있는 채권의 집행을 보전하기 위하여 채무자의 재산을 현상대로 유지시키는 것을 목적으로 하는 보전처분이며, '가처분'은 금전채권 이외의 권리 또는 법률관계에 관한 확정판결의 강제집행을 보전하기 위한 집행보전제도로서 '다툼의 대상에 관한 가처분'과 '임시의 지위를 정하기 위한 가처분'이 있다.

24) 부동산과 채권에 대한 가압류의 경우에는, 가압류법원과 집행기관이 동일하므로 가압류신청에 집행신청도 포함되어 있어 위와 같은 일이 있을 수 없다.

(다) 시효중단의 인적 범위

압류 등은 물상보증인 또는 제3취득자 소유의 재산에 대하여 저당권을 실행하는 경우, 제3자가 점유하고 있는 채무자의 동산을 압류하는 경우 등과 같이 채무자가 아닌 제3자에 대하여 실행되는 경우도 적지 않다. 그런데 시효의 중단은 당사자 및 그 승계인에게만 효력이 있고(제169조), 위 규정에 따르면 압류 등으로 인한 시효의 중단은 압류 등의 절차에 있어서 당사자나 그 승계인이 아닌 채무자에 대하여는 효력이 없게 된다. 한편 위 압류 등은 채무자에 대한 권리행사의 방법으로 실행된 것이므로 채무자에 대하여 시효중단의 효력이 미치게 할 필요가 있다. 그러나 그 효력이 당연히 미치는 것으로 할 경우, 압류 등의 당사자가 아니어서 그 실행사실을 알지 못하는 채무자가 불측의 피해를 당할 수 있다. 따라서 민법은 채무자에 대하여 압류 등의 사실을 **통지**하여야 권리자와 채무자 사이에 시효중단의 효력이 생기는 것으로 규정하고 있다(제176조).

위 통지는 채권자가 직접 채무자에게 할 수도 있고, 경매법원이 이해관계인인 채무자에게 경매개시결정 등의 통지서를 송달하는 방법으로도 할 수 있다(대법원 1997.8.29. 선고 97다12990 판결). 위와 같은 법원에 의한 통지는 채무자가 실제로 알 수 있도록 되어야 하므로 채무자에게 교부송달의 방법으로 이루어져야 하고, 우편송달(발송송달)이나 공시송달의 방법으로 이루어진 경우에는 그 효력이 없다(대법원 1994.11.25. 선고 94다26097 판결).

한편 채권자가 채무자의 제3채무자에 대한 채권을 압류 또는 가압류한 경우 채권자의 채무자에 대한 채권에 관하여는 당연히 시효중단의 효력이 생긴다. 그러나 압류 또는 가압류된 채무자의 제3채무자에 대한 채권에 대하여는 압류 등에 의한 시효중단의 효력이 생긴다고 할 수 없고, 다만 채권자가 확정판결에 기한 채권의 실현을 위하여 채무자의 제3채무자에 대한 채권에 관하여 압류 및 추심명령을 받아 그 결정이 제3채무자에게 송달이 되었다면 거기에 소멸시효 중단사유인 **최고로서의 효력을 인정**하여야 한다(대법원 2003.5.13. 선고 2003다16238 판결). 따라서 채권자는 6월 내에 제3채무자를 상대로 전부금 또는 추심금 소송을 제기하여야 한다.

채무자에게 송달, 압류사실 통지 **대법원 1990.1.12. 선고 89다카4946 판결**

물상보증인에 대한 임의경매의 신청은 피담보채권의 만족을 위한 강력한 권리실행수단으로서, 채무자 본인에 대한 압류와 대비하여 소멸시효의 중단사유로서 차이를 인정할 만한 실질적인 이유가 없기 때문에, 중단행위의 당사자나 그 승계인 이외의 시효의 이익을 받는 채무자에게도 시효중단의 효력이 미치도록 하되, 다만 채무자가 시효의 중단으로 인하여 예측하지 못한 불이익을 입게 되는 것을 막아주기 위하여 채무자에게 압류사실이 통지되어야만 시효중단의 효력이 미치게 함으로써, 채권자와 채무자간에 이익을 조화시키려는 것이, 민법 제169조에 규정된 시효중단의 상대적 효력에 대한 예외를 인정한 민법 제176조의 취지라고 해석되는 만큼, 압류사실을 채무자가 알 수 있도록 경매개시결정이나 경매기일통지서가 우편송달 (발송송달) 이나 공시송달의 방법이 아닌 교부송달의 방법으로 채무자에게 송달되어야만 압류사실이 통지된 것으로 볼 수 있는 것이다.

시효중단의 효력있는 채권신고와 경매의 취하 **대법원 2010.9.9. 선고 2010다28031 판결**

저당권으로서 첫 경매개시결정등기 전에 등기되었고 매각으로 소멸하는 것을 가진 채권자는 담보권을 실행하기 위한 경매신청을 할 수 있을뿐더러 다른 채권자의 신청에 의하여 개시된 경매절차에서 배당요구를 하지 않아도 당연히 배당에 참가할 수 있는 바, 이러한 채권자가 채권의 유무, 그 원인 및 액수를 법원에 신고하여 권리를 행사하였다면 그 채권신고는 민법 제168조 제2호의 압류에 준하는 것으로서 신고된 채권에 관하여 소멸시효를 중단하는 효력이 생긴다고 할 것이다. 그러나 민법 제175조에 "압류, 가압류 및 가처분은 권리자의 청구에 의하여 또는 법률의 규정에 따르지 아니함으로 인하여 취소된 때에는 시효중단의 효력이 없다"라고 규정하고, 민사집행법 제93조 제1항에 "경매신청이 취하되면 압류의 효력은 소멸된다"라고 규정하고 있으므로 경매신청이 취하되면 특별한 사정이 없는 한 압류로 인한 소멸시효 중단의 효력이 소멸하는 것과 마찬가지로 위와 같이 첫 경매개시결정등기 전에 등기되었고 매각으로 소멸하는 저당권을 가진 채권자의 채권신고로 인한 소멸시효 중단의 효력도 소멸한다고 봄이 상당하다.

한편, 이러한 채권신고에 채무자에 대하여 채무의 이행을 청구하는 의사가 직접적으로 표명되어 있다고 보기 어렵고 채무자에 대한 통지 절차도 구비되어 있지 않으므로 별도의 소멸시효 중단 사유인 최고의 효력은 인정되지 않는다고 할 것이므로, 경매신청이 취하된 후 6월 내에 위와 같은 채권신고를 한 채권자가 소제기 등의 재판상의 청구를 하였다고 하더라도 민법 제170조 제2항에 의하여 소멸시효 중단의 효력이 유지된다고 할 수 없다.

(3) 승인

(가) 의의

승인은 시효이익을 받을 자가 시효의 완성으로 말미암아 권리를 상실하게 될 상대방 또는 그 대리인에 대하여 그 권리가 존재함을 인식하고 있다는 뜻을 표시하는 행위로, 그 법적 성질은 **관념의 통지**이다. 따라서 소멸시효의 진행을 중단시키려는 효과의사는 필요치 않다.

승인을 중단사유로 삼는 이유는, 승인이 있으면 권리자가 권리행사를 하지 않더라도 권리 위에 잠자는 것으로 볼 수 없고, 권리관계도 명백해지기 때문이다.

(나) 승인의 요건 및 방법

승인은 시효이익을 받을 자(의무자) 또는 그 대리인에 의하여야 하고, 가령 보증인의 채무승인은 주채무자에 대한 소멸시효를 중단시키지 않는다. 그리고 권리존재를 인식하면서 하여야 한다. 따라서 현존하지 아니한 장래의 채권이나 소멸시효의 진행이 개시되지 아니한 채권 등에 대한 사전승인은 허용되지 않는다(대법원 2001.11.9. 선고 2001다52568 판결).

시효중단사유로서의 승인을 함에 있어서, 승인자에게 상대방의 권리에 관한 처분의 능력이나 권한이 있음을 요하지 않으나(제177조), 그 권리를 **관리할 능력과 권한**은 있어야 한다(제177조의 반대해석). 따라서 미성년자나 피한정후견인이 법정대리인의 동의 없이 한 승인은 취소할 수 있고, 부재자의 재산관리인(제25조)이나 권한을 정하지 않은 대리인(제118조) 등은 처분의 권한을 갖지 아니하나 관리의 권한을 갖고 있으므로 승인을 할 수 있다. 또한 비법인사단이 총회의 결의에 따라 총유물에 관한 매매계약을 체결한 경우, 그 대표자가 매매계약에 따라 발생한 채무에 대하여 별도의 사원총회의 결의 없이도 시효중단의 효력이 있는 승인을 할 수 있다(대법원 2009.11.26. 선고 2009다64383 판결).

승인의 방법은 권리의 존재를 인식한다는 것을 상대방에게 표시함으로써 족하고, 명시적이든 묵시적이든 상관없다. 이 중 **묵시적 승인**은 상대방으로 하여금 채무자가 그 채무를 인식하고 있음을 그 표시를 통하여 추단하게 할 수 있는 방법으로 행하여지면 된다(아래 2004다59959 판결). 가령 채무의 일부변제, 담보의 제공, 변제기한의 유예요청, 이자의 지급 등의 경우 묵시적 승인이 있는 것으로 된다. 승인으로 인한 시효중단의 효력은 승인의 통지가 상대방에 도날할 때 발생한다. 시효중단사유로서 채무승인에 대한 증명책임은 **채권자**가 진다.

시효중단사유인 승인의 방법 **대법원 2005.2.17. 선고 2004다59959 판결**

소멸시효 중단사유로서의 채무의 승인은 시효이익을 받을 당사자인 채무자가 소멸시효의 완성으로 권리를 상실하게 될 자에 대하여 그 권리가 존재함을 인식하고 있다는 뜻을 표시함으로써 성립한다고 할 것이며, 그 표시의 방법은 아무런 형식을 요구하지 아니하고, 또 그 표시가 반드시 명시적일 것을 요하지 않고 묵시적인 방법으로도 가능한 것이기는 하지만(대법원 2000.4.25. 선고 98다63193 판결 참조), 그 묵시적인 승인의 표시는 적어도 채무자가 그 채무의 존재 및 액수에 대하여 인식하고 있음을 전제로 하여 그 표시를 대하는 상대방으로 하여금 채무자가 그 채무를 인식하고 있음을 그 표시를 통해 추단하게 할 수 있는 방법으로 행해져야 할 것이다.

채권자의 실수로 인한 대출금채무 정산 대법원 2001.2.23. 선고 2000다65864 판결

채무자가 수 건의 대출금 채무 중 변제되지 않고 있는 모든 채무를 변제한다는 의사로 채권자에게 잔존 채무를 정산해 달라고 하였는데, 채권자의 실수로 일부의 채무를 제외한 나머지 대출금 채무만이 남아 있는 것처럼 정산하여 채무자가 위 나머지 채무가 남아 있는 전채무인 것으로 알고 이를 변제한 경우, 채무자로서는 채권자가 제외된 채무까지 포함하여 정산하고 이를 잔존 채무로 제시하였다 하더라도 당연히 변제하였을 것이므로, 채무자의 행위는 정산된 채무만이 전채무이고 그 이상의 채무는 존재하지 아니 한다는 인식을 표시하거나 특정채무를 지정하여 그 일부의 변제를 한 것이 아니라, 당시 자신이 부담하고 있던 모든 채무를 그대로 인정한다는 관념을 표시한 것으로 보아야 할 것이다.

지급에 갈음한 부동산의 사용, 수익 대법원 2009.11.12. 선고 2009다51028 판결

담보가등기를 경료한 부동산을 인도받아 점유하더라도 담보가등기의 피담보채권의 소멸시효가 중단되는 것은 아니지만, 채무의 일부를 변제하는 경우에는 채무 전부에 관하여 시효중단의 효력이 발생하는 것이므로, 채무자가 채권자에게 담보가등기를 경료하고 부동산을 인도하여 준 다음 피담보채권에 대한 이자 또는 지연손해금의 지급에 갈음하여 채권자로 하여금 부동산을 사용수익할 수 있도록 한 경우라면, 채권자가 부동산을 사용수익하는 동안에는 채무자가 계속하여 이자 또는 지연손해금을 채권자에게 변제하고 있는 것으로 볼 수 있으므로 피담보채권의 소멸시효가 중단된다고 보아야 한다.

손해배상액 전액에 대한 승인이 아닌 공탁 대법원 2010.9.30. 선고 2010다36735 판결

형사재판절차에서 무죄를 주장하면서도 유죄가 인정되는 경우에 대비하여 제1심판결 및 항소심판결 선고 전에 각 1,000만 원을 공탁하면서 손해배상금의 일부라는 표시도 하지 않고 공탁금 회수제한신고서도 첨부한 사안에서, 채무자가 부담하는 손해배상채무는 정신적 손해에 대한 위자료 지급채무의 성격을 가지는 것이어서 형사재판과정에

서 그 액수를 구체적으로 산정하기 곤란하였다는 점 등에 비추어 보면, 위 각 공탁에 의하여 당시 그 공탁금을 넘는 손해배상채무가 존재함을 인식하고 있었다는 뜻을 표시한 것이라고 보기는 어렵다는 점에서 위 각 공탁에 의하여 공탁금을 넘는 손해배상채무를 승인한 것이라고 볼 수 없다는 이유로 손해배상채무 전액에 대한 승인의 효력을 인정한 원심판결을 파기하였다.

합의안의 제의와 채무승인 여부 **대법원 2008.7.24. 선고 2008다25299 판결**

채무자가 채권자로부터 소멸시효가 완성된 연대보증채무의 이행청구를 받고 그 채무액의 일부를 지급하고 사건을 종결하자는 내용의 합의안을 제의하였다가 거절당한 사안에서, 합의안 제의의 배경 등 제반 사정에 비추어 채무자가 위 합의안을 제의한 사실만으로 채권자에게 연대보증채무를 부담하고 있다는 채무승인의 뜻을 확정적으로 표시한 것이라고 해석하기 어렵다.

다. 시효중단의 효과

(1) 기본적 효과

그 때까지 경과한 시효기간은 그 **효력을 잃는다**. 시효가 중단된 후에는 중단사유가 종료된 때로부터 다시 시효가 진행한다. '중단사유가 종료한 때'는 개별적으로 판단하여야 하지만, 법은 특히 재판상 청구에 대하여 재판이 확정된 때로부터 시효가 새로 진행한 것으로 규정한다(제178조 제2항). 시효기간의 새로운 시작은 재판이 확정된 때, 압류 등 절차가 끝났을 때, 승인이 상대방에 도달한 때부터이다.

(2) 시효중단의 인적 범위[25)]

(가) 원칙

시효중단은 원칙적으로 **당사자 및 그 승계인 사이에서만** 효력이 있다(제169조). 당사자란 시효중단행위에 관여한 사람만을 말하며, 시효의 대상인 권리관계의 당사자를 말하는 것은 아니다. 손해배상청구권을 공동상속한 자 중 1인이 자기 상속분을 행사하여 승소판결을 얻었더라도 다른 공동상속인의 상속분에까지 중단의 효력이 미치지 않고, 공유자의 한 사람이 공유물의 보존행위로서 그 공유물의 일부 지분에 관하여서만 재판상 청구를 하였으면 그로 인한 시효중단의 효력은 그 공유자와 그 청구한 소송물에 한하여 발생한다(대법원 1999.8.20. 선고 99다15146 판결). 한편 채권자대위권 행사의 효과는 직접 채무자에게 귀속하므로 채권자가 채무자를 대위하여 채무자의 제

25) 그 물적 범위에 관하여는 중단사유 중 대표격인 재판상 청구에서 기술하였음.

3채무자에 대한 채권을 재판상 청구하였다면, 그로 인한 채권의 시효중단 효과는 채무자에게 미친다.

승계인이란 시효중단에 관여한 당사자로부터 중단의 효과를 받는 권리를 승계한 자를 말하며, 특정승계이든 포괄승계이든 불문한다. 승계는 중단사유가 발생한 후에 이루어져야 하고, 중단사유 발생 전의 승계인은 포함되지 않는다(대법원 1998.6.12. 선고 96다26961 판결).

(나) 예외

다음 경우에 시효중단이 미치는 인적 범위가 확대된다.

① 압류, 가압류, 가처분을 시효이익을 받은 자에 대하여 하지 않았더라도, 이를 시효이익을 받을 자에게 통지하면 그때부터 시효중단의 효력이 있다(제176조).[26)]

② 요역지가 수인의 공유인 경우에, 어느 1인에 의한 지역권 소멸시효 중단 또는 정지는 다른 공유자에 대해서도 효력이 있다(제296조).

③ 연대채무자에 대한 이행청구는 다른 연대채무자에게도 효력이 있고(제416조), 따라서 시효중단의 효력도 함께 받게 된다. 반면 부진정연대채무의 경우에는 그렇지 않다(대법원 1997.9.12. 선고 95다42027 판결).

④ 주채무자에 대한 시효중단은 보증인에게도 미친다(제440조). 그러나 보증인에 대한 시효중단은 주채무자에게 효력이 없고(대법원 1994.1.11. 선고 93다21477 판결), 주채무가 소멸시효 완성으로 소멸된 경우에는 보증채무도 그 채무 자체의 시효중단에도 불구하고 부종성에 따라 당연히 소멸한다(대법원 2012.1.12. 선고 2011다78606 판결).

***** 시효중단을 위한 재소(再訴)**

확정판결에 대한 재소는 원칙적으로 기판력에 저촉되어 허용되지 아니하나, 법원은 시효중단을 위한 재소의 불가피성을 인정하고 있다(대법원 1987.11.10. 선고 87다카1761 판결, 2001.2.9. 선고 99다26979 판결, 2018.7.19. 선고 2018다22008 전원합의체 판결).

3. 소멸시효의 정지

가. 의의

소멸시효의 정지란 **시효가 거의 완성될 무렵**에 권리자가 시효를 중단시키는 행위를 할 수 없거나 그 행위를 하는 것이 대단히 곤란한 경우에, 그 사정이 소멸한 후 일정기간이 경과한 시점까지 시효의 완성을 유예하는 것을 말한다. 소멸시효의 정지는 정지사유가 소멸된 후 일정한 유예기간이 경과하면 시효는 완성한다는 점에서 이미 경

26) 그에 관한 상세한 내용은 중단사유의 하나인 압류 등에서 기술함.

과한 기간이 무로 돌아가는 중단과 다르다.

나. 정지의 사유

(1) 제한능력자를 위한 시효정지

소멸시효의 기간만료 전 6개월 내에 제한능력자의 법정대리인이 없는 경우에, 그가 능력자가 되거나 법정대리인이 취임한 때로부터 6개월 내에는 시효가 완성되지 않는다(제179조). 제한능력자가 독자적으로 시효를 중단시키는 행위를 하여 자기 재산을 보호할 수 없기 때문이다.

(2) 재산관리자에 대한 제한능력자의 권리, 부부 사이의 권리와 시효정지

재산을 관리하는 부모 또는 후견인에 대한 제한능력자의 권리는 그가 능력자가 되거나 후임 법정대리인이 취임한 때부터, 부부 일방의 타방에 대한 권리는 혼인관계가 종료한 때로부터, 각 6개월 내에는 그 소멸시효가 완성되지 않는다(제180조).

(3) 상속재산에 관한 권리와 시효정지

상속재산에 속한 권리나 상속재산에 대한 권리의 경우에 상속인의 확정, 관리인의 선임 또는 파산선고가 있는 때로부터 6개월 내에는 그 소멸시효가 완성되지 않는다(제181조).

(4) 사변 등과 시효정지

천재(天災) 기타 사변으로 인하여 소멸시효를 중단할 수 없는 경우에 그 사유가 종료한 때로부터 **1개월 내**에 시효가 완성되지 않는다(제182조).

Ⅳ. 소멸시효의 효력

1. 소멸시효 완성의 효과

가. 서설

민법은 취득시효에 관하여 '소유권을 취득한다'고 규정하고 있는 반면(제245조, 제246조), 소멸시효에 관하여는 '소멸시효가 완성한다'라고만 규정하고 있다(제162조, 제164조).[27] 여기에서 '완성한다'는 의미에 관하여, 소멸시효의 완성으로 권리가 당연히 소멸한다는 견해(절대적 소멸설)와, 권리가 당연히 소멸하는 것이 아니라 시효의 이익

27) 그 효과와 관련된 다른 규정으로는 '저당권으로 담보한 채권이 시효의 완성 기타 사유로 인하여 소멸한 때에는 저당권도 소멸한다'는 제369조, '불법행위로 인한 손해배상의 청구권은 피해자나 그 법정대리인이 그 손해 및 가해자를 안 날로부터 3년간 이를 행사하지 아니하면 시효로 인하여 소멸한다'는 제766조 제1항, '본법 시행 당시에 구법의 규정에 의한 시효기간을 경과한 권리는 본법의 규정에 의하여 취득 또는 소멸한 것으로 본다'는 부칙 제8조 제1항의 규정들이 있다.

을 받을 자에게 원용권이 생길 뿐이고, 그가 위 권리를 행사한 때에 비로소 권리가 소멸한다는 견해(상대적 소멸설)가 대립한다. **다툼의 실익**은 시효원용의 요부 및 원용권자의 범위, 시효완성 후의 변제에 대한 부당이득의 성립 여부, 시효이익의 포기가 시효이익을 받지 않겠다는 의사표시인지 아니면 원용권을 포기하는 의사표시로 보아야 하는지 등이다.

나. 절대적 소멸설과 상대적 소멸설

(1) 학설의 대립

(가) 절대적 소멸설

소멸시효의 완성으로 권리가 당연히 소멸한다고 보는 견해이다. 다수설로서 법규정과 입법자의 의도를 그 논거로 내세운다.

① 구민법 제145조(시효는 당사자가 이를 원용하지 아니하면 재판소는 이에 의하여 재판하지 못한다.)의 의도적 삭제로 현행 민법에는 시효의 원용에 관한 규정이 없다.

② 입법자의 의도가 함축된 민법안 심의록에 '시효에 관하여 절대적 소멸설로 확정'이라는 표현이 있다.

③ 제162조 등과는 달리 부칙 제8조 제1항 등에는 '권리가 소멸한다'고 명문으로 규정하고 있다.

(나) 상대적 소멸설

소멸시효의 완성으로 권리가 당연히 소멸하지 않고, 시효의 이익을 받을 자에게 권리소멸을 원용할 권리가 있으며, 원용권자가 그 권리를 행사한 때에 비로소 권리가 소멸한다는 견해이다.

① 시효원용권은 실체법상의 권리인 형성권이므로 재판상은 물론 재판 외에서도 행사할 수 있고, 당사자의 의사에 따라 시효의 이익을 받을 것인지 여부가 결정된다. 반면에 절대적 소멸설에 의하면 시효완성에 따라 곧 바로 권리가 소멸하므로 의무자의 원용이 없더라도 법원이 직권으로 고려할 수 있게 되어 의무자의 의사에 반하여 권리소멸을 인정해야 하는 부당한 결과가 초래된다.

② 소멸시효 완성 후 변제와 관련하여, 상대적 소멸설은 의무자의 시효완성 사실의 인지 여부를 불문하고 그 원용이 없는 동안은 권리는 소멸하지 않으므로 유효한 변제가 된다고 명쾌하게 설명한다. 그러나 절대적 소멸설에 따르면 의무자가 소멸시효 완성 사실을 알고 변제한 경우에는 시효이익의 포기(제184조) 또는 비채변제(제742조)가 되고, 그 사실을 모르고 변제한 경우에는 도의관념에 적합한 비채변제(제744조)가 되므로 모두 그 반환을 청구할 수 없게 된다고 한다.

③ 소멸시효 이익의 포기와 관련하여, 상대적 소멸설은 시효원용권의 포기로 쉽게

설명이 되지만, 절대적 소멸설에 의하면 일단 소멸하였던 권리가 소급적으로 되살아나는 것을 합리적으로 설명하기 어렵다.

(2) 대법원의 입장

종래의 통설에 따르면, 대법원은 절대적 소멸설의 입장을 취하고 있다고 한다. 그러나 대법원 판결들을 살펴보면, 순수한 절대적 소멸설의 입장에서 당사자의 원용이 없어도 시효완성의 사실만으로 채무는 당연히 소멸하는 것으로 보는 극소수의 재판례(대법원 1966.1.31. 선고 65다2445 판결 등)가 없지 않으나, 주류적 재판례는 시효완성으로 권리는 당연히 소멸하지만 변론주의 원칙상 소멸시효의 이익을 받는 자가 시효완성의 항변을 하지 않으면 그 의사에 반하여 재판을 할 수 없다는 입장을 취한다(대법원 1990.8.28. 선고 90다카9619 판결 등).[28] 한편 소멸시효 완성의 항변권자를 시효이익을 받는 자로 한정하면서 그 범위를 시효완성으로 소멸하는 권리의 의무자로 제한하고, 그 항변을 소송상의 공격방어방법이 아닌 실체법상의 항변권으로 보는 판시로 상대적 소멸설의 입장이 아니면 설명이 불가능한 재판례(대법원 1991.7.26. 선고 91다5631 판결 등)도 있다. 즉 그 재판례가 절대적 소멸설의 입장을 취하는 것과 상대적 소멸설의 입장에 있는 것, 그 중간영역의 입장에 있는 것으로 나뉨으로써 일관성을 보이지 못하고 있고, 그에 따라 시효완성의 효과에 관하여 대법원이 어떠한 입장을 취하고 있는지조차 불명확한 실정이다.

다. 소멸시효의 원용권자

절대적 소멸설에 의하면 소멸시효 완성에 따라 권리가 당연히 소멸하기 때문에 누구든지 시효를 원용할 수 있고, 따라서 원용권자의 범위에 관한 논의 자체가 불필요함이 원칙이다. 반면 상대적 소멸설에 의할 경우 시효가 완성하더라도 그로 인해 이익을 받을 자에게 시효원용권이 발생함에 그치므로 그 권리를 누가 행사할 수 있는가를 결정하는 시효원용권자의 범위는 매우 중요한 문제로 대두된다.

이와 관련하여 대법원은 위와 같이 시효완성의 효과에 관하여 명확한 입장을 표명하지 않으면서도, 소멸시효 완성을 원용할 수 있는 자를 **직접수익자**, 즉 권리의 소멸로 인하여 직접 이익을 받을 자로 한정하고 있다. 채무자가 직접수익자의 대표적인 예이지만, 가등기담보나 저당권이 설정된 부동산의 제3취득자(아래 95다12446 판결) 및 물상보증인(대법원 2007.1.11. 선고 2006다33364 판결), 연대보증인(대법원 2002.5.14. 선고 2000다62476 판결)도 직접수익자라고 판시한다. 반면 채무자에 대한 일반채권자(대법원 1997.12.26. 선고 97다22676 판결)나 채권자대위소송에서의 제3채무자(아래

28) 즉 소멸시효완성 사실은 주요사실이므로 당사자가 주장하지 않으면 재판의 기초로 삼을 수 없다는 것이다.

2001다10151 판결, 대법원 2008.1.31. 선고 2007다64471 판결)는 직접수익자에 해당하지 않는다고 한다.

절대적 소멸설과 변론주의 대법원 1979.2.13. 선고 78다2157 판결

신민법상은 당사자의 원용이 없어도 시효완성의 사실로서 채무는 당연히 소멸되는 것이고(대법원 1966.1.31 선고 65다2445 판결 참조) 다만 변론주의의 원칙상 소멸시효의 이익을 받을 자가 그것을 포기하지 않고 실제 소송에 있어서 권리를 주장하는 자에 대항하여 시효소멸의 이익을 받겠다는 뜻을 항변을 하지 않는 이상 그 의사에 반하여 재판할 수 없을 뿐이다.

시효완성을 원용할 수 있는 자 대법원 1995.7.11. 선고 95다12446 판결

소멸시효를 원용할 수 있는 사람은 권리의 소멸에 의하여 직접 이익을 받는 사람에 한정되는바, 채권담보의 목적으로 매매예약의 형식을 빌어 소유권이전청구권 보전을 위한 가등기가 경료된 부동산을 양수하여 소유권이전등기를 마친 제3자는 당해 가등기담보권의 피담보채권의 소멸에 의하여 직접 이익을 받는 자이므로, 그 가등기담보권에 의하여 담보된 채권의 채무자가 아니더라도 그 피담보채권에 관한 소멸시효를 원용할 수 있고, 이와 같은 직접수익자의 소멸시효 원용권은 채무자의 소멸시효 원용권에 기초한 것이 아닌 독자적인 것으로서 채무자를 대위하여서만 시효이익을 원용할 수 있는 것은 아니며, 가사 채무자가 이미 그 가등기에 기한 본등기를 경료하여 시효이익을 포기한 것으로 볼 수 있다고 하더라도 그 시효이익의 포기는 상대적 효과가 있음에 지나지 아니하므로 채무자 이외의 이해관계자에 해당하는 담보 부동산의 양수인으로서는 여전히 독자적으로 소멸시효를 원용할 수 있다.

채권자대위소송의 제3채무자와 시효원용 대법원 2004.2.12. 선고 2001다10151 판결

채권자가 채권자대위권을 행사하여 제3자에 대하여 하는 청구에 있어서, 제3채무자는 채무자가 채권자에 대하여 가지는 항변으로 대항할 수 없고, 채권의 소멸시효가 완성된 경우 이를 원용할 수 있는 자는 원칙적으로는 시효이익을 직접 받는 자뿐이고, 채권자대위소송의 제3채무자는 이를 행사할 수 없다.

2. 소멸시효의 소급효

소멸시효는 그 **기산일에 소급하여 효력**이 생긴다(제167조). 즉 소멸시효의 완성으로 권리가 소멸하는 시기는, 시효기간이 만료한 때 또는 원용권자가 그 권리를 행사한 때

이지만, 그 효과는 시효기간의 개시시로 소급한다. 소급효를 인정하는 것은 소멸시효 제도의 인정 취지가 시효기간 동안 계속된 사실상태를 보호하려는 것이기 때문이다.

한편 주된 권리의 소멸시효의 완성이 시효 완성이 되지 않은 종된 권리(예컨대 과실 또는 지연손해금에 관한 권리, 담보물권 등)에 어떤 영향을 미치는가? 제183조는 주된 권리의 소멸시효가 완성한 때에는 종속된 권리에 그 효력이 미친다고 규정하는바, 원본채권이 시효로 소멸하면 이자채권은 시효가 완성되지 않았더라도 소급하여 소멸한다(대법원 2008.3.14. 선고 2006다2940 판결).

민법은 제167조에 대한 특칙으로, 제495조에 의한 상계의 특칙(소멸시효가 완성된 채권이 그 소멸시효가 완성하기 전에 상계할 수 있었던 것이면 그 채권자는 상계할 수 있다)과 제369조 의한 저당권의 특칙(저당권으로 담보한 채권이 시효의 완성 기타 사유로 소멸한 때에는 저당권도 소멸한다)을 두고 있다.

원본채권의 소멸과 이자채권에의 영향 **대법원 2008.3.14. 선고 2006다2940 판결**

이자 또는 지연손해금은 주된 채권인 원본의 존재를 전제로 그에 대응하여 일정한 비율로 발생하는 종된 권리인데, 하나의 금전채권의 원금 중 일부가 변제된 후 나머지 원금에 대하여 소멸시효가 완성된 경우, 가분채권인 금전채권의 성질상 변제로 소멸한 원금 부분과 소멸시효 완성으로 소멸한 원금 부분을 구분하는 것이 가능하고, 이 경우 원금에 종속된 권리인 이자 또는 지연손해금 역시 변제로 소멸한 원금 부분에서 발생한 것과 시효완성으로 소멸된 원금 부분에서 발생한 것으로 구분하는 것이 가능하므로, 소멸시효 완성의 효력은 소멸시효가 완성된 원금 부분으로부터 그 완성 전에 발생한 이자 또는 지연손해금에는 미치나, 변제로 소멸한 원금 부분으로부터 그 변제 전에 발생한 이자 또는 지연손해금에는 미치지 않는다.

3. 소멸시효이익의 포기

소멸시효이익 포기는 시효이익을 받을 당사자가 시효완성에 따른 이익을 받지 않겠다고 상대방에 대하여 하는 일방적인 의사표시이다. 그 의사표시를 할 수 있는 자는 시효완성의 이익을 받을 당사자 또는 대리인에 한정되고, 위 포기가 처분행위에 해당하므로 대상권리에 대한 **처분능력과 권한**을 가지고 있어야 한다. 포기의 효력은 그 의사표시가 상대방에게 도달할 때 발생하고, 소멸시효 완성의 효과를 소급적으로 소멸시킨다. 소멸시효이익의 **포기의 효과는 상대적**이므로 포기자 외의 자에게 영향을 미치지 않는다. 따라서 주채무자가 시효이익을 포기하더라도 보증인이나 물상보증인에게는 포기의 효과가 미치지 않는다.[29]

가. 시효완성 전의 포기

소멸시효의 이익은 미리 포기하지 못한다(제184조 제1항). 시효제도가 오래 지속된 사실상태를 존중하여 법적 안정성을 도모하려는 공익적 제도이므로 개인의 의사에 따라 미리 배척할 수 있게 하는 것은 부당하고, 채권자가 채무자의 궁박한 상태를 이용하여 사전에 그 포기를 강요할 우려가 있기 때문이다. 한편 시효완성 전에 하는 시효이익 포기의 의사표시는 의무자가 권리를 승인하는 것으로 보아 제177조 소정의 소멸시효의 중단사유로는 인정할 수 있다(대법원 1997.6.27. 선고 96다49735,49742 판결).

나. 시효완성 후의 포기

시효기간 완성 후 시효이익 포기의 의사표시는 유효하다(제184조 제1항의 반대해석). 시효기간 완성 후에는 위에서 본 바와 같은 우려 등이 없기 때문이다. 그 성질에 관하여, 상대적 소멸설은 원용권의 포기로 보고, 절대적 소멸설은 소멸시효 완성의 이익을 받지 않겠다는 의사표시로 보아 이 의사표시에 의해 이익이 생기지 않았던 것으로 된다고 한다. 포기는 명시적이든 묵시적이든 상관없다. 가령 시효완성 후의 변제기한의 유예요청이나 채무승인 또는 일부 변제 등이 묵시적 포기에 해당한다. 포기는 시효가 완성되었다는 것을 알고 하는 것을 전제로 하는데, 판례는 시효완성 후에 시효이익을 포기하는 듯한 행위가 있으면 시효완성 사실에 대한 악의를 추정한다.

묵시적 승인 대법원 2001.6.12. 선고 2001다3580 판결

채무자가 소멸시효 완성 후 채무를 일부 변제한 때에는 그 액수에 관하여 다툼이 없는 한 그 채무 전체를 묵시적으로 승인한 것으로 보아야 하고, 이 경우 시효완성의 사실을 알고 그 이익을 포기한 것으로 추정되므로, 소멸시효가 완성된 채무를 피담보채무로 하는 근저당권이 실행되어 채무자 소유의 부동산이 경락되고 그 대금이 배당되어 채무의 일부 변제에 충당될 때까지 채무자가 아무런 이의를 제기하지 아니하였다면, 경매절차의 진행을 채무자가 알지 못하였다는 등 다른 특별한 사정이 없는 한, 채무자는 시효완성의 사실을 알고 그 채무를 묵시적으로 승인하여 시효의 이익을 포기한 것으로 보아야 한다.

---

29) 대법원 1991.1.29. 선고 89다카1114 판결, 2010.3.11. 선고 2009다100098 판결 등. 그러나 대법원 2015.6.11. 선고 2015다200227 판결은 시효이익을 이미 포기한 채무자와의 법률관계를 통하여 비로소 시효이익을 원용할 이해관계를 형성한 담보부동산의 제3취득자는 채무자의 시효이익 포기의 효력을 부인할 수 없다고 판시하여 그 상대효를 부인하고 있다.

4. 소멸시효와 관련된 약정의 효력

가. 당사자 사이의 약정으로 소멸시효의 완성을 곤란하도록 소멸시효를 배제·연장·가중하는 것은 효력이 없다(제184조 제2항 전문). 공익적 제도인 소멸시효의 존재가치를 약화시킴으로써 의무자측에 불리하고, 소멸시효에 관한 규정들이 강행규정이므로 당사자 사이의 약정으로 그 내용을 권리자에게 유리하게 변경할 수 없기 때문이다. 약정에 의한 소멸시효의 배제는 시효이익의 사전 포기와 다를 바 없으므로 허용되지 않고(제184조 제1항), 소멸시효의 연장·가중에는 시효기간의 연장은 물론, 소멸시효의 기산점을 뒤로 늦추거나 법률에 없는 중단사유를 약정하는 것도 포함된다.

나. 그러나 약정에 의하여 소멸시효를 단축 또는 경감하는 것은 가능하다(제184조 제2항 후문). 시효의 기산점을 앞당기고, 시효기간을 단축하며, 법에 정해진 중단사유의 일부를 배제하는 등의 약정은 유효하다. 그러나 소멸시효에 걸리지 않는 권리를 소멸시효의 대상으로 삼는 약정은 시효제도의 근간을 흔들 수 있으므로 허용되지 않는다.

시효기간 단축약정으로서 유효 대법원 2006.4.14. 선고 2004다70253 판결

특정한 채무의 이행을 청구할 수 있는 기간을 제한하고 그 기간을 도과할 경우 채무가 소멸하도록 하는 약정은 민법 또는 상법에 의한 소멸시효기간을 단축하는 약정으로서 특별한 사정이 없는 한 민법 제184조 제2항에 의하여 유효하다 할 것이다.

5. 소멸시효의 주장과 신의칙(시효권의 남용)

가. 서설

소멸시효제도는 입증곤란의 구제, 법적 안정정의 제고 등의 측면에서 중요한 역할을 수행한다. 그러나 권리자가 권리행사를 하지 못한 데에 정당한 사유가 있거나, 의무자가 권리자의 권리행사를 방해하는 언행을 한 경우 등에는, 신의칙의 조정기능을 적극 활용하여 의무자측의 소멸시효 주장을 배척할 필요가 있다. 소멸시효가 완성되었더라도 의무자 등이 그것을 주장하는 것이 신의칙에 반하여 권리남용이 되는 경우에 그 주장을 배척할 수 있다는 것이 시효권의 남용(소멸시효의 남용)이론이다. 대법원은 이와 관련하여 채무자의 소멸시효에 기한 항변권의 행사는 우리 민법의 대원칙인 신의성실의 원칙과 권리남용금지의 원칙의 지배를 받아야 함은 당연한 것이라고 설시하고 있다.

나. 신의칙 위반의 유형

대법원의 재판례에 따르면, 소멸시효의 항변을 하는 것이 신의칙에 위반되는 경우

를 다음과 같은 네 가지 유형으로 나눌 수 있다. ① 채무자가 시효완성 전에 채권자의 권리행사나 시효중단을 불가능 또는 현저히 곤란하게 하였거나, 그러한 조치가 불필요하다고 믿게 하는 행동을 한 경우, ② 객관적으로 채권자가 권리를 행사할 수 없는 장애사유가 있는 경우, ③ 일단 시효완성 후에 채무자가 시효를 원용하지 아니할 것 같은 태도를 보여 권리자로 하여금 그와 같이 신뢰하게 한 경우, ④ 채권자 보호의 필요성이 크고, 같은 조건의 다른 채권자에게 이미 변제가 이루어지는 등으로 채무이행의 거절을 인정함이 현저히 부당하거나 불공평하게 되는 등의 특별한 사정이 있는 경우가 그 유형들이다. 이들 중 특히 ④유형은 ① 내지 ③의 유형에 속하지는 않지만 채권자와 채무자 사이의 이익형량 결과 채무자의 시효항변을 도저히 받아들이기 어려운 나머지 사정들을 모두 포섭한다.

다. 유형별 판례

- 채무자의 신의칙 위반행위(①유형)

채권자가 권리행사를 방해받은 경우 **대법원 2003.7.25. 선고 2001다60392 판결**

채무자가 시효완성 전에 스스로 채권자의 권리행사나 시효중단을 불가능 또는 현저히 곤란하게 한 결과, 채권자가 그러한 조치를 할 수 없었던 경우에 채무자가 소멸시효의 완성을 주장하는 것은 신의성실의 원칙에 반하는 권리남용으로서 허용될 수 없다(대법원 1999.12.7. 선고 98다42929 판결, 2003.3.28. 선고 2002두11028 판결 등 참조).
기록에 의하여 살펴보면, 같은 취지에서 원심이 원고의 권리행사가 피고 소속 교도관들에 의하여 사실상 불가능 혹은 현저히 곤란하게 되었다는 이유로 피고의 소멸시효 주장을 신의성실의 원칙에 반한 권리남용이라고 판단한 것은 정당하고, 거기에 소멸시효의 완성 여부에 대한 법리오해의 위법이 없다.

시효이익 불원용에 대한 신뢰부여 **대법원 2013.5.16. 선고 2012다202819 전원합의체판결**

소멸시효를 이유로 한 항변권의 행사도 민법의 대원칙인 신의성실의 원칙과 권리남용금지의 원칙의 지배를 받는 것이어서 채무자가 소멸시효 완성 후 시효를 원용하지 아니할 것 같은 태도를 보여 권리자로 하여금 이를 신뢰하게 하였고, 채무자가 그로부터 권리행사를 기대할 수 있는 상당한 기간 내에 자신의 권리를 행사하였다면, 채무자가 소멸시효 완성을 주장하는 것은 신의성실 원칙에 반하는 권리남용으로 허용될 수 없다.
채무자가 소멸시효의 이익을 원용하지 않을 것 같은 신뢰를 부여한 경우에도 채권자는 그러한 사정이 있은 때로부터 상당한 기간 내에 권리를 행사하여야만 채무자의 소멸시효의 항변을 저지할 수 있는데, 여기에서 '상당한 기간' 내에 권리행사가 있었는지는 채권자와 채무자 사이의 관계, 신뢰를 부여하게 된 채무자의 행위 등의 내용과 동기 및 경위, 채무자가 그 행위 등에 의하여 달성하려고 한 목적과 진정한 의도, 채권자의 권리행사가 지연될 수밖에 없었던 특별한 사정이 있었는지 여부 등을 종합적으로 고려하여 판단할 것이다. 다만 신의성실의 원칙을 들어 시효 완성의 효력을 부정하는 것은 법적 안정성의 달성, 입증곤란의 구제, 권리행사의 태만에 대한 제재를 이념으로 삼고 있는 소멸시효 제도에 대한 대단히 예외적인 제한에 그쳐야 할 것이므로, 위 권리행사의 '상당한 기간'은 특별한 사정이 없는 한 민법상 시효정지의 경우에 준하여 단기간으로 제한되어야 한다. 그러므로 개별 사건에서 매우 특수한 사정이 있어 그 기간을 연장하여 인정하는 것이 부득이한 경우에도 불법행위로 인한 손해배상청구의 경우 그 기간은 아무리 길어도 민법 제766조 제1항이 규정한 단기소멸시효기간인 3년을 넘을 수는 없다고 보아야 한다.

- 권리행사가 불가능한 객관적 장애(②유형)

보험금청구권의 소멸시효 기산점 대법원 2012.9.27. 선고 2010다101776 판결

보험금청구권은 보험사고가 발생하기 전에는 추상적인 권리에 지나지 아니할 뿐 보험사고의 발생으로 인하여 구체적인 권리로 확정되어 그 때부터 그 권리를 행사할 수 있게 되므로, 특별한 다른 사정이 없는 한 원칙적으로 보험금청구권의 소멸시효는 보험사고가 발생한 때로부터 진행한다고 해석해야 한다. 다만 보험사고가 발생한 것인지 여부가 객관적으로 분명하지 아니하여 보험금청구권자가 과실 없이 보험사고의 발생을 알 수 없었던 경우에도 보험사고가 발생한 때로부터 보험금청구권의 소멸시효가 진행한다고 해석하면 보험금청구권자에게 너무 가혹하여 사회정의와 형평의 이념에 반할 뿐만 아니라 소멸시효제도의 존재이유에 부합된다고 볼 수도 없으므로, 이와 같이 객관적으로 보아 보험사고가 발생한 사실을 확인할 수 없는 사정이 있는 경우에는 보험금청구권자가 보험사고의 발생을 알았거나 알 수 있었던 때부터 보험금청구권의 소멸시효가 진행한다고 해석할 것이다(대법원 2001.4.27. 선고 2000다31168 판결 참조). 그리고 구 부동산중개업법 제35조의2에 의하여 피고가 운영한 공제사업은 중개업자가 그의 불법행위 또는 채무불이행으로 인하여 거래당사자에게 부담하게 되는 손해배상책임을 보증하는 보증보험적 성격을 가진 제도이므로, 공제사고가 발생한 것인지 여부가 객관적으로 분명하지 아니하는 등의 이유로 그 공제금청구권자가 공제사고의 발생 사실을 확인할 수 없는 사정이 있는 경우에는, 보험금청구권의 경우와 마찬가지로, 공제금청구권자가 공제사고의 발생을 알았거나 알 수 있었던 때부터 공제금청구권의 소멸시효가 진행한다고 해석하여야 한다(대법원 2007.12.13. 선고 2007다58339 판결 참조).

원심판결의 이유를 위 법리에 비추어 살펴보면, 원고가 2008. 무렵 건물주인 송규명

으로부터 건물인도 등의 청구를 받음에 따라 원고의 손해가 현실화된 때에 원고가 공제사고의 발생을 알았거나 알 수 있었으므로 그 무렵부터 비로소 원고의 공제금청구권의 소멸시효가 진행한다는 취지로 본 원심의 판단에, 상고이유로 주장하는 바와 같이 소멸시효에 관한 법리를 오해한 위법이 없다.

요양불승인처분과 휴업급여청구 **대법원 2008.9.18. 선고 2007두2173 전원합의체 판결**

채무자의 소멸시효에 기한 항변권의 행사도 우리 민법의 대원칙인 신의성실의 원칙과 권리남용금지의 원칙의 지배를 받으므로, 채무자가 시효완성 전에 채권자의 권리행사나 시효중단을 불가능 또는 현저히 곤란하게 하였거나 그러한 조치가 불필요하다고 믿게 하는 행동을 하였거나, 객관적으로 채권자가 권리를 행사할 수 없는 사실상의 장애사유가 있었거나, 일단 시효완성 후에 채무자가 시효를 원용하지 아니할 것 같은 태도를 보여 채권자로 하여금 그와 같이 신뢰하게 하였거나, 채권자를 보호할 필요성이 크고 같은 조건의 그 채권자들 중 일부가 이미 채무의 변제를 수령하는 등 채무이행의 거절을 인정함이 현저히 부당하거나 불공평하게 되는 등의 특별한 사정이 있는 경우에는, 채무자가 소멸시효의 완성을 주장하는 것이 신의성실의 원칙에 반하여 권리남용으로서 허용될 수 없다. 근로자가 입은 부상이나 질병이 업무상 재해에 해당하는지 여부에 따라 요양급여 신청의 승인, 휴업급여청구권의 발생 여부가 차례로 결정되고, 따라서 근로복지공단의 요양불승인처분의 적법 여부는 사실상 근로자의 휴업급여청구권 발생의 전제가 된다고 볼 수 있는 점 등에 비추어, 근로자가 요양불승인에 대한 취소소송의 판결확정시까지 근로복지공단에 휴업급여를 청구하지 않았던 것은 이를 행사할 수 없는 사실상의 장애사유가 있었기 때문이라고 보아야 하므로, 근로복지공단의 소멸시효 항변은 신의성실의 원칙에 반하여 허용될 수 없다.

- 현저히 부당하거나 불공평(④유형)

정의·공평의 이념에 반하는 시효주장 **대법원 2011.10.13. 선고 2011다36091 판결**

채무자의 소멸시효에 기한 항변권 행사도 우리 민법의 대원칙인 신의성실 원칙과 권리남용금지 원칙의 지배를 받는 것이어서, 채무자가 시효완성 전에 채권자의 권리행사나 시효중단을 불가능 또는 현저히 곤란하게 하였거나, 그러한 조치가 불필요하다고 믿게 하는 행동을 하였거나, 객관적으로 채권자가 권리를 행사할 수 없는 장애사유가 있었거나, 또는 일단 시효완성 후에 채무자가 시효를 원용하지 아니할 것 같은 태도를 보여 권리자로 하여금 그와 같이 신뢰하게 하였거나, 채권자 보호의 필요성이 크고, 같은 조건의 다른 채권자가 채무의 변제를 수령하는 등의 사정이 있어 채무이행의 거절을 인정함이 현저히 부당하거나 불공평하게 되는 등의 특별한 사정이 있는 경우에는 채무자가 소멸시효 완성을 주장하는 것이 신의성실 원칙에 반하여 권리남용으로서 허용될 수 없다.

신병훈련을 마치고 부대에 배치된 군인이 선임병들에게서 온갖 구타와 가혹행위 및 끊임없는 욕설과 폭언에 시달리다가 전입한 지 채 열흘도 지나지 않은 1991.2.3. 부대 철조망 인근 소나무에 목을 매어 자살을 하였는데, 유족들이 망인이 사망한 날로부터 5년의 소멸시효 기간이 훨씬 경과한 2009.12.10.에야 국가를 상대로 손해배상을 구하는 소를 제기하자 국가가 소멸시효 완성의 항변을 한 사안에서, 군의 특성상 군 외부에 있는 민간인이 군 내부에서 이루어진 불법행위에 관하여 그 존재 사실을 인식하는 것은 원칙적으로 불가능에 가까운 데다가, 위 사고 직후 부대 지휘관들이 부대원들에게 일상적으로 자행되고 있던 구타 및 가혹행위에 대하여 함구명령을 내린 사실, 사고 직후 사건을 조사한 헌병수사관들조차 위 사고를 망인의 복무부적응으로 인한 비관에 의한 자살로 결론을 내리고 사건을 종결한 사실 등에 비추어 보면, 비록 군 당국이 유족들의 국가배상청구권 행사를 직접적으로 방해하는 행위를 한 적은 없다고 하더라도, 유족들은 위 자살사고가 선임병들의 심한 폭행·가혹행위 및 이에 대하여 적절한 조치를 취하지 않은 부대관계자들의 관리·감독 소홀 등의 불법행위로 인하여 발생한 것이라는 점을 군의문사진상규명위원회의 2009.3.16.자 진상규명결정이 내려짐으로써 비로소 알았거나 알 수 있었다고 할 것이므로, 2009.3.16. 전까지의 기간 동안에는 유족들이 국가를 상대로 손해배상청구를 할 수 없는 객관적 장애가 있었다고 보아야 하고, 또한 병영문화의 선진화에 힘써야 할 책임을 지고 있는 국가가 후진적 형태의 군대 내 사고의 발생을 막지 못하고서도 망인이나 유족에 대하여 아무런 보상도 하지 않은 채 자신의 책임으로 빚어진 권리행사의 장애 상태 때문에 소멸시효 기간이 경과하였다는 점을 이유로 들어 망인이나 유족에 대한 손해배상책임을 면하는 결과를 인정한다면 이는 현저히 정의와 공평의 관념에 반하는 것이므로, 국가의 소멸시효 완성 항변은 신의성실의 원칙에 반하는 권리남용으로서 허용될 수 없다고 한 사례.

- 국가가 채무자인 경우

국가의 소멸시효완성 주장 **대법원 2005.5.13. 선고 2004다71881 판결**

채무자의 소멸시효에 기한 항변권의 행사도 우리 민법의 대원칙인 신의성실의 원칙과 권리남용금지의 원칙의 지배를 받는 것이어서, 채무자가 시효완성 전에 채권자의 권리행사나 시효중단을 불가능 또는 현저히 곤란하게 하였거나, 그러한 조치가 불필요하다고 믿게 하는 행동을 하였거나, 객관적으로 채권자가 권리를 행사할 수 없는 장애사유가 있었거나, 또는 일단 시효완성 후에 채무자가 시효를 원용하지 아니할 것 같은 태도를 보여 권리자로 하여금 그와 같이 신뢰하게 하였거나, 채권자보호의 필요성이 크고, 같은 조건의 다른 채권자가 채무의 변제를 수령하는 등의 사정이 있어 채무이행의 거절을 인정함이 현저히 부당하거나 불공평하게 되는 등의 특별한 사정이 있는 경우에는 채무자가 소멸시효의 완성을 주장하는 것이 신의성실의 원칙에 반하여 권리남용으로서 허용될 수 없다 할 것임은 이미 당원이 여러 번 천명한 바 있다(대법원 1997.12.12. 선고 95다29895 판결, 2002.10.25. 선고 2002다32332 판결 등 참조).

그러나 국가에게 국민을 보호할 의무가 있다는 사유만으로 국가가 소멸시효의 완성을 주장하는 것 자체가 신의성실의 원칙에 반하여 권리남용에 해당한다고 할 수는 없으므로(대법원 1999.9.17. 선고 99다21257 판결, 2001.7.10. 선고 98다38364 판결 등 참조), 국가의 소멸시효 완성 주장이 신의칙에 반하고 권리남용에 해당한다고 하려면 앞서 본 바와 같은 특별한 사정이 인정되어야 할 것이고, 또한 위와 같은 일반적 원칙을 적용하여 법이 두고 있는 구체적인 제도의 운용을 배제하는 것은 법해석에 있어 또 하나의 대원칙인 법적 안정성을 해할 위험이 있으므로 그 적용에는 신중을 기하여야 할 것이다.

시효항변과 국가의 품격 : 소수의견 **대법원 1996.12.19. 선고 94다22927 전원합의체 판결**

국방부장관의 담화내용에 따라 피해신고를 한 원고로서는 대통령과 국방부장관의 담화와 이에 따른 신고의 접수로써 피고 국가가 시효이익을 주장하지 아니하고 손해배상을 할 것으로 신뢰를 갖게 되었다고 할 것이므로, 설사 대통령의 담화와 그에 따른 이러한 일련의 행위가 다수의견이 보는 바와 같이 단순히 정치적으로 대통령으로서의 시정방침을 밝히면서 일반 국민들의 이해와 협조를 구한 것으로 해석한다고 하더라도, 피고 국가의 소멸시효항변은, 결국 신의성실의 원칙에 어긋난 권리남용에 해당하는 것이라고 아니할 수 없다.

더욱이 이 사건의 경우는, 국가 소속의 공무원이 통상적인 공무수행을 하는 과정에서 개별적으로 저지르게 된 일반적인 불법행위가 아니고, 그 당시의 비상한 시기에 국가에 의하여 대규모로 그리고 조직적으로 실시된 삼청교육 과정에서 피고 소속 공무원들이 대량으로 저지르게 된 특수한 불법행위의 경우이므로, 이러한 경우에 있어서는, 국민의 기본적 인권을 보호하여 국민 개개인의 인간으로서의 존엄과 가치를 보장하며 국민으로 하여금 행복을 추구할 권리를 향유하도록 하여야 할 임무가 있는 피고 국가로서는, 위 삼청교육 과정에서 피해를 입었다고 주장하는 국민들에 대하여 정정당당하게 그러한 불법행위 자체가 있었는지의 여부를 다투는 것은 몰라도, 구차하게 소멸시효가 완성되었다는 주장을 내세워 그 책임을 면하려고 하는 것은 결코 용납할 수 없는 방어방식이라고 할 것이다. 이러한 이유에서도 피고의 소멸시효항변은 허용될 수 없다고 생각한다.

■ 찾아보기